통합도산법해설

김 기 진

한국학술정보(주)

법전과 교과서의 이론을 합체시켜 한권으로 해결할 수 있는 책

통합도산법해설

김기진 지음

도산법제의 목적은

채무초과자를 사회에서 도태시키는 것이 아니고, 사회복귀를 도와주는 데 있다.

한국학술정보㈜

머리말

20여 년의 변호사 생활을 뒤로 하고 학교에 들어온 지 일 년이 다 돼 가는 지금 이 글을 쓰려 하니 감회가 새롭다. 이론과 실무의 접합이라는 명분 아래 학교에 들어오기는 했지만, 모든 것이 새로울 뿐이어서 강의준비만으로도 바쁜 지경인데 책 쓸 생각을 하다니 그렇다. 실무교수가 들어온 것을 계기로 새로 개설된 도산법강좌를 맡게 되었는데, 본인이 과거 은행에 근무하면서 다뤄 본 회사정리법이나, IMF 시즌에 변호사로서 다뤄 본 화의법은 파산법, 개인채무자회생법과 함께 폐지되고 채무자 회생 및 파산에 관한 법률이라는 단일 법률이 제정되어 있었다. 강의준비를 하다 보니 새 법에 맞춰 알기 쉽게 해설한 책이 없어, 아예 책을 써보자는 생각을 하게 된 것이다. 준비를 위해 자료들을 찾아보면서 크게 놀라지 않을 수 없었던 것은 의외로 이 분야에 대한 깊은 연구를 하신 분들이 많다는 것을 확인하고서인데, 그럼에도 불구하고 책을 쓰기로 한 것은 학교나 회사 등 실무현장에서는 심오한 이론보다 어렵게만 느껴지는 이 법을 누구나 쉽게 접근할 수 있게 해줄 필요가 크다는 생각 때문이었다.

그래서 책의 체계도 일반교과서와는 달리 법조문을 순서대로 해설하는 형식을 취하기로 했다. 법전과 교과서의 이론을 합체시켜 한 권으로 해결할 수 있게 하자는 것이다. 학교나 현장에서의 이 법은 특별법으로서는 워낙 방대하니 달달 외워서 이해 여부를 검증할 수 있는 것이 아니어서 구체적인 사안발생 시 적용할 적절한 법규정을 찾아내는 능력을 키워주는 것이 효과적일 것이라는 생각과 회사 등 실무현장에서는 해당 법조항과 설명이 같이 있었으면 하는 필요성을 많이 느꼈던 경험이 있어서이다.

도산법제의 목적은 신용불능에 이른 자를 사회에서 도태시키고자 하는 것이 아니고, 사회복귀를 도와주는 데 있는 것이므로, 신용사회가 정착되기 시작한 우리도 이젠 빚지고 도망갔다가 몇 년 후에 나타나 정상생활을 도모하는 불안한 생활보다는, 합법적인 방법으로 부담을 최소화하며 신용회복을 도와주는 도산법제의 이용이 일반화될 것임은 이미 매년 기하급수적으로 늘어나고 있는 법원에 접수되는 사건수가 증명하고 있다.

법과대학생이건 실무현장에서건 스스로 해결하고 남에게 도움을 줄 수 있는 능력을 키워가기를 바라는 마음에서 부족하나마 감히 이 책을 내놓게 되었다.

2007. 3. 김 기 진

목 차

제2편 회생절차 ◆○◆○◆○◆ 67

제8장 회생절차의 폐지 ·· 290

제3편 파산절차 ◆○◆○◆○◆ 297

(의의, 파산능력, 소비자파산, 파산원인, 파산장애사유)

법인파산의 흐름도와 개인파산·면책의 흐름도

제4편 개인회생절차 ◆○◆○◆○◆ 475

(개인회생제도의 의의, 개인파산과 구별),

개인회생절차흐름도

제6장 폐지 및 면책 ································517

제5편 국제도산 ◆○◆○◆○◆ 523

제6편 벌칙 ◆ ○ ◆ ○ ◆ ○ ◆ 535

양식 / 547

통합도산법 개설

✽ 도산법이란 채무초과 즉 자산보다 부채가 많은 채무자의 처리에 관한 법에 대한 일반적인 명칭으로 1962년 제정된 파산법, 화의법, 회사정리법과, 2004년 제정된 개인 채무자회생법이 있었는데, 2005년 위 4법을 통합한 채무자 회생 및 파산에 관한 법률(이 책에서 조문 표시만 있는 경우는 이 법의 조문이다.)이 제정되어 2006년 4월 1일부터 시행에 들어갔다.

파산이란 채무자의 전 재산을 환가하여 총채권자에게 공평하게 분배하는 대신 채무자는 기업일 경우 소멸시키고, 개인일 경우 공민권 등의 제한을 가하는 절차이고, 화의는 채권자와 채무자의 합의를 통해 채권자는 보다 유리한 조건으로 변제를 받고, 채무자는 파산을 면하고 회생을 도모할 수 있는 절차이고, 회사정리는 일시적으로 재정적 파탄에 빠진 회사가 그 위기만 넘기면 회생 가능성이 있을 경우 법원의 감독하에 채권행사를 제한하면서 경영정상화를 꾀하는 절차이고, 개인회생은 채무초과상태이지만 일정한 수입이 있는 경우 일정기간 동안 기본생활비를 제외한 모든 수입을 채무변제에 사용하면 나머지 채무를 면제시켜 파산을 면하게 해주는 절차이다.

✽ 통합도산법의 제정배경

종전의 우리의 도산법제는 일본의 그것을 그대로 계수한 것이다.

일본은 1922년에 독일법을 계수해 파산법을, 오스트리아법을 계수해 화의법을 만들었고, 1938년에 영국법을 계수해 상법에 특별청산절차와 회사정리절차를 도입했다. 제2차 세계대전 후에는 미국의 영향을 받아 1952년에 미국의 연방도산법을 계수해 회사갱생법을 제정했다. 이와 같이 수십 년을 두고 계수한 것이다 보니 도산법제의 통일성, 체계성 부족에 따른 개정논의가 있어 오다가, 1990년 화의법을 폐지하고 민사재생법을 제정했고, 회사갱생법과 파산법을 대폭 개정했으나, 제법을 통합할 경우에 해결해야 할 이론적, 실무적 문제가 많아 신속한 제정이 어렵고, 연간 수십만 건에 달하는 도산사건 실무에 충격을 주는 데서 오는 혼란 우려와 함께 각 절차가 별도신청 방식을 유지하는 한 통합실익이 없다는 이유로 통합하지 않았다.

우리의 경우는 1962년 국가재건최고회의 입법사업의 일환으로 파산법, 화의법, 회사정리법 등 일본 법제를 그대로 들여왔는데, 1997년 IMF 사태가 나기 전에는 회사정리제도만 간간이 이용되었을 뿐이었고, 이같이 이용이 없다시피 하니 개정필요성도 못 느끼다가, IMF 사태를 계기로 파산상태에 이른 기업과 개인이 급증하면서 신속한 해결이 가능한 화의나 파산제도 이용이 빈번해지자 몇 차례 개정하고, 신용카드의 남발, 남용에 따른 신용불량자들이 사회문제가 되면서[1] 이들을 구제하기 위한 개인채무자회생법을 2004년 제정하기도 했다. 한편 2005년 그동안의 통합논의과정에서 제기된 이들 제법들의 문제점을 보완하여 통합한 채무자 회생 및 파산에 관한 법률을 제정했는데, 이는 IMF와 세계은행 등 국제사회에 대하여 도산절차의 합리화 효율화를 약속한 것에 대한 이행의 의미도 있다.

그동안 도산사건의 추이를 보면 다음과 같다.

1996년(회사정리 52, 화의 9, 파산 18건)
1997년(회사정리 132, 화의 322, 파산 38건)
1998년(회사정리 148, 화의 728, 법인파산 117, 개인파산 350건)
1999년(회사정리 37, 화의 140, 법인파산 230, 개인파산 503건)
2000년(회사정리 32, 화의 78, 법인파산 132, 개인파산 329건)
2001년(회사정리 31, 화의 51, 법인파산 170, 개인파산 672건)
2002년(회사정리 28, 화의 29, 법인파산 108, 개인파산 1,335건)
2003년(회사정리 38, 화의 48, 법인파산 303, 개인파산 3,856건)
2004년(회사정리 35, 화의 81, 법인파산 162, 개인파산 12,317, 개인채무자회생 9,070건)
2005년(회사정리 22, 화의 53, 법인파산 129, 개인파산 38,773, 개인채무자회생 48,541건)
2006년 11월 개인파산 109,736, 개인채무자회생 51,651건

통합입법례로는 미국, 독일, 프랑스가 있는데, 독일과 프랑스는 회생절차와 파산절

---

[1] 1996년 96만 명, 1997년 149만 명, 1998년 220만 명, 2000년 247만 명, 2001년 245만 명, 2002년 263만 명, 2003년 372만 명, 2004년 361만 명(이 중 243만 명이 신용카드로 인한 것임), 2005년 10월 현제 314만 명으로 다소 줄었으나 이는 신용불량자 등록제도가 2005년 4월부터 폐지된 영향으로 보이고, 경기 여건이 나아지지 않는 한 이런 신용불량자는 계속 증가하고 있다고 보아야 한다.

차의 신청절차를 일원화하는 방식을 채택하여 채무자가 어느 절차를 이용할지 고민할 필요 없이 법원에 신청하기만 하면, 법원이 채권자들의 참여하에 채무자의 상태를 심사하여 채무자에게 적당한 절차를 개시하는 장점이 있으나, 회생을 원하는 채무자가 의사와 무관하게 파산선고를 당할 수 있어 이용을 꺼리는 단점이 있고, 미국은 회생절차와 파산절차의 신청절차를 나누고 법전만 일원화하는 방식을 취하고 있는데, 이는 신청권자의 의사를 최대한 존중해 도산절차의 이용을 활성화하는 장점이 있으나, 전자의 장점이 없게 된다.

✱ 통합도산법의 체계

제1편 총칙(제1~33조): 2편부터 5편까지 공통적으로 적용되는 내용으로 이루어져 있다.

제2편 회생절차(제34~293조): 기업형 채무자를 위한 회생절차로 종전의 회사정리절차와 화의절차를 통합해 놓은 것인데, 회사정리법을 골격으로 하고 있어 화의법은 폐지된 셈이다. 회사정리절차는 주식회사만 이용할 수 있는 것이었는데 현행 회생절차는 이용자격제한이 없어 자연인, 법인, 영업자, 비영업자를 불문하고, 법인격 없는 사단도 이용이 가능하다. 과거 화의절차는 기존경영진이 유지되어 이용이 활발하기는 하지만 법원이 감독하기 어려운 구조로 되어 있다는 비판이 있었고, 회사정리절차는 법원의 감독이 너무 엄격하고 경영권 상실을 전제로 하고 있어 이용을 꺼려한다는 비판이 있었는데, 이들 비판을 수용하여, 관리인을 원칙적으로 기존 경영진 중에서 임명토록 하여 경영권유지가 가능하도록 했다. 또한 필요적 파산제도를 축소하여 채무자가 원치 않는 파산으로 이행되는 경우를 줄여서 이용을 기피하지 않도록 했고 인수합병의 활성화를 위하여 의결요건을 완화했다.

현행법은 중소기업들의 이용활성화를 위하여 일정한 중소기업의 경우 회생절차와 파산절차에서 구성이 강제되는 채권자협의회를 구성하지 않을 수 있고, 관리인을 선임하지 않을 수 있게 하여 기존 경영진의 유지를 가능하게 했고, 채무자의 거래상대방이 중소기업자이고 그가 가진 채권이 소액이나 이를 변제받지 않으면 사업계속에 지장이 있을 경우에는 변제받을 수 있게 했으며, 회생계획안 제출연장기간 2월을 1월로 단축해 신속처리 하도록 하고 있다.

제3편 파산절차(제294~578조): 종전의 파산법을 약간 수정하여 편입시켰다.

제4편 개인회생절차(제597~627조): 종전의 개인채무자회생법을 편입시켰다.

제5편 국제도산(제628~642조): 국제적 요소가 있는 도산사건의 처리를 위한 규정으

로, 과거 회사정리법과 파산법은 속지주의에 입각해 대한민국 내에서 개시한 정리절차는 대한민국 내 재산에 대해서만 효력이 있고, 외국에서 개시한 정리절차는 대한민국 내에 있는 재산에 대하여 효력이 없으며, 민사소송법에 의하여 재판상 청구할 수 있는 채권은 대한민국 내에 있는 것으로 보았는데(회사정리법 제4조, 파산법 제3조), 이 같은 원칙을 고수할 경우 기업활동의 국제화에 따라 외국소재 재산에 대한 관리인의 권한과 기존 대표의 권한 충돌이나, 외국법원에서 우리절차 인정받기 어렵다는 등 문제가 있었다.

이를 국제적으로 해결하기 위해 유엔국제상거래위원회(UNCITRAL)가 1997년 국제도산사건을 규율할 모델법을 제정했는데, 우리도 이를 참조하여 국제도산규정을 둔 것이다.

국내법원에서 외국도산사건의 처리(승인, 지원, 외국도산절차 대표자의 국내 도산절차 신청, 참가), 외국법원에서의 국내도산절차관리인의 활동, 동일한 채무자에 대해 국내도산과 외국도산이 함께 진행될 경우 법원 간 공조 등을 규정하고 있다.

제6편 벌칙(제643~660조) 통합도산법 위반 시 처벌내용을 규정하고 있다.

✽ 절차 간 우선순위

동일한 채무자에 대하여 회생절차, 개인회생절차, 파산절차가 동시에 신청되는 경우에는 개인회생절차가 최우선이고, 다음에 회생절차 그리고 파산절차의 순위로 진행된다. 도산법에서는 회생절차를 파산절차보다 우선시하는 것이 원칙이기 때문이다.

회생절차개시신청이 있으면 법원은 파산절차의 중지를 명할 수 있고(제44조제1항), 회생절차개시결정이 있으면 파산신청할 수 없고, 진행 중인 파산절차는 당연 중지되고(제58조제1, 2항), 회생계획인가결정이 있으면 중지한 파산절차는 그 효력을 잃는다(제256조).

회생절차가 실효가 없거나, 실패 시는 파산절차로 필수로(제6조제1항), 또는 재량으로 이행하되, 파산절차를 처음부터 다시 시작하지 않고, 회생채권신고 등 진행된 절차는 파산절차에서 원용되고, 중단되었던 파산절차는 속행된다.

제 1 편

· ·

총 칙

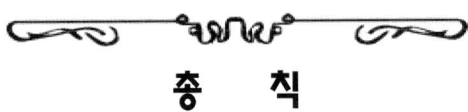

총 칙

제1조 (목적)

이 법은 재정적 어려움으로 인하여 파탄에 직면해 있는 채무자에 대하여 채권자·주주·지분권자 등 이해관계인의 법률관계를 조정하여 채무자 또는 그 사업의 효율적인 회생을 도모하거나, 회생이 어려운 채무자의 재산을 공정하게 환가·배당하는 것을 목적으로 한다.

제2조 (외국인 및 외국법인의 지위)

외국인 또는 외국법인은 이 법의 적용에 있어서 대한민국 국민 또는 대한민국 법인과 동일한 지위를 가진다.

✱ 우리나라에 거주하거나 재산권을 갖고 재판권에 복종하는 외국인에 대하여 회생절차개시나 파산선고가 가능한가에 관하여, 외국인은 법령 또는 조약에 다른 정함이 없는 한 평등하게 취급되는 것이 원칙인데, 종전의 회사정리법은 평등주의를 채택하고 있었고, 파산법은 외국인의 본국법이 우리나라 사람에게 동일한 지위를 허용하는 경우에 한하여 우리도 같은 지위를 허용하는 상호주의를 채택하고 있어 문제가 되었으나, 현행법은 외국인에게 내국인과 동일한 지위를 부여하고 있다.

제3조 (재판관할)

① 회생사건 및 파산사건은 채무자의 주된 사무소 또는 영업소(외국에 주된 사무소 또는 영업소가 있는 때에는 대한민국에 있는 주된 사무소 또는 영업소를 말한다)의 소재지를 관할하는 지방법원본원 합의부의 관할에 전속한다. 다만, 채무자가 개인이거나 채무자의 사무소 또는 영업소가 없는 때에는 채무자의 보통재판적 소재지를 관할하는 지방법원본원의 관할에 전속한다.

② 개인회생사건은 채무자의 보통재판적 소재지를 관할하는 지방법원본원의 관할에 전속한다.

③ 제1항 및 제2항의 규정에 의한 관할법원이 없는 때에는 채무자 재산의 소재지(채권의 경우에는 재판상의 청구를 할 수 있는 곳을 그 소재지로 본다)를 관할하는 지방법원본원의 관할에 전속한다.

④ 제1항의 규정에 불구하고 「독점규제및공정거래에관한법률」제2조(정의)제3호의 규정에 의한 계열회사에 대한 회생사건 또는 파산사건이 계속되어 있는 때에는 계열회사 중 다른 회사에 대한 회생절차개시 또는 파산선고의 신청은 그 계열회사에 대한 회생사건 또는 파산사건이 계속되어 있는 지방법원본원에도 할 수 있다.

⑤ 제1항의 규정에 불구하고 법인에 대한 회생사건 또는 파산사건이 계속되어 있는 때에는 그 법인의 대표자에 대한 회생절차개시 또는 파산선고의 신청은 그 법인에 대한 회생사건 또는 파산사건이 계속되어 있는 지방법원본원에도 할 수 있다.

⑥ 제1항의 규정에 불구하고 회생사건 및 파산사건은 채무자의 주된 사무소 또는 영업소의 소재지를 관할하는 고등법원 소재지의 지방법원본원에 신청할 수 있다.

⑦ 제1항 및 제2항의 규정에 불구하고 다음 각 호의 어느 하나에 해당하는 자에 대한 회생사건·파산사건 또는 개인회생사건이 계속되어 있는 때에는 그 호에 규정된 다른 자에 대한 회생절차개시·파산선고 또는 개인회생절차개시의 신청은 그 회생사건·파산사건 또는 개인회생사건이 계속되어 있는 지방법원본원에도 할 수 있다.

1. 주 채무자 및 그 보증인
2. 채무자 및 그와 함께 동일한 채무를 부담하는 자
3. 부부

⑧ 상속재산에 관한 파산사건은 상속개시지를 관할하는 지방법원본원의 관할에 전속한다.

⑨ 제1항 내지 제3항, 제8항의 규정에 의하여 서울동부·서울남부·서울북부 또는 서울서부 지방법원의 관할에 속할 사건은 서울중앙지방법원의 관할에 전속한다.

❋ 회생사건이나 파산사건의 관할을 전속관할로 한 것은 재판의 적정과 공평이란 공익적 요구에 의한 것이고, 지방법원본원의 관할로 하여 지원을 배제한 것은 전문성을 축적하고 처리기준의 통일을 기하기 위함이다.

❋ 채무자의 보통재판적(제1, 2항)은 주소가 되고, 주소를 모를 땐 거소, 거소도 모를 땐 최후 주소로 공시송달을 한다. 주소지는 생활의 근거되는 곳(민법 제18조)을 말

하므로 주민등록상의 주소지에 한정하는 것은 아니다.

＊ 회생사건이나 파산사건의 경우 채무자의 주된 사무소나 영업소 소재지 관할법원의 전속관할로 했으면서도, 개인회생의 경우는 채무자의 주소지만을 전속관할의 근거로 삼고 있는데(제2항), 실제의 경우, 예컨대 주소는 서울 근교에 두면서 경제활동은 서울에서 하는 경우가 많고 이 경우 서울법원에 신청하는 것이 편리할 것이므로 개선이 필요가 있다. 현제로서는 이송제도를 이용할 수밖에 없다.

＊ 채무자 재산소재지의 토지관할(제3항)은 제1, 2항에 의한 관할이 없을 때 보충적으로 적용되는 것으로 재산의 종류는 불문한다.

＊ 한 계열회사에 회생이나 파산절차가 계속되어 있는 경우 다른 계열사의 회생이나 파산선고의 신청은 종전법상으로는 그 계열사의 관할법원에 신청한 다음 먼저 절차가 개시된 법원으로의 이송신청으로 해결했으나, 현행법은 먼저 절차가 개시된 법원에 바로 신청이 가능하도록 했다(제3항).

계열회사란 둘 이상 회사가 동일한 기업집단에 속하는 경우를 말하고, 기업집단은 동일인이 사실상 그 사업내용을 지배하는 회사의 집단을 말한다.

법인에 대한 회생이나 파산절차가 계속되어 있는 경우 그 법인의 대표자에 대한 회생이나 파산선고의 신청도 그 법인에 대한 사건이 계속되어 있는 법원에 할 수 있다(제5항).

이같이 관련사건이 계속된 법원에 신청할 수 있도록 한 것은 경제적으로 밀접한 관계에 있는 사건은 한곳에서 처리하는 것이 기준에 통일을 기할 수 있고, 이해관계인들에게도 편리할 것이기 때문이다.

＊ 채무자의 주 사무소 또는 영업소의 소재지를 관할하는 고등법원소재지의 지방법원본원에도 신청할 수 있게 한 것은(제6항), 고등법원소재지의 지방법원은 대도시에 소재하고 있는 관계상 많은 사건을 취급하여 상당한 전문성을 갖고 있으므로 이곳에 사건을 집중시키는 것이 사건의 전문적, 통일적 처리에 부합할 것이기 때문이다.

＊ 주 채무자와 보증인, 채무자 및 그와 함께 채무를 부담하는 사람, 부부사이는

그 밀접한 관계로 인하여 회생이나 파산원인을 공통으로 할 경우가 많으므로 동일한 관할법원을 이용할 수 있게 했다(제7항).

* 상속재산에 관한 파산사건은 상속개시지를 관할하는 지방법원본원의 관할인데, 상속은 피상속인의 주소지에서 개시되고(민법 제998조), 재산의 소재지는 불문한다. 파산신청 후에 상속이 개시되면 파산절차는 상속재산에 대하여 속행되므로(제308조), 상속개시에 의하여 관할이 바뀌지는 않는다.

제4조 (손해나 지연을 피하기 위한 이송)

법원은 현저한 손해 또는 지연을 피하기 위하여 필요하다고 인정하는 때에는 직권으로 회생사건·파산사건 또는 개인회생사건을 다음 각 호의 어느 하나에 해당하는 지방법원본원으로 이송할 수 있다.

1. 채무자의 다른 영업소 또는 사무소나 채무자재산의 소재지를 관할하는 지방법원본원
2. 채무자의 주소 또는 거소를 관할하는 지방법원본원
3. 제3조제4항 내지 제7항의 규정에 의한 지방법원본원
4. 제3조제4항 내지 제7항의 규정에 의하여 해당지방법원에 회생사건·파산사건 또는 개인 회생사건이 계속되어 있는 때에는 제3조제1항 내지 제3항의 규정에 의한 지방법원본원

* 현행법에서는 관할법원이 확대되었으므로 신청자가 선택한 법원이 적당치 않은 경우가 있을 수 있는데, 거래관계가 주로 발생한 지역, 증거소재지, 다수채권자 소재지가 다른 법원의 관할구역에 있거나, 유사 관련사건이 다른 법원에 계속 중일 경우에는 손해나 지연을 피하기 위해 이송이 필요하다고 인정될 가능성이 있다.

제5조 (법원 간의 공조)

이 법에 의한 절차에서 법원은 서로 법률상의 협조를 구할 수 있다.

제6조 (회생절차폐지 등에 따른 파산선고)

① 파산선고를 받지 아니한 채무자에 대하여 회생계획인가가 있은 후 회생절차폐지의 결정이 확정된 경우 법원은 그 채무자에게 파산의 원인이 되는 사실이 있다고 인정하는 때에는 직권으로 파산을 선고하여야 한다.

② 파산선고를 받지 아니한 채무자에 대하여 다음 각 호의 어느 하나에 해당하는 결정이 확정된 경우 법원은 그 채무자에게 파산의 원인이 되는 사실이 있다고 인정하는 때에는 채무자 또는 관리인의 신청에 의하거나 직권으로 파산을 선고할 수 있다.

  1. 회생절차개시신청의 기각결정

  2. 회생계획인가 전 회생절차폐지결정

  3. 회생계획불인가결정

③ 제1항 및 제2항의 규정에 의하여 파산선고를 한 경우 다음 각 호의 어느 하나에 해당하는 등기 또는 등록의 촉탁은 파산의 등기 또는 등록의 촉탁과 함께 하여야 한다.

  1. 제23조제1항, 제24조제4항·제5항의 규정에 의한 등기의 촉탁

  2. 제27조에서 준용하는 제24조제4항 및 제5항의 규정에 의한 등록의 촉탁

④ 제1항 또는 제2항의 규정에 의한 파산선고가 있는 경우 제3편(파산절차)의 규정을 적용함에 있어서 그 파산선고 전에 지급의 정지 또는 파산의 신청이 없는 때에는 다음 각 호의 어느 하나에 해당하는 행위를 지급의 정지 또는 파산의 신청으로 보며, 공익채권은 재단채권으로 한다.

  1. 회생절차개시의 신청

  2. 제650조의 사기파산죄에 해당하는 법인인 채무자의 이사(업무집행사원 그 밖에 이에 준하는 자를 포함한다. 이하 같다)의 행위

⑤ 회생계획인가결정 전에 제2항의 규정에 의한 파산선고가 있는 경우 제3편(파산절차)의 규정을 적용함에 있어서 제2편(회생절차)에 의한 회생채권의 신고, 이의와 조사 또는 확정은 파산절차에서 행하여진 파산채권의 신고, 이의와 조사 또는 확정으로 본다. 다만, 제134조 내지 제138조의 규정에 의한 채권의 이의, 조사 및 확정에 관하여는 그러하지 아니하다.

⑥ 제1항 또는 제2항의 규정에 의한 파산선고가 있는 때에는 관리인 또는 보전관리인이 수행하는 소송절차는 중단된다. 이 경우 파산관재인 또는 그 상대방이 이를 수계할 수 있다.

⑦ 제1항 또는 제2항의 규정에 의한 파산선고가 있는 때에는 제2편(회생절차)의 규정에 의하여 회생절차에서 행하여진 다음 각 호의 어느 하나에 해당하는 자의 처분·행위 등은 그 성질에 반하지 아니하는 한 파산절차에서도 유효한 것으로 본다. 이 경우 법원은 필요하다고 인정하는 때에는 유효한 것으로 보는 처분·행위 등의 범위를 파산선고와 동시에 결정으로 정할 수 있다.

1. 법원

2. 관리인·보전관리인·조사위원·관리위원회·관리위원·채권자협의회

3. 채권자·담보권자·주주·지분권자(주식회사가 아닌 회사의 사원 및 그 밖에 이와 유사한 지위에 있는 자를 말한다. 이하 같다)

4. 그 밖의 이해관계인

⑧ 파산선고를 받은 채무자에 대한 회생계획인가결정으로 파산절차가 효력을 잃은 후 제288조의 규정에 의한 회생절차폐지결정이 확정된 때에는 법원은 직권으로 파산을 선고하여야 한다.

⑨ 제8항의 경우 제3편(파산절차)의 규정을 적용함에 있어서 회생계획인가결정으로 효력을 잃은 파산절차에서의 파산신청이 있은 때에 파산신청이 있은 것으로 보며, 공익채권은 재단채권으로 한다.

⑩ 제3항·제6항 및 제7항의 규정은 제8항의 경우에 관하여 준용한다.

✻ 회생계획인가 후 회생절차가 폐지되는 경우에는 법원은 채무자에게 파산원인 즉 파산법상의 지급불능이나 채무초과가 있다고 인정할 때는 필요적으로 파산선고를 해야 한다(제1항). 필요적 파산제도는 당초 회사정리절차개시요건을 완화함에 따른 회사정리절차의 남용을 막고, 기업구조조정을 신속히 추진한다는 측면에서 도입된 것인데, 오히려 원하지 않는 파산절차로의 이행이라는 부담 때문에 적기에 회사정리절차를 이용하지 않는 부작용이 발생하여 현행법은 필요적 파산의 범위를 축소하였다.

✻ 회생계획인가 전에 회생절차가 폐지되는 경우나 회생계획에 대하여 불인가결정이 있는 경우도 종전에는 필요적 파산이었으나, 필요적 파산은 채권자 의사와 다를 수도 있고, 채무자가 원하지 않는 파산우려 때문에 제도 이용을 기피하는 것을 막기 위해 채무자나 관리인의 신청 또는 직권으로 파산선고를 할 수 있는 것으로 변경했다(제2항). 회생절차개시신청이 기각된 경우도 마찬가지이다. 파산선고 여부는 법원의 재량으로 파산원인 사실이 인정된다 해서 반드시 파산선고를 해야 하는 것은 아니어서 재량파산이라고 한다.

✻ 제1, 2항의 채무자는 모두 파산선고 전 채무자인 경우이고, 파산선고 후 채무자에 대하여 회생계획인가결정으로 파산절차가 효력을 상실한 경우는 폐지결정이 확정

되면 직권으로 파산선고를 한다(제8항).

✽ 종전절차의 원용

법은 회생절차가 효과적이지 못하고 실패한 경우에 파산으로 이행하도록 하면서 종전절차 즉 회생신청은 파산신청으로, 회생채권신고는 파산채권신고로 보도록 하여, 좌절된 회생절차를 무용한 것으로 하지 않고 파산에 의한 합리적인 청산이 신속히 이루어지도록 함으로써, 채권자 등 이해관계인의 이익을 보호하고, 도산제도의 일원적 운용이 이루어지도록 했다.

지급정지, 파산신청의 간주(제4, 9항), 공익채권의 재단채권화(제4, 9항), 파산채권신고 간주(제5항), 소송절차의 중단과 수계(제6항), 유효한 행위의 범위결정(제7항)이 그것이다.

제7조 (파산절차가 속행되는 경우의 공익채권 등)

① 파산선고를 받은 채무자에 대하여 다음 각 호의 어느 하나에 해당하는 결정이 확정되어 파산절차가 속행되는 때에는 공익채권은 재단채권으로 한다.

  1. 회생절차개시신청의 기각결정
  2. 회생계획인가 전 회생절차폐지결정
  3. 회생계획불인가결정

② 제6조제5항 내지 제7항의 규정은 파산선고를 받은 채무자에 대하여 제1항 각 호의 어느 하나에 해당하는 결정이 확정되어 파산절차가 속행되는 경우에 관하여 준용한다.

제8조 (송달)

① 이 법의 규정에 의한 재판은 직권으로 송달하여야 한다.

② 회사인 채무자의 사채권자 또는 주주·지분권자에 대한 송달은 사채권자 또는 주주·지분권자가 이 법에 의하여 주소를 신고한 때에는 그 주소에, 주소를 신고하지 아니한 때에는 사채원부·주주명부·사원명부 또는 등기부에 기재된 주소 또는 그 자가 회사인 채무자에 통지한 주소에 서류를 우편으로 발송하여 할 수 있다.

③ 등기된 담보권을 가진 담보권자에 대한 송달은 그 담보권자가 이 법의 규정에 의하여 주소를 신고한 때에는 그 주소에, 주소를 신고하지 아니한 때에는 등기부에 기재된 주소에 서류를 우편으로 발송하여 할 수 있다.

④ 제2항 및 제3항의 규정에 의하여 서류를 우편으로 발송한 때에는 그 우편물이 보통 도달할 수 있는 때에 송달된 것으로 본다.

⑤ 제2항 및 제3항의 경우 법원서기관·법원사무관·법원주사 또는 법원주사보(이하 "법원사무관 등"이라 한다)는 서면을 작성하여 다음 각 호의 사항을 기재하고 기명날인하여야 한다.

  1. 송달을 받을 자의 성명 및 주소

  2. 발송의 연·월·일·시

⑥ 제1항 내지 제5항의 규정은 이 법에 특별한 정함이 있는 때에는 적용하지 아니한다.

  ✻ 도산절차에 관한 재판은 원칙적으로 구두변론을 거치지 않고 결정의 형식으로 행해지기 때문에 상당한 방법으로 알려주면 되나, 다수인의 권리를 집단적·강제적으로 변경하는 절차이므로, 법원이 직권으로 송달하는 것을 원칙으로 하되, 도산절차는 위기의 시기에 행해지는 것이므로 신속한 진행이 요구되어 민사소송법상 본인송달원칙의 예외로 발송송달을 원칙으로 하고 있다.

제9조 (공고)

① 이 법의 규정에 의한 공고는 관보에의 게재 또는 대법원규칙이 정하는 방법에 의하여 행한다.

② 제1항의 규정에 의한 공고는 관보에 게재된 날의 다음 날 또는 대법원규칙이 정하는 방법에 의한 공고가 있은 날의 다음 날에 그 효력이 생긴다.

③ 제1항의 규정에 의하여 재판의 공고가 있는 때에는 모든 관계인에 대하여 그 재판의 고지가 있은 것으로 본다. 다만, 이 법에 특별한 정함이 있는 때에는 그러하지 아니하다.

  ✻ 고지의 한 방법으로 공고를 정하고 있는 경우도 있는데, 종전 관보와 일간지공고 규정으로 인한 과다한 비용을 절약하는 차원에서 비용이 저렴한 관보에의 게재 또는 대법원규칙이 정하는 방법으로 공고하게 했는데, 대법원규칙은 전자매체공고방법을 채택하고 있다.

제10조 (송달에 갈음하는 공고)

① 이 법의 규정에 의하여 송달을 하여야 하는 경우 송달하여야 하는 장소를 알기 어렵거나 대법원규칙이 정하는 사유가 있는 때에는 공고로써 송달을 갈음할 수 있다.

② 제1항의 규정은 이 법에 특별한 정함이 있는 때에는 적용하지 아니한다.

＊ 대법원규칙은 도산절차의 진행이 현저하게 지연될 우려가 있을 때와 주식회사의 채무자의 부채총액이 자산총액을 초과하는 때로서 송달을 받을 자가 주주인 경우에는 공고로서 송달에 갈음하도록 하여 절차의 신속진행을 도모하고 있다.

제11조 (공고 및 송달을 모두 하여야 하는 경우)

① 이 법의 규정에 의하여 공고 및 송달을 모두 하여야 하는 경우에는 송달은 서류를 우편으로 발송하여 할 수 있다.

② 제1항의 규정에 의한 공고는 모든 관계인에 대하여 송달의 효력이 있다.

＊ 이 경우도 신속요구에 부응하기 위하여 발송송달을 채택하고 있는 것이다.

제12조 (임의적 변론과 직권조사)

① 이 법의 규정에 의한 재판은 변론을 열지 아니하고 할 수 있다.

② 법원은 직권으로 회생사건·파산사건·개인회생사건 및 국제도산사건에 관하여 필요한 조사를 할 수 있다.

＊ 임의적 변론과 직권조사는 신속한 진행의 필요에 따른 것인데, 실무에서는 변론을 거의 열지 않고, 채무자에게 서면 또는 구술에 의한 진술의 기회를 부여하는 신문을 한다. 직권조사는 다수의 이해관계인이 관여하므로 당사자에게만 맡길 경우의 혼란과 지연을 법원의 적극적 관여로 방지하고자 함에 있다.

제13조 (즉시항고)

① 이 법의 규정에 의한 재판에 대하여 이해관계를 가진 자는 이 법에 따로 규정이 있는 때에 한하여 즉시항고를 할 수 있다.

② 제1항의 규정에 의한 즉시항고는 재판의 공고가 있는 때에는 그 공고가 있은 날부터 14일 이내에 하여야 한다.

③ 제1항의 규정에 의한 즉시항고는 집행정지의 효력이 있다. 다만, 이 법에 특별한 정함이 있는 경우에는 그러하지 아니하다.

＊ 종전 회사정리법은 동일하게 규정하고 있었으나, 파산법은 법규와 무관하게 이

해관계 있는 한 무제한 즉시항고를 허용함으로써 절차지연을 초래하던 것을 일원화하여 법이 허용한 경우에만 불복할 수 있게 했다.

✽ 법규정이 없어 불복 불가능한 경우는 민사소송법 준용 규정에 따라, 민사소송법 제449조의 재판에 영향을 미친 헌법위반, 재판의 전제된 명령, 규칙, 처분의 헌법 또는 법률 위반 여부에 대한 판단이 부당하다는 이유가 있을 때 특별항고를 할 수 있다.

✽ 즉시항고권자

재판에 대하여 이해관계를 가지는 자이어야 하는데, 이해관계는 사실상이 아닌 법률상 이해관계를 말하는 것으로, 해당재판에 의하여 법률상 이익이 침해당하는 자를 뜻한다.[2]

✽ 즉시항고기간

재판의 공고가 있는 때에는 공고가 있은 날로부터 14일 이내(제2항), 공고가 없는 경우는 송달받은 날 또는 고지받은 날부터 1주간이다(제33조, 민사소송법 제444조). 공고와 송달이 모두 있는 경우는 일률적인 처리를 위하여 모두에게 송달된 것으로 볼 수 있는 공고 있은 날부터 2주간으로 볼 것이다. 초일은 산입하지 않는다(제33조, 민사소송법 제170조, 민법 제157조).

✽ 즉시항고절차

원재판을 한 법원에 항고장을 제출한다(제33조, 민사소송법 제445조).

✽ 즉시항고의 효력

이 법에 특별한 정함이 없는 한 원재판의 집행은 정지한다(제3항). 이 법은 명문이 아니어도 집행정지의 효력이 없다는 취지를 밝히고 있는 경우가 있는데, 회생절차개시결정은 그 결정 시부터 효력이 생긴다는 규정(제49조제3항)이나 회생계획은 인가결정 시부터 효력이 생긴다는 규정(제246조)이 그것이다.

제14조 (불복의 방법)

이 법의 규정에 의한 재판에 대한 불복은 서면으로 하여야 한다.

---

2) 대법원 2006. 1.……20자 2005그60 결정.

제15조 (관리위원회의 설치)

이 법의 규정에 의한 절차를 적정·신속하게 진행하기 위하여 대법원규칙이 정하는 지방법원에 관리위원회를 둔다.

✽ 회생이나 파산사건은 일반 소송사건과는 달리 사실의 확정과 이에 대한 법률적 용만이 아닌, 기업의 경영, 회계, 조직관리, 경제 상황에 대한 판단과 분석 등에 대한 전문성도 요구되는데, 법관이 이런 전문성을 모두 갖추기는 어려우므로 해당분야의 전문가들의 도움을 받을 필요가 있어 도입된 제도로, 일정한 전문가들로 관리위원회를 구성하여 법원의 지휘 아래 회생이나 파산업무에 관한 의견제시 평가 등의 업무를 수행하게 하고 있다.

제16조 (관리위원회의 구성 등)

① 관리위원회는 위원장 1인을 포함한 3인 이상 15인 이내의 관리위원으로 구성한다.
② 관리위원의 임기는 3년으로 한다.
③ 관리위원은 다음 각 호의 어느 하나에 해당하는 자 중에서 지방법원장이 위촉한다.
  1. 변호사 또는 공인회계사의 자격이 있는 자
  2. 「은행법」에 의한 금융기관, 그 밖에 대통령령이 정하는 법인에서 15년 이상 근무한 경력이 있는 자
  3. 상장기업의 임원으로 재직한 자
  4. 법률학·경영학·경제학 또는 이와 유사한 학문의 석사학위 이상을 취득한 자로서 이와 관련된 분야에서 7년 이상 종사한 자
  5. 제1호 내지 제4호에 규정된 자에 준하는 자로서 학식과 경험을 갖춘 자
④ 다음 각 호의 어느 하나에 해당하는 자는 관리위원이 될 수 없다.
  1. 금치산자·한정치산자 또는 파산선고를 받은 자로서 복권되지 아니한 자
  2. 금고 이상의 실형의 선고를 받고 그 집행이 종료(집행이 종료된 것으로 보는 경우를 포함한다)되거나 집행이 면제된 날부터 5년이 경과되지 아니한 자
  3. 금고 이상의 형의 집행유예선고를 받고 그 유예기간이 만료된 날부터 2년이 경과되지 아니한 자
  4. 금고 이상의 형의 선고유예를 받고 그 유예기간 중에 있는 자
  5. 다른 법률 또는 법원의 판결에 의하여 자격이 정지 또는 상실된 자
⑤ 관리위원회는 재적위원 과반수의 출석과 출석위원 과반수의 찬성으로 의결한다.

⑥ 관리위원회의 설치·조직 및 운영, 관리위원의 자격요건·신분보장 및 징계 등에 관하여는 대법원규칙으로 정한다.

⑦ 관리위원은 「형법」 그 밖의 법률의 규정에 의한 벌칙의 적용에 있어서는 이를 공무원으로 본다.

제17조 (관리위원회의 업무 및 권한)

① 관리위원회는 법원의 지휘를 받아 다음 각 호의 업무를 행한다.

1. 관리인·보전관리인·조사위원·파산관재인·회생위원 및 국제도산관리인의 선임에 대한 의견의 제시
2. 관리인·보전관리인·조사위원·파산관재인 및 회생위원의 업무수행의 적정성에 관한 감독 및 평가
3. 회생계획안·변제계획안에 대한 심사
4. 채권자협의회의 구성과 채권자에 대한 정보의 제공
5. 이 법의 규정에 의한 절차의 진행상황에 대한 평가
6. 관계인집회 및 채권자집회와 관련된 업무
7. 그 밖에 대법원규칙 또는 법원이 정하는 업무

② 관리위원회는 제1항 각 호의 업무를 효율적으로 수행하기 위하여 관리위원에게 업무의 일부를 위임할 수 있다.

③ 법원은 제2항의 규정에 의하여 업무를 수행하는 관리위원이 그 업무를 수행하는 것이 적절하지 아니하다고 인정하는 때에는 관리위원회에 그 업무를 다른 관리위원에게 위임할 것을 요구할 수 있다.

④ 관리위원회가 설치되어 있지 아니한 때에는 다음 각 호의 사항을 적용하지 아니한다.

1. 제6조제7항, 제18조, 제19조 및 제30조제1항 중 관리위원에 관한 사항
2. 제6조제7항, 제42조, 제43조제1항·제3항·제4항, 제50조제1항, 제62조제2항, 제87조제1항, 제92조, 제114조제4항, 제132조제3항, 제257조제3항·제4항, 제287조제3항, 제288조제2항 및 제355조제1항 중 관리위원회에 관한 사항

＊ 관리위원회는 상기업무 외에도 개별규정에 정해진 업무 즉 회생절차개시신청의 기각결정에 대한 의견제시(제42조), 채무자재산의 보전처분 등에 관한 의견제시(제43조), 회생계획인가 정의 영업 등의 양도허가에 관한 의견제시(제62조제2항), 법인의 이사 등의 책임에 기한 손해배상청구권 등을 보전하기 위한 보전처분의 변경·취소에

관한 의견제시(제114조제4항), 소액채권 등의 변제허가에 관한 의견제시(제132조제3항) 등이 그것이다.

제18조 (관리위원에 대한 허가사무의 위임)

법원은 제61조제1항 각 호의 행위 중 통상적인 업무에 관한 허가사무 또는 파산절차에 관한 허가사무를 관리위원에게 위임할 수 있다. 이 경우 위임의 범위·절차 등에 관하여 필요한 사항은 대법원규칙으로 정한다.

제19조 (관리위원의 행위에 대한 이의신청)

① 제18조의 규정에 의하여 위임을 받아 관리위원이 행한 결정 또는 처분에 불복하는 자는 관리위원에게 이의신청서를 제출하여야 한다.

② 관리위원은 제1항의 규정에 의한 이의신청이 이유 있다고 인정하는 때에는 지체 없이 그에 따른 상당한 처분을 하고 이를 법원에 통지하여야 한다.

③ 관리위원은 제1항의 규정에 의한 이의신청이 이유 없다고 인정하는 때에는 이의신청서를 제출받은 날부터 3일 이내에 이의신청서를 법원에 송부하여야 한다.

④ 제1항의 규정에 의한 이의신청은 집행정지의 효력이 없다.

⑤ 법원은 제3항의 규정에 의하여 이의신청서를 송부받은 때에는 이유를 붙여 결정을 하여야 하며, 이의신청이 이유 있다고 인정하는 때에는 관리위원에게 상당한 처분을 명하고 그 뜻을 이의신청인에게 통지하여야 한다.

제20조 (채권자협의회의 구성)

① 관리위원회(관리위원회가 설치되지 아니한 때에는 법원을 말한다. 이하 이 조에서 같다)는 회생절차개시신청 또는 파산신청이 있은 후 채무자의 주요채권자를 구성원으로 하는 채권자협의회를 구성하여야 한다. 다만, 채무자가 개인 또는 「중소기업기본법」 제2조제1항의 규정에 의한 중소기업자(이하 "중소기업자"라 한다)인 때에는 채권자협의회를 구성하지 아니할 수 있다.

② 채권자협의회는 10인 이내로 구성한다.

③ 관리위원회는 필요하다고 인정하는 때에는 소액채권자를 채권자협의회의 구성원으로 참여하게 할 수 있다.

＊ 도산절차의 주요 목적은 채무자의 회생 외에 채권자를 최대로 만족시키는 것에

있고, 이를 위해서는 채권자의 의사를 정확하고 적절하게 반영해야 하고, 또 그를 위해서 채권자들이 적극적으로 도산절차에 관여할 수 있는 제도적 장치가 필요하다. 세계 각국의 입법례는 도산절차에 관한 채권자들의 의견진술기회 확대를 통해 채권자의 지위를 강화하여 법원주도형에서 채권자주도형으로 변화하는 경향을 보이고 있다. 우리도 IMF위기를 맞아 개정된 회사정리법과 파산법에서 채권자들의 의견진술기회를 보장하고, 의견제시에 필요한 자료제공을 제도화하는 외에 채권자협의회를 도입하여 채권자들의 결집된 의견을 제시할 수 있게 하였고, 본법에도 그대로 수용함으로써 채권자들이 주인의식과 책임감을 갖고 도산절차에 적극 참여하여 도산절차의 성공적인 수행을 확보하고자 하고 있다.

이 같은 채권자 의사의 반영 또는 동의의 확보를 위한 장치는 회생이나 파산절차에 필연적으로 따르는 면책에 대한 합리적 근거를 제공하기도 하는데, 우리 대법원이나 헌법재판소가 면책과 실권의 근거로 공공의 복지를 위한 제도로서 집단적 화해를 들고 있는 것이 그것이다.[3]

＊ 구성주체는 관리위원회가 되나, 모든 법원에 관리위원회가 있는 것이 아니므로 그런 경우는 법원이 직접 구성에 나선다.

＊ 구성대상은 모든 채무자가 의무적으로 구성해야 하나, 채무자가 개인이거나 중소기업인 경우는 채권자가 많지 않고, 원활한 진행을 위해 재량사항으로 하고 있다(제1항 단서). 채무자가 영업자인 경우는 중소기업이라 해도 다수의 채권자가 존재하기 마련이므로 가급적 채권자회의를 구성하는 것이 필요할 것이다.

＊ 구성시기는 회생절차개시신청 후 또는 파산절차개시신청 후라고만 규정하여 언제까지 구성해야 하는지에 관하여 아무런 제한이 없으나, 모든 도산절차가 신속한 진행을 염두에 두고 있고, 신속히 진행되는 절차 중에는 필수적으로 채권자협의회의 의견을 들어야 하는 경우가 있으므로, 가능한 한 절차 신청 후 지체 없이 구성하여야 할 것이다.

＊ 협의회의 수에 관하여는 제한이 없으므로, 채권자 종류별로 구성하는 것이 절차

---

3) 대법원 2005. 2. 17. 2004카기109 결정, 헌법재판소 1996. 1. 25. 93헌바5, 58 결정.

진행에 효율적이라고 판단되면 여러 개를 구성할 수도 있을 것이나, 채권자들이 이해를 조정하고 결집하는 기구인 이상, 하나로 구성하고 내부에 분과를 두는 형식이 바람직할 것이다.

＊ 구성원은 주요채권자 10인 이내가 된다. 이는 구성원의 수가 너무 많아질 경우 신속하고 효율적인 의견결집이 어렵기 때문에 숫자를 제한한 것인데, 최저선은 없지만 과반수 의결로 의견을 정하도록 되어 있으므로 3인 이상은 되어야 할 것이다. 주요채권자라 함은 채권자들의 의사가 채권액에 의해 결정되므로 채권액이 많은 순으로 정해질 것인데, 주요영업재산에 대한 담보권자의 경우는 그의 협력이 절차진행에 결정적인 영향을 미칠 수 있어 채권액이 적더라도 참여시킬 필요가 있을 수도 있으므로, 채권액만이 아닌 업종, 이해관계인 수, 담보대상 물건의 특징, 절차에 대한 관심도 등 제반 요소를 고려해 구성해야 할 것이다. 또한 채무자의 계열회사 등 특수이해관계인이 상호보증 등을 통하여 다액의 채권자가 될 수도 있는데, 이런 경우는 채무자에 대한 감시나 견제의 기능을 기대하기 어려우므로 제외시켜야 할 것이고, 이해관계인이 채무자와 경업관계에 있는 경우도 다른 채권자의 일반 이익에 반할 가능성이 높아 제외하는 것이 옳을 것이다.

제21조 (채권자협의회의 기능 등)

① 채권자협의회는 채권자 간의 의견을 조정하여 다음 각 호의 행위를 할 수 있다.
  1. 회생절차 및 파산절차에 관한 의견의 제시
  2. 관리인·파산관재인 및 보전관리인의 선임 또는 해임에 관한 의견의 제시
  3. 법인인 채무자의 감사(「상법」 제415조의2의 규정에 의한 감사위원회의 위원을 포함한다. 이하 같다) 선임에 대한 의견의 제시
  4. 회생계획인가 후 회사의 경영상태에 관한 실사의 청구
  5. 그 밖에 법원이 요구하는 회생절차 및 파산절차에 관한 사항
  6. 그 밖에 대통령령이 정하는 행위
② 채권자협의회의 의사는 출석한 구성원 과반수의 찬성으로 결정한다.
③ 법원은 결정으로 채권자협의회의 활동에 필요한 비용을 채무자에게 부담시킬 수 있다.
④ 채권자협의회의 구성 및 운영에 관하여 필요한 사항은 대법원규칙으로 정한다.
⑤ 채권자협의회가 구성되어 있지 아니한 때에는 제50조제1항·제62조제2항·제132조제3항·제203조제4항·제259조·제287조제3항 및 제288조제2항 중 채권자협의회에 관한

사항은 적용하지 아니한다.

＊ 협의회의 소집, 운영 등에 관한 사항은 대법원규칙에 따른다.

＊ 채권자 간의 의견조정은 서로의 이해를 조정해 단일안을 내도록 하는 데 의미가 있다.

＊ 관리인은 채무자 대표자가 됨이 원칙이나 채권자협의회의 요청이 있을 경우는 제3자를 선임할 수 있다. 도산절차 이용의 활성화를 위해 종전과는 달리 채무자 대표자를 관리인으로 선임하는 것을 원칙으로 했으나, 채권자들의 협조가 없으면 절차진행이 불가능한 점을 감안해 채권자들에게 부실경영 또는 경영능력 부족으로 인한 경우에는 관리인 등의 선임에 관여할 기회를 주어(제74조제2항제2호), 채권자협의회에 관리인에 대한 감시 통제기능을 주었다.

＊ 경영상태에 대한 실사청구는 회생계획의 수행이 원활하지 못하여 계획변경이 필요하거나, 종결 또는 폐지결정하려 할 경우에 하게 될 것이다(제1항제4호).

＊ 관리인은 회생을 위하여 필요할 경우 법원의 허가를 받아 사업의 전부·일부를 양도할 수 있는데, 법원은 허가를 하기 전에 채권자협의회의 의견을 들어야 한다(제62조제2항).

＊ 채권자협의회 활동의 활성화를 위하여 법원은 그 비용을 공익채권으로 채무자에게 부담시킬 수 있다(제3항).

＊ 법은 그 밖에 법원의 요구나 대통령령이 정하는 바에 따라 채권자협의회가 회생이나 파산절차에 관여할 수 있게 해 놓았는데(제1항제5, 6호), 채권자들의 권한을 강화시키는 방향으로 운영할 경우 채무자가 도산절차의 이용을 주저할 수도 있고, 채권자도 채무자의 회생보다는 자신의 이익 극대화라는 상업적 관점으로만 접근하는 폐단이 있으므로 채권자와 채무자의 권한이 균형을 이룰 수 있도록 적절한 안배가 필요하다.

제22조 (채권자협의회에 대한 자료제공)

① 법원은 회생절차 또는 파산절차의 신청에 관한 서류·결정서·감사보고서 그 밖에 대법원규칙이 정하는 주요자료의 사본을 채권자협의회에 제공하여야 한다.

② 관리인 또는 파산관재인은 법원에 대한 보고서류 중 법원이 지정하는 주요서류를 채권자협의회에 분기별로 제출하여야 한다.

③ 채권자협의회는 대법원규칙이 정하는 바에 따라 관리인 또는 파산관재인에게 필요한 자료의 제공을 청구할 수 있다.

④ 제3항의 규정에 의하여 자료제공을 요청받은 자는 대법원규칙이 정하는 바에 따라 자료를 제공하여야 한다.

⑤ 채권자협의회에 속하지 아니하는 채권자의 요청이 있는 때에는 채권자협의회는 제1항 내지 제3항의 규정에 의하여 제공받은 자료를 제공하여야 한다.

✽ 법에 정하고 있는 서류 외의 서류의 제공 여부는 법원이 협의회의 기능을 위하여 필요한 서류인지, 제공함으로써 채무자의 영업비밀이 누설되는 폐해 여부 등을 비교교량하여 판단할 것이다.

✽ 제공시기는 정해진 바가 없지만 협의회의 의사결정을 위하여 활용되는 데 지장이 없도록 해당 자료가 생성된 직후 신속히 제공되어야 할 것이다.

✽ 자료제공비용은 수익자 부담이 될 것이다.

제23조 (법인에 관한 등기의 촉탁)

① 법인인 채무자에 대하여 다음 각 호의 어느 하나에 해당하는 사유가 있는 경우에는 법원사무관 등은 직권으로 지체 없이 촉탁서에 결정서의 등본 또는 초본 등 관련 서류를 첨부하여 채무자의 각 사무소 및 영업소(외국에 주된 사무소 또는 영업소가 있는 때에는 대한민국에 있는 사무소 또는 영업소를 말한다. 이하 이 조에서 같다)의 소재지의 등기소에 그 등기를 촉탁하여야 한다.

1. 회생절차개시 또는 파산선고의 결정이 있는 경우
2. 회생절차개시결정취소, 회생절차폐지 또는 회생계획불인가의 결정이 확정된 경우
3. 회생계획인가 또는 회생절차종결의 결정이 있는 경우
4. 제266조의 규정에 의한 신주발행, 제268조의 규정에 의한 사채발행, 제269조의 규정

에 의한 주식의 포괄적 교환, 제270조의 규정에 의한 주식의 포괄적 이전, 제271조
의 규정에 의한 합병, 제272조의 규정에 의한 분할 또는 분할합병이나 제273조 및
제274조의 규정에 의한 신회사의 설립이 있는 경우

5. 파산취소·파산폐지 또는 파산종결의 결정이 있는 경우

② 법인인 채무자에 대하여 제43조제3항·제74조제1항·제355조 또는 제636조제1항제4
호의 규정에 의한 처분이 있는 때에는 법원사무관 등은 직권으로 지체 없이 촉탁서에
그 처분의 등본 또는 초본을 첨부하여 그 처분의 등기를 채무자의 각 사무소 및 영업
소의 소재지의 등기소에 촉탁하여야 한다. 등기된 처분이 변경 또는 취소된 때에도 또
한 같다.

③ 제2항의 규정에 의한 처분의 등기에는 관리인·보전관리인·파산관재인 또는 국제도산
관리인의 성명 또는 명칭과 주소 또는 사무소를 기재하여야 한다. 이 경우 기재사항이
변경된 때에는 법원사무관 등은 지체 없이 그 변경의 등기를 채무자의 각 사무소 및
영업소의 소재지의 등기소에 촉탁하여야 한다.

＊ 회생절차개시·취소·종결 등이 있을 경우 재산의 관리처분권이 관리인에게 넘어
가는 등 채무자의 권리행사가 제한되고, 다시 이에 대한 변경이 있게 되므로 이 사실
을 공시할 필요가 있어 그 기입등기를 촉탁대상으로 한 것이다.

종전에는 법인채무자의 경우 그 재산 중 등기·등록 모든 재산에도 등기촉탁을 하
게 했으나, 이를 폐지하고 상업등기부에만 하게 했고, 촉탁의 주체를 모든 경우에 법
원이 하던 것을, 실질적인 판단을 요하지 않는 단순한 등기의뢰에 지나지 않는 경우
는 법원사무관 등이 하도록 해 신속요구에 부응하고 있다.

제24조 (등기된 권리에 관한 등기 등의 촉탁)

① 다음 각 호의 경우 법원사무관 등은 직권으로 지체 없이 촉탁서에 결정서의 등본 또는
초본을 첨부하여 회생절차개시의 등기 또는 그 보전처분의 등기를 촉탁하여야 한다. 제2
호 또는 제3호의 보전처분이 변경 또는 취소되거나 효력을 상실한 때에도 또한 같다.

1. 법인이 아닌 채무자에 대하여 회생절차개시의 결정이 있는 경우 그 채무자의 재산에
속하는 권리 중에 등기된 것이 있는 때

2. 처분대상인 채무자의 재산에 속하는 권리로서 등기된 것에 관하여 제43조제1항의
규정에 의한 보전처분이 있는 때

3. 등기된 권리에 관하여 제114조제1항 또는 제3항의 규정에 의한 보전처분이 있는 때

② 법원은 회생계획의 수행이나 이 법의 규정에 의하여 회생절차가 종료되기 전에 등기된 권리의 득실이나 변경이 생긴 경우에는 직권으로 지체 없이 그 등기를 촉탁하여야 한다. 다만, 채무자·채권자·담보권자·주주·지분권자와 신회사 외의 자를 권리자로 하는 등기의 경우에는 그러하지 아니하다.

③ 법원사무관 등은 법인이 아닌 파산선고를 받은 채무자에 관한 등기가 있는 것을 안 때에는 직권으로 지체 없이 촉탁서에 파산결정서의 등본을 첨부하여 파산등기를 촉탁하여야 한다. 파산재단에 속하는 권리로서 등기된 것이 있음을 안 때에도 또한 같다.

④ 법원사무관 등은 파산관재인이 파산등기가 되어 있는 권리를 파산재단으로부터 포기하고 그 등기촉탁의 신청을 하는 경우에는 촉탁서에 권리포기허가서의 등본을 첨부하여 권리포기의 등기를 촉탁하여야 한다.

⑤ 제1항 및 제3항의 규정은 제23조제1항제1호 내지 제3호·제5호의 경우에 관하여 준용한다.

⑥ 법원사무관 등은 채무자의 재산에 속하는 권리로서 등기된 것에 대하여 개인회생절차에 의한 보전처분 및 그 취소 또는 변경이 있는 때에는 직권으로 지체 없이 촉탁서에 결정서의 등본 또는 초본을 첨부하여 그 처분의 등기를 촉탁하여야 한다.

⑦ 법원사무관 등은 제636조제1항제3호 또는 제4호의 규정에 의한 처분이 있는 경우 채무자의 재산에 속하는 권리로서 등기된 것이 있음을 안 때에는 직권으로 지체 없이 촉탁서에 결정서의 등본 또는 초본을 첨부하여 그 처분의 등기를 촉탁하여야 한다. 제635조제1항의 규정에 의하여 외국도산절차의 승인결정 전에 제636조제1항제3호의 처분이 있는 경우에도 또한 같다.

* 회생절차개시결정이 있는 경우 법인은 법인등기부에 개재하여 공시할 수 있으나 개인의 경우 공시방법이 없어 채무자의 재산 중 부동산 등 등기된 것이 있을 때는 이것에 등기하여 공시되도록 하였다(제1항제1호).

* 채권자 등 관계인 이외의 자가 회생재산에 대하여 등기를 할 경우에는 일반의 등기절차에 따를 것이다(제2항).

제25조 (등기소의 직무 및 등록세 면제)

① 등기소는 제23조 또는 제24조의 규정에 의한 등기의 촉탁을 받은 때에는 지체 없이 그 등기를 하여야 한다.

② 등기소는 회생계획인가의 등기를 하는 경우 채무자에 대하여 파산등기가 있는 때에는

직권으로 그 등기를 말소하여야 한다.

③ 등기소는 회생계획인가취소의 등기를 하는 경우 제2항의 규정에 의하여 말소한 등기가 있는 때에는 직권으로 그 등기를 회복하여야 한다.

④ 제1항 내지 제3항의 규정에 의한 등기에 관하여는 등록세를 부과하지 아니한다.

제26조 (부인의 등기)

① 등기의 원인인 행위가 부인된 때에는 관리인, 파산관재인 또는 개인회생절차에서의 부인권자는 부인의 등기를 신청하여야 한다. 등기가 부인된 때에도 또한 같다.

② 제1항의 규정에 의한 등기에 관하여는 등록세를 부과하지 아니한다.

③ 제23조제1항제1호 내지 제3호 및 제5호의 규정은 제1항의 경우에 관하여 준용한다.

④ 법원은 관리인 또는 파산관재인이 제1항의 부인의 등기가 된 재산을 임의 매각한 경우에 그 임의 매각을 원인으로 하는 등기가 된 때에는 이해관계인의 신청에 의하여 제1항의 부인의 등기, 부인된 행위를 원인으로 하는 등기, 부인된 등기 및 위 각 등기의 뒤에 되어 있는 등기로서 회생채권자 또는 파산채권자에게 대항할 수 없는 것의 말소를 촉탁하여야 한다.

✻ 관리인이 부인권을 행사한 때에는 수익자 또는 전득자 명의로 된 재산은 채무자 앞으로 환원되는데(제100, 391, 584조), 부인의 목적을 달성하기 위해서는 부인에 의하여 환원된 사실을 등기할 필요가 있고 이를 부인의 등기라고 하고, 이를 위한 절차를 규정해 놓은 것이다.

제27조 (등록된 권리에의 준용)

제24조 내지 제26조의 규정은 채무자의 재산, 파산재단 또는 개인회생재단에 속하는 권리로서 등록된 것에 관하여 준용한다.

제28조 (사건기록의 열람 등)

① 이해관계인은 법원에 사건기록(문서 그 밖의 물건을 포함한다)의 열람·복사, 재판서·조서의 정본·등본이나 초본의 교부 또는 사건에 관한 증명서의 교부를 청구할 수 있다.

② 제1항의 규정은 사건기록 중 녹음테이프 또는 비디오테이프(이에 준하는 방법에 의하여 일정한 사항을 기록한 물건을 포함한다. 이하 이 조에서 같다)에 관하여는 적용하지 아니한다. 다만, 이해관계인의 신청이 있는 때에는 법원은 그 복제를 허용할 수 있다.

③ 제1항 및 제2항의 규정에 불구하고 다음 각 호의 자는 당해 각 호의 각 목에서 정하는 재판의 어느 하나가 있을 때까지는 제1항 및 제2항의 규정에 의한 신청을 할 수 없다. 다만, 그 자가 회생절차개시의 신청인인 때에는 그러하지 아니하다.

  1. 채무자 외의 이해관계인

    가. 제43조제1항의 규정에 의한 보전처분

    나. 제43조제3항의 규정에 의한 보전관리명령

    다. 제44조제1항의 규정에 의한 중지명령

    라. 제45조제1항의 규정에 의한 포괄적 금지명령

    마. 회생절차개시신청에 대한 재판

  2. 채무자

    가. 제1호 각 목의 재판

    나. 회생절차개시신청에 관한 변론기일의 지정

    다. 채무자를 소환하는 심문기일의 지정

④ 법원은 채무자의 사업유지 또는 회생에 현저한 지장을 초래할 우려가 있거나 채무자의 재산에 현저한 손해를 줄 우려가 있는 때에는 제1항 및 제2항의 규정에 의한 열람·복사, 정본·등본이나 초본의 교부 또는 녹음테이프 또는 비디오테이프의 복제를 허가하지 아니할 수 있다.

⑤ 제4항의 규정에 의한 불허가결정에 대하여는 즉시항고를 할 수 있다.

✻ 종전에는 규정이 없어 민사소송법을 원용할 수밖에 없었으므로 동법 제162조의 소송기록의 열람과 증명서 교부청구나 동법 제163조의 비밀보호를 위한 열람 등의 제한 규정에 따라 이해관계인들이 적기에 서류열람 등을 할 수 없거나, 제한되었는데, 이 법에 명문화하여 절차의 투명성을 확보하고 이해관계인의 의사결정에 도움이 되도록 했다.

✻ 다만 당사자의 사생활이나 영업상 중대한 비밀이 적혀 있는 서류 등 채무자의 사업유지나 회생에 현저한 지장을 줄 우려가 있거나 재산에 현저한 손해를 줄 우려가 있는 경우에는 제한될 수 있다(제4항).

제29조 (채무자의 재산 등에 관한 조회)

① 법원은 필요한 경우 관리인·파산관재인 그 밖의 이해관계인의 신청에 의하거나 직권으로 채무자의 재산 및 신용에 관한 전산망을 관리하는 공공기관·금융기관·단체 등에 채무자명의의 재산에 관하여 조회할 수 있다.

② 면책의 효력을 받을 이해관계인이 제1항의 규정에 의한 신청을 하는 때에는 조회할 공공기관·금융기관 또는 단체를 특정하여야 한다. 이 경우 법원은 조회에 드는 비용을 미리 납부하도록 명하여야 한다.

③ 제1항의 규정에 의한 조회에 관하여는 「민사집행법」 제74조(재산조회)제3항·제4항 및 제75조(재산조회의 결과 등)제1항의 규정을 준용한다.

④ 제1항 내지 제3항의 규정에 따라 조회를 할 공공기관·금융기관 또는 단체 등의 범위 및 조회절차, 이해관계인이 납부하여야 할 비용, 조회결과의 관리에 관한 사항 등은 대법원규칙으로 정한다.

✱ 종전에 없던 제도를 신설하여 채무자의 재산자료 확보를 용이하게 해주고, 채무자 은닉재산 추적이나 부인권행사에 필요한 자료도 확보할 수 있게 해주었다.

제30조 (관리인 등의 보수 등)

① 다음 각 호의 자는 비용을 미리 받거나 보수 또는 특별보상금을 받을 수 있다. 이 경우 보수 및 특별보상금의 액은 법원이 정한다.
　1. 관리인·관리인대리·보전관리인·파산관재인·파산관재인대리
　2. 조사위원·회생위원·고문
　3. 그 직무를 수행하는 관리위원

② 제1항의 규정에 의한 보수 및 특별보상금은 그 직무와 책임에 상응한 것이어야 한다.

③ 제1항의 규정에 의한 결정에 대하여는 즉시항고를 할 수 있다.

제31조 (대리위원 등의 보상금 등)

① 법원은 다음 각 호의 자에 대하여 적절한 범위 안에서 비용을 상환하거나 보상금을 지급할 것을 허가할 수 있다. 이 경우 비용 또는 보상금의 액은 법원이 정한다.
　1. 회생절차에서 회생에 공적이 있는 채권자·담보권자·주주·지분권자나 그 대리위원 또는 대리인
　2. 파산절차에서 파산재단의 관리 또는 환가에 공적이 있는 자

② 제1항의 규정에 의한 결정에 대하여는 즉시항고를 할 수 있다.

제32조 (시효의 중단)

다음 각 호의 경우에는 시효중단의 효력이 있다.

1. 제147조 목록의 제출 그 밖의 회생절차참가. 다만, 그 목록에 기재되어 있지 아니한 회생
채권자 또는 회생담보권자가 그 신고를 취하하거나 그 신고가 각하된 때에는 그러하지
아니하다.
2. 파산절차참가. 다만, 파산채권자가 그 신고를 취하하거나 그 신고가 각하된 때에는 그
러하지 아니하다.
3. 제589조제2항의 개인회생채권자목록의 제출 그 밖의 개인회생절차참가. 다만, 그 목록
에 기재되어 있지 아니한 개인회생채권자가 그 조사확정재판신청을 취하하거나 그 신
청이 각하된 때에는 그러하지 아니하다.

제32조의2 (차별적 취급의 금지)

누구든지 이 법에 따른 회생절차·파산절차 또는 개인회생절차 중에 있다는 이유로 정
당한 사유 없이 취업의 제한 또는 해고 등 불이익한 처우를 받지 아니한다.

＊ 회생절차 등은 변제능력을 상실한 사람의 사회적 경제적 재건을 도모하기 위한
제도인데, 실제는 불성실의 징표, 사회적 신뢰의 상실로 여겨져 부당한 차별, 불이익
을 받는 것이 현실이어서 이를 막고 제도의 이용을 활성화하기 위한 규정이다.

이와 관련 종전에는 개별법령에서 파산을 공무원, 변호사, 의사 등의 자격상실사유
로 정하고 있어서 이에 따른 불이익이 있었으나, 이 차별금지조항에 따라 개별법령의
해당조항들은 효력을 상실하게 되었다고 보아야 하는데, 이에 대해서는 사규나 취업
규칙에 기한 퇴직사유의 제한에만 적용되고 근로관계 이외의 영역에는 적용되지 않는
다는 견해도 있다.[4)]

제33조 (「민사소송법」 및 「민사집행법」의 준용)

회생절차·파산절차·개인회생절차 및 국제도산절차에 관하여 이 법에 규정이 없는 때에
는 「민사소송법」 및 「민사집행법」을 준용한다.

---

4) 서울중앙지방법원 개인파산 개인회생실무, 61면.

제 2 편

· ·

회생절차

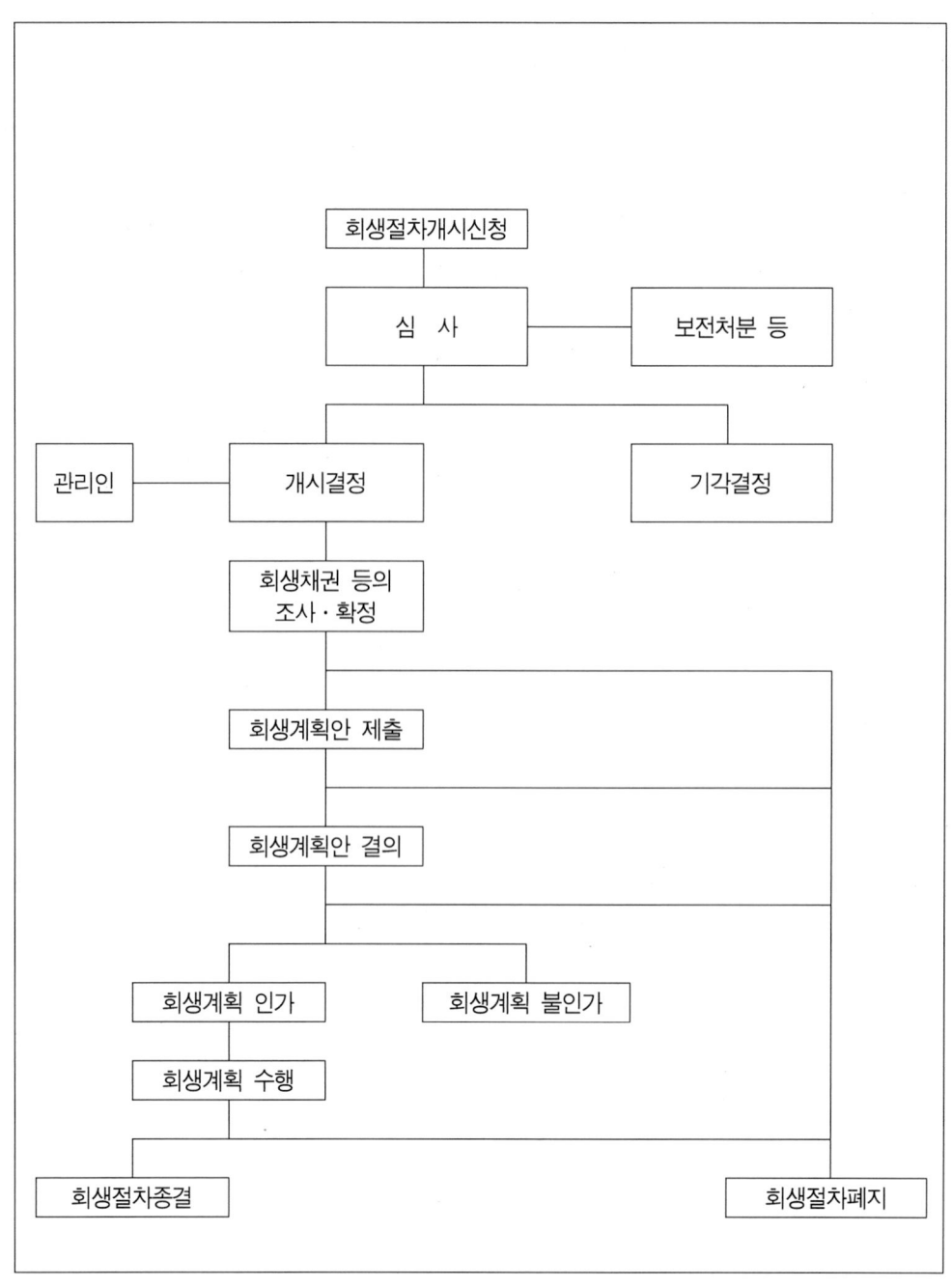

〈회생절차의 흐름〉

제1장 회생절차의 개시

＊ 회생절차는 재정적 어려움으로 인하여 파탄에 직면해있는 채무자에
대하여 채권자·주주·지분권자등 이해관계인의 법률관계를 조정하여
채무자 또는 그 사업의 효율적인 회생을 도모하는 제도이다(제1조)

제1절 회생절차개시의 신청

제34조 (회생절차개시의 신청)

① 다음 각 호의 어느 하나에 해당하는 경우 채무자는 법원에 회생절차개시의 신청을 할
수 있다.

1. 사업의 계속에 현저한 지장을 초래하지 아니하고는 변제기에 있는 채무를 변제할
수 없는 경우

2. 채무자에게 파산의 원인인 사실이 생길 염려가 있는 경우

② 제1항제2호의 경우에는 다음 각 호의 구분에 따라 당해 각 호의 각 목에서 정하는 자
도 회생절차개시를 신청할 수 있다.

1. 채무자가 주식회사 또는 유한회사인 때

가. 자본의 10분의 1 이상에 해당하는 채권을 가진 채권자

나. 자본의 10분의 1 이상에 해당하는 주식 또는 출자지분을 가진 주주·지분권자

2. 채무자가 주식회사 또는 유한회사가 아닌 때

가. 5천만 원 이상의 금액에 해당하는 채권을 가진 채권자

나. 합명회사·합자회사 그 밖의 법인 또는 이에 준하는 자에 대하여는 출자총액의
10분의 1 이상의 출자지분을 가진 지분권자

③ 법원은 제2항의 규정에 의하여 채권자·주주·지분권자가 회생절차개시의 신청을 한 때
에는 채무자에게 경영 및 재산상태에 관한 자료를 제출할 것을 명할 수 있다.

＊ 채무자가 신청하는 경우(제1항)

채무자는 법인에 한정하지 않아 개인도 신청 가능하다. 회사의 경우 이사회 결의로 족하고, 주주총회 결의는 필요 없다. 신청사유로는 둘 중 어느 하나, 또는 둘 다 주장해도 되고, 법원은 둘 중 어느 한 사유가 인정되면 설사 그 사유가 주장되지 않았어도 개시결정 가능하다.

- 변제불능: 파산원인인 지급불능이 재산·신용 등을 종합적으로 고려할 때 변제능력이 앞으로도 지속적으로 없는 경우임에 반해, 회생절차개시원인인 변제불능은 그 정도로 심각한 것은 아니고, 기존 자산 처분하거나, 자금을 조달해 변제가능은 하지만 그럴 경우 사업의 지속에 현저한 지장을 초래할 경우로 완화된다. 예컨대, 가동 중인 공장 매각, 원자재 매각, 제품의 염가판매, 단기간 내에 반환가망 없는 고리채 이용 등 절대적 불능 아닌 상대적 변제불능의 경우이다.
- 파산원인 사실이 생길 염려: 파산원인사실에는 지급불능과 채무초과가 있다. 지급불능은 변제능력이 지속적으로 결여되어 즉시 변제할 채무도 변제 못하는 상태로 재산만을 기준으로 하는 채무초과와는 달리 재산 외의 신용 등 모든 변제수단을 강구하더라도 변제 불가능한 상태이다.

채무초과는 소극재산이 적극재산을 초과하는 상태로 이에 해당하는지 여부에 관한 자산평가방법은 파산의 경우 현재의 재산만을 놓고 청산가치를 판단하는데, 회생절차는 장래의 계속기업가치를 판단한다.

파산원인사실의 현존 아닌 염려가 있으면 되는데, 염려란 현 상태가 계속되면 지급불능 또는 채무초과가 될 것이 예상되는 것을 말한다.

＊ 채무자 이외의 자가 신청하는 경우

파산의 원인사실이 생길 염려가 있는 경우에는 채무자 이외의 자도 신청할 수 있는데(제2항), 이때의 신청권자는 일정비율 또는 금액이상의 주주, 지분권자, 채권자로 한정된다(제2항제1, 2호).

주주나 지분별로 비율을 충족해야 하지 자본의 5% 상당의 채권자와 주식의 5% 주주가 공동으로 하는 것같이 다른 종류의 권리를 합하여 비율을 충족했다고 신청하는 것은 허용되지 않는다.

신청사유로 둘째 원인만 가능하므로, 그 사유가 없으면 첫째 원인이 있더라도 기각된다.

제35조 (파산신청의무와 회생절차개시의 신청)

① 채무자의 청산인은 다른 법률에 의하여 채무자에 대한 파산을 신청하여야 하는 때에도 회생절차개시의 신청을 할 수 있다.

② 청산 중이거나 파산선고를 받은 회사인 채무자가 회생절차개시의 신청을 하는 때에는 「상법」 제229조(회사의 계속)제1항, 제285조(해산, 계속)제2항, 제519조(회사의 계속) 또는 제610조(회사의 계속)의 규정을 준용한다.

 ✻ 회생절차개시신청을 하면 청산을 중지하고 회사를 계속할 수 있다.

제36조 (신청서)

회생절차개시의 신청은 다음 각 호의 사항을 기재한 서면으로 하여야 한다.

1. 신청인 및 그 법정대리인의 성명 및 주소
2. 채무자가 개인인 경우에는 채무자의 성명·주민등록번호(주민등록번호가 없는 사람의 경우에는 외국인등록번호 또는 국내거소번호를 말한다. 이하 같다) 및 주소
3. 채무자가 개인이 아닌 경우에는 채무자의 상호, 주된 사무소 또는 영업소(외국에 주된 사무소 또는 영업소가 있는 때에는 대한민국에 있는 주된 사무소 또는 영업소를 말한다)의 소재지, 채무자의 대표자(외국에 주된 사무소 또는 영업소가 있는 때에는 대한민국에서의 대표자를 말한다. 이하 같다)의 성명
4. 신청의 취지
5. 회생절차개시의 원인
6. 채무자의 사업목적과 업무의 상황
7. 채무자의 발행주식 또는 출자지분의 총수, 자본의 액과 자산, 부채 그 밖의 재산상태
8. 채무자의 재산에 관한 다른 절차 또는 처분으로서 신청인이 알고 있는 것
9. 회생계획에 관하여 신청인에게 의견이 있는 때에는 그 의견
10. 채권자가 회생절차개시를 신청하는 때에는 그가 가진 채권의 액과 원인
11. 주주·지분권자가 회생절차개시를 신청하는 때에는 그가 가진 주식 또는 출자지분의 수 또는 액

 ✻ 신청취지 기재례
1. 신청인회사에 대하여 회생절차를 개시한다.
2. ○○○를 신청인회사의 관리인으로 선임한다.

✻ 신청원인 기재 내용

신청인회사의 현황(자산, 부채, 생산 및 매출 내역, 거래선, 종업원 현황, 재정현실, 파탄 사유), 회생 가능성과 회생계획 및 계획의 실현 가능성, 신청인 보호의 필요성 등이다.

제37조 (서류의 비치)

회생절차개시의 신청에 관한 서류는 이해관계인의 열람을 위하여 법원에 비치하여야 한다.

제38조 (소명)

① 회생절차개시의 신청을 하는 자는 회생절차개시의 원인인 사실을 소명하여야 한다. 이 경우 채무자에 대하여 제628조제1호의 규정에 의한 외국도산절차가 진행되고 있는 때에는 그 채무자에게 파산의 원인인 사실이 있는 것으로 추정한다.

② 채권자·주주·지분권자가 회생절차개시의 신청을 하는 때에는 그가 가진 채권의 액 또는 주식이나 출자지분의 수 또는 액도 소명하여야 한다.

✻ 소명은 증명과는 달리 고도의 개연성 아닌 일응 수긍할 수 있을 정도의 입증으로 족하다.

✻ 소명방법으로는 대법원송무예규가 정하는 제반 첨부서류들이 될 것인데, 채무자의 업무현황 및 조직에 관한 서류로 정관, 상업등기부등본, 회사연혁표, 주주명부, 주요임원의 이력서, 노동조합현황, 단체협약, 취업규칙, 계열사 현황 등이 있고, 자산 및 부채의 상황에 관한 자료로 대차대조표, 손익계산서, 최근 3년간 외부회계감사보고서, 주요 자산목록과 관련 등본, 채권자 및 채무자명부, 주요 거래처명부 등이 있고, 사업의 동향에 관한 서류로 과거 5년간의 비교대차대조표 및 비교손익계산서, 최근 1년간의 월별 자금운용실적표, 회생절차를 신청하지 않을 경우 향후 1년간의 자금수지계획표, 생산능력·실적 및 판매실적표 등이 있고, 경제성에 관한 서류로 청산가치·계속기업가치산정표, 향후 사업계획서, 추정손익계산서, 자금조달계획표, 예상자금수지표 등이 있고, 신청인의 자격 등에 관한 서류로 이사회·주주총회의사록, 어음 등 채권원인증서, 주권사본 등이 있다.

제39조 (비용의 예납 등)

① 회생절차개시의 신청을 하는 때에는 신청인은 회생절차의 비용을 미리 납부하여야 한다.

② 제1항의 규정에 의한 비용은 사건의 대소 등을 고려하여 법원이 정한다. 이 경우 채무자 외의 자가 신청을 하는 때에는 회생절차개시 후의 비용에 관하여 채무자의 재산에서 지급할 수 있는 금액도 고려하여야 한다.

③ 채무자 외의 자가 회생절차개시를 신청하여 회생절차개시결정이 있는 때에는 신청인은 채무자의 재산으로부터 제1항의 규정에 의하여 납부한 비용을 상환받을 수 있다.

④ 제3항의 규정에 의한 신청인의 비용상환청구권은 공익채권으로 한다.

❋ 실무는 사건의 대소를 고려한 비용에 관리인 보수와 파산절차로 이행할 경우에 대비한 예비비 1~2천만 원 정도 추가해 보전처분과 함께 예납을 명하여 왔는데, 필요적파산사유가 축소되었으므로 파산비용의 예납은 줄어들 것이다.

❋ 채무자 이외의 자가 신청하는 경우는 모든 이해관계인을 위한 비용이므로 공익채권으로 한 것이다.

❋ 인지대와 송달료도 납부해야 하는데 회생절차개시신청서에 첨부할 인지액은 30,000원이고, 보전처분신청서에는 2,000원이다. 송달료로는 40회분 118,400원(1회분 2,960×40)을 받는다.

제40조 (감독행정청에의 통지 등)

① 주식회사인 채무자에 대하여 회생절차개시의 신청이 있는 때에 법원은 다음 각 호의 자에게 그 뜻을 통지하여야 한다.

　1. 채무자의 업무를 감독하는 행정청

　2. 금융감독위원회

　3. 채무자의 주된 사무소 또는 영업소(외국에 주된 사무소 또는 영업소가 있는 때에는 대한민국에 있는 주된 사무소 또는 영업소를 말한다)의 소재지를 관할하는 세무서장

② 법원은 필요하다고 인정하는 때에는 다음 각 호의 어느 하나에 해당하는 자에 대하여 회생절차에 관한 의견의 진술을 요구할 수 있다.

　1. 채무자의 업무를 감독하는 행정청

　2. 금융감독위원회

   3.「국세징수법」또는「지방세법」에 의하여 징수할 수 있는 청구권(국세징수의 예, 국
     세 또는 지방세 체납처분의 예에 의하여 징수할 수 있는 청구권으로서 그 징수우선순
     위가 일반 회생채권보다 우선하는 것을 포함한다)에 관하여 징수의 권한을 가진 자
③ 제2항 각 호의 어느 하나에 해당하는 자는 법원에 대하여 회생절차에 관하여 의견을
   진술할 수 있다.

   ＊ 금융감독위원회에 대한 통지는 채무자에 대한 투자자들을 보호하기 위한 것으로
상장기업·비상장기업을 불문하고 회생절차신청사실이 공시되어 투자에 참고하도록 하
기 위함이다.

   ＊ 감독청이나 세무당국에 대한 통지도 필요한 조치를 취할 기회를 주기 위함이고,
이들 감독청 등에 대하여 의견을 구하는 것은 이들이 산업동향이나 동종업체에 대한
많은 정부를 갖고 있을 것이므로 필요한 자료를 얻는 외에, 회생절차진행 과정에서
이들의 허가 등이 필요할 경우에 대비하기 위함이다.

제41조 (심문)

① 회생절차개시의 신청이 있는 때에는 법원은 채무자 또는 그 대표자를 심문하여야 한다.
② 제1항의 규정에 불구하고 다음 각 호의 사유가 있는 때에는 심문을 하지 아니할 수
   있다.
   1. 채무자 또는 그 대표자가 외국에 거주하여 채무자에 대한 심문이 절차를 현저히
     지체시킬 우려가 있는 때
   2. 채무자 또는 그 대표자의 소재를 알 수 없는 때

   ＊ 과거에는 임의실시로 규정하기도 했으나, 서류만으로는 회사현황 파악이 어려워
필수로 바뀌었는데, 회사현황파악에는 공장검증도 중요하므로 신문을 공장에서 실시하
여 현황을 파악하기도 한다.

   ＊ 통상은 신청 후 1주일 내로 신문기일을 정하는데, 신문기일은 이해관계인에게
통지하여 참석기회를 주어야 한다(규칙 제11조).

＊ 신문의 진행은 통상 수명법관이 실시하고, 관리위원도 배석하여 신문 가능하며, 채무자 대리인도 보충신문이 가능하고, 신청인의 실무책임자로 하여금 답변을 도울 수 있게 하고 있다.

제42조 (회생절차개시신청의 기각사유)

다음 각 호의 어느 하나에 해당하는 경우 법원은 회생절차개시의 신청을 기각하여야 한다. 이 경우 관리위원회의 의견을 들어야 한다.
1. 회생절차의 비용을 미리 납부하지 아니한 경우
2. 회생절차개시신청이 성실하지 아니한 경우
3. 그 밖에 회생절차에 의함이 채권자 일반의 이익에 적합하지 아니한 경우

＊ 종전의 화의법은 필요적 기각사유와 임의적 기각사유를 규정하고 있음에 반하여 회사정리법은 필요적 기각사유만 열거하고 있어 그 외의 경우에 어떻게 할 것인가 문제되던 것을 감안하여 현행법에서는 제2, 3항에서 포괄적으로 규정하고 있다.

＊ 회생절차개시원인(제34조제1항)이 흠결된 경우에 기각됨은 당연하므로 따로 기각사유로 열거하지는 않고 있다.

＊ 비용을 납부하지 않은 경우
회생절차개시신청이 있으면 법원은 일정한 기간을 정하여 비용예납을 명하는데, 이에 응하지 않으면 기각해야 한다.

＊ 회생절차개시신청이 성실하지 아니한 경우
이 사유는 종전에도 있었는데, 종전의 채권자 또는 주주가 회생절차개시신청을 위해 주식을 취득한 때, 파산회피, 채무면탈을 주된 목적으로 신청한 때, 조세채무의 이행을 회피하거나 기타 조세채무의 이행에 관하여 이익을 얻을 것을 주목적으로 할 때 등은 여기에 포함되는 것으로 보아 삭제했다.
그 외의 성실하지 아니한 경우로는 개시신청취하를 조건으로 자기채권을 우선 변제받거나 기타 금전적 이득을 취할 목적으로 하는 신청과 같이 회생절차의 진행 이외의 목적을 갖고 신청한 경우나,5) 일시적으로 다른 절차를 중지시키거나 보전처분을 받아

번 시간을 이용하여 자금을 융통하고 신청을 취하하거나, 부정수표단속법위반죄로 처벌받지 않기 위하여 신청하는 경우와 같이 회생절차가 진행되는 것은 원치 않고 그 부수적 효과만을 목적으로 하는 경우가 해당할 것이다.

＊ 채권자 일반의 이익에 적합지 않은 경우

종전의 청산가치가 계속가치보다 큰 것이 명백한 경우 외에, 실무상 문제되던 주요 담보권자가 회생절차진행에 대한 반대를 명백히 하여 회생계획안이 가결될 가능성이 없는 경우와 같이 주요 이해관계인의 반대가 완강하여 이해관계인의 이해조정이라는 회생절차의 근본 목적을 이룰 수 없는 경우와, 청산할 재산이 워낙 없어서 계속가치가 높은 것으로 나오는 경우와 해당업계의 경쟁이 치열하여 이 업체가 살아난다면 다른 업체가 희생되어야 하는 경우나, 신청 후에도 극심한 노사분규나 협력업체와의 갈등이 지속되는 등 경영이 어려운 경우 등과 같이 경제적 갱생의 가치가 있는 회사의 재건이라는 목적을 이루기 불가능한 경우 등이 해당할 것이다.

다만 다수의 채권자들이 기업구조조정법에 의한 절차 등 사적 도산절차에 의한 구조조정을 원한다 해도 그 구조조정이 실현될 가능성이 없는 경우에는 채권자 일반의 이익에 적합하다고 할 수 없다.6)

＊ 종전에는 갱생의 가망성이 없을 것 또는 청산가치가 회생가치보다 클 것 등의 기각사유가 있었으나, 현행법은 이를 삭제하였는데, 채권자 일반의 이익에 적합하지 않은 경우에 포함되는 것으로 볼 것이다.

＊ 기각절차와 불복

기각을 할 때는 관리위원회의 의견을 들어야 하나, 이는 참조하라는 것일 뿐이지 구속되는 것은 아니므로 의견을 듣지 않고 결정했다 하여 바로 위법이 되는 것은 아니다.7)

기각은 결정으로 하고, 후속조치로 그때까지 보전처분을 하지 않았다면 보전처분신청도 기각하고, 보전처분이나 관리명령이 내려졌으면 이를 취소해야 한다.

기각결정에 대한 불복은 즉시항고의 방법으로 한다(제53조). 기각결정은 공고되지

---

5) 대법원 2004. 5. 12.자 2003마1637 결정.
6) 위 결정 참조.
7) 대법원 1999. 1. 11.자 1998마1583 결정.

않으므로 민사소송법이 준용되어 고지된 때로부터 1주 내에 즉시항고를 해야 한다.

기각결정이 확정되고 파산원인사실의 존재가 인정되면, 파산선고를 할 수 있다(제6
조제2항제1호).

제43조 (가압류·가처분 그 밖의 보전처분)

① 법원은 회생절차개시의 신청이 있는 때에는 이해관계인의 신청에 의하거나 직권으로 회
생절차개시신청에 대한 결정이 있을 때까지 채무자의 업무 및 재산에 관하여 가압류·
가처분 그 밖에 필요한 보전처분을 명할 수 있다. 이 경우 법원은 관리위원회의 의견
을 들어야 한다.

② 이해관계인이 제1항의 규정에 의한 보전처분을 신청한 때에는 법원은 신청일부터 7일
이내에 보전처분 여부를 결정하여야 한다.

③ 법원은 제1항의 규정에 의한 보전처분 외에 필요하다고 인정하는 때에는 관리위원회의
의견을 들어 보전관리인에 의한 관리를 명할 수 있다. 이 경우 법원은 1인 또는 여럿
의 보전관리인을 선임하여야 한다.

④ 법원은 관리위원회의 의견을 들어 제1항의 규정에 의한 보전처분 또는 제3항의 규정
에 의한 보전관리명령을 변경하거나 취소할 수 있다.

⑤ 제1항·제3항 및 제4항의 규정에 의한 재판 및 그 신청을 기각하는 재판은 결정으로
한다.

⑥ 제5항의 규정에 의한 결정에 대하여는 즉시항고를 할 수 있다.

⑦ 제6항의 즉시항고는 집행정지의 효력이 없다.

⑧ 법원은 제3항의 규정에 의한 보전관리명령을 하거나 이를 변경 또는 취소한 때에는
이를 공고하여야 한다.

✳ 보전처분

－의의: 회생절차개시결정이 있으면 채무자의 업무와 재산에 대한 관리처분권이 관
리인에게 전속되고 이해관계인의 개별적 권리행사는 금지되어 모든 이해관계인의
이익을 위하여서만 업무와 재산에 대한 관리처분이 행해지는데, 회생절차개시신청
후부터 개시결정 시까지 사이에는 채무자에 의한 방만한 사업경영이나 재산의 도
피 은닉을 막을 길이 없으므로 이를 위해 인정된 것이 보전처분제도이다. 법은
보전처분의 한 예로 가압류 가처분을 들고 있으나 민사소송법상의 보전처분과는
다른 특수한 보전처분이다.[8]

- **종류**: 업무와 재산에 관한 처분, 변제, 차재, 직원채용 기타 행위를 금지하는 것과 채무자의 업무집행권을 제한하는 보전처분이 있다.
- **신청권자**: 보전처분은 이해관계인의 신청에 의하거나 법원이 직권으로 명한다. 이해관계인의 범위에 관하여는 채무자 외에 채권자, 주주이기만 하면 소액채권자나 주주도 신청권이 있다고 보는 것이 통설인데, 이 법상 보전처분 신청은 법원의 직권 발동을 촉구하는 의미밖에 없으므로 굳이 제한할 필요가 없을 것이다. 실무상은 회생절차개시신청을 할 때 보전처분신청도 함께 하는 것이 일반적이다.

  제3항의 보전관리인에 의한 관리명령도 이해관계인이 신청할 수 있는가에 대하여는 설이 나뉜다.
- **처리기준**: 종전에는 보전처분결정 시에 갱생의 가망성을 심리하여 개연성이 인정되고 갱생가망성을 계속 심리할 필요가 있다고 판단되면 보전처분을 발령했으나, 1999년 회사정리법이 개정되면서 개시요건에 관한 심사가 형식적인 심사로 전환되었고, 청산가치와 계속기업가치의 비교도 개시결정 후로 미루어졌는데, 이 같은 취지가 현행법에 이어지고 있어 보전처분이 폭넓게 인정되고 있다.

✳ 처분금지 보전처분
- **의의**: 채무자의 자산상황을 악화시키는 재산처분행위를 금지시키는 것으로, 개별 재산 또는 재산 일체에 대한 처분을 금지한다.
- **효력**: 처분금지의 효력은 상대적으로 금지된 재산에 한하여 미치고, 등기 등의 방법으로 공시된 경우에만 3자에게 대항 가능하다. 보전처분의 등기 전에 등기된 담보권에 기한 강제집행이나, 등기된 경매개시결정에 의한 경매절차의 개시·속행을 막지는 못한다. 다만 회생절차는 영업활동의 계속을 전제로 하므로 정상적인 조업을 가능하게 하는 영업활동에 해당하는 행위까지 금지하는 것은 아니다.[9]

✳ 변제금지 보전처분
- **의의**: 채무자에게 채무에 대한 변제금지를 명해 재산의 훼손을 방지하기 위한 조치이다. 임금 지급이나 공과금 등 업무의 유지·관리를 위한 비용은 제외될 것이

---

8) 이 법상 보전처분은 항상 본안법원의 관할에 속하고, 신청인에 대한 상대방이 있어야 하는 것도 아니고, 본안법원이 직권으로 명하거나 그 취소, 변경을 할 수 있는 점에서 민사소송법상의 보전처분과는 다르다.
9) 대법원 1991. 9. 24. 선고 91다14239 판결.

다. 이 처분은 공시방법 없어 법인인 경우 법인등기부에 기재하자는 논의가 있다.

- **효력**: 채무자의 부작위를 명하는 것이므로 채무자에게만 미치고 제3자에게는 미치지 않는다.[10] 이 처분은 공시방법 없어 법인인 경우 법인등기부에 기재해 제3자에게 대항할 수 있도록 하자는 논의가 있다. 이행기 도래를 막을 수도 없어, 이행기가 도래하면 채무자는 이행 지체되고, 채권자는 해제가 가능하다. 채권자는 물상보증인, 보증인에게 청구 가능하고, 채무자는 채무자에 대한 이행청구소송이나 강제집행에 대해 변제금지항변을 할 수 없고,[11] 양도담보권자의 담보권 실행도 저지할 수 없으나,[12] 변제금지로 수표가 부도 처리된 경우에는 부정수표단속법위반은 아니다.[13]

＊ 차재금지 보전처분

고리의 자금차용, 가장 채무부담 등 회생계획 방해하는 채무부담 방지하기 위한 처분으로, 금전차용만이 아니라 실질적인 차용행위인 융통어음의 발행, 어음할인 등도 포함된다.

＊ 직원채용금지 보전처분

회생절차개시신청을 할 정도가 되면 구조조정을 위하여 임직원감축이 불가피한 경우가 많은데, 이에 역행해 직원을 채용하는 것은 회사비용부담을 늘리는 행위로 회생에 지장을 줄 것이므로 이를 막기 위한 처분이다. 다만 제품생산의 지속을 위한 노무직·생산직은 부득이하므로 경우에 따라 제외될 것이다.

＊ 보전처분에 반하는 행위

법원의 허가가 있으면 가능한데(제132조), 회사재산의 산일 방지, 회생에 미치는 영향, 이해관계인 간의 공평, 상충되는 이해관계 간의 형량 등 제반 사정에 따라 허가되는 경우가 있을 수 있다.

법원의 허가 없이 보전처분에 반하는 행위를 한 경우는 채권자가 악의인 경우에는 무효라고 보는 것이 지배적이다. 이 경우 부인권의 대상이 될 것이다.

---

10) 대법원 1993. 9. 14. 선고 92다12728 판결.
11) 대법원 1993. 9. 14. 선고 92다12728 판결.
12) 대법원 1992. 10. 27. 선고 91다42678 판결.
13) 대법원 1990. 8. 14. 선고 90도1317 판결.

✱ 보전관리인에 의한 관리명령

의의와 필요성: 회사의 경우 부실을 초래한 대표자가 계속 경영을 하는 것은 신뢰의 점에서나 현 상황의 타개를 위해서 적당치 않고, 대표자가 사임하거나 도주하는 등으로 경영자가 없는 때 등의 경우에 대표자의 사업의 경영, 재산의 관리처분권을 박탈하여 보전관리인에게 옮기는 보전처분을 말한다. 다만 현행법은 회생절차개시신청 후 1개월 내에 개시결정과 동시에 관리인을 선임하도록 했으므로 업무와 재산에 관한 보전처분 외에 따로 관리명령을 할 실익은 별로 없게 되었다.

지위와 권한: 보전관리인은 회사의 경영권과 재산에 대한 관리처분권을 갖게 되는데, 이는 회사의 의사결정기관, 대표기관으로서의 권한에 의한 것은 아니므로 이사회나 주주총회의 결의가 필요한 사항에 대해서도 그 의결이 필요 없다.[14]

✱ 보전처분의 변경·취소·실효

법원은 관리위원회의 의견을 들어 보전처분을 변경·취소할 수 있는데(제4항), 민사소송법에서 인정되는 제소기간도과에 의한 취소나 사정변경에 의한 취소, 특별사정에 의한 취소는 적용되지 않는다.

보전처분은 항소심 또는 원심에 의한 취소·변경, 회생절차 개시결정, 개시신청의 각하, 개시신청의 취하허가로 효력을 잃는데, 별도의 취소결정은 필요가 없으나, 등기·등록의 말소가 필요한 경우는 취소결정이 있어야 한다.

✱ 보전처분에 대한 불복

보전처분에 대해 불복할 경우에는 즉시항고를 해야 한다(제6항). 항고심에서 원처분을 취소할 경우 스스로 새로운 결정을 할 수 있는지, 사건을 원법원으로 돌려보내야하는지가, 회생절차개시신청의 경우와는 달리 규정이 없어 문제가 되나, 보전처분에 관한 결정이 신속을 요하는 점을 감안하면 항고심 스스로 보전처분을 발하거나 취소·변경할 수 있다고 봄이 옳다.

제44조 (다른 절차의 중지명령 등)

① 법원은 회생절차개시의 신청이 있는 경우 필요하다고 인정하는 때에는 이해관계인의 신청에 의하거나 직권으로 회생절차개시의 신청에 대한 결정이 있을 때까지 다음 각

---

14) 임채홍·백창훈 회사정리법(상), 222면.

호의 어느 하나에 해당하는 절차의 중지를 명할 수 있다. 다만, 제2호의 규정에 의한 절차의 경우 그 절차의 신청인인 회생채권자 또는 회생담보권자에게 부당한 손해를 끼칠 염려가 있는 때에는 그러하지 아니하다.

1. 채무자에 대한 파산절차.
2. 회생채권 또는 회생담보권에 기한 강제집행, 가압류, 가처분 또는 담보권실행을 위한 경매절차(이하 "회생채권 또는 회생담보권에 기한 강제집행 등"이라 한다)로서 채무자의 재산에 대하여 이미 행하여지고 있는 것.
3. 채무자의 재산에 관한 소송절차.
4. 채무자의 재산에 관하여 행정청에 계속되어 있는 절차.
5. 「국세징수법」 또는 「지방세법」에 의한 체납처분, 국세징수의 예(국세 또는 지방세 체납처분의 예를 포함한다. 이하 같다)에 의한 체납처분 또는 조세채무담보를 위하여 제공된 물건의 처분. 이 경우 징수의 권한을 가진 자의 의견을 들어야 한다.

② 제1항제5호의 규정에 의한 처분의 중지기간 중에는 시효를 진행하지 아니한다.
③ 법원은 제1항의 규정에 의한 중지명령을 변경하거나 취소할 수 있다.
④ 법원은 채무자의 회생을 위하여 특히 필요하다고 인정하는 때에는 채무자(보전관리인이 선임되어 있는 때에는 보전관리인을 말한다)의 신청에 의하거나 직권으로 중지된 회생채권 또는 회생담보권에 기한 강제집행 등의 취소를 명할 수 있다. 이 경우 법원은 담보를 제공하게 할 수 있다.

✴ 중지명령의 의의·필요성

회생절차개시 전에 이미 진행 중인 강제적인 권리실현행위에 의하여 채무자의 재산이 흩어지는 것을 방지하기 위하여 강제적인 권리실현행위를 금지하는 것으로, 보전처분의 효과가 제3자에 미치지 않아 보전처분만으로는 재산보전에 부족하므로 인정된 것이다.

✴ 중지명령의 요건

- 법원이 필요하다고 인정하는 때라야 한다. 이에는 그 절차의 진행을 방치하면 개시결정 전에 회사재산이 처분되거나 채권자 간의 형평을 해하여 회생의 장애로 될 가능성이 높은 경우가 해당할 것이다. 다만 강제집행, 가압류, 가처분, 경매절차에 관하여는 채권자 또는 경매신청인에게 부당한 손해를 끼칠 염려가 없어야 한다는 요건이 추가로 요구되는데(제1항 단서), 채무자 재산보호를 위해 이미 권

리실행에 들어간 특정 채권자에게 부당한 손해를 강요해서는 안 된다는 의미이므로, 강제집행 등을 하지 않으면 자신이 오히려 도산할 염려가 있는 등 중지로 채무자가 받는 이익보다 채권자가 입는 손해가 더 큰 경우에 한해야 한다.

－직권 또는 이해관계인의 신청이 있어야 한다.

＊ 중지대상 절차

－파산절차는 회생절차와는 양립할 수 없으므로 회생개시결정 후에는 당연히 중지 또는 실효되지만, 필요한 경우에는 개시결정 전이라도 중지할 수 있게 해놓았다.

－강제집행, 가압류, 가처분, 담보권 실행을 위한 경매절차가 회생채권, 회생담보권으로 될 채권에 기한 것일 경우에는 중지 가능하고, 환취권이나 공익채권에 기한 절차일 경우에는 중지할 수 없다. 이들 권리는 회생절차가 개시되더라도 정상 처리되기 때문이다. 이들 절차가 회생신청 전후에 시작되었는지는 불문한다.

－소송절차는 채무자재산관계소송에 한하여 중지 가능하다. 해산의 소, 설립무효의 소, 주 총결의 무효, 취소의 소, 합병무효의 소 등 비재산권소송은 중지할 수 없다. 재산관계소송인 한 회생채권 또는 회생담보권으로 될 채권에 관한 소송 여부를 불문한다. 회사가 당사자가 되지 않았지만 회사에 효력이 미치는 채권자대위소송, 채권자취소소송도 중지 가능하다.

－행정청에 계속하고 있는 재산관계 절차인 과세처분불복이나 특허심판절차도 중지 가능하다.

－체납처분, 조세담보물의 처분과 같이 국세, 지방세, 기타 공법상의 금전지급채무의 강제이행을 위해 하는 처분과 조세채권 담보를 위해 제공된 물건의 처분도 중지 가능한데, 이때 징수권자의 의견은 듣는 것으로 족하고, 법원은 이에 구속되지 않고, 나아가 의견을 묻지 않고 중지명령해도 유효하다고 본다.

＊ 중지명령의 효력

진행 중인 절차는 현 상태에서 동결되고, 무시하고 진행된 절차는 무효이나, 그 현상을 제거하기 위해서는 집행방법에 대한 이의나, 즉시항고가 필요하다. 이미 진행된 절차의 효력은 유지되므로 시효중단 효력은 그대로 유지된다(제2항). 이미 진행 중인 절차를 중지시키는 것이므로 새로이 동종절차의 개시신청을 하는 것은 무방하고, 이를 중지시키려면 새로운 중지명령을 얻어야 한다.

✽ 중지명령의 취소 변경

법원이 필요하다고 인정하면 중지명령 이전 사유이든 이후 사정변경이든 어떤 사유로도 중지명령의 취소, 변경을 할 수 있다(제3항).

✽ 중지된 강제집행 등의 취소

- 필요성: 가압류·가처분에 기한 강제집행이 중지되어도 그 처분은 그대로 존속하므로 대상 금전, 원재료 등을 사용할 수 없어 영업계속에 심각한 타격을 주어 회생에 막대한 지장을 초래하고, 채권자들 사이의 형평에도 어긋나는 결과가 되는 것을 방지하기 위해서는 가압류나 가처분 자체를 취소할 필요가 있다(제4항).
- 요건: 채무자(보전관리인이 선임된 경우는 보전관리인)의 신청 또는 법원이 직권으로 한다.
; 회생을 위해 필요하다고 인정되는 경우라야 한다. 가압류 등은 회생절차가 개시되면 어차피 실효될 운명인데, 채무자로서는 운영자금 한 푼이 아쉬운 상황이니, 결국 가압류채권자 등은 만족을 얻지도 못하면서 채무자 영업만 방해하는 상황이므로 회생을 위한 필요성은 넓게 인정된다.
- 취소대상: 종전엔 가압류, 가처분에 한정했으나, 현재는 모든 강제집행이 대상이 된다.
- 취소효력: 가압류·가처분 등은 소급하여 실효한다.

제45조 (회생채권 또는 회생담보권에 기한 강제집행 등의 포괄적 금지명령)

① 법원은 회생절차개시의 신청이 있는 경우 제44조제1항의 규정에 의한 중지명령에 의해서는 회생절차의 목적을 충분히 달성하지 못할 우려가 있다고 인정할 만한 특별한 사정이 있는 때에는 이해관계인의 신청에 의하거나 직권으로 회생절차개시의 신청에 대한 결정이 있을 때까지 모든 회생채권자 및 회생담보권자에 대하여 회생채권 또는 회생담보권에 기한 강제집행 등의 금지를 명할 수 있다.

② 제1항의 규정에 의한 금지명령(이하 "포괄적 금지명령"이라 한다)을 할 수 있는 경우는 채무자의 주요한 재산에 관하여 다음 각 호의 처분 또는 명령이 이미 행하여졌거나 포괄적 금지명령과 동시에 다음 각 호의 처분 또는 명령을 행하는 경우에 한한다.
  1. 제43조제1항의 규정에 의한 보전처분
  2. 제43조제3항의 규정에 의한 보전관리명령

③ 포괄적 금지명령이 있는 때에는 채무자의 재산에 대하여 이미 행하여진 회생채권 또는 회생담보권에 기한 강제집행 등은 중지된다.

④ 법원은 포괄적 금지명령을 변경하거나 취소할 수 있다.

⑤ 법원은 채무자의 사업의 계속을 위하여 특히 필요하다고 인정하는 때에는 채무자(보전관리인이 선임되어 있는 때에는 보전관리인을 말한다)의 신청에 의하여 제3항의 규정에 의하여 중지된 회생채권 또는 회생담보권에 기한 강제집행 등의 취소를 명할 수 있다. 이 경우 법원은 담보를 제공하게 할 수 있다.

⑥ 포괄적 금지명령, 제4항의 규정에 의한 결정 및 제5항의 규정에 의한 취소명령에 대하여는 즉시항고를 할 수 있다.

⑦ 제6항의 즉시항고는 집행정지의 효력이 없다.

⑧ 포괄적 금지명령이 있는 때에는 그 명령이 효력을 상실한 날의 다음 날부터 2월이 경과하는 날까지 회생채권 및 회생담보권에 대한 시효는 완성되지 아니한다.

✱ 제44조가 개별적 행위에 대한 금지이므로 각 행위마다 결정을 해야 하는 번거로움과 회생사무처리의 지연을 피하기 위해 포괄적 금지규정을 신설해 절차의 효율을 꾀하고 있다.

✱ 제44조를 일반화한 것이므로 같은 원리가 적용될 것이나, 제43조제1항의 보전처분이나 제3항의 관리명령이 이미 행해졌거나, 그 처분을 포괄적 금지명령과 동시에 할 경우에만 허용되는 것이 다르다.

✱ 중지명령만으로 회생절차의 목적을 충분히 달성할 수 없는 경우로는 채무자의 재산이 여러 곳에 산재해 있고, 채권자도 여럿인데, 채권자가 어느 재산에 권리를 행사할지 알 수가 없는 경우가 해당할 것이다.

제46조 (포괄적 금지명령에 관한 공고 및 송달 등)

① 포괄적 금지명령이나 이를 변경 또는 취소하는 결정이 있는 때에는 법원은 이를 공고하고 그 결정서를 채무자(보전관리인이 선임되어 있는 때에는 보전관리인을 말한다) 및 신청인에게 송달하여야 하며, 그 결정의 주문을 기재한 서면을 법원이 알고 있는 회생채권자·회생담보권자 및 채무자(보전관리인이 선임되어 있는 때에 한한다)에게 송달하여야 한다.

② 포괄적 금지명령 및 이를 변경 또는 취소하는 결정은 채무자(보전관리인이 선임되어 있는 때에는 보전관리인을 말한다)에게 결정서가 송달된 때부터 효력을 발생한다.

③ 제45조제5항의 규정에 의한 취소명령과 같은 조 제6항의 즉시항고에 대한 재판(포괄적 금지명령을 변경 또는 취소하는 결정을 제외한다)이 있는 때에는 법원은 그 결정서를 당사자에게 송달하여야 한다. 이 경우 제10조 및 제11조의 규정은 적용하지 아니한다.

제47조 (포괄적 금지명령의 적용 배제)

① 법원은 포괄적 금지명령이 있는 경우 회생채권 또는 회생담보권에 기한 강제집행 등의 신청인인 회생채권자 또는 회생담보권자에게 부당한 손해를 끼칠 우려가 있다고 인정하는 때에는 그 회생채권자 또는 회생담보권자의 신청에 의하여 그 회생채권자 또는 회생담보권자에 대하여 결정으로 포괄적 금지명령의 적용을 배제할 수 있다. 이 경우 그 회생채권자 또는 회생담보권자는 채무자의 재산에 대하여 회생채권 또는 회생담보권에 기한 강제집행 등을 할 수 있으며, 포괄적 금지명령이 있기 전에 그 회생채권자 또는 회생담보권자가 행한 회생채권 또는 회생담보권에 기한 강제집행 등의 절차는 속행된다.

② 제1항의 규정에 의한 결정을 받은 자에 대하여 제45조제8항의 규정을 적용하는 때에는 제45조제8항 중 "그 명령이 효력을 상실한 날"은 제47조제1항의 규정에 의한 "결정이 있은 날"로 한다.

③ 제1항의 규정에 의한 신청에 관한 재판에 대하여는 즉시항고를 할 수 있다.

④ 제3항의 즉시항고는 집행정지의 효력이 없다.

⑤ 제1항의 규정에 의한 신청에 대한 재판과 제3항의 즉시항고에 대한 재판이 있는 때에는 법원은 그 결정서를 당사자에게 송달하여야 한다. 이 경우 제10조의 규정은 적용하지 아니한다.

＊ 제44조제1항 단서와 같은 취지의 규정이다.

제48조 (회생절차개시신청 등의 취하의 제한)

① 회생절차개시의 신청을 한 자는 회생절차개시결정 전에 한하여 그 신청을 취하할 수 있다.

② 다음 각 호의 결정이 있은 후에는 법원의 허가를 받지 아니하면 회생절차개시신청 및 보전처분신청을 취하할 수 없다.

1. 제43조제1항의 규정에 의한 보전처분
2. 제43조제3항의 규정에 의한 보전관리명령
3. 제44조제1항의 규정에 의한 중지명령
4. 제45조제1항의 규정에 의한 포괄적 금지명령

* 본 조항의 목적은 신청인이 일단 보전처분을 받아 채무의 일시유예를 받거나 부도유예의 혜택을 받아 일단 위기를 넘긴 다음, 임의로 절차를 종료시키는 것과 같이 제도를 악용하는 것을 막기 위함에 있다.

* 법원은 허가를 함에 있어서 개시신청 이후에 취하할 만한 정당한 사유가 발생했는지, 신청인이 보전처분제도를 악용하는 것은 아닌지, 신청을 취하하는 것이 채권자나 주주 등 이해관계인의 이익과 부합하는지 등 제반 사정을 참작해 결정한다.

제2절 회생절차개시의 결정

제49조 (회생절차개시의 결정)

① 채무자가 회생절차개시를 신청한 때에는 법원은 회생절차개시의 신청일부터 1월 이내에 회생절차개시 여부를 결정하여야 한다.
② 회생절차개시결정서에는 결정의 연·월·일·시를 기재하여야 한다.
③ 회생절차개시결정은 그 결정 시부터 효력이 생긴다.

* 회생절차개시원인(제34조제1항)이 존재하고, 개시기각사유(제42조)가 존재하지 않는 경우에 법원은 회생절차개시결정을 한다.
법은 결정을 신청일로부터 1개월 내에 하도록 하여 신속을 기하는 한편, 결정서에 민사소송상 판결서 등과는 달리 결정시간까지 기재하도록 하여 결정 전후에 급속히 변화하는 법률관계의 처리에 정확을 기할 수 있게 하고 있다.
실무에서는 관리인 또는 관리인으로 보게 되는 채무자의 대표자, 주요 임원, 선임될 조사위원 등을 개시결정시간에 맞추어 출석하도록 사전에 연락하고, 출석하면 관리인 선임증 등을 교부하고, 개시결정의 의미, 향후절차 등에 관한 설명을 한다.

＊ 개시결정의 효과

채무자는 사업경영과 재산관리처분권을 상실하고, 이들 권리는 관리인에게 전속한다(제56조).

회생절차개시 후에 한 채무자의 행위의 효력에 관하여는 제64조 내지 제67조가 정하고 있다.

종래의 법률관계에 미치는 영향에 관하여는 쌍무계약의 경우 제119조가, 공유관계는 제69조가, 환취권은 제70조 내지 제73조가 정하고 있다.

다른 절차에 미치는 영향과 관련해서는 파산, 회생절차, 강제집행, 체납처분의 금지 및 중단과 속행 또는 취소에 관하여 제58조가, 소송절차의 중단 및 수계, 이송에 관하여 제59, 60조가 정하고 있다.

제50조 (회생절차개시결정과 동시에 정하여야 할 사항)

① 법원은 회생절차개시결정과 동시에 관리위원회와 채권자협의회의 의견을 들어 1인 또는 여럿의 관리인을 선임하고 다음 각 호의 사항을 정하여야 한다.

  1. 제1회 관계인집회의 기일. 이 경우 기일은 회생절차개시결정일부터 4월 이내여야 한다.

  2. 관리인이 제147조제1항에 규정된 목록을 작성하여 제출하여야 하는 기간. 이 경우 기간은 회생절차개시결정일부터 2주 이상 2월 이하여야 한다.

  3. 회생채권·회생담보권·주식 또는 출자지분의 신고기간(이하 이 편에서 "신고기간"이라 한다). 이 경우 신고기간은 제2호의 규정에 의하여 정하여진 제출기간의 말일부터 1주 이상 1월 이하여야 한다.

  4. 목록에 기재되어 있거나 신고된 회생채권·회생담보권의 조사기간(이하 이 편에서 "조사기간"이라 한다). 이 경우 조사기간은 신고기간의 말일부터 1주 이상 1월 이하여야 한다.

② 법원은 특별한 사정이 있는 때에는 제1항 각 호의 규정에 의한 기일을 늦추거나 기간을 늘릴 수 있다.

＊ 관리인 선임 시 서울중앙지방법원은 기존경영자를 관리인으로 선임하는 경우에는 임기를 정하지 않고, 제3자를 관리인으로 선임하는 경우에는 회생계획인가결정일이 속하는 달의 말일까지를 임기로 정하고 있다.

한편 채무자가 개인·중소기업·기타 대법원규칙이 정하는 자인 경우에는 관리인을

선임하지 않을 수 있는데, 이런 경우에는 채무자 또는 그 대표자를 관리인으로 본다
는 취지를 밝혀주어 채무자의 업무수행권과 재산의 관리처분권이 누구에게 속하는지
를 명백히 해주고 있다.[15]

＊ 제1회관계인집회의 기일은 3개월 전후로 하는 것이 실무이다.

＊ 채권자목록 등을 작성·제출해야 하는 기간은 개시결정일로부터 2~3주 전후로
정하는 것이 실무이다.

＊ 회생채권 등의 신고기간은 채권자 등 목록제출기간의 말일부터 4주 전후로 정하
는 것이 실무이다.
회생채권 등의 조사기간은 회생채권 등 신고기간의 말일부터 2~3주 전후로 정하는
것이 실무이다.

＊ 그 외에도 법원은 관리인이 법원의 허가를 받고 할 행위의 지정(제63조), 회생
절차개시당시의 재산목록과 대차대조표의 제출기간(제90, 91조), 그 밖의 보고서제출
기간(제93조), 관리인의 보수(제30조제1항), 조사위원관련사항(제87조) 등을 함께 결정
할 수 있다.

제51조 (회생절차개시의 공고와 송달)

① 법원은 회생절차개시의 결정을 한 때에는 지체 없이 다음 각 호의 사항을 공고하여야
한다.
   1. 회생절차개시결정의 주문
   2. 관리인의 성명 또는 명칭
   3. 제50조의 규정에 의하여 정하여진 기간 및 기일
   4. 회생절차가 개시된 채무자의 재산을 소지하고 있거나 그에게 채무를 부담하는 자는
      회생절차가 개시된 채무자에게 그 재산을 교부하여서는 아니 된다는 뜻이나 그 채
      무자에게 그 채무를 변제하여서는 아니 된다는 뜻과 회생절차가 개시된 채무자의
      재산을 소지하고 있거나 그에게 채무를 부담하고 있다는 사실을 일정한 기간 안에

---

15) 서울중앙지방법원 회생사건실무, 115면.

관리인에게 신고하여야 한다는 뜻의 명령

② 법원은 다음 각 호의 자에게 제1항 각 호의 사항을 기재한 서면을 송달하여야 한다.

1. 관리인

2. 채무자

3. 알고 있는 회생채권자·회생담보권자·주주·지분권자

4. 회생절차가 개시된 채무자의 재산을 소지하고 있거나 그에게 채무를 부담하는 자

③ 제1항 및 제2항의 규정은 제1항제2호 내지 제4호의 사항에 변경이 생긴 경우에 관하여 준용한다. 다만, 조사기간의 변경은 공고하지 아니할 수 있다.

④ 고의 또는 과실로 제1항제4호의 규정에 의한 신고를 게을리 한 자는 이로 인하여 채무자의 재산에 생긴 손해를 배상하여야 한다.

제52조 (회생절차개시의 통지)

주식회사인 채무자에 대하여 회생절차개시의 결정을 한 때에는 법원은 제51조제1항 각 호의 사항을 채무자의 업무를 감독하는 행정청, 법무부장관과 금융감독위원회에 통지하여야 한다. 제51조제1항제2호 및 제3호의 사항에 변경이 생긴 경우도 또한 같다.

＊ 제40조의 회생절차개시신청시의 통지제도와 같은 취지이다.

제53조 (회생절차개시신청에 관한 재판에 대한 즉시항고)

① 회생절차개시의 신청에 관한 재판에 대하여는 즉시항고를 할 수 있다.

② 제43조 내지 제47조의 규정은 회생절차개시신청을 기각하는 결정에 대하여 제1항의 즉시항고가 있는 경우에 관하여 준용한다.

③ 제1항의 규정에 의한 즉시항고는 집행정지의 효력이 없다.

④ 항고법원은 즉시항고의 절차가 법률에 위반되거나 즉시항고가 이유 없다고 인정하는 때에는 결정으로 즉시항고를 각하 또는 기각하여야 한다.

⑤ 항고법원은 즉시항고가 이유 있다고 인정하는 때에는 원심법원의 결정을 취소하고 사건을 원심법원에 환송하여야 한다.

＊ 항고권자: 일반적으로 즉시항고를 할 수 있는 자는 그 재판에 이해관계가 있는 자이나, 개시신청 각하결정의 경우는 신청인만의 문제이므로 그만이 즉시항고 할 수 있고, 신청기각결정의 경우에도 신청인 외 독립하여 개시신청 할 수 있는 자는 따로

개시신청을 하면 되므로 신청인만이 즉시항고를 할 수 있다.[16]

✻ 즉시항고기간: 개시결정의 경우 공고되므로 공고가 있은 날로부터 2주간이고 (제13조제2항), 개시신청의 각하나 기각결정은 공고되지 않으므로 민사소송법에 따라 신청인에게 고지된 날로부터 1주간이다(민사소송법 제444조제1항).

✻ 중지명령: 기각결정에 대한 즉시항고가 있으면 중지명령 등을 발할 수 있게 한 것은(제2항) 기각결정으로 중지명령이 효력을 잃게 되고, 즉시항고에 대한 재판까지는 상당한 시일이 소요되므로 그 사이에 있을 수 있는 강제집행 등에 의한 재산 처분으로 기각결정이 번복되어도 회생절차의 목적을 달성할 수 없는 사태를 막기 위함이다. 중지명령은 항고법원이 할 수 있다.

✻ 환송: 즉시항고가 이유 있을 경우 원결정을 취소하고 환송하게 한 것은(제5항) 기왕의 절차가 진행되었고, 앞으로도 진행될 원법원에서 다시 결정하는 것이 신속을 기할 수 있기 때문이다.

제54조 (회생절차개시결정의 취소)

① 법원은 회생절차개시결정을 취소하는 결정이 확정된 때에는 즉시 그 주문을 공고하여야 한다.
② 제51조제2항 및 제52조의 규정은 제1항의 경우에 관하여 준용한다.
③ 관리인은 회생절차개시결정을 취소하는 결정이 확정된 때에는 공익채권을 변제하여야 하며, 이의 있는 공익채권의 경우에는 그 채권자를 위하여 공탁하여야 한다.

✻ 취소되는 경우로는 즉시항고에 따라 항고법원이 하는 경우와 즉시항고가 있는 때 개시결정법원이 재도의 고안을 하여 스스로 취소하는 경우가 있다.

✻ 취소결정확정의 효과
  - 소급효: 개시결정은 소급해서 효력을 잃는다. 단 적법한 개시결정을 전제로 이루어진 모든 행위가 무효로 되면 제3자에게 불측의 손해를 가하고 법률관계를 불필

---

16) 임채홍·백창훈 회사정리법(상), 254면.

요하게 복잡하게 만들므로 타당치 않다.

- 채무자의 지위: 채무자는 사업경영과 재산 관리처분권을 회복하고, 채권자에 대한 변제금지 효력도 없어진다. 개시결정 후 채무자가 한 법률행위, 채권자의 권리취득, 등기·등록의 경료, 채무자에 대한 채권자의 변제나 채권자에 대한 채무자의 변제 등도 소급해서 유효하다.

- 관리인의 지위: 관리인 권한은 소멸되나, 개시 후 그 권한에 의해 한 행위는 유효하다. 관리인의 공익채권(관리인의 행위로 인하여 발생한 채권) 변제 권한은 남고, 이의 있는 공익채권이 있는 경우는 공탁해야 하는데(제3항), 이의 있는 공익채권이란 관리인과 채권자 사이에 다툼만이 아니고 관리인과 채무자 사이에 다툼이 있는 경우도 포함한다.

- 기타 절차: 채무자에 대해 할 수 없었던 소송, 강제집행 등 모든 절차가 가능해진다.

제55조 (회생절차개시 후의 자본감소 등)

① 회생절차개시 이후부터 그 회생절차가 종료될 때까지는 채무자는 회생절차에 의하지 아니하고는 다음 각 호의 행위를 할 수 없다.

1. 자본 또는 출자액의 감소
2. 지분권자의 가입, 신주 또는 사채의 발행
3. 자본 또는 출자액의 증가
4. 주식의 포괄적 교환 또는 주식의 포괄적 이전
5. 합병·분할·분할합병 또는 조직변경
6. 해산 또는 회사의 계속
7. 이익 또는 이자의 배당

② 회생절차개시 이후부터 그 회생절차가 종료될 때까지 회생절차에 의하지 아니하고 법인인 채무자의 정관을 변경하고자 하는 때에는 법원의 허가를 받아야 한다.

제56조 (회생절차개시 후의 업무와 재산의 관리)

① 회생절차개시결정이 있는 때에는 채무자의 업무의 수행과 재산의 관리 및 처분을 하는 권한은 관리인에게 전속한다.

② 개인인 채무자 또는 개인이 아닌 채무자의 이사는 제1항의 규정에 의한 관리인의 권한을 침해하거나 부당하게 그 행사에 관여할 수 없다.

　＊ 회생절차개시 후에는 채무자의 업무수행과 재산의 관리·처분권이 관리인에게 전속하므로, 회생절차개시 후에 있은 이에 관한 채무자의 행위는 회생절차 내에서 그 효력을 주장할 수 없다(제62조제1항). 채무자 또는 그 대표자가 관리인의 지위를 겸하는 경우에는 어느 지위에서 한 것인지 구별하여야 한다.

제57조 (정보 등의 제공)
　관리인은 다음 각 호의 어느 하나에 해당하는 행위를 하고자 하는 자에 대하여는 대법원규칙이 정하는 바에 따라 채무자의 영업·사업에 관한 정보 및 자료를 제공하여야 한다. 다만, 정당한 사유가 있는 때에는 관리인은 정보 및 자료의 제공을 거부할 수 있다.
1. 채무자의 영업, 사업, 중요한 재산의 전부나 일부의 양수
2. 채무자의 경영권을 인수할 목적으로 하는 주식 또는 출자지분의 양수
3. 채무자의 주식의 포괄적 교환, 주식의 포괄적 이전, 합병 또는 분할합병

제58조 (다른 절차의 중지 등)
① 회생절차개시결정이 있는 때에는 다음 각 호의 행위를 할 수 없다.
　1. 파산 또는 회생절차개시의 신청
　2. 회생채권 또는 회생담보권에 기한 강제집행 등
　3. 국세징수의 예에 의하여 징수할 수 있는 청구권으로서 그 징수우선순위가 일반 회생채권보다 우선하지 아니한 것에 기한 체납처분
② 회생절차개시결정이 있는 때에는 다음 각 호의 절차는 중지된다.
　1. 파산절차
　2. 채무자의 재산에 대하여 이미 행한 회생채권 또는 회생담보권에 기한 강제집행 등
　3. 국세징수의 예에 의하여 징수할 수 있는 청구권으로서 그 징수우선순위가 일반 회생채권보다 우선하지 아니한 것에 기한 체납처분
③ 회생절차개시결정이 있는 때에는 다음 각 호의 기간 중 말일이 먼저 도래하는 기간 동안 회생채권 또는 회생담보권에 기한 채무자의 재산에 대한 「국세징수법」 또는 「지방세법」에 의한 체납처분, 국세징수의 예에 의하여 징수할 수 있는 청구권으로서 그 징수우선순위가 일반 회생채권보다 우선하는 것에 기한 체납처분과 조세채무담보를 위하여 제공된 물건의 처분은 할 수 없으며, 이미 행한 처분은 중지된다. 이 경우 법원은 필요하다고 인정하는 때에는 관리인의 신청에 의하거나 직권으로 1년 이내의 범위에서 그 기간을 늘릴 수 있다.

   1. 회생절차개시결정이 있는 날부터 회생계획인가가 있는 날까지

   2. 회생절차개시결정이 있는 날부터 회생절차가 종료되는 날까지

   3. 회생절차개시결정이 있는 날부터 2년이 되는 날까지

④ 제3항의 규정에 의하여 처분을 할 수 없거나 처분이 중지된 기간 중에는 시효는 진행하지 아니한다.

⑤ 법원은 회생에 지장이 없다고 인정하는 때에는 관리인이나 제140조제2항의 청구권에 관하여 징수의 권한을 가진 자의 신청에 의하거나 직권으로 제2항의 규정에 의하여 중지한 절차 또는 처분의 속행을 명할 수 있으며, 회생을 위하여 필요하다고 인정하는 때에는 관리인의 신청에 의하거나 직권으로 담보를 제공하게 하거나 제공하게 하지 아니하고 제2항의 규정에 의하여 중지한 절차 또는 처분의 취소를 명할 수 있다. 다만, 파산절차에 관하여는 그러하지 아니하다.

⑥ 제5항의 규정에 의하여 속행된 절차 또는 처분에 관한 채무자에 대한 비용청구권은 공익채권으로 한다.

* 파산 또는 회생절차개시 신청의 금지

파산절차는 회생절차와는 대립되는 목적을 갖고 있고, 이미 회생절차가 개시된 채무자에 대하여 중복하여 회생절차를 실시하는 것은 실익이 없으므로 회생절차가 개시된 경우에는 금지된다.

* 강제집행절차의 중지·금지

회생절차가 개시로 개별적인 권리행사가 불가능해지므로 강제집행도 마찬가지이다. 중지·금지되는 강제집행절차는 회생채권, 회생담보권에 기한 것에 한정하므로, 환취권이나 공익채권에 기한 것, 공유물 분할을 위한 경매 등은 허용된다.

회사재산에 대하여 행하는 것에 한하므로 연대채무자, 보증인, 물상보증인 등 제3자의 재산에 대한 것은 허용된다.

회사의 채무자에 대한 압류, 전부명령, 추심명령은 회사재산에 대한 강제집행이므로 금지·중지된다.

회사의 인격적 활동에 대한 것, 즉 이사의 직무집행정지, 직무대행자선임가처분 등은 금지·중지되지 않는다.

다만 회생절차개시결정 전에 확정된 강제집행절차가 실효되는 것은 아니므로 이미 이루어진 압류나 추심명령은 별도의 수계절차나 승계집행문 또는 경정이 없어도 제3

채무자나 회생채무자에 대하여 효력이 있다.[17]

  ✱ 체납처분 등의 중지·금지

  중지·금지 대상이 되는 체납처분은 회생채권, 회생담보권인 조세 등의 청구권에 기한 것이므로, 공익채권인 조세 등의 청구권에 기한 것은 중지·금지 대상이 아니다.

  조세 등의 청구권이 회생채권이나 회생담보권인지 아니면 우선권 있는 공익채권인지 여부는 회생절차개시 전의 원인으로 생긴 청구권인지 여부에 따라 결정되나, 회생절차개시 전의 원인으로 생긴 조세청구권 중 원천징수하는 조세, 부가가치세, 특별소비세, 주세, 교통세, 본세의 부과징수의 예에 따라 부과 징수하는 교육세, 농어촌특별세와, 특별징수의무자가 징수하여 납부해야 할 지방세로서 회생절차개시 당시 납부기한이 도래하지 않은 것은 공익채권(법 제179조제9호)이 된다.

  ✱ 중지, 금지의 효력 발생 및 기간

  중지나 금지는 개시결정으로 당연히 발생되는 효과이고 별도로 법원의 재판이 있어야 하는 것은 아니다.

  회생절차의 개시는 집행장애사유이고 집행장애사유의 존부는 집행기관의 직권조사사항이므로, 집행기관은 회생절차개시결정사실을 알게 되면 개시결정정본의 제출을 기다릴 필요 없이 직권으로 집행절차를 정지해야 한다.

  회생계획인가결정이 있으면 중지된 절차는 효력 상실한다(제256조제1항). 이제는 회생계획안에 따라 채권이 회수될 것이므로 개별적인 강제집행 등의 절차를 존속시킬 필요가 없기 때문이다.

  회생계획인가결정 전에 회생절차가 종료되면 중지중인 절차는 속행되나, 회생절차폐지 또는 회생계획불인가결정이 확정된 경우에는 법원은 직권으로 파산결정을 해야 하는데(제6조), 파산절차에서는 파산재단에 속한 재산에 대한 강제집행, 가압류, 가처분은 실효되므로(제348조제1항) 중지중 절차의 속행은 무의미하다.

  신청금지의 효력은 회생절차 종료 시까지 지속된다(제292조제2항). 따라서 인가결정으로 변경된 변제기에 변제하지 않아도 강제집행을 신청할 수는 없다.

---

17) 대법원 1996. 9. 24. 선고 96다13781 판결.

✻ 절차의 속행과 취소

법원은 회생에 지장이 없다고 인정하는 때에는 관리인이나 조세 등 청구권에 기한 징수의 권한을 가진 자의 신청 또는 직권으로 중지한 절차나 처분의 속행을 명할 수 있는데(제5항 전단), 속행된 절차에서 목적물을 환가하여 얻은 금전의 처리와 관련, 조세 등 청구권에 기한 경우는 조세 등 청구권의 만족에 충당 가능하나, 관리인의 신청에 의한 경우는 회생절차에 의하지 않은 변제는 금지되므로 충당할 수 없다.

법원은 회생을 위해 필요한 때에는 관리인의 신청 또는 직권으로 중지된 절차 또는 처분 자체를 취소할 수 있는데(제5항 후단), 이는 가압류·가처분에 기한 강제집행이 중지되어도 그 처분은 그대로 존속하므로 대상 금전, 원재료 등을 사용할 수 없어 영업계속에 심각한 타격을 주어 회생에 막대한 지장을 초래하고, 채권자들 사이의 형평에도 어긋나는 결과가 되는 것을 방지할 필요가 있는데, 가압류 등은 어차피 회생계획이 인가되면 실효될 것이므로 계속 유지할 이유가 없기도 하기 때문에 인정된 것으로, 회생계획인가 전에 관리인이 환가하여 운전자금으로 하거나 집달관이 점유하는 동산(원자재, 기계)을 사업의 계속을 위하여 회사에 가지고 올 필요가 있을 경우에 허용될 것이다. 취소결정에 의해 절차는 소급해서 실효되고, 압류의 효력도 소멸한다.

제59조 (소송절차의 중단 등)

① 회생절차개시결정이 있는 때에는 채무자의 재산에 관한 소송절차는 중단된다.
② 제1항의 규정에 의하여 중단한 소송절차 중 회생채권 또는 회생담보권과 관계없는 것은 관리인 또는 상대방이 이를 수계할 수 있다. 이 경우 채무자에 대한 소송비용청구권은 공익채권으로 한다.
③ 제2항의 규정에 의한 수계가 있기 전에 회생절차가 종료한 때에는 채무자는 당연히 소송절차를 수계한다.
④ 제2항의 규정에 의한 수계가 있은 후에 회생절차가 종료한 때에는 소송절차는 중단된다. 이 경우 채무자는 소송절차를 수계하여야 한다.
⑤ 제4항의 경우에는 상대방도 소송절차를 수계할 수 있다.
⑥ 제1항 내지 제5항의 규정은 채무자의 재산에 관한 사건으로서 회생절차개시 당시 행정청에 계속되어 있는 것에 관하여 준용한다.

✻ 중단되는 소송은 회생채권, 회생담보권에 기한 것에 한하지 않고, 환취권, 공익

채권, 기타 어느 채권에 기한 것이든 채무자의 재산에 대한 모든 소송이 해당한다. 인격적 활동에 관한 것인 이사직무집행정지, 주 총결의 무효·취소, 주주에 의한 주주지위확인, 주주명의개서청구의 소 등은 아니다.

✱ 소송절차의 수계

중단된 소송 중 회생채권, 회생담보권과 관계없는 것은 관리인 또는 상대방이 이를 수계할 수 있는데(제2항), 환취권과 공익채권에 관한 소송, 채무자가 가지는 권리에 기한 이행·확인소송 등이 그것이다. 이 경우 채무자에 대한 소송비용청구권은 공익채권이 되는데(제2항 후단), 이 소송비용에는 수계 이후만이 아니라 수계 이전에 채무자가 수행하는 과정에서 발생한 비용도 포함한다.

✱ 행정청에 계속 중인 사건도 중단과 수계되는 것은 마찬가지이다(제6항).

✱ 채권자취소소송의 중단과 수계에 관하여 종전에 있던 규정을 삭제했으나 재산관계소송인 한 중단과 수계 인정해야 할 것이다.

제60조 (이송)

① 회생법원(회생사건이 계속되어 있는 지방법원을 말한다. 이하 같다)은 회생절차개시 당시 채무자의 재산에 관한 소송이 다른 법원에 계속되어 있는 때에는 결정으로써 그 이송을 청구할 수 있다. 회생절차개시 후 다른 법원에 계속되어 있게 된 것에 관하여도 또한 같다.

② 제1항의 결정이 있는 때에는 이송의 청구를 받은 법원은 소송을 회생법원에 이송하여야 한다.

③ 제2항의 규정에 의한 이송은 소송절차의 중단 또는 중지중에도 할 수 있다.

④ 제1항 내지 제3항의 규정은 상소심법원에 계속되어 있는 소송에 관하여는 적용하지 아니한다.

✱ 이 같은 이송은 당해 소송 자체의 심판의 편의를 도모할 수 있을 뿐만 아니라, 회생절차의 신속한 진행에도 도움이 될 것이기에, 그런 소송의 존재가 알려지면 법원이 직권으로 결정하고 상대법원은 응하도록 했다.

제61조 (법원의 허가를 받아야 하는 행위)

① 법원은 필요하다고 인정하는 때에는 관리인이 다음 각 호의 어느 하나에 해당하는 행위를 하고자 하는 때에 법원의 허가를 받도록 할 수 있다.

　　1. 재산의 처분

　　2. 재산의 양수

　　3. 자금의 차입 등 차재

　　4. 제119조의 규정에 의한 계약의 해제 또는 해지

　　5. 소의 제기

　　6. 화해 또는 중재계약

　　7. 권리의 포기

　　8. 공익채권 또는 환취권의 승인

　　9. 그 밖에 법원이 지정하는 행위

② 관리인은 법원의 허가를 받지 아니하고는 다음 각 호의 행위를 하지 못한다.

　　1. 채무자의 영업 또는 재산을 양수하는 행위

　　2. 채무자에 대하여 자기의 영업 또는 재산을 양도하는 행위

　　3. 그 밖에 자기 또는 제3자를 위하여 채무자와 거래하는 행위

③ 법원의 허가를 받지 아니하고 한 제1항 각 호 또는 제2항 각 호의 행위는 무효로 한다. 다만, 선의의 제3자에게 대항하지 못한다.

＊ 관리인은 채무자의 영업과 재산의 관리처분에 관하여 전권을 갖고 있으나, 그 권한행사를 관리인에게 전적으로 맡겨 둘 경우 권한 남용이나 이해관계인의 이해에 반하는 행위를 하는 것을 막을 수 없으므로, 적절한 통제를 위하여 중요한 행위는 법원의 허가를 받도록 했다.

제62조 (영업 등의 양도)

① 회생절차개시 이후 회생계획인가 전이라도 관리인은 채무자의 회생을 위하여 필요한 경우 법원의 허가를 받아 채무자의 영업 또는 사업의 전부 또는 중요한 일부를 양도할 수 있다.

② 제1항의 규정에 의한 허가를 하는 때에는 법원은 다음 각 호의 자의 의견을 들어야 한다.

　　1. 관리위원회

　　2. 채권자협의회

　　3. 채무자의 근로자의 과반수로 조직된 노동조합

　　4. 제3호의 노동조합이 없는 때에는 채무자의 근로자의 과반수를 대표하는 자

③ 제1항의 규정에 의한 허가를 하는 경우 법원은 양도대가의 사용방법을 정하여야 한다.

④ 제1항의 허가를 하는 경우 주식회사인 채무자의 부채총액이 자산총액을 초과하는 때에는 법원은 관리인의 신청에 의하여 결정으로 「상법」 제374조(영업양도·양수·임대 등)제1항의 규정에 의한 주주총회의 결의에 갈음하게 할 수 있다. 이 경우 「상법」 제374조(영업양도·양수·임대 등)제2항 및 제374조의2(반대주주의 주식매수청구권)와 「증권거래법」 제191조(주주의 주식매수청구권)의 규정은 적용하지 아니한다.

⑤ 제61조제3항의 규정은 제1항의 규정에 의한 허가를 받지 아니하고 행한 행위에 관하여 준용한다.

＊ 필요성: 회생절차개시신청이 있게 되면 기업의 경우 신용도가 급격히 하락하고, 기존의 거래관계가 무너지며, 종업원이 이탈하여 기업가치가 크게 손상되어 회생절차의 정상적인 진행이 어렵게 될 뿐만 아니라, 계속된 기업가치 하락으로 청산가치가 계속기업가치를 상회하는 결과에 이를 수도 있어 회생절차의 진행이 무의미하게 될 수도 있다. 이럴 경우 회생계획안이 확정되기를 기다려 이에 따라 영업양도하는 것보다 그전에 양도하는 것이 보다 유리한 경우가 있을 수 있으므로 이에 대비한 조항이고, 신속한 진행을 위해 상법 등에 대한 특칙을 두고 있다.

＊ 요건

－영업 또는 사업의 전부 또는 중요한 일부의 양도가 채무자의 회생을 위하여 필요한 경우일 것: 이는 회생절차개시신청으로 인한 신용훼손으로 영업환경이 악화되어 회생계획의 인가를 기다리다가는 영업가치가 크게 훼손되므로 조기매각의 필요성이 있는 경우를 말한다. 이와 관련 영업의 중요하지 않은 일부의 경우는 제200조제1항제1호가 영업이나 재산의 전부나 일부의 양도를 회생계획에 의해 하도록 정하고 있는 것에 비추어 본조에 의거 법원의 허가만으로 양도할 수는 없다고 보아야 할 것이나, 중요하지 않은 영업의 계속이 지속적으로 손해를 발생시키고 있어 회생계획인가 전이라도 정리하는 것이 이익이 되는 경우에는 본조에 의해 법원의 허가만으로 영업을 양도할 수 있는 것으로 보아야 할 것이다.

－회생절차개시 후 회생계획인가 전일 것: 회생절차개시신청 후 회생절차개시 전의

보전관리명령의 단계에서도 가능한지가 문제되나, 이는 보전관리의 목적을 넘어서는 것으로 허용되지 않는 것으로 보아야 한다.

＊ 절차
- 의견청취(제2항): 영업양도는 채무자의 사업에 중대한 영향을 미치고, 회생채권자 등 이해관계인의 이해에도 영향을 미치므로 이들의 의견을 반영하기 위함이다.
- 주주보호절차(제4항): 상법상 주식회사의 영업양도 시는 주주총회의 특별결의절차 등을 거쳐야 하는데, 도산법은 회생계획에 의한 영업양도 시는 상법의 제한을 적용하지 않으나, 회생계획인가 전 양도 시는 적용되는 것을 전제로 하고, 다만 부채초과의 경우에 예외로 적용하지 않고 있다. 부채초과의 경우에는 사실상 주주의 권리는 없는 것이나 마찬가지이기 때문이다.
- 법원의 허가: 위의 절차를 마친 후 법원의 허가가 있어야 양도가능하다.

제63조 (주식회사의 영업 등의 양도에 대한 허가결정의 송달 등)

① 법원은 제62조제4항의 규정에 의한 결정을 한 때에는 그 결정서를 관리인에게 송달하고 그 결정의 요지를 기재한 서면을 주주에게 송달하여야 한다.
② 제62조제4항의 규정에 의한 결정은 그 결정서가 관리인에게 송달된 때에 효력이 발생한다.
③ 제62조제4항의 규정에 의한 결정에 대하여 주주는 즉시항고를 할 수 있다.

제64조 (회생절차개시 후의 채무자의 행위)

① 채무자가 회생절차개시 이후 채무자의 재산에 관하여 법률행위를 한 때에는 회생절차와의 관계에 있어서는 그 효력을 주장하지 못한다.
② 제1항의 규정을 적용하는 경우 채무자가 회생절차개시가 있은 날에 행한 법률행위는 회생절차개시 이후에 한 것으로 추정한다.

＊ 규정의 취지
채무자의 재산은 회생채권자 등의 공동의 만족에 제공되어야 할 재산이므로 채무자에 의하여 목적이 방해받지 않기 위하여, 채무자가 회생절차개시 후 채무자의 재산에 관하여 한 행위는 회생절차와의 관계에서 효력을 주장할 수 없게 한 것이다.

* 요건
- 재산에 관하여 한 법률행위: 법률행위란 매매, 임대차, 권리 포기, 채무승인 등 재산의 발생, 이전, 소멸에 관한 일체의 행위를 말한다. 등기, 등록, 재판에 관한 관할합의, 제소전화해도 포함되는 넓은 개념이다. 채무자의 재산에 관한 것에 한 하므로, 신분상 법률관계에 관한 행위는 해당되지 않으나, 회생절차개시 전에 개 시된 상속의 승인이나 포기는 채무자의 재산에 영향을 주므로 제약을 받는다. 채무자에게 유·불리 여부는 상관없다. 유·불리의 여부판단이 어려울 뿐만 아니라, 일단 대항불능이란 효과를 미치게 한 다음, 선관주의의무를 부담하는 관리인의 합목적적 판단에 맡기면 되기 때문이다.
- 회생절차개시 후 행위: 회생절차개시결정을 내린 시각 이후에 한 경우만 해당한 다. 회생절차개시결정일에 한 행위는 회생절차개시 후에 한 것으로 추정되므로(제 2항), 상대방이 그전에 한 것을 입증해야 한다.

* 효과
- 회생절차와의 관계에 있어 효력을 주장할 수 없다: 회생절차개시결정 이후에는 채무자의 업무의 수행과 재산의 관리처분권한이 관리인에게 넘어가므로 이는 결 국 관리인에게 대항할 수 없다는 것이 된다. 관리인에게 대항할 수 없을 뿐이고, 관리인이 그 행위의 효력을 인정하는 것은 제약이 없는 상대적 무효의 의미이다. 상대방의 선의·악의를 불문한다.
- 무효를 주장할 수 있는 사람: 관리인 외에 회생채권자, 담보권자 등 이해관계인 에 한하고, 채무자는 스스로 해당행위를 한 사람이므로 무효를 주장할 수 없다. 무효가 주장되기 전에 회생절차가 취소되거나 폐지되면, 상대방은 그 행위의 유 효를 주장할 수 있다.
- 원상회복: 상대방이 이행한 것이 있으면 채무자는 이를 부당이득으로 반환해야 하고, 상대방은 이를 공익채권으로 주장 가능하다(제179조제6호).

제65조 (회생절차개시 후의 권리취득)

① 회생절차개시 이후 회생채권 또는 회생담보권에 관하여 채무자의 재산에 대한 권리를 채무자의 행위에 의하지 아니하고 취득한 때에도 회생절차와의 관계에 있어서는 그 효력을 주장하지 못한다.

② 제64조제2항의 규정은 제1항의 규정에 의한 취득에 관하여 준용한다.

＊ 규정의 취지는 전항과 마찬가지이나 대상행위가 채무자의 행위가 아닌 다른 원인 즉 법률의 규정이나, 채무자 이외의 다른 사람과의 법률행위에 의하여 제3자가 채무자의 재산에 관한 권리를 취득한 경우를 대상으로 한다.

예컨대 회생절차개시결정을 받은 채무자가 사망한 경우에 상속인은 상속에 의한 권리취득을 회생절차에서 주장할 수 없고, 회생절차개시 전에 채무자로부터 채권을 양수한 사람이 회생절차개시 후에 제3채무자의 승낙을 받아도 채권취득을 회생절차에서 주장할 수 없다.

＊ 채무자의 처분권 유무와 관계없는 시효, 부합에 의한 취득, 채무자 이외의 사람으로부터의 동산의 선의취득 등에는 적용이 없다.

관리인의 처분에 의한 권리취득도 당연히 아니다.

제66조 (회생절차개시 후의 등기와 등록)

① 부동산 또는 선박에 관하여 회생절차개시 전에 생긴 등기원인으로 회생절차개시 후에 한 등기 및 가등기는 회생절차와의 관계에 있어서는 그 효력을 주장하지 못한다. 다만, 등기권리자가 회생절차개시의 사실을 알지 못하고 한 본등기는 그러하지 아니하다.

② 제1항의 규정은 권리의 설정·이전 또는 변경에 관한 등록 또는 가등록에 관하여 준용한다.

＊ 회생절차개시 전에 회생채무자에 속하는 부동산에 관하여 매매가 이루어지고 등기까지 되었다면, 관리인에게 대항할 수 있고, 부인의 문제만이 남지만, 등기가 회생절차개시 후에 이루어진 경우는 당사자 간에 담합에 의해 등기원인이 회생절차개시결정 전에 있었던 것으로 조작할 수도 있으므로 아예 대항할 수 없게 한 것이다(파산절차에서도 같은 취지의 규정이 있다. 제331조).

다만 등기 자체는 공시방법에 불과하므로 등기권리자가 회생절차개시사실을 모르고 한 경우는 이를 보호할 필요가 있으므로 예외로 한 것이다.

＊ 선의의 입증은 등기권리자가 해야 할 것이나, 등기된 것이 회생절차개시의 공고

전이면 선의, 후이면 악의가 추정된다(제68조).

＊ 대법원은 제1항 본문의 반대해석으로 회생절차개시 전의 등기원인으로 회생절차개시 전에 부동산등기법 제3조에 의하여 한 가등기는 효력을 주장할 수 있고, 따라서 관리인에게 본등기청구를 할 수 있다고 본다.[18]

＊ 회생절차개시결정의 기입등기가 경료된 부동산에 관하여 채무자가 신청한 등기는 등기원인이 정리절차개시 전에 생긴 것이라 해도 수리해서는 안 된다(대법원등기예규 제955호).

제67조 (회생절차개시 후의 채무자에 대한 변제)

① 회생절차개시 이후 그 사실을 알지 못하고 한 채무자에 대한 변제는 회생절차와의 관계에 있어서도 그 효력을 주장할 수 있다.

② 회생절차개시 이후 그 사실을 알고 한 채무자에 대한 변제는 채무자의 재산이 받은 이익의 한도에서만 회생절차와의 관계에 있어서 그 효력을 주장할 수 있다.

＊ 회생절차개시결정이 있게 되면 회생채무자는 재산에 대한 관리처분권을 상실하게 되어 변제수령도 할 수 없게 되므로 변제를 한 채무자는 이를 관리인에게 대항할 수 없고, 다시 변제해야만 한다. 그러나 일반적으로 채무자는 자기 채무의 이행기가 되면 변제를 하기 마련이고, 채권자가 회생절차개시신청을 했는지 등 채무자의 재산상태까지 신경을 쓰지는 않는데, 변제를 하기 전에 채권자가 회생절차개시신청을 했는지 여부까지 알아보아야 한다면 이는 채무자에게 부당한 부담을 지우는 것이다. 이에 법은 회생절차개시사실을 모르고 변제했을 경우에는 그 효력을 주장할 수 있게 했다(파산절차에도 같은 취지의 규정이 있다. 제332조).

＊ 회생절차개시사실을 알고 변제한 경우라도, 회생채무자가 받은 금원의 전부 또는 일부를 관리인에게 넘겼다면 회생채무자의 재산에 이익이 있는 것인데, 이 경우도 대항할 수 없다면 회생채무자에게 부당이득을 주는 것이니, 채무자의 재산이 받은 이익의 한도에서 회생절차에서 그 효력을 주장할 수 있게 한 것이다.

---

18) 대법원 1982. 10. 26 선고 81다108 판결

＊ 제68조에 따라 선의·악의가 추정되는 것은 앞서와 마찬가지이다.

제68조 (선의 또는 악의의 추정)

제66조 및 제67조의 규정을 적용함에 있어서 회생절차개시의 공고 전에는 그 사실을 알지 못한 것으로 추정하고, 공고 후에는 그 사실을 안 것으로 추정한다.

＊ 공고는 널리 일반에게 알리는 절차이므로 아는 것으로 추정한 것이다.

제69조 (공유관계)

① 채무자가 타인과 공동으로 재산권을 가진 경우 채무자와 그 타인 사이에 그 재산권을 분할하지 아니한다는 약정이 있더라도 회생절차가 개시된 때에는 관리인은 분할의 청구를 할 수 있다.
② 제1항의 경우 다른 공유자는 상당한 대가를 지급하고 채무자의 지분을 취득할 수 있다.

＊ 공유물 불분할 약정을 유지시키면 재산의 환가가 불가능하여 채무자 재산의 충실을 기할 수 없으므로 약정에 불구하고 분할청구 또는 매수청구권을 인정한 것인데, 다른 공유자의 불이익 구제를 위해 대가지급 취득규정을 두었다.

제70조 (환취권)

회생절차개시는 채무자에게 속하지 아니하는 재산을 채무자로부터 환취하는 권리에 영향을 미치지 않는다.

＊ 의의

채무자의 재산 중에 채무자에게 귀속하지 않는 제3자의 재산이 섞여 있는 경우가 있고, 제3자 이를 돌려받을 수 있는 권리를 환취권이라고 한다. 이는 도산법이 새롭게 인정한 권리는 아니고 실체법상 인정되는 권리를 도산법상으로 환취권이라고 칭하는 것이다.

＊ 종류

환취권에는 목적물에 대하여 제3자에게 권리가 있음을 전제로 하는 일반환취권(제

70조)과 거래의 안전이나 이해관계인 등의 공평을 위하여 인정되는 특별환취권(제71, 71조)이 있다.

* 환취권자

어떤 권리가 있을 때 환취권이 있는가는 민법, 상법 등 실체법의 원칙에 따라 정해진다.

　─소유권: 채무자에게 속하는 재산에 대하여 소유권을 갖고 있는 자가 환취권을 행사할 수 있는 대표적인 경우이다. 다만, 파산재단이나 관리인이 해당재산에 대하여 임차권 등 점유할 권리를 갖고 있는 경우는 그 관계가 종료되어야 환취할 수 있을 것이다. 이와 관련 허위표시로 인한 무효나 사기로 인한 취소 등을 주장하면서 환취권을 주장하는 경우에 관리인이나 파산관재인이 선의일 경우에도 인정할 것인가에 관하여 대법원은 인정하지 않고 있다.19)

　─무체재산권: 소유권에 준하여 환취권의 기초가 될 수 있다.

　─점유권자: 관리인이 점유권 침해 시 점유권도 환취권의 기초가 된다.

　─용익물권이나 점유를 수반하는 담보권(질권, 유치권): 이들 권리는 목적물의 점유를 권리의 내용으로 하고 있으므로 그 점유를 관리인에 의하여 침해받으면 그 권리범위 내에서 환취권이 있다. 저당권은 점유를 수반하지 않으므로 점유회복을 위한 환취권은 주장할 여지가 없으나, 파산관재인이 저당권의 존재를 부정해 등기말소청구를 해 올 경우 이에 대항할 수 있는 것은 환취권이 될 것이다.

　─채권적 청구권: 매매계약에 기한 목적물 인도청구권과 같이 파산재단에 속하는 것을 전제로 한 채권적 청구권은 환취권의 기초가 될 수 없으나, 채무자가 전차하고 있는 물건에 대하여 전대인이 전대차의 종료를 이유로 목적물반환청구권을 행사하는 경우는 환취권의 기초가 된다.

　─사해행위취소권: 채무자가 부동산 증여를 받은 경우 증여자의 채권자가 증여를 취소하고 이전등기의 말소를 구하는 경우같이 채권자취소권도 환취권의 기초가 될 수 있다.

　─위탁자: 판매위탁 시 위탁물이 아직 매각되지 않은 경우, 매수위탁 시 매입대금은 수탁자에게 전달되었으나 매입물이 위탁자에게 건네지지 않은 경우에는 환취

---

19) 대법원 2005. 5. 12. 선고 2004다68366 판결은 파산에 관한 것이자 회생절차에 원용될 수 있을 것이다. 그 외에 2002다48214 판결은 관리인을 이해관계 있는 제3자로 보고 있다.

권행사가 가능할 것이다.

- 배우자의 재산분할 청구권: 현물분할 시는 분할부분은 배우자의 잠재적인 지분을 반영한 것이므로 그 지분을 돌려받는 환취가 당연하나, 금전분할 시는 금전의 지급을 구하는 채권을 취득하는 것에 지나지 않아 일반파산채권자가 될 것이다.
- 양도담보권: 이를 담보권으로 보는 것을 전제로 하면, 설정자에게 회생절차가 개시된 경우는 양도담보권자는 회생담보권자로서 권리를 행사하여야 하고, 양도담보권자에게 회생절차가 개시된 경우는 설정자는 피담보채무를 변제하고 목적물을 환취해 올 수 있다.[20) 가등기담보의 경우도 마찬가지이다.

＊ 환취권의 행사

환취권 행사의 상대방은 관리인이 되고, 행사방법이나 절차에 특별한 제한이 없으나, 파산관재인이 환취권을 다투는 경우에는 이행소송 등을 하게 될 것이다.

관리인이 환취를 승인하는 경우에는 법원의 허가를 받도록 할 수 있다(제61조제1항제8호).

제71조 (운송 중인 매도물의 환취)

① 매도인이 매매의 목적인 물건을 매수인에게 발송하였으나 매수인이 그 대금의 전액을 변제하지 아니하고, 도달지에서 그 물건을 수령하지 아니한 상태에서 매수인에 관하여 회생절차가 개시된 때에는 매도인은 그 물건을 환취할 수 있다. 이 경우 관리인은 법원의 허가를 받아 대금 전액을 지급하고 그 물건의 인도를 청구할 수 있다.
② 제1항의 규정은 제119조의 적용을 배제하지 아니한다.

＊ 매매계약은 동시이행관계에 있으므로 이행과정에서 어느 일방에게 회생절차가 개시되어도 특별히 문제될 것이 없으나, 원격지매매의 경우 매도인이 선이행하는 경우가 많고, 이 경우 매수인이 이행하기 전에 회생절차가 개시되면 매도인의 대금채권은 회생채권이 되어 완전한 만족을 얻지 못하는 결과가 되므로, 목적물이 아직 운송인 수중에 있을 때는 매도인의 환취권을 인정한 것이다. 다만 오늘날은 운송수단과

---

20) 대법원 2004. 4. 28. 선고 2003다61542 판결은 종전 파산법 제80조에 양도담보권자의 환취불가 규정이 있어 설정자가 피담보채무를 변제해도 못 찾아온다는 것은 부당하다는 논란을 반영해 법규의 취지는 피담보채권이 있는 경우에만 환취불가라는 해석론을 내놓은 것인데, 이번에 폐지되어 논란의 소지가 없어졌다.

신용조사수단과 통신의 발달로 시간상이나 상대에 대한 정보 취득 가능성상 운송 중
에 매수인에게 회생절차가 개시되거나 개시될 가능성을 모르고 거래하는 경우는 거의
없기 때문에 적용되는 경우는 거의 없을 것이다.

＊ 회생절차개시 시점에 매수인이 운송물을 수령하고 있지 않은 한 환취권은 발생
하고, 환취권 행사시점에 관리인이 목적물을 수령하였더라도 행사에는 지장 없다.

＊ 관리인의 이행청구나 계약해제의 선택권(제119조)은 당연한 것이나 주의적으
로 규정하고 있다.

제72조 (위탁매매인의 환취권)
제71조제1항의 규정은 물건매수의 위탁을 받은 위탁매매인이 그 물건을 위탁자에게 발
송한 경우에 준용한다.

＊ 위탁매매인과 위탁자와의 관계는 위임관계이므로 물품의 소유권은 위탁자에게
속하여 위탁매매인에게는 일반환취권이 인정되지 않으나, 격지자 거래와 유사하고 위
탁매매인이 먼저 물품을 발송한 경우에 그 보호를 위해 특별환취권을 인정한 것이다.

제73조 (대체적 환취권)
① 채무자가 회생절차개시 전에 환취권의 목적인 재산을 양도한 때에는 환취권자는 반대
   급부의 이행청구권의 이전을 청구할 수 있다. 관리인이 환취권의 목적인 재산을 양도
   한 때에도 또한 같다.
② 제1항의 경우 관리인이 반대급부의 이행을 받은 때에는 환취권자는 관리인이 반대급부
   로 받은 재산의 반환을 청구할 수 있다.

＊ 환취권의 목적 재산이 채무자 또는 관리인에 의하여 이미 처분된 경우에는 그
재산이 채무자에게 현존하지 않는 한 그 재산 자체의 환취는 불가능하나, 그 처분대
가가 현존하는 경우에는 그 대가를 환취할 수 있도록 했는데, 그렇지 않을 경우 환취
권자로서는 부당이득반환청구권이나 손해배상청구권을 기초로 하는 회생채권자가 되
어 각종 제한을 받는 부당한 결과가 초래되므로, 현물을 환취한 것과 같은 효과를 거

둘 수 있도록 하기 위한 규정이다.

✻ 반대급부가 이행되지 않은 경우는 그 급부이행청구권의 이전을 청구하면 되고, 관리인이 반대급부를 이행받은 경우는 그 급부가 금전이면 해당 금원을, 특정물이면 그 물건의 반환을 청구하면 되는데, 채무자가 반대급부를 회생절차개시 전에 수령한 경우는 특정물 여부와 상관없이 이미 일반재산에 혼입되어 버렸으므로 환취권자는 부당이득반환청구권이나 손해배상청구권을 회생채권으로 행사할 수밖에 없고, 회생절차개시 전에 양도하고 회생절차개시 후에 수령한 경우는 수령한 반대급부가 채무자재산으로 유입되어 있는 경우에만 관리인이 수령한 것으로 보아 환취권을 인정할 수 있을 것이다.

✻ 대체적 환취권에 의해서도 보호되지 않는 손해는 그것이 채무자의 불법행위나 채무불이행에 의한 것이면 회생채권으로서, 관리인에 의한 것이면 공익채권으로서 손해배상청구권을 행사할 수 있을 것이다.

✻ 목적물을 양도받은 자가 선의취득을 주장할 수 없는 경우라면 환취권자는 제3자에 대하여 소유권 등 실체법상 권리에 기한 반환청구권도 선택적으로 행사할 수 있음은 물론이다.

✻ 특별환취권대상인 물건을 관리인이 제3자에게 처분했을 경우에도 대체적 환취권이 성립한다고 볼 것이다.

제2장 회생절차의 기관

제1절 관리인

❋ 관리인의 지위와 권한

회생절차개시결정이 있으면 채무자의 대표업무집행과 재산의 관리·처분권 등은 법원이 선임한 관리인에게 넘어간다. 관리인만이 채무자를 갈음하여 소송당사자가 되는 법정소송담당(당사자표시: 회생회사 관리인 ○○○)이 있게 되고, 종업원과의 관계도 관리인이 상대주체가 되므로 회생절차개시 후에 발생하는 퇴직금 및 임금지급도 관리인의 책임이다.[21]

경영과 재산의 관리·처분권 이외의 사단법적 권한은 관리인에게 속하지 않는다. 종전의 이사, 감사는 회생절차가 개시되더라도 그 지위에 변동이 없고,[22] 임원의 선임·해임, 주주명의 개서 및 주주명부의 작성, 주주총회의 소집 등은 종전 회사의 권한 범위 내에서 행사된다. 형사소송에서도 대표이사가 피고인인 회사를 대표하여 형사소송행위를 한다.[23]

이러한 관리인은 채무자의 기관, 또는 그 대표자가 아니고, 채무자, 채권자, 주주 등 이해관계인 단체의 관리자로서 일종의 공적수탁자로서 법원의 감독을 받기는 하지만 법원의 기관은 아닌 독특한 지위에 있다.

❋ 관리인의 대표이사 겸직

회생계획 인가된 회사의 경우 관리인으로 하여금 대표이사 겸직도록 하는 것이 실

---

21) 대법원 1989. 8. 8. 선고 89도425 판결.
22) 대법원 1964. 4. 12. 선고 63다876 판결.
23) 대법원 1994. 10. 28.자 94모25 결정.

무인데, 관리인과 대표이사가 다를 경우에는 외부적으로는 법률행위효과의 귀속권자가 누구인지 혼동할 우려가 있고, 회사 내부적으로는 경영책임의 귀속이 불명확하고, 내부결속력 저해 등 우려방지 차원에서 겸직도록 하는 것이다.

제74조 (관리인의 선임)

① 법원은 관리위원회와 채권자협의회의 의견을 들어 관리인의 직무를 수행함에 적합한 자를 관리인으로 선임하여야 한다.

② 법원은 다음 각 호에 해당하는 때를 제외하고 개인인 채무자나 개인이 아닌 채무자의 대표자를 관리인으로 선임하여야 한다.

　1. 채무자의 재정적 파탄의 원인이 다음 각 목의 어느 하나에 해당하는 자가 행한 재산의 유용 또는 은닉이나 그에게 중대한 책임이 있는 부실경영에 기인하는 때

　　가. 개인인 채무자

　　나. 개인이 아닌 채무자의 이사

　　다. 채무자의 지배인

　2. 채권자협의회의 요청이 있는 경우로서 상당한 이유가 있는 때

　3. 그 밖에 채무자의 회생에 필요한 때

③ 제1항의 규정에 불구하고 채무자가 개인, 중소기업, 그 밖에 대법원규칙이 정하는 자인 경우에는 관리인을 선임하지 아니할 수 있다. 다만, 회생절차의 진행 중에 제2항 각 호의 사유가 있다고 인정되는 경우에는 관리인을 선임할 수 있다.

④ 관리인이 선임되지 아니한 경우에는 채무자(개인이 아닌 경우에는 그 대표자를 말한다)는 이편의 규정에 의한 관리인으로 본다.

⑤ 관리인을 선임하는 경우 법원은 급박한 사정이 있는 때를 제외하고는 채무자나 채무자의 대표자를 심문하여야 한다.

⑥ 법인은 관리인이 될 수 있다. 이 경우 그 법인은 이사 중에서 관리인의 직무를 행할 자를 지명하고 법원에 신고하여야 한다.

＊ 종전 회사정리법이 기존경영진을 완전히 배제하고 제3자인 관리인에게 경영권을 넘기므로 경영권을 잃기 싫어서 최후 순간까지 버티다가 회생의 기회를 놓치는 폐단이 있었고, 화의법은 경영권은 잃지 않는 대신에 법원의 통제를 거의 받지 않아 절차 진행의 공정성에 문제가 있던 점을 보완하기 위하여 현행법은 원칙적으로 채무자를 관리인으로 선임하되 예외적으로 일정한 사유가 있는 경우에 한하여 제3자를 관리인

으로 선임하도록 하여 채무자의 경영권을 보장하는 대신, 법원의 감독을 강화하는 내용으로 절충해 제도의 이용을 유도하고 있다.

＊ 기존 경영자가 배제되는 사유

－제2항제1호의 사유

; 재산의 유용 또는 은닉은 거래과정에 대한 장부기록의 누락과 거래장부의 분식의 형태로 행해지는 것이 일반적이다. 금전차입, 대여, 이익배당, 상여금지출 등에 대한 정확한 기록 없이 회사자금을 사용한 것이 이에 해당하는 유력한 자료가 될 것이나, 회사사정에 밝지 않은 법원이나 채권자로서는 파악하기 어려워 조사위원의 조사단계에서 드러나게 될 것이다.

; 중대한 책임이 있는 부실경영은 고의 또는 이에 준하는 행위로 인하여 채무자를 파탄상태에 이끌어 놓은 것으로 경영무능력 이외에도 회사설립단계에서 극히 적은 자본만 투자하고 과도한 타인자본을 차입하여 부실한 상태에서 사업을 개시한 경우, 관계회사에 대한 과도한 지급보증이나 무리한 대여로 인하여 직접적으로 재정파탄을 초래한 경우[24] 등을 포괄하는 개념이다. 법은 회생절차에 들어오는 경우 어느 정도의 부실경영은 필연적이라는 것을 전제로, 중대한 책임이 있는 경우로 한정하여, 원칙적으로 기존 경영자를 관리인으로 선임할 것을 예정하고 있다.

따라서 정상적인 사업예측을 통하여 시설투자를 하였으나, 천재지변, 경제상황의 급변, 신규업체 진입으로 인한 경쟁심화 등의 사유로 영업이 부진하여 재정파탄에 이른 경우는 당초의 예측이 합리적인 한 사후에 중대한 부실이 발생했다 하여 부실경영책임을 지울 일은 아니다.

비리여부의 판단은 현존 경영진을 기준으로 하고 과거 경영진의 비리여부는 묻지 않으나, 이는 어디까지나 현존경영진이 과거의 부실에서 벗어나기 위하여 노력한 경우에 한하지 과거 경영진이 불이익을 피하기 위하여 잠정적으로 내세운 경우라면 안 될 것이다.

부실경영에 중대한 책임이 있는 사람들은 모두 퇴진해야 하고 그중 일부만 퇴진하는 경우는 안 될 것이다.

; 채무자의 이사나 지배인은 상업등기부상에 이사나 지배인으로 등재된 사람 외에 이사가 아니면서 명예회장, 회장, 사장, 부사장, 전무, 상무, 이사 기타 회사의 업

---

24) 대법원 2004. 6. 18. 2001그132 결정.

무를 집행할 권한이 있는 것으로 인정될 만한 명칭을 사용하여 회사의 업무를 집행한 자와 채무자에 대한 자신의 영향력을 이용하여 이사에게 업무를 지시한 자도 포함한다(상법 제402조의2제1항).

– 제2항제2호의 사유

; 채권자들은 회생절차에 있어 가장 큰 이해관계가 있고 따라서 이들의 대표인 채권자협의회의 요구가 있으면 상당한 이유가 있는 경우에는 기존경영자가 배제된다.

; 상당한 이유의 존부는 기존경영자관리인제도를 도입한 취지와 채권자가 기존 경영자를 퇴출시킴으로써 얻을 수 있는 이익 및 채권자의 협조가능성 여부 등을 형량하여 판단하게 될 것이고, 채권자협의회가 상당한 이유에 대한 소명을 해야 할 것이다.

– 제2항제3호의 사유

; 그 밖에 채무자의 회생에 필요한 때로는 경영진의 분열로 회생절차를 효율적으로 수행할 수 없는 경우, 대표이사의 선출이 특정주주나 채권자에게 유리한 영향을 미칠 의도로 이루어지는 경우, 기존경영진의 경영능력이 우수해도 회생절차의 진행이나 기업구조조정업무에 익숙하지 않은 경우 등을 들 수 있다.

특히 현행법상 주주들의 공익권이 제한되어 있기는 하나, 회생절차개시 후 회생계획인가 전까지는 주주들이 주주총회를 통하여 대표이사를 선출할 수 있고, 임기만료와 상관없이 자신들의 이익을 대변해 줄 사람으로 교체를 시도할 수도 있으므로 기존주주의 부당한 영향력 행사에 효과적으로 대응하기 위한 것이다.

✳ 관리인을 선임하지 않는 경우

법은 회생절차의 이용을 활성화하고 간이 신속한 진행을 위하여 중소기업 등의 경우에는 관리인을 선임하지 않을 수 있게 했다.

선임하지 않을 수 있는 것은 채무자가 개인이거나 중소기업, 그 밖에 대법원규칙 제51조가 정하는 경우인데, 이때는 채무자나 그 대표자(채무자가 개인이 아닌 경우)를 관리인으로 본다(제3, 4항).

여기서 채무자의 대표자는 채무자의 대표자인 지위에서 당연히 관리인이 되는 것이므로 대표자의 지위를 상실하면 관리인의 지위도 상실하는 데 반하여, 제2항의 채무자의 대표자의 경우는 법원의 수권에 의하여 관리인이 되는 것이어서, 일단 관리인이 된 다음에는 대표자의 지위를 상실해도 관리인의 지위를 상실하지 않는 점이 다르다.

일단 법원이 관리인 불선임 결정을 하면, 회생채무자의 사업경영권과 관리처분권을 갖는 자는 채무자의 대표자를 선출할 권한을 갖는 자에 의하여 결정되므로, 누가 선출권을 갖느냐가 회사지배구조 결정에 절대적인 영향을 미치고, 따라서 채무자가 합리적인 대표자 선출구조를 갖고 있지 못하면, 회생절차진행 중 대표선출 문제로 분열이 생겨 절차진행에 지장이 생길 우려가 있으므로, 절차의 간이 신속을 위한 배려가 오히려 장애로 작용하지 않도록, 관리인 불선임결정을 할 때는 이 점을 고려해 신중을 기해야 한다.

＊ 기존경영자를 배제할 경우 관리인의 자격에 대하여는 제한이 없는데, 절차진행에 고도의 법률지식이 필요하고, 종종 소송의 필요성도 있기는 하나, 파산과 달리 청산형이 아닌 재건형절차이므로 법률적인 사무처리능력보다는 사업경영수완이 필요하므로 경영전문가가 선임되고, 법률적인 문제는 법원의 적극 관여로 해결하는 경우가 많다.

＊ 관리인의 직무를 행할 자

법인이 관리인일 경우에는 관리인의 직무를 행할 자를 법인의 이사 중에서 선임하여야 하는데(제6항), 통상은 관리인 대리를 선임하여 회사에 상주시키는 것이 보통이다.

＊ 관리인의 임기

법에는 관리인의 임기에 관한 정함이 없으나, 실무에서는 관리인을 해임할 권항이 있으므로 임기설정권한도 당연히 있는 것으로 운영하고 있다.

서울중앙지방법원의 경우 기존경영자의 경우는 따로 임기를 부여하지 않는데, 상법이나 정관에 따르게 될 것이다. 제3자인 경우에는 회생절차개시결정 당시 임명하는 관리인은 회생계획인가결정일이 속하는 달의 말일까지로 임기를 정하고, 회생계획인가결정 후에 임명하는 관리인은 2년의 임기를 부여하고, 관리인의 경영실적, 근무태도 등을 고려하여 재선임 여부를 결정하고 있는데, 관리인의 복무자세개선 등의 효과를 기대할 수 있다.

＊ 보수

관리인을 선임할 때에는 보수를 결정하여야 하는데(제30조), 실무에서는 노동부에서 발간하는 임금구조기본통계보고서 중 당해업종 경영자의 보수실태, 회사의 대표이사가 종전에 받던 보수, 회사 규모, 관리인 업무의 난이도, 관리인의 종전 소득 수준 등을 감안하여 결정하는데 회사의 어려움을 감안하여 종전 수준의 50 내지 70% 선에서 결정하되, 재선임시 경영실적을 평가하여 상향조정하고 있다.

이와 관련해 법은 특별보상금 조항(제30조제2항)을 두어, 관리인 재직 중 제3자인수를 성공시키거나, 회생계획보다 목표를 초과 달성하거나 채무자의 재상상황을 현저히 개선시켜 회생절차를 종결시킬 수 있는 기반을 마련하는 등 공로가 있는 경우에 관리인에게 3억 원을 한도로 하여 일정한 가격으로 주식을 매수할 수 있는 권리(스톡옵션)를 주고 있다(회생실무준칙 제1호).

✻ 관리인의 직무

관리인은 취임 후 즉시 채무자의 업무와 재산의 관리에 착수하고(제89조), 채무자에게 속하는 모든 재산의 회생절차개시당시의 가액을 평가하고(제90조), 재산목록 및 대차대조표를 작성하여 법원에 제출하고(제91조), 채무자의 업무와 재산상태에 관한 보고를 관계인에게 요구하고 채무자의 장부·서류·금전·기타의 물건을 검사할 수 있고(제79조), 채무자에게 보내오는 우편물을 관리할 수 있고(제80조), 제1회관계인집회기일 전까지 채무자가 회생절차에 이르게 된 사정, 채무자의 업무와 재산에 관한 사항, 채무자의 회생에 필요한 사항 등을 법원과 관리위원회에 보고해야 한다(제92조).

이해관계인의 열람에 제공하고(제483조 재산의 소재파악을 위해 채무자 등에게 설명을 구할 수 있고(제321조), 재산의 보전을 위하여 봉인을 구할 수 있고(제480조), 채무자의 재산에 관한 장부를 폐쇄하고(제481조), 재산목록 및 대차대조표를 작성하여 법원에 제출하고 이해관계인의 열람에 제공하고(제483조), 배당을 받을 파산채권자의 범위와 채권액을 확정하고(제452조 등), 재단소속재산의 포기(제492조제12호)나, 면책불허가사유의 유무에 대한 보고(제560조), 파산재단의 환가(제491조 이하) 및 배당(제505조 이하) 등이 있다.

✻ 직무의 종료

관리인의 사망, 사임·해임(법 제83조) 등으로 관리인의 직무는 종료한다.

제75조 (여럿인 관리인의 직무집행)

① 관리인이 여럿인 때에는 공동으로 그 직무를 행한다. 이 경우 법원의 허가를 받아 직무를 분장할 수 있다.
② 관리인이 여럿인 때에는 제3자의 의사표시는 그 1인에 대하여 하면 된다.

제76조 (관리인대리)

① 관리인은 필요한 때에는 그 직무를 행하게 하기 위하여 자기의 책임으로 1인 또는 여럿의 관리인대리를 선임할 수 있다.
② 제1항의 규정에 의한 관리인대리의 선임은 법원의 허가를 받아야 한다.
③ 법원은 제2항의 규정에 의한 허가를 한 때에는 이를 공고하여야 한다. 관리인대리의 선임에 관한 허가를 변경하거나 취소한 때에도 또한 같다.
④ 채무자가 법인인 경우 제2항의 규정에 의한 허가가 있는 때에는 법원사무관 등은 직권으로 지체 없이 촉탁서에 결정서의 등본을 첨부하여 관리인대리의 선임에 관한 등기를 촉탁하여야 한다. 관리인대리의 선임에 관한 허가가 변경 또는 취소된 때에도 또한 같다.
⑤ 관리인대리는 관리인에 갈음하여 재판상 또는 재판 외의 모든 행위를 할 수 있다.

＊ 회사규모, 업무의 난이도에 따라 관리인 혼자 업무수행이 어려운 경우에는 수인의 관리인을 선임해야 할 것이나, 최고책임자 1인을 두고 그를 보좌할 사람을 두는 것이 효율적일 수도 있으므로, 법은 그러한 필요를 소명한 경우에는 법원의 허가를 얻어 관리인대리를 선임할 수 있게 한 것이다.

＊ 관리인대리는 관리인의 이름이 아닌 자기 명의로 재판상 또는 재판 외의 모든 행위를 할 수 있고(제5항), 그로 인한 책임은 관리인이 진다(제1항).

제77조 (고문)

관리인은 필요한 때에는 법원의 허가를 받아 법률 또는 경영에 관한 전문가를 고문으로 선임할 수 있다.

제78조 (당사자적격)

채무자의 재산에 관한 소송에서는 관리인이 당사자가 된다.

제79조 (관리인의 검사 등)

① 관리인은 다음 각 호의 어느 하나에 해당하는 자에 대하여 채무자의 업무와 재산의 상태에 관하여 보고를 요구할 수 있으며, 채무자의 장부·서류·금전 그 밖의 물건을 검사할 수 있다.

   1. 개인인 채무자나 그 법정대리인

   2. 개인이 아닌 채무자의 이사·감사·청산인 및 이에 준하는 자

   3. 채무자의 지배인 또는 피용자

② 관리인은 필요한 경우 법원의 허가를 받아 감정인을 선임하여 감정을 하게 할 수 있다.

③ 관리인이 제1항의 규정에 의한 검사를 하는 때에는 법원의 허가를 받아 집행관의 원조를 요구할 수 있다.

✽ 채무자의 재산상태나 재산의 소재파악을 위한 조치이다.

제80조 (우편물의 관리 및 그 해제)

① 법원은 체신관서·운송인 그 밖의 자에 대하여 채무자에게 보내오는 우편물·전보 그 밖의 운송물을 관리인에게 배달할 것을 촉탁할 수 있다.

② 관리인은 그가 받은 제1항의 규정에 의한 우편물·전보 그 밖의 운송물을 열어볼 수 있다.

③ 채무자는 제2항의 규정에 의한 우편물·전보 그 밖의 운송물의 열람을 요구할 수 있으며, 채무자의 재산과 관련이 없는 것의 교부를 요구할 수 있다.

④ 법원은 채무자의 청구에 의하거나 직권으로 관리인의 의견을 들어 제1항의 규정에 의한 촉탁을 취소 또는 변경할 수 있다.

⑤ 회생절차가 종료한 때에는 법원은 제1항의 규정에 의한 촉탁을 취소하여야 한다.

✽ 통신비밀의 예외로 채무자의 재산상태나 거래관계를 파악하기 위하여 인정되는 조치이다.

제81조 (관리인에 대한 감독)

① 관리인은 법원의 감독을 받는다.

② 법원은 관리인에게 그 선임을 증명하는 서면을 교부하여야 한다.

③ 관리인은 그 직무를 수행하는 경우 이해관계인의 요구가 있는 때에는 제2항의 규정에

의한 서면을 제시하여야 한다.

제82조 (관리인의 의무 등)

① 관리인은 선량한 관리자의 주의로써 직무를 수행하여야 한다.

② 관리인은 제1항의 규정에 의한 주의를 게을리 한 때에는 이해관계인에게 손해를 배상할 책임이 있다. 이 경우 주의를 게을리 한 관리인이 여럿 있는 때에는 연대하여 손해를 배상할 책임이 있다.

＊ 관리인의 주의의무위반 여부는 간과하여서는 아니 될 잘못이 있는지, 주의를 게을리 하여 쉽게 알 수 있는 사정을 알지 못했는지 등 구체적인 사정에 따라 판단해야 한다.

제83조 (관리인의 사임 및 해임)

① 관리인은 정당한 사유가 있는 때에는 법원의 허가를 얻어 사임할 수 있다.

② 법원은 다음 각 호의 어느 하나에 해당하는 사유가 있는 때에는 이해관계인의 신청에 의하거나 직권으로 관리인을 해임할 수 있다. 이 경우 법원은 그 관리인을 심문하여야 한다.

　1. 관리인으로 선임된 후 그 관리인에게 제74조제2항제1호의 사유가 발견된 때

　2. 관리인이 제82조제1항의 규정에 의한 의무를 위반한 때

　3. 관리인이 경영능력이 부족한 때

　4. 그 밖에 상당한 이유가 있는 때

③ 제2항의 규정에 의한 관리인의 해임결정에 대하여는 즉시항고를 할 수 있다.

④ 제3항의 즉시항고는 집행정지의 효력이 없다.

⑤ 법원은 제2항의 규정에 의하여 관리인을 해임한 후 새로운 관리인을 선임하는 때에는 제74조제2항의 규정을 적용하지 아니한다.

＊ 관리인의 사임

관리인은 자유롭게 사임할 수 있는데, 실무에서는 사임서를 제출하도록 한 다음 후임자가 결정될 때까지 수리를 보류하여 경영의 공백이 없도록 하고 있으며, 나아가 선임당시에 임기만료 전이라도 경영실적이 저조하거나 기타 관리인으로서 부적절한 사유가 발견될 때에는 즉시 사임하겠다는 취지의 각서를 받아두고, 사유가 발생할 때

에 사임서를 제출하도록 하여 관리인을 적극적으로 관리감독하고 있다.

* 관리인의 해임사유

종전의 회사정리법은 관리인의 해임사유로 상당한 이유만을 들고 있었으나, 통합도산법은 사유를 구체화하여 해임요건을 엄격히 했다.

－제1호 사유: 기존경영자의 재산 유용·은닉이나 부실경영책임은 회생절차개시결정 당시는 밝혀지기 어렵고, 회생절차진행 중 조사위원의 조사나 채권자협의회의 소명 등에 의하여 밝혀지는 경우가 많으므로 기존경영자가 관리인으로 선임된 때를 대비한 것이다.

－제2호 사유: 관리인이 회생절차진행도중 비자금을 조성하거나 업무와 관련 금품을 수수하거나, 법원허가를 받아야 하는 사항에 관하여 허가 없이 사업을 추진하거나 재산을 처분한 경우, 기타 법령 및 법원의 명령을 위반한 경우 등이 이에 해당할 것이다.

－제3호 사유: 합리적인 이유 없이 회생계획이 정한 매출액, 영업실적 등 목표를 2년 연속 달성하지 못했다 할 경우 관리인의 경영능력이 부족한 것으로 판단될 것이다.

－제4호 사유: 그 밖의 상당한 이유는 기존 경영자 관리인제도를 둔 취지와 채권자 기타 이해관계인들의 이익, 사업의 효율적인 회생 등을 종합 고려하여 신중히 판단해야 한다.

제84조 (임무종료의 경우의 보고의무 등)

① 관리인의 임무가 종료된 때에는 관리인 또는 그 승계인은 지체 없이 법원에 계산에 관한 보고를 하여야 한다.

② 관리인의 임무가 종료된 경우 급박한 사정이 있는 때에는 관리인 또는 그 승계인은 후임의 관리인 또는 채무자가 재산을 관리할 수 있게 될 때까지 필요한 처분을 하여야 한다.

제2절 보전관리인

제85조 (보전관리인의 권한)

제43조제3항의 규정에 의한 보전관리명령이 있는 때에는 회생절차개시결정 전까지 채무자의 업무수행, 재산의 관리 및 처분을 하는 권한은 보전관리인에게 전속한다.

제86조 (관리인에 관한 규정 등의 준용)

① 제61조, 제74조, 제75조, 제78조 내지 제84조 및 제89조의 규정은 보전관리인에 관하여 준용한다.

② 제59조제1항 및 제2항의 규정은 보전관리명령이 있는 경우에, 제59조제3항 내지 제5항의 규정은 보전관리명령이 효력을 상실한 경우에 관하여 각각 준용한다.

③ 제59조제1항 내지 제5항의 규정은 채무자의 재산에 관한 사건으로서 보전관리명령 당시 행정청에 계속되어 있는 것에 관하여 준용한다. 이 경우 제59조제3항 및 제4항 중 "회생절차가 종료한 때"는 "보전관리명령이 효력을 상실한 때"로 본다.

제3절 조사위원

제87조 (조사위원)

① 법원은 필요하다고 인정하는 때에는 관리위원회의 의견을 들어 1인 또는 여럿의 조사위원을 선임할 수 있다.

② 조사위원은 조사에 필요한 학식과 경험이 있는 자로서 그 회생절차에 이해관계가 없는 자 중에서 선임하여야 한다.

③ 법원은 조사위원을 선임한 때에는 기간을 정하여 조사위원에게 제90조 내지 제92조에 규정된 사항을 조사하게 하고, 회생절차를 진행함이 적정한지의 여부에 관한 의견을 제출하게 할 수 있다.

④ 법원은 필요하다고 인정하는 때에는 조사위원에게 제3항의 규정에 의한 사항 외의 사항을 조사하여 보고하게 할 수 있다.

⑤ 법원은 상당한 이유가 있는 때에는 이해관계인의 신청에 의하여 또는 직권으로 조사위원을 해임할 수 있다. 이 경우 법원은 그 조사위원을 심문하여야 한다.

✴ 조사위원 선임의 필요성

회생절차개시결정 후 법원은 채무자의 청산가치와 계속기업가치를 비교하여 회생계획안 제출명령을 내릴지 여부를 결정하여야 하는데, 이는 채무자의 재산상태, 영업능력, 경제상황 등을 종합 고려하여 신청인이 제시하는 사업계획이나 채무변제계획의 경제성과 달성가능성을 판단하여야 하는 전문성이 요구되므로, 이런 사항에 대한 기초조사를 하고 이에 대한 전문적인 의견을 제시해줄 사람인 조사위원이 필요하다.

조사위원의 선임은 임의적이기는 하나, 실무에서는 예외 없이 선임하고 있고, 이들의 판단에 의존한다.

✴ 조사위원이 될 수 있는 자

조사위원은 학식과 경험이 있고 회생절차에 이해관계가 없는 자이어야 한다. 통상은 회계사, 회계법인, 신용평가기관, 변호사 등이 될 것이고, 주주, 채권자, 최근에 채무자에 대한 외부회계감사를 한 자, 경영컨설팅을 한 자는 이해관계가 있거나 선입견을 갖고 있다는 등의 이유로 제외될 것이다.

✴ 선임시기

통상은 개시결정과 동시에 선임한다.

✴ 조사위원의 책무

조사위원은 제90조 내지 제92조에 규정된 사항에 대한 조사 및 보고서를 제출해야 하고, 회생채무자의 업무와 재산상태에 대한 보고요구 및 검사권이 있고(제79조), 그 업무처리를 함에 있어 선관주의의무를 다해야 하고(제82조), 위반 시 형사처벌된다(제645, 649조). 조사위원은 법원과 관리위원회의 감독을 받고(제88, 17조), 보수도 받는다(제30조).

✴ 조사보고서 제출기간

절차의 신속, 조사대상자의 규모, 난이도, 지정된 제1회 관계인집회기일 등을 고려하여 45일 내지 90일로 정하는 것이 실무이다.

제88조 (관리인에 관한 규정의 준용)

제79조 및 제81조 내지 제83조제1항의 규정은 조사위원에 관하여 준용한다.

제3장 채무자재산의 조사 및 확보

제1절 채무자의 재산상황의 조사

제89조 (채무자의 업무와 재산의 관리)

관리인은 취임 후 즉시 채무자의 업무와 재산의 관리에 착수하여야 한다.

✱ 관리인은 선임직후 신청인 등을 동행하여 채무자의 사무소, 주거 등을 답사하여 출입구 등 보기 쉬운 장소에 회생절차개시사실과 사무실·주거 및 그 안에 있는 모든 유체동산이 관리인의 점유관리하에 넘어왔으므로 관리인의 허가 없이 출입·반출하는 경우에는 형사처벌된다는 취지의 공고문을 부착하고, 열쇄 등을 회수한다.

현금, 고가품, 권리관계서류, 기타 주요 문서는 관리인 사무소로 가져오고, 이후 필요한 조치를 취한다.

제90조 (재산가액의 평가)

관리인은 취임 후 지체 없이 채무자에게 속하는 모든 재산의 회생절차개시 당시의 가액을 평가하여야 한다. 이 경우 지체될 우려가 있는 때를 제외하고는 채무자가 참여하도록 하여야 한다.

제91조 (재산목록과 대차대조표의 작성)

관리인은 취임 후 지체 없이 회생절차개시 당시 채무자의 재산목록 및 대차대조표를 작성하여 법원에 제출하여야 한다.

제92조 (관리인의 조사보고)

관리인은 지체 없이 다음 각 호의 사항을 조사하여 제1회 관계인집회의 기일 전까지 법원과 관리위원회에 보고하여야 한다.

1. 채무자가 회생절차의 개시에 이르게 된 사정
2. 채무자의 업무 및 재산에 관한 사항
3. 제114조제1항의 규정에 의한 보전처분 또는 제115조제1항의 규정에 의한 조사확정재판을 필요로 하는 사정의 유무
4. 그 밖에 채무자의 회생에 관하여 필요한 사항

제93조 (그 밖의 보고 등)

관리인은 제90조 내지 제92조의 규정에 의한 것 외에 법원이 정하는 바에 따라 채무자의 업무와 재산의 관리상태 그 밖에 법원이 명하는 사항을 법원에 보고하고, 회생계획인가의 시일 및 법원이 정하는 시기의 채무자의 재산목록 및 대차대조표를 작성하여 그 등본을 법원에 제출하여야 한다.

제94조 (영업용 고정재산의 평가)

① 관리인이 채무자의 재산목록 및 대차대조표를 작성하는 때에는 일반적으로 공정·타당하다고 인정되는 회계관행에 따라야 한다.
② 제1항의 경우 「상법」 제31조(자산평가의 원칙)제2호의 규정은 적용하지 아니한다.

제95조 (서류의 비치)

제87조·제91조 내지 제93의 규정에 의하여 법원에 제출된 서류는 이해관계인이 열람할 수 있도록 법원에 비치하여야 한다.

제96조 (영업의 휴지)

채무자의 영업을 계속하는 것이 부적당하다고 인정할 만한 특별한 사정이 있는 경우에는 관리인은 법원의 허가를 얻어 그 영업을 휴지시킬 수 있다.

제97조 (재산의 보관방법 등)

법원은 금전 그 밖의 재산의 보관방법과 금전의 수입과 지출에 관하여 필요한 사항을 정할 수 있다.

＊ 통상은 관리인이 은행 등을 지정하여 고가품(현금) 보관장소 지정신청서를 법원에 제출해 허가받은 다음 관리인 명의의 예금구좌를 개설하거나, 금고를 대여받아 입금 또는 보관한다.

제98조 (제1회 관계인집회)

관리인은 제92조 각 호에 규정된 사항의 요지를 제1회 관계인집회에 보고하여야 한다.

＊ 기일지정: 제1회 관계인집회의 기일은 회생절차개시결정과 동시에 지정된다. 개시결정일로부터 4개월의 기간 내의 기일이어야 하는데 실무에서는 3개월 정도 뒤로 지정하고 있고, 회생채권 등의 일반조사기일과 병합하여 실시하고 있다.

＊ 기일통지: 대상에 관하여는 제182, 183조에서 정하고 있다.

＊ 진행: 제1회 관계인집회는 회생채권 등의 일반조사기일과 병합하여 개최되지만, 진행순서상으로는 제1회관계인집회를 먼저 실시하는 것이 일반적이다. 제1회 관계인집회에서는 관리인에 의한 제92조의 조사내용 보고 및 법원에 의한 제99조의 이해관계인의 의견청취가 이루어지고, 법원은 이들을 참작하여 회사의 계속기업가치가 청산가치보다 크다고 인정되면 제1회관계인집회의 기일 또는 그 후 지체 없이 관리인에게 회생계획안 제출기간을 정하여 명한다(제220조제1항).

＊ 관계인집회에 관한 자세한 내용은 제5장에 규정되어 있다.

제99조 (법원의 의견청취)

법원은 제1회 관계인집회에서 다음 각 호의 자로부터 관리인 및 조사위원의 선임, 채무자의 업무 및 재산의 관리, 회생절차를 계속 진행함이 적정한지의 여부 등에 관한 의견을 들어야 한다.

1. 관리인·조사위원
2. 채무자
3. 제147조제1항의 규정에 의한 목록에 기재되어 있거나 신고한 회생채권자·회생담보권자·주주·지분권자

제2절 부인권

* 의의

채무자가 회생절차개시 전에 행한 회생채권자를 해하는 행위의 효력을 부정하여 채무자로부터 일탈한 재산을 회복시키기 위한 권리를 말한다.

* 필요성

경제적 파탄에 봉착한 채무자는 재산을 염가매각하거나 제3자 명의로 바꾸어 은닉하거나, 특정채무자에게만 변제하거나 하는 등의 방법으로 재기를 도모하고 채권자들을 해하는 행위를 하기 마련이므로 이를 방지하기 위한 수단이 필요하다.

파산절차상의 부인권은 일탈한 재산을 회복하고 회복한 재산을 환가하여 파산채권자에게 더 많은 배당을 함에 목적이 있는 데 반해, 회생절차상의 부인권은 반드시 환가하여야 하는 것은 아니고 채무자의 수익력과 기업가치를 높이는 데 있으므로, 적정한 가치로 처분하는 행위 같은 경우 파산절차에서는 부인의 여지가 없다고 판단될 수 있으나, 회생절차에서는 부인될 수가 있다.[25]

파산절차에서는 담보권자는 별제권자로서 절차개시 전에 담보권을 실행하더라도 부인의 대상이 될 수 없으나, 회생절차에서는 담보권자도 권리행사에 제약을 받으므로 부인대상이 된다는 입장과 담보가치에 대하여 배타적 지배를 가지는 이상 유해성이 없다는 이유로 부인대상이 되지 않는다는 입장이 있으나, 판례는 부인대상이 되는 것으로 보고 있다.[26]

민법 제406조의 채권자취소권은 총채권자의 이익을 위하여 채무자의 사해행위에 의하여 일탈된 재산을 회복한다는 점에서는 도산법상의 부인권과 취지를 같이 하나, 개별적으로 채권자에게 인정되는 권리로서 취소대상, 행사방법이 제한적임에 반하여, 도산법상의 부인권은 집단적인 채무처리절차의 일환으로 인정된 것으로 행사권자가 관리인·파산관재인이고, 대상행위·요건·행사방법이 완화된 권리이다. 따라서 도산절차개시 후에는 개별채권자의 채권자취소소송은 허용되지 않는다.

---

25) 대법원 1994. 6. 14. 선고 94다2961, 2978 판결은 사해행위에 대한 것이지만 같은 취지이다.
26) 대법원 2003. 2. 28. 선고 2000다50275 판결.

＊ 부인권의 성질

부인권이 도산절차의 목적달성을 위하여 법이 특별히 인정한 권리로 보는 데는 이론이 없으나, 그 행사효과와 관련한 성질에 대하여 다툼이 있다.

통설은 부인권의 행사는 채무자의 재산(파산절차에서는 파산재단)을 원상으로 회복시킨다는 효력조항(법 제108, 397조)을 근거로 부인의 의사표시를 해야 효과가 발생하는 형성권설을 취하는데, 요건이 구비되면 회생절차개시결정과 동시에 부인의 효과가 발생하고 따라서 부인의 의사표시 없이 바로 상대방에게 일탈한 재산의 반환을 청구하면 된다는 청구권설도 있다.

형성권설은 다시 부인권을 행사했을 때 상대방이 재산권의 반환의무를 질 뿐이라는 채권설과 그 재산권이 당연히 채무자에게 복귀한다는 물권설로 나뉘는데, 원상으로 회복시킨다는 법문상 물권설이 타당하다. 다시 복귀의 효과가 상대방과의 관계에서만 생기는지(상대적 무효설), 제3자와의 관계에서도 생기는지(절대적 무효설) 대립이 있는데, 수익자에 대한 부인과는 별도로 전득자에 대한 부인을 규정하고 있으므로 상대적 무효로 보아야 할 것이다.

＊ 부인권자

채무자와는 별개의 존재인 관리인 또는 파산관재인의 고유권한이므로 채무자의 행위를 부인한다 해서 신의칙이나 권리남용에 해당하지는 않는다.[27]

이와 관련 기존경영자 관리인 제도하에서의 부인권행사는 다르게 봐야 하지 않는가의 문제가 될 수 있으나, 법적으로는 전혀 다른 주체로서의 행위이므로 문제될 것이 없으나, 현실적으로는 그 행사를 기대하기 어려울 것이므로 제105조제2항의 부인권행사명령제도를 활용할 필요가 있다.

제100조 (부인할 수 있는 행위)

① 관리인은 회생절차개시 이후 채무자의 재산을 위하여 다음 각 호의 행위를 부인할 수 있다.

　　1. 채무자가 회생채권자 또는 회생담보권자를 해하는 것을 알고 한 행위. 다만, 이로 인하여 이익을 받은 자가 그 행위 당시 회생채권자 또는 회생담보권자를 해하는 사실을 알지 못한 경우에는 그러하지 아니하다.

---

27) 대법원 1997. 3. 28. 선고 96다50445 판결.

2. 채무자가 지급의 정지, 회생절차개시의 신청 또는 파산의 신청(이하 이 조 내지 제 103조에서 "지급의 정지등"이라 한다)이 있은 후에 한 회생채권자 또는 회생담보권 자를 해하는 행위와 담보의 제공 또는 채무의 소멸에 관한 행위. 다만, 이로 인하 여 이익을 받은 자가 그 행위 당시 지급의 정지등이 있는 것 또는 회생채권자나 회생담보권자를 해하는 사실을 알고 있은 때에 한한다.

3. 채무자가 지급의 정지등이 있은 후 또는 그 전 60일 이내에 한 담보의 제공 또는 채무의 소멸에 관한 행위로서 채무자의 의무에 속하지 아니하거나 그 방법이나 시 기가 채무자의 의무에 속하지 아니한 것. 다만, 채권자가 그 행위 당시 채무자가 다른 회생채권자 또는 회생담보권자와의 평등을 해하게 되는 것을 알지 못한 경우 (그 행위가 지급의 정지등이 있은 후에 행한 것인 때에는 지급의 정지등이 있은 것도 알지 못한 경우에 한한다)에는 그러하지 아니하다.

4. 채무자가 지급의 정지등이 있은 후 또는 그 전 6월 이내에 한 무상행위 및 이와 동일시할 수 있는 유상행위

② 제1항의 규정은 채무자가 제140조제1항 및 제2항의 청구권에 관하여 그 징수의 권한 을 가진 자에 대하여 한 담보의 제공 또는 채무의 소멸에 관한 행위에 관하여는 적용 하지 아니한다.

✱ 제1호(고의부인)

- 회생채권자와 회생담보권자를 해하는 채무자의 행위가 있어야 한다.

재산의 염가매각, 증여, 채무면제 등 적극재산을 감소시키는 행위와 다른 사람의 채무의 보증, 채무인수와 같이 소극재산을 증가시키는 것 및 특정한 채권자에게 의 변제, 담보의 제공과 같이 편파행위도 포함된다. 변제기에 도래한 채무를 변제 하는 본지변제의 경우 위기부인의 대상이 될 수 있는 것은 명백하나, 고의부인의 대상도 될 수 있는가에 관하여 판례는 이를 인정한다.[28] 판례는 편파행위의 경우 주관적 요건을 엄격히 해석하여 단순히 채권자를 해한다는 인식만으로는 부족하 고 채권자평등의 원칙을 회피하기 위하여 특정채권자에게만 변제 혹은 담보를 제 공한다는 인식이 필요하다고 본다.[29][30]

---

[28] 대법원 1999. 9. 3. 선고 99다6982 판결.
[29] 대법원 2005. 11. 10. 선고 2003다271 판결: 채무자를 해할 것을 알고 한 행위에는 사해행위만 이 아니라 특정채권자에 대한 변제나 담보제공과 같은 편파행위도 포함되고, 고의부인이 인정되 기 위해서는 주관적 요건으로 파산자가 파산채권자를 해함을 알 것이 요구되는데, 편파행위의 경우 채권자 평등의 원칙을 피하기 위하여 그런 행위를 한다는 인식이 필요하다.

차입을 위한 담보권 설정은 그것이 영업의 계속이나 생활을 위한 것이고 목적물 가액과 피담보채권 사이에 합리적 균형이 있으면 유해성이 없을 것이나, 사업의 계속추진과는 상관없는 기존채무를 아울러 피담보채무에 포함시켰다면 부인대상이 될 수 있을 것이다.[31]

담보권자에 대한 변제는 파산절차에서는 별제권자이므로 부인대상이 아닐 것이나, 회생절차에서 부인대상이 될 것임은 앞서 본 바와 같다.

적정가액에 의한 재산매각은 파산절차에서는 그 대금이 회생재단에 남아 있는 한 부인의 대상이 아닐 것이지만, 회생절차에서는 특별한 사정이 없는 한 소비되기 쉬운 금전으로 바꾸는 행위는 총채권자의 책임재산을 감소시킬 우려가 있어 부인될 수 있다.[32]

기존채무의 변제에 갈음하여 또는 변제를 위하여 어음 등을 발행·인수·배서하는 경우 어음채권은 강한 권리추정의 효과가 있어 입증책임이 전환되고, 어음채권이 양도된 경우에는 인적항변이 절단될 우려가 있으므로 부인될 수 있다.

－채무자에게 사해의사가 있어야 한다.

가해의 인식으로 충분하다는 인식설과 가해의 의욕이 필요하다는 의사설이 대립

---

30) 파산법상 행위의 유해성과 부당성에 관한 판례가 회생절차에도 원용될 수 있다(대법원 2004. 3. 26. 선고 2003다65049 판결). 파산법상 부인의 대상이 되는 행위가 파산채권자에게 유해하다고 하더라도, 행위 당시의 개별적 구체적 사정에 따라서는 당해행위가 사회적으로 필요하고 상당하였다거나 불가피하였다고 인정되어 일반파산채권자가 파산재단의 감소나 불공평을 감수하여야 한다고 볼 수 있는 경우가 있을 수 있고, 그와 같은 예외적인 경우에는 채권자 평등, 채무자의 보호와 이해관계인의 조정이라는 파산법의 지도이념이나 정의관념에 비추어 파산법 제64조 소정의 부인권행사의 대상이 될 수 없다고 보아야 하며, 행위의 상당성 여부는 행위 당시의 파산자의 재산 및 영업상태, 행위의 목적·의도와 동기 등 파산자의 주관적 상태를 고려함은 물론, 변제행위에 있어서는 변제자금의 원천, 파산자와 채권자와의 관계, 채권자가 파산자와 통모하거나 동인에게 변제를 강요하는 등의 영향력을 행사하였는지의 여부 등을 기준으로 하여 신의칙과 공평의 이념에 비추어 구체적으로 판단하여야 할 것이고, 그와 같은 부당성의 요건을 흠결하였다는 사정에 대한 주장·입증책임은 상대방인 수익자에게 있다.
31) 사해행위취소에 관한 대법원 2002. 3. 29. 선고 2000다25842 판결 참조.
32) 앞의 23) 판례. 그 외에 회사정리절차에 있어 고의부인을 인정한 판례: 담보권을 설정하여 주고 10일이 지나 부도가 났고 상대방이 정리절차개시신청을 준비하고 있는 경우(서울지방법원 2001. 1. 9. 선고 2000가합15314 판결), 기업개선명령 대상기업으로 지정된 기업의 사채발행에 대하여 상대방과의 사이에 사채보증보험계약상의 구상금채무에 대한 연대보증을 한 경우(대법원 2001. 2. 9. 선고 2000다63523 판결), 부도 후 어음채무금 변제에 갈음하여 임대차계약을 체결한 경우(서울고등법원 2001. 6. 5. 선고 2000나41426 판결), 고의부인을 부정한 판례, 정리회사가 현물출자를 받고 신주를 발행한 경우 현물출자목적물의 가액이 과대평가되었다 해도 특별한 사정이 없는 한 정리회사의 재산이 감소하지 아니하고 증가하므로 고의 부인의 대상이 아니다(대법원 2004. 9. 3. 2004다27686).

하나, 법은 '해할 것을 알고'로 규정하고 있으므로 인식으로 충분하다.[33]
- 수익자가 행위 당시 파산채권자를 해하는 사실을 알고 있어야 한다.
  악의는 가해의 인식으로 충분하고, 선의입증책임은 수익자에게 있다. 수익자로서
  는 채무자의 재산상태까지 주의를 기울일 필요는 없으므로 부지에 대한 과실은
  문제되지 않는다.

✳ 제2호(위기부인)
- 채무자가 지급정지, 회생절차개시신청 또는 파산신청이 있은 후의 위기의 시기에
  행한 담보제공 또는 채무소멸에 관한 행위는 그 자체로 채권자를 해하는 행위로
  보아 사해의사를 요건으로 않고 부인대상이 된다. 다만 후에 회생절차개시결정이
  내려져야지 부인이 가능하고, 일단 지급정지가 해소되거나 회생절차개시신청이나
  파산신청이 취하되면 나중에 재차 지급정지, 회생절차개시신청, 파산신청이 있어
  도 이를 이유로 부인할 수는 없다. 회생절차개시신청이 있은 날로부터 1년 이상
  전에 행한 것은 지급정지사실을 안 것을 이유로 부인할 수는 없는데(제111조),
  이는 1년 이상의 시차가 있다면 위기상황과의 인과관계를 인정하기 어렵고, 수익
  자의 지위를 장기간 불안정한 상태에 방치하는 것은 부당하다는 취지에서 둔 규정
  으로 거래의 안전을 고려한 것이다.
  한편 지급정지 후 개인회생절차 등 선행도산절차를 거쳐 회생절차개시신청이 된 경
  우는 그 절차로 인해 소요된 기간은 위기부인의 행사기간에 산입되지 아니한다.[34]
- 회생채권, 회생담보권자를 해하는 행위: 제1호의 채무자를 해하는 행위와 다를 바
  없으나, 담보의 제공과 채무의 소멸이라는 편파행위는 따로 규정하고 있으므로 이
  를 제외한 재산감소행위가 될 것이고, 제1호와는 달리 지급정지 또는 회생절차개
  시신청, 파산신청이 있은 후의 행위인 점에서 제2호는 시기의 제한이 있다.[35]
- 담보의 제공, 채무소멸에 관한 행위: 담보는 저당권 등 전형담보 외에 양도담보
  등 비전형담보도 포함한다. 채무소멸에 관한 행위는 변제, 대물변제, 경개 등 채
  무자의 의사에 의한 것 외에 강제집행과 같이 채무자의 의사에 의하지 않은 경우

---

33) 위 대법원 2005. 11. 10. 선고 2003다271 판결.
34) 대법원 2004. 3. 26. 선고 2003다65049 판결.
35) 위 대법원 판결: 파산채권자를 해하는 행위에는 파산자의 일반재산을 절대적으로 감소시키는 사
    해행위 외에 채권자 간의 평등을 저해하는 편파행위도 포함된다 할 것이고, 변제기가 도래한 채
    권을 변제하는 것도 형식적인 위기 시에 행해진 경우에는 위기부인의 대상이 될 수 있다.

도 포함한다.

– 지급정지 또는 파산신청사실을 알고 있을 것: 제1호와의 규정방식의 차이는 악의의 입증책임이 관리인에게 있음을 말해주는 것이다.[36)37)]

＊ 제3호(위기부인)

– 채무자의 의무에 속하지 않는 편파행위의 경우 시기요건을 완화하여 부인 대상을 넓히는 한편, 수익자가 선의를 입증하도록 하여 부인을 쉽게 할 수 있도록 했는데, 의무 있는 경우에 비하여 수익자 보호필요성이 덜하기 때문이다.

– 행위자체가 의무에 속하지 않는 경우로는 채무자가 기존 채무에 대하여 담보를 제공하기로 하는 약속이 없음에도 불구하고 담보를 제공하는 경우, 변제기한의 유예를 받거나 집행의 면하기 위하여 담보를 제공하는 경우[38)]가 있고, 방법이 의무에 속하지 않는 경우로는 본래 약정이 없음에도 불구하고 대물변제를 하는 경우가 있고, 시기가 의무에 속하지 않는 경우로는 변제기 전에 채무를 변제하는 경우가 있다.

은행여신거래약정서상에 담보추가약정이 있는 경우에 이는 일반적·추상적인 담보제공의무를 약정한 것에 불과하고 구체적인 담보제공의무를 부과하는 것이 아니어서 채무자의 의무에 속하는 행위가 아니라는 것이 판례이다.[39)40)]

---

36) 채무자가 은행이나 어음교환소로부터 당좌거래정지처분을 받으면 특별한 사정이 없는 한 지급정지상태에 있다 할 것이므로 이 같은 당좌거래정지처분 사실을 알고 있었던 자는 특별한 사정이 없는 한 채무자가 지급정지상태에 있었음을 알고 있었던 것으로 봄이 상당하다(대법원 2002. 11. 8. 선고 2002다28746 판결).

37) 제2호의 부인을 인정한 사례: 여신전문 금융기관인 상대방이 채무자가 어음을 발행한 후 은행이나 어음교환소로부터 당좌거래정지처분을 받은 사실을 알면서 변제받은 경우(대법원 2002. 11. 8. 선고 2002다28746), 어음부도 후 근저당권을 설정해준 경우(서울지방법원 2000. 3. 7. 선고 99가합44248 판결), 부도 후 물품대금의 대물변제 내지 담보목적으로 임대차계약을 체결한 경우(인천지방법원 2000. 11. 29. 선고 2000가합3825 판결), 부도 후 어음채무에 갈음하여 임차권 대물변제계약을 체결한 경우(서울고등법원 2001. 6. 5. 선고 2000나41426 판결).
부정한 사례: 1차 부도를 낸 당일 14:00경 변제합의를 하여 변제를 하고, 21:00경 회사정리절차개시신청을 하고, 다음날 최종부도를 낸 경우(서울고등법원 2000. 5. 3. 선고 99나58367 판결).

38) 서울고등법원 2000. 6. 23. 선고 99나54624 판결.

39) 대법원 2000. 12. 8. 2000다26067 판결.

40) 제3호의 부인을 인정한 사례: 사채의 만기가 도래한 후 근저당권이 설정되고 그 후 6일 후 부도난 경우(대법원 2001. 5. 15. 선고 98가합4953 판결), 금융기관들로부터 대출금회수를 통보받은 상태에서 담보권행사와 보존이 어려워 담보설정을 기피하는 선박에 대하여 담보설정을 한 후 5일 만에 부도난 경우(서울지방법원 1998. 7. 2. 선고 98가합4953 판결), 변제기 연장을 위하여 담보설정을 하고 27일 만에 부도난 경우(서울고등법원 2000. 6. 23. 선고 99나54624 판

수익자는 그 행위 당시 채무자가 다른 회생채권자 또는 회생담보권자와의 평등을 해하게 되는 것을 알지 못한 경우나 지급정지 등이 있은 것을 알지 못한 경우임을 입증하여 보호받을 수 있다.

✽ 제4호(무상부인)

- 이 경우는 주관사정을 고려않고 객관 사정만으로 부인할 수 있도록 했는데, 이는 무상행위 자체가 이례적인 것이고, 무상성만으로 채무자 재산의 감소를 가져오고 채권자들을 해할 가능성이 위기의 시기에는 매우 높으므로, 위기의 시기에 행한 무상행위는 그 자체로 사해적, 편파적인 것으로 볼 수 있기 때문이다.

- 무상행위는 증여나 유증 이외에 채무의 면제, 권리의 포기 등 대가를 받지 않고 재산을 감소시키거나 채무를 부담하는 일체의 행위를 말하고, 이와 동시하여야 할 행위란 상대방이 반대급부로서 출연한 대가가 지나치게 근소하여 사실상 무상행위나 다름없는 경우를 말하는데,[41] 그 무상성은 회생채무자에 대한 관계에서 판단하면 족하고 수익자인 채권자의 입장에서 무상인지 여부를 고려할 것은 아니다.[42]

✽ 벌금·조세 등의 징수권자에 대하여 한 채무자의 담보제공·채무소멸 등의 행위도 부인의 대상이 될 수 있으나 법이 정책적으로 제한하고 있다(제4항). 국세징수의 예에 의하여 징수할 수 있는 경우라도 그 순위가 일반회생채권에 우선하지 아니한 청구권(국유재산의 대부료·사용료, 변상금채권 등)은 부인권제한의 특칙이 적용되지 않는다.

✽ 부인대상이 되는 채무자의 행위는 동산·부동산의 매각, 증여, 채권양도, 채무면제 같은 협의의 법률행위 외에, 변제, 채무승인, 법정추인, 채권양도의 통지·승낙, 등기·

결), 외상대금채무의 변제기가 도래했으나 어음개서의 방법으로 만기를 연장한 경우 개서한 어음의 만기 전인 부도당일에 채무를 변제한 경우(2000. 5. 3. 선고 99나58367 판결).

41) 대법원 2003. 9. 26. 선고 2003다29218 판결.

42) 무상부인을 긍정한 사례로 계열회사에 대한 지급보증(대법원 1999. 3. 26. 선고 97다20755, 2001. 5. 8. 선고 99다32875, 2003. 9. 26. 선고 2003다29128 판결), 대가없는 약속어음 배서행위(서울고등법원 2000. 7. 21. 선고 2000나13339 판결), 부도 후 부동산을 증여한 경우(서울지방법원 2001. 11. 15. 선고 2001가합968 판결), 부정한 사례로 채무자가 최초어음할인당시 연대보증을 하고 이후 대환에 의하여 주 채무가 계속 연장됨에 따라 최초의 대출거래시기가 회사의 지급정지일로부터 6월 전에 해당하고, 최종 연장행위는 6개월 내에 해당하는 경우(대법원 2001. 11. 13. 선고 2001다55222·55239)가 있다.

등록, 동산의 인도 등과 같은 법률효과를 발생시키는 일체의 행위를 포함한다. 사법상 행위에 한하지 않고 소송법상 행위인 재판상 자백, 청구의 포기·인낙, 재판상화해, 소·상소의 취하, 상소권의 포기, 공정증서의 작성도 포함되고, 공법상 행위도되며, 부작위도 대상이 되어 시효중단의 해태, 지급명령신청에 대한 이의신청의 부제기, 지급거절증서의 미작성, 공격방어방법의 부제출, 변론기일의 불출석도 부인의 대상이 될 수 있다.

부인의 대상이 되는 행위는 법률적으로 유효한 것일 필요는 없고, 허위표시·착오·사회질서 위반의 법률행위 등과 같이 무효·취소의 사유가 있더라도 무방하다. 이 경우무효·취소와 부인을 동시에 또는 부인만을 주장할 수도 있다. 채무자의 급부가 불법원인급여로 반환청구가 불가능하더라도 관리인은 이를 부인하고 반환청구할 수 있다.

＊ 부인대상으로 채무자의 행위가 꼭 있어야 하는가와 관련하여 채권자의 상계, 강제집행, 대물변제예약완결행위 등은 채무자의 행위는 없지만 채무자의 일반재산을 감소시키므로 문제가 있는데, 일본에서는 채무자의 행위가 필요하다는 설과 필요 없다는 설이 소수설이고, 고의부인에는 필요하고 위기부인에는 필요 없다는 설이 다수설이다.43) 강제집행에 대해서는 제81, 395조가 인정하고 있으나, 그 외의 경우 대법원은채무자의 행위가 없더라도 채무자와의 통모 등 특별한 사정이 있어서 채권자 또는 제3자의 행위를 채무자의 행위와 동일시할 수 있는 경우에는 예외적으로 그 채권자 또는 제3자의 행위도 부인의 대상으로 할 수 있다고 판시했다.44) 채무자가 채권자를 설득하여 상계권을 행사하도록 한 경우가 그 예가 될 수 있을 것이다. 상계의 경우 상계자체를 부인의 대상으로 삼지 않고 상계적상을 야기한 채무자의 행위를 부인의 대상으로 보아 그 행위가 부인되면 그 결과로 상계가 효력을 잃는다는 판례도 있다.45)

제101조 (특수관계인을 상대방으로 한 행위에 대한 특칙)

① 제100조제1항제2호 단서를 적용하는 경우 이익을 받은 자가 채무자와 대통령령이 정하는 범위의 특수관계에 있는 자(이하 이 조에서 "특수관계인"이라 한다)인 때에는 그 특수관계인이 그 행위 당시 지급의 정지등이 있은 것과 회생채권자 또는 회생담보권

---

43) 임채홍·백창훈, 회사정리법(상), 455~456면.
44) 대법원 2004. 2. 12. 선고 2003다53497.
45) 대법원 1993. 9. 14. 선고 92다12728 판결.

자를 해하는 사실을 알고 있었던 것으로 추정한다.

② 제100조제1항제3호의 규정을 적용하는 경우 특수관계인을 상대방으로 하는 행위인 때에는 같은 호 본문에 규정된 "60일"을 "1년"으로 하고, 같은 호 단서를 적용하는 경우에는 그 특수관계인이 그 행위 당시 채무자가 다른 회생채권자 또는 회생담보권자와의 평등을 해하게 되는 것을 알았던 것으로 추정한다.

③ 제100조제1항제4호의 규정을 적용하는 경우 특수관계인을 상대방으로 하는 행위인 때에는 같은 호에 규정된 "6월"을 "1년"으로 한다.

　＊ 특수관계인은 채무자의 경제상태를 잘 알고 있을 것일 뿐만 아니라, 공모나 편파행위위험성이 크고, 파탄에 책임이 있는 경우가 많으므로 보호의 필요성도 적어, 부인을 쉽고 광범위하게 할 수 있도록 선의의 입증책임을 특수관계인에게 부담시키고 대상행위의 기간을 늘린 것이다.

제102조 (어음채무지급의 예외)

① 제100조제1항의 규정은 채무자로부터 어음의 지급을 받은 자가 그 지급을 받지 아니하면 채무자의 1인 또는 여럿에 대한 어음상의 권리를 상실하게 된 경우에는 적용하지 아니한다.

② 제1항의 경우 최종의 상환의무자 또는 어음의 발행을 위탁한 자가 그 발행 당시 지급의 정지등이 있는 것을 알았거나 과실로 인하여 알지 못한 때에는 관리인은 그로 하여금 채무자가 지급한 금액을 상환하게 할 수 있다.

　＊ 어음발행인이 어음소지인에게 지급 후 회생절차개시결정을 받았을 경우 지급이 부인되면 소지인은 수령금원을 반환해야 하는데, 일단 지급받았으므로 소구의 요건인 지급거절증서를 작성할 수 없어 소구권도 행사할 수 없게 되고, 부인을 우려하여 만기에 지급제시를 않아도 역시 거절증서를 작성할 수 없어 소구권을 잃게 되니, 어느 쪽을 선택해도 소구권을 잃게 되므로 이런 경우는 부인을 허용하지 않는 것이다.

　＊ 어음상의 권리는 소구권을 말하므로 약속어음의 수취인이 소지인인 경우와 같이 소구권이 문제되지 않거나, 거절증서작성이 면제된 경우에는 적용이 없다.

　＊ 제2항은 제1항의 취지가 악용되는 경우 즉 지급정지 등의 사실을 알고 있는 채

권자가 채무자에게 자기를 수취인으로 하는 약속어음을 발행시킨 다음, 제3자에게 배서 양도하여 대가를 취하고 제3자로 하여금 어음지급을 받게 하여 부인을 면하게 하는 식으로 악용하는 것을 막기 위해 둔 규정이다.

제103조 (권리변동의 성립요건 또는 대항요건의 부인)

① 지급의 정지등이 있은 후 권리의 설정·이전 또는 변경을 제3자에게 대항하기 위하여 필요한 행위를 한 경우 그 행위가 권리의 설정·이전 또는 변경이 있은 날부터 15일을 경과한 후에 지급의 정지등이 있음을 알고 한 것인 때에는 이를 부인할 수 있다. 다만, 가등기 또는 가등록을 한 후 이에 의하여 본등기 또는 본 등록을 한 때에는 그러하지 아니하다.

② 제1항의 규정은 권리취득의 효력을 발생하는 등기 또는 등록에 관하여 준용한다.

＊ 매매 등 권리변동의 원인행위인 재산처분행위자체를 부인할 수 있는 경우에는 이를 부인하면 되나, 그 부인이 쉽지 않을 경우를 대비하여, 원인행위가 있음에도 불구하고 상당기간 동안 대항요건 등을 구비하지 않고 있다가 지급정지가 있은 후에 그 요건행위를 하는 것은 이례적인 것이고 일반채권자들에게 예상치 않은 손해를 주는 것이므로, 그 외형만으로 채권자를 해하는 것으로 경우로 보아 쉽게 부인할 수 있도록 한 것이다.

＊ 제1항의 제3자에게 대항하기 위한 행위는 채권양도의 승낙 같은 것이다.

제104조 (집행행위의 부인)

부인권은 부인하고자 하는 행위에 관하여 집행력 있는 집행권원이 있는 때 또는 그 행위가 집행행위에 의한 것인 때에도 행사할 수 있다.

＊ 집행행위에 의한 채무소멸행위는 사법상 효과로는 채무자의 임의변제와 아무 차이가 없으므로 제100조에 의해서도 부인할 수 있으나, 채무자의 행위는 존재하지 않고 집행기관의 행위만 존재하므로 부인가능 여부에 관하여 의문이 있을 수 있어 주의적으로 둔 규정이다.

✻ 대상

- 부인하고자 하는 행위에 관하여 집행력 있는 권원이 있을 때(전단): 부인대상이 되는 행위가 집행권원이 있는 채권자를 수익자로 하여 행해진 경우로서 집행력 있는 권원을 발생시킨 채무자의 원인행위를 부인하는 경우(예: 부당 고가매입 후 대금지급 확정판결이 있거나, 부당 염가매각 후 재산인도 확정판결이 있는 경우), 집행권원을 성립시킨 소송행위를 부인하는 경우(예: 채무자가 행한 청구 인낙, 포기, 화해, 재판상 자백 등을 부인하는 경우), 집행권원의 내용인 의무이행행위를 부인하는 경우(예: 이행의무가 강제집행에 의하여 만족된 경우나 금전의 지급을 명하는 판결 후에 임의변제로 채권자가 만족을 얻은 경우)가 있다.

- 부인하고자 하는 행위가 집행행위에 의한 것일 때(후단): 집행행위를 통한 채권자의 만족은 전단에 의해 부인될 수 있으나, 채권의 만족은 아니나 집행행위를 통하여 실현된 법률효과를 부인할 필요가 있는 경우가 있다. 전부명령이 있는 경우 제3채무자가 피전부채권을 전부채권자에게 아직 변제하지 않았다면 본조 후단에 의하여 부인하고 관리인은 제3채무자에게 지급을 구할 수 있다.

제105조 (부인권의 행사방법)

① 부인권은 소, 부인의 청구 또는 항변의 방법으로 관리인이 행사한다.

② 법원은 회생채권자·회생담보권자·주주·지분권자의 신청에 의하거나 직권으로 관리인에게 부인권의 행사를 명할 수 있다.

③ 제1항의 규정에 의한 소와 부인의 청구사건은 회생법원의 관할에 전속한다.

✻ 부인권행사의 당사자

관리인이 채무자가 한 행위의 상대방 또는 전득자를 상대로 행사한다.

✻ 부인권행사의 방법

- 기업의 신속한 재건 정리를 최대의 목적으로 하는 관계상 파산절차의 소, 항변 외에 부인의 청구라는 신속하고 간이한 방법을 인정하고 있다.
- 부인소송
; 성질-형성소송이라는 입장과 부인권 행사로 형성된 법률관계의 확인 또는 이행소송이 될 것이라는 입장이 있는데, 형성소송설은 판결주문에 '부인한다'는 선언

이 들어가야 하고, 타 설은 이유 중에 들어가면 된다는 점에서의 차이가 있으나, 실무는 통일되어 있지 않다.[46)]

; 관할-회생법원의 전속관할이다(3항). 부인소송에 있어 부인대상계약상 관할법원에 관한 합의가 있더라도 관리인은 이에 구속되지 않는다.

; 당사자-원고는 관리인에 한하고, 피고는 수익자 또는 전득자 일방 또는 공동으로 가능하다. 소송 중에 목적물이 새롭게 전득된 때에는 새로운 전득자에게 소송승계가 인정된다. 부인권의 행사는 관리인의 전권이며, 회생채권자는 법원에 부인권행사를 명해줄 것을 신청할 수만 있고, 직접 또는 관리인을 대위하여 행사할 수는 없다. 법원은 신청이 없어도 직권으로 부인권행사를 명할 수 있다. 회생채권자는 관리인을 위하여 보조 참가할 수는 있고, 채무자는 관리인 또는 상대방을 위하여 보조 참가할 수 있다.

; 소송상 화해, 청구의 포기, 부인권의 포기 등-관리인은 법원의 허가를 얻어 위 행위를 할 수 있고, 소취하는 임의로 할 수 있는데, 권리의 포기를 수반하는 경우는 법원의 허가를 얻어야 한다.

; 채권자취소권은 회생절차개시결정이 있으면 부인권에 흡수되므로 회생절차 중에는 채권자는 물론이고 관리인도 채권자 취소소송을 제기할 수 없고, 회생절차개시결정 전에 계속 중이던 것은 중단되고, 관리인은 이를 수계하거나 별도로 부인소송을 제기할 수 있다.

-부인의 청구

; 부인소송이 장시간을 요할 것이므로 결정절차에 의해 조기에 해결할 수 있게 했다. 법원은 부인청구자의 원인 사실 소명과 상대방 또는 전득자에 대한 신문은 거치나, 구두변론은 거치지 않고, 결정으로 재판하고 불복하는 사람은 1개월 내에 이의의 소를 제기할 수 있다(제106, 107조).

-항변

; 관리인이 피고로 되어 있는 소송에서는 항변, 원고인 소송에서는 피고의 항변에 대한 재항변으로 부인권을 행사할 수 있다.

-재판 밖에서의 부인권행사

; 이에 대해 상대방이 승인한 경우 부인권행사가 아니고 화해계약에 준하는 것으로 보는 입장은 재산의 반환 등도 당연히 이루어지는 것이 아니고, 계약에서 정한대

---

46) 서울중앙지방법원 회생사건실무, 285면.

로 이루어진다고 하나, 부인권행사에 준하는 것으로 보는 입장은 재판상 행사와 같
다고 본다.

✱ 부인권의 소멸
- 기간경과: 부인권은 회생절차개시신청이 있은 날로부터 2년 내에 행사하여야 한
  다. 대상이 되는 행위가 있은 날로부터 10년이 경과하면 행사할 수 없다(제112
  조). 부인권행사에 시간적 제약을 두어 법률관계를 조속히 안정시켜 거래의 안전
  을 도모한 것으로 이 기간은 제척기간이다. 개인회생절차로 인하여 법률상 회생
  절차개시결정을 할 수 없는 기간은 위 기간에서 제외될 것이다.[47]
- 회생절차종결·폐지: 부인권은 회생절차의 목적달성을 위해 회생절차 중에만 인정
  되는 권리이므로 회생절차가 취소, 폐지 등의 사유로 종료하면 당연히 소멸한
  다.[48] 회생절차진행 중에 행사했어도 어느 누구도 이를 승계할 수 없고, 미이행 부
  분은 이행청구할 수 없으며, 대상재산이 환가되지 않고 남아 있으면 상대방에게 반
  환되어야 한다.[49]
- 포기·화해: 관리인이 상대방에게 부인권을 포기·화해했을 때도 소멸한다. 채권조
  사기간 안에 또는 특별조사기일에 관리인이 아무런 이의도 제기하지 아니하고 다
  른 채권자들 역시 이의를 제기하지 아니하여 회생채권 등이 그대로 확정된 경우
  에는 부인권을 행사할 수 없다.[50]

제106조 (부인의 청구)
① 관리인은 부인의 청구를 하는 때에는 그 원인인 사실을 소명하여야 한다.
② 부인의 청구를 인용하거나 그것을 기각하는 재판은 이유를 붙인 결정으로 하여야 한다.
③ 법원은 제2항의 결정을 하는 때에는 상대방을 심문하여야 한다.
④ 법원은 부인의 청구를 인용하는 결정을 한 때에는 그 결정서를 당사자에게 송달하여야
   한다.

---

47) 대법원 2004. 3. 26. 선고 2003다65049 판결 참고.
48) 대법원 2004. 7. 22. 선고 2002다46058 판결.
49) 대법원 1995. 10. 13. 선고 95다30253 판결.
50) 대법원 2003. 5. 30. 선고 2003다18685 판결.

제107조 (부인의 청구를 인용하는 결정에 대한 이의의 소)

① 부인의 청구를 인용하는 결정에 불복이 있는 자는 그 송달을 받은 날부터 1월 이내에 이의의 소를 제기할 수 있다.

② 제1항의 규정에 의한 기간은 불변기간으로 한다.

③ 제1항의 규정에 의한 소는 회생법원의 관할에 전속한다.

④ 제1항의 규정에 의한 소에 대한 판결에서는 부인의 청구를 인용하는 결정을 인가·변경 또는 취소한다. 다만, 부적법한 것으로 각하하는 때에는 그러하지 아니하다.

⑤ 부인의 청구를 인용하는 결정의 전부 또는 일부를 인가하는 판결이 확정된 때에는 그 결정(그 판결에서 인가된 부분에 한한다)은 확정판결과 동일한 효력이 있다. 제1항의 소가 같은 항에서 규정한 기간 이내에 제기되지 아니한 때, 취하된 때 또는 각하된 경우의 부인의 청구를 인용하는 결정에 관하여도 또한 같다.

제108조 (부인권행사의 효과 등)

① 부인권의 행사는 채무자의 재산을 원상으로 회복시킨다.

② 제100조제1항제4호의 규정에 의한 행위가 부인된 경우 상대방이 그 행위 당시 지급정지 등을 알지 못한 때에는 이익이 현존하는 한도 안에서 상환하면 된다.

③ 채무자의 행위가 부인된 경우 상대방은 다음 각 호의 구분에 따라 권리를 행사할 수 있다.

   1. 채무자가 받은 반대급부가 채무자의 재산 중에 현존하는 때에는 그 반대급부의 반환을 청구하는 권리

   2. 채무자가 받은 반대급부에 의하여 생긴 이익의 전부가 채무자의 재산 중에 현존하는 때에는 공익채권자로서 현존이익의 반환을 청구하는 권리

   3. 채무자가 받은 반대급부에 의하여 생긴 이익이 채무자의 재산 중에 현존하지 아니하는 때에는 회생채권자로서 반대급부의 가액상환을 청구하는 권리

   4. 채무자가 받은 반대급부에 의하여 생긴 이익의 일부가 채무자의 재산 중에 현존하는 때에는 공익채권자로서 그 현존이익의 반환을 청구하는 권리와 회생채권자로서 반대급부와 현존이익과의 차액의 상환을 청구하는 권리

＊ 부인권의 행사는 채무자의 재산을 원상으로 회복시킨다.

－급전급부의 경우: 변제행위 등 급전급부가 부인되는 경우에는 상대방은 동액의 금원 및 수령일부터의 지연이자를 가산한 금액을 반환하여야 한다.

- 물건 또는 권리의 이전, 설정, 등을 부인하는 경우: 그 재산이 상대의 지배하에 있는 한 당연히 채무자의 재산으로 복귀하고, 등기, 등록이 필요한 경우에는 부인의 등기가 행해진다.
- 채무면제, 권리포기를 부인하는 경우: 그런 면제와 포기가 행해지지 않은 것이 되어, 면제로 소멸한 채권은 회복되고, 포기된 권리는 채무자에게 귀속하는 것으로 회복된다.
- 가액반환: 일탈한 재산이 멸실하였거나 타에 양도되어 원상회복을 할 수 없는 경우에는 가액반환을 요구할 수 있다.[51] 가액산정의 기준시와 관련해서는 부인대상인 행위 시, 상대가 목적물을 처분한 때, 회생절차개시결정 시, 부인권행사 시, 변론종결 시, 행위 시의 시가와 처분 시의 시가를 비교하여 높은 때 등이 기준이 될 수 있는데, 부인권을 행사할 때 원상회복과 환가가 가능하므로 행사 시로 봄이 옳을 것이다.
- 무상부인의 경우는 상대가 선의인 경우에도 부인의 대상이 되는데, 그 경우에도 완전한 원상회복 내지 가액을 반환해야 한다면 가혹하므로 이익이 현존하는 한도 내로 범위를 제한한다(제2항). 이때 상대는 선의이면 충분하고 과실 여부는 불문한다.

* 부인의 등기(등록)
- 등기원인인 행위 또는 등기가 부인되는 경우에는 관리인은 부인의 등기를 한다(제26, 27조).
- 성질: 부인의 등기의 성질에 관하여는 법원의 촉탁에 의하지 않고 부인권행사 시 관리인의 단독신청에 의해 이루어지는 예고등기라는 설, 부인에 의한 원상회복에 수반하여 행해지는 통상의 말소나 이전등기라는 설, 부인에 의한 상대적 무효를 공시하기 위해 도산절차가 인정한 특수한 등기라는 설 등이 있다.
- 절차: 부인을 명하는 확정판결을 갖고 단독신청하면 되고, 등록세는 면제된다. 등기를 위해서는 부인소송과 관련된 청구를 인용하는 확정판결 또는 부인의 청구를 인용하는 결정을 인가하는 확정판결 또는 부인의 청구를 인용하는 확정결정이 필요하다.
- 효과: 특수등기설에 따르면 회생절차 내에서 관리인과 상대방사이에서 채무자의

---

51) 대법원 2003. 2. 28. 선고 2000다50275 판결.

재산으로 상대적인 복귀를 공시하는 것으로 개시결정의 취소 또는 회생절차의 폐
지 등에 의하여 회생절차가 종료하지 않는 한 채무자의 재산에 속하는 것으로 취
급하게 된다.[52]

＊ 상대방의 지위

－부인은 채무자재산을 원상회복시키는 것이 목적이지 채무자가 부당이득 하는 것
  까지 인정하는 것은 아니므로 법은 상대방에게 일정한 권리를 인정한다(제3항).

－반대급부의 상환: 반대급부의 소유권은 부인에 의하여 당연히 상대에게 복귀하고,
  상대는 반대급부에 대하여 환취권을 가지므로 반대급부가 채무자의 재산 중에 현
  존하는 때에는 관리인은 반대급부를 상환해야 한다(제3항제1호). 상대의 원상회복
  의무와 관리인의 반대급부상환의무는 동시이행관계에 있다.

－반대급부에 의한 이익의 현존: 반대급부가 현존하지 않더라도 그로 인해 생긴 이
  익이 현존하는 경우는 그 이익의 한도 내에서 상대방은 공익채권자로서 권리를
  행사할 수 있는데(제3항제2호), 이는 반대급부가 특정물일 경우에 한하고, 금전일
  경우에는 그 성질상 특정성이 인정되지 않아 반대급부 자체는 물론이고 그것에
  의한 이익이 현존한다고 볼 수도 없어 회생채권자가 될 뿐이다.

－반대급부도, 반대급부에 의한 이익도 현존하지 않는 경우는 가액상환에 관하여
  회생채권자가 되고(제3항제3호), 이때는 동시이행항변권은 없다.

－반대급부에 의한 이익의 일부가 현존하면 그 일부에 대한 반환청구권을 공익채권
  으로, 반대급부와 현존이익과의 차액을 회생채권으로 청구할 수 있다(제3항제4호).

제109조 (상대방의 채권의 회복)

① 채무자의 행위가 부인된 경우 상대방이 그가 받은 급부를 반환하거나 그 가액을 상환
  한 때에는 상대방의 채권은 원상으로 회복된다.

② 채무자의 행위가 회생계획안 심리를 위한 관계인집회가 끝난 후 또는 제240조의 규정
  에 의한 서면결의에 부치는 결정이 있은 후에 부인된 때에는 제152조제3항의 규정에
  불구하고 상대방은 부인된 날부터 1월 이내에 신고를 추후 보완할 수 있다.

＊ 제108조제3항에 의하여 상대방의 권리가 회복되는 경우 중 상대방이 회생채권

---

52) 서울중앙지방법원 회생절차실무, 293면.

자의 지위에 있게 될 때, 상대방이 변제 등으로 받은 급부를 반환하기 전에 자기채권이 회복된다면, 회복된 채권을 근거로 급부의 반환의무와 동시이행항변권을 행사하거나, 상계를 주장할 수 있는 여지가 있고, 이는 결과적으로 다른 회생채권자보다 먼저 변제받는 불공정을 초래하므로 이 규정(제1항)을 두어 상대방이 자신의 급부를 먼저 상환해야 자신의 권리가 발생하는 것으로 한 것이다.

＊ 인적, 물적 담보의 회복

상대방의 채권이 회복되는 경우에는 그에 대한 보증, 연대채무나 물적 담보도 회복되는지가 부인의 효과가 제3자에게 미치지 여부와 관련 문제될 수 있으나[53], 주 채무가 변제되지 않고 있는 상태가 회복된 이상 담보도 회복되는 것으로 보는 것이 형평과 정의 관념에 부합할 것이다.

＊ 채권신고의 추완

부인행위가 회생계획안 심리를 위한 관계인집회가 끝난 후에 또는 서면결의에 부치는 결정이 있은 후에 있게 될 경우, 부인의 효과에 의하여 상대방의 채권이 부활해도 회생계획안 심리를 위한 관계인집회가 종료한 후에는 그 채권신고를 할 수 없어 구제받을 길이 봉쇄되는 점을 악용해, 관리인이 사전에 알면서도 일부러 묵비하고 있다가 뒤늦게 부인권을 행사하는 경우가 있었다. 이런 경우 대법원은 회생채무자가 상대방의 손실에 의하여 부당이득을 얻은 것이고, 회생절차개시 후에 발생한 것으로 공익채권으로 상대방에게 반환의무가 있다고 했으나,[54] 이런 문제를 입법적으로 해결한 것이 제2항이다.

제110조 (전득자에 대한 부인권)

① 다음 각 호의 어느 하나에 해당하는 경우에는 부인권은 전득자(轉得者)에 대하여도 행사할 수 있다.

  1. 전득자가 전득 당시 각각 그 전자(前者)에 대하여 부인의 원인이 있음을 안 때

  2. 전득자가 제101조의 규정에 의한 특수관계인인 때. 다만, 전득 당시 각각 그 전자(前者)에 대하여 부인의 원인이 있음을 알지 못한 때에는 그러하지 아니하다.

---

53) 전병서, 도산법, 273면.
54) 대법원 2003. 1. 10. 선고 2002다36235 판결.

    3. 전득자가 무상행위 또는 그와 동일시할 수 있는 유상행위로 인하여 전득한 경우

      각각 그 전자(前者)에 대하여 부인의 원인이 있는 때

② 제108조제2항의 규정은 제1항제3호의 규정에 의하여 부인권이 행사된 경우에 관하여 준용한다.

  ＊ 취지: 부인의 목적인 재산이 수익자로부터 다른 사람에게 양도된 경우 부인의 효과는 상대적이어서 전득자에게는 미치지 않으므로 수익자로부터 가액을 상환받는 것만으로 만족할 수 없는 경우에는 목적재산을 회복하가 위해서는 전득자에 대한 부인을 인정할 필요가 있는데, 거래안전상 일정한 경우에만 인정한다.

  ＊ 입증: 제1호의 경우 전득자의 악의 입증은 관리인이, 제2호의 경우는 전득자가 자신의 선의를 입증해야 한다. 무상부인의 경우는 그 전자에게 부인의 원인이 있으면 족하다.

  ＊ 부인대상: 전득자에 대한 부인에서 부인되는 것은 채무자와 수익자의 행위이지 전득행위 자체는 아니며, 전득자에게는 부인의 효과를 주장할 수 있을 뿐이다.

  ＊ 전득자의 지위: 전득자가 취득한 재산이 채무자에게 원상 복구되거나, 전득자가 그 가액을 상환한 때에는 전득자에게도 제109조에 의해 반대급부의 반환청구나, 변제에 의해 소멸된 채권의 회복이 있게 된다.

제111조 (지급정지를 안 것을 이유로 하는 부인의 제한)

  회생절차개시의 신청이 있은 날부터 1년 전에 한 행위는 지급정지의 사실을 안 것을 이유로 하여 부인하지 못한다.

제112조 (부인권행사의 기간)

  부인권은 회생절차개시일부터 2년이 경과한 때에는 행사할 수 없다. 제100조제1항 각 호의 행위를 한 날부터 10년이 경과한 때에도 또한 같다.

  ＊ 위 두 조항은 부인권행사에 시간적 제약을 두어 법률관계를 조속히 안정시켜 거

래의 안전을 도모하고 있다.

＊ 제112조의 기간은 제척기간이다.

제113조 (채권자취소소송의 중단)

① 「민법」 제406조(채권자취소권)제1항의 규정에 의하여 회생채권자가 제기한 소송 또는 파산절차에 의한 부인의 소송이 회생절차개시 당시 계속되어 있는 때에는 소송절차는 중단된다.

② 제59조제2항 내지 제5항의 규정은 제1항의 경우에 관하여 준용한다. 이 경우 같은 조 제2항 및 제3항 중 "채무자"는 이를 "회생채권자 또는 파산관재인"으로 본다.

＊ 채권자취소소송은 채무자의 책임재산의 보전, 회복의 목적에서 행해지는 것인데, 회생절차가 개시된 이상 책임재산의 보전, 회복을 위한 조치는 관리인이 행하는 것이 바람직하므로, 채무자가 소송의 당사자는 아니지만 일단 소송을 중단시키고, 관리인이 수계할 수 있도록 한 것이다. 다만 관리인이 회생채권자의 한 사람인 취소채권자의 소송수행결과에 구속되어서는 안 된다는 이유로 파산관재인의 수계거절권을 인정하거 나 상대방의 수계신청권을 부정하는 것이 타당하다.

＊ 채권자대위소송도 규정은 없지만 취소소송과 마찬가지로 중단과 수계가 이루어 질 것이다.

＊ 발행주식 100분의 1 이상의 주식을 가진 주주가 이사의 책임을 추궁하는 주주대표소 송(상법 제403조) 중에 회사에 대하여 되면 이 소송도 중단되고 파산관재인이 수계한다.

제3절 법인의 이사 등의 책임

＊ 법인이 재정적 파탄에 빠지게 되는 것은 이사 등 경영진의 잘못으로 그렇게 되 는 경우가 많고, 이때 이사 등이 회사에 대하여 지게 되는 손해배상책임을 둘러싸고 다툼이 있기 마련인데, 회사재산의 충실을 기한다는 측면에서 필수적으로 해결해야

할 문제지만 통상의 민사소송으로 해결하는 경우 상당한 시간과 비용이 들므로 신속을 요하는 도산절차에서는 적당치 않아, 법은 간이·신속하게 이사 등에 대한 손해배상청구권의 존재·내용을 확정하고, 이사 등에 대한 손해배상을 명하는 조사확정재판제도를 마련해 두고 있다.

제114조 (법인의 이사 등의 재산에 대한 보전처분)

① 법원은 법인인 채무자에 대하여 회생절차개시결정이 있는 경우 필요하다고 인정하는 때에는 관리인의 신청에 의하거나 직권으로 채무자의 발기인·이사(「상법」 제401조의2 제1항의 규정에 의하여 이사로 보는 자를 포함한다)·감사·검사인 또는 청산인(이하 이 조 내지 제116조에서 "이사 등"이라 한다)에 대한 출자이행청구권 또는 이사 등의 책임에 기한 손해배상청구권을 보전하기 위하여 이사 등의 재산에 대한 보전처분을 할 수 있다.

② 관리인은 제1항의 규정에 의한 청구권이 있음을 알게 된 때에는 법원에 제1항의 규정에 의한 보전처분을 신청하여야 한다.

③ 법원은 긴급한 필요가 있다고 인정하는 때에는 회생절차개시결정 전이라도 채무자(보전관리인이 선임되어 있는 때에는 보전관리인을 말한다)의 신청에 의하거나 직권으로 제1항의 규정에 의한 보전처분을 할 수 있다.

④ 법원은 관리위원회의 의견을 들어 제1항 또는 제3항의 규정에 의한 보전처분을 변경 또는 취소할 수 있다.

⑤ 제1항 또는 제3항의 규정에 의한 보전처분이나 제4항의 규정에 의한 결정에 대하여는 즉시항고를 할 수 있다.

⑥ 제5항의 즉시항고는 집행정지의 효력이 없다.

⑦ 제1항 또는 제3항의 규정에 의한 보전처분이나 제4항의 규정에 의한 결정과 이에 대한 즉시항고에 대한 재판이 있는 때에는 그 결정서를 당사자에게 송달하여야 한다.

✽ 이사 등이 책임회피를 위하여 개인 소유 재산을 은닉·도피해버리면 손해의 회복이 곤란해지므로, 손해배상청구권의 실효를 확보하기 위해 마련한 제도이다.

✽ 신청권자

회생절차개시결정 전에는 보전관리인이 선임되어 있으면 보전관리인이, 아니면 채무자이고(제3항), 개시 후에는 관리인이다. 신청이 없더라도 법원이 직권으로 할 수도 있다.

＊ 신청절차

민사집행법에 의하지 않는 특수한 보전처분이므로 담보제공이 필요 없고 관할법원
은 회생사건이 계속되어 있는 법원이다. 조사확정재판 신청에 시효중단효력이 있으므
로(제115조제5항) 이 신청도 시효중단의 효력이 있다.

＊ 보전처분의 내용

채무자의 권리를 보전할 필요성이 크므로 민사집행법상의 가압류·가처분에 한하지
않는다.

＊ 등기

부동산 등 권리에 관하여 보전처분이 있는 경우에는 법원사무관 등은 지체 없이 등
기촉탁을 하여야 한다(제24조제1항제3호).

제115조 (손해배상청구권 등의 조사확정재판)

① 법원은 법인인 채무자에 대하여 회생절차개시결정이 있는 경우 필요하다고 인정하는
　　때에는 관리인의 신청에 의하거나 직권으로 이사 등에 대한 출자이행청구권이나 이사 등
　　의 책임에 기한 손해배상청구권의 존부와 그 내용을 조사확정하는 재판을 할 수 있다.
② 관리인은 제1항의 규정에 의한 청구권이 있음을 알게 된 때에는 법원에 제1항의 규정
　　에 의한 재판을 신청하여야 한다.
③ 관리인은 제1항의 규정에 의한 신청을 하는 때에는 그 원인되는 사실을 소명하여야
　　한다.
④ 법원은 직권으로 조사확정절차를 개시하는 때에는 그 취지의 결정을 하여야 한다.
⑤ 제1항의 규정에 의한 신청이 있거나 제4항의 규정에 의한 조사확정절차개시결정이 있
　　은 때에는 시효의 중단에 관하여는 재판상의 청구가 있은 것으로 본다.
⑥ 제1항의 규정에 의한 조사확정의 재판과 조사확정의 신청을 기각하는 재판은 이유를
　　붙인 결정으로 하여야 한다.
⑦ 법원은 제6항의 규정에 의한 결정을 하는 때에는 미리 이해관계인을 심문하여야 한다.
⑧ 조사확정절차(조사확정결정이 있은 후의 것을 제외한다)는 회생절차가 종료한 때에는
　　종료한다.
⑨ 조사확정결정이 있은 때에는 그 결정서를 당사자에게 송달하여야 한다.

✻ 신청

관리인의 신청 또는 법원이 직권으로 결정한다.

관리인이 신청하는 경우에는 이사 등의 선관주의의무위반 등 손해배상청구권의 원인사실을 소명하여야 한다(제3항). 법원이 직권으로 절차를 개시할 때는 그 취지의 결정을 해야 한다(제4항).

✻ 시효중단

조사확정재판의 청구가 있으면 손해배상청구권의 존부·내용을 주장하는 것이므로 당연히 시효중단의 효력이 있는 것이나, 법원이 직권으로 개시한 경우는 손해배상청구권을 주장하는 것은 아니지만 손해배상청구권의 확정이라는 그 실질을 감안해 시효중단의 효력이 있는 것으로 하였다(제5항).

✻ 주주대표소송

도산절차가 개시되면 재산의 관리처분권이 관리인이나 파산관재인에게 전속하므로 주주가 별도로 이사 등의 책임추궁을 위한 대표소송은 제기할 수 없다고 본다.[55]

✻ 재판

– 재판대상: 이사 등에 대한 출자이행청구권이나 손해배상청구권이다. 출자이행청구권은 상법 제428조에 의한 인수담보책임에 기한 청구권을, 손해배상청구권은 상법 제399조, 제428조제2항에 의한 손해배상청구권을 말한다.

– 심리: 결정절차로 심리하는데, 이의절차가 마련되어 있으므로 일반의 결정절차와는 달리 구두변론이 허용되지 않으나, 이사 등의 방어를 위해서 그에 대한 신문은 필수적이다(제7항). 법원의 직권증거조사는 가능하다(제22조제2항).

– 결정: 인용할 경우는 '채무자의 상대방에 대한 손해배상청구금원을 금000로 확정한다'는 주문으로 이유를 붙여 결정하고, 이유 없으면 기각결정을 한다. 법원은 신청인이 청구한 금액에 구애받지 않고 스스로 금액을 정한다.

✻ 재판의 효력

– 이의의 소가 기간 내에 제기되지 않으면 확정판결과 동일한 효력이 있다(제117조).

---

55) 대법원 2002. 7. 12. 선고 2001다2617 판결.

- 기각한 재판은 조사확정이라는 간이한 방법으로 손해배상을 명할 수 없다는 것을 확인하는 것에 지나지 않아 기판력이 없고, 불복신청도 할 수 없다. 따라서 통상의 소로 이사 등의 책임추궁이 가능하다.

제116조 (이의의 소)

① 제115조제1항의 규정에 의한 조사확정의 재판에 불복이 있는 자는 결정을 송달받은 날부터 1월 이내에 이의의 소를 제기할 수 있다.

② 제1항의 규정에 의한 기간은 불변기간으로 한다.

③ 제1항의 소는 이를 제기하는 자가 이사 등인 때에는 관리인을, 관리인인 때에는 이사 등을 각각 피고로 하여야 한다.

④ 제1항의 소는 회생법원의 관할에 전속하며, 변론은 결정을 송달받은 날부터 1월을 경과한 후가 아니면 개시할 수 없다.

⑤ 여러 개의 소가 동시에 계속되어 있는 때에는 법원은 변론을 병합하여야 한다.

⑥ 제1항의 규정에 의한 소에 대한 판결에서는 같은 항의 결정을 인가·변경 또는 취소한다. 다만, 부적법한 것으로 각하하는 때에는 그러하지 아니하다.

⑦ 조사확정의 결정을 인가하거나 변경한 판결은 강제집행에 관하여는 이행을 명한 확정판결과 동일한 효력이 있다.

✽ 법은 구두변론에 의한 판결절차를 보장하기 위하여 조사확정재판에 불복하는 자들에게 이의의 소를 인정하고 있다. 결정절차의 일반적인 불복방법은 항고이지만 이의의 소를 인정하고 있으므로 항고는 할 수 없다.

✽ 이의대상

조사확정재판인데, 법은 조사확정재판과 조사확정의 신청을 기각하는 재판으로 구분하고 있으므로 여기의 조사확정재판은 이사 등의 책임을 일부라도 인용하는 재판을 말한다.

✽ 관할 및 제소기간

회생법원의 전속관할이고(제4항), 조사확정재판을 송달받은 날부터 1개월 내에 제기해야 한다(제1, 2항).

❋ 당사자

이의하는 자가 원고, 상대방이 피고가 된다. 이의하는 자는 이사는 물론이고 일부인용 시는 관리인이 될 수도 있다. 피고는 반소를 제기할 수도 있다.

❋ 심리와 판결

구두변론을 실시하고, 조사확정정시와는 달리 이의청구범위 내에서 판결한다.

조사확정을 인가 또는 변경하는 판결은 주문에 이행을 명하는 내용이 있는 것은 아니나, 실질적으로는 이행을 명하는 내용을 포함하고 있으므로 강제집행에 관하여 이행을 명하는 확정판결과 동일한 효력은 인정하고 있다(제7항). 기판력도 있다.

조사확정을 취소하는 재판이 확정되면 손해배상청구권의 부존재가 확정된다.

제117조 (조사확정재판의 효력)

제116조제1항의 규정에 의한 소가 같은 항의 기간 안에 제기되지 아니하거나 취하된 때 또는 각하된 때에는 조사확정의 재판은 이행을 명한 확정판결과 동일한 효력이 있다.

제4장 회생채권자·회생담보권자·주주·지분권자

제1절 회생채권자·회생담보권자·주주·지분권자의 권리

✽ 법은 채무자와 관리인을 제외한 회생절차상의 이해관계인을 회생절차개시결정 시를 기준으로 회생채권자, 회생담보권자, 주주, 공익채권자로 나누어 처우를 달리하고 있다.

제118조 (회생채권)
다음 각 호의 청구권은 회생채권으로 한다.
1. 채무자에 대하여 회생절차개시 전의 원인으로 생긴 재산상의 청구권
2. 회생절차개시 후의 이자
3. 회생절차개시 후의 불이행으로 인한 손해배상금 및 위약금
4. 회생절차 참가의 비용

✽ 회생채권의 의의
회생절차개시 전의 원인으로 인해 생긴 재산상 청구권으로 회생절차개시 후의 원인 으로 인해 생긴 채권인 공익채권과 다르다.
또한 회생채권은 회생절차에 의해서만 변제 가능하고 그 외의 소멸은 원칙적으로 금지되나, 공익채권은 회생절차에 의하지 않고도 수시로 변제 가능하다.

✽ 회생채권의 요건
－채권적 청구권이어야 한다. 일반재산을 담보로 하는 채권적 청구권이어야 하므로

물권적 청구권이나 특허권 기타 무체재산권에 기한 물권적 청구권 유사권리는 회생채권이 아니다. 채권담보를 위한 소유권 이전등기청구권 보전을 위한 가등기말소청구권은 물권적 청구권이다.[56]

– 재산상의 청구권이어야 한다. 금전채권 또는 비금전채권이라도 금전으로 평가될 수 있는 청구권이 그것이다.[57]

– 채권발생원인 사실이 개시결정 전에 존재해야 한다.[58] 기한도래여부나 조건 성취 여부는 불문한다.

– 재판상 청구할 수 있어야 한다. 불법원인급여나 소멸시효 완성채권은 해당되지 않는다.

– 물적 담보가 없는 채권이어야 한다. 담보가 있는 경우는 회생담보권이 될 것이다.

– 회생채권은 회생절차개시 전에 발생한 것이어야 한다. 단 예외적으로 쌍무계약의 해제로 인한 손해배상청구권(제121조), 어음·수표에 대한 선의 지급인의 채권(제123조), 차임채권(제124조), 상호계산 종료에 따른 잔액청구권(제125조) 등은 계속적 계약관계인 관계상 또는 어음·수표의 특성상 회생절차개시 후에 발생한 것이라도 회생채권이 된다.

＊ 회생채권의 종류

종전의 회사정리법은 우선적 정리채권, 후순위정리채권(회사정리법 제121조), 일반의 정리채권으로 구별했으나, 통합법은 종전에 후순위정리채권으로 보던 회생절차개시 후의 이자, 회생절차개시 후의 불이행으로 인한 손해배상과 위약금, 회생절차참가비용(회생채권자, 회생담보권자의 신고비용), 회생절차개시 전의 벌금 과료 등을 일반 회생채권으로 보아 구별을 않는다. 다만 근로자의 임금청구권(근로기준법 제37조제1, 3항), 회사사용인의 우선변제청구권(상법 제468조), 특별적립금에 대한 우선변제청구권(보험업법 제39조, 상호신용금고법 제37조의2) 등 다른 법에 의해 우선권 있는 채권은 우선적 회생채권이 될 것이다.

종전에 후순위 채권이던 회생절차개시후의 재산상 청구권으로 공익채권이 아닌 것은 제181조를 신설해 회생계획에 정해진 변제기간 만료 후에나 변제할 수 있도록 하

---

56) 대법원 1994. 8. 12. 선고 94다25155 판결.
57) 대법원 1989. 4. 11. 선고 89다카4113 판결, 비금전채권이라 할 수 있는 골프장회원권을 정리채권으로 보았다.
58) 대법원 2001. 8. 24. 선고 2001다34515 판결.

여 계획안 자체에 들어 올 수 없게 만들었는데, 후순위 채권에 해당하는 것이 매우 작아, 실무상으로는 별개의 조로 만들지도 않았고 대부분 면제시켜 왔기 때문에 이번에 아예 그 종목을 삭제했는데, 일반채권보다 후순위로 변제받기로 특약을 한 후순위 회사채와 같이 당사자의 계약에 의한 후순위채권이 있을 수 있다.

제119조 (쌍방미이행 쌍무계약에 관한 선택)

① 쌍무계약에 관하여 채무자와 그 상대방이 모두 회생절차개시 당시에 아직 그 이행을 완료하지 아니한 때에는 관리인은 계약을 해제 또는 해지하거나 채무자의 채무를 이행하고 상대방의 채무이행을 청구할 수 있다. 다만, 관리인은 회생계획안 심리를 위한 관계인집회가 끝난 후 또는 제240조의 규정에 의한 서면결의에 부치는 결정이 있은 후에는 계약을 해제 또는 해지할 수 없다.

② 제1항의 경우 상대방은 관리인에 대하여 계약의 해제나 해지 또는 그 이행의 여부를 확답할 것을 최고할 수 있다. 이 경우 관리인이 그 최고를 받은 후 30일 이내에 확답을 하지 아니하는 때에는 관리인은 제1항의 규정에 의한 해제권 또는 해지권을 포기한 것으로 본다.

③ 법원은 관리인 또는 상대방의 신청에 의하거나 직권으로 제2항의 규정에 의한 기간을 늘리거나 줄일 수 있다.

④ 제1항 내지 제3항의 규정은 단체협약에 관하여는 적용하지 아니한다.

✻ 쌍무계약은 쌍방당사자가 상호 대등한 대가관계에 있는 채무를 부담하는 계약으로, 쌍방의 채무 사이에는 성립·이행·존속상 법률적·경제적으로 견련성을 갖고 있어서 서로 담보로서 기능을 갖고 있다. 그런데 회생절차의 특성상 어느 일방이 회생절차개시결정을 받게 되면 쌍무계약의 법리를 그대로 적용할 수 없게 된다.

✻ 쌍방이 이행을 완료하지 않은 경우

쌍무계약의 일반 법리에 따르면 상대방은 자기 채무를 완전히 이행해야 하나 반대급부에 대하여는 회생채권으로 다른 채권자와 평등하게 비례배당을 받아야 하고 배당시까지는 변제받을 수 없으므로 동시이행항변권도 없게 되어 현저하게 불공평한 결과를 강요받게 된다. 상대방을 보호하는 측면과 반대로 채무자가 불리한 쌍무계약에 구속되는 경우도 있을 수 있으므로 이로부터 벗어나기 위해 법은 특별한 처리원칙을 두고 있다.

－이행 또는 해제·해지의 선택권(제1항)

; 이행을 완료하지 아니한 때라 함은 채무의 전부 또는 일부를 이행하지 않은 경우로 목적물의 하자, 이행불능, 조건미성취, 기한미도래, 동시이행항변 등 정당 여부, 귀책사유 여부를 불문한다. 이 경우 관리인은 계약의 이행 또는 계약의 해제나 해지를 선택할 수 있는데, 해제나 해지를 선택할 경우 법원은 허가를 받도록 할 수 있다(제61조제1항제4호). 다만 양쪽의 미이행 부분이 균형을 잃은 경우나 해제권행사가 남용이 되는 경우에는 해제권을 행사할 수 없다고 보아야 할 것이다.

; 이행을 선택한 경우

상대방은 동시이행항변권을 잃지 않고, 채무자에 대하여 가지는 채권은 공익채권(제179조7호)이 된다.

채무자가 매도인인 경우 상대방은 관리인이 이행을 선택하거나 계약해제권이 포기된 것으로 간주되기까지는 임의로 대금을 지급하는 등 계약을 이행하거나 관리인에게 계약의 이행을 청구할 수 없다.59)

; 해제를 선택한 경우

상대방은 해제로 인하여 손해가 발생했을 때에는 손해배상청구권을 회생채권으로 행사할 수 있고, 이미 급부를 이행했을 경우에는 그 급부가 채무자의 재산 중에 현존하는 때에는 그 급부의 반환을 청구할 수 있고, 현존하지 않는 때에는 그 가액을 공익채권으로 행사할 수 있다(제121조). 이때 관리인의 상대방에 대한 원상회복청구권과는 동시이행관계에 있게 된다.

－상대방의 최고권(제2항)

; 관리인의 입장결정지연으로 상대방의 지위가 장시간 불안정해지는 것을 막기 위하여 상대방에게 계약의 해제나 해지, 또는 이행 여부를 확답할 것을 관리인에게 최고할 수 있게 했다. 회생절차에서는 상당기간 답이 없으면 파산절차와는 달리 해제권포기로 보는데, 이는 청산형절차에서는 해제가, 회생형절차에서는 계약의 이행이 원칙적인 처리로 보기 때문이다.

; 상대방의 계약해제

회생절차개시 후에는 채무자는 종래의 채무를 이행할 수 없어서 귀책사유가 없으므로 상대방은 채무불이행을 이유로 계약을 해제할 수 없다. 다만 회생절차개시

---

59) 대판 1992. 2. 28. 선고 91다30149 판결.

전에 채무자의 채무불이행으로 해제권이 발생했으면 회생절차개시 후라도 해제 가능하다. 회생절차라 하더라도 이미 발생하고 있는 상대방의 해제권을 변경할 수는 없기 때문이다. 회생절차개시 전의 채무변제금지의 보전처분에 의하여 변제금지된 후 이행기가 도래한 경우에는 채무불이행이 되지 않는다.

해제하기 전에 상대방이 이미 이행한 물건이 있는 경우, 해제의 효과로 그 물건에 대한 환취권을 취득하는가의 문제가 있으나, 환취권을 인정하지 않고 회생채권자로 남는다면 해제권을 행사할 실익이 전혀 없게 되고, 회생채권자들에게는 기대않던 이득을 주는 결과가 되는 점을 감안하면 인정하는 것이 옳을 것이다.

특약에 의한 약정해제권이 있는 경우에 회생절차개시 전에 약정해제사유가 발생하면 해제하는 데 별문제가 없으나, 해제사유로 도산절차개시신청을 정하고 있는 경우에도 해제권을 인정할 것인가 문제되는데, 인정할 경우 관리인에게 해제여부에 대한 주도권을 준 의미가 없게 되므로 부정해야 할 것이다.

＊ 리스계약의 경우

기본적으로는 임대차계약에 유사하지만 리스물건의 이용과 리스료의 지급과의 사이에 대가관계를 인정하기 어려운 금융계약의 성격도 있어 제119조의 적용여부에 관하여 논의가 있을 수 있는데, 금융계약의 성격을 강조하면 리스업자의 리스료채권은 목적물에 의하여 담보되므로 리스업자는 회생담보권자로 취급되어 제119조는 적용되지 않을 것인데, 실무는 정리담보권자로 취급한 판례가 있다.[60]

＊ 고용계약에 미치는 영향

고용계약에 따라 근로자가 사용자에 대하여 부담하는 채무는 재산을 기초로 하는 것이 아니므로 근로자에 대한 회생절차개시와 고용계약과는 상관없으나,[61] 사용자의 경우는 근로계약이 쌍무계약이기는 하지만 근로기준법이 적용되어 근로자의 해고와 관련 계약자유가 일정 범위 제한되고, 퇴직금문제와 임금채권 보호 문제가 있어 쌍무계약법리가 그대로 적용되지는 않는다.

회생을 위해서는 고용인원의 감축이 필수불가결한 경우가 대부분이고, 관리인은 이

---

60) 서울고등법원 2000. 6. 27. 선고 2000나14622 판결은 이를 정면으로 인정하고 있고 대법원 2004. 9. 13. 선고 2003다57208 판결은 간접적으로 이를 인정하고 있다. 임치룡 파산법연구2, 50면.
61) 근로자에 대한 회생절차개시를 이유로 고용계약을 해지한다면 정당한 이유가 없는 해고가 될 것이다.

규정을 원용하여 고용계약관계를 종료시킬 수 있을 것이나, 계약해지가 아닌 해고로 보아야 한다.[62] 따라서 해고에 관한 근로기준법이 적용되어야 하고, 해고의 정당성 판단기준으로 일반적 정리해고에 관한 원칙, 즉 긴박한 경영상의 필요, 해고회피를 위해 상당한 노력, 객관적이고 합리적인 기준에 의한 대상자 선정, 노동조합이나 근로자와 성실한 협의여부 등을 종합 고려해 해고가 객관적 합리성과 사회적 상당성을 지닌 것으로 인정될 수 있어야 한다.[63]

해고를 위하여 회생절차를 이용하는 경우라면 부당노동행위가 될 것이다.

단체협약은 노동조합과 사용자와의 계약으로 사용자와 조합원에게 각종의 의무를 부과하므로, 쌍무계약으로 볼 수 있지만, 회생절차가 채무자의 존속·재건을 목표로 하므로 가능한 한 종래의 노사관계도 유지·존속시키고자 하는 취지에서 관리인의 해지권을 제한하고 있다(제4항).[64]

임금채권 등의 보호: 임금, 퇴직금, 재해보상청구권 등은 회생절차개시전후를 불문하고 근로기준법37조 1, 3항에 따라 담보부 채권을 제외하고는 조세, 공과금 및 다른 채권에 우선하고, 또 최종3개월분 임금, 재해보상금 등은 담보부 채권에도 우선한다.

＊ 채무자가 이행을 완료하지 않은 경우

이행을 완료한 상대방은 자기채권을 회생채권으로 행사할 수밖에 없다. 상대방은 회생절차에 의하지 않고는 권리행사를 할 수 없으므로 이행지체를 이유로 한 해제권은 행사할 수 없다. 다만 별제권이나 상계권을 가지는 경우에는 이를 행사할 수 있다.

＊ 상대방이 이행을 완료하지 않은 경우

채무자가 가지는 채권은 채무자의 재산이 되고, 관리인이 상대방에 대하여 이행을 구하게 된다.

제120조 (지급결제제도 등에 대한 특칙)

① 지급결제의 완결성을 위하여 한국은행총재가 재정경제부장관과 협의하여 지정한 지급결제제도(이 항에서 "지급결제제도"라고 한다)의 참가자에 대하여 회생절차가 개시된

---

62) 대법원 1993. 10. 26. 선고 92다54210 판결.
63) 대법원 1995. 12. 22. 선고 94다52119 판결.
64) 파산절차에서는 이런 제한규정이 없으므로 파산관재인에게 이행이나 해지의 선택권이 있다고 보아야 할 것이다.

경우, 그 참가자에 관련된 이체지시 또는 지급 및 이와 관련된 이행, 정산, 차감, 증거금 등 담보의 제공·처분·충당 그 밖의 결제에 관하여는 이 법의 규정에 불구하고 그 지급결제제도를 운영하는 자가 정한 바에 따라 효력이 발생하며 해제, 해지, 취소 및 부인의 대상이 되지 아니한다. 지급결제제도의 지정에 관하여 필요한 구체적인 사항은 대통령령으로 정한다.

② 「증권거래법」, 「선물거래법」 그 밖의 법령에 따라 증권·파생금융거래의 청산결제업무를 수행하는 자, 그 밖에 대통령령에서 정하는 자가 운영하는 청산결제제도의 참가자에 대하여 회생절차가 개시된 경우 그 참가자와 관련된 채무의 인수, 정산, 차감, 증거금 그 밖의 담보의 제공·처분·충당 그 밖의 청산결제에 관하여는 이 법의 규정에 불구하고 그 청산결제제도를 운영하는 자가 정한 바에 따라 효력이 발생하며 해제, 해지, 취소 및 부인의 대상이 되지 아니한다.

③ 일정한 금융거래에 관한 기본적 사항을 정한 하나의 계약(이 항에서 "기본계약"이라 한다)에 근거하여 다음 각 호의 거래(이 항에서 "적격금융거래"라고 한다)를 행하는 당사자 일방에 대하여 회생절차가 개시된 경우 적격금융거래의 종료 및 정산에 관하여는 이 법의 규정에 불구하고 기본계약에서 당사자가 정한 바에 따라 효력이 발생하고 해제, 해지, 취소 및 부인의 대상이 되지 아니하며, 제4호의 거래는 중지명령 및 포괄적 금지명령의 대상이 되지 아니한다. 다만, 채무자가 상대방과 공모하여 회생채권자 또는 회생담보권자를 해할 목적으로 적격금융거래를 행한 경우에는 그러하지 아니하다.

  1. 통화, 유가증권, 출자지분, 일반상품, 신용위험, 에너지, 날씨, 운임, 주파수, 환경 등의 가격 또는 이자율이나 이를 기초로 하는 지수 및 그 밖의 지표를 대상으로 하는 선도, 옵션, 스왑 등 파생금융거래로서 대통령령이 정하는 거래

  2. 현물환거래, 유가증권의 환매거래, 유가증권의 대차거래 및 담보콜거래

  3. 제1호 내지 제2호의 거래가 혼합된 거래

  4. 제1호 내지 제3호의 거래에 수반되는 담보의 제공·처분·충당

✻ 지급결제제도는 경제주체들 사이에 현금 이외의 어음, 수표, 금융기관 간 자금이체 등의 방법으로 지급이 이루어졌을 경우에 금융기관들이 서로 주고받을 금액을 계산하여 청산하는 제도를 말한다. 이러한 결제체제에 참가하는 금융기관은 그 결제체제를 신뢰하고 거래하는 것인데, 어느 한 당사자가 파산하여 결제를 이행하지 못하면 결제제도 자체가 무너져 금융거래에 대혼란이 발생할 것이므로 이를 막기 위해 법은 결제제도 참가자와 관련된 이행, 청산, 차감, 증거금 기타 담보의 제공·처분·충당 기

타 결제에 관하여는 도산법을 적용하지 아니하고 결제제도를 운영하는 자가 정하는 바에 따라 효력이 발생하며 해제, 해지, 취소, 부인의 대상이 되지 않는 것으로 규정하고 있는 것이다.

이 같은 결제제도에는 은행거래와 관련된 지급결제제도(제1항), 증권거래와 관련된 청산결제제도(제2항), 파생금융상품거래와 관련된 적격금융거래(제3항)가 있다.

제121조 (쌍방미이행 쌍무계약의 해제 또는 해지)

① 제119조의 규정에 의하여 계약이 해제 또는 해지된 때에는 상대방은 손해배상에 관하여 회생채권자로서 그 권리를 행사할 수 있다.

② 제1항의 규정에 의한 해제 또는 해지의 경우 채무자가 받은 반대급부가 채무자의 재산 중에 현존하는 때에는 상대방은 그 반환을 청구할 수 있으며, 현존하지 아니하는 때에는 상대방은 그 가액의 상환에 관하여 공익채권자로서 그 권리를 행사할 수 있다.

제122조 (계속적 급부를 목적으로 하는 쌍무계약)

① 채무자에 대하여 계속적 공급의무를 부담하는 쌍무계약의 상대방은 회생절차개시신청 전의 공급으로 발생한 회생채권 또는 회생담보권을 변제하지 아니함을 이유로 회생절차개시신청 후 그 의무의 이행을 거부할 수 없다.

② 제1항의 규정은 단체협약에 관하여는 적용하지 아니한다.

✽ 계속적 공급계약의 경우

－이행을 선택한 경우: 회생절차개시 전의 공급분은 회생채권이 되는데, 이 경우 공급자가 동시이행항변권을 행사하여 공급을 거절하면, 그것이 사업수행에 필수적인 원자재이거나 수도 전기, 가스 등일 경우 회생에 중대한 장애가 될 것이므로 법은 계속적 공급계약의 경우 동시이행항변권을 부인하여, 회생절차개시 전의 공급으로 발생한 채권이 변제되지 않음을 이유로 회생절차개시신청 후 공급을 거절할 수 없도록 했고(제122조), 공급할 경우는 공익채권으로 보호하고 있다(제179조제8호).

－해지를 선택한 경우: 회생절차개시 전 공급분은 당연히 회생채권이 되고, 개시 후 해제 시까지의 공급분은 공익채권이 될 것이다.

제123조 (개시 후의 환어음의 인수 등)

① 환어음의 발행인 또는 배서인인 채무자에 관하여 회생절차가 개시된 경우 지급인 또는 예비지급인이 그 사실을 알지 못하고 인수 또는 지급을 한 때에는 그 지급인 또는 예비지급인은 이로 인하여 생긴 채권에 관하여 회생채권자로서 그 권리를 행사할 수 있다.

② 제1항의 규정은 수표와 금전 그 밖의 물건 또는 유가증권의 지급을 목적으로 하는 유가증권에 관하여 준용한다.

③ 제68조의 규정은 제1항 및 제2항의 적용에 관하여 준용한다.

✽ 종전에는 악의 인수, 지급인은 정리절차개시 후의 원인으로 생긴 재산상청구권으로서 공익채권이 아닌 것으로 보아 후순위 정리채권이 되었으나(회사정리법 제121조제1항제4호) 위 조항과 후순위정리채권 조항이 삭제되었고, 개시 후 기타채권 조항(법 제181조)이 신설되었으므로 여기에 해당할 것이다.

제124조 (임대차계약 등)

① 임대인인 채무자에 대하여 회생절차가 개시된 때에는 차임의 선급 또는 차임채권의 처분은 회생절차가 개시된 때의 당기(當期)와 차기(次期)에 관한 것을 제외하고는 회생절차의 관계에서는 그 효력을 주장할 수 없다.

② 제1항의 규정에 의하여 회생절차의 관계에서 그 효력을 주장하지 못함으로 인하여 손해를 받은 자는 회생채권자로서 손해배상청구권을 행사할 수 있다.

③ 제1항 및 제2항의 규정은 지상권에 관하여 준용한다.

④ 임대인인 채무자에 관하여 회생절차가 개시된 경우 임차인이 다음 각 호의 어느 하나에 해당하는 때에는 제119조의 규정을 적용하지 아니한다.

  1.「주택임대차보호법」제3조(대항력 등)제1항의 대항요건을 갖춘 때

  2.「상가건물 임대차보호법」제3조(대항력 등)의 대항요건을 갖춘 때

✽ 제1항은 차임지급과 관련 채무자가 임차인과 통모하여 차임채권을 사전에 처분하거나 다액의 차임을 선급했다고 주장하여 회사재산의 충실을 해하는 것을 방지하는 목적에서 둔 규정이다.

✽ 임대인에게 회생절차가 개시된 경우에 관하여는 민법에 규정이 없고, 회사정리법에도 규정이 없어서 쌍무계약에 관한 규정을 적용할 것인가를 두고, 적용할 경우에

는 관리인만이 계약해지나 이행의 선택권을 가져, 임차인은 자기와 상관없는 임대인의 사정으로 민법 제635조의 법정기간의 적용도 없이 임차권을 상실하는 불이익이 있으므로 임차인 보호의 관점에서 논의가 있었는데, 본조 제4항으로 해결하여 임차인이 대항력을 갖춘 경우에는 제119조가 적용되지 않는다.

＊ 임차인에 대한 회생절차개시
이에 관하여 규정이 없으므로 제119조에 따를 것이다.

제125조 (상호계산)

① 상호계산은 당사자의 일방에 관하여 회생절차가 개시된 때에는 종료한다. 이 경우 각 당사자는 계산을 폐쇄하고 잔액의 지급을 청구할 수 있다.
② 채무자의 상대방이 갖게 된 제1항의 규정에 의한 청구권은 회생채권으로 한다.

＊ 상호계산이란 상인 간 또는 상인과 비상인 간 계속적 거래관계에 있는 경우 일정기간의 거래로 인한 채권채무의 총액에서 상계하고 잔액을 지급하기로 하는 약정을 말한다(상법 제72조). 이 경우도 계속적 계약관계로 일방에 대하여 회생절차가 개시된 경우에는 정리의 필요가 있으므로 당연히 계약관계가 종료하는 것으로 정하고 있다.

제126조 (채무자가 다른 자와 더불어 전부의 이행을 할 의무를 지는 경우)

① 여럿이 각각 전부의 이행을 하여야 하는 의무를 지는 경우 그 전원 또는 일부에 관하여 회생절차가 개시된 때에는 채권자는 회생절차개시 당시 가진 채권의 전액에 관하여 각 회생절차에서 회생채권자로서 그 권리를 행사할 수 있다.
② 제1항의 경우에 다른 전부의 이행을 할 의무를 지는 자가 회생절차개시 후에 채권자에 대하여 변제 그 밖에 채무를 소멸시키는 행위(이하 이 조에서 "변제 등"이라고 한다)를 한 때라도 그 채권의 전액이 소멸한 경우를 제외하고는 그 채권자는 회생절차의 개시 시에 가지는 채권의 전액에 관하여 그 권리를 행사할 수 있다.
③ 제1항의 경우에 채무자에 대하여 장래에 행사할 가능성이 있는 구상권을 가진 자는 그 전액에 관하여 회생절차에 참가할 수 있다. 다만, 채권자가 회생절차개시 시에 가지는 채권 전액에 관하여 회생절차에 참가한 때에는 그러하지 아니하다.
④ 제1항의 규정에 의하여 채권자가 회생절차에 참가한 경우 채무자에 대하여 장래에 행사할 가능성이 있는 구상권을 가지는 자가 회생절차개시 후에 채권자에 대한 변제 등으로

그 채권의 전액이 소멸한 경우에는 그 구상권의 범위 안에서 채권자가 가진 권리를 행사할 수 있다.

⑤ 제2항 내지 제4항의 규정은 채무자의 채무를 위하여 담보를 제공한 제3자가 채권자에게 변제 등을 하거나 채무에 대하여 장래에 행사할 가능성이 있는 구상권을 가지는 경우에 준용한다.

✽ 제1항의 수인이 각자 전부의 이행의무를 부담하는 경우란 불가분채무, 연대채무, 연대보증채무, 어음, 수표상의 합동채무 등이 해당한다.

✽ 제2항의 경우 회생절차개시 전에 일부 소멸행위가 있었으면 잔액만 회생채권이 되는데, 회생절차개시 후에 상계의사표시로 일부 소멸된 경우는 상계적상이 회생절차개시 전에 있었다면 채무소멸효과가 적상시점으로 소급하므로 회생채권액도 줄어든다. 법원의 허가에 의해 일부 변제가 이루어진 경우는 회생채권액을 감소시킬 것이다. 채권자와 다른 채무자 사이에 경개나 면제가 이루어진 경우에도 그 효력이 채무자에게 미치므로 그 한도에서는 회생채권액이 감소한다.

그 외에 회생절차개시 후에 전부의무자 중 그 일부자의 변제 기타 행위에 의하여 또는 일부자에 대한 회생절차에서 채권자가 만족을 얻은 경우라도 완전한 만족이 없으면 당해절차에 있어서 회생채권액에 아무런 영향을 미치지 않는다.[65]

✽ 장래의 구상권(제3, 4항)

민법 제442조제1항제2호는 사후구상원칙의 예외로 부탁받은 보증인의 경우 사전구상권을 주장하여 주 채무자의 파산절차에 참가할 수 있음을 규정하여 사후구상 시 파산절차가 종료하여 구상권의 행사가 불가능하게 되는 불이익을 막아주고 있는데, 이런 취지는 모든 도산 절차에 공통이고, 연대채무 그 밖의 다른 전부채무자 사이에도 공통되므로 도산법에는 회생이나 파산절차 모두에 모든 전부채무자에게로 확장하는 규정을 둔 것이다.

다만 채권자가 이미 채권전액을 가지고 회생절차에 참가하고 있으면 이중행사가 되므로 이 경우는 예외로 하고 있다.

채권자가 전액으로 회생절차에 참가하고 있는 경우 구상권자가 전부변제하면 채권

---

65) 대법원 2005. 1. 27. 선고 2004다27143 판결.

자의 권리를 취득하여 회생채권자로 권리를 행사할 수 있는 것은 당연하다(이 경우 구상권자는 신고사항의 변경절차에 따라 파산채권을 행사하게 될 것이다.).

장래의 구상권자의 회생절차 참가는 전액변제 또는 그 가능성을 전제로 하므로 채권의 일부에 대하여 대위변제를 한 구상권자는 변제한 가액에 비례하여 채권자와 함께 회생채권자로서의 권리를 행사할 수 없고, 채권자는 전액을 변제받을 때까지는 전액에 대하여 회생채권을 가진다고 볼 것이다.66) 2인 이상의 구상권자가 공동하여 전액변제를 한 경우에는 구상권액의 비율에 따라 대위가 가능할 것이다.

✱ 물상보증인도 담보권이 실현되면 채무자에 대하여 구상권을 취득하므로 장래의 구상권자로서 회생절차에 참가할 수 있으나(제5항), 일부변제에 그치면 위의 원리가 적용될 것이다.

제127조 (채무자가 보증채무를 지는 경우)

보증인인 채무자에 관하여 회생절차가 개시된 때에는 채권자는 회생절차개시 당시 가진 채권의 전액에 관하여 회생채권자로서 권리를 행사할 수 있다.

✱ 보증채무도 전조의 여러 명이 각자 전부의 이행을 할 경우에 해당하나, 민법상 보증채무의 보충성으로 인하여 주 채무자에 대한 청구 없이 바로 보증인에게 먼저 청구할 수 있는가의 문제가 있는데, 이를 입법으로 해결한 것이다.

제128조 (법인의 채무에 대해 무한의 책임을 지는 자에 대하여 회생절차가 개시된 경우의 절차 참가)

법인의 채무에 대하여 무한의 책임을 지는 자에 관하여 회생절차개시의 결정이 있는 경우에 해당 법인의 채권자는 회생절차개시 시에 가진 채권의 전액에 관하여 회생절차에 참가할 수 있다.

✱ 합명회사의 무한책임사원같이 법인의 채무에 대하여 무한책임을 부담하는 경우는 전조의 보증인과 같은 지위에 있으므로 법인의 채권자는 채권전액에 대하여 회생절차에 참가할 수 있게 한 것이다.

---

66) 대법원 2001. 6. 29. 선고 2001다24938 판결.

제129조 (법인의 채무에 대해 유한책임을 지는 자에 대하여 회생절차가 개시된 경우의 절차 참가 등)

① 법인의 채무에 관하여 유한책임을 지는 사원에 대하여 회생절차개시의 결정이 있는 경우에 법인의 채권자는 회생절차에 참가할 수 없다.

② 법인에 대하여 회생절차개시의 결정이 있는 경우에 법인의 채권자는 법인의 채무에 관하여 유한의 책임을 지는 사원에 대하여 그 권리를 행사할 수 없다.

* 법인의 채권자는 법인의 유한책임사원에 대하여 권리를 행사할 수 없으므로 당연한 것을 규정한 것이다.

제130조 (일부보증의 경우)

제126조 및 제127조의 규정은 여럿의 보증인이 각각 채무의 일부를 부담하는 경우 그 부담부분에 관하여 준용한다.

제131조 (회생채권의 변제금지)

회생채권에 관하여는 회생절차가 개시된 후에는 이법에 특별한 규정이 있는 경우를 제외하고는 회생계획에 규정한 바에 따르지 아니하고는 변제하거나 변제받는 등 이를 소멸하게 하는 행위(면제를 제외한다)를 하지 못한다. 다만, 관리인이 법원의 허가를 받아 변제하는 경우와 제140조제2항의 청구권에 해당하는 경우로서 다음 각 호의 어느 하나에 해당하는 경우에는 그러하지 아니하다.

1. 그 체납처분이나 담보물권의 처분 또는 그 속행이 허용되는 경우
2. 체납처분에 의한 압류를 당한 채무자의 채권(압류의 효력이 미치는 채권을 포함한다)에 관하여 그 체납처분의 중지중에 제3채무자가 징수의 권한을 가진 자에게 임의로 이행하는 경우

* 회생채권자의 지위
회생절차가 개시되면 회생채권자의 권리가 제한되는 등 새로운 지위가 형성된다.

* 회생채권의 개별행사 금지(제58, 59조)
회생절차가 개시되면 강제집행이나 소송 등의 절차가 중단 중지된다. 다만 개시결정 전에 확정된 강제집행절차가 실효되는 것은 아니므로 이미 이루어진 압류나 추심

명령은 별도의 수계나 승계집행문 또는 경정 없이도 제3채무자나 회생채무자에 대하여 효력이 있다.[67]

＊ 변제금지(제131조)

회생절차가 개시되면 회생절차에 따르지 않고는 회생채권을 변제하거나 변제받을 수 없다. 이에 위반한 행위는 무효이고, 이를 전제로 한 나머지 채무의 변제도 무효이며, 이를 관리인이나 그 대리가 행한 경우는 배임죄가 된다.[68]

변제기는 그대로 유효하여 도과하면 지연손해금이 발생한다.[69]

예외적으로 법원의 허가를 얻어 변제할 수 있는 경우가 있다.

＊ 개시결정효과는 채무자에게만 미치므로 채권자의 보증인이나 물상보증인 등 제3자에 대한 권리행사에는 지장 없고, 주된 납세의무자에 대한 개시결정이 있어도 2차 납세의무자에 대한 체납처분이 가능하고, 어음소지인이 발행인에 대한 회생채권신고를 하고 배서인에게 지급을 구해도 이중행사나 신의칙에 반하는 것은 아니다.[70]

＊ 회생절차 참가(제133조) - 회생채권자는 회생절차에 참가하여 그 권리를 행사할 수 있다.

제132조 (회생채권의 변제허가)

① 채무자의 거래상대방인 중소기업자가 그가 가지는 소액채권을 변제받지 아니하면 사업의 계속에 현저한 지장을 초래할 우려가 있는 때에는 법원은 회생계획인가결정 전이라도 관리인·보전관리인 또는 채무자의 신청에 의하여 그 전부 또는 일부의 변제를 허가할 수 있다.

② 법원은 회생채권을 변제하지 아니하고는 채무자의 회생에 현저한 지장을 초래할 우려가 있다고 인정하는 때에는 회생계획인가결정 전이라도 관리인·보전관리인 또는 채무자의 신청에 의하여 그 전부 또는 일부의 변제를 허가할 수 있다.

③ 법원은 제1항 및 제2항의 규정에 의한 허가를 함에 있어서는 관리위원회 및 채권자협

---

67) 대법원 1996. 09. 24. 선고 96다13781 판결.
68) 대법원 1980. 10. 14. 선고 80도1597 판결.
69) 대법원 1982. 5. 11. 선고 82누56 판결.
70) 대법원 1998. 3. 13. 선고 98다1157 판결.

의회의 의견을 들어야 하며, 채무자와 채권자의 거래상황, 채무자의 자산상태, 이해관계인의 이해 등 모든 사정을 참작하여야 한다.

＊ 회사재산의 산일 방지, 회생에 미치는 영향, 이해관계인 간의 공평, 상충되는 이해관계 간의 형량 등 제반 사정에 따라 변제금지원칙의 예외로 회생채권의 변제가 허가되는 경우가 있을 수 있다.

＊ 제1항의 경우 종전에는 해당 중소기업이 채무자의 주된 거래대상일 것을 요구했으나 단순 거래상대방이라도 가능하게 했다.

＊ 채무자의 회생에 현저한 지장을 초래할 우려가 있는 경우는 채권자가 주요하고 유일한 원자재·부품 등이 공급선인 변제를 받지 못하면 그가 부도 처리되어, 채무자의 생산활동에 막대한 지장을 초래하는 경우 등이 있을 수 있다.

제133조 (회생채권자의 권리)
① 회생채권자는 그가 가진 회생채권으로 회생절차에 참가할 수 있다.
② 회생채권자는 제134조 내지 제138조에 규정된 채권에 관하여는 그 규정에 의하여 산정한 금액에 따라, 그 밖의 채권에 관하여는 그 채권액에 따라 의결권을 가진다.

＊ 회생채권자에게는 권리 실현이 금지되지만 회생절차에 참가할 수 있는 권리가 생기는데, 회생절차에 참가하기 위해서는 회생채권신고(제148조)와 채권조사절차를 통한 권리의 확정을 전제로 한다.

제134조 (이자 없는 기한부채권)
기한이 회생절차개시 후에 도래하는 이자 없는 채권은 회생절차가 개시될 때부터 기한에 이르기까지의 법정이율에 의한 이자와 원금의 합계가 기한도래 당시의 채권액이 되도록 계산한 다음 그 채권액에서 그 이자를 공제한 금액으로 한다.

제135조 (정기금채권)
제134조는 금액과 존속기간이 확정되어 있는 정기금채권에 준용한다.

제136조 (이자 없는 불확정기한채권 등)

기한이 불확정한 이자 없는 채권은 회생절차가 개시된 때의 평가금액으로 한다. 정기금 채권의 금액 또는 존속기간이 불확정한 때에도 또한 같다.

제137조 (비금전채권 등)

채권의 목적이 금전이 아니거나 그 액이 불확정한 때와 외국의 통화로서 정하여진 때에는 회생절차가 개시된 때의 평가금액으로 한다.

제138조 (조건부채권과 장래의 청구권)

① 조건부채권은 회생절차가 개시된 때의 평가금액으로 한다.
② 제1항의 규정은 채무자에 대하여 행사할 수 있는 장래의 청구권에 관하여 준용한다.

제139조 (우선권의 기간의 계산)

일정한 기간 안의 채권액에 관하여 우선권이 있는 때에는 그 기간은 회생절차가 개시된 때부터 소급하여 계산한다.

제140조 (벌금·조세 등의 감면)

① 회생절차개시 전의 벌금·과료·형사소송비용·추징금 및 과태료의 청구권에 관하여는 회생계획에서 감면 그 밖의 권리에 영향을 미치는 내용을 정하지 못한다.
② 회생계획에서 「국세징수법」 또는 「지방세법」에 의하여 징수할 수 있는 청구권(국세징수의 예에 의하여 징수할 수 있는 청구권으로서 그 징수우선순위가 일반 회생채권보다 우선하는 것을 포함한다)에 관하여 3년 이하의 기간 동안 징수를 유예하거나 체납처분에 의한 재산의 환가를 유예하는 내용을 정하는 때에는 징수의 권한을 가진 자의 의견을 들어야 한다.
③ 회생계획에서 제2항의 규정에 의한 청구권에 관하여 3년을 초과하는 기간 동안 징수를 유예하거나 체납처분에 의한 재산의 환가를 유예하는 내용을 정하거나, 채무의 승계, 조세의 감면 또는 그 밖에 권리에 영향을 미치는 내용을 정하는 때에는 징수의 권한을 가진 자의 동의를 얻어야 한다.
④ 제2항의 규정에 의한 청구권에 관하여 징수의 권한을 가진 자는 제3항의 규정에 의한 동의를 할 수 있다.
⑤ 제2항 및 제3항의 규정에 의하여 징수를 유예하거나 체납처분에 의한 재산의 환가를

유예하는 기간 중에는 시효는 진행되지 아니한다.

＊ 조세채권이나 조세채권과 같은 방식으로 징수할 수 있는 채권들은 그 공공성 때문에 일반채권에 비하여 우선권을 주기도 하나, 회생절차에서는 일반의 회생채권과 동등한 취급을 하여 우월적 지위는 인정받지 못하고, 일반채권과 마찬가지로 신고를 해야 하고(제156조제1항), 개별적 권리행사가 금지되고 회생계획에 의해서만 변제받을 수 있으며(제131조 본문), 감면하는 것도 가능하다(제140조). 다만 그 특수성을 고려하여 다른 회생채권과 같이 취급할 수는 없으므로 여러 특칙을 두고 있다.

＊ 회생채권의 성립시기

회생절차개시 전에 조세채권이 성립되었는가, 즉 과세요건이 충족되었는가 여부를 기준으로 회생채권 여부를 결정하고, 부과처분은 회생절차개시 후에 있어도 무관하다.[71]

＊ 특칙 - 개시 신청 통지와 과세권자의 의견진술(제40조), 중지명령 시 과세권자의 의견청취(제44조), 체납처분 등의 중지·금지 대상·기간(제45, 58조), 권리변경 시 과세권자의 의견청취나 동의(제140조), 불복방법(제157조) 등에 있어 특칙을 두고 있다.

제141조 (회생담보권자의 권리)

① 회생채권이나 회생절차개시 전의 원인으로 생긴 채무자 외의 자에 대한 재산상의 청구권으로서 회생절차개시 당시 채무자의 재산상에 존재하는 유치권·질권·저당권·양도담보권·가등기담보권·전세권 또는 우선특권으로 담보된 범위의 것은 회생담보권으로 한다. 다만, 이자 또는 채무불이행으로 인한 손해배상이나 위약금의 청구권에 관하여는 회생절차개시결정 전날까지 생긴 것에 한한다.

② 제126조 내지 제131조 및 제139조의 규정은 회생담보권에 관하여 준용한다.

③ 회생담보권자는 그가 가진 회생담보권으로 회생절차에 참가할 수 있다.

④ 회생담보권자는 그 채권액 중 담보권의 목적의 가액(선순위의 담보권이 있는 때에는 그 담보권으로 담보된 채권액을 담보권의 목적의 가액으로부터 공제한 금액을 말한다. 이하 이 조에서 같다)을 초과하는 부분에 관하여는 회생채권자로서 회생절차에 참가할 수 있다.

---

71) 대법원 1982. 5. 11. 선고 82누56 판결 등.

⑤ 회생담보권자는 그 담보권의 목적의 가액에 비례하여 의결권을 가진다. 다만, 피담보채권액이 담보권의 목적의 가액보다 적은 때에는 그 피담보채권액에 비례하여 의결권을 가진다.

⑥ 제133조제2항 및 제134조 내지 제138조의 규정은 회생담보권자의 의결권에 관하여 준용한다.

＊ 의의

회생담보권은 회생채권이나 회생절차개시 전의 원인으로 생긴 채무자 외의 자에 대한 재산상 청구권으로서 회생절차개시 당시 회생채무자의 재산상에 존재하는 저당권 등 담보권과 전세권, 우선특권으로 담보된 것을 말한다. 채권이 정리절차개시 후의 원인에 의하여 생긴 경우나, 채무자 재산이 아닌 이사나 주주 개인 재산에 담보권이 설정된 경우는 회생담보권이 아니다.

＊ 종류

– 유치권, 질권, 저당권, 양도담보권, 가등기담보권, 전세권, 우선특권 등으로 담보된 것들이 대부분인데, 다음의 경우들이 문제가 된다.

– 리스채권: 리스계약에 의한 채권은 리스계약이 임대차계약과 금융계약의 두 성격을 갖고 있어 담보권으로 볼 수 있는지가 문제된다. 임대차계약의 경우 임대물의 사용과 차임지급은 대가관계이고 회생절차개시결정 후의 차임지급은 공익채권이 될 것이나, 리스계약은 리스료 산정이나 그 지급방법의 결정과정으로 볼 때 리스료를 단순히 리스물건 사용대가라고는 할 수 없고, 리스물건의 인수와 함께 지급하여야 할 대금을 분할하여 지급기로 하는 금융계약이라고 보는 것이 타당하다. 따라서 개시결정 전에 지급하지 않은 리스료는 물론이고 결정 후의 리스료 지급 채무도 회생채권으로 보아야 한다.[72]

한편 리스계약에서는 리스물건의 소유권을 리스회사에 유보시키는 것이 일반적인데, 이는 리스료채권에 대한 담보적 기능을 하므로 리스채권은 회생담보권에 준하는 것으로 보아야 할 것이다. 따라서 리스회사는 위 계약이 미이행 쌍무계약에 해당한다고 주장할 수 없다.[73]

---

72) 대법원 2004. 9. 13. 선고 2003다57208 판결.
73) 서울고등법원 2000. 6. 27. 선고 2000나14622 판결.

- 운용리스: 금융리스 이외의 리스를 총칭하는 것으로 자동차, 컴퓨터, 복사기 등 불특정 다수인을 대상으로 한 범용성이 높은 물건을 대상으로 하는 것으로 리스이용자의 목적이 금융보다는 물건의 이용 자체에 있어, 특정 이용자를 대상으로 범용성과 전용성이 희박한 물건을 대상으로 하는 금융리스와는 달리 임대차와 같은 경우로 취급함이 옳을 것이다.

- 소유권유보부매매의 경우: 매매계약과 동시에 목적물을 매수인에게 인도하여 사용수익을 허락하는 대신 소유권은 매도인에게 유보하고 잔금지급 시 이전하기로 특약을 맺은 경우, 소유권유보는 잔금채권확보를 위한 담보적 성격을 가지므로 회생담보권으로 보아야 한다. 판례는 유보된 목적물의 소유권을 제3자에게 주장할 수 있다고 보고 있는데,[74] 이렇게 되면 매도인이 쌍방미이행계약임을 주장하여 잔존대금채권이 공익채권이라거나 환취권을 행사할 수도 있게 된다.

- 어음담보대출의 경우: 채무자에게 대출하면서 제3자 발행어음을 담보조로 배서양도받은 경우 회생담보권자로 보아 추심은 허용하나 대출금변제에 충당할 수 없다는 견해와 회생담보권으로 보지 않고 발행인에 대한 권리행사를 허용하는 견해가 있을 수 있는데, 실무는 회생담보권으로 취급하여 회생계획안에서도 분할변제받도록 하면서도 어음만기 도래 시는 지급받을 어음금을 담보권자에게 지급하도록 정하는 경우가 많은데, 보증인에 대한 권리행사를 허용하듯이 어음발행인에 대한 별도의 권리행사를 제한할 이유가 없다고 본다.

- 사고신고담보금의 경우: 은행에 예탁된 이상 그 소유권은 은행으로 이전되므로 채무자의 재산이 아니고, 사고신고담보금 처리에 관한 약정에서 정한 조건이 성취될 때 반환청구권을 가질 뿐이며, 해당 약속어음 소지인의 어음채권이 사고신고담보금에 의하여 담보되는 것도 아니어서 회생담보권은 아니고, 따라서 어음소지인은 지급은행에 대하여 갖는 사고신고담보금 지급청구권을 행사하여 회생절차와 상관없이 채권의 만족을 얻을 수 있다.[75]

- 변제자 대위 관련: 담보권이 설정된 채권에 대하여 보증인이 변제하면 변제자대위의 법리(민법 제481조)에 의해 회생담보권자가 되나, 일부변제 시는 담보물 가액에서 잔존채무액을 공제한 나머지 금액에 한하여 채권자를 대위해 회생담보권행사가 가능하다.

---

74) 대법원 2005. 5. 26. 선고 2004다61211 판결.
75) 대법원 1995. 1. 24. 선고 94다40321 판결.

✳ 근저당권자의 원본채권확정 문제

- 불확정설: 개시결정으로 원본채권을 확정시키지 않는다면 한도에 여유 있을 때 관리인이 용이하게 자금 융통할 수 있어 채무자 갱생에 도움이 된다고 본다.
- 확정설: 개시결정으로 사업경영이나 재산의 관리처분권이 관리인에게 전속되고 이때를 기준으로 모든 법률관계가 새로운 단계에 들어가므로 원본을 확정시킴이 타당하다고 본다.
- 불확정이면 선순위담보권자는 유리하나 후순위담보권자는 불리하고, 실제는 설정액이 자산평가액을 초과하는 경우가 대부분임을 감안하면, 확정설이 타당하다.

제142조 (대리위원)

① 회생채권자·회생담보권자·주주·지분권자는 법원의 허가를 받아 공동으로 또는 각각 1인 또는 여럿의 대리위원을 선임할 수 있다.
② 대리위원의 권한은 서면으로 증명하여야 한다.
③ 대리위원은 그를 선임한 회생채권자·회생담보권자·주주·지분권자를 위하여 회생절차에 관한 모든 행위를 할 수 있다.
④ 대리위원이 여럿인 때에는 공동으로 그 권한을 행사한다. 그러나 제3자의 의사표시는 그중 1인에 대하여 하면 된다.
⑤ 법원은 대리위원의 권한의 행사가 현저하게 불공정하다고 인정하는 때에는 제1항의 규정에 의한 허가를 취소할 수 있다.
⑥ 회생채권자·회생담보권자·주주·지분권자는 대리위원을 해임한 때에는 지체 없이 그 사실을 법원에 신고하여야 한다.

✳ 의의·필요성

주주와 채권자 등 이해관계인이 다수인 대규모 사건에서는 채권자집회를 여는 것이 사실상 불가능한 경우가 있고, 이해관계인들 입장에서도 전문성이 필요한 경우에 자신의 이해를 제대로 전달하기 어려운 경우가 있게 되므로, 공동의 이해관계인 집단별로 그 이해를 대표하여 주장할 수 있는 대리위원을 선임하여 회생절차에 관한 행위를 할 수 있게 하면 이해의 반영만이 아니라 신속하고 능률적인 회생계획의 작성, 추진도 가능하게 된다. 이 제도는 미국에서 발달한 제도(protective committee)를 받아들인 것으로 기업의 자금조달방법이 은행대출 일변도에서 전환사채, 보증사채, 기타 각종

신종금융상품의 이용으로 다양해지고 있어, 채권자들의 이해도 다양해지고 있는 상황에 효과적으로 대처하는 방법으로 향후 이용이 증가할 것으로 예상된다.

이에 일본의 경우도 2002년 3월 회사갱생법을 개정하면서 갱생절차의 원활한 진행을 위하여 필요한 경우에는 법원이 대리위원선임을 권고할 수 있고, 이해관계인이 현저하게 다수인 경우에는 선임권고에 불응할 경우 법원이 직권으로 선임할 수 있게 했다.

우리도 관계인집회의 횟수는 제한하여 관리인과 이해관계인 사이의 사전절충에 기대를 하는 구조를 취하면서 사전절충을 활성화하는 방법으로 대리위원제도를 채택했다.

＊ 선임

회생채권자, 회생담보권자, 주주, 지분권자가 공동 또는 개별로 1인 또는 복수의 대리위원을 선임할 수 있다(제1항). 대리위원은 변호사일 필요는 없고, 경영능력이 있거나 관리인 또는 다른 이해관계인과의 절충능력이 있는 사람이 좋을 것이다.

＊ 권한

대리위원은 선임한 자를 위하여 회생절차에 속하는 일체의 행위를 할 수 있다(제3항). 법원 밖에서 다른 이해관계인들과 절충하고, 채권신고하고, 채권조사기일에 이의신청하고, 회생계획안에 대해 의결권을 행사하고, 회생계획에 따른 변제를 수령하는 일 등이 그것이다.

대리위원이 수인일 경우는 공동하여 행사하나, 대리위원에 대한 제3자의 의사표시는 그중 한 사람에게 하면 된다(제4항).

＊ 법원의 감독과 해임

대리위원은 법원의 허가를 얻어 임명하는데, 이는 소송상 행위와 유사함에도 불구하고 변호사 대리원칙의 예외를 인정한 것이므로 악덕 브로커 등이 임명되는 것을 막기 위한 것이다. 대리위원의 권한행사가 현저하게 불공정하다고 인정될 경우에는 법원은 허가를 취소할 수 있다(제5항). 불공정한 행사는 부당한 이익을 추구하는 등 공적 절차의 한 기관으로서 해서는 안 될 행위를 하는 경우를 말하고, 계획안에 반대하거나 절차의 원활한 진행에 협조하지 않는 것은 해당되지 않는다.

대리위원을 선임한 이해관계인은 언제라도 대리위원을 해임할 수 있고, 그 사실을 법원에 신고해야 한다(제6항).

❋ 보수와 보상금

대리위원에 대한 보수는 선임한 사람과의 약정에 따라 지급되고 법원과는 무관하다. 다만 회생절차에 협력을 장려하기 위하여 대리위원의 공헌으로 우수한 정리계획이 가능하게 되었다는 등의 사정이 있으면 법원이 정하는 보상금을 공익채권으로 보상받을 수 있다(제31조).

제143조 (수탁회사)

① 「담보부사채신탁법」의 규정에 의한 수탁회사는 사채권자집회의 결의에 의하여 총사채권자를 위하여 회생채권 또는 회생담보권의 신고, 의결권의 행사 그 밖의 회생절차에 관한 모든 행위를 할 수 있다.

② 수탁회사가 총사채권자를 위하여 제1항의 규정에 의한 행위를 하는 때에는 각각의 사채권자를 표시하지 아니할 수 있다.

제144조 (상계권)

① 회생채권자 또는 회생담보권자가 회생절차개시 당시 채무자에 대하여 채무를 부담하는 경우 채권과 채무의 쌍방이 신고기간만료 전에 상계할 수 있게 된 때에는 회생채권자 또는 회생담보권자는 그 기간 안에 한하여 회생절차에 의하지 아니하고 상계할 수 있다. 채무가 기한부인 때에도 같다.

② 회생채권자 또는 회생담보권자의 회생절차개시 후의 차임채무에 관하여는 당기(當期)와 차기(次期)의 것에 한하여 제1항의 규정에 의하여 상계할 수 있다. 다만, 보증금이 있는 때에는 그 후의 차임채무에 관하여도 상계할 수 있다.

③ 제2항의 규정은 지료(地料)에 관하여 준용한다.

❋ 의의

상계란 같은 종류의 채무를 부담하는 쌍방이 각자 대등액에 관하여 자기채무와 상대방의 채무를 동시에 소멸시키는 의사를 표시함으로써 쌍방의 채무가 동시에 소멸되는 것을 말한다. 상계의 의사표시에 의하여 상대방에 대한 채무를 면함으로써 자기채권이 언제든지 만족될 수 있는 담보적 기능이 있고, 이런 기능은 상대방이 회생절차가 개시되었다 하여 없어지는 것이 아니다. 상대에게 회생절차가 개시된 경우 자신의 채무는 전부 변제를 해야 하는데, 자신의 채권은 회생절차에서 배당받는 것으로 만족해야 한다면 불공평하기 때문이다.

이에 법은 상계의 담보적 기능을 감안하여 제131조의 변제금지 등에 관한 제한에 대하여 특칙(제144조)을 두어 회생절차에 의하지 않은 권리행사를 인정하고 있다.

상계와 구별해야 할 것으로 공제가 있는데, 이는 하나의 계약관계에서 발생한 채권·채무를 상호 정산하는 것으로 별개의 계약관계에서 발생한 채권·채무관계를 소멸시키기 위한 상계와 다르다. 임대차관계에서 발생하는 임대차보증금반환청구채권과 연체차임지급채권 및 손해배상채권이 그 예이다.

✳ 파산절차의 경우 파산으로 자동채권인 파산채권의 변제기가 도래한 것으로 보므로(제425조) 상계권 행사에 아무런 제한이 없어 파산절차진행 중에도 상계할 수 있고(제416조), 비금전채권도 상계가 허용되는 데(제417조) 반하여, 회생절차의 경우 변제기 도래에 관한 별도규정이 없어 회생채권의 변제기가 신고기간 만료일까지 도래해야 하고, 그 신고기간 만료일 전까지 상계의사표시를 해야 하는 제한 등이 있다(제144조).

✳ 상계권 규정의 적용범위
- 관리인에 의한 상계권 행사: 법이 예정하고 있는 상계는 회생채권을 자동채권으로, 채무자에 속하는 채권을 수동채권으로 하여 회생채권자가 행사하는 것이므로, 관리인이 먼저 상계할 수는 없는가의 문제가 있는데, 인정하더라도 회생채권자에게 부당한 이익을 주는 것이 아니고, 다른 회생채권자에게 불이익한 것도 아니며, 관리인의 원활한 업무수행에 도움이 되므로 인정해도 무방할 것이나 제131조의 취지에 따라 법원의 허가를 받아야 할 것이다.[76]
- 공익채권과 채무자 소속채권의 상계: 공익채권은 회생절차에 의하지 않고 채무자의 재산으로부터 수시로 변제받을 수 있으므로 상계를 허용해도 다른 채권자를 해하지는 않는다.

✳ 상계의 요건
- 상계적상의 현존: 동일한 당사자 사이의 채권이 대립하고, 자동채권과 수동채권의 목적이 동종이어야 하며(금전채권 또는 대체물을 목적으로 하는 종류채권이어야 한다.), 양 채권의 변제기가 도래해야 한다(자동채권은 필수나 수동채권은 기한의

---

76) 대법원 1988. 8. 9. 선고 86다카1858 판결.

이익을 포기할 수 있으므로 변제기 도래가 불필요하다).

- 자동채권(회생채권): 채권신고기간 만료 전에 이행기가 도래해야 한다. 상계는 신
  고기간 만료 전까지 회생절차에 의하지 않고 할 수 있으므로 채권신고 없이도 상
  계할 수 있다. 회생절차개시신청 후 회생절차가 개시되기 전에 상계하는 경우도
  마찬가지이다.[77]

- 수동채권(채무자 소속채권): 금전채권이든가 자동채권과 같은 종류채권이어야 한
  다. 조건부, 기한부, 장래의 청구권이라도 상계가 가능한데(제1항 후단), 회생채권
  자 측에서 기한의 이익이나 조건 성부의 기회, 장래불발생 가능성을 포기하고 스
  스로 상계하고자 하는 것을 막을 이유가 없기 때문이다. 이 경우 자동채권과는
  달리 중간이자나 채권액과 평가액의 차이를 공제할 수는 없다.

✽ 상계권의 행사 및 효과

- 상계권은 관리인에 대한 일방적 의사표시로 행사한다.[78] 관리인이 자동채권의 존
  재를 다투는 경우는 수동채권의 이행을 구하는 소송을 제기하여 상계를 주장해야
  할 것이다.

- 행사시기는 앞서 본 바와 같이 신고기간 만료일까지이다. 회생채권 등의 신고기
  간 개시 전에도 상계할 수 있다.[79]

- 상계적상에 달한 때를 기준으로 채권채무가 소멸한다(민법 제493조제2항).

제145조 (상계의 금지)

다음 각 호의 어느 하나에 해당하는 때에는 상계하지 못한다.

1. 회생채권자 또는 회생담보권자가 회생절차개시 후에 채무자에 대하여 채무를 부담한 때
2. 회생채권자 또는 회생담보권자가 지급의 정지, 회생절차개시의 신청 또는 파산의 신청
   이 있음을 알고 채무자에 대하여 채무를 부담한 때. 다만, 다음 각 목의 어느 하나에
   해당하는 때를 제외한다.

   가. 그 부담이 법률에 정한 원인에 기한 때

   나. 회생채권자 또는 회생담보권자가 지급의 정지, 회생절차개시의 신청 또는 파산의
       신청이 있은 것을 알기 전에 생긴 원인에 의한 때

---

77) 대법원 2000. 2. 11. 선고 99다10424 판결.
78) 대법원 1988. 8. 9. 선고 86다카1858 판결.
79) 대법원 2000. 2. 11. 선고 99다10424 판결.

   다. 회생절차개시시점 및 파산선고시점 중 가장 이른 시점보다 1년 이상 전에 생긴 원
      인에 의한 때

3. 회생절차가 개시된 채무자의 채무자가 회생절차개시 후에 타인의 회생채권 또는 회생
   담보권을 취득한 때

4. 회생절차가 개시된 채무자의 채무자가 지급의 정지, 회생절차개시의 신청 또는 파산의
   신청이 있음을 알고 회생채권 또는 회생담보권을 취득한 때. 다만, 제2호 각 목의 어느
   하나에 해당하는 때를 제외한다.

  ✽ 민법 기타 실체법에 의하여 상계가 금지된 경우(민법 제492조제2항의 상계금지
특약, 민법 제497, 497조의 불법행위채권이나 압류금지채권을 수동채권으로 하는 상계
금지) 회생절차상으로도 상계할 수 없는 것은 당연하나, 법은 그 외에도 채권자평등의
원칙을 잠탈하거나 결과적으로 채무자 재산의 감소를 가져오는 상계를 금지하고 있다.
이 규정은 강행규정으로 위반하면 무효이고, 당사자 사이의 합의로 배제할 수 없다.

  ✽ 제1호의 경우
  상계권의 범위는 회생절차개시 당시를 기준으로 결정되는 것이므로 자동채권을 가
지는 채무자가 회생절차개시 후에 채무를 부담해도 그것을 수동채권으로 하여 상계할
수 없는 것은 당연하다. 회생절차개시 후에 채무를 부담한 때라 함은 채무부담 사실
이 회생절차개시 후이면 되고, 발생원인시기는 문제 삼지 않는다. 다만 채무자체가 회
생절차개시 후에 발생하는 것만을 의미하는 것이 아니라 회생절차개시 전에 발생한
제3자의 채무자에 대한 채무를 회생절차개시 후에 회생채권자가 인수하는 경우를 포
함하고 그 인수는 포괄 승계라도 상관없다.[80]

  ✽ 제2호의 경우
  위기 시에는 종래부터 있던 채권자의 채권은 그 가치가 하락하기 마련인데, 위기
상황을 알고 채무자에 대해 채무 부담을 하고, 이를 수동채권으로 하여 상계하는 것
은 본래 회생채권자로서는 비례평등변제를 감수하지 않고, 가치가 하락한 채권을 전
액 변제받는 결과가 되어 채무자재산의 충실을 해하고 채권자평등원칙에도 반하므로
상계를 금지한 것이다.

---

[80] 대법원 2003. 12. 26. 선고 2003다35918 판결 참고.

이때 관리인은 상계권자의 악의를 입증해야 한다. 규정에는 없지만 지급불능도 위기상황으로 보아야 할 것이다.

예외로 채무부담이 법정원인 즉 상속, 합병과 같은 일반승계나 사무관리나 부당이득에 의한 경우는 상계권자의 작위와 무관하므로 상계권 남용의 여지가 없다고 보아 허용하고 있으나(가목), 상속을 제외하고는 상계를 노린 합병같이 당사자 의지가 개입할 여지가 있어 문제가 있다.

채무부담이 위기상황을 알기 전에 이루어진 경우는 상계에 대한 채권자의 기대를 보호할 필요가 있어 허용한다(나목). '위기상황을 알기 전에 이루어진 경우'란 채권자에게 구체적인 상계기대를 발생시킬 정도로 직접적이어야 하고 개별적인 경우에 구체적인 사정을 종합하여 상계의 담보적 작용에 대한 채권자의 신뢰가 보호할 가치가 있는 정당한 것으로 인정되는 경우이어야 한다.[81]

채무부담이 회생절차개시나 파산선고 1년 전의 행위로 인한 경우는 파산선고와의 관련성이 희박한 것으로 보아 거래의 안전을 위해 상계를 허용한다(다목).

＊ 제3호의 경우

회생절차가 개시된 채무자의 채무자가 회생절차가 개시된 후에 타인의 회생채권을 취득한 경우, 회생절차개시 시까지 채권채무의 대립관계가 없는 이상 회생절차개시 후에 다른 사람의 회생채권을 취득했다 해서 대립관계를 인정할 수는 없다. 실제 가치가 하락한 회생채권을 헐값에 인수하여 상계로 자기의 채무의 이행을 면할 수 있게 하면, 채무자재산이 감소하여 다른 회생채권자의 희생으로 돌아가기 때문에 상계를 금지한다.

이 경우는 취득자의 선의·악의, 취득원인이 거래에 의한 것이지, 상속 등 법정원인인지를 묻지 않는다.

＊ 제4호의 경우

위기 시의 악의의 회생채권취득 또한 제3호와 같은 결과를 초래할 것이므로 상계를 금지한다. 제3호와 다른 점은 타인의 회생채권에 한하지 않고, 채무자에게서 취득한 경우도 적용된다.

---

81) 대법원 2005. 9. 28. 선고 2003다61931 판결.

제146조 (주주·지분권자의 권리)

① 주주·지분권자는 그가 가진 주식 또는 출자지분으로 회생절차에 참가할 수 있다.

② 주주·지분권자는 그가 가진 주식 또는 출자지분의 수 또는 액수에 비례하여 의결권을 가진다.

③ 회생절차의 개시 당시 채무자의 부채총액이 자산총액을 초과하는 때에는 주주·지분권자는 의결권을 가지지 아니한다. 다만, 제282조의 규정에 의한 회생계획의 변경계획안을 제출할 당시 채무자의 자산총액이 부채총액을 초과하는 때에는 그러하지 아니하다.

④ 제282조의 규정에 의한 회생계획의 변경계획안을 제출할 당시 채무자의 부채총액이 자산총액을 초과하는 때에는 주주·지분권자는 그 변경계획안에 대하여 의결권을 가지지 아니한다.

✻ 권리제한: 회생절차가 개시되더라도 회사는 그대로 존속하고, 주주총회 등 사단적 활동을 할 수는 있으나, 재산관리처분권이 없으므로 비용을 요하는 활동은 제약이 있고, 회생절차에 의하지 않고는 자본의 감소나 신주발행, 이익배당이 금지되므로 자익권의 행사도 제한된다(제55조).

✻ 의결권: 회사의 재산이 채무총액보다 많은 경우는 주주나 지분권자는 잔여재산의 분배에 관하여 이해를 가지므로 이를 회생절차에 반영할 필요가 있어 의결권을 인정한 것이다.

따라서 상법상 의결권 없는 주식이라도 청산 시 재산분배권은 있으므로 회생절차에서는 의결권을 갖지만, 회사의 자기주식에 대하여는 잔여재산분배청구권을 인정한다는 것이 무의미하므로 의결권이 인정되지 않는다.

의결권제한사유로서 부채초과는 대차대조표상 부채가 아닌 채무총액을 말한다. 과거 회사정리법은 주주의 의결권 제한 사유로 '파산의 원인인 사실이 있는 때'로 규정하여 지급불능을 포함하는가에 대하여 논의가 있었으나, 판례[82]가 해석론으로 채무초과의 경우를 의미하고, 그 판단시점은 정리절차개시 당시를 기준으로 한다고 밝힌 것을 입법으로 명확히 하였다.

자산초과 시라도 부당한 이득을 얻을 목적으로 주식을 취득한 경우 법원이 다시 의결권을 제한할 수 있다(제190조).

---

82) 대법원 1991. 5. 28. 90마954 결정.

제2절 회생채권자 · 회생담보권자 · 주주 · 지분권자의
목록작성 및 신고

＊ 회생채권 등의 신고는 채무자에 대한 채권규모 파악작업으로 회생계획안 작성에 필수적이고, 채권자 등으로서는 신고해야 회생채권자 등으로서 관계인집회에 참가하여 회생계획안을 심의하고 의결권을 행사할 수 있으며 분배에 참여할 수 있다. 법은 신고 않을 경우 실권시켜 신고를 사실상 강제하고 있다.

권리를 신고하면 그 신고를 취하하거나 신고가 각하되지 않는 이상 시효중단의 효력이 있고(제32조제1호), 시효중단의 효력은 보증채무에도 미치며,[83] 그 효력은 회생절차참가가 계속되는 한 유지된다.

＊ 신고대상은 회생채권, 회생담보권, 주식이다. 공익채권은 신고할 필요가 없다. 회생채권, 회생담보권에 관한 집행권원채권을 갖고 있거나, 회생절차개시 전에 소송을 제기했거나, 강제집행을 하고 있거나, 회생절차개시 전에 행해진 파산절차에서 파산채권으로 신고했더라도 신고해야 하고, 회생절차개시 전의 벌금, 과료, 조세청구권도 신고해야 한다. 주식 신고 누락 시 주주권 상실하는 것은 아니지만 회생절차에 참가할 자격 상실한다.

＊ 신고주체는 본인 및 대리인이고, 압류 및 전부명령이 있는 경우에는 전부채권자가, 압류 및 추심명령이 있는 경우는 아직 채권이 추심채무자에게 귀속되어 있으므로 추심채무자가 신고해야 한다. 채권의 귀속에 관한 다툼이 있어 신고한 채권자가 권리가 없는 것으로 밝혀진 경우라도 일단 신고는 유효한 것으로 보아 그 채권 자체의 존재를 인정하고 신고명의 변경절차를 거쳐야 한다.

＊ 신고의 상대방은 법원이다.

제147조 (회생채권자 · 회생담보권자 · 주주 · 지분권자의 목록)

① 관리인은 회생채권자의 목록, 회생담보권자의 목록과 주주 · 지분권자의 목록(이 편에서 "목록"이라 한다)을 작성하여 제50조제1항제2호의 규정에 의한 기간 안에 제출하여야 한다.

---

83) 대법원 1998. 11. 10. 선고 98다 42141 판결.

② 목록에는 다음 각 호의 사항을 기재하여야 한다.
  1. 회생채권자의 목록
    가. 회생채권자의 성명과 주소
    나. 회생채권의 내용과 원인
    다. 의결권의 액수
    라. 일반의 우선권 있는 채권이 있는 때에는 그 뜻
  2. 회생담보권자의 목록
    가. 회생담보권자의 성명 및 주소
    나. 회생담보권의 내용 및 원인, 담보권의 목적 및 그 가액, 회생절차가 개시된 채
        무자 외의 자가 채무자인 때에는 그 성명 및 주소
    다. 의결권의 액수
  3. 주주·지분권자의 목록
    가. 주주·지분권자의 성명 및 주소
    나. 주식 또는 출자지분의 종류 및 수
③ 법원은 신고기간 동안 이해관계인이 목록을 열람할 수 있도록 하여야 한다.
④ 관리인은 신고기간의 말일까지 대법원규칙이 정하는 바에 따라 법원의 허가를 받아 목
  록에 기재된 사항을 변경 또는 정정할 수 있다.

✱ 목록의 작성 및 제출의무자
관리인이다.

✱ 목록의 기재사항
－성명과 주소: 채권자의 동일성을 밝힐 수 있을 정도로 기재해야 한다. 조합, 법인
  격 없는 사단이나 재단은 대표자가 정해져 있으면 단체명의로, 대표자가 없으면
  조합과 사단은 그 구성원, 재단은 재산의 귀속자 명의로 신고해야 한다. 개인사업
  자의 경우 상호명을 기재할 필요는 없으나 실무처리상 병기하는 것이 편하므로 이
  를 권하고 있다.
－채권의 내용, 원인: 이것은 다른 채권과 식별하여 그 채권의 특정성을 밝힐 수
  있는 정도로 기재해야 한다. 기재만이 아닌 증거서류를 종합해 특정할 수 있으면
  된다. 우선 채권발생의 기초사실을 기재하고, 더하여 금전채권의 경우는 채권액,
  변제기, 이율, 손해배상의 예정 등에 관하여 정한 바가 있으면 그 내용 등을 기

재해야 하고, 비금전채권의 경우는 그 목적, 이행기, 조건, 손해배상의 예정 등에 관하여 정한 바가 있으면 그 내용 등을 기재해야 한다.

손해배상채권과 같이 채권액의 확정이 어려운 경우는 일단 당사자가 생각하는 적정액을 신고하도록 하고 추후 회생채권확정의 소를 통해 확정하게 된다. 조세채권의 가산금, 중가산금 등은 납기의 경과 여부나 회생계획안의 변제조건에 따라 액수가 정해지므로 신고 시는 금 얼마 및 액 미정으로 신고하면서 가산금이나 중가산금의 산정방법을 부기하고 있다.

- 의결권액수:

금전채권의 경우 채권액이 의결권액이 되나 확정이 어려운 경우 특칙이 있다.

이자 없는 기한부채권(제134조), 정기금채권(제135조), 불확정기한부 채권이나 정기금채권 중 채권액 전액 또는 존속기간이 불확정인 경우(제136조), 비금전채권과 채권액이 불확정인 채권 및 외국통화로 정해진 채권(제137조), 조건부채권과 채무자에 대하여 행사할 수 있는 장래의 청구권(제138조)에 대한 규정이 그것이다.

실무상으로는 부동산 매수에 따른 소유권이전등기청구권은 개시당시의 평가액이 될 것이나, 실제는 매매계약서상의 금액이 될 것이다. 채권자로서는 자신이 생각하는 일응의 평가액을 기재하면 되고 그 당부는 채권조사기일에 판단될 것이고, 조건, 기한부 채권도 채권액 전액 신고하면 받아준다.

채권에 조건이나 기한이 있는 경우에는 채권액으로부터 자동적으로 의결권액을 산정할 수 없으나 실무에서는 채권액 전체를 의결권약으로 신고하고 있고, 법원도 전부에 대하여 의결권을 인정하고 있다.

의결권액의 기재가 없으면 각하될 것이나 채권의 내용 및 원인의 기재로 의결권액을 알 수 있는 경우는 받아 준다.

- 일반의 우선권 있는 채권: 이에 관하여 그 뜻을 기재하지 않으면 우선권이 부정되어 일반의 회생채권으로 취급되는 불이익이 있으나 신고기간 내에는 보정할 수 있다고 보아야 한다.
- 소송계속중인 채권: 이것은 법원이 사실의 유무 및 쟁점 등을 조사하고, 재판의 귀추를 예상할 수 있게 하기 위해서 사건을 특정해야 한다.
- 집행권원 있는 채권: 이것에 관하여는 따로 규정이 없으므로 그 뜻을 신고할 필요는 없으나, 관리인이 이에 대해 이의를 제기한 경우는 회생채권확정소송으로 불복하여야 하므로, 미리 그 취지를 기재하여 무용한 소송을 하게 되는 것을 방

지할 필요가 있다.

＊목록 미제출의 효과

관리인이 목록에 기재하지 않고 회생채권자 등도 신고하지 않은 경우 회생채권 등은 원칙적으로 실권한다(제251조). 그러나 관리인이 알고 있는데도 신고 않고, 회생채권자 등도 회생절차개시사실을 알지 못하여 신고하지 못한 경우는 관리인의 선관의무위반으로 인하여 그 책임을 면하기 어려울 것이므로 구제해 주어야 할 것이다.

＊목록제출의 효과

- 시효의 중단: 목록이 실제로 법원에 제출되는 때 시효가 중단된다(제32조제1호).
- 신고의제목록이 제출되면 신고한 것으로 본다(제151조).
- 권리내용 및 원인의 확정: 이해관계인 등의 이의가 없으면 권리내용 및 원인이 확정된다(제166조).

＊목록의 변경·정정

목록제출기간이 길지 않고 오류나 누락 가능성을 고려한 규정이다.

제148조 (회생채권의 신고)

① 회생절차에 참가하고자 하는 회생채권자는 신고기간 안에 다음 각 호의 사항을 법원에 신고하고 증거서류 또는 그 등본이나 초본을 제출하여야 한다.
   1. 성명 및 주소
   2. 회생채권의 내용 및 원인
   3. 의결권의 액수
   4. 일반의 우선권 있는 채권인 때에는 그 뜻
② 회생채권 중에서 일반의 우선권 있는 부분은 따로 신고하여야 한다.
③ 회생채권에 관하여 회생절차개시 당시 소송이 계속하는 때에는 회생채권자는 제1항 및 제2항에 규정된 사항 외에 법원·당사자·사건명 및 사건번호를 신고하여야 한다.

＊회생채권자목록에 기재될 사항에 대하여 신고해야 하는데, 채권의 존재·내용을 명확히 하기 위하여 증거서류 또는 그 등본이나 초본을 제출해야 한다. 관리인이 채

권을 부인하는 상당수의 경우가 채권에 관한 소명자료가 없기 때문이므로 증거서류의 제출이 중요하나, 제출하지 않았다 해도 채권의 내용 및 원인의 기재를 통해서 채권을 특정할 수 있으면 신고를 각하해서는 안 된다.

＊ 신고주체

본인 또는 대리인이 신고할 수 있고, 대리인은 변호사일 필요는 없으며, 위임장을 첨부하면 된다. 위임장이 없을 경우 조사기일까지 첨부하면 적법한 신고가 있는 것으로 처리한다. 대리위원을 선임한 경우나 담보부사채신탁법상의 수탁회사의 경우는 대리위원이나 수탁회사가 신고할 수 있고, 일반회사채의 경우 상법 제490조법원의 허가를 얻어 사채권자집회를 개최하고 일정한 자에게 신고 등의 권한을 위임할 수 있다.

＊ 신고의 상대방

신고는 법원에 해야 하고 관리인에게 한 것은 효력이 없다.

＊ 신고방식

서면으로 해야 한다는 명문은 없으나, 제160조가 서면신고를 전제로 하고 있고, 신고한 권리의 특정 등을 위해서는 서면신고가 필수이다. 실무에서는 신고서 양식을 비치해두고 이에 필요한 사항을 기재하게 하고 있다.

＊ 예비적 신고

신고 당시에 신고 대상채권(예컨대 공익채권 여부)인지가 불명하다고 생각해서, 나중에 신고누락으로 인한 불이익을 막기 위해 일단 신고하는 경우가 있는데, 받아주고 있는 것이 실무이다.

＊ 신고기간

법원이 회생절차개시결정과 동시에 정하고(제50조), 공고하고 채권자 등에게 송달하며(제51조), 관계행정청에 통지한다(제52조).

제149조 (회생담보권의 신고)

① 회생절차에 참가하고자 하는 회생담보권자는 신고기간 안에 다음 각 호의 사항을 법원에 신고하고 증거서류 또는 그 등본이나 초본을 제출하여야 한다.

　1. 성명 및 주소

　2. 회생담보권의 내용 및 원인

　3. 회생담보권의 목적 및 그 가액

　4. 의결권의 액수

　5. 회생절차가 개시된 채무자 외의 자가 채무자인 때에는 그 성명 및 주소

② 제148조제3항의 규정은 제1항의 경우에 관하여 준용한다.

✽ 회생채권의 신고와 동일하다.

제150조 (주식 또는 출자지분의 신고)

① 회생절차에 참가하고자 하는 주주·지분권자는 신고기간 안에 다음 각 호의 사항을 법원에 신고하고 주권 또는 출자지분증서 그 밖의 증거서류 또는 그 등본이나 초본을 제출하여야 한다.

　1. 성명 및 주소

　2. 주식 또는 출자지분의 종류 및 수 또는 액수

② 법원은 기간을 정하여 주주명부를 폐쇄할 수 있다. 이 경우 그 기간은 2월을 넘지 못한다.

③ 제148조제3항의 규정은 제1항의 경우에 관하여 준용한다.

제151조 (신고의 의제)

목록에 기재된 회생채권·회생담보권·주식 또는 출자지분은 제148조 내지 제150조의 규정에 의하여 신고된 것으로 본다.

제152조 (신고의 추후 보완)

① 회생채권자 또는 회생담보권자는 그 책임을 질 수 없는 사유로 인하여 신고기간 안에 신고를 하지 못한 때에는 그 사유가 끝난 후 1월 이내에 그 신고를 보완할 수 있다.

② 제1항의 규정에 의한 기간은 불변기간으로 한다.

③ 제1항의 규정에 의한 신고는 다음 각 호의 어느 하나에 해당하는 때에는 하지 못한다.

1. 회생계획안 심리를 위한 관계인집회가 끝난 후
2. 회생계획안을 제240조의 규정에 의한 서면결의에 부친다는 결정이 있은 후
④ 제1항 내지 제3항의 규정은 회생채권자 또는 회생담보권자가 그 책임을 질 수 없는 사유로 인하여 신고한 사항에 관하여 다른 회생채권자 또는 회생담보권자의 이익을 해하는 내용으로 변경하는 경우에 관하여 준용한다.

✻ 책임질 수 없는 사유란 추완항소에 관한 민사소송법 제173조제1항의 그것과 동일한 의미이나, 실권이란 불이익이 따르므로 그보다는 넓게 해석해야 할 것이다.

실무에서는 제2회관계인집회를 개최하기 전까지 접수된 대부분의 추후보완신고를 그대로 받아주고, 특별조사기일의 조사를 통하여 결정된 채권의 실체를 인정해주고 있다.[84] 특별조사기일에서 관리인이나 이해관계인이 추후 보완신고된 채권에 대하여 별다른 이의를 제기하지 않았다면 추후 보완신고의 하자는 치유되어 그 기일에서 조사되어야 하고, 그 후 제기된 조사확정재판 등에서 추완신고의 적법여부를 다툴 수는 없다.[85]

책임질 수 없는 사유는 신고자가 소명해야 한다.

✻ 신고기간

책임지지 못할 사유가 끝난 후 1월의 기간은 불변기간이므로 연장이나 단축이 불가능하다(제2항). 회생계획안의 심리를 위한 관계인집회(제2회)가 끝나거나, 회생계획안을 서면결의에 부친다는 결정이 있게 되면 그 후 신고된 채권을 반영시킬 방법이 없으므로 위 불변기간 내라도 추완신고를 할 수 없고 신고되어도 부적법 각하한다.

✻ 신고내용의 변경도 책임질 수 없는 사유가 있는 때에는 가능하나, 실수로 채권액을 적게 신고했다든가 임의로 담보목적물의 가액을 과소평가한 경우에는 신고의 변경이 허용되지 않을 것이다.

제153조 (신고기간 경과 후 생긴 회생채권 등의 신고)

① 신고기간이 경과한 후에 생긴 회생채권과 회생담보권에 관하여는 그 권리가 발생한 후

---

84) 서울중앙지방법원 회생사건실무(상), 401면.
85) 대법원 1999. 7. 26.자 99마2081 결정.

1월 이내에 신고하여야 한다.

② 제152조제2항 내지 제4항의 규정은 제1항의 규정에 의한 신고에 관하여 준용한다.

제154조 (명의의 변경)

① 목록에 기재되거나 신고된 회생채권 또는 회생담보권을 취득한 자는 신고기간이 경과한 후에도 신고명의를 변경할 수 있다.

② 제1항의 규정에 의한 명의변경을 하고자 하는 자는 다음 각 호의 사항을 법원에 신고하고 증거서류 또는 그 등본이나 초본을 제출하여야 한다.

  1. 성명 및 주소

  2. 취득한 권리와 그 취득의 일시 및 원인

* 명의변경은 신고기간 전후를 불문하고 회생계획인가결정 시까지 가능하다.

* 회생계획상 소액채권은 우대할 수가 있는데(제218조제1항제2호), 이 같은 혜택을 받기 위하여 다수의 소액채권으로 분할 양도하는 경우가 있을 수 있으므로 차등의 기준이 되는 채권액은 원칙적으로 회생절차개시당시의 그것으로 해야 할 것이다.

제155조 (주식 또는 출자지분의 추가신고)

① 법원은 상당하다고 인정하는 때에는 신고기간이 경과한 후 다시 기간을 정하여 주식 또는 출자지분의 추가신고를 하게 할 수 있다. 이 경우 법원은 그 뜻을 공고하고, 다음 각 호의 자에게 그 뜻을 기재한 서면을 송달하여야 한다.

  1. 관리인

  2. 채무자

  3. 알고 있는 주주·지분권자로서 신고를 하지 아니한 자

② 제162조 내지 제165조의 규정은 제1항의 경우에 관하여 준용한다.

* 실무상으로는 회생절차개시 당시 부채가 자산을 초과하는 경우가 대부분이어서 주주 등은 의결권을 가질 수 없고, 신고를 않더라도 실권하지 않으므로 주식 등을 신고하는 경우는 거의 없을 것이나, 자산이 초과하는 경우에는 의결권이 있고, 의결권을 행사하려면 주식 등의 신고를 해야 하므로, 관리인이 목록에 기재 않은 주주를 보호하고, 신고 후 주식거래로 인하여 주주명의자가 달라진 경우를 구제하기 위한 규정이다.

✻ 신고기간에는 법률상 제한이 없다.

제156조 (벌금·조세 등의 신고)

① 제140조제1항 및 제2항의 청구권을 가지고 있는 자는 지체 없이 그 액 및 원인과 담보권의 내용을 법원에 신고하여야 한다.

② 제167조제1항의 규정은 제1항의 규정에 의하여 신고된 청구권에 관하여 준용한다.

✻ 신고기간 내에 신고 않더라도 지체 없이 신고하면 되나, 이 경우도 관계인집회가 끝나기 전까지는 해야 한다(제152조제3항).

제157조 (회생절차개시 전의 벌금 등에 대한 불복)

① 관리인은 제156조제1항의 규정에 의하여 신고된 청구권의 원인이 행정심판, 소송 그 밖의 불복이 허용되는 처분인 때에는 그 청구권에 관하여 채무자가 할 수 있는 방법으로 불복을 신청할 수 있다.

② 제172조, 제175조 및 제176조제1항의 규정은 제1항에 의한 불복의 신청에 관하여 준용한다.

제3절 회생채권·회생담보권 등의 조사 및 확정

✻ 회생채권 등의 신고가 종료된 후 회생채권 등의 존부·내용·의결권액·우선권 있는 회생채권·후순위회생채권 등에 대하여 관리인 기타 이해관계인에게 이의를 진술할 기회를 주어 권리와 의결권액을 확정하는 절차가 조사 및 확정절차이다. 이 조사는 이해관계인 사이에 다툼이 없는지 여부를 확인하는 것이고, 법원이 실질적인 심리를 하는 것은 아니다. 다툼이 있을 경우에는 따로 확정을 위한 재판을 거쳐야 한다.

✻ 조사절차와 관련 종전에는 신고기간 내에 신고된 채권 등에 한하여 조사하는 일반기일과 일반기일 경과 전에 추완신고하거나 변경했는데 이의된 채권 등과 일반기일 경과 후에 추완신고되거나 변경된 채권 등에 관한 조사를 하는 특별기일을 지정하여 운영했으나, 이번 개정법에서는 조사기간제도를 채택하여(법 제50조제1항제4호) 신고

기간 내에 신고된 채권에 대하여는 조사기간 내에 아무 때나 서면으로 이의할 수 있게 하여 편의를 도모했고, 특별기일제도만 유지하고 있다.

제158조 (회생채권자표·회생담보권자표와 주주·지분권자표)

법원사무관 등은 목록에 기재되거나 신고된 회생채권, 회생담보권, 주식 또는 출자지분에 대하여 회생채권자표·회생담보권자표와 주주·지분권자표를 작성하여 권리의 성질에 따라 분류하고 각각 다음 각 호의 사항을 기재하여야 한다.

1. 회생채권자표
   가. 회생채권자의 성명과 주소
   나. 회생채권의 내용과 원인
   다. 의결권의 액수
   라. 일반의 우선권이 있는 채권이 있는 때에는 그 뜻
2. 회생담보권자표
   가. 회생담보권자의 성명과 주소
   나. 회생담보권의 내용 및 원인, 담보권의 목적 및 그 가액, 채무자 외의 자가 채무자인 때에는 그 성명 및 주소
   다. 의결권의 액수
3. 주주·지분권자표
   가. 주주·지분권자의 성명 및 주소
   나. 주식 또는 출자지분의 종류와 수 또는 액수

✳ 채권 등의 조사와 확정을 위한 준비로 행해지는 것이 채권자표의 작성이다.

제159조 (등본의 교부)

법원사무관 등은 회생채권자표·회생담보권자표와 주주·지분권자표의 등본을 관리인에게 교부하여야 한다.

제160조 (조사기간 동안의 서류열람)

다음 각 호의 서류는 조사기간 동안 이해관계인의 열람을 위하여 법원에 비치하여야 한다.

1. 목록
2. 신고 및 이의에 관한 서류

3. 회생채권자표·회생담보권자표와 주주·지분권자표

＊ 회생채권자 등은 회생채권자표 등을 열람하여 자신의 채권 등에 관한 기재에 잘 못이 있으면 이의할 수 있고(제33조, 민사소송법 제223조), 관리인은 회생채권자표 등 의 서류를 보고 채권조사에 앞서 신고채권의 인부표를 법원에 제출한다.

제161조 (회생채권 및 회생담보권에 대한 이의 등)

① 다음 각 호의 자는 조사기간 안에 목록에 기재되거나 신고된 회생채권 및 회생담보권 에 관하여 서면으로 법원에 이의를 제출할 수 있다.
  1. 관리인
  2. 채무자
  3. 목록에 기재되거나 신고된 회생채권자·회생담보권자·주주·지분권자
② 조사기간을 변경하는 결정을 한 때에는 법원은 그 결정서를 제1항 각 호의 자에게 송 달하여야 한다.
③ 제2항의 규정에 의한 송달은 서류를 우편으로 발송하여 할 수 있다.

＊ 이의권자: 관리인은 직접 조사를 담당하는 자이므로 이의권이 있고, 채무자는 이의를 하지 않으면 회생채권자표의 기재가 자신에게도 확정판결과 동일한 효력을 갖 게 되므로(제292조제1항 본문) 이의할 기회를 주어야 하고, 회생채권자 등은 자기 권 리의 보호를 위해 이의권이 있다.

＊ 이의방식: 이의는 조사기간 안에 서면으로 하되, 이의의 대상과 종류를 밝히면 되고 그 이유까지 밝혀야 하는 것은 아니다.

＊ 이의효과: 이의가 없으면 그것으로 조사가 끝나고, 이의 시 이의를 받은 사람이 이를 받아들이면 신고사항의 변경이나 취하가 있을 것이고, 아니면 확정소송절차에 의한 확정이 필요하다.

제162조 (신고기간 후에 신고된 회생채권 및 회생담보권의 조사)

법원은 제152조제1항 및 제153조제1항의 규정에 의하여 신고된 회생채권 및 회생담보

권을 조사하기 위한 특별기일(이하 "특별조사기일"이라 한다)을 정하여야 한다. 이 경우 조사비용은 그 회생채권자 또는 회생담보권자의 부담으로 한다.

＊ 특별조사기일의 지정은 법정 외에서 하고, 따로 또는 제1회 또는 제2회 관계인 집회와 병합하여 수회 개최할 수도 있다.

제163조 (특별조사기일의 송달)
법원은 특별조사기일을 정하는 결정을 한 때에는 그 결정서를 다음 각 호의 자에게 송달하여야 한다.
1. 관리인
2. 채무자
3. 목록에 기재되거나 신고된 회생채권자·회생담보권자·주주·지분권자

제164조 (관계인의 출석)
① 개인인 채무자 또는 개인이 아닌 채무자의 대표자는 특별조사기일에 출석하여 의견을 진술하여야 한다. 다만, 정당한 사유가 있는 때에는 대리인을 출석하게 할 수 있다.
② 목록에 기재되거나 신고된 회생채권자·회생담보권자·주주·지분권자나 그 대리인은 특별조사기일에 출석하여 다른 회생채권 또는 회생담보권에 관하여 이의를 할 수 있다.
③ 제1항 및 제2항의 규정에 의한 대리인은 대리권을 증명하는 서면을 제출하여야 한다.

＊ 개인이 채무자나 개인 아닌 채무자의 대표자는 사정을 가장 잘 아는 사람이므로 출석을 필수로 했다.

＊ 법원이 추완요건을 인정해 특별기일이 열린 이상 추완신고의 적법여부는 다툴 수 없고, 채권의 존부·내용 등에 관한 조사만이 이루어지는데, 이의가 없으면 그대로 확정되고, 있으면 확정소송으로 간다.

제165조 (관리인의 출석)
특별조사기일에 관리인이 출석하지 아니한 때에는 회생채권과 회생담보권을 조사하지 못한다.

✽ 관리인은 채권조사를 하는데 중립적인 입장에서 모든 채권자 등에 대한 자료를 가지고 판단할 수 있으므로 출석을 필수로 했다.

제166조 (회생채권 및 회생담보권 등의 확정)

조사기간 안에 또는 특별조사기일에 관리인·회생채권자·회생담보권자·주주·지분권자의 이의가 없는 때에는 다음 각 호의 권리의 내용과 의결권의 액수가 확정되며, 우선권 있는 채권에 관하여는 우선권 있는 것이 확정된다.

1. 신고된 회생채권 및 회생담보권
2. 신고된 회생채권 또는 회생담보권이 없는 때에는 관리인이 제출한 목록에 기재되어 있는 회생채권 또는 회생담보권

✽ 조사기간 내에 또는 특별조사기일에 이의가 없거나, 이의의 철회, 이의자의 출소기간 도과(제170조제2항), 이의자의 이의권 상실(이의 후 권리신고를 취하하거나 권리확정소송에서 패소판결이 확정된 경우는 절차에 참가하는 자격 상실과 함께 이의권도 소멸한다)에 의하여 이의가 효력을 상실하면 권리가 확정된다.

제167조 (회생채권자표 및 회생담보권자표에의 기재)

① 법원사무관 등은 회생채권 및 회생담보권에 대한 조사결과를 회생채권자표 및 회생담보권자표에 기재하여야 한다. 채무자가 제출한 이의도 또한 같다.
② 법원사무관 등은 확정된 회생채권 및 회생담보권의 증서에 확정된 뜻을 기재하고 법원의 인(印)을 찍어야 한다.
③ 법원사무관 등은 회생채권자 또는 회생담보권자의 청구에 의하여 그 권리에 관한 회생채권자표 또는 회생담보권자표의 초본을 교부하여야 한다.

✽ 회생채권 등의 조사결과는 관계인집회의 실시, 회생계획의 작성 등 이후 절차에 기초를 제공하고 권리확정소송대상을 명확히 하므로 관리인, 회사, 이해관계인에게 정확히 알려줄 필요가 있으므로 회생채권자표에 기재한다.

✽ 기재사항은 이의 유무, 이의한 자, 이의사항, 이의범위, 이의철회, 이의에 의해 실권한 것 등 이의 내용과 조사결과 및 확정여부 등을 구체적으로 기재한다.

제168조 (기재의 효력)

확정된 회생채권 및 회생담보권을 회생채권자표 및 회생담보권자표에 기재한 때에는 그 기재는 회생채권자·회생담보권자·주주·지분권자 전원에 대하여 확정판결과 동일한 효력이 있다.

＊ 확정판결과 동일한 효력의 의미: 이에 관하여 기판력긍정설(회생채권자, 담보권자, 주주, 관리인에 대하여 기판력 있다.), 기판력부정설(기판력은 없으나 추후 정리절차에서 다툴 수 없다.), 회생절차 내 기판력설, 제한적 기판력설(재판상 화해와 같은 효력이 있으나, 그 효력은 회생절차 외에는 미치지 않는다.) 등이 있는데, 판례는 다수설과 마찬가지로 기판력은 없으나 추후 회생절차 내에서 그 효력을 다툴 수 없는 것으로 본다.[86]

＊ 효력범위: 회생채권자 사이에서는 확정된 내용에 대하여 더 이상 회생절차 내에서 다툴 수 없는데, 이 같은 효력은 회생채권신고를 했거나 조사기일에 출석했거나를 불문하고 회생채권자 전원에게 미치고, 관리인에게도 미친다.[87]

채권조사는 회생채권자 사이에서 이루어지는 절차이므로 채무자는 이의를 진술해도 확정을 방해할 수는 없지만, 이의를 진술하지 않으면 파산채권자표의 기재는 채무자에 대하여도 확정판결과 동일한 효력을 가지고(제292조제1항 본문), 채무자에 대한 효력은 회생절차종결 후에도 유지된다. 채무자가 이의를 진술한 경우에는 당사자 사이에서는 채권의 확정이 유보된다.

＊ 공익채권을 파산채권으로 신고한 경우: 이에 관해서는 공익채권자가 자신의 채권의 성격을 잘 몰라서 나중에 공익채권이 아닌 것으로 판정될 경우의 불이익을 피하기 위하여 일단 회생채권으로 신고했다 해도, 자신의 채권이 회생채권으로 취급되는 것에 명시적으로 동의했다거나 공익채권자의 지위를 포기했다고 볼 수는 없고, 나아가 신고결과 회생채권자표에 기재되었다 해도 공익채권의 성질이 회생채권으로 변경되는 것은 아니다.[88]

86) 대법원 1991. 12. 10. 선고 1991다4096 판결.
87) 대법원 2003. 5. 30. 선고 2003다18685 판결.
88) 대법원 2004. 8. 20. 선고 2004다3512, 3529 판결.

＊ 확정된 채권자표의 기재에 대한 불복

확정판결과 동일한 효력을 가지므로 확정판결을 다투는 방법에 준한 불복은 가능하다. 오기나 계산 잘못이 있을 때 경정신청이 허용되고(제33조, 민사소송법 제211조), 이미 소멸된 채권이 기재된 경우에는 경정결정 또는 무효확인판결로 바로잡을 수 있다.[89)]

제169조 (이의의 통지)

회생채권 또는 회생담보권에 관하여 이의가 있는 때에는 법원은 이를 그 권리자에게 통지하여야 한다.

제170조 (회생채권 및 회생담보권 조사확정의 재판)

① 목록에 기재되거나 신고된 회생채권 및 회생담보권에 관하여 관리인·회생채권자·회생담보권자·주주·지분권자가 이의를 한 때에는 그 회생채권 또는 회생담보권(이하 이 편에서 "이의채권"이라 한다)을 보유한 권리자는 그 권리의 확정을 위하여 이의자 전원을 상대방으로 하여 법원에 채권조사확정의 재판(이하 이 편에서 "채권조사확정재판"이라 한다)을 신청할 수 있다. 다만, 제172조 및 제174조의 경우에는 그러하지 아니하다.
② 제1항 본문의 규정에 의한 신청은 조사기간의 말일 또는 특별조사기일부터 1월 이내에 하여야 한다.
③ 채권조사확정재판에서는 이의채권의 존부 또는 그 내용을 정한다.
④ 법원은 채권조사확정재판을 하는 때에는 이의자를 심문하여야 한다.
⑤ 법원은 채권조사확정재판의 결정서를 당사자에게 송달하여야 한다.

＊ 관리인등이 신고된 회생채권 등에 관하여 이의를 제기하면 그 채권은 별도의 절차에서 그 존부 내용이 확정되어야 하는데, 우선 법원에 의한 조사확정재판절차를 거친 후, 그 확정재판에 대한 이의의 소의 절차를 밟아야 한다.

종전의 회사정리법에서는 바로 소송절차에 들어가도록 했으나, 개정법은 회생절차의 신속한 진행을 위하여 결정절차로 진행하는 조사확정재판절차를 신설한 것이다.

＊ 당사자
-신청권자: 이의 대상채권에 대해 이미 집행력이 있는 집행권원 또는 종국판결이

---

89) 위 판결.

있는 경우(유권원채권)에는 이의자로 하여금 채무자가 할 수 있는 소송절차에 의해서만 이의를 주장할 수 있게 해놓았으므로(제174조), 본조가 적용되는 것은 그런 권원이 없는 경우(무권원채권)에 한하고, 이때는 이의를 당한 자가 자기채권의 존재를 밝혀야 한다.

- 상대방: 이의를 당한 회생채권자 등은 이의자 전원을 상대로 하여 법원에 채권조사확정심판을 제기하여야 하는데(제1항 본문), 이미 소송이 계속 중이면 이의자 전원을 상대로 하여 소송수계신청을 해야 한다(제1항 단서, 제172조).

✻ 재판의 대상

신고된 회생채권이나 담보권으로서 이의된 것에 한한다. 신고되지 않았거나 이의가 없는 것에 대한 것이면 각하한다. 신고나 이의 여부는 회생채권자, 담보권자표로 확인하나, 표를 작성하기 전이면 채권조사기일조서의 내용으로 확인한다.

이와 관련 매매대금채권으로 신고되어 있는데, 확정의 소에서는 약속어음금채권을 청구원인으로 하는 경우나 매매대금채권으로 신고했다가 위임계약상 채권으로 변경하는 경우, 약속어음금채권으로 신고했다가 손해배상채권으로 바꾸는 경우 등과 같이 청구의 기초는 동일한데 청구원인이 다른 경우에는 수계신청을 허용해야 한다는 실무견해가 있고,[90] 주 채무로 신고했는데 관리인이 보증채무로 시인한 경우 주 채무로 주장하는 이의가 가능하다는 것이 실무이다.

회생담보권은 피담보채권의 존부, 금액, 담보권의 존부, 금액, 순위가, 회생채권 중 금전채권은 채권의 존부와 금액이, 비금전채권은 급부의 내용이 확정대상이 되고, 의결권액은 모두에게 대상이 되는데, 이들 사항이 목록에 기재되어 있거나 신고되어 조사를 거쳐 회생채권자표에 기재되어 있어야 한다(제173조).

조세채권은 신고는 해야 하나 조사대상이 아니므로 관리인은 채무자가 할 수 있는 이의방법으로만 불복할 수 있고, 조사확정재판은 불가능하다.

✻ 조사확정재판의 신청시기와 진행: 제2항 내지 제5항에서 정하고 있다.

제171조 (채권조사확정재판에 대한 이의의 소)

① 채권조사확정재판에 불복하는 자는 그 결정서의 송달을 받은 날부터 1월 이내에 이의

---

90) 서울고등법원 2000. 7. 21. 선고 2000나13339 판결.

의 소를 제기할 수 있다.

② 제1항의 소는 회생법원의 관할에 전속한다.

③ 제1항의 소를 제기하는 자가 이의채권을 보유하는 권리자인 때에는 이의자 전원을 피고로 하고, 이의자인 때에는 그 회생채권자 또는 회생담보권자를 피고로 하여야 한다.

④ 제1항의 소의 변론은 결정서를 송달받은 날부터 1월을 경과한 후가 아니면 개시할 수 없다.

⑤ 동일한 이의채권에 관하여 여러 개의 소가 계속되어 있는 때에는 법원은 변론을 병합하여야 한다.

⑥ 제1항의 소에 대하여 법원은 그 소가 부적법하여 각하하는 경우를 제외하고는 채권조사확정재판을 인가하거나 변경하는 판결을 하여야 한다.

＊ 당사자

불복하는 자로만 규정되어 있으나, 조사확정재판의 당사자였던 자에 한하여 이의의 소의 당사자가 될 수 있다고 보아야 할 것이다.

이의채권의 보유자는 이의자 전원을 상대로 조사확정재판을 신청해야 하지만, 그 결과에 관하여 이의자가 불복하는 경우에는 이의자 전원이 공동으로 할 필요는 없고, 각자 이의의 소를 제기하면 되지만, 이의채권 보유자가 불복하는 경우에는 이의자 전원을 상대로 해야 한다.

＊ 제소기간, 관할, 변론에 대해서는 제1항 내지 제4항이 정하고 있다. 변론개시시기를 제한한 것은 동일한 회생채권에 관하여 다수의 이의의 소가 제기될 수 있으므로 변론병합과 판단의 통일을 위해서이다.

＊ 재판

조사확정재판을 인가하거나, 취소하고 회생채권의 내용을 변경하거나, 취소하고 회생채권이 부존재한다는 판결을 한다.

제172조 (이의채권에 관한 소송의 수계)

① 회생절차개시 당시 이의채권에 관하여 소송이 계속하는 경우 회생채권자 또는 회생담보권자가 그 권리의 확정을 구하고자 하는 때에는 이의자 전원을 그 소송의 상대방으

로 하여 소송절차를 수계하여야 한다.

② 제167조제3항 및 제170조제2항의 규정은 제1항의 규정에 의하여 소송절차를 수계하기 위한 신청에 관하여 준용한다.

﹡ 회생채권 등의 확정에 관하여 간이 신속한 절차를 마련해두고는 있지만, 회생채권 등에 관하여 이미 소송계속 중인 경우에도 그 절차를 이용해야 한다면 오히려 비용과 시간을 낭비하는 결과가 되므로 수계신청을 하도록 한 것이다.

별도의 이의의 소를 제기하는 것은 권리보호이익이 없어 부적법 각하된다.[91] 수계신청을 않고 부적법한 정리채권확정소송을 제기했다가 수계대상인 종전 소송을 취하한 경우, 그 시점이 정리채권확정소송 제기기간 경과 후라면 새로운 정리채권확정소송의 제기도 불가능하고, 소 취하로 부적법한 정리채권확정소의 하자가 치유되어 소 제기 시로 소급하여 적법하게 되는 것도 아니다.[92]

﹡ 수계의 신청

- 대상소송: 이의가 있는 회생채권 등을 소송물로 하는 소송이다. 이때의 수계도 회생채권자표에 기재된 사항에 한하여 가능하다.
- 수계기간: 조사기간의 말일 또는 특별조사기일로부터 1월 이내에 하여야 한다(제2항). 기간 경과 후 신청은 부적법하다.
- 당사자: 회생채권자 등이 수계하는 경우에는 이의자 전원을 상대로 수계해야 한다.

﹡ 수계 후의 소송

수계가 되면 그 소송이 계속 중인 법원에서 속행되고, 종전 소송수행결과에 구속된다. 다만 이의가 있는 채권 등을 확정하기 위한 소송으로서 속행되는 것이므로 확인소송으로 청구취지를 변경하거나, 채무부존재확인소송에서는 채권확인의 반소를 제기해야 한다.

---

91) 대법원 1991. 12. 24. 선고 91다21698, 22704 판결.
92) 대법원 2001. 6. 29. 선고 2001다22765 판결.

제173조 (주장의 제한)

회생채권자 또는 회생담보권자는 채권조사확정재판, 제171조제1항의 규정에 의한 채권조사확정재판에 대한 이의의 소 및 제172조제1항의 규정에 의하여 수계한 소송절차에서 이의채권의 원인 및 내용에 관하여 회생채권자표 및 회생담보권자표에 기재된 사항만을 주장할 수 있다.

＊ 회생채권(담보권)자표에 기재된 사항에 한하여 회생채권 등 조사확정재판의 신청을 하거나, 그 확정재판에 대한 이의를 하고, 소송수계를 할 수 있으므로, 회생채권자 등은 채권액을 증액하거나 새롭게 우선권을 주장하는 것은 허용되지 않고, 따라서 회생채권(담보권)자표에 기재되지 않은 권리, 액, 우선권의 유무 등의 확정을 구하는 것은 부적법하며,[93] 회생채권 등 확정을 구하는 소에서 회생채권 등의 신고 여부는 소송요건으로서 직권조사사항이다.[94] 이의자도 회생채권(담보권)자표에 기재된 이의사유 외의 사항을 주장할 수 없으나, 이의사항의 바탕을 이루는 이유에는 구속되지 않아 새로운 이유를 제시할 수 있다.

＊ 관리인이 이의자인 경우는 부인권을 갖고 이의할 수 있는 외에 채무자가 회생채권자 등에 대하여 주장할 수 있는 여러 항변을 주장할 수 있으나, 이의자가 회생채권(담보권)자인 경우에는 채무자가 주장할 수 있는 항변권을 주장할 수 없다.

제174조 (집행력 있는 집행권원이 있는 채권 등에 대한 이의)

① 이의채권 중 집행력 있는 집행권원 또는 종국판결이 있는 것에 대하여는 이의자는 채무자가 할 수 있는 소송절차에 의하여서만 이의를 주장할 수 있다.

② 회생절차개시 당시 제1항의 규정에 의한 회생채권 또는 회생담보권에 관하여 법원에 소송이 계속되는 경우 이의자가 같은 항의 규정에 의한 이의를 주장하고자 하는 때에는 이의자는 그 회생채권 또는 회생담보권을 보유한 회생채권자 또는 회생담보권자를 상대방으로 하여 소송절차를 수계하여야 한다.

③ 제170조제2항의 규정은 제1항의 규정에 의한 이의의 주장 또는 제2항의 규정에 의한 수계에 대하여 준용하고, 제171조제4항 및 제5항과 제173조의 규정은 제1항 및 제2항에 관하여 준용한다. 이 경우 제171조제4항 중 "결정서를 송달받은 날부터 1월"은 "이

---

93) 대법원 2003. 5. 16. 선고 2000다54659 판결.
94) 대법원 2000. 11. 24. 선고 2000다1327 판결 참조.

의채권에 관계되는 조사기간의 말일 또는 특별조사기일부터 1월의 불변기간"으로 본다.

④ 제3항의 규정에 의하여 준용하는 제170조제2항의 규정에 의한 기간 안에 제1항의 규정에 의한 이의의 주장이나 제2항의 규정에 의한 수계가 행하여지지 아니한 경우 이의자가 회생채권자 또는 회생담보권자인 때에는 제161조제1항 또는 제164조제2항의 규정에 의한 이의는 없었던 것으로 보며, 이의자가 관리인인 때에는 관리인이 그 회생채권 또는 회생담보권을 인정한 것으로 본다.

＊ 유권원채권: 집행력 있는 집행권원이 있는 채권이나 종국판결이 있는 채권을 유권원채권이라고 하는데, 이런 채권은 그 존재가 확실하다 할 수 있어, 채권자가 노력과 비용을 들여 획득한 유리한 지위를 존중하여 이의자 쪽에 채권의 확정에 대한 책임을 지우는 한편, 이의자가 취할 수 있는 방법도 채무자가 할 수 있는 소송절차로 한정하고 있다.

＊ 집행력 있는 집행권원에는 약속어음 공정증서로 이의 전에 이미 집행문을 받아 바로 집행할 수 있는 것이 해당하고, 채권신고를 한 때는 물론이고 이의를 한 때에도 집행문이 부여되어 있지 않은 약속어음 공정증서는 이의 후에 집행문이 부여되었어도 이에 해당하지 않는다.[95]

종국판결은 신고채권의 존재를 인정하는 것이면 되므로 이행판결 외에 신고채권의 존재확인판결, 부존재확인을 기각하는 판결, 청구이의 소를 기각하는 판결도 가능하고, 확정될 필요도 없다. 화해, 인낙, 조정조서도 확정판결과 마찬가지이므로 종국판결에 준하여 취급된다.

＊ 채무자가 할 수 있는 소송절차는 각 집행권원과 종국판결에 따라 다르다.

확정판결에 대하여는 재심의 소(민사소송법 제422조), 판결의 경정신청(민사소송법 제197조), 집행문부여에 대한 이의신청을 할 수 있고, 확인판결에 대하여는 기판력기준시 이후의 사유에 기하여 소극적 확인의 소가 가능하고, 이행판결에는 기판력기준시 이후의 사유에 기한 청구이의의 소가 가능하다.

미확정 종국판결에는 이의자가 소송을 수계한 다음 상급심에서 절차를 속행하거나 상소해야 하나, 새로운 채권부존재확인의 소는 가능할 것이다.

---

95) 대법원 1990. 2. 27.자 89다카14554 결정 참조.

✽ 이의자가 수인인 경우에는 각 이의자가 독립하여 원고적격을 가진다.

제175조 (회생채권 및 회생담보권의 확정에 관한 소송결과의 기재)

법원사무관 등은 관리인·회생채권자 또는 회생담보권자의 신청에 의하여 회생채권 또는 회생담보권의 확정에 관한 소송결과(채권조사확정재판에 대한 이의의 소가 제171조제1항의 규정에 의한 기간 안에 제기되지 아니하거나 각하된 때에는 그 재판의 내용을 말한다)를 회생채권자표 및 회생담보권자표에 기재하여야 한다.

✽ 여기의 소송결과는 종국판결만이 아니고, 인락·화해 등을 포함한 그 소송의 확정된 결론을 의미한다.

✽ 관리인 등은 신청 시 재판서 등본과 확정에 관한 증명서를 제출해야 한다.

제176조 (회생채권 및 회생담보권의 확정에 관한 소송의 판결 등의 효력)

① 회생채권 및 회생담보권의 확정에 관한 소송에 대한 판결은 회생채권자·회생담보권자·주주·지분권자 전원에 대하여 그 효력이 있다.
② 채권조사확정재판에 대한 이의의 소가 제171조제1항의 규정에 의한 기간 안에 제기되지 아니하거나 각하된 때에는 그 재판은 회생채권자·회생담보권자·주주·지분권자 전원에 대하여 확정판결과 동일한 효력이 있다.

✽ 확정판결의 효력은 원래 당사자 사이에만 미치는 것이지만 집단적 채무처리절차에서는 모든 이해관계인들에게 일률적으로 정할 필요가 있으므로 법은 판결의 효력을 확장하고 있다. 이 같은 판결의 효력의 확장은 회생절차를 원활하게 하기 위한 것이므로 회생채권 등의 신고를 않은 회생채권자 등도 판결에 구속된다.

✽ 확정판결과 동일한 효력의 의미에 관하여는 회생절차 내에서의 불가쟁력에 불과하고 회생절차 밖에서는 인정되지 않는다는 것이 통설이다.

제177조 (소송비용의 상환)

채무자의 재산이 회생채권 또는 회생담보권의 확정에 관한 소송(채권조사확정재판을 포함한다)으로 이익을 받은 때에는 이의를 주장한 회생채권자 또는 회생담보권자, 주주·지분권자는 그 이익의 한도 안에서 공익채권자로서 소송비용의 상환을 청구할 수 있다.

❋ 이의자가 승소한 경우 소송비용은 상대방으로부터 받아야 하지만, 회생채권자 등 모두를 위한 공익비용이므로 공익채권으로 인정한 것이다.

제178조 (회생채권 또는 회생담보권 확정소송의 목적의 가액)

회생채권 또는 회생담보권의 확정에 관한 소송의 목적의 가액은 회생계획으로 얻을 이익의 예정액을 표준으로 하여 회생법원이 정한다.

❋ 실무에서는 회생채권자, 담보권자의 각 조별로 회생계획을 통하여 변제받을 채권액의 현재가치비율을 산정한 다음 계쟁채권액에 위 비율의 50%를 곱하여 산출한 액수를 소송물가액으로 삼아 결정한다.

❋ 소가결정에는 불복방법이 없으므로 특별항고만이 가능하다.

제4절 공익채권과 개시 후 기타채권

제179조 (공익채권이 되는 청구권)

다음 각 호의 어느 하나에 해당하는 청구권은 공익채권으로 한다.

1. 회생채권자, 회생담보권자와 주주·지분권자의 공동의 이익을 위하여 한 재판상 비용청구권
2. 회생절차개시 후의 채무자의 업무 및 재산의 관리와 처분에 관한 비용청구권
3. 회생계획의 수행을 위한 비용청구권. 다만, 회생절차종료 후에 생긴 것을 제외한다.
4. 제30조 및 제31조의 규정에 의한 비용·보수·보상금 및 특별보상금청구권
5. 채무자의 업무 및 재산에 관하여 관리인이 회생절차개시 후에 한 자금의 차입 그 밖의 행위로 인하여 생긴 청구권

6. 사무관리 또는 부당이득으로 인하여 회생절차개시 이후 채무자에 대하여 생긴 청구권

7. 제119조제1항의 규정에 의하여 관리인이 채무의 이행을 하는 때에 상대방이 갖는 청구권

8. 계속적 공급의무를 부담하는 쌍무계약의 상대방이 회생절차개시신청 후 회생절차개시 전까지 한 공급으로 생긴 청구권

9. 다음 각 목의 조세로서 회생절차개시 당시 아직 납부기한이 도래하지 아니한 것

　　가. 원천징수하는 조세. 다만, 「법인세법」 제67조(소득처분)의 규정에 의하여 대표자에게 귀속된 것으로 보는 상여에 대한 조세는 원천징수된 것에 한한다.

　　나. 부가가치세·특별소비세·주세 및 교통세

　　다. 본세의 부과징수의 예에 따라 부과징수하는 교육세 및 농어촌특별세

　　라. 특별징수의무자가 징수하여 납부하여야 하는 지방세

10. 채무자의 근로자의 임금·퇴직금 및 재해보상금

11. 회생절차개시 전의 원인으로 생긴 채무자의 근로자의 임치금 및 신원보증금의 반환청구권

12. 채무자 또는 보전관리인이 회생절차개시신청 후 그 개시 전에 법원의 허가를 받아 행한 자금의 차입, 자재의 구입 그 밖에 채무자의 사업을 계속하는 데에 불가결한 행위로 인하여 생긴 청구권

13. 제21조제3항의 규정에 의하여 법원이 결정한 채권자협의회의 활동에 필요한 비용

14. 제1호 내지 제13호에 규정된 것 외의 것으로서 채무자를 위하여 지출하여야 하는 부득이한 비용

　✽ 공익채권이란 회생채권이나 회생담보권에 우선하여 회생절차에 의하지 않고 발생할 때마다 수시로 지급되는 채권으로, 회생절차개시 후에 회생절차의 수행을 위해 발생하는 비용들로 회생절차의 적절한 수행을 위하여 인정되는 것이 대부분이나, 형평이나 사회정책적 이유로 공익채권으로 되는 것도 있다.

　✽ 제1호: 재판상 비용은 회생절차개시신청 수수료, 신청서류의 작성·제출 비용, 보전처분 기타 재판을 위한 비용신청에 관한 비용, 공고비용, 채권자집회의 소집비용 등으로, 본래 회생채권자 등 모두를 위한 비용이므로 그들 모두가 부담해야 할 것인데, 일단은 신청자가 지출할 것이므로 그를 보호하기 위해서 공익채권으로 한 것이다. 따라서 회생채권자 등의 회생절차 참가비용, 채권조사의 특별기일의 비용과 같이 각 회생채권자 등의 개인 이익을 위한 비용은 제외된다. 변호사 비용도 제외된다.96)

✽ 제2, 3, 4호: 파산관재인(제30조제1항), 대리위원(제31조)의 보수, 기타 업무처리와 관련해 발생하는 비용으로 파산채권자 공동의 이익을 위한 비용이다.

✽ 제5호: 관리인이 그 권한에 의하여 행한 고용, 차입, 임차, 화해 등의 계약의 상대방에게 생긴 청구권이 이에 해당한다. 회생채권자 등 공동의 이익을 위한 비용이다.

✽ 제6호: 회생절차개시 후에 생긴 것에 한하고 회생절차개시 전에 생긴 것은 회생채권이 된다. 사무관리의 예로는 제3자가 의무 없이 채무자재산을 보관한 경우이고, 부당이득의 예로는 환취권의 대상인 재산이 처분되어 그 대가가 채무자 재산에 혼입되어 특정성을 잃은 경우의 환취권자의 권리가 있다.

✽ 제7호: 상대가 자기의무는 이행했는데 자기 권리는 회생절차를 통해서만 실현받을 수 있다면 처음부터 자기 의무를 이행하지 않을 것이므로 공평 및 상대방의 채무이행을 확보하기 위해서 둔 규정이다.

✽ 제8호: 상대방의 공급거절을 제한하는 대신(제122조), 그의 보호를 위한 정책적 규정이다.

✽ 제9호: 이들 세금들은 실질적인 납세의무자가 따로 있는 것이고 원천징수의무자 또는 특별징수의무자는 납세의무자로부터 징수하여 국가나 지방자치단체를 위해 보관하고 있는 것으로 보아야 하므로 공익채권으로 본 것이다. 채무자가 납세의무자인 경우는 회생채권이 될 것이다.

✽ 제10, 11호: 근로자보호의 정책적 배려에 따른 것으로, 급료란 근로기준법 제18조의 임금과 같은 것으로 명칭 불문하고 근로의 대가로 지급하는 모든 것이 해당하고, 재해보상금은 종전엔 회생채권이었으나 근로자 보호를 위해 공익채권으로 했다. 회생절차개시 전 결정된 이사와 감사의 퇴직위로금, 이사와 감사의 보수, 상여금 중 회생절차개시 전의 미지급분은 회생채권이다.

---

96) 대법원 1967. 3. 27. 선고 66마612 판결.

＊ 제12, 14호: 법원의 허가를 받지 않고 지출한 부득이한 비용은 제14호로 처리될 수 있을 것이다.

＊ 회생채권과 공익채권의 한계
－수급인의 공사대금청구권:

채무자가 공사도급인으로 공사도급을 주고 공사도중 회생절차가 개시된 경우에 관리인이 쌍무계약으로서 이행을 선택했을 때 공사완성분에 대한 기성고채권을 어떻게 취급할 것인가를 두고, 하나의 공사계약에 의한 것이라면 개시결정 전후 완성여부를 불문하고 공익채권이 될 것이나, 실제로는 기성고 발생 시마다 대금 지급하는 분할계약성격임을 감안해 실무에서는 개시결정 후 완성분에 대해서만 공익채권으로 취급하여 왔으나, 대법원은 도급인이 관리인인 경우에 쌍방미이행 계약의 이행을 선택하면 종전의 기성고에 대한 공사대금청구권도 향후 발생할 공사대금청구권과 함께 공익채권이라고 판단했다.[97] 역으로 수급인인 관리인이 이행을 선택하면 상대방의 공사이행청구권과 함께 이행지체로 인한 지체상금까지 공익채권으로 된다.[98]

－공익채권을 회생채권으로 신고한 경우:

공익채권자가 자신의 채권의 성격을 잘 몰라서 나중에 공익채권이 아닌 것으로 판정될 경우의 불이익을 피하기 위하여 일단 회생채권으로 신고했다 해도, 자신의 채권이 회생채권으로 취급되는 것에 명시적으로 동의했다거나 공익채권자의 지위를 포기했다고 볼 수는 없고, 나아가 신고결과 회생채권자표에 기재되었다 해도 공익채권의 성질이 회생채권으로 변경되는 것은 아니다.[99]

제180조 (공익채권의 변제 등)

① 공익채권은 회생절차에 의하지 아니하고 수시로 변제한다.
② 공익채권은 회생채권과 회생담보권에 우선하여 변제한다.
③ 법원은 다음 각 호의 어느 하나에 해당하는 때에는 관리인의 신청에 의하거나 직권으로 담보를 제공하게 하거나 담보를 제공하게 하지 아니하고 공익채권에 기하여 채무

---

97) 대법원 2004. 8. 20. 선고 2004다3512, 3529 판결.
98) 대법원 2002. 5. 28. 선고 2001다68068 판결.
99) 대법원 2004. 8. 20. 선고 2004다3512, 3529 판결.

자의 재산에 대하여 한 강제집행 또는 가압류의 중지나 취소를 명할 수 있다.

1. 그 강제집행 또는 가압류가 회생에 현저하게 지장을 초래하고 채무자에게 환가하기 쉬운 다른 재산이 있는 때

2. 채무자의 재산이 공익채권의 총액을 변제하기에 부족한 것이 명백하게 된 때

④ 법원은 제3항의 규정에 의한 중지명령을 변경하거나 취소할 수 있다.

⑤ 제3항의 규정에 의한 중지 또는 취소의 명령과 제4항의 규정에 의한 결정에 대하여는 즉시항고를 할 수 있다.

⑥ 제5항의 즉시항고는 집행정지의 효력이 없다.

⑦ 채무자의 재산이 공익채권의 총액을 변제하기에 부족한 것이 명백하게 된 때에는 공익 채권은 법령에 정하는 우선권에 불구하고 아직 변제하지 아니한 채권액의 비율에 따라 변제한다. 다만, 공익채권을 위한 유치권·질권·저당권·전세권 및 우선특권의 효력에 는 영향을 미치지 아니한다.

＊ 공익채권의 효력

－수시변제: 공익채권을 본래의 변제기에 따라 그때그때 변제해야 하고, 관리인이 변제를 해태하면 제소하고, 강제집행을 할 수 있다.

－우선변제: 제2항의 회생채권과 회생담보권에 우선한다는 의미는 일반재산으로부 터 변제받는 경우에 우선한다는 것이지, 회생담보권이 설정된 특정재산의 경매대 금으로부터도 우선 변제받는 것은 아니다.[100]

－공익채권에 기한 강제집행·가압류의 중지·취소 등:

공익채권의 강제만족이 회생을 해하고 환가하기 쉬운 다른 재산이 있는 경우는 해당재산에 대한 다른 강제집행 등을 취소할 수 있게 한 것(제3항)은 이해관계의 조정을 도모하기 위한 것이고, 공익채권의 총액을 변제하기에 부족할 경우에는 우선권에 관계없이 채권액비율에 따라 변제하도록 한 것(제7항)은 공익채권자 간 의 공평을 기하기 위한 것이다.

---

100) 대법원 1974. 11. 26. 선고 73다898, 1993. 4. 9. 선고 92다56216 판결 등.

제181조 (개시 후 기타채권)

① 회생절차개시 이후의 원인에 기하여 발생한 재산상의 청구권으로서 공익채권, 회생채
  권 또는 회생담보권이 아닌 청구권(이하 "개시 후기타 채권"이라 한다)에 관하여는,
  회생절차가 개시된 때부터 회생계획으로 정하여진 변제기간이 만료하는 때(회생계획인
  가의 결정 전에 회생절차가 종료된 경우에는 회생절차가 종료된 때, 그 기간만료 전에
  회생계획에 기한 변제가 완료된 경우에는 변제가 완료된 때를 말한다)까지의 사이에는
  변제를 하거나 변제를 받는 행위 그 밖에 이를 소멸시키는 행위(면제를 제외한다)를
  할 수 없다.
② 제1항에 규정된 기간 중에는 개시 후 기타채권에 기한 채무자의 재산에 대한 강제집
  행, 가압류, 가처분 또는 담보권 실행을 위한 경매의 신청을 할 수 없다.

  ✽ 종전에 후순위 정리채권으로 분류되었던 것(회사정리법 제121조제1항제4호)을
독립 조항으로 신설한 것이다.

  ✽ 관리인의 행위로 인한 것은 공익채권이 될 것이나 채무자의 대표자도 일정한 한
도 내에서는 조직법적·사단법적 활동을 할 수 있고, 이로 인한 비용 가운데 회생절차
와 관련한 부득이한 비용(제179조제14호)은 기타채권이 될 것이다.
  제123조와 관련한 악의의 환어음의 인수, 지급인의 채권도 이에 해당할 것이다.

  ✽ 취급
  ─변제금지: 회생절차개시 후에 발생한 것이어서 회생채권이 아니고, 공익채권도 아
    니어서 변제가 금지되나, 회생계획으로 정해진 변제기간이 만료하거나 변제기간
    전에 변제가 완료된 경우, 회생계획인가 전에 회생절차가 종료한 때 이후에는 변
    제를 금지할 합리적 이유가 없으므로 변제 가능하다. 변제금지이므로 강제집행도
    금지된다.
  ─회생계획상 취급: 권리변경의 제한을 가할 수 없고, 변제시기만 후순위로 취급된다.
  ─회생계획의 필요적 기재사항: 채무자가 알고 있는 개시 후 기타채권이 있는 경우
    는 회생계획에 반드시 개재해야 하는데, 이는 회생계획의 당부판단을 적절히 하
    기 위함이다.

제5장 관계인집회

 ＊ 관계인집회라 함은 회생절차개시 후 관리인, 조사위원, 채무자, 회생채권자, 회생담보권자, 주주 등 이해관계인이 참석하여 여는 집회로, 회생절차에서는 통상 세 차례의 관계인집회가 열린다.

 제1회 관계인집회는 관리인이 이미 법원에 보고한 회생절차개시 후의 채무자 재산상황 조사내용, 회생채권 등의 조사 내용 등을 이해관계인에게 보고하고 관리인, 조사위원, 기타 이해관계인들로부터 관리인 및 조사위원의 선임, 채무자의 업무 및 재산의 관리와 회생절차를 계속 진행하는 것이 적정한지 여부 등에 관한 의견청취와 이의 등을 위해 여는 집회이다.

 제2회 관계인집회(제224조)는 회생계획안의 심리를 위하여 여는 집회로 회생계획안은 의결을 전제로 마련되는 것이므로 이해관계인의 의견이 반영되어 있기 마련이지만, 제출자가 모든 이해관계인의 의견을 미리 수렴하기도 어렵고, 이해관계인들로서는 결의 전에 법원에 제출된 회생계획안의 내용을 미리 알 수도 없기 때문에 관계인집회를 열어 회생계획안의 내용을 알리고 이해관계인의 의견을 듣는 것이다.

 제3회 관계인집회(제232조)는 심리를 마친 회생계획안의 결의를 위한 집회로 회생계획안에 대한 이해관계인들의 찬부를 묻는 것이 주된 절차이지만, 의결권에 대한 이의에 대한 법원의 결정절차(제169조), 계획안이 가결되지 않은 경우에 계획안을 변경하여 결의에 부치거나 속행기일을 지정하는 법원의 결정(제234, 238조) 등 부수적인 절차도 진행된다.

 제2, 3회 관계인집회는 법상용어는 아니나 제1회 관계인집회와의 구분의 필요상 실무상 통용되는 명칭이고, 신속한 절차의 진행을 위하여 대부분은 병합하여 진행된다. 이는 회생계획안 작성 단계에서 이해관계인들의 의견을 수렴하게 되므로 제2회 집회에서 수정되는 일이 별로 없고, 두 기일을 같이 진행하면 시간이나 기일통지비용 등을 절약할 수 있기 때문인데, 회생계획안의 결의를 위한 관계인집회를 열면 그 제1기일부터 2개월 내에 가결되어야 하고, 그렇지 못할 경우 회생절차를 폐지하여야 하므로, 심리를 위한 관계인집회가 지연될 경우에는 위 기간을 지키지 못하여 회생절차가 폐지될 수 있어 경우에 따라서는 병합하지 않을 수도 있다.

제182조 (기일의 통지)

① 법원은 다음 각 호의 자에게 관계인집회의 기일을 통지하여야 한다.
  1. 관리인
  2. 조사위원
  3. 채무자
  4. 목록에 기재되어 있거나 신고한 회생채권자·회생담보권자·주주·지분권자
  5. 회생을 위하여 채무를 부담하거나 담보를 제공한 자가 있는 때에는 그 자
② 제1항의 규정에 불구하고 의결권을 행사할 수 없는 회생채권자·회생담보권자·주주·지분권자에게는 관계인집회의 기일을 통지하지 아니할 수 있으며, 제1회 관계인집회의 경우에는 제51조제2항에 의하여 송달을 받은 자에게도 관계인집회의 기일을 통지하지 아니할 수 있다.

✻ 제1회 관계인집회의 경우 실무에서는 개시결정과 함께 채권신고기간 및 제1회 관계인집회의 기일을 기재한 통지서를 작성하여 관리인 등에게 보낸다.[101]

✻ 채무자가 상장법인이거나 주식 또는 지분이 다수의 주주·지분권자에게 분산되어 있는 경우는 일일이 송달하기가 어려울 것이므로 법 제10조는 대법원규칙이 정하는 경우 공고로서 송달에 갈음할 수 있게 했다.

---

101) 대법원 1992. 6. 15.자 92ㄱ10 결정: 한 정리채권자에게 대한 기일통지를 송달업무를 위임받은 정리회사직원의 실수로 누락하여 그 정리채권자가 정리계획안의 심리와 의결에 참석하지 못한 경우에 관하여 위 기일이 개별통지됨과 아울러 공고되고, 해당 정리채권자가 이미 정리채권확정소송을 하고 있어 조금만 주의를 기울였으면 기일을 알 수 있었고, 그가 속한 정리채권자조에서 80%가 넘는 찬성으로 가결되었으니, 기일 통지 누락의 하자만으로는 그 위반정도가 정리계획안의 가결에 영향을 미쳤다거나 결의가 심히 불공정한 방법으로 이루어진 것이라고 볼 정도의 중대한 하지가 있다고 볼 수 없다고 판단하고 있다.

✽ 회생을 위하여 채무를 부담하거나 담보를 제공하는 자는 실무상 거의 없으므로 통지되는 일도 없다.

제183조 (기일의 통지)

법원은 주식회사인 채무자의 업무를 감독하는 행정청과 법무부장관 및 금융감독위원회에게 관계인집회의 기일을 통지하여야 한다.

✽ 종전에는 모든 채무자의 감독청 등에게 통지하도록 했으나 현행법은 주식회사에 한정하고 있는데, 이는 종전에는 회사만이 이용할 수 있었지만 현재는 모든 채무자가 이용할 수 있게 되었기 때문에 제한을 둔 것이다.

여기의 통지는 제226조가 정한 감독청 등의 의견을 듣기 위한 사전조치인데, 제1회 관계인집회의 경우는 굳이 이들의 의견을 듣지 않아도 될 것이므로 통지를 생략할 수 있다(제2항 후단). 종전에는 제3회 관계인집회의 경우는 회생계획안에 대한 이들의 의견을 들을 필요가 있으므로 기일통지서에 회생계획안 사본을 첨부하도록 했으나, 실익이 없다는 지적에 따라 현행법은 이를 생략하고 있다.

✽ 감독행정청으로는 재정경제부, 노동부장관, 국세청장, 관세청장, 채무자의 주소지 또는 주요 영업장 소재지의 광역자치단체장, 기초자치단체장, 관할세무서장, 세관 등이 있고, 업종에 따라 건설교통부장관, 산업자원부장관 등도 해당할 것이다.

제184조 (법원의 지휘)

관계인집회는 법원이 지휘한다.

제185조 (기일과 목적의 공고)

① 법원은 관계인집회의 기일과 회의의 목적인 사항을 공고하여야 한다.
② 관계인집회의 연기 또는 속행에 관하여 선고가 있는 때에는 송달 또는 공고를 하지 아니하여도 된다.

제186조 (관계인집회의 기일과 특별조사기일의 병합)

법원은 상당하다고 인정하는 때에는 관리인의 신청에 의하거나 직권으로 관계인집회의 기일과 특별조사기일을 병합할 수 있다.

제187조 (의결권에 대한 이의)

다음 각 호의 자는 관계인집회에서 회생채권자·회생담보권자·주주·지분권자의 의결권에 관하여 이의를 할 수 있다. 다만, 이 편 제4장제3절의 규정에 의한 조사절차에서 확정된 회생채권 또는 회생담보권을 가진 회생채권자 또는 회생담보권자의 의결권에 관하여는 그러하지 아니하다.

1. 관리인
2. 목록에 기재되어 있거나 신고된 회생채권자·회생담보권자·주주·지분권자

＊ 규정의 취지: 회생절차가 개시되면 이해관계인은 개별적으로 권리행사할 수 없고, 의결권의 행사에 의해서만 자기에게 유리한 계획안 작성을 유도할 수 있어, 의결권 행사자와 범위를 정하는 것은 중요하므로, 법은 관계인집회에서 이에 관한 이의를 할 수 있게 규정하고 있다.

＊ 이의대상: 회생채권이나 담보권에 이의가 있어 확정되지 않은 경우 이의할 수 있는 것은 물론이나, 조사기일에 이의 없어 확정된 경우는 원칙적으로 이의할 수 없는 것이지만, 이때도 성격상 의결권행사를 인정할 수 없는 경우(예: 부인권행사가 인정될 것을 조건으로 회생채권신고를 했는데 인정되지 않은 경우, 공익채권으로 인정되지 않을 것을 조건으로 신고했는데 공익채권으로 인정된 경우, 상계효력이 인정되지 않을 것을 조건으로 신고했는데 인정된 경우), 회생채권자표에 오기, 의결권이나 권리내용에 오기가 있다고 주장하는 경우 등은 의결권에 대한 이의가 가능하다.

확정된 채권이나 담보권이 그 후 발생한 사유로 소멸되거나 감소된 경우는 채권확정 후 발생한 모든 사유를 의결권에 반영시키기 어렵다는 이유로 부정설이 다수이나, 실무에서는 다수의 입장을 따르면서도, 회생계획 인가 시까지 조기변제 등을 통해 회생채권이 소멸되는 경우가 빈번한데, 이 경우마다 일일이 청구이의 소를 제기해야 하는 번거로움 때문에, 당사자 사이에 다툼 없으면 관리인 이의로 의결권을 부여하지 않는 결정을 하여 해결하고 있다.[102] 대법원은 인가 전에 변제된 채권은 변제된 한도에서 절대적으로 소멸하는 것이고, 따라서 의결권의 액도 그 한도에서 소멸한다고 한다.[103]

---

102) 서울지방법원, 회사정리실무, 394면.

주주에 관하여는 권리신고만이 있고 조사와 확정의 절차가 없으므로, 주주의 의결권에 대한 다툼은 이의의 대상으로 했는데, 주주의 의결권에 대한 이의는 실무상 채무초과 상태에서 신청되는 경우가 대부분이나, 채무초과의 경우는 주주의 의결권이 인정되지 않기 때문에 실제는 이용하는 경우가 별로 없다.[104]

＊ 이의 절차와 결정

－이의는 관계인집회에서 구두로 하는 것이 통례이지만, 실무상으로는 서면으로 작성하여 법원에 제출하고 그 취지를 진술하도록 하고 있다.

－이의가 있으면 법원은 의결권의 유무 및 범위를 결정하여야 한다(제188조제2항). 이 결정은 관계인집회에서 선고하는 것이 일반적이고, 송달할 필요는 없으며, 이에는 불복할 수 없다(동조 제4항). 법원의 결정은 의결권의 유무 및 범위에 관한 절차적 효력만 있을 뿐 권리의 실체적 내용까지 확정하는 것은 아니다.

－이의사유가 불확정한 요소(회생채권확정소송이 확정되지 않은 경우)에 기인한 경우에는 그 불확정 요소를 평가하여 의결권의 유무와 범위를 정해야 하나, 실제에서는 승소가능성 등 불확정 요소에 대한 평가가 어려워 대부분의 경우 의결권을 인정하지 않아 왔는데, 현행법은 회생채권의 확정소송에 앞서 채권조사확정재판 절차를 거치게 하고 있어(제170조), 회생법원이 확정소송의 승패를 예측할 수 있으므로 이를 고려해 의결권의 범위를 정하는 경우도 있을 수 있게 되었다.

－보증인의 장래의 구상금채권은 우발채무이고, 특히 건설보증 같은 경우는 회사가 도산하지 않고 공사가 계속되는 한 시간이 가면 소멸하는 것이기 때문에 상당액의 의결권부여가 불합리한 면이 있으나, 실무에서는 우발채권을 일일이 평가하는 어려움 때문에 따로 의결권 제한을 두지 않기도 하다가,[105] 그 부당함 때문에 채권조사절차에서 현실화 가능성을 평가하여 그만큼 시인하거나, 평가가 곤란한 경우는 일단 의결권전액에 대하여 이의를 하여 두고, 나중에 평가되는 현실화 가능성에 따라 부분적으로 이의를 철회한 후 이의가 남아 있는 부분에 대하여 관계인집회에서 관리인이 의결권에 대한 이의를 하는 방법을 취하는 것으로 바뀌었다.[106]

---

103) 대법원 2001. 1. 5.자 99그35 결정.
104) 서울지방법원, 회사정리실무, 395면.
105) 서울지방법원, 회사정리실무, 397면.
106) 서울지방법원 2001. 4. 10. 선고 2000가합16171 판결.

제188조 (의결권의 행사)

① 확정된 회생채권 또는 회생담보권을 가진 회생채권자 또는 회생담보권자는 그 확정된 액이나 수에 따라, 이의 없는 의결권을 가진 주주·지분권자는 목록에 기재되거나 신고한 액이나 수에 따라 의결권을 행사할 수 있다.

② 법원은 이의 있는 권리에 관하여는 의결권을 행사하게 할 것인지 여부와 의결권을 행사하게 할 액 또는 수를 결정한다.

③ 법원은 이해관계인의 신청에 의하거나 직권으로 언제든지 제2항의 규정에 의한 결정을 변경할 수 있다.

④ 제2항 및 제3항의 규정에 의한 결정은 송달을 하지 아니하여도 된다.

제189조 (의결권의 불통일행사)

① 의결권자는 의결권을 통일하지 아니하고 행사할 수 있다.

② 제1항의 경우 의결권자는 관계인집회 7일 전까지 법원에 그 취지를 서면으로 신고하여야 한다.

✽ 의결권의 불통일행사는 종전에는 규정이 없어 부정되던 것인데, 가능하도록 했다. 이는 실무상 금융기관 채권자의 경우 채권액일부가 특정신탁으로 관리되는 것이면 신탁자의 의사에 따라야 하므로 불통일 행사를 인정할 필요가 있는 경우도 있고, 다액의 채권자로서는 자기에게 유리한 결과를 이끌어 내기 위한 전략상 불통일 행사의 필요도 있을 수 있기 때문이다.

✽ 조건부 행사는 계획안에 부동의하는 것으로 취급해야 할 것이다.

✽ 불통일 행사의 취지를 법원에 미리 신고하도록 한 것은 찬반의견을 집계하는 데 필요한 준비를 하기 위함에서이다.

제190조 (부당한 의결권자의 배제)

① 법원은 권리취득의 시기, 대가 그 밖의 사정으로 보아 의결권을 가진 회생채권자·회생담보권자·주주&지분권자가 결의에 관하여 재산상의 이익을 수수하는 등 부당한 이익을 얻을 목적으로 그 권리를 취득한 것으로 인정되는 때에는 그에 대하여 그 의결권을 행사하지 못하게 할 수 있다.

② 법원은 제1항의 규정에 의한 처분을 하기 전에 그 의결권자를 심문하여야 한다.

　※ 부당한 이익을 얻을 목적 여부의 판단은 권리취득시기(주로 개시결정 후), 권리 대가(개시결정 후 거래가격이나, 계획에 의해 승인되는 가격에 비해 현저히 저가인 경우), 상습 여부, 권리취득의 상대방, 취득 방법, 취득한 권리의 액수 등을 종합 고려해야 한다. 계획안 결의를 유리한 방향으로 이끌기 위해 반대의견을 가진 채권자로부터 권리취득하는 것을 법이 금지하는 것은 아니므로 정당한 이익추구 행위까지 금해서는 안 되기 때문이다.[107]

　※ 부당한 의결권자의 배제 시기는 제한이 없어 개시결정 후부터 계획안에 대한 결의가 종료될 때까지 언제나 가능하다.

　※ 의결권자에 대한 신문은 기회를 주는 것으로 충분하고, 불응이면 그대로 결정한다. 배제결정에 대한 불복은 할 수 없고, 특별항고나 회생계획안의 인부결정에 대한 즉시항고로 다툴 수 있을 것이다.

제191조 (의결권을 행사할 수 없는 자)
　다음 각 호의 어느 하나에 해당하는 자는 의결권을 행사하지 못한다.
1. 회생계획으로 그 권리에 영향을 받지 아니하는 자
2. 제140조제1항 및 제2항의 청구권을 가지는 자
3. 제118조제2호 내지 제4호의 청구권을 가지는 자
4. 제188조 및 제190조의 규정에 의하여 의결권을 행사할 수 없는 자
5. 제244조제2항의 규정에 의하여 보호되는 자

　※ 권리에 영향받는지 여부는 권리의 실제 가치가 아닌 표면상 권리의 내용을 기준으로 판단한다. 약정보다 변제기를 늦추거나 이자를 감면하는 경우는 영향받는다고

---

[107] 대법원 2005. 3. 10.자 2002그32 결정: 정리채권 등의 양도는 법상 허용되어 있고, 정리회사의 인수예정자나 정리계획을 추진하는 자가 적극적으로 권리를 양수하는 것 또한 회사정리법 전체의 구조에서 시인되고 있으므로, 제3자가 정리채권 등을 양수하는 행위가 특별이익의 공여행위에 해당하려면, 양도가격이 당해 정리채권 등의 실제 가치를 현저히 초과하는 경우에 한하는 것으로 제한적으로 해석하여야 한다.

볼 수 있으나, 회생계획상 인가결정 이후 본래의 약정대로 채무를 변제하고 보전처분 이후 인가결정에 이르기까지의 이자 및 지연손해금을 모두 지급하도록 되어 있는 경우는 권리에 영향을 받지 않는 경우가 될 것이다.

 ＊ 벌금 등(제140조제1, 2항)은 제제의 의미로 부과되는 것이므로 다수결로 감면 등 권리에 영향을 미치는 계획안을 만들 수 없으니 의결권을 인정할 필요가 없고, 회생절차개시 후 이자나 손해배상금, 비용 등(제118조제2, 3, 4호)은 본래 후순위 채권이던 것으로 소액이라 영향을 미칠 수 없어서 의결권을 인정하지 않는 것이고, 제244조제2항의 경우는 권리변경이 아닌 보호를 받으므로 의결권을 주어 권리자를 보호할 필요가 없어 의결권을 주지 않는다.

 ＊ 주주·지분권자의 경우 채무자의 부채총액이 자산총액을 초과하는 경우에는 의결권이 없다(제146조제3항).

제192조 (의결권의 대리행사)

① 회생채권자·회생담보권자·주주·지분권자는 대리인에 의하여 그 의결권을 행사할 수 있다. 이 경우 대리인은 대리권을 증명하는 서면을 제출하여야 한다.
② 대리인이 위임받은 의결권을 통일하지 아니하고 행사하는 경우에는 제189조제2항을 준용한다.

 ＊ 대리행사할 경우 대리인 자격은 변호사에 국한하지 않고 소송능력이 있는 자면 된다. 실무에서도 법인인 경우 그 임원이나 직원이 관계인집회에 출석·행사하는 것이 대부분이다. 관리인이 위임받을 수 있는가에 대해서는 긍정설도 있으나, 관리인의 공익수탁자적인 지위에 비추어 볼 때 부정해야 할 것이다.

 ＊ 계획안 부결 후 다시 관계인집회 속행 시 다시 위임받아야 하나가 문제되나, 실무상은 대리권을 증명하는 서면을 제출할 때(제1항) 가능토록 한 양식을 사용하고 있다.

제6장 회생계획

✽ 채무자를 회생시키기 위한 계획으로 이해관계인의 권리변경 및 변제방법, 채무자회사의 조직변경상황 등에 관한 내용을 정한 것으로 관계인집회의 심리 및 결의를 거쳐 법원의 인가결정을 받음으로써 효력이 발생한다.

✽ 회생계획은 확정되면 이해관계인들의 권리관계가 변경되고, 회생절차종결 시까지 회사의 운영이 회생계획에 따라 이루어지므로 회사의 헌법과 같은 것으로 그 작성과 확정은 회생절차의 핵심을 이룬다.

이에 따라 회생계획안을 작성함에는 이해관계인들 사이에 공정·형평한 차등을 두어야 하고(제217조), 평등의 원칙을 지켜야 하며(제218조), 회생을 위한 것이므로 수행가능성을 확보해야 하며(제243조제1항제2호), 회생계획에 의한 채무의 변제가 청산할 때보다 불리하지 않아야 하는(제243조제1항제4호) 등의 원칙을 지켜야 하는 제한이 있다.

✽ 회생계획안의 제출은 법원이 제1회 관계인집회기일이나 그 직후에 계속기업가치가 청산가치보다 높다고 판단될 경우에 관리인에게 명한다(제220조).

관리인은 제출권자임과 동시에 의무자이고, 채무자나 회생채권자, 담보권자, 주주도 제출권이 있다. 회사부채 총액이 자산 총액을 초과하여 주주가 의결권이 없는 경우는 다툼 있으나 부채 초과 시 주주가치가 0이라고 단정키 어려우므로 인정해도 될 것이다.

제1절 회생계획의 내용

제193조 (회생계획의 내용)

① 회생계획에는 다음 각 호의 사항을 정하여야 한다.

 1. 회생채권자·회생담보권자·주주·지분권자의 권리의 전부 또는 일부의 변경

 2. 공익채권의 변제

 3. 채무의 변제자금의 조달방법

 4. 회생계획에서 예상된 액을 넘는 수익금의 용도

 5. 알고 있는 개시 후 기타채권이 있는 때에는 그 내용

② 회생계획에는 다음 각 호의 사항을 정할 수 있다.

 1. 영업이나 재산의 양도, 출자나 임대, 경영의 위임

 2. 정관의 변경

 3. 이사·대표이사(채무자가 주식회사가 아닌 때에는 채무자를 대표할 권한이 있는 자를 포함한다)의 변경

 4. 자본의 감소

 5. 신주나 사채의 발행

 6. 주식의 포괄적 교환 및 이전, 합병, 분할, 분할합병

 7. 해산

 8. 신회사의 설립

 9. 그 밖에 회생을 위하여 필요한 사항

③ 제1회 관계인집회의 기일 전날까지 전부 또는 일부의 채권자들 사이에 그들이 가진 채권의 변제순위에 관한 합의가 되어 있는 때에는 회생계획안 중 다른 채권자를 해하지 아니하는 범위 안에서 변제순위에 관한 합의가 되어 있는 채권에 관한 한 그에 반하는 규정을 정하여서는 아니 된다. 이 경우 채권자들은 합의를 증명하는 자료를 제1회 관계인집회의 기일 전날까지 법원에 제출하여야 한다.

✱ 회생계획에 반드시 기재해야 하는 절대적 기재사항(제193조제1항)과 기재가 없더라도 회생계획의 효력에는 영향이 없으나 계획에 기재하지 않고는 효력을 발생시킬 수 없는 상대적 기재사항(제193조제2항, 제197조, 제201조 등)이 있고, 기재되더라도 당사자 사이에 별도 약정이 없는 한 효력이 없는 무익적 기재사항(채권자에게 의무를 부과하는 조항, 공익채권의 변제기를 유예하는 조항 등), 법률의 규정에 위반하

는 유해적 기재사항이 있다.

＊ 자금조달계획

회생계획안의 핵심이 될 것으로 영업활동, 자산매각, 신규차입, 증자 등을 통한 자금조달 계획을 세우게 된다. 영업활동을 통한 자금조달은 자금조달계획의 핵심으로 향후 사업계획을 통해 이루어질 것인데, 조사위원의 조사보고서가 향후 사업계획을 지나치게 낙관적으로 파악했음에도 불구하고 회생계획안 작성 시 이를 수정하지 않아 회생에 실패하는 경우가 많으므로 보수적인 관점에서 사업계획을 수립하는 것이 계획의 수행 가능성을 높이는 길이 될 것이다. 자산매각의 경우는 매각대상의 선정, 매각시기의 선택에 신중을 기해야 하다. 신규차입의 경우는 회생절차진행 중에는 현실적으로는 어려울 것이나 회생계획기간이 종료할 무렵에는 상당부분 채무를 상환하였을 것이므로 이 단계에서 가능할 것이고, 차입규모도 금융비용 부담능력을 감안해 정하여야 할 것이다. 신규자본의 유치는 상당한 시간과 어려움이 따르므로 증자를 통한 자금조달은 회생계획안 작성당시에 신규자본유치가 확실시되지 않는 한 반영하기 어려울 것이다.

＊ 자금운용계획

조달된 자금을 기초로 한 채무상환 및 투자와 세금 납부계획 등이다. 채무상환계획은 우대받는 순서대로 조세채권, 회생담보권, 상거래 회생채권, 금융기관채권의 순으로 작성하는 것이 실무이다.

＊ 권리변경과 변제

－채권금액 및 변제기의 조정이 핵심이다. 주 채무와 보증채무가 있는 경우 이를 구별해 주 채무를 우대하고, 보증채무가 현실화된 경우에도 면제나 출자비율을 높여 주 채무를 우대하고 있는데, 이는 보증채무의 현실화는 자금수급계획에 차질을 빚게 하기 때문이다. 회생담보권의 경우에도 보증채무라는 이유로 차이를 두는 것에는 이론이 있다.

－출자전환: 채권을 주식으로 전환해주는 방법인데(제206조제1항), 이는 회생 시 주식을 금전으로 환가할 수 있어 면제보다는 채권자에게 유리하기 때문에 많이 쓰인다. 다만 출자전환으로 최대주주가 되는 채권자가 있을 경우 향후 M&A 등에

상당한 영향력을 행사할 수 있고, 회생절차개시 후에 자산이 부채를 초과할 경우는 주주도 의결권을 갖게 되므로, 출자전환 후 주주들의 지분 비율을 미리 고려할 필요가 있고, 출자전환 후 자본금이 커지면 제3자 인수에 장애가 될 수 있으므로 할증발행 등을 고려해야 한다.

출자전환 시 채무자의 채무는 해당 채권금액만큼 소멸하는 것에 이론이 없으나, 주 채무자에 대한 채권이 출자전환된 경우 보증인에 대한 채권도 출자전환된 채권액만큼 소멸할 것인가에 관하여, 판례는 신주발행의 효력 발생당시를 기준으로 하여 출자전환으로 수령한 주식의 시가상당액에 대하여 주 채무가 실질적으로 만족을 얻은 것으로 보아 출자전환된 채권전액이 아닌 받은 주식의 시가상당액만큼만 소멸하는 것으로 보고 있으므로, 차액에 대하여는 보증인에게 청구할 수 있게 했다.[108]

이로써 능력 있는 보증인이 있는 경우 보증인에 대한 권리행사를 하기 전에 출자전환이 있으면 보증인에 대한 권리행사기회를 잃게 되는 불이익은 어느 정도 피할 수 있으나, 주가 자체가 불안정한 것이고 환가 여부나 시기도 불명하므로, 보증인에 대한 권리행사를 위해 출자전환의 연기를 신청할 수 있게 해야 하나 신법은 해당 규정을 삭제했다.

- 회생담보권의 경우는 분할변제를 원칙으로 하되 담보물 처분 시에는 그 대금을 회생담보권변제에 우선 사용한다. 채권과는 달리 원금에 대해서는 면제나 출자전환은 않는 것이 일반적이다.

- 금융기관 채권에 대한 상거래채권의 우대하는 실무관행은 법적인 근거는 없으나, 소액 다수채권이고, 영세하여 장기 미지급 시 연쇄 도산할 우려 때문에 행하는 조치이다.

- 지배주주나 계열회사의 회생채권은 차등 취급하는 것이 실무인데, 이는 채무자와의 특수관계상 파탄원인 제공정도, 채권발생원인, 다른 회생채권자들의 권리변경 정도 등을 감안해 전액 면제나 일부면제와 출자전환 형식으로 불이익 주는 것이 형평에 맞기 때문이다(제218조제2항).

- 임대차보증금, 영업보증금, 회원보증금 반환청구채권: 이들은 기간 만료 시 보증금 등의 전부나 일부를 반환해야 하나 계약목적재산을 활용하여 반환자금의 일부를 마련할 수 있는 특징이 있어 일반채권과는 다르게 취급하여 새로 유입되는 자금

---

108) 대법원 2003. 8. 22. 선고 2001다64073 판결, 2005. 1. 27. 선고 2004다27143 판결 등.

으로 종전 채권 변제에 사용하고 부족분은 바로 또는 분할 변제하는 식으로 정하
는 경우가 많다.
- 조세채권: 회생채권 중 가장 우대해야 하므로 권리변경과 변제방법도 가장 먼저
  정한다. 3년 이하 기간 동안 징수나 환가유예 등을 정할 경우 조세권자의 의견을
  들어야 하고, 3년 이상 기간 동안 징수나 환가유예, 조세의 감면, 기타 권리에 영
  향을 미치는 내용을 정하는 때에는 조세권자의 동의를 얻어야 한다(제140조).
- 미확정 회생채권: 이에 관하여는 장차 권리가 확정될 때 준용할 해당 권리변경이
  나 변제방법에 관한 규정을 기재하는 방식으로 이루어진다(법 제197조).
- 장래의 구상권(제126조제3, 4, 5항): 일부 변제 시는 그가 변제한 금액 및 회생채
  무자, 다른 채무자가 변제한 금원 합계가 채권자의 채권액에 달할 경우에만 비로
  소 채권자의 채권에 대위할 수 있다고 보는 것이 다수설, 판례[109]이므로, 예컨대
  100억의 회생채권에 40억 면제 60억 6년 분할상환계획안의 경우 보증인이 50억
  변제할 것 같으면, 관리인은 매년 10억씩 채권자에게 갚고, 마지막 연도 분을 보
  증인에게 지급한다는 취지를 계획안에 정하게 된다.

✻ 주주의 권리 변경
- 회생계획을 수행함에는 주주총회의 결의가 필요하지 않고(제260조), 회생절차에
  의하지 않고는 주주에 대한 이익배당도 제한되나(제55조), 실무에서는 회생계획안
  에 이 사항을 명시적으로 밝혀주고 있고, 이익배당의 경우 조기종결되는 경우에
  대비하여 회생절차가 종료될 때까지 금지하는 것이 일반적이다.
- 자본감소(제205, 264조): 신규자본유치와 M&A 등을 위하여 하는 임의적 자본감
  소, 부채초과의 경우에 하는 필요적 자본감소, 지배주주 등에 대한 징벌적 주식소
  각이 있다.
- 신주발행(제206, 265, 266, 277조): 상법이나 증권거래법 기타 관계법령의 일반원
  칙에 대한 예외규정을 두어 신주발행을 쉽게 하고 있다.
- 합병(제210 내지 214, 261, 269 내지 272조): 일반 규정에 대한 여러 특례가 정
  해져 있어 이용을 쉽게 하고 있다.

---

109) 대법원 1988. 9. 27. 선고 88다카1797 판결 등.

＊ 예상초과수익금의 처리 및 예상수익 부족 시 처리방법

회생계획에서 예상한 수익금보다 초과하는 수익이 발생할 경우에 어떻게 처리할 것인가는 이해관계인들에게 중요하므로 회생계획에 미리 정해두어 승인받는 것이 바람직하다.

＊ 영업재산의 양도 등(제200조)

주요사안이므로 회생계획에 정해두도록 한 것이다.

＊ 분쟁이 해결되지 아니한 권리(제201조)

이 경우도 분쟁해결방법을 두고 의견이 갈리는 것을 예방하기 위하여 미리 정해 두어야 한다.

＊ 정관의 변경(제202조)

정관의 변경은 주요사항이므로 당연히 회생계획안에 포함되어야 하는데, 실무에서는 출자전환이나 주주의 권리변경 또는 제3자의 인수 등과 관련하여 발행예정주식총수, 전환사채발행한도 등 정관을 변경해야 할 필요가 있을 경우에 효과적으로 대응하기 위하여 미리 변경하여 두는 경우가 많다. 변경할 때에는 변경 전 정관과 변경 후 정관을 회생계획안에 기재해야 한다.

＊ 임원의 선임과 해임(제203, 204조)

적절한 임원의 선임과 해임은 회생계획 수행에 중요하므로 그 방법·임기·대상자 등을 정해 놓아야 한다.

＊ 회사분할(제212조)

이는 회사의 영업·재산의 전부 또는 일부를 분리하여 한 개 이상의 회사를 신설하거나 다른 회사에 포괄 승계시키는 것으로 부진한 사업부분을 떼어내어 경영의 효율을 기하려는 경우, 신규사업이나 위험성이 높은 사업부분을 떼어내어 위험부담을 제한하려는 경우에 행해진다. 회사의 구조조정이나 사업재편에 유용한 방법으로 많이 쓰이므로 이에 관한 조항을 두는 경우가 많다.

이와 관련법은 제272조 이하에서 주식발행 등의 특례를 두면서, 제279조는 회생계

획에서 채무자가 행정청으로부터 얻은 허가·인가·면허 그 밖의 처분으로 인한 권리
의무를 신회사에 이전할 것을 정한 때에는 신회사는 다른 법령의 규정에도 불구하고
그 권리의무를 승계한다고 규정함으로써, 허가 등이 당연히 승계되지 않는 영업양도
에 비하여 이용에 유리한 환경을 제공하고 있다.

＊ M&A 관련 규정

근자에는 제3자인수에 관한 규정을 상세히 정해 놓아 이해관계인들에게 향후 진행
될 방행을 짐작하게 하고, 그에 따른 권리변경에 양보와 타협을 쉽게 하고 있다.

제194조 (회생채권자 등의 권리)

① 회생채권자·회생담보권자·주주·지분권자의 권리를 변경하는 때에는 회생계획에 변경
되는 권리를 명시하고, 변경 후의 권리의 내용을 정하여야 한다.

② 회생채권자·회생담보권자·주주·지분권자로서 회생계획에 의하여 그 권리에 영향을 받
지 아니하는 자가 있는 때에는 그 자의 권리를 명시하여야 한다.

제195조 (채무의 기한)

회생계획에 의하여 채무를 부담하거나 채무의 기한을 유예하는 경우 그 채무의 기한은
담보가 있는 때에는 그 담보물의 존속기간을 넘지 못하며, 담보가 없거나 담보물의 존속
기간을 판정할 수 없는 때에는 10년을 넘지 못한다. 다만, 회생계획의 정함에 의하여 사
채를 발행하는 경우에는 그러하지 아니하다.

제196조 (담보의 제공과 채무의 부담)

① 채무자 또는 채무자 외의 자가 회생을 위하여 담보를 제공하는 때에는 회생계획에 담
보를 제공하는 자를 명시하고 담보권의 내용을 정하여야 한다.

② 채무자 외의 자가 채무를 인수하거나 보증인이 되는 등 회생을 위하여 채무를 부담하
는 때에는 회생계획에 그 자를 명시하고 그 채무의 내용을 정하여야 한다.

제197조 (미확정의 회생채권 등)

① 이의 있는 회생채권 또는 회생담보권으로서 그 확정절차가 종결되지 아니한 것이 있는
때에는 그 권리확정의 가능성을 고려하여 회생계획에 이에 대한 적당한 조치를 정하여
야 한다.

② 회생계획에는 제109조제2항의 규정에 의하여 신고할 수 있는 채권에 관하여 적당한 조치를 정하여야 한다.

제198조 (변제한 회생채권 등)

회생채권 및 회생담보권 중 제131조 단서, 제132조제1항 및 제2항의 규정에 의하여 변제한 것은 회생계획에 이를 명시하여야 한다.

제199조 (공익채권)

공익채권에 관하여는 회생계획에 이미 변제한 것을 명시하고 장래 변제할 것에 관하여 정하여야 한다.

✻ 구체적 내용기재의 어려움 때문에 실무에서는 회생계획안작성일 현재 미지급공익채권 및 이후 발생하는 공익채권은 이 회생정차의 종결 시까지 영업수입금과 기타의 재원으로 법원의 허가를 얻어 수시로 변제한다고만 기재하고 있다.

✻ 그러나 공익채권의 규모가 회생채권, 담보권의 변제에 영향을 미치고, 영업상 지출은 대부분 공익채권이므로 이를 명시해 영업상태와 재정상태를 명백히 하여 이해관계인에게 결의를 위한 자료를 제공해야 할 것이다.

제200조 (영업 또는 재산의 양도 등)

① 다음 각 호의 어느 하나에 해당하는 경우에는 회생계획에 그 목적물·대가·상대방 그 밖의 사항을 정하여야 한다.
  1. 채무자의 영업이나 재산의 전부나 일부를 양도·출자 또는 임대하는 경우
  2. 채무자의 사업의 경영의 전부나 일부를 위임하는 경우
  3. 타인과 영업의 손익을 같이 하는 계약 그 밖에 이에 준하는 계약을 체결·변경 또는 해약하는 경우
  4. 타인의 영업이나 재산의 전부나 일부를 양수하는 경우
② 제1항의 경우 대가를 회생채권자·회생담보권자·주주·지분권자에게 분배하는 때에는 그 분배의 방법도 정하여야 한다.

제201조 (분쟁이 해결되지 아니한 권리)

채무자에게 속하는 권리로서 분쟁이 해결되지 아니한 것이 있는 때에는 회생계획에 화해나 조정의 수락에 관한 사항을 정하거나 관리인에 의한 소송의 수행 그 밖에 권리의 실행에 관한 방법을 정하여야 한다.

제202조 (정관의 변경)

채무자의 정관을 변경하는 때에는 회생계획에 그 변경의 내용을 정하여야 한다.

제203조 (이사 등의 변경)

① 법인인 채무자의 이사를 선임하거나 대표이사(채무자가 주식회사가 아닌 때에는 채무자를 대표할 권한이 있는 자를 포함한다. 이하 이 조에서 "대표이사"라 한다)를 선정하는 때에는 회생계획에 선임이나 선정될 자와 임기 또는 선임이나 선정의 방법과 임기를 정하여야 한다.

② 법인인 채무자의 이사 또는 대표이사 중 유임하게 할 자가 있는 때에는 회생계획에 그 자와 임기를 정하여야 한다. 다만, 이사 또는 대표이사에 의한 채무자 재산의 도피, 은닉 또는 고의적인 부실경영 등의 원인에 의하여 회생절차가 개시된 때에는 유임하게 할 수 없다.

③ 제1항 및 제2항의 경우 여럿의 대표이사에게 공동으로 채무자를 대표하게 하는 때에는 회생계획에 그 뜻을 정하여야 한다.

④ 법인인 채무자의 감사는 채권자협의회의 의견을 들어 법원이 이를 선임한다. 이 경우에 임기를 정하여야 한다.

⑤ 제1항 및 제2항의 규정에 의한 이사의 임기는 1년을 넘지 못한다.

✽ 현행법은 종전의 임원의 유임가능성을 열어놓아 회생절차 이용에 대한 거부감을 완화시키고 있다.

제204조 (이사 등의 선임 등에 관한 사항)

법인인 채무자 또는 신회사(합병 또는 분할합병으로 인하여 설립되는 신회사를 제외한다)의 이사·대표이사 또는 감사의 선임·선정 또는 유임이나 그 선임 또는 선정의 방법에 관한 회생계획은 형평에 맞아야 하며, 회생채권자·회생담보권자·주주·지분권자 일반의 이익에 합치하여야 한다.

제205조 (주식회사 또는 유한회사의 자본감소)

① 주식회사인 채무자의 자본을 감소하는 때에는 회생계획에 다음 각 호의 사항을 정하여야 한다.

　1. 감소할 자본의 액

　2. 자본감소의 방법

② 제1항의 규정에 의한 자본감소는 채무자의 자산 및 부채와 채무자의 수익능력을 참작하여 정하여야 한다.

③ 회생절차개시 당시 주식회사인 채무자의 부채총액이 자산총액을 초과하는 때에는 회생계획에 발행주식의 2분의 1 이상을 소각하거나 2주 이상을 1주로 병합하는 방법으로 자본을 감소할 것을 정하여야 한다.

④ 주식회사인 채무자의 이사나 지배인의 중대한 책임이 있는 행위로 인하여 회생절차개시의 원인이 발생한 때에는 회생계획에 그 행위에 상당한 영향력을 행사한 주주 및 그 친족 그 밖에 대통령령이 정하는 범위의 특수관계에 있는 주주가 가진 주식의 3분의 2 이상을 소각하거나 3주 이상을 1주로 병합하는 방법으로 자본을 감소할 것을 정하여야 한다.

⑤ 제4항의 규정에 의한 자본감소 후 제206조의 규정에 의하여 신주를 발행하는 때에는 제4항의 규정에 의한 주주는 신주를 인수할 수 없다. 다만, 제4항의 규정에 의한 주주에 대하여 「상법」 제340조의2(주식매수선택권)의 규정에 의한 주식매수 선택권을 부여할 수 있다.

⑥ 제1항 내지 제4항 및 제5항 본문의 규정은 유한회사의 경우에 준용한다.

＊ 임의적 자본감소(제1, 2항)

　회생채무자가 직면하고 있기 마련인 재무구조 부실, 만성적 운영자금부족을 해결하기 위해서는 신규자본유치가 필요하고, 그 환경 조성을 위해서는 기존 주식의 병합, 소각 등 자본감소가 필요한데 자본감소할 경우에는 회생계획에 정하도록 했다.

＊ 필요적 자본감소(제3항)

　채무초과 시에는 필요적으로 자본을 2분의 1 이상을 감소하도록 한 것은 제3자로 하여금 용이하게 대주주가 될 수 있도록 하여 인수를 촉진하기 위한 것이다.

　부채의 개념은 실무는 채무를 의미하는 것으로 보아, 대차대조표상에 표시되지 않는 우발채무(보증채무)도 현실화 가능성을 평가하여 채무로 보고, 부외부채도 마찬가지로 본다.

＊ 자본감소방법과 규모: 자본감소방법은 주식소각과 병합이 있으나, 외부자본 유입 촉진 위한 규정이고, 소각보다는 병합절차가 간편하므로 실무에서는 예외 없이 병합에 의한 감소방법을 택한다.

자본감소규모는 제3자 인수를 추진하기에 적합한 규모로 계속기업가치, 동종업계의 자본금규모 등을 고려해 정하거나, 상장회사인 경우 주가와 액면가를 일치시키는 방법으로 정한다.

＊ 징벌적 주식소각(제4, 5항)

회사의 부실화에 책임이 있는 지배주주 등 특수관계인들에 대한 징벌의 의미로 행하는 주식소각으로 특수관계인의 범위는 시행령 제4조가 정하고 있다.

부실경영에 대한 책임 여부는 법률상 이사가 아닌 지배주주가 이사 등을 배후에서 지휘하여 회사의 주요 업무에 대한 지시를 하거나 영향력을 미쳐 회사재산의 은닉, 유용행위, 정관, 법령위반행위, 임무해태행위 등을 하게 하여 회사에 중대한 손해를 발생시킨 사실이 법원 판결, 수사결과, 조사위원이나 관리인의 조사결과, 기타 기록에 의해 판정한다.

소각 정도는 100%가 대부분이고, 대법원도 평등원칙이나 사유재산권 제한의 본질적 한계를 넘는 것은 아니라고 보나,[110][111] 근자에는 다소 완화되는 경향이다.[112] 보유주식의 2/3 해당여부는 회생절차개시 후에도 주식은 자유롭게 유통되므로 회생계획인가결정 시를 기준으로 판단해야 할 것이나, 실무는 보전처분결정 전에 주권 및

---

110) 대법원 1989. 7. 25.자 88마266, 1999. 11. 24.자 99그66 결정: 중대한 책임 있는 행위로 정리절차개시의 원인이 발생한 경우가 불확정적인 개념이기는 하나 입법기술상 부득이하고, 사회평균인의 건전한 상식으로서도 중대한 책임 있는 행위인지를 합리적으로 판단할 수 있어, 이를 들어 정리법원에 지나치게 광범위한 재량권을 부여하였다거나 그 요건이 추상적이고 모호하여 다의적으로 해석되는 등으로 위헌적인 규정으로 보이지 않는다.

111) 헌법재판소 2003. 12. 18.자 2001헌바91, 92, 93, 94(병합) 결정: 부실경영주의 책임을 묻는 것은 불가피하고, 주식의 전부가 아닌 2/3 이상을 소각하게 되어 있고, 소각계획에 대한 불복방법도 마련되어 있어 재산권의 본질적 내용을 침해하는 것이라고 볼 수 없고, 부채초과 시는 일반주주도 보유주식의 1/2 이상을 소각당하므로 피해최소성의 원칙에도 부합하고, 이 소각방법에 의하여 보호되는 회사의 갱생이라는 사회경제적 이익달성하고 부실경영주가 회사정리법을 악용하는 것을 막아야 하는 것은 국가사회의 공익적 요청임을 감안하면, 보호되는 공익과 제한되는 기본권 사이에 불균형이 있다고 볼 수 없어 기본권제한의 과잉금지 원칙에도 반하지 않는다.

112) 전게 회사정리실무, 321면.

이에 대한 소각동의서를 제출받고, 제출하지 않으면 보전처분을 해주지 않고 있다.[113) 타에 담보제공된 것도 소각할 수 있으나, 담보권자 보호를 위해 않는 것이 바람직할 것이다.

제206조 (주식회사 또는 유한회사의 신주발행)

① 주식회사인 채무자가 회생채권자·회생담보권자 또는 주주에 대하여 새로 납입 또는 현물출자를 하게 하지 아니하고 신주를 발행하는 때에는 회생계획에 다음 각 호의 사항을 정하여야 한다.

 1. 신주의 종류와 수

 2. 신주의 배정에 관한 사항

 3. 신주의 발행으로 인하여 증가하게 되는 자본과 준비금의 액

 4. 신주의 발행으로 감소하게 되는 부채액

② 주식회사인 채무자가 회생채권자·회생담보권자 또는 주주로 하여금 새로 납입 또는 현물출자를 하게 하고 신주를 발행하는 때에는 회생계획에 다음 각 호의 사항을 정하여야 한다.

 1. 제1항제1호 및 제3호의 사항

 2. 납입금액 그 밖에 신주의 배정에 관한 사항과 신주의 납입기일

 3. 새로 현물출자를 하는 자가 있는 때에는 그 자, 출자의 목적인 재산, 그 가격과 이에 대하여 부여할 주식의 종류와 수

③ 제1항 및 제2항의 경우를 제외하고 주식회사인 채무자가 신주를 발행하는 때에는 회생계획에 다음 각 호의 사항을 정하여야 한다.

 1. 제1항제1호의 사항

 2. 제2항제3호의 사항

 3. 신주의 발행가액과 납입기일

 4. 신주의 발행가액 중 자본에 추가되지 아니하는 금액

④ 제1항의 규정에 의하여 신주를 발행하는 경우에는 다음 각 호의 규정을 적용하지 아니한다.

 1. 「은행법」 제37조 및 제38조제1호

 2. 「보험업법」 제19조

 3. 「종합금융회사에 관한 법률」 제17조

---

113) 전게 회사정리실무, 324면.

4. 「금융산업의 구조개선에 관한 법률」 제24조

5. 그 밖의 금융기관(「금융기관부실자산 등의 효율적 처리 및 한국자산관리공사의 설립에 관한 법률」 제2조 및 「금융산업의 구조개선에 관한 법률」 제2조에 의한 금융기관을 말한다)의 출자, 유가증권취득 및 재산운용을 제한하는 내용의 법령

⑤ 제1항 내지 제3항의 규정은 유한회사의 경우에 준용한다.

﹡ 제도의 유용성: 회생절차 중에는 회생계획에 의해서만 신주를 발행할 수 있는데, 회생채권 등에 갈음한 신주의 발행은 회생채권과 지연손해금의 감소로 인한 재무구조의 향상과 장차 금융비용이 절감에 따라 향후 발생하는 수입을 다른 채권의 변제나 투자재원으로 활용할 수 있어 회생에 큰 도움이 되고, 회생채권자 입장에서도 장기처리로 채권을 환수하는 것보다 장래의 주식가치의 상승 및 이익배당을 통한 경제적 이득이 더 크다고 예측될 수가 있으므로, 새로운 자본주를 영입하는 M&A가 가능하지 못하다면 채권자에게 주식을 인수시켜 장래 회생에 따른 이익을 귀속시키고, 경영권도 갖게 하는 것이 바람직하여 많이 이용되는 방법인데, 앞서 본 바와 같이 향후 M&A나 주주의 권리행사에 대비하여 발행 후 주주의 지분 구성, 발행가액 등을 고려하여야 한다.

이를 위한 신주발행에는 세 가지 유형이 있다.

﹡ 이해관계인의 권리에 갈음한 신주발행

자본충실원칙은 지켜야 하므로 채권액이 신주의 액면가와 동등하거나 그 이상이어야 한다. 실제로는 회생회사의 주식가치가 액면을 미달하는 경우가 많을 것이므로, 회생채권의 실질가치가 신주의 액면을 초과하여 회생채권자의 권리를 감축시키는 효과가 있고, 그만큼 회생에는 도움이 될 것이다.

신주의 배정에 관한 사항을 정할 때 각 조 사이에 공정, 형평한 차등이 이루어지고 있는지 유의해야 한다.

신주발행효력은 회생계획인가일이나 회생계획에서 정한 때 발생한다. 자본감소와 함께 할 경우는 자본감소 효력발생 후로 정해야 자본 감소 전 신주발행으로 인한 발행예정주식 수의 초과를 예방할 수 있다.

＊ 이해관계인의 권리에 갈음하여 신주인수권을 부여하는 신주발행

이는 회생채권자 등에게 주식대금 납입 또는 현물출자를 하게 하고 신주를 발행하는 것으로, 이해관계인은 회생계획인가결정 시에 신주인수권을 취득하고, 주금의 납입기일이나 현물출자의 이행기일 다음 날에 주주가 된다. 신주인수권을 행사하지 않으면 신주인수권을 상실할 뿐만 아니라 종전의 권리도 소멸한다.

회생계획으로 분배할 재산이 거의 없는 경우에 이용될 수 있으나, 실무상으로는 거의 없다.[114]

＊ 이해관계인을 특별취급하지 않는 신주발행

회생절차 중에는 회생계획에 의해서만 신주를 발행할 수 있고, 주주총회의 결의로는 신주발행을 할 수 없으므로, 회생절차 중 주식발행이 필요하게 된 경우 미리 이를 예상하여 회생계획에 정해 놓았으면 상관없으나, 정해 있지 않았거나 추상적으로 기재되어 있을 경우는 정리계획을 변경하여야 한다. 이 경우 구주식의 가치감소라는 불이익이 수반되므로 법원의 결정만으로 변경할 수는 없고, 관계인집회를 열어야 한다는 것이 대법원의 입장이다.[115] 채권자의 희생, 관리인 등의 노력으로 어렵게 회생한 회사를 아무 기여도 않은 주주들에게 그대로 넘겨주는 불합리 결과를 초래할 우려가 있으므로, 관리인이 법원의 허가를 얻어 신주를 발행할 수 있다는 추상적인 규정이 있는 경우는 허용함이 타당하다.[116]

이 같은 신주발행의 필요는 회생절차의 진행으로 회사의 자산이 부채를 초과하게 된 경우 M&A 즉 제3자 인수방식으로 회생절차의 조기 종결을 꾀할 수 있게 되는데, 인수하려는 쪽으로서는 대주주가 되어 경영권을 확보해야 할 것이나, 이를 위한 신주발행에 자신의 경영권을 잃게 되는 구주주의 협력을 기대할 수 없기 때문이다.

이 경우에도 당초 예상한 수권 자본금의 범위를 초과하여 신주를 발행하는 경우에

---

114) 전게 회사정리실무, 328면.
115) 대법원 2005. 6. 15.자 2004그84결정: 이 사안에 대한 대법원의 입장은 당초의 정리계획이 제3자의 인수·합병에 의한 정리절차의 진행·종결을 예상하고 있는 것이 아닌데, 변경하려는 내용은 이를 위해 정관을 변경하고자 하는 것이므로, 정관변경으로 정리계획의 기본구도가 변경되는 것이고, 그렇다면 원계획의 정관변경조항에 의한 법원의 정관변경허가결정만으로 신주발행을 할 수는 없다는 취지이므로, 원계획에서 제3자에 의한 인수·합병을 예상해서 추상적인 신주발행계획을 두고, 당초 예상을 넘는 신주발행의 필요로 정관의 수권자본금도 변경해야 할 경우에 대비하여 관리인이 법원의 허가를 얻어 정관을 변경할 수 있다는 조항을 넣어두면 문제가 없을 것이다.
116) 전게 회사정리실무, 329.

는 회생계획의 변경이 필요할 것이므로, 결국 이 같은 사태를 예방하기 위해서는 회생계획의 정관의 변경조항에 발행예정주식의 총수 및 신주발행한도를 가능한 한 크게 잡아 놓을 필요가 있다.

제207조 (주식회사의 주식의 포괄적 교환)

주식회사인 채무자가 다른 회사와 주식의 포괄적 교환을 하는 때에는 회생계획에 다음 각 호의 사항을 정하여야 한다.

1. 다른 회사의 상호
2. 다른 회사가 「상법」 제360조의2(주식의 포괄적 교환에 의한 완전모회사의 설립)제1항의 규정에 의한 완전모회사(이하 "완전모회사"라 한다)로 되는 경우 그 회사가 주식의 포괄적 교환에 의하여 정관을 변경하는 때에는 그 규정
3. 완전모회사로 되는 회사가 주식의 포괄적 교환을 위하여 발행하는 신주의 총수·종류 및 종류별 주식의 수와 「상법」 제360조의2(주식의 포괄적 교환에 의한 완전모회사의 설립)제1항의 규정에 의한 완전자회사(이하 "완전자회사"라 한다)가 되는 회사의 주주에 대한 신주의 배정에 관한 사항
4. 완전모회사로 되는 회사의 증가하게 되는 자본의 액과 준비금에 관한 사항
5. 다른 회사의 주주에게 금전을 지급하거나 사채를 배정할 것을 정하는 때에는 그 규정
6. 다른 회사의 주식의 포괄적 교환계약서 승인결의를 위한 주주총회의 일시(그 회사가 주주총회의 승인을 얻지 아니하고 주식의 포괄적 교환을 하는 때에는 그 뜻)
7. 주식의 포괄적 교환을 하는 날
8. 다른 회사가 주식의 포괄적 교환을 하는 날까지 이익을 배당하거나 「상법」 제462조의3(중간배당)제1항의 규정에 의하여 금전으로 이익배당을 하는 때에는 그 한도액
9. 「상법」 제360조의6(신주발행에 갈음할 자기주식의 이전)의 규정에 의하여 완전모회사가 되는 회사가 자기의 주식을 이전하는 때에는 이전할 주식의 총수 및 종류와 종류별 주식의 수
10. 완전모회사가 되는 회사에 취임하는 이사 및 감사를 정하는 때에는 그 성명 및 주민등록번호

제208조 (주식회사의 주식의 포괄적 이전)

주식회사인 채무자가 주식의 포괄적 이전을 하여 완전모회사인 신회사를 설립하는 때에는 회생계획에 다음 각 호의 사항을 정하여야 한다.

1. 신회사의 상호
2. 신회사의 정관의 규정
3. 신회사가 주식의 포괄적 이전을 위하여 발행하는 주식의 종류 및 수와 완전자회사가 되는 채무자의 회생채권자·회생담보권자 또는 주주에 대한 주식의 배정에 관한 사항
4. 신회사의 자본의 액과 준비금에 관한 사항
5. 완전자회사가 되는 채무자의 주주에게 금전을 지급하거나 사채를 배정할 것을 정하는 때에는 그 규정
6. 주식의 포괄적 이전을 하는 시기
7. 완전자회사가 되는 채무자가 주식의 포괄적 이전의 날까지 이익을 배당하거나 「상법」 제462조의3(중간배당)제1항의 규정에 의하여 금전으로 이익배당을 하는 때에는 그 한도액
8. 신회사의 이사 및 감사의 성명 및 주민등록번호

제209조 (주식회사의 사채발행)

주식회사인 채무자가 사채를 발행하는 때에는 회생계획에 다음 각 호의 사항을 정하여야 한다.
1. 사채의 총액
2. 각 사채의 금액, 사채의 이율, 사채상환의 방법 및 기한, 이자지급의 방법 그 밖에 사채의 내용
3. 사채발행의 방법과 회생채권자·회생담보권자 또는 주주에 대하여 새로 납입하게 하거나 납입하게 하지 아니하고 사채를 발행하는 때에는 그 배정에 관한 사항
4. 담보부사채인 때에는 그 담보권의 내용

* 발행하는 경우: 회생채무의 변제는 회생채무자가 보유하는 자금으로 이루어져야 하는 것이므로 새로운 빚을 얻어 종전 빚을 갚는 것은 원칙적으로 허용되지 않지만, 채권자들이 면제되거나 출자전환되는 채권액에 상응하는 사채발행을 요구할 경우에 회생계획의 인가를 위하여 들어주어야 하는 경우도 발생하나, 궁극적으로는 회생채무자가 갚아야 할 것이므로 그 예가 많지는 않다.

* 발행유형: 이 경우도 신주와 마찬가지로 이해관계인에게 종전의 권리에 갈음하는 경우, 새로이 납입을 시키는 경우, 특별히 취급하지 않는 경우의 세 경우가 있다.

✳ 주주의 사채인수: 이해관계인을 특별히 취급하지 않을 경우 주주에게도 사채인수가 허용되나, 주식에 갈음하여 사채를 발행하는 것은 주식이 사채로 전환하는 것이 이론상 불가능하고 또 권리가 가장 후순위인 주주가 보다 선순위인 사채를 취득하는 것은 공정·형평의 원칙에 반한다는 근거로 허용되지 않는다고 보는 것이 일반적이다.[117] 새로이 납입시키는 경우에 가능한 것은 당연하다.

✳ 발행효과: 이해관계인에게 사채를 발행하는 경우 주식발행의 경우와 마찬가지로 종전의 권리는 소멸하고 사채권만이 남게 될 것이다.

이와 관련한 보증인에 대한 효과는 제250조 부분에서 설명한다.

제210조 (회사의 흡수합병)

회사인 채무자가 다른 회사와 합병하여 그 일방이 합병 후 존속하는 때에는 회생계획에 다음 각 호의 사항을 정하여야 한다.

1. 다른 회사의 상호
2. 존속하는 회사가 합병 시 발행하는 주식 또는 출자지분의 종류와 수, 그 주식 또는 출자지분에 대한 주주·지분권자의 신주인수권 또는 출자지분인수권의 제한에 관한 사항과 특정한 제3자에 부여할 것을 정하는 때에는 이에 관한 사항
3. 합병으로 인하여 소멸하는 회사의 회생채권자·회생담보권자·주주·지분권자에 대하여 발행할 주식 또는 출자지분의 종류 및 수와 그 배정에 관한 사항
4. 존속하는 회사의 증가할 자본과 준비금의 액
5. 합병으로 인하여 소멸하는 회사의 주주·지분권자에게 금전을 지급하거나 사채를 배정할 것을 정하는 때에는 그 규정
6. 합병계약서의 승인결의를 위한 다른 회사의 주주총회 또는 사원총회의 일시
7. 합병을 하는 날
8. 존속하는 회사가 합병으로 인하여 정관을 변경하기로 정한 경우에는 그 규정
9. 다른 회사가 합병으로 인하여 이익의 배당 또는 「상법」제462조의3(중간배당)제1항의 규정에 의하여 금전으로 이익배당을 하는 때에는 그 한도액
10. 합병으로 인하여 존속하는 회사에 취임하게 될 이사 및 감사(감사위원회 위원을 포함한다. 이하 이 조 내지 제213조에서 같다)를 정하는 때에는 그 성명 및 주민등록번호

---

117) 임채홍·백창훈, 회사정리법 하, 226, 229면.

제211조 (회사의 신설합병)

회사인 채무자가 다른 회사와 합병하여 신회사를 설립하는 때에는 회생계획에 다음 각 호의 사항을 정하여야 한다.

1. 다른 회사의 상호
2. 신회사의 상호, 목적, 본점 및 지점의 소재지, 자본과 준비금의 액 및 공고방법
3. 신회사가 발행하는 주식 또는 출자지분의 종류와 수 및 그 배정에 관한 사항
4. 신회사설립 시에 정하는 신회사가 발행하는 주식 또는 출자지분에 대한 주주·지분권자의 신주인수권 또는 출자지분인수권의 제한에 관한 사항과 특정한 제3자에 부여할 것을 정하는 때에는 이에 관한 사항
5. 회생채권자·회생담보권자 또는 각 채무자의 주주·지분권자 또는 다른 회사의 주주&지분권자에 대하여 발행하는 주식 또는 출자지분의 종류 및 수와 그 배정에 관한 사항
6. 각 회사의 주주·지분권자에게 금전을 지급하거나 사채를 배정하는 것을 정하는 때에는 그 규정
7. 합병계약서 승인결의를 위한 다른 회사의 주주총회 또는 사원총회의 일시
8. 합병을 하는 날
9. 다른 회사가 합병으로 인하여 이익의 배당 또는 「상법」 제462조의3(중간배당)제1항의 규정에 의하여 금전으로 이익배당을 하는 때에는 그 한도액
10. 합병으로 인하여 존속하는 회사에 취임하게 될 이사 및 감사를 정하는 때에는 그 성명 및 주민등록번호

제212조 (주식회사의 분할)

① 주식회사인 채무자가 분할되어 신회사를 설립하는 때에는 회생계획에 다음 각 호의 사항을 정하여야 한다.
  1. 신회사의 상호, 목적, 본점 및 지점의 소재지, 발행할 주식의 수, 1주의 금액, 자본과 준비금의 액 및 공고의 방법
  2. 신회사가 발행하는 주식의 총수, 종류 및 종류별 주식의 수
  3. 신회사설립 시에 정하는 신회사가 발행하는 주식에 대한 주주의 신주인수권의 제한에 관한 사항과 특정한 제3자에게 신주인수권을 부여하는 것을 정하는 때에는 그에 관한 사항
  4. 채무자의 회생채권자·회생담보권자 또는 주주에 대하여 새로이 납입을 시키지 아니하고 신회사의 주식을 배정하는 때에는 발행하는 주식의 총수 및 종류, 종류별 주식의

수 및 그 배정에 관한 사항과 배정에 따라 주식의 병합 또는 분할을 하는 때에는 그
에 관한 사항

5. 채무자의 주주에게 금전을 지급하거나 사채를 배정하는 것을 정하는 때에는 그 규정

6. 신회사에 이전되는 재산과 그 가액

7. 「상법」 제530조의9(분할 및 분할합병 후의 회사의 책임)제2항의 규정에 의한 정함
이 있는 때에는 그 내용

8. 신회사의 이사·대표이사 및 감사가 될 자나 그 선임 또는 선정의 방법 및 임기.
이 경우 임기는 1년을 넘을 수 없다.

9. 신회사가 사채를 발행하는 때에는 제209조 각 호의 사항

10. 회생채권자·회생담보권자·주주 또는 제3자에 대하여 새로 납입하게 하고 주식을
발행하는 때에는 그 납입금액 그 밖에 주식의 배정에 관한 사항과 납입기일

11. 현물출자를 하는 자가 있는 때에는 그 성명 및 주민등록번호, 출자의 목적인 재산,
그 가격과 이에 대하여 부여하는 주식의 종류 및 수

12. 그 밖에 신회사의 정관에 기재하고자 하는 사항

13. 자본과 준비금의 액

14. 분할하는 날

② 분할 후 채무자가 존속하는 때에는 회생계획에 채무자에 관하여 다음 각 호의 사항을
정하여야 한다.

1. 감소하는 자본과 준비금의 액

2. 자본감소의 방법

3. 분할로 인하여 이전하는 재산과 그 가액

4. 분할 후의 발행주식의 총수

5. 채무자가 발행하는 주식의 총수를 감소하는 때에는 그 감소하는 주식의 총수·종류
및 종류별 주식의 수

6. 그 밖에 정관변경을 가져오게 하는 사항

제213조 (주식회사의 분할합병)

① 주식회사인 채무자가 분할되어 그 일부가 다른 회사와 합병하여 그 다른 회사가 존속
하는 때와 다른 회사가 분할되어 그 일부가 주식회사인 채무자와 합병하여 그 채무자
가 존속하는 때에는 회생계획에 다음 각 호의 사항을 정하여야 한다.

1. 다른 회사의 상호

  2. 존속하는 회사가 분할합병으로 인하여 발행하여야 하는 주식의 총수가 증가하는 때에는 증가하는 주식의 총수·종류 및 종류별 주식의 수, 그 주식에 대한 주주의 신주인수권의 제한에 관한 사항과 특정한 제3자에게 신주인수권을 부여하는 것을 정하는 때에는 그에 관한 사항

  3. 분할되는 채무자의 회생채권자·회생담보권자 또는 주주에 대하여 발행하는 신주의 총수 및 종류, 종류별 주식의 수 및 그 배정에 관한 사항과 배정에 따른 주식의 병합 또는 분할을 하는 때에는 그에 관한 사항

  4. 분할되는 회사의 주주에게 금전을 지급하거나 사채를 배정하는 것을 정하는 때에는 그에 관한 사항

  5. 존속하는 회사의 증가하는 자본의 총액과 준비금에 관한 사항

  6. 분할되는 채무자가 존속하는 회사에 이전하는 재산과 그 가액

  7. 「상법」 제530조의9(분할 및 분할합병 후의 회사의 책임)제3항의 규정에 의한 정함이 있는 때에는 그에 관한 사항

  8. 분할합병계약서를 승인하는 결의를 하기 위한 다른 회사의 주주총회의 일시

  9. 분할합병을 하는 날

  10. 다른 회사가 존속하는 경우 그 회사의 이사 및 감사를 정하는 때에는 그 성명 및 주민등록번호

  11. 그 밖에 존속하는 채무자의 정관변경을 가져오게 하는 사항

② 채무자가 분할되어 그 일부가 다른 회사 또는 다른 회사의 일부와 분할합병을 하여 신회사를 설립하는 때와 다른 회사가 분할되어 그 일부가 채무자 또는 채무자의 일부와 분할합병을 하여 신회사를 설립하는 때에는 회생계획에 다음 각 호의 사항을 정하여야 한다.

  1. 다른 회사의 상호

  2. 신회사의 상호, 목적, 본점 및 지점의 소재지, 발행할 주식의 수, 1주의 금액, 자본과 준비금의 액 및 공고방법

  3. 신회사설립 시에 정하는 신회사가 발행하는 주식에 대한 주주의 신주인수권의 제한에 관한 사항과 특정한 제3자에게 신주인수권을 부여하는 것을 정하는 때에는 그에 관한 사항

  4. 채무자 또는 다른 회사가 신회사에 이전하는 재산과 그 가액

  5. 「상법」 제530조의9(분할 및 분할합병 후의 회사의 책임)제2항의 규정에 의한 정함이 있는 때에는 그 내용

6. 그 밖에 신회사의 정관에 기재하고자 하는 사항

7. 채무자의 회생채권자·회생담보권자·주주 또는 다른 회사의 주주에 대하여 발행하는 주식의 총수 및 종류, 종류별 주식의 수 및 그 배정에 관한 사항과 배정에 따른 주식의 병합 또는 분할을 하는 때에는 그에 관한 사항

8. 채무자 또는 다른 회사의 주주에게 금전을 지급하거나 사채를 배정하는 것을 정하는 때에는 그 사항

9. 다른 회사에서 분할합병계약서를 승인하는 결의를 하기 위한 주주총회의 일시

10. 분할합병을 하는 날

11. 신회사의 이사·대표이사 및 감사가 될 자나 그 선임 또는 선정의 방법 및 임기. 이 경우 임기는 1년을 넘을 수 없다.

③ 제212조의 규정은 제1항 및 제2항의 규정에 의하여 채무자의 분할합병을 하지 아니하는 부분을 정하는 경우에 관하여 준용한다.

제214조 (주식회사의 물적 분할)

제212조 및 제213조의 규정은 분할되는 주식회사인 채무자가 분할 또는 분할합병으로 인하여 설립되는 회사의 주식의 총수를 취득하는 경우에 관하여 준용한다.

제215조 (주식회사 또는 유한회사의 신회사 설립)

① 회생채권자·회생담보권자·주주·지분권자에 대하여 새로 납입 또는 현물출자를 하지 아니하고 주식 또는 출자지분을 인수하게 함으로써 신회사(주식회사 또는 유한회사에 한한다. 이하 이 조에서 같다)를 설립하는 때에는 회생계획에 다음 각 호의 사항을 정하여야 한다.

1. 신회사의 상호, 목적, 본점 및 지점의 소재지와 공고의 방법

2. 신회사가 발행하는 주식 또는 출자지분의 종류와 수

3. 1주 또는 출자 1좌의 금액

4. 신회사설립 시에 정하는 신회사가 발행하는 주식 또는 출자지분에 대한 주주의 신주인수권 또는 지분권자의 출자지분인수권의 제한에 관한 사항과 특정한 제3자에 부여하는 것을 정하는 때에는 이에 관한 사항

5. 회생채권자·회생담보권자·주주·지분권자에 대하여 발행하는 주식 또는 출자지분의 종류 및 수와 그 배정에 관한 사항

6. 그 밖에 신회사의 정관에 기재하는 사항

   7. 신회사의 자본 또는 출자액의 준비금의 액

   8. 채무자에서 신회사로 이전하는 재산과 그 가액

   9. 신회사의 이사·대표이사 및 감사가 될 자나 그 선임 또는 선정의 방법 및 임기. 이 경우 임기는 1년을 넘을 수 없다.

   10. 신회사가 사채를 발행하는 때에는 제209조 각 호의 사항

② 제1항에 규정된 경우를 제외하고 주식의 포괄적 이전·합병·분할 또는 분할합병에 의하지 아니하고 신회사를 설립하는 때에는 회생계획에 다음 각 호의 사항을 정하여야 한다.

   1. 제1항제1호 내지 제3호, 제6호와 제8호 내지 제10호의 사항

   2. 신회사설립 당시 발행하는 주식 또는 출자지분의 종류 및 수와 회생채권자·회생담보권자 또는 주주·지분권자에 대하여 새로 납입 또는 현물출자를 하게 하거나 하게 하지 아니하고 주식 또는 출자지분을 인수하게 하는 때에는 제1항제5호의 사항

   3. 새로 현물출자를 하는 자가 있는 때에는 그 성명 및 주민등록번호, 출자의 목적인 재산, 그 가액과 이에 대하여 부여하는 주식 또는 출자지분의 종류와 수

제216조 (해산)

채무자가 합병·분할 또는 분할합병에 의하지 아니하고 해산하는 때에는 회생계획에 그 뜻과 해산의 시기를 정하여야 한다.

제217조 (공정하고 형평한 차등)

① 회생계획에서는 다음 각 호의 규정에 의한 권리의 순위를 고려하여 회생계획의 조건에 공정하고 형평에 맞는 차등을 두어야 한다.

   1. 회생담보권

   2. 일반의 우선권 있는 회생채권

   3. 제2호에 규정된 것 외의 회생채권

   4. 잔여재산의 분배에 관하여 우선적 내용이 있는 종류의 주주·지분권자의 권리

   5. 제4호에 규정된 것 외의 주주·지분권자의 권리

② 제1항의 규정은 제140조제1항 및 제2항의 청구권에 관하여는 적용하지 아니한다.

✽ 회생계획에는 이해관계인의 권리변경에 관한 사항이 절대적 기재사항으로 되어 있는데, 그 권리변경을 함에 있어 적용될 기본원칙이 공정·형평에 맞는 차등이다.

✽ 공정하고 형평에 맞는 차등의 의미를 두고 견해의 차이가 있다.

－절대우선설: 선순위권리자가 충분하고 완전한 보상을 받은 다음 후순위권리자가 보상받는 식으로 회생계획이 이루어져야 한다는 입장이다.

－상대우선설: 채무자의 자산을 기준으로 하여 선순위자가 충분한 보상을 못 받더라도 공정, 형평한 차등은 있을 수 있다는 입장이다.

－실무는 절대우선설을 채택한 경우는 없고, 상대우선설 입장에서 각 조별로 권리변경 및 변제조건에 적절한 차등이 이루어지고 있는지를 검토해 인가여부를 결정하고 있는데, 청산적 성격보다는 화해적 성격을 중시하여, 현가율(변제할 채권액의 현재가치 / 총채권액)비교에 의한 공정하고 형평에 맞는 차등 여부를 검토한다.

✽ 공정·형평의 판단기준

대법원은 공정·형평의 원칙은 선순위권리자에 대하여 수익과 청산 시의 재산분배에 관하여 우선권을 보장하거나 후순위권리자를 선순위권리자보다 우대하지 않아야 함을 의미한다고 할 것이어서, 예컨대 회생채권자의 권리를 감축하면서 주주의 권리를 감축하지 않는 것은 허용되지 않고, 다만 주식과 채권은 그 성질이 상이하여 단순히 회생채권의 감축비율과 주식수의 감소비율만을 비교하여 일률적으로 우열을 판단할 수는 없고, 자본의 감소와 그 비율, 신주발행에 의한 실질적인 지분의 저감비율, 회생계획안 자체에서 장래 출자전환이나 인수·합병을 위한 신주발행을 예정하고 있는 경우에는 그 예상되는 지분비율, 그에 따라 회생계획에 의하여 채무자가 보유하게 될 순자산 중 기존주주의 지분에 따른 금액의 규모, 변제될 회생채권의 금액과 비율, 보증채권의 경우 주 채무자가 그 전부 또는 일부를 변제할 개연성이 있으면 그 규모 등을 두루 참작하여야 한다고 한다.[118]

✽ 적용대상: 모든 권리가 대상이 될 수 있으나, 벌금이나 조세청구권은 그 자체의 공공성 때문에 공정하고 형평한 차등의 적용 대상이 아니다(제2항).

✽ 불복: 공정·형평한 차등의 원칙은 이해관계인의 개인적 이익보호를 위한 것이므로 이해관계인이 스스로 불이익을 감수하는 것은 무방하나, 이는 개별적으로 결정할

---

118) 대법원 2004. 12. 10.자 2002그121 결정.

일이지 다수결로 강제될 일이 아니다. 따라서 어느 조에서 불이익을 감수하는 결정을 했더라도 이에 반대하는 개인은 공정·형평에 반함을 이유로 항고할 수 있다고 보아야 할 것이다(미국 파산법은 그 조가 동의한 이상, 그 조에 속한 개인은 항고할 수 없는 것으로 정하고 있다.).

제218조 (평등의 원칙)

① 회생계획의 조건은 같은 성질의 권리를 가진 자 간에는 평등하여야 한다. 다만, 다음 각 호의 어느 하나에 해당하는 때에는 그러하지 아니하다.
  1. 불이익을 받는 자의 동의가 있는 때
  2. 채권이 소액인 회생채권자, 회생담보권자 및 제118조제2호 내지 제4호의 청구권을 가지는 자에 대하여 다르게 정하거나 차등을 두어도 형평을 해하지 아니하는 때
  3. 그 밖에 동일한 종류의 권리를 가진 자 사이에 차등을 두어도 형평을 해하지 아니하는 때
② 회생계획에서는 다음 각 호의 청구권을 다른 회생채권과 다르게 정하거나 차등을 두어도 형평을 해하지 아니한다고 인정되는 경우에는 다른 회생채권보다 불이익하게 취급할 수 있다.
  1. 회생절차개시 전에 채무자와 대통령령이 정하는 범위의 특수관계에 있는 자의 채무자에 대한 금전소비대차로 인한 청구권
  2. 회생절차개시 전에 채무자가 대통령령이 정하는 범위의 특수관계에 있는 자를 위하여 무상으로 보증인이 된 경우의 보증채무에 대한 청구권
  3. 회생절차개시 전에 채무자와 대통령령이 정하는 범위의 특수관계에 있는 자가 채무자를 위하여 보증인이 된 경우 채무자에 대한 보증채무로 인한 구상권

✽ 규정취지: 회생계획은 같은 성질의 권리를 가진 자 간에는 평등해야 하는데, 이는 계획안 가결에 다수결 원칙을 택하고 있어 의결권이 큰 채권자 또는 제출자에게 우호적인 채권자를 우대하는 계획안이 작성되는 폐단을 방지하여 반대입장에 있는 채권자를 보호하기 위한 규정이다. 따라서 같은 성질의 권리에 대하여 감면비율이나 변제기를 달리하는 것은 허용되지 않는다.

✽ 같은 성질을 가진 자의 분류: 이와 관련해, 여기서의 평등은 제217조에 열거한 5종의 권리자 간에 형식적·획일적 평등이 아니고, 공정·형평의 관념에 반하지 아니하는

실질적인 평등을 의미하므로, 채권, 담보권의 큰 분류만이 아니고, 같은 회생채권자 사이에도 회사채, 어음채권, 외상매출채권 등 성질의 차이 같은 합리적인 이유에 따라 세분하여 차이를 둘 수 있으나, 공정·형평의 기본 이념에 벗어나지는 않아야 할 것이다.

＊ 차등을 둘 수 있는 경우

불이익을 받을 자의 동의가 있는 경우는 당연하고, 소액채권을 우선하거나 회생절차개시 후의 이자, 손해배상채권, 회생절차참가비용 등을 불리하게 취급하는 것은 제1항제2호에 의해 가능하다.

제3호의 그 밖에 차등을 두어도 형평에 반하지 않는 경우의 적용과 관련해 특수관계에 있는 자에 대한 규정이 문제가 된다. 이런 자에 대하여는 제2항에 불이익 취급을 규정하고 있는데, 대통령령이 정하는 특수관계인에 한하고, 불이익 대상도 대여채권, 보증채권, 구상채권에 한하고 있어, 다른 특수관계인이나 다른 채권자의 다른 채권은 불이익 취급을 못한다는 견해가 있을 수 있기 때문이다. 형평의 원칙이라는 것은 획일적으로 규정될 수 있는 것이 아니고 구체적인 사안에 따라 타당성을 확보하기 위한 것이므로, 위 조항과 상관없이 제3호를 광범위하게 적용하여 부실경영에 책임 있는 자들의 보수청구권에 대한 제한, 산재보상청구권에 대한 우대 등을 할 수 있을 것이다.

＊ 특수관계인(제2항)

－채무자 회사의 부실경영에 책임이 있는 자, 즉 부실에 영향력을 행사한 지배주주·지배회사 등 특수관계인은 불이익취급이 가능하다는 것이 통설·판례[119]였는데, 이를 반영한 규정이다.

－불이익 취급의 요건

; 특수관계에 있는 자일 것－특수관계에 있는 자의 범위는 시행령 제4조가 정하고 있는데, 특수관계의 유무는 회생절차개시결정 당시를 기준으로 판단하되, 그전에 권리가 양도된 경우에는 사안에 따라 형평의 원칙에 입각해 적용여부를 결정하면 될 것이다.

; 차등을 두어도 형평을 해하지 않는다고 인정되는 경우－특수관계에 있는 자들의 권리를 언제나 불이익 취급할 수 있는 것은 아니고 형평을 해하지 않아야 하는데, 특수관계인의 행위로 채권자들이 손해를 입었거나, 특수관계인이 부당이득을

---

119) 대법원 2004. 6. 18.자 2001그132~135 결정.

얻은 경우 등이 해당할 것이다.

제219조 (특별한 이익을 주는 행위의 무효)

채무자가 자신 또는 제3자의 명의로 회생계획에 의하지 아니하고 일부 회생채권자·회생담보권자·주주·지분권자에게 특별한 이익을 주는 행위는 무효로 한다.

＊ 공정·형평한 차등 또는 평등의 원칙이 문제된 사례

- 공정·형평한 차등이 아니라고 판시한 경우: 회생담보권자의 권리를 감면하면서 주주에 대하여는 회생절차 중 이익배당만 금지한다는 조항만 둔 경우(서울고등법원 1984. 6. 11.자 84라41 결정, 우전탄좌개발 사건), 금융기관의 상거래채권을 일반대여금채권과 같은 취급을 한 경우(서울고등법원 2002. 8. 28.자 2002라24 결정, 고려산업개발 사건), 원래의 채권과 변제자 대위에 기한 채권에 차별을 둔 경우(서울고등법원 2002. 5. 31.자 2001라390 결정, 신화특수강 사건)

- 공정·형평한 차등이라고 판시한 경우: 부실경영의 책임 있는 지배주주 및 특수관계인의 구상금채권을 전액 면제하고 그 보유주식을 100% 무상소각한 경우(대법원 1999. 11. 24.자 99그66결정, 극동건설 사건) 상거래채권은 8년간 분할변제하고, 융통어음채무는 10년 후 일괄 변제하기로 정한 경우(서울고등법원 1997. 7. 11.자 97나95 결정, 효성다이아몬드 사건, 같은 취지의 서울고등법원 1999. 4. 26.자 99라29 결정, 삼립식품 사건), 주 채무는 10년 후부터 10년간 분할 상환하고 보증채무는 마지막(20년 후)에 변제하기로 정한 경우(서울고등법원 1998. 6. 25.자 98라90 결정, 건영 사건), 정리절차개시 후에 도래하는 사채이자채권을 보증인이 대위변제하고 구상금채권을 취득한 경우 사채이자채권 자체가 후순위채권이므로 이를 보증약정에 기한 사채원금채권과 차등을 두는 경우(대전고등법원 2000. 4. 10. 99라19 결정, 대농중공업 사건).

- 평등원칙에 반한다고 판시한 경우: 상거래 채권은 3년에 걸쳐 전부변제하고, 손해배상채권은 6년 후부터 14년간에 걸쳐 무이자로 변제하기로 정한 경우(대법원 1992. 6. 15.자 92그10 결정, 코리아타코마조선공업 사건), 일반회생담보권자에게는 7%의 이자를 주고 주택사업공제조합의 특정부동산과 관련된 회생담보권에 대하여는 10%의 이자를 주고 회생절차에 의하지 않은 변제계획을 정한 경우(대법원 1998. 8. 28.자 98그11 결정, 삼익 사건), 주 채무는 2년간 변제하기로 하면서

보증채무는 면제하기로 정한 경우(대법원 2000. 1. 5.자 99그35 결정, 아시아자동차 사건).

- 평등원칙에 반하지 않는 경우: 국민주택기금에서 대출된 채권은 주택건설촉진법에 따라 건설교통부장관으로부터 국민주택기금 운용·관리에 관한 사무를 주택은행이 위탁받아 대출한 것이므로 채권자는 국가가 아니고 주택은행이라는 이유로 일반채권 사이에 차등을 두지 않은 경우(서울고등법원 1999. 6. 2. 98라365 결정, 한보사건), 파산자인 금융기관과 일반채권 사이에 차별을 두지 않은 경우(1999. 4. 13.자 99라21 결정, 기아자동차 사건)

제2절 회생계획안의 제출

제220조 (회생계획안의 제출)

① 법원은 채무자의 사업을 계속할 때의 가치가 채무자의 사업을 청산할 때의 가치보다 크다고 인정하는 때에는 제1회 관계인집회의 기일 또는 그 후 지체 없이 관리인에게 기간을 정하여 채무자의 존속, 주식교환, 주식이전, 합병, 분할, 분할합병, 신회사의 설립 또는 영업의 양도 등에 의한 사업의 계속을 내용으로 하는 회생계획안의 제출을 명하여야 한다.

② 법원은 제1항의 규정에 의한 결정을 한 때에는 그 결정의 내용과 제221조제1항의 규정의 취지를 공고하여야 한다.

③ 법원은 신청에 의하거나 직권으로 제1항의 규정에 의한 기간을 늘릴 수 있다.

④ 관리인은 회생계획안을 작성할 수 없는 때에는 제1항 또는 제3항의 규정에 의한 기간 안에 이를 법원에 보고하여야 한다.

⑤ 제1항의 규정에 의하여 법원이 정하는 기간은 4월을 넘지 못한다. 다만, 채무자가 개인인 때에는 2월을 넘지 못한다.

⑥ 제3항의 규정에 의한 기간의 연장은 2월을 넘지 못한다. 다만, 채무자가 개인이거나 중소기업자인 때에는 1월을 넘지 못한다.

＊ 제출명령

법원은 사업의 계속가치가 청산가치보다 높을 경우에 회생계획안의 제출을 명해야 하므로, 명령시기를 정해 놓은 것은 없고, 이에 대한 판단이 서는 때가 제출명령을 하는 시기가 될 것인데, 불안정한 상태를 오래 지속시키지 말아야 하므로 최대한 빨리 해야 할 것이다.

＊ 제출권자

관리인은 법원의 명령에 따라 반드시 제출해야 하고, 그 외에 채무자, 목록에 기재되어 있거나 신고한 회생채권자, 회생담보권자, 주주, 지분권자도 제출할 수 있다(제221조). 부채가 자산을 초과하여 의결권이 없는 주주·지분권자도 후술(제221조)하는 바와 같이 회생계획안은 제출할 수 있다.

＊ 제출기간

법원은 제출명령 시 부채의 규모, 이해관계인의 다소, 협력 정도, 기타 회생계획안 제출을 위해서 계열회사의 기업개선작업상황을 고려해야 할 경우와 같은 회생절차 외적인 요소 등을 고려해서 제출기간을 결정하는데, 4월을 넘지 못하나(제5항)통상은 제1회관계인집회의 1~2개월 후로 정한다.

제출기간 연장이 필요한 사례는 많지 않으나 계열사의 기업개선작업결과 회생계획안이 대폭 변경될 경우, 함께 회생절차가 개시된 계열사의 진행이 더딘 경우, 제3자 인수협상결과를 지켜봐야 할 경우 등의 사유가 있으면 직권 또는 관리인의 신청에 의해 연장될 수 있을 것이다. 연장은 대기업의 경우 2개월, 중소기업의 경우는 1개월을 넘지 못하는데(제6항), 1회에 한하지 않고 수차 할 수 있으며, 그 결과 위 4개월 초과라도 부적법하지는 않다.

＊ 회생계획안의 미제출

제출기간 내 제출되지 않을 경우는 회생절차 폐지 사유가 되나, 폐지결정 전까지 제출되면 폐지결정 않아도 적법하다고 본다.

제221조 (회생채권자 등의 회생계획안 제출)

① 다음 각 호의 어느 하나에 해당하는 자는 제220조제1항의 규정에 의한 기간 안에 회

생계획안을 작성하여 법원에 제출할 수 있다.

1. 채무자

2. 목록에 기재되어 있거나 신고한 회생채권자·회생담보권자·주주·지분권자

② 제220조제3항 및 제6항의 규정은 제1항의 경우에 관하여 준용한다.

＊ 제출권자로서 관리인은 제출권자임과 동시에 의무자이고, 채무자 본인이나 회생채권자·회생담보권자 등도 제출할 수 있는데, 실무상으로는 회생절차개시신청을 한 측이 주도권을 갖고 작성하게 될 것이다.

＊ 주주의 경우 회사부채총액이 자산총액을 초과할 경우 의결권이 없어 회생계획안도 제출 못한다고 보아야 할 것이지만 실제 주주가치가 0이라고 단정키 어려운 점을 감안하면 인정해도 될 것이다.

＊ 제출권자가 여럿이므로 복수의 회생계획안이 제출될 수도 있는데, 이 경우 제출자 상호 간의 협의로 조정하든지, 제231조의 사유가 있음에도 제출자가 무리하게 제출을 유지하려 하면 법원이 배제할 수도 있고, 아니면 관계인집회에서 결의로 처리할 수밖에 없다.

제222조 (청산 또는 영업양도 등을 내용으로 하는 회생계획안)

① 법원은 채무자의 사업을 청산할 때의 가치가 채무자의 사업을 계속할 때의 가치보다 크다고 인정하는 때에는 다음 각 호의 어느 하나에 해당하는 자의 신청에 의하여 청산(영업의 전부 또는 일부의 양도, 물적 분할을 포함한다)을 내용으로 하는 회생계획안의 작성을 허가할 수 있다. 다만, 채권자 일반의 이익을 해하는 때에는 그러하지 아니하다.

1. 관리인

2. 채무자

3. 목록에 기재되어 있거나 신고한 회생채권자·회생담보권자·주주·지분권자

② 제1항의 규정은 회생절차개시 후 채무자의 존속, 합병, 분할, 분할합병, 신회사의 설립 등에 의한 사업의 계속을 내용으로 하는 회생계획안의 작성이 곤란함이 명백하게 된 경우에 관하여 준용한다.

③ 법원은 회생계획안을 결의에 부칠 때까지는 언제든지 제1항 또는 제2항의 규정에 의

한 허가를 취소할 수 있다.

④ 제236조제4항의 규정은 제1항 및 제2항에 의한 허가에 관하여 준용한다.

＊ 제도의 필요성

회생절차가 예정하고 있는 회생계획안은 회생을 전제로 하는 것이므로, 회생계획안 작성이 불가능할 경우에는 정리절차를 폐지하고 파산절차로 이행함이 원칙이나, 이 경우 그동안 진행된 절차가 무용으로 돌아가고, 시간 비용측면에서 큰 손해이므로 일정요건하에 청산을 내용으로 하는 계획안 작성을 허용해 파산절차를 회생절차에 수용하여 절차의 효율성과 경제성을 추구하고자 하는 것이다.

그러나 현행법이 파산절차에서 회생절차에서 이루어진 사항들을 그대로 활용할 수 있게 하고 있고, 청산형회생계획안의 가결요건이 까다로워서 이용은 제한적일 것이다.

＊ 구별

기업을 실질적으로 해체하는 것을 내용으로 하는 것이므로 법인격 소멸 여부만을 가지고 구별해선 안 된다. 신회사설립형, 흡수형, 분할형과도 다르다. 회사재산 일체를 매각해 채권자에게 분배하는 것도 회사는 존속하므로 청산형계획안과는 다르다.

결의요건에 있어 회생형은 의결권 총액의 4분의 3의 동의가 필요하나, 청산형은 의결권을 행사할 수 있는 자 전원의 동의가 필요하다.

파산과의 차이: 파산은 별제권, 우선권 있는 파산채권, 일반 파산채권, 후순위 청구권의 순서로 자동으로 변제순서가 정해지고, 선순위자가 완전 만족을 얻어야 후순위자에 대한 변제가 이루어지나, 청산형은 공정, 형평의 범위 내 차이가 있어 순위가 절대적이 아니다.

＊ 신청

계획안 작성제출권한자의 신청에 의하고, 계획안제출기간 경과 후도 폐지 전이면 신청가능하고, 회생형 계획안 심리 종결 후에도 신청가능하다.

＊ 요건

－사유: 청산가치가 계속기업가치보다 큰 경우나 회생형 계획안 작성이 곤란함이 명백한 경우(수익성이 없거나 이해관계인 다수의 동의를 얻기가 불가능한 경우)로서,

채권자일반의 이익을 해하지 않을 경우라야 한다. 파산으로 가는 것보다 이해관계인에 대한 실체적, 절차적 처우에 있어 현저히 균형을 잃는 경우는 허용되지 않을 것이다.

– 법원의 허가: 이해관계인에게 실체적 절차적 이익침해 우려가 크므로 법원의 허가를 받는 것이 필수이고, 법원의 결정에 불복할 수 없으며, 법원은 허가를 취소할 수 있다(제3항).

✽ 심리 및 결의

회생형과 달리 담보권자의 경우는 의결권총액의 5분의 4 이상 동의가 필요한데, 이는 담보권자는 파산의 경우 별제권자로 개별적 권리행사 가능이므로 요건이 강화된 것이나, 종전의 전원동의보다는 완화되었다(제237조).

제223조 (회생계획안의 사전제출)

① 채무자의 부채의 2분의 1 이상에 해당하는 채권을 가진 채권자는 회생절차개시의 신청이 있은 때부터 제1회 관계인집회의 기일 전날까지 회생계획안을 작성하여 법원에 제출할 수 있다.

② 법원은 제1항의 규정에 의하여 제출된 회생계획안(제228조 또는 제229조제2항의 규정에 의하여 회생계획안을 수정한 때에는 그 수정된 회생계획안을 말한다. 이하 이 조에서 "사전계획안"이라 한다)을 법원에 비치하여 이해관계인에게 열람하게 하여야 한다.

③ 사전계획안을 제출한 채권자 외의 채권자는 회생계획안의 결의를 위한 관계인집회의 기일 전날까지 그 사전계획안에 동의한다는 의사를 서면으로 법원에 표시할 수 있다.

④ 사전계획안을 제출하거나 제1회 관계인집회의 기일 전날까지 사전계획안에 동의한 채권자가 가진 채권의 총액이 목록에 기재되거나 신고된 회생채권 및 회생담보권의 3분의 2 이상에 해당하는 경우 제220조제1항의 규정에 의하여 법원이 정하는 기간은 같은 조 제5항의 규정에 불구하고 2월을 넘지 못하며, 같은 조 제3항의 규정에 의한 기간의 연장은 같은 조 제6항의 규정에 불구하고 1월을 넘지 못한다.

⑤ 사전계획안이 제출된 때에는 관리인은 법원의 허가를 받아 회생계획안을 제출하지 아니하거나 제출한 회생계획안을 철회할 수 있다.

⑥ 사전계획안을 제출하거나 그 사전계획안에 동의한다는 의사를 표시한 채권자(제1회 관계인집회의 기일 후 제3항의 규정에 의한 동의의사를 표시한 채권자를 포함한다)는 결의를 위한 관계인집회에서 그 사전계획안을 가결하는 때에 동의한 것으로 본다. 다만,

사전계획안의 내용이 그 채권자에게 불리하게 수정되거나, 현저한 사정변경이 있거나 그 밖에 중대한 사유가 있는 때에는 결의를 위한 관계인집회의 기일 전날까지 법원의 허가를 받아 동의를 철회할 수 있다.

✽ 사전제출이라 하여 일반적인 경우와 다른 것은 없고, 제출자와 동의자의 비율이 관리인이 조사 보고한 회생채권자와 담보권자의 3분의 2 이상에 해당할 때에는 동의 간주하고(제3, 6항), 회생계획 제출기간 및 연장기간이 단축되고(제4항), 관리인의 회생계획안 제출의무면제(제5항) 등 특칙을 두어 절차진행의 편리함과 회생계획인가결정에 소요되는 시간을 단축할 수 있는 점에 차이가 있다.

✽ 이 같이 특칙을 둔 것은 과반수를 넘는 채권자가 회생계획안을 제출하면 통과될 가능성이 많으므로 절차를 신속히 진행할 수 있게 하기 위함에서이다.

✽ 채권자가 사전계획안을 제출한 경우에, 나아가 계획안의 가결요건을 충족한 채권자가 사전계획안을 제출한 경우에도 회생법원이 회생계획안제출을 명해야 하는가의 문제가 있는데, 법원실무는 제출을 명하고 있다.

제224조 (회생계획안 심리를 위한 관계인집회)
회생계획안의 제출이 있는 때에는 법원은 그 회생계획안을 심리하기 위하여 기일을 정하여 관계인집회를 소집하여야 한다. 다만, 제240조의 규정에 의한 서면결의에 부치는 때에는 그러하지 아니하다.

✽ 제2회 관계인집회
회생계획안의 심리를 위한 관계인집회를 실무상 제2회 관계인집회라고 하는데, 본래 제출되는 회생계획안은 가결가능성을 염두에 두고 작성된 것이므로 이해관계인의 의견이 반영되어 있는 것이 일반적이나, 현실적으로 모든 이해관계인의 의견을 들을 수 없고, 이해관계인들도 법원에 제출된 계획안을 사전에 알 수 없으므로 결의 전에 제출자가 이해관계인들에게 내용을 알리고, 이에 대한 의견을 듣기 위해 마련된 절차이다.

✽ 관계인집회의 공고(제185조제1항), 통지(제182조제1항), 감독청 등에 대한 통지

와 의견진술(제183, 226조).

제225조 (회생계획안에 대한 의견청취)

제224조의 규정에 의한 관계인집회에서는 회생계획안의 제출자로부터 회생계획안에 대한 설명을 들은 후 법원은 다음 각 호의 자로부터 회생계획안에 대한 의견을 들어야 한다.

1. 관리인
2. 채무자
3. 목록에 기재되어 있거나 신고한 회생채권자·회생담보권자·주주·지분권자

＊ 계획안에 대한 관계인들의 의견은 듣는 것으로 족하고, 부동의하거나 의견이 없더라도 무관하다. 조세청구권의 경우 계획안에서 3년 이하 기간의 징수유예 등을 규정할 경우에는 법원은 조세권자의 의견을 청취하면 되나, 3년을 초과하는 기간 동안 징수유예 등을 할 경우에는 조세권자의 동의를 받아야 하므로(법 제140조), 이 경우에 조세권자가 부동의하면 계획안을 변경할 수밖에 없다.

제226조 (감독행정청 등의 의견)

① 법원은 필요하다고 인정하는 때에는 채무자의 업무를 감독하는 행정청, 법무부장관, 금융감독위원회 그 밖의 행정기관에 대하여 회생계획안에 대한 의견의 진술을 요구할 수 있다.

② 행정청의 허가·인가·면허 그 밖의 처분을 요하는 사항을 정하는 회생계획안에 관하여는 법원은 그 사항에 관하여 그 행정청의 의견을 들어야 한다.

③ 채무자의 업무를 감독하는 행정청, 법무부장관 또는 금융감독위원회는 언제든지 법원에 대하여 회생계획안에 관하여 의견을 진술할 수 있다.

＊ 종전의 실무는 기일통지와 함께 의견진술의 요구도 함께 해왔으나, 지금은 의견진술이 필요하다고 인정되는 경우에만 요구하고 있는데, 어떻든 의견진술의 기회를 주기 위해 법원은 감독행정청 등에게 관계인집회기일을 통지해야 한다(제183조).

계획안에 행정청의 인허가 사항이 있을 경우 인허가를 못 받으면 계획 수행 가능성이 없게 되므로 의견확인이 필요하다.

제227조 (채무자의 노동조합 등의 의견)

법원은 회생계획안에 관하여 다음 각 호의 어느 하나에 해당하는 자의 의견을 들어야 한다.

1. 채무자의 근로자의 과반수로 조직된 노동조합
2. 제1호의 규정에 의한 노동조합이 없는 때에는 채무자의 근로자의 과반수를 대표하는 자

✽ 실무에서는 과반수 대표 노조가 아니더라도 노조가 있으면 이 대표자의, 노조가 없더라도 노사협의회가 있으면 노측 대표자의 의견을 구하고 있다.

제228조 (회생계획안의 수정)

회생계획안의 제출자는 회생계획안의 심리를 위한 관계인집회의 기일 또는 제240조의 규정에 의한 서면결의에 부치는 결정이 있는 날까지는 법원의 허가를 받아 회생계획안을 수정할 수 있다.

✽ 회생계획안 제출자는 관계인의 의견을 참작하여 제2회관계인집회의 종결 시까지 법원의 허가를 받아 계획안의 수정을 할 수 있다.

✽ 관계인집회의 기일까지의 의미는 기일이 종료에 이를 때까지로 해석한다.

✽ 수정의 한계는 당초안과 본질적으로 다르지 않는 한 이해관계인에 대한 불리한 영향여부를 불문하고 수정 가능한 것으로 보아 존속형을 청산형으로 바꾸지 않는 한 넓게 허용하는 것이 실무이다.

제229조 (회생계획안의 수정명령)

① 법원은 이해관계인의 신청에 의하거나 직권으로 회생계획안의 제출자에 대하여 회생계획안을 수정할 것을 명할 수 있다.
② 제1항의 규정에 의한 법원의 명령이 있는 때에는 회생계획안의 제출자는 법원이 정하는 기한 안에 회생계획안을 수정하여야 한다.

✽ 수정명령의 신청시기에는 제한 없고 계획안 확정 전이면 언제나 가능하다.

✻ 법원은 신청에 구속되지는 않으나 기각하든 받아들이든 응답은 해야 하지만 이에 대한 불복은 허용되지 않는다.

✻ 제출자가 수정명령에 따르지 않을 경우 법원은 계획안을 배제하거나 관리인이 제출자인 경우 해임할 수는 있으나 계획안을 수정할 수는 없다.

제230조 (관계인집회의 재개)

① 회생계획안 심리를 위한 관계인집회의 기일 후에 제229조의 규정에 의한 수정이 있는 때에는 법원은 그 수정안을 심리하기 위하여 다시 기일을 정하여 관계인집회를 소집할 수 있다.
② 제225조의 규정은 제1항의 관계인집회에 관하여 준용한다.

제231조 (회생계획안의 배제)

회생계획안이 다음 각 호의 어느 하나에 해당하는 경우에는 법원은 회생계획안을 관계인집회의 심리 또는 결의에 부치지 아니할 수 있다.
1. 회생계획안이 법률의 규정을 위반한 경우
2. 회생계획안이 공정하지 아니하거나 형평에 맞지 아니한 경우
3. 회생계획안의 수행이 불가능한 경우

✻ 규정취지: 법원은 일정사유가 있는 경우 계획안을 집회에 부칠지 여부에 관한 재량권이 있는데, 이는 수정명령권을 실질적으로 보장하기 위한 것이다.

✻ 배제사유
  - 법규위반사유로는 필요적 기재사항 누락, 기재사항이 법규 저촉(회생채권기한 10년 초과 유예 등) 등이 있다.
  - 공정, 형평 위반사유로는 권리자 사이 우선순위 원칙을 위반한 경우가 있다.
  - 수행 불가능한 사유로는 계획안대로 해도 파탄상태 탈출이 불가능하거나 기업의 재정비는 되더라도 계획대로 될 가능성이 적은 경우가 있다.

✳ 시기, 방법

배제는 마지막 관계인집회기일 지정 전까지는 해야 하고, 방식은 결정으로 해야 한
다는 설과 사실상의 처리로 족하다는 설이 있는데 실무는 결정으로 하고 있다.

✳ 배제 효과

절차진행 중단되고 사후에 수정할 수도 없게 되며, 법원은 회생절차 폐지결정을 할
수 있고, 필요한 경우 다시 회생계획안 제출명령도 가능하다. 배제결정에 대한 불복방법
은 없고, 다른 계획안에 대한 인가결정 또는 폐지결정에 대한 불복으로 다툴 수 있다.

제232조 (회생계획안의 결의를 위한 관계인집회)

① 제224조 또는 제230조의 규정에 의한 관계인집회의 심리를 거친 회생계획안에 관하여
　 수정명령을 하지 아니하는 때에는 법원은 회생계획안에 관하여 결의를 하기 위하여 기
　 일을 정하여 관계인집회를 소집하여야 한다.
② 제1항의 경우 법원은 미리 그 계획안의 사본 또는 그 요지를 다음 각 호의 자에게 송
　 달하여야 한다.
　 1. 관리인
　 2. 채무자
　 3. 목록에 기재되어 있거나 신고한 회생채권자·회생담보권자·주주·지분권자(의결권을
　　 행사할 수 없는 자를 제외한다)
　 4. 회생을 위하여 채무를 부담하거나 담보를 제공하는 자
③ 제2항의 규정에 의한 송달은 서류를 우편으로 발송하여 할 수 있다.
④ 제3항의 송달에 관하여는 제8조제4항·제5항의 규정을 준용한다.

✳ 제3회 관계인집회

제2회 관계인집회에서 심리를 마친 계획안에 대하여 이해관계인들의 찬부를 묻는
절차이나, 이를 위한 부수절차인 의결권에 대한 이해관계인의 이의에 대한 법원의 결
정, 회생을 위하여 채무를 부담하는 자 등의 출석·진술, 계획안이 가결되지 않을 경
우에 다시 계획안을 변경하여 결의에 부치거나 속행기일을 지정하는 법원의 결정절차
등도 진행된다.

✻ 실무상 신속한 절차진행을 위하여 대부분의 경우 2, 3회관계인집회와 추완신고 된 회생채권 등에 관한 특별조사기일을 병합하여 실시하고 있다.

제233조 (회생을 위하여 채무를 부담하는 자 등의 출석)

① 회생을 위하여 채무를 부담하거나 담보를 제공하는 자는 제232조제1항의 규정에 의한 기일에 출석하여 그 뜻을 진술하여야 한다. 다만, 정당한 사유가 있는 때에는 대리인을 출석하게 할 수 있다.

② 제1항 단서의 규정에 의한 대리인은 대리권을 증명하는 서면을 제출하여야 한다.

③ 제240조의 규정에 의한 서면결의에 부치는 때에는 그 채무를 부담하거나 그 담보를 제공하는 자의 동의를 얻어 회생계획안에 그 내용을 정함으로써 제1항의 규정에 의한 진술에 갈음한다.

✻ 채무자 이외의 자로서 회생을 위하여 채무를 부담하거나 담보를 제공하는 자가 있는 경우 그 뜻을 확실하게 확인해두지 않으면 나중에 문제가 생길 경우 회생계획 전체가 영향을 받으므로 기일에 진술하도록 한 것이고, 진술이 없으면 채무부담이나 담보제공의 효력이 없다.

제234조 (회생계획안의 변경)

회생계획안의 제출자는 회생채권자·회생담보권자·주주·지분권자에게 불리한 영향을 주지 아니하는 때에 한하여 제232조제1항의 규정에 의한 관계인집회에서 법원의 허가를 받아 회생계획안을 변경할 수 있다.

✻ 변경신청권자는 회생계획안의 제출자이다.

✻ 변경할 수 있는 시기는 회생계획안이 가결되기 전 관계인집회에서 해야 한다.

✻ 변경의 한계

변경은 이해관계인에게 불리한 영향을 주지 않는 경우에 한한다. 불리한 영향을 주는 경우란 해당 이해관계인의 권리에 관한 조항이 변경되어 실질적으로 불리하게 되는 경우를 말하고, 다른 사람이나 다른 조와의 관계에서 지위가 저하되는 것은 포함되지 않는다. 계획안의 수정이 이해관계인의 유·불리를 불문하는 것과 다르다.

＊ 변경절차는 계획안 제출자가 관계인집회에서 법원에 신청하고, 법원은 허부 결정하는 방식으로 진행된다.

제3절 회생계획안의 결의

제235조 (결의의 시기)

회생계획안은 조사기간의 종료 전에는 결의에 부치지 못한다.

제236조 (결의의 방법과 회생채권자 등의 분류)

① 제232조제1항의 규정에 의하여 관계인집회에서 결의하거나 제240조의 규정에 의하여 서면결의에 의하는 때에는 회생채권자·회생담보권자·주주·지분권자는 제2항, 제3항 및 제5항의 규정에 의하여 분류된 조별로 결의하여야 한다.

② 회생채권자·회생담보권자·주주·지분권자는 회생계획안의 작성과 결의를 위하여 다음 각 호의 조로 분류한다. 다만, 제140조제1항 및 제2항의 청구권을 가진 자는 그러하지 아니한다.

  1. 회생담보권자

  2. 일반의 우선권 있는 채권을 가진 회생채권자

  3. 제2호에 규정된 회생채권자 외의 회생채권자

  4. 잔여재산의 분배에 관하여 우선적 내용을 갖는 종류의 주식 또는 출자지분을 가진 주주·지분권자

  5. 제4호에 규정된 주주·지분권자 외의 주주·지분권자

③ 법원은 제2항 각 호의 자가 가진 권리의 성질과 이해관계를 고려하여 2개 이상의 호의 자를 하나의 조로 분류하거나 하나의 호에 해당하는 자를 2개 이상의 조로 분류할 수 있다. 다만, 회생담보권자·회생채권자·주주·지분권자는 각각 다른 조로 분류하여야 한다.

④ 다음 각 호의 어느 하나에 해당하는 자는 제3항의 규정에 의한 분류에 관하여 의견을 진술할 수 있다.

1. 관리인
2. 채무자
3. 목록에 기재되어 있거나 신고한 회생채권자·회생담보권자·주주·지분권자

⑤ 법원은 회생계획안을 결의에 부칠 때까지는 언제든지 제2항 및 제3항의 규정에 의한 분류를 변경할 수 있다.

⑥ 제163조의 규정은 제3항 및 제5항의 규정에 의한 결정의 송달에 관하여 준용한다. 다만, 관계인집회의 기일에 선고가 있는 때에는 송달을 하지 아니할 수 있다.

✽ 실무상 제2항의 제2, 4호에 해당하는 이해관계인은 거의 없어 결국은 회생담보권자, 회생채권자, 주주의 조로 분류되는 경우가 대부분이다.

✽ 조분류에 관한 관리인 등의 의견진술(제4항)에 관하여 법원은 구속되지 않고, 법원의 조분류에 관한 결정에는 불복할 수 없다. 다만 법원은 이들의 의견을 반영하여 회생계획안을 결의에 부칠 때까지는 조분류를 변경할 수 있다(제5항).

제237조 (가결의 요건)

관계인집회에서는 다음 각 호의 구분에 의하여 회생계획안을 가결한다.
1. 회생채권자의 조
   의결권을 행사할 수 있는 회생채권자의 의결권의 총액의 3분의 2 이상에 해당하는 의결권을 가진 자의 동의가 있을 것
2. 회생담보권자의 조
   가. 제220조의 규정에 의한 회생계획안에 관하여는 의결권을 행사할 수 있는 회생담보권자의 의결권의 총액의 4분의 3 이상에 해당하는 의결권을 가진 자의 동의가 있을 것
   나. 제222조의 규정에 의한 회생계획안에 관하여는 의결권을 행사할 수 있는 회생담보권자의 의결권의 총액의 5분의 4 이상에 해당하는 의결권을 가진 자의 동의가 있을 것
3. 주주·지분권자의 조
   회생계획안의 가결을 위한 관계인집회에서 의결권을 행사하는 주주·지분권자의 의결권의 총수의 2분의 1 이상에 해당하는 의결권을 가진 자의 동의가 있을 것

✽ 결의대상은 회생계획안 전체이지, 계획안을 부분별로 또는 각 조항마다 결의를 하는 것은 아니다. 부분 동의는 결국 부동의한 것으로 보아야 한다.

＊ 의결권총액은 출석여부와 상관없이 의결권을 행사할 수 있는 전원의 의결권액이다.

＊ 찬부의 의사표명은 기일에 출석해서 하여야 하는데, 투표·기립·거수 등 형식에 제한이 없다. 찬부의견을 서면제출하고 출석하지 않은 경우는 결의에 참가하지 않은 것으로 되나, 사전계획안의 경우 예외가 인정된다(제223조).

＊ 조별결의와 관련 회생채권자조를 우선권 있는 조와 후순위채권자조 등 여러 개로 나누어 결의했을 경우라도 의결요건은 차이가 없다.

제238조 (속행기일의 지정)

관계인집회에서 회생계획안이 가결되지 아니한 경우 다음 각 호의 자가 모두 기일의 속행에 동의한 때에는 법원은 관리인 또는 채무자나 의결권을 행사할 수 있는 회생채권자·회생담보권자·주주·지분권자의 신청에 의하거나 직권으로 속행기일을 정할 수 있다.
1. 회생채권자의 조에서 의결권을 행사할 수 있는 회생채권자의 의결권의 총액의 2분의 1 이상에 해당하는 의결권을 가진 자
2. 회생담보권자의 조에서 의결권을 행사할 수 있는 회생담보권자의 의결권의 총액의 3분의 2 이상에 해당하는 의결권을 가진 자
3. 주주·지분권자의 조에서 의결권을 행사하는 주주·지분권자의 의결권의 총수의 3분의 1 이상에 해당하는 의결권을 가진 자

＊ 계획안이 가결되지 않을 경우 기일 속행, 권리보호조항을 적용한 계획인가(제244조), 회생절차 폐지(제286조)가 가능하다.

＊ 속행필요성

회생절차폐지에 따른 손실이 크므로, 부결된 회생계획안이 변경될 여지가 있고, 이를 근거로 이해관계인 사이에 추가적 절충이나 협의가능성이 있다면 한 번 더 결의의 기회를 부여하는 것이 합리적일 것이므로 실무는 원칙적으로 속행기일을 정한다.

다만 법은 2개월의 가결기간 제한만 두고 있고, 연장회수는 기간 내인 한 제한이 없는 것으로 해석되고 있지만, 실무는 속행기일은 기간 내라도 1회만 지정하고 있는

데, 이는 이해관계인들이 자기에게 유리하게 변경될 것을 기대해 최종안을 내지 않아 속행기일이 반복되는 결과를 막기 위함에서이다. 다만 요건을 갖춘 속행기일지정신청이 있는 경우 속행기일을 지정해야 하므로 최초의 속행기일을 가결기간 종료일에 임박하여 지정하는 방법으로 재속행은 없다는 법원의 의지를 보이고 있다.

＊ 속행요건

회생계획안이 가결되지 않을 것과 속행에 대하여 각 조에서 법정다수의 동의가 있으면 된다. 가결되지 않은 것은 표결이 이르지 않은 경우가 아니고 표결은 했으나, 하나 이상의 조에서 법정 다수의 동의를 얻지 못한 경우를 말한다. 계획안 변경의 필요성은 요건이 아니다.

＊ 속행기일지정

속행기일은 이해관계인 신청 또는 법원 직권으로 각 조별 찬부의견을 물어 요건 충족이면 바로 지정한다.

＊ 속행기일진행

속행기일에서는 계획안의 변경, 재결의(종전 동의 불문 모든 조에 대하여 재결의를 얻어야 한다.)절차가 있게 된다. 여기서의 변경은 수행 가능성이 있는 범위 내에서만 가능하므로, 단지 이해관계인들의 동의만을 얻기 위하여 회사의 영업능력을 넘어 과도하게 많은 채무를 변제하는 내용으로 계획안을 변경하는 것은 허용될 수 없다. 재결의는 종전 동의 불문 모든 조에 대하여 다시 동의 여부를 물어야 한다.

제239조 (가결의 시기)

① 회생계획안의 가결은 제232조제1항의 규정에 의한 관계인집회의 제1기일부터 2월 이내에 하여야 한다.

② 법원은 필요하다고 인정하는 때에는 계획안제출자의 신청에 의하거나 직권으로 제1항의 규정에 의한 기간을 늘릴 수 있다. 이 경우 그 기간은 1월을 넘지 못한다.

③ 회생계획안의 가결은 회생절차개시일부터 1년 이내에 하여야 한다. 다만, 불가피한 사유가 있는 때에는 법원은 6월의 범위 안에서 그 기간을 늘릴 수 있다.

✽ 제3회 관계인집회의 제1기일은 제3회 관계인집회를 위해 최초로 지정된 기일로 이 기일이 연기되거나 변경되어도 변함없다.

✽ 기일연장은 제3회 관계인집회의 제1기일로부터 거듭하여 연장할 수 있으나 합산하여 1개월을 넘지 못하고(제2항 후단), 최종 가결기간은 회생절차개시일로부터 1년 6개월을 넘지 못한다(제3항 후단). 연장은 결정으로 해야 하고, 관계인집회에서 연장결정을 고지한 경우에는 송달할 필요가 없지만, 법정 외에서 결정한 경우에는 신청인에게 송달해야 한다.

제240조 (서면에 의한 결의)

① 법원은 회생계획안이 제출된 때에 상당하다고 인정하는 때에는 회생계획안을 서면에 의한 결의(이하 이 편에서 "서면결의"라 한다)에 부치는 취지의 결정을 할 수 있다. 이 경우 법원은 그 뜻을 공고하여야 한다.

② 제1항의 규정에 의한 서면결의를 결정한 때에는 법원은 제182조제1항에 규정된 자에 대하여 회생계획안의 사본 또는 그 요지를 송달함과 동시에 의결권자에 대하여는 회생계획안에 동의하는지 여부와 인가 여부에 관한 의견, 회생계획안이 가결되지 아니한 경우 속행기일의 지정에 동의하는지 여부를 법원이 정하는 기간(이하 이 조에서 "회신기간"이라 한다)안에 서면으로 회신하여야 한다는 뜻을 기재한 서면을 송달하여야 한다. 이 경우 회신기간은 제1항의 규정에 의한 결정일부터 2월을 넘을 수 없다.

③ 제2항의 규정에 의한 송달은 서류를 우편으로 발송하여 할 수 있다.

④ 제2항의 규정에 의하여 회생계획안을 송달한 때에는 제224조의 회생계획안 심리를 위한 관계인집회가 완료된 것으로 본다.

⑤ 회신기간 안에 회생계획안에 동의한다는 뜻을 서면으로 회신하여 법원에 도달한 의결권자의 동의가 제237조의 규정에 의한 가결요건을 충족하는 때에는 그 회생계획안은 가결된 것으로 본다.

⑥ 제188조제1항 내지 제3항 및 제189조의 규정은 서면결의에 관하여 준용한다.

⑦ 서면결의로 가결되지 아니한 회생계획안에 대하여 제238조의 규정에 의한 속행기일이 지정된 때에는 속행기일에서 결의에 부쳐야 하고 다시 서면결의에 부칠 수 없다.

✽ 규정취지: 회생계획안의 결의와 관련 종전에는 관계인집회에 직접 출석하여 의결권을 행사하는 방법만이 있었으나, 법원이 상당하다고 인정하는 경우에는 서면에

의한 결의에 부칠 수 있도록 하여 절차의 효율화 신속화를 도모하고 있다.

상당한 경우는 채권자의 수, 지리적 분포 등을 고려하여 결정할 것인데, 채권자의 수가 너무 많아 한자리에 모여 심리, 결의를 한다는 것이 곤란한 경우, 채권자의 수가 적고 관심도 없어 관계인집회를 개최해도 출석할 것으로 보이지 않는 경우, 결의 전에 각 채권자들에게 계획안에 대하여 설명과 동의를 얻어 가결될 것으로 예상되는 경우 등이 있다.

✻ 일본의 경우 관계인집회와 서면결의를 병행할 수 있는 것으로 규정되어 있는데, 우리는 그런 규정이 없으므로 병행할 수는 없고, 관계인집회에 출석하지 못할 경우 대리인을 보내거나, 미리 대리위원을 선임하여(제142조) 의결권을 행사할 수 있을 것이다.

✻ 의결권에 대한 이의 문제

서면결의에 의할 경우 관계인집회가 생략되므로 의결권자들이 출석하여 법원에 이의를 제기할 기회가 없으므로 이를 어떻게 해결할 것인지가 문제된다.

일본의 경우는 서면결정의 취지를 송달하기 전에 법원이 회생채권이나 회생담보권으로 확정되지 아니한 권리 및 목록에 기재되거나 신고된 주식·지분권에 관하여 의결권을 행사하게 할 것인지 여부 또는 의결권을 행사하게 할 액 또는 그 수를 결정하여 이를 관계된 회생채권자·회생담보권자에게 송달하고, 이에 이의가 있는 자는 법원에 서면으로 이의를 진술하여 위 결정의 변경을 신청하게 하고 있다.

이에 대하여 우리 법은 달리 정함이 없으므로, 제187조의 이의권자들이 알아서 회신기간에 끝나기 전에 서면으로 이의하는 수밖에 없고, 법원이 서면결의 통지를 하면서 회신기간 전에 이의할 것을 환기시키는 수밖에 없다. 이렇게 될 경우 이의권자들의 해태로 조사절차에서 이의가 제기된 사람이 의결권을 행사하게 되는 상황이 벌어질 수도 있으나[120], 조사절차에서 이의가 제기된 사람에 대하여는 관리인이 필히 이의하여 그런 일이 벌어지지 않도록 해야 할 것이다.

---

120) 법 제188조제2항의 이의는 조사절차에서의 이의가 아니고 결의를 위한 절차에서의 이의를 뜻하므로(법 제187조) 조사절차에서 이의가 제기되었어도 결의절차에서 이의가 제기되지 않으면 이의가 없는 의결권이 되기 때문이다.

＊ 불통일 행사(제6항)

서면결의에서도 불통일 행사를 할 수 있는데, 이 경우는 찬반의견을 집계하는데 미리 준비할 필요가 없으므로 불통일행사여부를 미리 신고할 필요가 없는 것으로 볼 것이다(제189조제2항).

＊ 부결된 경우의 조치

회생절차의 폐지(제286조제1항제4호)가 원칙이나, 일정관계인들이 모두 기일의 속행에 동의한 때에는 관리인 등의 신청 또는 직권으로 관계인집회의 속행기일을 정할 수 있다(제286조제1항제4호, 제238조).

제241조 (회생계획안이 가결된 경우의 법인의 존속)

청산중이거나 파산선고를 받은 사단법인 또는 재단법인인 채무자에 대하여 회생절차가 개시되어 회생계획안이 가결된 때에는 그 사단법인은 정관의 변경에 관한 규정에 따라, 재단법인은 주무관청의 인가를 받아 법인을 존속하게 할 수 있다.

제4절 회생계획의 인가 등

제242조 (회생계획의 인가 여부)

① 관계인집회에서 회생계획안을 가결한 때에는 법원은 그 기일에 또는 즉시로 선고한 기일에 회생계획의 인가 여부에 관하여 결정을 하여야 한다.

② 제1항의 규정에 의한 기일에서 다음 각 호의 어느 하나에 해당하는 자는 회생계획의 인가 여부에 관하여 의견을 진술할 수 있다.

  1. 제182조제1항 각 호의 자

  2. 채무자의 업무를 감독하는 행정청·법무부장관 및 금융감독위원회

③ 회생계획의 인가 여부의 기일을 정하는 결정은 선고를 한 때에는 공고와 송달을 하지 아니할 수 있다.

④ 서면결의에 의하여 회생계획안이 가결된 때에는 법원은 지체 없이 회생계획의 인가 여부에 관하여 결정을 하여야 한다.

⑤ 법원은 제4항의 규정에 의하여 회생계획의 인가 또는 불인가의 결정을 한 때에는 제

182조제1항 각 호의 자에 대하여 그 주문 및 이유의 요지를 기재한 서면을 송달하여야 한다.

＊ 인가시기: 회생계획에 대한 인부결정을 위해서는 법원이 그 계획안이 인가에 필요한 요건을 갖추고 있는지 여부를 심사할 시간이 필요하지만, 실무에서는 회생계획안을 관계인집회에 부치기 전에 법원이 미리 회생계획인가요건을 감안하여 심사하므로, 회생계획안이 관계인집회에서 가결되면 바로 그 자리에서 인가하고 있다.

그러나 예컨대 두 계열사의 회생계획안이 가결될 것을 조건으로 한 회생계획안인데, 한 회사 것만이 가결된 경우나, 제3자인수를 내용으로 하는 회생계획안이 가결되었는데, 인수계획을 마무리하기 위하여 몇 가지 절차가 남아 있어 아직 수행 가능성을 장담할 수 없는 경우 등에는 인가요건을 심사하기 위한 시간이 필요하므로, 계획안이 가결된 관계인집회에서 바로 회생계획인가기일을 선고한다.

관계인집회에서 인가기일을 선고하므로 따로 공고나 소환할 필요는 없다. 이 기일의 변경은 가능하다.

＊ 의견진술: 제182조제1항의 각자(관리인, 조사위원, 채무자, 신고한 회생채권자, 담보권자, 주주, 지분권자)에게 의견진술 기회를 주는 것은 이들이 계획인부결정에 의하여 권리에 영향을 받기 때문이고, 행정청 등에게는 인가요건의 존부를 판단함에 있어 이들의 의견을 참고하기 위하여 진술의 기회를 주는 것이다.

＊ 서면결의에 의한 경우: 제240조제2항에 의한 회신기간이 경과한 다음날 회생계획안이 서면결의에 의하여 가결되었음이 확인되면 즉시 회생계획을 인가하게 되고 따로 인가기일을 정할 필요는 없다.

제243조 (회생계획인가의 요건)
① 법원은 다음의 요건을 구비하고 있는 경우에 한하여 회생계획인가의 결정을 할 수 있다.
　1. 회생절차 또는 회생계획이 법률의 규정에 적합할 것
　2. 회생계획이 공정하고 형평에 맞아야 하며 수행이 가능할 것
　3. 회생계획에 대한 결의를 성실·공정한 방법으로 하였을 것
　4. 회생계획에 의한 변제방법이 채무자의 사업을 청산할 때 각 채권자에게 변제하는

것보다 불리하지 아니하게 변제하는 내용일 것. 다만, 채권자가 동의한 경우에는 그러하지 아니하다.

5. 합병 또는 분할합병을 내용으로 한 회생계획에 관하여는 다른 회사의 주주총회 또는 사원총회의 합병계약서 또는 분할합병계약서의 승인결의가 있었을 것. 다만, 그 회사가 주주총회 또는 사원총회의 승인결의를 요하지 아니하는 경우를 제외한다.

6. 회생계획에서 행정청의 허가·인가·면허 그 밖의 처분을 요하는 사항이 제226조제2항의 규정에 의한 행정청의 의견과 중요한 점에서 차이가 없을 것

7. 주식의 포괄적 교환을 내용으로 하는 회생계획에 관하여는 다른 회사의 주주총회의 주식의 포괄적 교환계약서의 승인결의가 있을 것. 다만, 그 회사가 「상법」 제360조의9(간이주식교환) 및 제360조의10(소규모 주식교환)의 규정에 의하여 주식의 포괄적 교환을 하는 경우를 제외한다.

② 회생계획의 인가 여부 결정에 이르기까지의 절차가 법률의 규정에 위반되는 경우에도 그 위반의 정도, 채무자의 현황 그 밖의 모든 사정을 고려하여 회생계획을 인가하지 아니하는 것이 부적당하다고 인정되는 때에는 법원은 회생계획인가의 결정을 할 수 있다.

✻ 요건 판단의 기준시점

이는 인부결정을 하는 시점이 되는데, 인부결정에 즉시항고가 있으면 항고심 재판시점, 환송심에서는 환송심 재판시점이 될 것이고, 항고, 환송 재판시점까지 발생한 사정을 고려해 판단해야 한다.

✻ 판단자료

이는 직권조사하는데, 주로 조사위원의 조사보고서, 관리인의 보고서, 회사의 재산 및 영업활동에 관한 자료, 계획안 내용과 이에 대한 이해관계인의 의견 등이 그 자료가 될 것이고, 실무에서는 회생계획의 수행 가능성에 대하여 회계법인으로 하여금 검토하게 해 이를 주요 자료로 삼고 있다.

✻ 판단의 확신정도

이는 사실의 존부에 관해 판결절차에서의 사실의 증명 정도가 되어야 하고, 종전에 관련 사실에 관한 판단이 있었다고 해도, 이후 변화된 사정을 고려해야 하므로 종전의 판단에 구속되지는 않는다.

＊ 요건사유

- 법규합치(제1호): 절차의 법규합치 여부가 문제되는 경우로는 결의시기 위법, 조분류 위법, 가결요건 흠결, 속행기일지정 위법 등이 있는데, 절차당시 하자가 있어도 인부결정 시까지는 치유가능하다.[121] 소환받지 못했지만 기일에 출석해 이의 없이 결의에 참석한 경우가 그 예이다.

  계획의 법규합치 여부가 문제되는 경우로는 예컨대 조세채권 권리변경 시 징수권자의 동의를 얻지 않은 경우가 있다.

- 계획의 공정, 형평(제2호 전단): 이 점은 제1호 후단의 사유가 될 것이나 그 중요성 때문에 따로 정한 것인데, 계획안을 작성할 때 검토되므로 인가할 때에 문제되는 경우는 별로 없다.

- 계획의 수행 가능(제2호 후단): 이것도 전단과 마찬가지이다.

  계획의 수행 가능성이란 계획을 모두 이행하고 회생절차에서 벗어나더라도 정상기업으로서 건전한 재무상태와 자본구성을 유지할 수 있는 능력을 갖추는 것을 말한다. 수행 가능성의 핵심은 계획을 모두 이행할 수 있는가에 있고, 계획의 이행은 사업을 계속하면서 변제자금을 조달하여 회생채권을 변제하는 데 있으므로, 결국 적절히 자금을 조달할 수 있는가가 수행 가능성 판단의 핵심이 된다.

  실제는 절차진행과정에서 수행 가능성을 충분히 검토할 것이다.

- 결의의 성실·공정(제3호): 이는 제1호의 결의절차요건의 흠결로 볼 수 있지만 그 중요성 때문에 독립한 인가요건으로 했다. 예컨대 관리인, 이해관계인이 의결권자에게 사기, 협박, 공갈, 금전 기타 특별이익 제공 등의 행위를 했을 경우 의결권자의 진정의사라고 볼 수 없어 불인가할 것이나,[122] 가결과의 사이에 인과관계 없으면 인가할 수 있을 것이다.

- 청산가치의 보장(제4호)

 : 의의 - 회생절차에 들어가는 것이 청산하는 것보다 채권자에게 불리하지 않아야 하나, 채권자가 동의할 경우는 예외이다(제4호). 과거에는 이 규정이 없어 다수의

---

121) 대법원 1992. 6. 15.자 92그10결정: 관계인집회기일소환장과 정리계획안이 한 정리채권자에게 송달되지 않았으나 가결요건을 훨씬 상회하는 비율의 찬성으로 가결된 경우는 위 절차상의 하자는 가결에 영향을 미칠 정도로 중대한 하자가 있는 경우가 아니다.
    대법원 2005. 6. 15.자 2004그84 결정: 수권자본의 확충 등 정관변경을 내용으로 하는 정리계획변경이 주주에게 실질적으로 불리한 영향을 미치는 경우 관계인집회의 개최 및 주주조의 결의를 거치지 않은 정리계획변경은 위법하다.

122) 대법원 2005. 3. 10.자 2002그32 결정.

채권자가 청산가치에 못 미치는 내용의 정리계획에 동의하는 경우에 소수의 채권자들이 피해를 보게 되는 문제점이 있었는데, 이 규정을 두어 소수채권자를 보호하는 한편, 채무자로 하여금 파산보다는 채권자에게 이익이 되도록 변제할 것을 강제함으로써 채무자의 도덕적 해이를 방지하는데도 기여할 수 있게 되었다.

이는 재산권의 본질적 내용이 훼손되는 것을 막으려면 최소한 권리자가 채무자의 재산에 대하여 가지는 청산가치가 보장되어야 한다는 것을 근거로 한다.[123]

: 내용 - 청산가치를 보장한다는 것은 회생채권자들이 파산하여 청산할 때 받을 수 있는 배당액보다는 많이 변제받는 내용으로 회생계획이 작성되어야 한다는 것이다. 이는 모든 채권자에 대한 변제의 총액만이 아니고 개별 채권자에 대한 변제액에 대하여도 충족되어야 한다. 그래야만 같은 조건의 채권자들에게 공정·형평한 차등을 두는 것이 합리화될 수 있기 때문이다.

청산가치를 보장하고 있는지 여부를 판단하는 시점과 관련, 공익채권 등의 발생, 영업가치의 하락 등의 이유로 개시시점보다 인가시점의 청산가치는 하락하는 것이 보통이므로 어느 시점을 기준으로 할 것인지 문제가 되는데, 회생계획의 변제조건이 회생계획 작성 기준일의 청산가치를 넘는 경우면 청산가치를 보장하는 것으로 보는 것이 옳다.

- 합병을 내용으로 하는 계획이면 합병절차요건이 충족해야 하는데, 정상회사면 상법상 합병절차, 회생회사면 합병내용의 회생계획 가결이 필요하다(제5호).
- 행정청 허가 등이 필요한 경우에 이것이 없으면 계획 수행 가능성이 없게 되므로 불인가 사유가 된다(제6호).
- 주식 포괄 교환 시 상대회사 요건 충족 여부가 인가의 조건이 될 것이다(제7호).

＊ 재량인가(제2항): 이는 경미한 절차하자로 인한 불인가할 경우 그동안의 절차를 통하여 가결된 회생계획이 수포로 돌아가는 불이익을 시정한다는 데 의미가 있다.

제244조 (동의하지 아니하는 조가 있는 경우의 인가)

① 회생계획안에 관하여 관계인집회에서 결의하거나 제240조의 규정에 의한 서면결의에 부치는 경우 법정의 액 또는 수 이상의 의결권을 가진 자의 동의를 얻지 못한 조가 있는 때에도 법원은 회생계획안을 변경하여 그 조의 회생채권자·회생담보권자·주주·

---

123) 대법원 2005. 11. 14.자 2004그31 결정.

지분권자를 위하여 다음 각 호의 어느 하나에 해당하는 방법에 의하여 그 권리를 보호하는 조항을 정하고 회생계획인가의 결정을 할 수 있다.

1. 회생담보권자에 관하여 그 담보권의 목적인 재산을 그 권리가 존속되도록 하면서 신회사에 이전하거나 타인에게 양도하거나 채무자에게 유보하는 방법

2. 회생담보권자에 관하여는 그 권리의 목적인 재산을, 회생채권자에 관하여는 그 채권의 변제에 충당될 채무자의 재산을, 주주·지분권자에 관하여는 잔여재산의 분배에 충당될 채무자의 재산을 법원이 정하는 공정한 거래가격(담보권의 목적인 재산에 관하여는 그 권리로 인한 부담이 없는 것으로 평가한다) 이상의 가액으로 매각하고 그 매각대금에서 매각비용을 공제한 잔금으로 변제하거나 분배하거나 공탁하는 방법

3. 법원이 정하는 그 권리의 공정한 거래가액을 권리자에게 지급하는 방법

4. 그 밖에 제1호 내지 제3호의 방법에 준하여 공정하고 형평에 맞게 권리자를 보호하는 방법

② 회생계획안에 관하여 관계인집회에서 결의하거나 제240조의 규정에 의한 서면결의에 부치는 경우 회생계획안의 가결요건을 충족하는 데에 필요한 동의를 얻지 못할 것이 명백한 조가 있는 때에는 법원은 회생계획안을 작성한 자의 신청에 의하여 미리 그 조의 회생채권자·회생담보권자·주주·지분권자를 위하여 제1항 각 호의 방법에 의하여 그 권리를 보호하는 조항을 정하고 회생계획안을 작성할 것을 허가할 수 있다.

③ 제2항의 규정에 의한 신청이 있는 때에는 법원은 신청인과 동의를 얻지 못할 것이 명백한 조의 권리자 1인 이상의 의견을 들어야 한다.

＊ 제도의 의의

권리의 순위에 따라 조를 구성해 조별로 계획에 대한 동의 여부 결의를 하도록 했는데, 어느 한조의 부동의로 계획안이 부결되었다고 폐지에 들어간다면 그동안의 노력을 허사로 만드는 것이고, 가급적 기업의 해체를 피하고 재정적으로 궁핍하지만 경제적으로 갱생의 가치가 있는 기업을 정리 재건시키려는 법 취지에도 맞지 않으므로, 부결조의 권리를 보호하는 조건으로 계획을 인가할 수 있는 재량을 법원에 부여한 것이다.

보호대상이 되는 권리는 청산가치이므로 선순위자에게는 부당한 양보요구로부터 최소한의 권리를 지키는 기능, 후순위자에게는 계획안에 대한 반대를 억제하는 기능을 한다.

* 권리보호조항 설정 요건

- 일부 조의 부동의: 모든 조가 부동의하면 폐지로 갈 것이고, 모든 조가 동의해도 어느 조의 결의가 불성실, 불공정했을 경우는 불인가하지 않고, 그 조에 부동의가 있는 것으로 보고 권리보호조항 적용할 것이다.

  모든 조의 동의를 얻었는데 제243조의 인가요건을 갖추지 못한 경우에 관하여 법은 일부조의 부동의가 있는 경우만을 규정하고 있으므로 문제가 되는데, 대법 원은 모든 조의 동의를 얻었으나 특정채권자가 공정·형평에 반하는 계획으로 인 하여 불이익을 받았을 경우에는 그를 위해 공정·형평에 맞는 권리보호조항을 정 하여 인가할 수 있다고 본다.[124)

- 권리보호조항의 설정: 법원직권으로 해당 조 권리자 전원에게 설정(반대한 자에 게만 설정하는 것은 아님)해야 한다. 권리보호의 정도에 관하여 법은 공정한 거 래가격(제244조제1항)을 기준으로 하고 있으나, 판례는 보호의 대상이 되는 권리 의 실질적 청산가치로 보고 있다.[125)

- 인가요건 구비: 가결요건의 흠결을 보완하는 것이므로 인가요건 구비여부는 별개 문제이다. 특히 변제조건의 일부 상향을 수반할 것이므로 수행 가능성을 재검토 해야 한다.

- 심리나 결의 불요: 권리보호조항 설정해 인가하는 것은 법원의 재량이어서 관계 인집회의 심리나 결의가 필요 없고, 적용 여부에 대한 불복은 불허한다.

  따라서 권리보호조항을 적용하지 않고 회생절차를 폐지한 것은 잘못이라거나, 권 리보호조항을 넣어 인가한 것은 잘못이라는 이유로는 항고할 수 없지만, 권리보 호조항이 보호에 부족하다거나, 권리보호조항을 적용한 회생계획이 형평에 맞지 않는다거나 수행 불가능하다는 이유로는 항고할 수 있다.

* 권리보호조항 설정방법은 제1항제1호 내지 제4호에 정해져 있다.

제245조 (회생계획인가 여부 결정의 선고 등)

① 법원은 회생계획의 인가 여부의 결정을 선고하고 그 주문, 이유의 요지와 회생계획이 나 그 요지를 공고하여야 한다. 이 경우 송달은 하지 아니할 수 있다.

---

124) 대법원 2000. 1. 5.자 99그35 결정.
125) 대법원 2005. 11. 14.자 2004그31 결정.

② 제41조제1항의 규정은 제1항의 규정에 의한 결정이 있는 경우에 관하여 준용한다.

③ 제1항의 규정에 불구하고 제1항의 규정에 의한 회생계획인가 여부의 결정이 제240조의 규정에 의한 서면결의에 관한 것인 때에는 법원은 그 주문, 이유의 요지와 회생계획 및 그 요지를 다음 각 호의 자에게 송달하여야 한다.

　　1. 제182조제1항 각 호의 자

　　2. 채무자가 주식회사인 경우에는 채무자의 업무를 감독하는 행정청·법무부장관 및 금융감독위원회

✽ 관계인집회에서의 결의에 의할 경우 선고해야 하는 것은 당연하나, 서면결의에 의할 경우는 제3항의 규정형식 때문에 문제가 된다. '제1항의 규정에도 불구하고'를 제1항을 전부 배제하는 것으로 보면 선고도 필요 없는 것이 되나, 인가결정을 둘러싼 법률관계를 획일적으로 처리할 필요가 있고, 제3항은 송달해야 한다는 것에 중점이 있는 것으로 보아 제1항이 송달하지 않아도 된다고 한 것에 대한 예외를 규정한 것으로 보아 선고는 해야 하는 것으로 볼 것이다.

이때 선고는 법에 선고기일 지정에 관한 조항이 없으므로 미리 정한 기일에 법정에서 할 필요는 없고, 기일 외에서 선고하고 공고와 송달의 방법으로 고지하는 것으로 보면 될 것이다.

제246조 (회생계획의 효력발생시기)

회생계획은 인가의 결정이 있은 때부터 효력이 생긴다.

✽ 인가결정은 선고하게 되어 있으므로 선고 시가 효력발생시기가 된다.

일반 소송절차에서는 확정되어야 효력이 발생하지만, 회생절차에서는 확정을 기다리다 시기를 놓칠 염려가 있고, 인가당시 인가 조건을 심사하기 때문에 인가결정이 취소될 가능성이 희박해 선고와 동시에 효력을 발생시키고 있다. 다만 항고가 있을 경우 항고인의 회복할 수 없는 손해 방지를 위해 계획 수행을 정지시키거나 필요한 조치를 할 수 있도록 했다(제247조제3항).

✽ 불인가, 폐지 결정에 대하여 항고심이 취소하고 인가하면 그 인가결정 시에 효력이 발생한다.

제247조 (항고)

① 회생계획의 인가 여부의 결정에 대하여는 즉시항고를 할 수 있다. 다만, 목록에 기재되지 아니하거나 신고하지 아니한 회생채권자·회생담보권자·주주·지분권자는 그러하지 아니하다.

② 의결권이 없는 회생채권자·회생담보권자·주주·지분권자는 제1항의 규정에 의한 즉시항고를 하는 때에는 회생채권자·회생담보권자·주주·지분권자인 것을 소명하여야 한다.

③ 회생계획인가의 결정에 대한 항고는 회생계획의 수행에 영향을 미치지 아니한다. 다만, 항고법원 또는 회생법원은 항고가 이유 있다고 인정되고 회생계획의 수행으로 생길 회복할 수 없는 손해를 예방하기 위하여 긴급한 필요가 있음을 소명한 때에는 신청에 의하여 항고에 관하여 결정이 있을 때까지 담보를 제공하게 하거나 담보를 제공하게 하지 아니하고 회생계획의 전부나 일부의 수행을 정지하거나 그 밖에 필요한 처분을 할 수 있다.

④ 회생계획불인가의 결정에 대한 항고가 있는 때에는 회생법원은 기간을 정하여 항고인에게 보증으로 대법원규칙이 정하는 범위 안에서 금전 또는 법원이 인정하는 유가증권을 공탁하게 할 수 있다.

⑤ 제4항의 경우 항고인이 법원이 정하는 기간 안에 보증을 제공하지 아니하는 때에는 법원은 결정으로 항고를 각하하여야 한다.

⑥ 제4항의 규정에 의한 항고가 기각되고 채무자에 대하여 파산선고가 있거나 파산절차가 속행되는 때에는 보증으로 제공한 금전 또는 유가증권은 파산재단에 속한다.

⑦ 제1항의 즉시항고에 관한 재판의 불복은 「민사소송법」 제442조(재항고)의 규정에 의한다. 이 경우 제1항 내지 제6항의 규정은 이에 준용한다.

＊ 인가여부결정은 회생절차의 핵심인 회생계획에 대하여 법적인 효력을 부여하는 것이므로 법은 불복하는 자에 대하여 즉시항고를 허용하고 있다.

＊ 즉시항고권자

신고한 회생채권자, 담보권자, 주주(제1항 단서의 반대 해석)이다. 의결권유무나 현실적으로 회생절차에 참가여부는 불문한다. 찬성한 자는 인가결정에 불복할 수 있으나, 반대한 자는 불인가결정에 불복할 수 없다. 신고한 이상 권리 미확정인 자도 가능하다. 다만 권리확정소송에서 권리부존재가 확정되거나 권리확정소송 제소기간 도과로 회생절차에 참가할 자격을 상실한 사람은 불복할 수 없다.

신고 않은 자라 해도 회생절차가 법규 위반하여 신고의 기회를 상실한 경우는 가능하다.

채무자는 항고할 수 없다는 것이 일본의 통설이나, 채무자야말로 중대한 이해관계가 있다는 이유로 허용해야 한다는 설도 있다.[126)]

회생을 위하여 채무를 부담하거나 담보를 제공한 자도 인가결정에는 효력을 받으므로 허용해야 할 것이나, 불인가결정에는 불허한다.[127)]

관리인의 항고권은 긍정설과 이해관계 없다는 이유로 부정설도 있다.[128)]

감독관청, 법무부장관, 금융감독위원회, 노동조합은 의견진술권은 있으나 직접 권리의무에 영향받지 않으므로 항고할 수 없으나 조세징수권자는 신고한 이상 회생채권, 담보권자가 되므로 항고할 수 있다.

공익채권자는 회생계획에서 권리에 영향을 미치는 규정을 두었다고 해도 그가 동의하지 않는 한 효력이 없으므로 회생계획인가결정에 대한 적법한 항고권자가 될 수 없다.[129)]

＊ 항고절차

인부결정공고가 있은 날부터 2주 내에 회생법원에 항고장을 제출해야 한다.

항고장 심사(민사소송법 제443, 402조)와 보증금 공탁명령(제4항), 항고기록송부(민사소송법 제433, 400조) 등은 관련 규정에 따른다.

＊ 항고심의 심판

– 항고이유: 인가요건의 존재(불인가 시), 부존재(인가 시) 중 항고인의 이익에 관한 사유만 해당한다. 권리보호조항 적용여부는 법원재량이므로 항고이유가 될 수 없다.
– 심리범위: 항고이유만이 아니고 모든 인가요건의 존부에 대하여 심리해야 한다.
; 인가요건의 존부 판단 기준시점은 항고심 결정 시이므로 인가 후에 발생한 사정도 고려해야 하고, 따라서 하자가 치유되기도 하고, 그 사이 경제사정의 변화로 수행 가능성이 부정될 수도 있다.
– 재판: 항고권 없는 자에 의한 항고같이 부적법한 항고는 각하, 항고이유 없으면 항고기각하고, 이유 있으면 원결정을 취소한다.

---

126) 임채홍·백창훈 회사정리법(하), 292면.
127) 임채홍·백창훈 회사정리법(하), 292면.
128) 임채홍·백창훈 회사정리법(하), 292면.
129) 대법원 2006. 1. 20.자 2005그60 결정.

; 원결정 취소 시 자판 또는 환송여부에 관하여는 논란이 있는데, 회생절차는 회생
법원에 맡기는 것이 적당하므로 환송하는 것이 바람직하나 입법으로 해결해야 할
것이라는 입장도 있으나.[130] 이와 관련 대법원은 회생계획인가결정에 부분적인
위법이 있는 경우 곧바로 원심결정을 취소할 것이 아니라 권리보호조항을 적용하
여 변경인가하는 것이 바람직하다고 한다.[131]

; 재판은 선고 또는 결정정본을 송달하는 방법으로 고지하나, 다수 이해관계인에게
영향을 미치는 점을 감안하여 인가여부 결정을 공고하듯이(제247조제1항) 원결정
을 취소하고 자판할 경우는 공고해야 할 것이다.

－불복: 즉시항고에 대한 불복은 민사소송법 제442조 재항고의 규정에 의한다. 종
전에는 민사소송법 제449조의 특별항고절차에 따르게 함으로써 원칙적으로 불복
이 불가능했고, 따라서 항고심의 결정은 고지와 함께 확정되었지만, 현행법은 불
복이 가능한 것으로 개정했다.

＊ 즉시항고와 회생계획의 수행

－제3항 본문은 일반 민사소송법상의 즉시항고와는 달리 집행정지효력을 인정하지
않아, 인가결정의 확정을 기다리지 않고 회생계획의 효력이 발생하도록 한 법 제
246조의 실효성을 담보하고 있다.

－수행정지 등 가처분(제3항 단서): 항고인에게 회복할 수 없는 손해가 발생할 우려
가 있는 경우에 허용된다.

; 성질은 민소법상 가처분이 아닌 특수한 가처분이다.

; 관할은 항고법원 또는 회생법원(기록송부 전)에게 있다.

; 요건은 항고가 법률상 이유 있어야 하고, 계획의 수행으로 생길 회복할 수 없는
손해를 피하기 위한 긴급한 필요가 있어야 한다(회생담보권자의 담보권을 소멸시
키고 목적물을 타인에게 양도하는 계획이 수행되면 후에 인가결정이 취소되어도
제3자가 취득한 권리는 무효로 되지 않아 담보권자에게 손해가 발생하는 것이 예
이다.).

; 가처분의 내용, 효력은 계획의 전부 또는 일부에 대한 수행정지 기타 필요한 처
분(말소한 등기의 회복 촉탁같이 수행으로 생긴 법률상태의 원상회복에 필요한

---

130) 임채홍·백창훈 회사정리법(하), 294면.
131) 대법원 2000. 1. 5.자 99그35 결정.

처분)을 내용으로 하고, 관리인이 명령에 위반하여 한 행위는 무효이나 선의의 제
3자에게 대항할 수 없다.

＊ 인가결정 취소의 효과

회생계획은 소급하여 실효되므로 권리변동효과가 발생하지 않고, 관리인의 행위도
소급 무효나 제3자가 취득한 권리는 해할 수 없다. 이로 인해 손해를 입은 자의 손해
배상채권은 공익채권이 된다. 계획수행결과는 원상회복시켜야 하고, 행위의 성질에 따
라 회생법원 또는 관리인이 해야 하는데, 회생계획의 수행으로 기입된 등기·등록은
회생법원이 회복을 촉탁해야 하고, 회생채권자에게 변제된 금원의 반환청구는 관리인
이 해야 한다.

공익채권에 대한 변제는 회생계획에 따라 이루어진 것이 아니므로 반환청구할 수
없다.

＊ 인부결정의 확정
－시기: 항고기간의 도과, 항고각하 내지 항고기각의 결정이 확정된 때 인부결정이
  확정된다.
－효과: 인가결정이 확정되면 회생계획내용이 공정·형평에 반하거나 절차적 하자가
  있다는 이유로 다툴 수 없다.[132] 인가결정 시에 발생한 효력이 확정적으로 유지
  되나, 계획안상의 내용상 하자가 없는 것으로 변경되는 것은 아니다. 예컨대, 필
  요기재사항인 자금조달방법이 누락된 채 회생계획인가가 확정되어도 그 사항이
  기재된 것으로 되지는 않고 계획변경의 절차를 밟아야 한다. 실체적으로는 채무
  의 면책과 권리소멸(제251조), 권리의 변경(제252조)의 효과가 있다.
  ; 불인가결정이 확정되면 회생계획은 효력이 발생하지 않는 것으로 확정되고 회생절차
   는 종료되나, 인가 전 폐지결정과 성질이 같으므로 절차 중에 생긴 법률효과는 소급
   무효 되지 않고 원칙적으로 유효하다(제248조).

제248조 (회생계획불인가의 결정이 확정된 경우)
제291조 및 제292조의 규정은 회생계획불인가의 결정이 확정된 경우에 관하여 준용한다.

---

132) 대법원 2005. 6. 10. 선고 2005다15482 판결 참조.

제249조 (회생채권자표 등의 기재)

회생계획인가의 결정이 확정된 때에는 법원사무관 등은 회생계획에서 인정된 권리를 회생채권자표, 회생담보권자표와 주주·지분권자표에 기재하여야 한다.

＊ 회생계획인가결정이 확정되면 회생채권자 등의 권리변경이 확정되므로 이후 계획 수행과정에서 기준이 되는 변경된 권리내용을 명확히 하기 위한 것이다.

제250조 (회생계획의 효력범위)

① 회생계획은 다음 각 호의 자에 대하여 효력이 있다.

    1. 채무자

    2. 회생채권자·회생담보권자·주주·지분권자

    3. 회생을 위하여 채무를 부담하거나 담보를 제공하는 자

    4. 신회사(합병 또는 분할합병으로 설립되는 신회사를 제외한다)

② 회생계획은 다음 각 호의 권리 또는 담보에 영향을 미치지 아니한다.

    1. 회생채권자 또는 회생담보권자가 회생절차가 개시된 채무자의 보증인 그 밖에 회생절차가 개시된 채무자와 함께 채무를 부담하는 자에 대하여 가지는 권리

    2. 채무자 외의 자가 회생채권자 또는 회생담보권자를 위하여 제공한 담보

＊ 회생계획은 이해관계인 전원에 대하여 유·불리를 불문하고 효력이 미치므로 의결권이 없는 자나 관계인집회의 의결에 참가하지 않거나 계획안에 반대한 사람에게도 미친다.

＊ 권리신고 않은 자에게는 원칙적으로 미치지 않으나, 주주의 경우 회생계획에서 권리가 인정되면 신고 않더라도 권리가 인정되므로 이 경우 모든 주주에게 신고 불문하고 효력이 미치고(제254조), 소액채권자들에게 신고불문하고 인정하는 계획안이 인가되면 이 경우도 미칠 것이다.

＊ 보증인 등에 대한 효력

  －민법원칙상 주 채무자에 대한 채무감면 등은 절대적 효력이 있어 보증인이나 물상보증인에게 효력이 있는 것이나, 회생절차에서는 채권자의 의사에 반하여 계획

안이 가결되는 경우도 많고, 채권자의 희생은 최소한에 그쳐야 하므로 보증인 등에게는 효력이 미치지 않는 특별규정을 두었다(제2항제1호).

평등원칙위반 여부에 관하여, 헌법재판소는 보증인 등을 정리계획인가에 따른 면책 등의 효력이 미치는 범위에서 제외함으로써 정리채권자 등에 비하여 보증채무자 등을 차별하여 불이익하게 다루고 있다고 해도, 면책제도의 목적, 이해관계인의 이해조정 등 모든 관점에서 그 목적과 수단의 정당성 및 법익의 형평성 등의 합리적인 근거를 가지고 있으므로 헌법상 평등의 원칙에 위배되지 않고, 재산권 보장이나 일반적 법률유보에 관한 헌법조항에도 위배한다고 볼 수 없다고 하고 있고,133) 대법원은 보증채무의 부종성의 원칙이 수정되어 보증인에게 불리한 결과가 된다 해도 재정궁핍으로 파탄지경에 이르렀으나 갱생가망이 있는 채무자에 대하여 이해관계인들의 이해를 조정하여 회생을 도모하는 법의 목적에 부합하는 합리적인 규정으로 헌법위반이 아니라고 한다.134)

 − 적용범위
; 채무자와 함께 채무를 부담하는 자는 민법 등 일반원칙에 따르면 채무자의 채무가 감면되면 그의 채무도 감면되는 자로 보증인, 연대보증인, 어음 수표상 합동채무자 등이 있다.
; 채무자 외의 자가 담보 제공한 경우로는 3자의 의사에 의해 담보가 설정된 경우 외에 채권자 등이 회사재산의 제3취득자에 대하여 가지는 권리도 포함된다.
; 회생채권자나 담보권자가 권리신고를 않거나 신고했어도 이의가 있어 실권된 경우에도 위 조항을 적용할 것인가 문제되는데, 통설, 판례135)는 적용된다고 보아 보증인 등에 대한 권리가 실권되지 않는다고 본다.

 − 효과
; 채권자는 회생절차와 상관없이 보증인 등에 대한 권리행사가 가능하다.
; 제3자가 보증채무를 면책적으로 인수하는 정리계획이 인가·확정되었어도 보증인의 책임에는 영향이 없고, 면책적 채무인수 시 보증책임의 소멸을 규정하는 민법 제459조는 적용되지 않는다.136) 보증책임을 면제하는 것과 같은 것은 회생계획에서 정할 성질의 것이 아니고, 설사 정했다 해도 그 부분은 회생계획으로서 효력

---

133) 헌법재판소 1992. 6. 26. 선고 91헌가8, 9 결정.
134) 대법원 1995. 10. 13. 선고 94다57800 판결.
135) 대법원 2001. 6. 12. 선고 99다1949 판결.
136) 대법원 2005. 10. 28. 선고 2005다28273 판결.

이 없고, 결의당시 이에 대해 이의가 없었다 해도 보증채무를 면제하는 개별적 의사표시를 한 것으로 볼 수 없다.[137]

그러나 주 채무자가 회생계획에 따라 변제한 경우에는 보증인 등 다른 공동채무자에게도 그 효력이 미치므로 보증인 등은 그만큼 공제를 주장할 수 있다.[138]

; 회생채권이나 담보권이 주식으로 출자전환되거나(제206조), 회사채로 전환된 경우(제209조)에도 본래의 채권이 소멸하게 되므로, 보증채무의 운명이 역시 문제가 된다.

우선 주식과 관련해서는 출자전환은 대물변제로 볼 수 없으므로 보증인에 대한 권리가 당연히 소멸하는 것은 아니라는 입장, 채권자가 이익배당이나 주식양도를 통해 금전적 만족을 얻어야 보증채무가 소멸한다는 입장과 출자전환으로 채권의 만족을 얻음과 동시에 채권자 지위 상실하는 것이므로 보증인에 대한 권리가 소멸한다는 입장이 있는데, 면제나 변제를 규정한 경우는 보증인에 대해 권리를 행사할 수 있는 것과 형평에 맞지 않는다는 비판도 있어, 실무에서는 출자전환 시기를 채권자가 선택할 수 있도록 하여 보증인에게 이행을 구할 수 있는 시간적 여유를 두기도 한다.[139] 대법원은 출자전환으로 변제에 갈음하기로 한 경우에는 신주발행의 효력발생일 당시를 기준으로 하여 채권자가 인수한 신주의 시가를 평가하여 그 평가액을 공재한 잔액이 보증인에 대한 채권액이 될 것이고, 신주의 액면가액을 공제한 잔액이 보증인에 대한 채권액이 된다고 볼 수 없다고 보아 보증채무가 소멸하는 것은 당연하고 다만 소멸하는 금액의 산정시기만을 문제 삼고 있다.[140]

회사채와 관련해서는 단순 채권이 아니고 사원의 권리가 인정되는 주식과 같이 볼 수 없지 않은 가의 문제점이 있으나, 대법원은 채권의 변제에 갈음하여 전환사채를 발행하는 경우에 전환권이 행사되기 전에는 회생채권자가 여전히 채권자의 지위를 유지하고 있고 단지 채권액을 감액하여 유통성을 높이고자 유가증권의 형식을 갖춘 것에 불과하므로 전환권을 행사했을 때 그 주식의 시가 상당액이 소멸하는 것은 별론으로 하고, 달리 특별한 사정이 없는 한 전환사채를 취득했다 하여 취득시점에 그 평가액만큼 주 채무가 실질적으로 만족을 얻은 것으로 볼 수

---

137) 대법원 2005. 11. 10. 선고 2005다48482 판결. 참조.
138) 대법원 1997. 4. 8. 선고 96다6943 판결.
139) 서울지방법원, 회사정리실무, 459면.
140) 대법원 2002. 1. 11. 선고 2001다64035 판결, 2003. 1. 10. 선고 2002다12703, 12710 판결.

는 없고, 따라서 평가액만큼 보증채무가 소멸한다고 볼 수 없다고 한다.[141]

제251조 (회생채권 등의 면책 등)

회생계획인가의 결정이 있는 때에는 회생계획이나 이 법의 규정에 의하여 인정된 권리를 제외하고는 채무자는 모든 회생채권과 회생담보권에 관하여 그 책임을 면하며, 주주·지분권자의 권리와 채무자의 재산상에 있던 모든 담보권은 소멸한다. 다만, 제140조제1항의 청구권은 그러하지 아니하다.

＊ 규정취지: 신고하지 않은 권리, 회생계획에서 존속을 인정하지 않은 권리는 모두 실효한다. 재산권보장의 헌법원칙에 위반한다는 문제제기가 있었으나 현재는 아니라는 데 이론 없는데, 이는 절차참여기회를 보장했는데 참여 않은 자를 보호할 가치가 없고, 뒤늦게 권리를 주장하는 자를 보호하려면 신속한 처리를 통한 채무자의 회생이라는 법 목적을 달성하기 불가능하다는 것을 근거로 하고 있다.

＊ 책임면제의 의미: 이에 관하여 채무가 절대적으로 소멸한다는 권리소멸설, 책임만이 소멸하고 자연채무로 남는다는 책임소멸설, 종국적으로는 책임만이 소멸하나 회생절차 중에는 채권의 효력이 정지되어 마치 채권자체가 소멸한 것같이 보아야 한다는 절충설이 있는데, 대법원은 채무자체는 존속하지만 채무자에 대하여 이행을 강제할 수 없다고 하여 절충설을 취했다.[142]

＊ 면책, 소멸 대상 권리
- 신고되지 않은 회생채권, 담보권, 신고 확정되었어도 회생계획에서 변제, 존속 대상으로 되지 않은 것(벌금, 과료 등은 제외. 단서)등이다.
- 신고 확정되어 채권자표에도 기재되었으나 착오로 회생계획에 반영되지 않은 권리는 제282조에 의거 회생계획변경절차를 밟아야 할 것이다.
- 주주의 경우 신고하지 않더라도 이해관계인으로서 관계인집회에 출석하여 의결권을 행사할 기회를 잃을 뿐 실권하지 않는다. 따라서 회생계획규정에 의해 주주에 대하여 권리가 인정된 경우에는 신고를 하지 않은 주주에 대하여도 권리가 인정

---

141) 대법원 2005. 1. 27. 선고 2004다27143 판결.
142) 대법원 2001. 7. 24. 선고 2001다3122 판결.

되는데(제254조), 주주는 주주명부를 통해 쉽게 알 수 있기 때문에 신고하지 않
더라도 계획수립에 지장 없기 때문이다.

회생계획에서 주식을 소각한 경우에는 권리를 잃게 되는데, 신고하지 않은 경우
에는 그 효력을 다툴 수 없다.[143]

- 담보권의 소멸: 채권을 양도담보 제공한 경우는 담보권자는 제3채무자로부터 변제
  받을 수 없고, 주식에 질권이 설정된 경우라면 질권자가 채무자에게 반환해야 하
  고, 부동산 위에 설정된 담보권에 관하여는 법원이 직권으로 말소등기 촉탁한다.

- 실무에서는 임대주택에 입주한 임차인들의 임대차보증금반환청구권같이 다수의
  서민이 동종의 채권을 갖고 있는 경우에는 회생계획안에 특별조항을 두어 신고하
  지 않더라도 보호해 주기도 한다.

제252조 (권리의 변경)

① 회생계획인가의 결정이 있는 때에는 회생채권자&회생담보권자·주주·지분권자의 권리
   는 회생계획에 따라 변경된다.

② 「상법」제339조(질권의 물상대위)와 제340조(기명주식의 등록질)제3항의 규정은 주주·
   지분권자가 제1항의 규정에 의한 권리의 변경으로 받을 금전 그 밖의 물건, 주식 또는
   출자지분, 채권 그 밖의 권리와 주권에 관하여 준용한다.

＊ 권리의 변경은 실체적으로 변경되는 것이지 책임만의 변경은 아니다. 이 점에서
책임만이 면제되는 제251조의 면책과는 성질이 다르다.[144]

＊ 회생계획의 조항에 따라 채무가 전부 또는 일부 면제되고, 기한유예의 정함이
있으면 그에 따라 기한이 연장되고, 출자전환되는 경우에는 신주인수권을 취득하고
주주권리도 전부 또는 일부 소멸하거나 이익배당청구권도 발생하지 않는다.

제253조 (회생채권자 및 회생담보권자의 권리)

회생계획에 의하여 정하여진 회생채권자 또는 회생담보권자의 권리는 확정된 회생채권
또는 회생담보권을 가진 자에 대하여만 인정된다.

---

143) 대법원 2002. 4. 12. 선고 2001다30520 판결.
144) 대법원 2003. 3. 14. 선고 2002다20964 판결.

※ 인가결정 당시 권리확정소송 중인 회생채권자, 담보권자에게는 회생계획의 효력이 미치지 않고, 권리가 확정되면 인가결정 시에 소급해 권리가 인정된다.

제254조 (신고하지 아니한 주주·지분권자의 권리)

회생계획에 의하여 인정된 주주·지분권자의 권리는 주식 또는 출자지분의 신고를 하지 아니한 주주·지분권자에 대하여도 인정된다.

제255조 (회생채권자표 등의 기재의 효력)

① 회생채권 또는 회생담보권에 기하여 회생계획에 의하여 인정된 권리에 관한 회생채권 자표 또는 회생담보권자표의 기재는 회생계획인가의 결정이 확정된 때에 다음 각 호의 자에 대하여 확정판결과 동일한 효력이 있다.
  1. 채무자
  2. 회생채권자·회생담보권자·주주·지분권자
  3. 회생을 위하여 채무를 부담하거나 또는 담보를 제공하는 자
  4. 신회사(합병 또는 분할합병으로 설립되는 신회사를 제외한다)
② 제1항의 규정에 의한 권리로서 금전의 지급 그 밖의 이행의 청구를 내용으로 하는 권 리를 가진 자는 회생절차종결 후 채무자와 회생을 위하여 채무를 부담한 자에 대하여 회생채권자표 또는 회생담보권자표에 의하여 강제집행을 할 수 있다. 이 경우 보증인 은 「민법」 제437조(보증인의 최고, 검색의 항변)의 규정에 의한 항변을 할 수 있다.
③ 「민사집행법」 제2조(집행실시자) 내지 제18조(집행비용의 예납 등), 제20조(공공기관의 원조), 제28조(집행력 있는 정본) 내지 제55조(외국에서 할 집행)의 규정은 제2항의 경 우에 관하여 준용한다. 다만, 「민사집행법」 제33조(집행문부여의 소), 제44조(청구에 관 한 이의의 소) 및 제45조(집행문부여에 대한 이의의 소)의 규정에 의한 소는 회생법원 의 관할에 전속한다.

※ 확정판결과 동일한 효력

회생계획인가결정이 확정되면 법원사무관 등이 회생계획에서 인정된 권리를 회생채 권자표 등에 기재하는데, 법은 이에 대하여 확정판결과 동일한 효력을 인정하여 계획 에 의해 인정된 권리를 더 이상 다툴 수 없게 함으로써 계획수행에 장애가 되지 않도 록 함과 동시에 집행력을 인정해, 회생계획 종료 후 이를 채무명의로 하여 강제집행 을 할 수 있게 했다.

확정판결과 동일한 효력이 있으므로 기판력도 있는가에 관하여 인정, 부정, 정리절차 내 인정, 제한적 인정 등 설이 있으나, 다수설과 판례는 인정하지 않는다. 기판력이 아닌 확인적 효력을 가지고 회생절차 내부에 있어 불가쟁의 효력이 있다는 의미에 지나지 않는다고 본다.[145) 회생절차 밖에서는 이에 구속되지 않으므로 예컨대 회생절차 종료 후 회생채권자들 사이에 채무자의 재산에 대한 개별집행에서 경합한 경우 그 배당이의소송에서는 서로 간에 회생채권자표의 기재에 구속되지 않는다.[146)

회생채권자표 기재에 대해 확정판결과 동일한 효력을 인정한 제168조와의 관계는 본조는 계획인가 후의 변경된 권리를, 제168조는 권리변경이 생기기 전의 권리를 내용으로 한다는 차이가 있다.

＊ 효력이 있는 기재

회생계획에 의하여 인정된 권리에 관한 회생채권자표와 회생담보권자표의 기재이다. 기재되는 권리는 채권, 담보권만이 아니고, 일정 수량의 주식, 신주인수권, 사채, 사채인수권을 갖는다는 기재도 가능하나, 조세 등 공법상의 청구권은 기재는 되지만, 관리인이 채무자가 갖는 방법으로 불복신청을 할 수 있으므로 효력이 생기는 기재에서 제외된다.

＊ 효력범위

주관적으로는 제1항제1호 내지 제4호 기재의 자와 규정은 없지만 관리인도 포함될 것이고, 민사소송법 제204조를 유추적용하여 이들을 당사자로 보아 그 승계인에게도 미친다고 보아야 한다.

효력이 발생하는 기준시점은 확정된 권리에 대하여는 계획인가결정 시이고, 권리확정소송이 계속 중인 경우에는 그 판결의 기판력 발생 시이다.

＊ 시효기간

판결에 의해 확정된 채권은 단기소멸시효에 해당하는 것도 10년으로 연장되듯, 회생채권자표 등에 기재된 채권의 시효도 10년이라고 보는 것이 통설이다.[147)

---

145) 대법원 1991. 12. 10. 선고 91다4096 판결, 2005. 6. 10. 선고 2005다15482 판결 등.
146) 대법원 2003. 9. 26. 선고 2002다62715 판결.
147) 임채홍·백창훈 회사정리법(하), 318면.

✽ 기재에 대한 불복

회생계획조항에 오류가 있는 경우 판결정정사유(민사소송법 제197조)에 해당하면 이에 따르면 될 것이나, 경정사유가 아닌 경우에는 기판력을 인정하는 입장은 재심의 소에 의해야 하고, 확인적 효력만 인정하는 입장은 재심의 소를 할 필요 없이 무효주장이 가능하다.[148]

✽ 집행력과 강제집행

집행력은 이행청구권에 한하여 인정되고, 신주인수권이나 사채인수권에는 인정되지 않는다. 공법상청구권도 확정판결효력 없으므로 집행력이 없다.

채무명의는 금전의 지급 기타 이행청구를 내용으로 하는 권리에 관한 회생채권자표와 담보권자표의 기재가 된다.

집행당사자는 회생채권자표와 담보권자표에 권리자로 기재된 자가 집행채권자가 되고, 채무자와 회생을 위하여 채무를 부담한 자가 집행채무자가 된다.

집행할 수 있는 시기는 회생절차 종료 후이고, 절차진행 중에는 허용되지 않는다.[149]

집행을 위해서는 회생법원의 사무관 등으로부터 집행문을 부여받아야 한다.

제256조 (중지중의 절차의 실효)

① 회생계획인가의 결정이 있은 때에는 제58조제2항의 규정에 의하여 중지한 파산절차, 강제집행, 가압류, 가처분, 담보권실행 등을 위한 경매절차는 그 효력을 잃는다. 다만, 같은 조 제5항의 규정에 의하여 속행된 절차 또는 처분은 그러하지 아니한다.

② 제1항의 규정에 의하여 효력을 잃은 파산절차에서의 재단채권(제473조제2호 및 제9호에 해당하는 것을 제외한다)은 공익채권으로 한다.

✽ 실효이유는 회생계획에 따라 채무자는 파산상태를 벗어났고, 채권은 실체적으로 변경되어 이에 따라 변제되어야 하므로 위의 절차를 유지할 실익이 없어졌기 때문이다.

✽ 실효하는 절차

중지된 파산절차, 강제집행, 가압류, 가처분, 담보권실행 등을 위한 경매절차인데(제

---

148) 대법원 1991. 12. 10. 선고 91다4096 판결.
149) 대법원 1991. 4. 9. 선고91다63 판결.

1항), 체납처분 등 절차는 회생절차개시결정이 있으면 일정기간 중지되나(제58조제3항), 위 조항의 실효절차에 포함되어 있지 않으므로 인가결정과 동시에 속행이 가능하지만, 회생계획에서 조세채권 등에 대한 권리변경과 변제방법을 따로 정하므로, 계획에서 정한 변제기에 변제 않을 경우에만 중지된 절차의 속행이 가능할 것이다.

＊ 실효의 효과

실효는 속행을 허용하지 않는 것이 아니고, 그 절차가 소급해서 효력을 잃는다는 의미로 법원의 별도의 재판 없이 실효한다. 다만 강제집행, 가압류, 가처분, 경매절차 등은 이미 진행되어 있는 외형을 제거하기 위한 형식적인 절차(법원 직권 또는 관리인 신청에 의한 등기말소촉탁절차)가 필요하다.

＊ 실효의 효과 발생시기

인가결정과 동시에 발생하는데, 인가결정이 취소된 경우 파산절차는 당연히 그 효력을 회복하나 다른 절차는 회복되지 않고 채권자가 새로운 신청을 해야 한다.

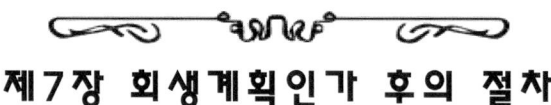

제7장 회생계획인가 후의 절차

제257조 (회생계획의 수행)

① 회생계획인가의 결정이 있는 때에는 관리인은 지체 없이 회생계획을 수행하여야 한다.

② 회생계획에 의하여 신회사를 설립하는 때에는 관리인이 발기인 또는 설립위원의 직무를 행한다.

③ 관리위원회는 매년 회생계획이 적정하게 수행되고 있는지의 여부에 관하여 평가하고 그 평가결과를 법원에 제출하여야 한다.

④ 관리위원회는 법원에 회생절차의 종결 또는 폐지 여부에 관한 의견을 제시할 수 있다.

✽ 담당자

관리인은 회생채무자의 사업경영을 책임지고 수행하는 최고경영자의 역할과 회생채무자와 관련된 수많은 이해관계를 조정하여야 할 공적수탁자의 역할을 동시에 담당한다. 따라서 관리인은 사업에 대한 전문지식, 경영능력과 함께 업무수행에 있어 공정성을 유지할 수 있는 법률적, 도덕적 소양을 갖추고 있어야 한다.

✽ 업무내용

회생계획은 회생채무자의 종합적 회생방안이므로 채무의 면제와 유예 등 채무재조정 사항과 사업의 재편(영업양도, 주요 자산 매각, 임금·조직 개편 등), 재무구조 및 지배구조의 변경(자본규모와 주식 귀속주체의 변경, 회사의 합병·설립 등) 등 사업을 재조직하는 내용을 담고 있고, 이것들이 관리인의 주요 업무가 된다.

채무변제를 위한 자금조달은 회생계획에서 정해지는데, 영업활동, 유휴자산의 매각, 미수채권의 회수, 신규차입, 신자본 유치 등을 통해 한다. 신규차입의 방법으로 채권자에게 전환사채를 발행하는 경우에 전환사채가 공익채권인가 여부에 관하여 다툼이 있는데, 어떻거나 이 방법은 새로운 채무를 부담하는 것으로 회생채무자의 부실채권 문제를 근본적으로 해결하는 것이 못 되어 증자의 방법 특히 M&A에 의한 신자본의 유치방법이 권장되고 있다.

관리인에게 구경영자들도 못했던 사업의 번창을 기대하는 것은 아니므로 관리인의 업무수행은 관리인의 책임하에 효율적이고 공정하게 경영하는 수준의 것이어야 한다.

＊ 감독

계획 수행의 감독은 법원과 관리위원회가 하는데, 감독권의 실효를 얻기 위해 상당한 이유 있을 때 이해관계인의 신청 직권으로 관리인을 임면할 수 있고(제83조), 법률행위 및 자금지출행위는 허가받도록 했다(제61조). 허가사항에 위반할 경우는 무효이다.[150]

자산의 매각이나 회생채권의 변제, 종업원의 임금인상, 조직개편이나 이사 등의 변동, 신규투자나 법인의 신설, 각종 소송과 관련한 사항, 기타 상무에 속하지 아니하는 행위는 모두 법원의 허가사항이다.

보고서 제출을 통한 감독(제93조)과 회생계획의 수행상태와 관리인의 능력을 평가하기 위한 평정기일의 실시, 본사나 공장 검증, 감사, 외부회계감사를 통한 감독(법원 실무준칙) 등도 하고 있다.

제258조 (회생계획수행에 관한 법원의 명령)

① 법원은 다음 각 호의 자에 대하여 회생계획의 수행에 필요한 명령을 할 수 있다.
  1. 채무자
  2. 회생채권자·회생담보권자·주주·지분권자
  3. 회생을 위하여 채무를 부담하거나 담보를 제공하는 자
  4. 신회사(합병 또는 분할합병으로 설립되는 신회사를 제외한다)
  5. 관리인
② 법원은 회생계획의 수행을 확실하게 하기 위하여 필요하다고 인정하는 때에는 회생계획 또는 이 법의 규정에 의하여 채권을 가진 자와 이의 있는 회생채권 또는 회생담보권으로서 그 확정절차가 끝나지 아니한 것을 가진 자를 위하여 상당한 담보를 제공하게 할 수 있다.

---

150) 대법원 1999. 9. 7. 선고 98다47283 판결: 일체의 소송행위에 대하여 허가를 받도록 한 경우에 관리인이 법원의 허가를 받지 않고 집행증서를 작성한 경우, 그 집행증서는 무효이므로, 채권자가 그 집행증서를 채무명의로 하여 실시한 압류는 무효이다.

③ 「민사소송법」 제122조(담보제공방식), 제123조(담보물에 대한 피고의 권리), 제125조(담보의 취소) 및 제126조(담보물변경)의 규정은 제2항의 규정에 의한 담보에 관하여 준용한다.

✽ 이 조항은 회생절차의 수행이 법원의 감독 아래 있다는 일반규정으로서 의미는 있는데, 위반 시 과태료의 제재(제660조제2항)가 있기는 하지만, 수행명령이 집행권원이 될 수 있는지가 불명확한 등 실효성이 크지 않아 실무에서는 잘 이용되지 않는다.

제259조 (채무자에 대한 실사)

다음 각 호의 어느 하나에 해당하는 경우 법원은 채권자협의회의 신청에 의하거나 직권으로 조사위원으로 하여금 채무자의 재산 및 영업상태를 실사하게 할 수 있다.
1. 회생계획을 제대로 수행하지 못하는 경우
2. 회생절차의 종결 또는 폐지 여부의 판단을 위하여 필요한 경우
3. 회생계획의 변경을 위하여 필요한 경우

제260조 (주주총회 또는 사원총회의 결의 등에 관한 법령의 규정 등의 배제)

회생계획을 수행함에 있어서는 법령 또는 정관의 규정에 불구하고 법인인 채무자의 창립총회·주주총회 또는 사원총회(종류주주총회 또는 이에 준하는 사원총회를 포함한다) 또는 이사회의 결의를 하지 아니하여도 된다.

제261조 (영업양도 등에 관한 특례)

① 제200조의 규정에 의하여 회생계획에서 다음 각 호의 행위를 정한 때에는 회생계획에 따라 그 행위를 할 수 있다.
  1. 다음 각 목의 어느 하나에 해당하는 계약 또는 이에 준하는 계약의 체결·변경 또는 해약
    가. 채무자의 영업이나 재산의 전부나 일부를 양도·출자 또는 임대하는 계약
    나. 채무자의 사업의 경영의 전부나 일부를 위임하는 계약
    다. 타인과 영업의 손익을 같이 하는 계약 그 밖에 이에 준하는 계약
  2. 타인의 영업이나 재산의 전부나 일부를 양수할 것에 대한 약정
② 제1항의 경우 「상법」 제374조(영업양도, 양수, 임대 등)제2항 및 제374조의2(반대주주의 주식매수청구권)와 「증권거래법」 제191조(주주의 주식매수청구권)의 규정은 적용하

지 아니한다.

제262조 (정관변경에 관한 특례)

제202조의 규정에 의하여 회생계획에서 채무자의 정관을 변경할 것을 정한 경우에는 정관은 회생계획인가결정이 있는 때에 회생계획에 의하여 변경된다.

제263조 (이사 등의 변경에 관한 특례)

① 제203조의 규정에 의하여 회생계획에서 이사의 선임이나 대표이사의 선정을 정한 경우 이들은 회생계획이 인가된 때에 선임 또는 선정된 것으로 본다.

② 제203조의 규정에 의하여 회생계획에서 이사의 선임이나 대표이사의 선정의 방법을 정한 때에는 회생계획에서 정한 방법으로 이사를 선임하거나 대표이사를 선정할 수 있다. 이 경우 이사의 선임이나 대표이사의 선정에 관한 다른 법령이나 정관의 규정은 적용하지 아니한다.

③ 제203조제4항의 규정에 의하여 법원이 감사를 선임하는 때에는 감사의 선임에 관한 다른 법령이나 정관의 규정을 적용하지 아니한다.

④ 회생계획에서 유임할 것으로 정하지 아니한 이사 또는 대표이사는 회생계획이 인가된 때에 해임된 것으로 보며, 감사로서 제203조제4항의 규정에 의하여 감사로 선임되지 아니한 자는 법원이 제203조제4항의 규정에 의하여 감사를 선임한 때에 해임된 것으로 본다.

⑤ 제1항 및 제2항의 규정에 의하여 선임 또는 선정되거나 회생계획에 의하여 유임된 이사 또는 대표이사의 임기와 대표이사의 대표의 방법은 회생계획에 의하며, 제203조제4항의 규정에 의하여 선임된 감사의 임기는 법원이 정한다.

제264조 (자본감소에 관한 특례)

① 제205조의 규정에 의하여 회생계획에서 자본의 감소를 정한 때에는 회생계획에 의하여 자본을 감소할 수 있다.

② 제1항의 경우 「상법」 제343조(주식의 소각)제2항, 제439조(자본감소의 방법, 절차)제2항·제3항, 제440조(주식병합의 절차), 제441조(주식병합의 절차), 제445조(감자무효의 소) 및 제446조(준용규정)의 규정은 적용하지 아니하며, 같은 법 제443조(단주의 처리)제1항 단서에 규정된 사건은 회생법원의 관할로 한다.

③ 제1항의 경우 채무자의 자본감소로 인한 변경등기의 신청서에는 회생계획인가결정서의

등본 또는 초본을 첨부하여야 한다.

제265조 (납입 등이 없는 신주발행에 관한 특례)

① 제206조제1항 및 제4항의 규정에 의하여 회생계획에서 채무자가 회생채권자·회생담보권자 또는 주주에 대하여 새로 납입 또는 현물출자를 하게 하지 아니하고 신주를 발행할 것을 정한 때에는 이 권리자는 회생계획인가가 결정된 때에 주주가 된다. 다만, 회생계획에서 특별히 정한 때에는 그 정한 때에 주주가 된다.

② 제1항의 경우에는 신주인수권에 관한 정관의 규정을 적용하지 아니한다.

③ 「상법」 제440조(주식병합의 절차) 내지 제444조(단주의 처리)의 규정은 주주에 대하여 배정할 주식에 단수(端數)가 생긴 경우에 관하여 준용한다. 이 경우 같은 법 제443조(단주의 처리)제1항 단서에 규정된 사건은 회생법원의 관할로 하고, 「비송사건절차법」 제83조(단주매각의 허가신청)의 규정을 준용한다.

제266조 (납입 등이 있는 신주발행에 관한 특례)

① 제206조제2항·제3항의 규정에 의하여 회생계획에서 채무자가 신주를 발행할 것을 정한 때에는 회생계획에 의하여 신주를 발행할 수 있다.

② 제1항의 경우에는 「상법」 제418조(신주인수권의 내용 및 배정일의 지정·공고), 제422조(현물출자의 검사), 제424조(유지청구권), 제424조의2(불공정한 가액으로 주식을 인수한 자의 책임), 제428조(이사의 인수담보책임) 및 제429조(신주발행무효의 소) 내지 제432조(무효판결과 주주에의 환급)의 규정은 적용하지 아니한다.

③ 제1항의 경우에는 신주인수권에 관한 정관의 규정을 적용하지 아니하며, 「상법」 제425조(준용규정)제1항에서 준용하는 같은 법 제306조(납입금의 보관자 등의 변경)에 규정된 사건은 회생법원의 관할로 한다.

④ 제1항의 경우 「상법」 제419조(신주인수권자에 대한 최고)의 규정을 준용한다. 이 경우 「상법」 제419조(신주인수권자에 대한 최고)제2항 중 "주권"은 "주권 또는 사채권"으로 본다.

⑤ 회생채권자·회생담보권자 또는 주주에 대하여 새로 납입 또는 현물출자를 하게 하여 신주를 발행하는 때에는 이들 권리자는 회생계획에서 정한 금액을 납입하거나 현물출자를 하면 된다.

⑥ 제265조제3항의 규정은 주주에 대하여 새로 납입 또는 현물출자를 하게 하여 배정할 주식에 단수(端數)가 생긴 경우에 관하여 준용한다. 다만, 종전의 주주에 교부할 대금

에서 단주(端株)에 대하여 납입할 금액 또는 이행할 현물출자에 상당하는 금액을 공제
하여야 한다.

⑦ 제1항의 경우 채무자의 신주발행으로 인한 변경등기의 촉탁서 또는 신청서에는 회생계
획인가결정서의 등본 또는 초본 외에 주식의 청약과 인수를 증명하는 서면과 납입금의
보관에 관한 증명서를 첨부하여야 한다.

제267조 (주식회사의 납입 등이 없는 사채발행에 관한 특례)

① 제209조의 규정에 의하여 회생계획에서 주식회사인 채무자가 회생채권자·회생담보권
자 또는 주주에 대하여 새로 납입을 하게 하지 아니하고 사채를 발행할 것을 정한 때
에는 이들 권리자는 회생계획인가가 결정된 때에 사채권자가 된다.

② 제1항의 경우에는 「상법」 제471조(사채모집의 제한)의 규정은 적용하지 아니한다.

③ 제1항의 경우 회생계획의 규정에 의하여 회생채권자 또는 회생담보권자에 대하여 발행
하는 사채의 액은 「상법」 제470조(총액의 제한)의 규정에서 정하는 사채의 총액에 산
입하지 아니한다.

제268조 (주식회사의 납입 등이 있는 사채발행에 관한 특례)

① 제267조에 규정된 경우를 제외하고 제209조의 규정에 의하여 회생계획에서 주식회사
인 채무자가 사채를 발행할 것을 정한 때에는 회생계획에 의하여 사채를 발행할 수
있다.

② 회생채권자·회생담보권자 또는 주주에 대하여 새로 납입을 하게 하여 사채를 발행하
는 때에는 이들 권리자는 회생계획에 정한 금액을 납입한 때에 사채권자가 된다.

③ 제266조제4항 및 제267조제2항·제3항의 규정은 제1항의 경우에 관하여 준용한다.

④ 제1항의 경우 전환사채 또는 신주인수권부사채의 등기의 촉탁서 또는 신청서에는 다음
각 호의 서면을 첨부하여야 한다.

  1. 회생계획인가결정서의 등본 또는 초본

  2. 전환사채 또는 신주인수권부사채의 청약 및 인수를 증명하는 서면

  3. 각 전환사채 또는 신주인수권부사채에 대하여 납입이 있은 것을 증명하는 서면

제269조 (주식회사의 주식의 포괄적 교환에 관한 특례)

① 제207조의 규정에 의하여 회생계획에서 주식회사인 채무자가 다른 회사와 주식의 포괄
적 교환을 하는 것을 정한 때에는 회생계획에 의하여 주식의 포괄적 교환을 할 수 있다.

② 제1항의 경우 완전모회사로 되는 회사의 주식의 배정을 받는 회생채권자 또는 회생담보권자는 회생계획인가 시에 주식인수인으로 되고, 주식의 포괄적 교환의 효력이 생긴 때에 주주로 된다.

③ 제1항의 경우 「상법」 제360조의4(주식교환계약서 등의 공시), 제360조의5(반대주주의 주식매수청구권), 제360조의7(완전모회사의 자본증가의 한도액) 및 제360조의14(주식교환무효의 소)의 규정은 적용하지 아니한다.

④ 제1항의 경우 채무자에 대한 「상법」 제360조의8(주권의 실효절차)의 규정을 적용하는 때에는 같은 조에서 "제360조의3제1항의 규정에 의한 승인"은 "주식의 포괄적 교환을 내용으로 하는 회생계획인가"로 본다.

⑤ 제1항 내지 제4항의 규정은 주식의 포괄적 교환의 상대방인 다른 회사에 대한 「상법」의 적용에 영향을 미치지 아니한다.

⑥ 제1항의 경우 채무자가 완전모회사로 되는 때에 주식의 포괄적 교환에 의한 회사의 변경등기의 촉탁서 또는 신청서에는 다음 각 호의 서류를 첨부하여야 한다.

1. 회생계획인가결정서의 등본 또는 초본

2. 주식의 포괄적 교환계약서

⑦ 제1항의 경우 주식의 포괄적 교환의 상대방인 다른 회사가 완전모회사로 되는 때에는 그 회사의 주식의 포괄적 교환에 의한 변경등기의 신청서에는 다음 각 호의 서류를 첨부하여야 한다.

1. 회생계획인가결정서의 등본 또는 초본

2. 그 회사의 주주총회의 의사록(그 회사가 주주총회의 승인을 얻지 아니하고 주식의 포괄적 교환을 한 때에는 그 회사의 이사회의 의사록)

제270조 (주식회사의 주식의 포괄적 이전에 관한 특례)

① 제208조의 규정에 의하여 회생계획에서 주식회사인 채무자가 주식의 포괄적 이전을 할 것을 정한 때에는 회생계획에 따라 주식의 포괄적 이전을 할 수 있다.

② 제1항의 경우 설립된 완전모회사인 신회사의 주식의 배정을 받는 회생채권자 또는 회생담보권자는 회생계획의 인가 시에 주식인수인으로 되고 주식의 포괄적 이전의 효력이 생긴 때에 주주로 된다.

③ 제1항의 경우 「상법」 제360조의17(주식이전계획서 등의 서류의 공시), 제360조의18(완전모회사의 자본의 한도액), 제360조의22(주식교환 규정의 준용)에서 준용하는 같은 법 제360조의5(반대주주의 주식매수청구권) 및 제360조의23(주식이전무효의 소)의 규정은

적용하지 아니한다.

④ 제1항의 경우 회사에 대한 「상법」 제360조의19(주권의 실효절차)의 규정의 적용에 관하여는 같은 조에서 "제360조의16제1항의 규정에 의한 결의"는 "주식의 포괄적 이전을 내용으로 하는 회생계획인가"로 본다.

⑤ 주식의 포괄적 이전에 의한 설립등기의 촉탁서 또는 신청서에는 다음 각 호의 서류를 첨부하여야 한다.

1. 회생계획인가결정서의 등본 또는 초본
2. 대표이사에 관한 이사회의 의사록

제271조 (합병에 관한 특례)

① 제210조 또는 제211조의 규정에 의하여 회생계획에서 채무자가 다른 회사와 합병할 것을 정한 때에는 회생계획에 따라 합병할 수 있다.

② 제1항의 경우 합병 후 존속하는 회사나 합병으로 설립되는 신회사의 주식 또는 출자지분의 배정을 받은 회생채권자 또는 회생담보권자는 회생계획인가가 결정된 때에 주식 또는 출자지분의 인수인이 되며, 합병의 효력이 생긴 때에 주주 또는 사원이 된다.

③ 제1항의 경우 「상법」 제522조의2(합병계약서 등의 공시), 제522조의3(합병반대주주의 주식매수청구권), 제527조의5(채권자보호절차), 제527조의6(합병에 관한 서류의 사후공시) 및 제529조(합병무효의 소)와 「증권거래법」 제191조(주주의 주식매수청구권)의 규정은 적용하지 아니한다.

④ 「상법」 제530조(준용규정)제3항 또는 제603조(준용규정)에서 준용하는 같은 법 제443조(단주의 처리)제1항 단서에 규정된 사건은 회생법원의 관할로 한다.

⑤ 제1항의 경우 「상법」 제530조(준용규정)제2항 또는 제603조(준용규정)의 규정에 불구하고 같은 법 제237조(준용규정) 내지 제240조(준용규정), 제374조(영업양도, 양수, 임대 등)제2항, 제374조의2(반대주주의 주식매수청구권)제2항 내지 제4항 및 제439조(자본감소의 방법, 절차)제3항의 규정은 준용하지 아니한다.

⑥ 제1항 내지 제5항의 규정은 합병의 상대방인 다른 회사에 대한 「상법」의 규정의 적용에 영향을 미치지 아니한다.

⑦ 제267조의 규정은 제210조제5호 또는 제211조제6호의 규정에 의하여 주주에게 사채를 배정한 경우에 관하여 준용한다. 이 경우 주주는 합병의 효력이 생긴 때에 사채권자가 된다.

⑧ 제1항의 경우 합병으로 인한 채무자의 해산 또는 변경의 등기의 촉탁서 또는 신청서

에는 다음 각 호의 서류를 첨부하여야 한다.

1. 회생계획인가결정서의 등본 또는 초본

2. 합병계약서

⑨ 제1항의 경우 합병으로 인한 신회사의 설립등기의 촉탁서 또는 신청서에는 다음 각 호의 서류를 첨부하여야 한다.

1. 회생계획인가결정서의 등본 또는 초본

2. 합병계약서

3. 정관

4. 창립총회의 의사록

5. 대표이사에 관한 이사회의 의사록

6. 합병의 상대방인 다른 채무자가 선임한 설립위원의 자격을 증명하는 서면

제272조 (분할 또는 분할합병에 관한 특례)

① 제212조 내지 제214조의 규정에 의하여 회생계획에 의하여 주식회사인 채무자가 분할 되거나 주식회사인 채무자 또는 그 일부가 다른 회사 또는 다른 회사의 일부와 분할 합병할 것을 정한 때에는 회생계획에 의하여 분할 또는 분할합병할 수 있다.

② 제1항의 경우 분할합병 후 존속하는 채무자 또는 분할합병으로 설립되는 신회사의 주 식을 배정받은 채무자의 주주·회생채권자 또는 회생담보권자는 회생계획인가가 결정 된 때에 주식인수인이 되며, 분할합병의 효력이 생긴 때에 주주가 된다.

③ 제1항의 경우 「상법」 제530조의7(분할대차대조표 등의 공시), 「상법」 제522조의3(합병반 대주주의 주식매수청구권)과 「증권거래법」 제191조(주주의 주식매수청구권)의 규정은 적 용하지 아니하며, 「상법」 제530조의11(준용규정)제1항에서 준용하는 같은 법 제443조(단 주의 처리)제1항 단서에 규정된 사건은 회생법원의 관할로 한다.

④ 제1항의 경우 「상법」 제530조의9(분할 및 분할합병 후의 회사의 책임)제4항 및 제530 조의11(준용규정)의 규정에 불구하고 같은 법 제237조(준용규정) 내지 제240조(준용규 정), 제374조(영업양도·양수·임대 등)제2항, 제439조(자본감소의 방법, 절차)제3항, 제 522조의3(합병반대주주의 주식매수청구권), 제527조의5(채권자보호절차) 및 제529조(합 병무효의 소)의 규정은 준용하지 아니한다.

⑤ 제1항 내지 제4항의 규정은 분할합병의 상대방인 다른 회사에 대한 「상법」의 규정의 적용에 영향을 미치지 아니한다.

⑥ 제267조의 규정은 제212조제1항제5호, 제213조제1항제4호 또는 제2항제8호의 규정에

의하여 주주에게 사채를 배정한 경우에 관하여 준용한다. 이 경우 주주는 분할 또는 분할합병의 효력이 생긴 때에 사채권자가 된다.

⑦ 제1항의 경우 분할로 인한 채무자의 해산등기 또는 변경등기의 촉탁서 또는 신청서에는 회생계획인가결정서의 등본 또는 초본을 첨부하여야 하며, 분할합병으로 인한 채무자의 해산등기 또는 변경등기의 촉탁서 또는 신청서에는 회생계획인가결정서의 등본 또는 초본 외에 분할합병계약서를 첨부하여야 한다.

⑧ 제1항의 경우 분할합병으로 인한 설립등기의 촉탁서 또는 신청서에는 다음 각 호의 서류를 첨부하여야 한다.

1. 회생계획인가결정서의 등본 또는 초본
2. 분할합병계약서
3. 정관
4. 창립총회의 의사록
5. 대표이사에 관한 이사회의 의사록

제273조 (새로운 출자가 없는 신회사의 설립에 관한 특례)

① 제212조제1항 또는 제214조의 규정에 의하여 회생계획에서 주식회사인 채무자를 분할하여 채무자의 출자만으로 신회사를 설립할 것을 정하거나 제215조의 규정에 의하여 회생계획에서 회생채권자·회생담보권자·주주·지분권자에 대하여 새로 납입 또는 현물출자를 하게 하지 아니하고 주식 또는 출자지분을 인수하게 함으로써 신회사를 설립할 것을 정한 때에는 신회사는 정관을 작성하고 회생법원의 인증을 얻은 후 설립등기를 한 때에 성립한다.

② 제1항의 경우 신회사가 성립한 때에 회생계획에 의하여 신회사에 이전할 채무자의 재산은 신회사에 이전하고, 신회사의 주식, 출자지분 또는 사채를 배정받은 채무자의 회생채권자·회생담보권자·주주·지분권자는 주주·지분권자 또는 사채권자가 된다.

③ 제263조제1항·제2항·제5항, 제265조제3항 및 제268조의 규정은 제1항 및 제2항의 경우에 관하여 준용한다.

④ 제1항의 경우 신회사의 설립등기의 촉탁서에는 다음 각 호의 서류를 첨부하여야 한다.

1. 회생계획인가결정서의 등본 또는 초본
2. 정관
3. 회생계획에서 이사 또는 감사의 선임이나 대표이사의 선정의 방법을 정한 때에는 그 선임이나 선정에 관한 서류

4. 명의개서대리인을 둔 때에는 이를 증명하는 서면

제274조 (그 밖에 신회사의 설립에 관한 특례)

① 제273조에 규정된 경우를 제외하고 제212조제1항 또는 제214조의 규정에 의하여 회생 계획에서 주식회사인 채무자를 분할하여 신회사를 설립할 것을 정하거나 합병·분할 또는 분할합병에 의하지 아니하고 제215조의 규정에 의하여 회생계획에서 신회사를 설립할 것을 정한 때에는 회생계획에 의하여 신회사를 설립할 수 있다.

② 제1항의 경우 「상법」 제288조(발기인), 제291조(설립 당시의 주식발행사항의 결정) 내지 제293조(발기인의 주식인수), 제295조(발기설립의 경우의 납입과 현물출자의 이행)제1항, 제296조(발기설립의 경우의 임원선임), 제299조(검사인의 조사, 보고), 제300조(법원의 변경처분), 제302조(주식인수의 청약, 주식청약서의 기재사항)제2항제4호, 제310조(변태설립의 경우의 조사), 제311조(발기인의 보고), 제313조(이사, 감사의 조사, 보고)제2항, 제314조(변태설립사항의 변경), 제315조(발기인에 대한 손해배상청구), 제321조(발기인의 인수, 납입담보책임) 내지 제324조(발기인의 책임면제, 주주의 대표소송), 제327조(유사발기인의 책임) 및 제328조(설립무효의 소)의 규정은 적용하지 아니한다.

③ 제1항의 경우 정관은 회생법원의 인증을 받아야 하고, 「상법」 제306조(납입금의 보관자 등의 변경)에 규정된 사건은 회생법원의 관할로 하며, 창립총회에서는 회생계획의 취지에 반하여 정관을 변경할 수 없고, 같은 법 제326조(회사불성립의 경우의 발기인의 책임)의 규정에 의한 발기인의 책임은 채무자가 진다.

④ 제1항의 경우 채무자·회생채권자·회생담보권자·주주·지분권자에 대하여 새로 납입 또는 현물출자를 하게 하지 아니하고 주식 또는 출자지분을 인수하게 하거나 새로 납입을 하게 하지 아니하고 사채를 인수하게 하는 때에는 이 권리자는 신회사가 성립한 때에 주주나 지분권자 또는 사채권자가 된다.

⑤ 제1항의 경우 회생채권자·회생담보권자·주주 또는 제3자에 대하여 새로 납입 또는 현물출자를 하게 하고 주식을 인수하게 하는 때에는 이 자에 대하여 발행할 주식 중에서 인수가 없는 주식에 관하여는 「상법」 제289조(정관의 작성, 절대적 기재사항)제2항의 규정에 반하지 아니하는 한 새로 주주를 모집하지 아니하고 그 주식의 수를 신회사설립 시에 발행하는 주식의 총수에서 뺄 수 있다.

⑥ 제263조제1항·제2항·제5항, 제265조제3항, 제266조제4항 내지 제6항, 제267조제3항 및 제268조의 규정은 제1항 내지 제5항의 경우에 관하여 준용한다.

⑦ 제1항의 경우 신회사의 설립등기의 촉탁서 또는 신청서에는 다음 각 호의 서류를 첨

부하여야 한다.

1. 제273조제4항 각 호의 서류
2. 주식의 청약 및 인수를 증명하는 서면
3. 이사 및 감사의 조사보고서와 그 부속서류
4. 창립총회의 의사록
5. 납입금을 보관한 금융기관의 납입금보관증명서

제275조 (해산에 관한 특례)

① 제216조의 규정에 의하여 회생계획에서 채무자가 합병·분할 또는 분할합병에 의하지 아니하고 해산할 것을 정한 때에는 채무자는 회생계획이 정하는 시기에 해산한다.

② 제1항의 경우 해산등기의 신청서에는 회생계획인가결정서의 등본 또는 초본을 첨부하여야 한다.

제276조 (주식 등의 인수권의 양도)

회생채권자·회생담보권자·주주·지분권자는 회생계획에 의하여 채무자 또는 신회사의 주식·출자지분 또는 사채를 인수할 권리가 있는 때에는 이를 타인에게 양도할 수 있다.

제277조 (「증권거래법」의 적용 배제)

주식회사인 채무자 또는 신회사가 주식 또는 사채를 발행하는 때에는 「증권거래법」 제8조(모집 또는 매출의 신고)의 규정을 적용하지 아니한다.

제278조 (공장재단 등에 관한 처분제한의 특례)

회생계획에 의하여 채무자의 재산을 처분하는 때에는 공장재단 그 밖의 재단 또는 재단에 속하는 재산의 처분제한에 관한 법령은 적용하지 아니한다.

제279조 (허가·인가 등에 의한 권리의 승계)

회생계획에서 채무자가 행정청으로부터 얻은 허가·인가·면허 그 밖의 처분으로 인한 권리의무를 신회사에 이전할 것을 정한 때에는 신회사는 다른 법령의 규정에 불구하고 그 권리의무를 승계한다.

✽ 이는 영업양도와 달리 인·허가 등이 당연 이전되게 함으로써 회사분할에 의한

신회사 설립에 유리한 여건을 마련해 준 것이다.

제280조 (조세채무의 승계)

회생계획에서 신회사가 채무자의 조세채무를 승계할 것을 정한 때에는 신회사는 그 조세를 납부할 책임을 지며, 채무자의 조세채무는 소멸한다.

제281조 (퇴직금 등)

① 회생절차개시 후 채무자의 이사·대표이사·감사 또는 근로자였던 자로서 계속하여 신회사의 이사·대표이사·감사 또는 근로자가 된 자는 채무자에서 퇴직한 것을 이유로 하여 퇴직금 등을 지급받을 수 없다.

② 제1항에 규정된 자가 채무자에서 재직한 기간은 퇴직금 등의 계산에 관하여는 신회사에서 재직한 기간으로 본다.

제282조 (회생계획의 변경)

① 회생계획인가의 결정이 있은 후 부득이한 사유로 회생계획에 정한 사항을 변경할 필요가 생긴 때에는 회생절차가 종결되기 전에 한하여 법원은 관리인, 채무자 또는 목록에 기재되어 있거나 신고한 회생채권자·회생담보권자·주주·지분권자의 신청에 의하여 회생계획을 변경할 수 있다.

② 제1항의 규정에 의하여 회생채권자·회생담보권자·주주·지분권자에게 불리한 영향을 미칠 것으로 인정되는 회생계획의 변경신청이 있는 때에는 회생계획안의 제출이 있는 경우의 절차에 관한 규정을 준용한다. 다만, 이 경우에는 회생계획의 변경으로 인하여 불리한 영향을 받지 아니하는 권리자를 절차에 참가시키지 아니할 수 있다.

③ 제246조 및 제247조의 규정은 회생계획변경의 결정이 있는 경우에 관하여 준용한다.

④ 다음 각 호의 어느 하나에 해당하는 경우 종전의 회생계획에 동의한 자는 변경회생계획안에 동의한 것으로 본다.

  1. 변경회생계획안에 관하여 결의를 하기 위한 관계인집회에 출석하지 아니한 경우
  2. 변경회생계획안에 대한 서면결의절차에서 회신하지 아니한 경우

✳ 의의

회생계획이 법원의 인가를 거쳐 권리변경 및 실권의 효과가 발생했고, 그것에 기초하여 이미 수행이 이루어지고 있기 때문에 원칙적으로는 변경할 수 없는 것이나, 경

제상황 등의 급변으로 회생계획의 수행이 불가능해진 경우 항상 회생절차를 폐지할 수밖에 없다면 사회경제적으로 바람직하지 않고, 이해관계인의 의사에도 반할 수 있어 예외적으로 변경을 허용된다.

＊ 변경절차가 필요한 경우
- 회생계획에 정한 사항의 변경: 향후 영업추정과 같이 단순한 예상 내지 목표가 아닌 한 계획안 기재사항 모두 변경 대상이나, 중요한 것은 권리변경에 관한 것으로 회생채권, 담보권 주식에 한하고, 공익채권은 변경대상이 아니다. 공익채권자와 합의가 이루어져도 이는 합의에 따른 효과지 위 조항과는 무관한 것이다.
- 회생계획에 정하지 않은 사항의 추가: 인가 후에 자본감소, 신주, 사채 발행, 합병, 해산 등의 조치가 필요하게 된 경우는 계획안 변경절차를 거쳐서 추가해야 한다.[151]

＊ 변경절차가 필요하지 않은 경우
예정시기보다 앞당겨 변제하는 경우같이 채무자가 이익을 포기하는 경우나 계획 조항이 목표의 예정에 불과하여 관리인을 구속하지 않는 경우(공익채권에 대한 변제계획도 예정에 불과)는 계획변경이 필요하지 않다.

＊ 부득이한 사유와 변경할 필요
경제상황 급변, 법령개폐, 인허가를 못 받음, 관련기업 부도 등이 부득이한 사유가 될 것이고, 현재 상태를 내버려 두면 계획 수행불능이거나 현저하게 곤란해지는 경우에 변경할 필요가 있을 것이다. 다만 일시적인 연명책으로 변경신청이 거듭되는 것을 막기 위해 예외적으로 허용해야 할 것이다.

＊ 변경 절차
신청권자는 계획안 제출권자와 일치하고(제1항), 신청방식은 회생계획 변경계획안이라는 서면의 제출로 하고, 변경시기는 회생계획인가결정 후 회생절차 종료 전에 한하

---

151) 대법원 2005. 6. 15.자 2004그84 결정: 원정리계획에 정관변경은 관리인이 법원의 허가를 얻어서 한다고 규정되어 있는 경우, 원계획상 고려대상이 아니었던 제3자의 인수·합병에 의한 정리절차의 진행 및 종결을 위한 정관변경은 정리계획의 기본구도가 변경되는 결과를 초래하므로 정리계획변경절차가 아닌 정관변경조항에 기한 법원의 정관변경허가결정만으로 하는 것은 허용할 수 없다.

여 가능하다(제1항).

  ✳ 변경계획안의 심사
  법원은 변경내용의 법규위배 여부, 공정, 형평의 원칙에 반하는지 여부, 수행 가능 여부, 이해관계인에게 불리한 영향을 미치는지 여부 등을 심사하여 변경한다.
  불리한 영향이라 함은 이해관계인의 지위가 원계획에 비하여 질적, 양적으로 감소하거나 불안정하게 되는 경우를 말하고, 어느 조를 우대하면서 다른 조를 그대로 두는 상대적 저하는 해당되지 않는다. 예컨대, 권리의 재감축, 담보권 해제, 변제기 연장, 현금변제 조항을 출자전환으로 변경, 초과수익금 조기변제 조항을 운전자금으로 전환, 주가하락 가져올 수 있는 증자, 자본감소, 신주발행, 합병, 해산, 영업양도, 조직변경 등은 이해관계인에게 불리한 영향을 주는 경우가 될 것이다.

  ✳ 불리한 영향을 미치는 경우의 절차
  계획안제출절차규정을 준용하여 관계인집회 심의, 의결과 법원의 인가결정이 있어야 한다.

  ✳ 불리한 영향을 미치지 않는 경우의 절차
  법원은 요건에 부합하면 바로 변경결정하고, 아니면 불허가결정을 한다.

  ✳ 변경효과
  변경결정 또는 변경계획인가결정이 있은 때부터 효과 발생하고, 원계획 중 저촉되는 부분은 장래에 향하여 실효한다.

  ✳ 불복
  회생계획변경결정에 대하여는 즉시항고가 가능하다(제3항, 제247조).
  항고이유가 있을 때 원결정 취소하고 변경불허 또는 변경계획불인가결정을 한다. 단 이해관계인에게 불리한 영향을 미치는 변경을 관계인집회를 거치지 않고 한 경우에는 그 절차를 거치게 하기 위해 원심으로 환송한다.
  즉시항고는 계획 수행에 영향을 미치지 않으나, 법원은 수행정지 기타 필요한 처분이 가능하다.

제283조 (회생절차의 종결)

① 회생계획에 따른 변제가 시작되면 법원은 다음 각 호의 어느 하나에 해당하는 자의 신청에 의하거나 직권으로 회생절차종결의 결정을 한다. 다만, 회생계획의 수행에 지장이 있다고 인정되는 때에는 그러하지 아니하다.
  1. 관리인
  2. 목록에 기재되어 있거나 신고한 회생채권자 또는 회생담보권자
② 법원이 제1항의 규정에 의한 결정을 한 때에는 그 주문 및 이유의 요지를 공고하여야 한다. 이 경우 송달은 하지 아니할 수 있다.
③ 제40조제1항의 규정은 제1항의 규정에 의한 결정이 있은 경우에 관하여 준용한다.

✽ 의의
  회생계획에 따른 변제가 시작되고 이후 수행이 확실하여 회생절차의 목적을 달성할 수 있다고 판단되는 경우에 법원은 회생계획 종료전이라도 이해관계인의 신청이나 직권으로 회생절차를 종결시킬 수 있다.

✽ 요건
  −시기: 계획에 따른 변제가 시작된 이후에 가능하고, 인가결정에 대해 항고가 제기되어 확정되지 않은 상태라면 할 수 없다.
  −계획의 수행에 지장이 없을 것: 과거 회생절차의 조기종결이나 중도폐지에 인색했다는 비판을 받아들여 계획이 수행되었거나 수행이 확실하여 회생절차의 목적을 달성할 수 있을 경우라는 요건을 완화시킨 것이므로 적극적 해석 운용이 필요하다.
  실무에서는 대법원 송무예규에 따라 회생계획상 주요부분의 변제가 차질이 없이 이행되고 있는 경우, 총자산이 총부채를 안정적으로 초과하고 있는 경우, 예정된 경상수지 수준을 수년간 상당 정도 초과달성하고 있고, 앞으로도 그 수준을 유지할 가능성이 높은 경우, 제3자가 회사를 인수하여 계획 수행에 필요한 자금조달이나 경상이익의 실현에 지장이 없다고 보이는 경우 등의 사유가 있으면 조기종결하고 있다.
  기아자동차의 경우는 현대자동차의 인수로 인가결정 후 14개월 만에 종결되었다.

＊ 종결절차

－종결결정: 회생절차의 진행경과, 계획 수행 현황, 재무 및 영업현황, 종결결정 후
계획 수행 가능성, 관리위원회 및 채권자협의회의 의견 등을 종합해 결정한다.

－종결결정 후 법원의 조치: 법원은 공고, 감독청 등에 대한 통지, 본지점 소재지 등
기촉탁, 채무자 재산에 관한 등기, 등록촉탁(제23, 24, 27조) 등의 조치를 취하게
된다.

－관리인의 계산 보고: 관리인의 임무는 종료했으므로 관리인은 관리인과 채무자
사이의 사무인계서, 회사 인원 현황, 자금수지상황, 자산 부채 증감현황, 회생채권
변제 내역, 재무제표를 법원에 제출하는 방식으로 계산보고를 한다(제84조).

－결정 공고 시부터 효력 발생하고, 불복할 수는 없고, 특별항고만 가능하다.

＊ 종결효과

－관리인의 권한 소멸과 채무자의 권한 회복: 사업경영과 재산의 관리 처분권 회복,
법원의 감독해소, 소송수계되나, 회생채권확정소송의 청구취지변경은 없다. 관리
인에게 퇴직금을 지급해야 한다.

－채무자에 대한 절차적 구속 소멸: 자본감소, 신주 사채발행, 합병, 이익배당, 정관
변경 등을 회생절차가 아닌 상법규정에 따라 자유로이 할 수 있다.

－개별적 권리행사(변제, 강제집행 등)에 대한 제약이 해소되나, 회생절차 중 이미
실권된 채권이나 계획에서 보호되지 않은 권리는 부활하지 않는다.

－채무자는 계속하여 회생계획을 수행할 의무가 있으나, 이사 등 임원의 선임은 상
법에 따라 할 수 있다. 다만 회생절차개시원인이 이사 또는 대표이사에 의한 채
무자 재산의 은닉, 도피, 고의적인 부실경영에 있는 경우 해당자는 이사나 대표이
사가 될 수 없다(제284조).

제284조 (이사 등의 경영참여금지)

제203조제2항 단서의 규정에 의하여 이사 또는 대표이사로 유임되지 못한 자는 회생절
차종결의 결정이 있은 후에도 채무자의 이사로 선임되거나 대표이사로 선정될 수 없다.

제8장 회생절차의 폐지

＊ 회생절차개시 후에 그 목적을 달성하지 못한 채 법원이 그 절차를 종료시키는 것이다. 회생절차의 종결과 함께 회생절차의 종료사유이지만 회생절차의 종결은 회생절차의 목적달성이 가능하게 된 경우에 회생절차로부터 벗어나게 해주는 것인 점에서 다르다. 회생계획불인가의 경우도 회생절차가 목적을 달성하지 못하고 종료되는 점에서는 폐지와 같으나, 일단 가결된 회생계획을 불인가함으로써 절차가 종료되는 점에서 다르다.

＊ 회생절차의 폐지에는 회생계획인가 전과 후의 폐지로 나뉘고, 인가 전의 폐지에는 회생계획안 제출명령 전의 청산가치가 계속가치보다 큰 것을 이유로 하는 경우(제285조), 회생계획안이 제출되지 않았거나 제출된 계획안이 가결되지 않았음을 이유로 하는 경우(제286조제1항), 회생계획안 제출명령 이후 회사의 청산가치가 계속가치보다 큰 것이 밝혀진 경우(제286조제2항)와 신고된 회생채권을 모두 변제할 수 있다는 것을 이유로 하는 경우(제287조)가 있다.

제285조 (회생계획안 제출명령 전의 폐지)

법원은 채무자의 사업을 청산할 때의 가치가 채무자의 사업을 계속할 때의 가치보다 명백히 크다고 인정되는 때에는 제1회 관계인집회 전이라도 제220조제1항의 규정에 의한 회생계획안의 제출을 명하지 아니하고 관리인이나 목록에 기재되어 있거나 신고한 회생채권자 또는 회생담보권자의 신청에 의하거나 직권으로 회생절차폐지의 결정을 하여야 한다. 다만, 제222조의 규정에 의하여 청산 등을 내용으로 하는 회생계획안의 작성을 허가하는 때에는 그러하지 아니하다.

✽ 규정취지

현행법은 회생절차개시결정을 신청 후 1개월 내에 하도록 함으로써 회사의 가치를 조사할 시간적 여유가 없으므로, 개시 후 조사절차에서 청산가치가 더 높은 것으로 나타난 경우에는 절차를 폐지할 수 있도록 한 것이다.

✽ 신청권자

관리인이나 목록에 기재되어 있거나 신고한 회생채권자, 회생담보권자의 신청 또는 법원이 직권으로 한다.

✽ 결정시기

종전의 제1회관계인집회 개최 후에 해야 하나 여부에 관한 논의를 법으로 해결해, 위 집회 전이라도 할 수 있게 했다.

제286조 (회생계획인가 전의 폐지)

① 다음 각 호의 경우 법원은 직권으로 회생절차폐지의 결정을 하여야 한다.
  1. 법원이 정한 기간 또는 연장한 기간 안에 회생계획안의 제출이 없거나 그 기간 안에 제출된 모든 회생계획안이 관계인집회의 심리 또는 결의에 부칠 만한 것이 못되는 때
  2. 회생계획안이 부결되거나 결의를 위한 관계인집회의 제1기일부터 2월 이내 또는 연장한 기간 안에 가결되지 아니하는 때
  3. 회생계획안이 제239조제3항의 규정에 의한 기간 안에 가결되지 아니한 때
  4. 제240조제1항의 규정에 의한 서면결의에 부치는 결정이 있은 때에 그 서면결의에 의하여 회생계획안이 가결되지 아니한 때. 다만, 서면결의에서 가결되지 아니한 회생계획안에 대하여 제238조의 규정에 의한 속행기일이 지정된 때에는 그 속행기일에서 가결되지 아니한 때를 말한다.
② 회생계획안제출명령이 있은 후 채무자의 사업을 청산할 때의 가치가 채무자의 사업을 계속할 때의 가치보다 크다는 것이 명백하게 밝혀진 때에는 법원은 회생계획인가결정 전까지 관리인의 신청에 의하거나 직권으로 회생절차폐지의 결정을 할 수 있다.

✽ 법원이 정한 기간 또는 연장한 기간(제220조) 내에 계획안 미제출(제1호)

이 조항은 기간불준수에 대한 징벌적 의미가 아닌 계획안 작성 가능성이 없다는 취

지에서 만들어진 것이므로 기간경과 후 폐지결정 전에 제출된 경우는 폐지결정을 않고 심의에 부치는 것이 옳다.

∗ 계획안이 심리에 부칠 만한 것이 못 될 때(제1호)

이는 내용이 법규위반, 공정 형평 위반, 수행 불가능한 경우가 될 것이다. 동의를 얻을 가능성이 없는 경우도 포함된다는 설이 있으나,[152) 심리과정에서 바뀔 변수도 있으므로 심리에는 부치는 것이 옳을 것이다.

∗ 계획안 부결(제2, 4호)

부결되어도 속행신청이 있고 다수 의결권자의 동의로 속행기일이 정해진 경우나 권리보호 조항을 붙여 인가하는 경우는 폐지결정을 할 수 없다.

∗ 계획안이 소정기간 내에 가결되지 않은 경우(제2, 3호)

이는 신속진행을 위한 규정이므로 반드시 폐지 결정하여야 한다.

∗ 회생계획안 제출 명령 후 청산가치가 큰 것이 명백히 밝혀진 경우(제2항)

청산가치가 계속기업가치보다 큰지 여부판단의 기준시점은 폐지결정시점이다. 명백성을 요구한 것은 이해관계인에게 갱생의 기대를 갖게 해놓고 폐지하는데 이들을 위한 절차적 보장이 충분치 않으므로 요건을 엄격히 한 것이다.

제287조 (신청에 의한 폐지)

① 채무자가 목록에 기재되어 있거나 신고한 회생채권자와 회생담보권자에 대한 채무를 완제할 수 있음이 명백하게 된 때에는 법원은 다음 각 호의 어느 하나에 해당하는 자의 신청에 의하여 회생절차폐지의 결정을 하여야 한다.
  1. 관리인
  2. 채무자
  3. 목록에 기재되어 있거나 신고한 회생채권자 또는 회생담보권자
② 신청인은 제1항의 규정에 의한 회생절차폐지의 원인인 사실을 소명하여야 한다.
③ 제1항의 규정에 의한 신청이 있는 때에는 법원은 채무자, 관리위원회, 채권자협의회

---

152) 서울지방법원 전게서, 541면.

및 목록에 기재되어 있거나 신고한 회생채권자와 회생담보권자에 대하여 그 뜻과 의견이 있으면 법원에 제출할 것을 통지하고, 이해관계인이 열람할 수 있도록 신청에 관한 서류를 법원에 비치하여야 한다.

④ 법원은 제3항의 규정에 의한 통지를 발송한 후 1월 이상이 경과하지 아니하면 회생절차폐지의 결정을 하지 못한다.

＊ 폐지사유

채무를 완제할 수 있음이 명백해야 한다. 완제할 수 있을지 여부는 신고된 회생채권과 담보권, 적법하게 추완 신고된 채권만 고려하면 되고, 신고되지 않은 채권은 폐지될 경우 실권되지는 않지만 실제로 그 규모가 크지 않아 영향이 없으므로 폐지사유의 판정을 용이하게 하기 위하여 고려 대상에서 제외했다. 명백해야 하므로 변제할수는 있지만 사업계속에 현저한 지장을 초래한다면 폐지할 수 없다.

＊ 폐지시기

이 규정에 의한 폐지결정은 신고기간이 만료된 후부터 회생계획이 인가되기 전까지할 수 있다. 회생계획이 인가된 후에 완제할 수 있을 경우에는 회생절차를 종결하면된다.

＊ 폐지절차

관리인, 채무자, 회생채권자, 회생채권자, 회생담보권자의 신청이 있어야만 가능하고, 법원이 직권으로는 하지 못한다.

법원은 이해관계인들에게 의견진술의 기회를 주어야 한다(제3항).

제288조 (회생계획인가 후의 폐지)

① 회생계획인가의 결정이 있은 후 회생계획을 수행할 수 없는 것이 명백하게 된 때에는 법원은 관리인이나 목록에 기재되어 있거나 신고한 회생채권자 또는 회생담보권자의 신청에 의하거나 직권으로 회생절차폐지의 결정을 하여야 한다.

② 법원은 제1항의 규정에 의한 결정을 하기 전에 기일을 열어 관리위원회·채권자협의회 및 이해관계인의 의견을 들을 수 있다. 다만, 기일을 열지 아니하는 때에는 법원은 기한을 정하여 관리위원회·채권자협의회 및 이해관계인에게 의견을 제출할 기회를 부여하여야 한다.

③ 제2항의 규정에 의한 기일이나 기한을 정하는 결정은 공고하여야 하며, 확정된 회생채권 또는 회생담보권에 기하여 회생계획에 의하여 인정된 권리를 가진 자 중에서 알고 있는 자에 대하여는 송달하여야 한다.

④ 제1항의 규정에 의한 회생절차폐지는 회생계획의 수행과 이 법의 규정에 의하여 생긴 효력에 영향을 미치지 아니한다.

❋ 폐지사유

계획을 수행할 수 없음이 명백해야 한다. 이는 갱생가능성이 없다는 의미로, 다시 도산할 우려가 높게 되거나, 회생절차기간이 종료하더라도 독립하여 사업수행 능력이 없는 것을 말한다. 주요 채권의 변제기가 도래하지는 않았지만 현재 영업환경과 자금 사정이 극도로 나빠져 변제기가 도래하더라도 변제 못할 것이 명백한 경우가 되었다면, 아직 회생계획의 미이행이 없더라도 수행 가능성이 없는 것이 된다.

대법원예규는 계획에 따른 변제를 하지 못하고 있고 앞으로도 계속될 것으로 예상되는 경우, 영업실적이 계획에 비해 현저히 미달하고 있고 개선 전망이 없는 경우, 계획에서 정한 자산 매각을 실현하지 못하여 자금수급계획에 현저한 지장을 초래할 우려가 있는 경우, 공익채권이 과다하게 증대하여 향후 계획 수행에 지장을 초래할 우려가 있는 경우, 노사쟁의, 회사 내분, 이해관계인의 과다 간섭 등으로 회사운영에 심각한 차질이 발생한 경우 등을 들고 있다.

❋ 폐지시기

회생계획인가결정 확정 후에 가능하다.

❋ 폐지절차

관리인이나 회생채권자, 회생담보권자의 신청이나 법원이 직권으로 결정하되(제1항), 이해관계인에게 의견제출 기회를 주어야 하고(제2항), 폐지결정은 공고하고(제289조), 감독청 등에 통지하며 등기기 필요한 경우는 촉탁하고(제23, 24, 27조), 이후 파산절차로 이행한다(제6조).

❋ 폐지효력

－회생절차 종료: 관리인의 권한은 소멸하고 채무자의 권한이 회복되고, 회사인 채

무자에 대한 절차적 구속이 소멸되며 개별적 권리행사 제약의 해소되는 것은 회생절차종결의 경우와 같다.

- 효과의 불소급: 계획인가 전에는 권리변동이 없으므로 상관없으나, 인가 후에는 면책이나 권리변동이 있는데 폐지의 소급효가 없으므로 종전 권리가 부활하지 않고, 관리인의 사업경영이나 재산관리에 관한 종전행위는 효력을 잃지 않는다.
- 계속 중인 절차: 중지중인 경매절차 등은 인가결정 전에 폐지되면 속행되나, 인가결정 후에 폐지된 경우는 인가결정으로 이미 실효되었으므로 속행문제가 발생하지 않는다.

; 계속 중인 권리확정절차의 경우는 개시결정 전부터 계속 중인 소송은 개시결정으로 중단된 뒤 권리확정소송으로 변경될 것이므로 폐지 결정되면 다시 중단된 뒤 채무자가 수계해야 하고, 개시 후 계속된 소송은 인가 전에 폐지될 경우 확정된 권리를 적용할 계획이 없어지므로 당연히 종료될 것이고, 인가 후 폐지된 경우는 면책이나 권리변경효력이 지속되므로 여전히 권리확정의 필요가 있어 일단 중단되었다가 채무자가 관리인이 당사자였던 소송을 수계해야 한다.

; 폐지 후 파산이 선고되는 경우에는 계속 중 소송은 중단되며 파산관재인이나 상대방은 수계할 수 있다.

- 파산절차로의 이행: 회생절차가 폐지된 경우에는 필요적 또는 임의적으로 파산절차로 이행한다(제6, 7조).

제289조 (폐지결정의 공고)

법원은 회생절차폐지의 결정을 한 때에는 그 주문과 이유의 요지를 공고하여야 한다. 이 경우 송달은 하지 아니할 수 있다.

제290조 (항고)

① 제247조제1항·제2항 및 제4항 내지 제7항의 규정은 회생절차폐지의 결정에 대한 항고에 관하여 준용한다.
② 제40조제1항의 규정은 회생절차폐지의 결정이 확정된 경우에 관하여 준용한다.

제291조 (공익채권의 변제)

회생절차폐지의 결정이 확정된 때에는 제6조제1항의 규정에 의하여 파산선고를 하여야 하는 경우를 제외하고 관리인은 채무자의 재산으로 공익채권을 변제하고 이의 있는 것에 관하여는 그 채권자를 위하여 공탁을 하여야 한다.

제292조 (회생채권자표 등의 기재의 효력)

① 제286조 또는 제287조의 규정에 의한 회생절차폐지의 결정이 확정된 때에는 확정된 회생채권 또는 회생담보권에 관하여는 회생채권자표 또는 회생담보권자표의 기재는 채무자에 대하여 확정판결과 동일한 효력이 있다. 다만, 채무자가 회생채권과 회생담보권의 조사기간 또는 특별조사기일에 그 권리에 대하여 이의를 하지 아니한 경우에 한한다.

② 회생채권자 또는 회생담보권자는 회생절차종료 후 제6조의 규정에 의하여 파산선고를 하는 경우를 제외하고 채무자에 대하여 회생채권자표 또는 회생담보권자표에 기하여 강제집행을 할 수 있다.

③ 제255조제3항의 규정은 제2항의 경우에 관하여 준용한다.

제293조 (준용규정)

제255조제2항 및 제3항의 규정은 제288조제1항의 규정에 의한 회생절차폐지의 결정이 확정된 경우에 관하여 준용한다.

제 3 편

· ·

파산절차

✳ 의의

파산절차는 채무자가 경제적으로 파탄한 경우에 총채권자에 대한 공평한 변제를 목적으로 채무자의 총재산을 환가하여 얻어진 환가금을 총파산채권자에게 배당하는 재판상의 절차를 말한다.

채권자 또는 채무자의 신청이 있고, 채무자가 지급불능 또는 채무초과의 상태에 있다고 인정되면, 법원이 파산선고를 하여 채무자의 재산에 대한 관리처분권을 박탈하고, 파산관재인에게 파산재산의 관리 및 환가를 맡겨서 배당자금을 마련하고, 일반채권자에게 채권의 개별행사를 금지하면서 채권의 신고 조사에 의하여 그 채권의 순위와 금액을 확정하여, 공평하게 배당하는 절차로 구성되어 있다.

✳ 파산능력

파산자가 될 수 있는 자격으로 민사소송법상의 당사자능력에 해당하는 개념이다. 우리법은 일반파산주의를 채택하고 있어 사람 즉 자연인과 법인이면 상인, 비상인을 가리지 않고 모두 파산자가 될 수 있다.

공법인은 사업의 공익적 기능 때문에 파산대상이 되는가 문제가 된다. 공법인이라는 이유만으로 파산능력을 부정할 수는 없는 것이나, 파산을 통하여 그 법인격을 해체 소멸시키는 것이 공공의 이익을 해하게 될 경우는 파산능력을 부정하는 것이 일반적이다. 파산능력을 전면적으로 인정하는 입장도 국가나 지방자치단체는 본원적 통치단체이어서 이를 해체, 소멸시키는 것은 그 통치기능을 해하게 되므로 파산능력을 인정하지 않는다.

독일의 경우 법으로 연방 및 주의 재산, 주의 감독하에 있는 공법인으로 특별한 정함이 있는 공법인의 재산에 대한 도산절차를 부적법한 것으로 하고 있다.

법인 아닌 사단이나 재단은 민사소송법 제52조가 당사자능력을 인정하고 있고, 강제집행절차에서도 독립한 재산으로 처리되고 있으므로 파산능력을 인정해야 할 것이다. 독일은 도산법 제11조에서 명문으로 인정하고 있다.

민법상 조합은 법인격 없는 사단과의 구별이 어렵고, 민법이 조합의 청산절차를 예정하고 있는 것은 조합 고유의 재산 및 채무에 대한 공평한 청산이 필요한 것을 인정하고 있는 것이므로 파산능력도 있다고 보아야 할 것이다.

상속재산은 채무초과일 경우 민법이 한정승인이나 상속포기를 인정하여 상속재산만으로 청산할 것을 예정하고 있으나, 그 청산 절차에 관하여는 달리 규정이 없어, 도산법에 상속재산의 파산에 관한 규정을 두어 상속재산의 파산능력을 인정하는 것으로 해결하고 있다(제299, 300, 307, 346, 389, 437조 등). 이 경우 파산주체가 누구인가에 관하여 상속재산 자체라는 설, 피상속인이라는 설, 상속개시 전에는 피상속인, 개시 후에는 상속인으로 보는 설 등이 있다. 제437조가 상속인에게 파산채권자의 지위를 인정하고 있는데, 파산채권자가 파산주체가 될 수는 없으므로 상속재산 자체를 파산주체로 보아야 할 것이다.

＊ 소비자(개인)파산

파산제도는 본래 이익추구의 경제활동 중에 사업의 실패로 경제적 파탄이 된 사업자파산을 전제로 한 것이나, 소비자신용 내지 소비자금융제도의 급팽창과 함께 개인소비자가 면책을 목적으로 파산을 신청하는 경우가 많아지자 이런 경우를 소비자(개인)파산이라고 따로 지칭하게 되었는데, 소비자파산을 위한 별도의 제도가 마련되어 있는 것은 아니고 일반 파산절차와 똑같다.

이런 경우의 특징은 채무자가 오로지 개인이고, 청산해야 할 채권채무가 사업관계가 아닌 개인의 소비생활에서 발생한 것이고, 대부분 면책을 목적으로 채무자 스스로의 신청에 의한 자기파산이며, 채무자에게 자산이 거의 없는 경우가 대부분이어서 파산선고와 동시 파산폐지가 있게 된다.

파산제도의 본래 목적인 채권자 권리의 강제실현의 성격은 없어지고, 채무자의 면책이라는 이익도모를 위한 절차가 되어버리기 때문에, 자기 채권을 날려버리는 절차라고 생각할 수밖에 없는 채권자는 절차진행에 협조하기 싫은 것이고, 이에 따라 일부금융기관이 파산신청 시 필수서류인 채권확인서를 발급해주지 않아 신청 자체에 곤란을 겪는 경우도 있다.

＊ 파산원인(제305조)

＊ 파산장애사유

파산이 선고되려면 장애사유가 없어야 하는데, 회생절차나 개인회생절차개시결정이 있는 경우(제58조제1항 및 제2항의 각 제1호, 제600조제1항제1호)에는 파산신청이 허용되지 않거나, 파산절차가 중지되고, 파산절차 중지명령이 있는 경우(제44조와 제593조의 각 제1항제1호)는 즉시파산절차가 중지되며, 책임제한절차폐지결정이 있는 경우는 그 확정 시까지(제326조)파산절차가 정지되므로 파산선고가 있을 수 없다.

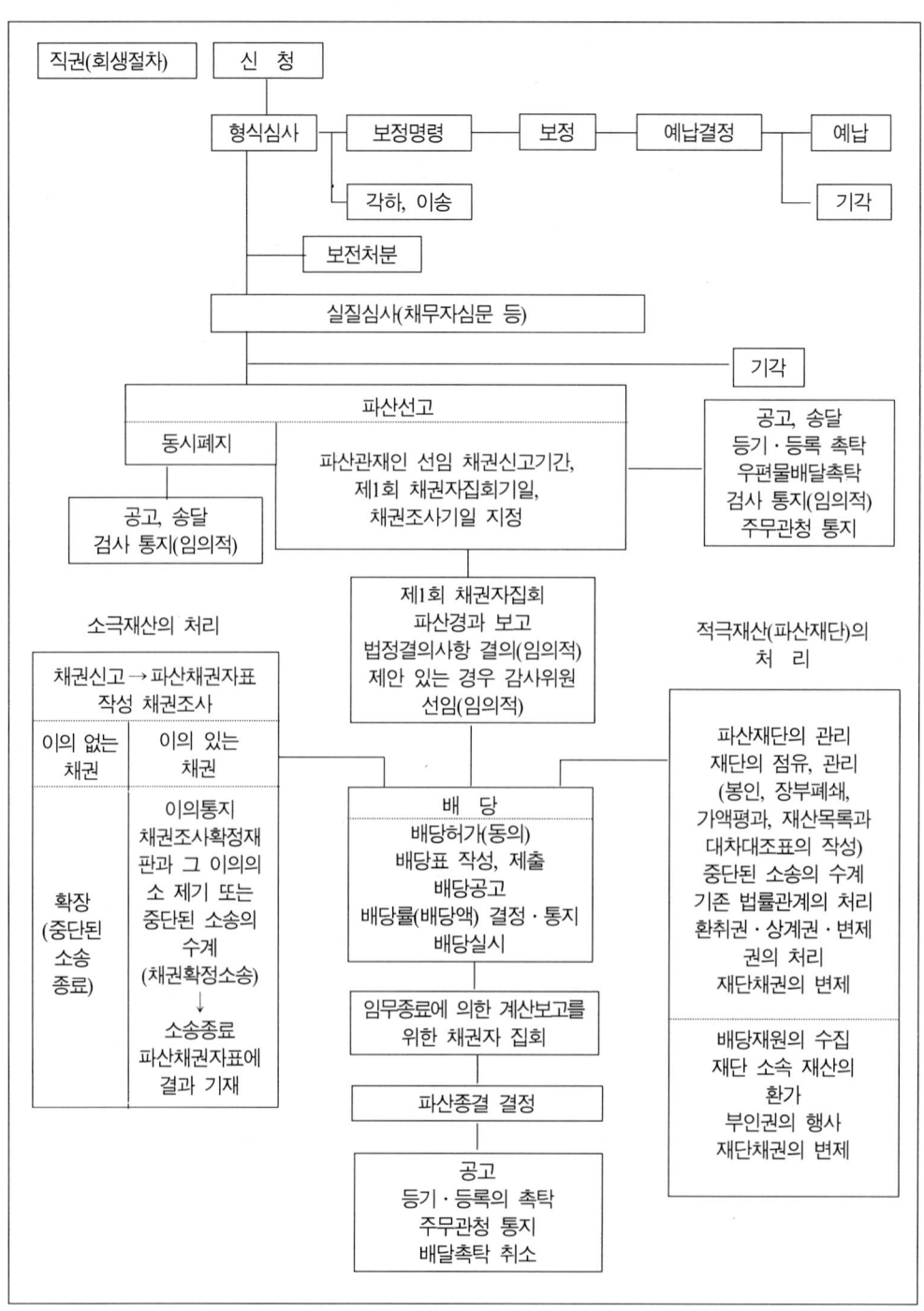

직권(회생절차)   신 청

형식심사 ─ 보정명령 ─ 보정 ─ 예납결정 ─ 예납
                                      └ 기각
          └ 각하, 이송

보전처분

실질심사(채무자심문 등) ─ 기각

파산선고

공고, 송달
등기·등록 촉탁
우편물배달촉탁
검사 통지(임의적)
주무관청 통지

동시폐지

파산관재인 선임 채권신고기간,
제1회 채권자집회기일,
채권조사기일 지정

공고, 송달
검사 통지(임의적)

제1회 채권자집회
파산경과 보고
법정결의사항 결의(임의적)
제안 있는 경우 감사위원
선임(임의적)

소극재산의 처리

채권신고 → 파산채권자표
작성 채권조사

이의 없는 채권	이의 있는 채권
확장(중단된 소송 종료)	이의통지 채권조사확정재판과 그 이의의 소 제기 또는 중단된 소송의 수계 (채권확정소송) ↓ 소송종료 파산채권자표에 결과 기재

적극재산(파산재단)의 처 리

파산재단의 관리
재단의 점유, 관리
(봉인, 장부폐쇄,
가액평가, 재산목록과
대차대조표의 작성)
중단된 소송의 수계
기존 법률관계의 처리
환취권·상계권·변제
권의 처리
재단채권의 변제

배 당
배당허가(동의)
배당표 작성, 제출
배당공고
배당률(배당액) 결정·통지
배당실시

배당재원의 수집
재단 소속 재산의
환가
부인권의 행사
재단채권의 변제

임무종료에 의한 계산보고를
위한 채권자 집회

파산종결 결정

공고
등기·등록의 촉탁
주무관청 통지
배달촉탁 취소

법인파산의 흐름도

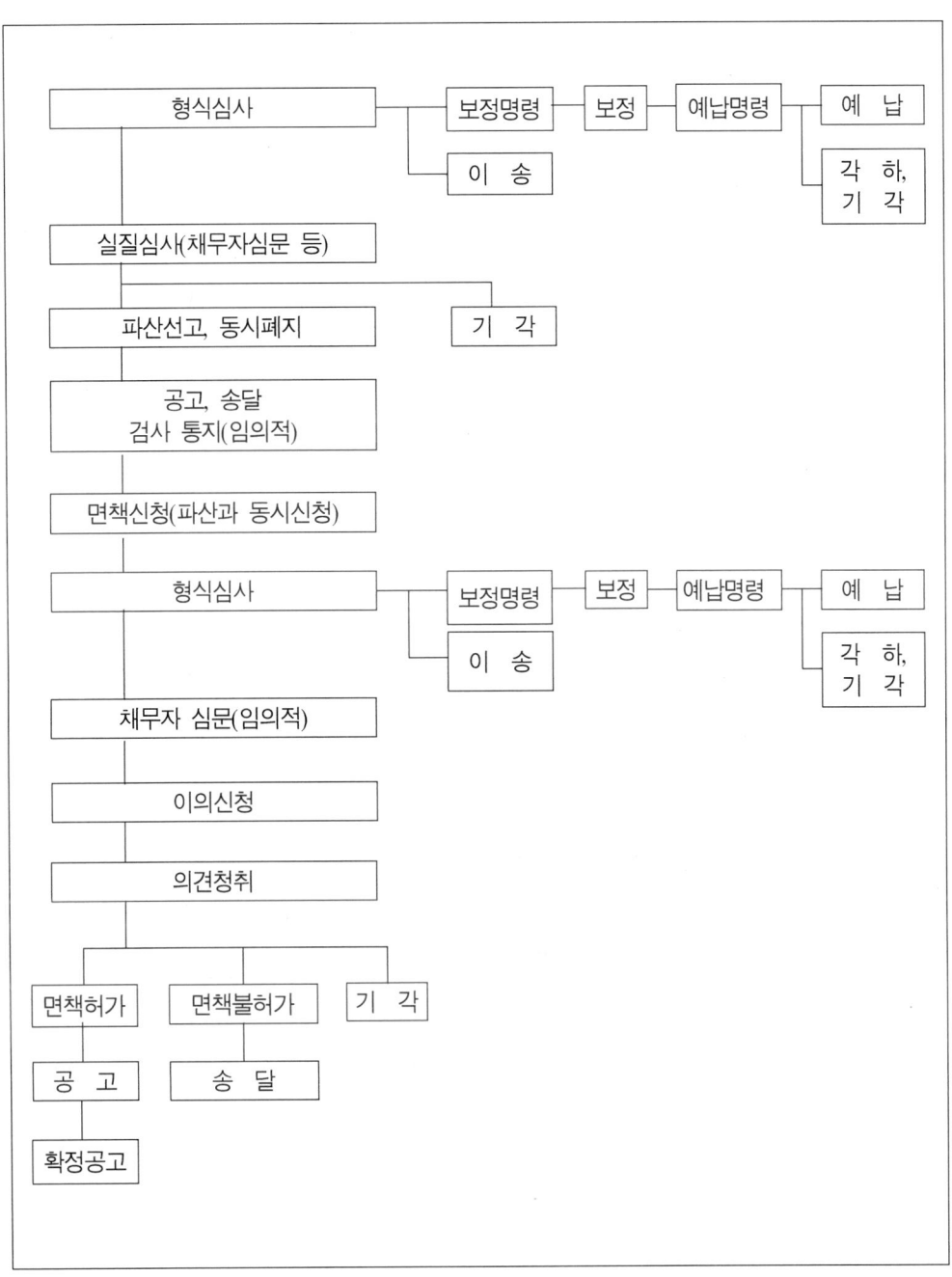

개인파산·면책절차의 흐름도

제1장 파산절차의 개시 등

제1절 파산신청

✽ 파산선고는 채권자 또는 채무자의 신청에 의하여 이루어지는 것이 원칙이나, 예외적으로 회생절차의 관할법원이 직권으로 하는 경우(파산선고를 받지 않은 채무자에 대한 회생계획인가 후 회생절차폐지결정이 확정되었을 때 채무자에게 파산원인사실이 있다고 인정될 경우와, 파산선고를 받은 채무자에 대한 회생계획인가결정으로 파산절차가 효력을 잃은 후 회생절차폐지결정이 확정된 경우에는 법원은 직권으로 파산을 선고한다: 제6조제1항, 제8조)와 특별법이 채무자의 재산상황을 파악할 수 있는 위치에 있는 감독기관에게 파산신청권을 인정한 경우(금융산업의 구조개선에 관한 법률 제16조제1항)가 있다.

제294조 (파산신청권자)

① 채권자 또는 채무자는 파산신청을 할 수 있다.
② 채권자가 파산신청을 하는 때에는 그 채권의 존재 및 파산의 원인인 사실을 소명하여야 한다.

✽ 채권자는 채권의 순위를 불문하고, 장래채권, 조건부, 기한부채권이라도 무방하다. 별제권자도 부족액에 대하여 신청권이 있으나, 파산재단채권은 대부분 선고 후에 생기고, 선고 전에 생긴 것이라도 수시로 변제될 것이므로 신청권이 없다. 채권자대위권자나 채권질권자도 신청권이 있으나, 채권질권설정자는 채무자를 위하여 담보를 제공한 자로서 자기 권리의 상실을 감수하고 있는 자이므로 채무자의 파산을 통하여 자

기 권리를 보호받을 수가 없어 신청권이 없다.

채권은 파산선고 시에 있으면 되고, 선고 후 채권이 소멸해도 취소사유가 아니다.

✽ 채무자가 신청하는 경우는 자기파산이라고 하는데, 주로 면책을 위한 것으로 무분별한 소비행위 후의 남용이 문제될 수 있어 면책결정에 신중할 필요가 있다. 법인의 대표자가 법인을 대표하여 신청하는 경우에는 채무자로서 신청하는 것이 된다.

제295조 (법인의 파산신청권자)

① 「민법」그 밖에 다른 법률에 의하여 설립된 법인에 대하여는 이사가, 합명회사 또는 합자회사에 대하여는 무한책임사원이, 주식회사 또는 유한회사에 대하여는 이사가 파산신청을 할 수 있다.

② 청산인은 청산 중인 법인에 대하여 파산신청을 할 수 있다.

✽ 법인의 이사나 청산인(민법 제79조, 제93조제1항), 회사의 청산인(상법 제254조제4항, 동 제542조제1항)은 채무를 완제하지 못하게 된 때에는 신청의무가 있다.

제296조 (일부 이사 등의 파산신청)

이사·무한책임사원 또는 청산인의 전원이 하는 파산신청이 아닌 때에는 파산의 원인인 사실을 소명하여야 한다.

제297조 (그 밖의 법인에의 준용)

제295조 및 제296조의 규정은 제295조의 규정에 의한 법인 외의 법인과 법인 아닌 사단 또는 재단으로서 대표자 또는 관리자가 있는 것에 관하여 준용한다.

제298조 (법인해산 후의 파산신청)

법인에 대하여는 그 해산 후에도 잔여재산의 인도 또는 분배가 종료하지 아니한 동안은 파산신청을 할 수 있다.

제299조 (상속재산의 파산신청권자)

① 상속재산에 대하여 상속채권자, 유증을 받은 자, 상속인, 상속재산관리인 및 유언집행

자는 파산신청을 할 수 있다.

② 상속재산관리인, 유언집행자 또는 한정승인이나 재산분리가 있은 경우의 상속인은 상속재산으로 상속채권자 및 유증을 받은 자에 대한 채무를 완제할 수 없는 것을 발견한 때에는 지체 없이 파산신청을 하여야 한다.

③ 상속인·상속재산관리인 또는 유언집행자가 파산신청을 하는 때에는 파산의 원인인 사실을 소명하여야 한다.

＊ 상속채권자나 유증을 받은 자는 파산절차에서 파산채권자가 되고, 상속인, 상속재산관리인, 유언집행자는 상속재산을 관리할 권한이 있는 사람들로 채무자에 준할 수 있으므로 신청권을 인정한 것이다.

＊ 상속인의 채권자는 신청권자가 아니다.

＊ 상속재산관리인 등의 신청의무(제2항)는 직무상 선관주의의무에서 비롯하는 것인데, 상속인의 경우 상속포기할 경우는 상속재산관리의무가 있다 할 수 없고, 단순승인할 경우는 무한책임을 지므로 신청의무를 부과할 필요가 없다.

제300조 (상속재산에 대한 파산신청기간)

상속재산에 대하여는 「민법」 제1045조(상속재산의 분리청구권)의 규정에 의하여 재산의 분리를 청구할 수 있는 기간에 한하여 파산신청을 할 수 있다. 이 경우 그 사이에 한정승인 또는 재산분리가 있은 때에는 상속채권자 및 유증을 받은 자에 대한 변제가 아직 종료하지 아니한 동안에도 파산신청을 할 수 있다.

＊ 민법 제1045조에 의하면 상속개시된 날로부터 3월 내에 재산분리청구를 할 수 있으나, 상속의 승인이나 포기를 하지 않는 동안은 위 기간이 경과한 후에도 분리청구를 할 수 있으므로, 결국 파산신청을 할 수 있는 기간은 상속의 승인이나 포기를 할 수 있는 민법 제1019조의 기간이 된다.

＊ 기간경과 후 신청은 부적법 각하될 것이다.

제301조 (외국에서 파산선고가 있은 경우)

파산신청 당시 채무자에 대하여 이미 외국에서 파산선고가 있은 때에는 파산의 원인인 사실이 존재하는 것으로 추정한다.

제302조 (신청서)

① 파산신청은 다음 각 호의 사항을 기재한 서면으로 하여야 한다.

1. 신청인 및 그 법정대리인의 성명 및 주소
2. 채무자가 개인인 경우에는 채무자의 성명·주민등록번호 및 주소
3. 채무자가 개인이 아닌 경우에는 채무자의 상호, 주된 사무소 또는 영업소의 소재지, 대표자의 성명
4. 신청의 취지
5. 신청의 원인
6. 채무자의 사업목적과 업무의 상황
7. 채무자의 발행주식 또는 출자지분의 총수, 자본의 액과 자산, 부채 그 밖의 재산상태
8. 채무자의 재산에 관한 다른 절차 또는 처분으로서 신청인이 알고 있는 것
9. 채권자가 파산신청을 하는 때에는 그가 가진 채권의 액과 원인
10. 주주·지분권자가 파산신청을 하는 때에는 그가 가진 주식 또는 출자지분의 수 또는 액

② 제1항의 규정에 의한 서면에는 다음 각 호의 서류를 첨부하여야 한다. 다만, 신청과 동시에 첨부할 수 없는 때에는 그 사유를 소명하고 그 후에 지체 없이 제출하여야 한다.

1. 채권자목록
2. 재산목록
3. 채무자의 수입 및 지출에 관한 목록
4. 그 밖에 대법원규칙에서 정하는 서류

＊ 파산원인사실 소명자료의 첨부

채무자가 신청할 경우와는 달리 채권자가 신청할 경우(제294조제2항), 상속재산에 대하여 채무자에 준하는 상속인, 상속재산관리인, 유언집행자가 신청할 경우(제299조제3항), 일부 이사, 무한책임사원, 청산인이 신청하는 경우(제296조)는 파산원인 사실을 소명하여야 하므로, 소명자료를 첨부해야 할 것이다.

채권의 존재를 소명하기 위한 차용증서, 파산원인사실을 소명하기 위한 은행거래정

지처분사실확인서 등이 그것이다.

＊ 파산신청의 효과

파산절차참가의 시효중단효력에 관하여는 법규정이 있으나(제32조2호, 민법 제171조), 파산신청의 경우에는 규정이 없어 문제가 되는데, 파산신청이 채무자의 재산으로부터 강제로 배당받고자 하는 것인 점에서 강제집행신청에 준하는 재판상 청구의 한 형태로 볼 수 있으므로 시효중단의 효력을 인정해야 할 것이다. 시효중단이 되는 대상채권에는 신청서에 기재된 채권뿐만 아니라, 지급불능의 상태를 밝히기 위해 제출한 자료나 계산서에 기재된 채권도 포함될 것이다.

파산신청이 취하된 경우에도 채무자에 대한 최고로서의 효력은 소멸되지 않고, 취하 후 6월 내에 소제기로 소멸시효를 확정적으로 중단시킬 수 있다.

파산신청이 있다 해도 기왕의 강제집행에 장애가 되는 것은 아니다.[153]

＊ 파산신청의 취하

파산신청의 취하시기는 소취하와 마찬가지로 파산선고 확정 시까지는 취하할 수 있다고 볼 수도 있으나, 일단 파산선고가 있으면 총채권자를 위하여 효력이 있는 이상 신청인의 자유에 맡길 수 없고, 따라서 파산선고 전까지만 취하할 수 있는 것으로 보아야 한다.

제303조 (파산절차비용의 예납)

파산신청을 하는 때에는 법원이 상당하다고 인정하는 금액을 파산절차의 비용으로 미리 납부하여야 한다.

＊ 종전에는 채권자의 이익을 위한 절차라는 의미에서 채권자에게만 비용을 예납하게 하였으나, 채무자도 면책의 이익을 얻기 때문에 비용예납에 차이를 두는 것에 이론이 있던 것을 모든 신청자가 예납해야 하는 것으로 입법으로 해결했다.

＊ 이 비용은 공고·송달비용, 파산관재인의 보수 등 절차비용으로 사용되는데, 절차개시 후에 재단채권으로 상환된다(제473조제1호).

---

153) 대법원 1999. 8. 13.자 99마2198 결정.

✳ 예납금은 부채액에 따라 다른데 결정기준은 다음과 같다.

부 채 액	예 납 금
동시폐지사건	불필요(인터넷 공고시)
5억 원 미만	500만 원
5~10억 원 미만	700만 원
10~50억 원 미만	1,200만 원
50~100억 원 미만	2,000만 원
100~500억 원 미만	3,000만 원
500~1,000억 원 미만	4,000만 원
1,000억 원 이상	5,000만 원

제304조 (파산절차비용의 가지급)

파산신청인이 채권자가 아닌 때에는 파산절차의 비용을 국고에서 가지급할 수 있다. 예납금이 부족하게 된 때, 법원이 직권으로 파산선고를 한 때 또는 파산신청인이 채권자인 경우 미리 비용을 납부하지 아니하였음에도 불구하고 법원이 파산선고를 한 때에도 같다.

제2절 파산선고 등

제305조 (보통파산원인)

① 채무자가 지급을 할 수 없는 때에는 법원은 신청에 의하여 결정으로 파산을 선고한다.
② 채무자가 지급을 정지한 때에는 지급을 할 수 없는 것으로 추정한다.

✳ 파산원인(제305조)
－지급불능: 이는 채무자가 변제능력의 결여로 즉시 변제하여야 할 채무를 일반적·계속적으로 변제할 수 없는 객관적 상태를 말하는 것으로, 자연인과 법인에 공통한 파산원인이다.[154]
; 채무변제능력이 결여된 상태라 함은 자산, 신용, 노동력 내지 기술 등 3요소를 모

---

154) 대법원 1999. 8. 16.자 99마2084 결정.

두 고려해 볼 때 채무변제능력이 없는 경우로 단순히 자산만을 기준으로 볼 때 부채가 자산을 초과하는 채무초과와는 다르다.

; 변제능력의 결여는 즉시 변제하여야 할 채무에 대한 것이고, 장래 이행기 도래 채무는 설사 변제할 수 없을 것이 예상되어도 현재 지급불능은 아니다.

; 변제능력의 결여는 채무의 전부 또는 대부분을 변제할 수 없는 상태이지, 특정채무에 대한 불이행만으로 바로 지급불능이 되는 것은 아니다.

; 변제능력의 결여는 계속되어야 하는데, 이는 현재 및 가까운 장래에도 변제능력이 회복될 가능성이 없어야 하는 것이고, 일시적인 유동성 장애는 해당되지 않는다.

; 변제능력의 결여는 개관적으로 지급불능상태이어야지 채무자가 자신의 지급능력을 오해하여 지급불능을 선언한 경우는 지급정지는 될 수 있어도 지급불능은 아니다.

; 변제능력의 결여는 금전채무에 한하지 않는다. 물품인도채무와 같이 비금전채무라도 그 불이행이 변제능력의 결여로 인한 경우는 손해배상채무로 전환되어 그것이 지급불능이 될 것을 기다릴 것 없이 지급불능을 인정해야 할 것이다. 공연의무와 같이 부대체적 작위의무는 금전의 결여와 무관하므로 손해배상채무로 전환된 이후에 지급불능의 문제가 생길 것이다.

－지급정지: 변제능력이 결여로 즉시 변제해야 할 채무를 일반적으로 계속적으로 변제할 수 없다는 취지를 명시적, 묵시적으로 표시하는 것으로 어음의 부도, 폐업, 야반도주 등이 그것이다. 지급불능이 객관적인 상태임에 비해 지급정지는 채무자의 주관적 판단에 기한 것으로 독립한 파산원인은 아니고 지급불능이 추정된다(제305조제2항). 지급불능 사실의 증명이 곤란한 경우에 증명이 용이한 지급정지사실을 증명하면 파산원인사실이 있는 것으로 법률상 추정되고, 채무자가 파산선고를 막으려면 지급정지의 존부를 다투거나 지급불능이 아니라는 것을 증명해야 한다.

－채무초과: 소극재산(부채)이 적극재산(자산)보다 많은 상태를 말한다. 자산에는 신용, 기술 등이 참작되지 않는 점에서 지급불능과 다르다.

; 해산 전의 합명, 합자회사를 제외한 법인에 대한 또 다른 파산사유이고(제306조), 상속재산에 대하여는 유일한 파산원인이다(제307조). 주식회사 같은 물적 회사는 회사재산만이 채권자에 대한 책임의 기초가 되므로 채무초과가 파산원인이 되나, 합명, 합자회사는 사원도 책임을 지므로 존립 중에는 파산원인이 되지 않는다. 상

속재산은 신용이나 기술 등을 고려할 여지가 없으므로 채무초과만이 파산원인이 될 것이다.

＊ 파산신청의 심리

파산신청이 있으면 관할법원은 형식적 요건(신청의 요식성, 신청인의 당사자능력, 소송능력, 법정대리권, 소송대리권, 신청권, 법원의 관할권, 비용의 예납)과 실체적 요건(채무자의 파산능력, 파산원인의 존재, 파산장애사유의 부존재)을 심리한다.

심리방법은 민사소송법을 준용하고(제33조), 임의적 변론이나(제12조제1항), 실무에서는 변론은 거의 열지 않고, 채무자에게 서면 또는 구술에 의한 진술의 기회를 주고, 필요한 경우에는 직권조사도 한다(제12조제2항).

＊ 재판

심리결과 결정으로 부적법 각하(기각과 엄밀히 구분되지 않으나 일응 형식적인 사유일 때는 각하한다), 기각(제309조제1, 2항), 파산선고를 한다. 결정은 민사소송의 경우 상당한 방법으로 고지하는 것(민사소송법 제221조)과는 달리 공고와 송달(제8, 10조)을 한다.

＊ 불복

파산신청에 대한 재판에 대하여는 즉시항고할 수 있고(제316조), 항고기간은 공고가 있는 경우는 그날로부터 14일 이내(제13조), 공고가 필요 없는 경우는 재판의 송달일로부터 1주 이내이고(제14조), 항고는 서면으로 해야 한다(제14조). 즉시항고에는 원칙적으로 집행정지의 효력이 있지만(제13조제3항), 파산선고에 대한 즉시항고에는 집행정지효력이 없다(제316조제3항). 항고법원은 결정으로 각하, 기각 또는 원결정을 취소하고 사건을 원심법원에 환송한다(제316조제5항).

제306조 (법인의 파산원인)

① 법인에 대하여는 그 부채의 총액이 자산의 총액을 초과하는 때에도 파산선고를 할 수 있다.

② 제1항의 규정은 합명회사 및 합자회사의 존립 중에는 적용하지 아니한다.

제307조 (상속재산의 파산원인)

상속재산으로 상속채권자 및 유증을 받은 자에 대한 채무를 완제할 수 없는 때에는 법원은 신청에 의하여 결정으로 파산을 선고한다.

제308조 (파산신청 또는 선고 후의 상속)

파산신청 또는 파산선고가 있은 후에 상속이 개시된 때에는 파산절차는 상속재산에 대하여 속행된다.

제309조 (기각사유)

① 법원은 다음 각 호의 어느 하나에 해당하는 때에는 파산신청을 기각할 수 있다.

1. 신청인이 절차의 비용을 미리 납부하지 아니한 때
2. 법원에 회생절차 또는 개인회생절차가 계속되어 있고 그 절차에 의함이 채권자 일반의 이익에 부합하는 때
3. 채무자에게 파산원인이 존재하지 아니한 때
4. 신청인이 소재불명인 때
5. 그 밖에 신청이 성실하지 아니한 때

② 법원은 채무자에게 파산원인이 존재하는 경우에도 파산신청이 파산절차의 남용에 해당한다고 인정되는 때에는 심문을 거쳐 파산신청을 기각할 수 있다.

✽ 종전의 파산법은 기각사유에 관한 통일적 규정이 없어 문제되던 것을 이번에 통합도산법을 만들면서 회생절차와 균형을 맞춰 통일규정을 두었다.

✽ 비용을 납부하지 않은 경우

파산신청이 있으면 법원은 일정한 기간을 정하여 비용예납을 명하는데, 이에 응하지 않으면 기각해야 한다.

✽ 회생절차가 계속되어 있고 그에 의함이 채권자 일반의 이익에 부합하는 때라 함은 청산하여 배당받는 것보다는 회생절차를 통해 변제받는 것이 유리한 경우를 말한다.

✽ 파산원인(제305, 306, 307조)이 흠결된 경우에 기각됨은 당연하다.

＊ 파산신청이 성실하지 아니한 경우

채무면탈을 주된 목적으로 신청한 때, 조세채무의 이행을 회피하거나 기타 조세채무의 이행에 관하여 이익을 얻을 것을 주목적으로 할 때, 파산신청 취하를 조건으로 자기채권을 우선 변제받거나 기타 금전적 이득을 취할 목적으로 하는 신청과 같이 파산절차의 진행 이외의 목적을 갖고 신청한 경우나, 일시적으로 다른 절차를 중지시키거나 보전처분을 받아 번 시간을 이용하여 자금 융통하고 신청을 취하하거나, 부정수표단속법위반죄로 처벌받지 않기 위하여 신청하는 경우와 같이 파산절차가 진행되는 것은 원치 않고 그 부수적 효과만을 목적으로 하는 경우가 해당할 것이다.

＊ 기각절차와 불복

기각은 결정으로 하고, 후속조치로 그때까지 보전처분을 하지 않았다면 보전처분신청도 기각하고, 보전처분이나 관리명령이 내려졌으면 이를 취소해야 한다.

기각결정에 대한 불복은 즉시항고의 방법으로 한다(제53조). 기각결정은 공고되지 않으므로 민사소송법이 준용되어 고지된 때로부터 1주 내에 즉시항고를 해야 한다.

제310조 (파산선고)

파산결정서에는 파산선고의 연·월·일·시를 기재하여야 한다.

제311조 (파산의 효력발생시기)

파산은 선고를 한 때부터 그 효력이 생긴다.

＊ 파산선고의 효과

－재산상 효과: 채무자가 종전에 소유하고 있던 재산의 전부는 파산재단을 구성하는데(제382조), 임대차반환보증금 중 일정액과 6개월간의 생활비에 사용할 일정금액범위 내의 재산은 파산재단에서 면제될 수 있다(제383조제2항). 파산재단을 구성하는 재산에 관한 관리처분권은 파산관재인에게 속하게 된다(제384조). 파산선고 후에 채무자가 법률행위를 한 경우에 상대방은 그 법률행위로 파산관재인에게 대항할 수 없고(제329조제1항), 소송의 당사자적격도 파산관재인에게 있게 된다(제359조). 채권자의 개별권리행사는 금지되고, 파산절차에 참가하여서만 파산재단으로부터 비례만족을 얻게 된다(제424조).

기존법률관계도 위임계약은 당연히 종료하고(민법 제690조), 소비대차계약은 목적물을 상대에게 인도하기 전에는 실효하고(민법 제599조), 대리인이 파산한 경우 대리권은 소멸하고(민법 제127조), 조합원은 탈퇴하고(민법 제717조), 합명·합자회사의 사원은 퇴사한다(상법 제218, 269조).

- 법인에 대한 효과: 법인은 파산선고에 의하여 해산한다(민법 제77조제1항, 상법 제227조제5호). 다만 파산의 목적 범위 내에서는 존속하는데(제328조), 이는 법인이 해산하면 청산목적 범위 내에서 존속하는 것과 마찬가지로 파산절차가 청산절차에 해당함을 의미한다. 파산절차가 진행하여 배당이 이루어지고, 파산종결의 공고가 있으면(제530조), 파산법인의 법인격이 소멸되고, 파산종결결정의 등기촉탁에 의해 등기가 이루어지면 법인등기는 폐쇄된다(제25조제1항).

- 자연인에 대한 효과: 채무자의 재산상태를 명확히 하기 위해 채무자 등에게 설명의무가 있고(제321조제1항), 위반 시 처벌한다(제658조). 파산절차진행에 협조하도록 채무자와 채무자에 준하는 자 등을 구인할 수 있고(제319, 320조), 위반 시 처벌한다(제653조). 채무자의 재산상태 파악, 조사를 위해 채무자의 통신 등 비밀을 제한하여 채무자에게 배달되는 우편물, 운송물 등을 직접 수령하여 개봉할 수 있다(제484조).

- 자격제한: 파산선고를 받은 채무자는 공법상, 사법상 자격제한을 받게 되는데, 공무원, 변호사, 법무사, 회계사, 세무사, 변리사, 건축사, 의사 한의사, 간호사. 증권거래소 임원, 주식상장회사 감사 등이 될 수 없어, 당연 퇴직, 면직되거나, 등록, 허가 면허 등이 취소되고, 민법상 후견인, 친족회원, 유언집행자 등의 자격을 상실한다. 단 선거권이나 피선거권은 상실하지 않는다.

이 같은 자격제한은 개별법령이 정하고 있는 것이나, 제32조의2 차별금지조항이 신설됨에 따라 개별법령의 해당조항들은 효력을 상실하게 되었다고 보아야 하는데, 이에 대해서는 차별금지조항은 사규나 취업규칙에 기한 퇴직사유의 제한에만 적용되고 근로관계 이외의 영역에는 적용되지 않는다는 견해도 있음은 앞서 본 바와 같다.

- 계속 중인 소송 등에 대한 효과: 계속 중이던 파산재단에 관한 소송은 파산선고에 의하여 중단된다(민사소송법 제239조). 사해행위취소소송도 부인소송으로 변경하여 파산관재인이 통일적으로 수행할 필요가 있으므로 중단된다(제406조제1항). 채권자대위소송, 주주의 대표소송에 관하여는 명문은 없지만 소송절차가 중단된

다.155) 중단된 소송은 파산관재인이 수계한다.

파산선고 전에 파산채권에 기하여 한 강제집행, 보전처분은 파산재단에 대하여 효력을 잃는다(제348조제1항 본문). 체납처분은 속행되나 새로운 체납처분은 할 수 없다(제349조). 행정사건은 파산관재인에 의한 수계 또는 파산종료 시까지 중단된다(제350조제1항).

－파산신청의 취하는 파산선고 전까지만 가능하다.

제312조 (파산선고와 동시에 정하여야 하는 사항)

① 법원은 파산선고와 동시에 파산관재인을 선임하고 다음 각 호의 사항을 정하여야 한다.
  1. 채권신고의 기간. 이 경우 그 기간은 파산선고를 한 날부터 2주 이상 3월 이하이어야 한다.
  2. 제1회 채권자집회의 기일. 이 경우 그 기일은 파산선고를 한 날부터 4월 이내이어야 한다.
  3. 채권조사의 기일. 이 경우 그 기일과 제1호의 규정에 의한 채권신고기간의 말일과의 사이에는 1주 이상 1월 이하의 기간이 있어야 한다.
② 제1항제2호 및 제3호의 규정에 의한 기일은 병합할 수 있다.

❋ 간이파산의 결정(제549조제1항)

파산재단의 재산액이 5억 원 미만일 경우 법원은 파산선고와 동시에 간이파산 결정을 하여 파산절차를 신속히 진행한다. 간이파산의 경우에는 1회 채권자집회기일과 채권조사기일을 부득이한 사유가 있는 때를 제외하고는 원칙적으로 병합하고(제552조), 공고는 관보에 게재하여(제338조) 비용을 절감하고, 통상의 파산절차는 감사위원을 둘지 여부가 자유이나(제376조) 간이절차에서는 감사위원을 두지 않고(제553조), 채권자집회의 결의를 법원의 결정으로 갈음할 수 있고(제554조제1항), 최후의 배당에 관한 규정에 따라 배당은 1회로 하는(제555조: 단 추가배당은 허용) 등 절차가 간이화된다.

제313조 (파산선고의 공고 및 송달)

① 법원은 파산선고를 한 때에는 즉시 다음 각 호의 사항을 공고하여야 한다.
  1. 파산결정의 주문

---

155) 대법원 2002. 7. 12. 선고 2001다2617 판결.

2. 파산관재인의 성명 및 주소 또는 사무소

3. 제312조의 규정에 의한 기간 및 기일

4. 파산선고를 받은 채무자의 채무자와 파산재단에 속하는 재산의 소유자는 파산선고를 받은 채무자에게 변제를 하거나 그 재산을 교부하여서는 아니 된다는 뜻의 명령

5. 파산선고를 받은 채무자의 채무자와 파산재단에 속하는 재산의 소유자에 대하여 다음 각 목의 사항을 일정한 기간 안에 파산관재인에게 신고하여야 한다는 뜻의 명령

　가. 채무를 부담하고 있다는 것

　나. 재산을 소지하고 있다는 것

　다. 소지자가 별제권을 가지고 있는 때에는 그 채권을 가지고 있다는 것

② 법원은 알고 있는 채권자·채무자 및 재산소지자에게는 제1항 각 호의 사항을 기재한 서면을 송달하여야 한다.

③ 제1항 및 제2항의 규정은 제1항제2호 내지 제5호의 사항에 변경이 생긴 경우에 관하여 준용한다.

④ 제1항제5호의 규정에 의한 신고를 게을리 한 자는 이로 인하여 파산재단에 생긴 손해를 배상하여야 한다.

✽ 공고는 비용을 경감하고 절차의 신속을 위해 인터넷 대법원 홈페이지를 이용하고, 송달은 서류를 우편으로 발송하여 할 수 있다(제11조제1항).

✽ 공고와 송달을 모두 하므로 즉시항고기간은 어느 것을 기준으로 산정할 것인지가 문제되는데, 파산절차의 집단적 처리에 비추어 볼 때, 일률적으로 공고가 있은 날부터 기산하는 것이 타당하다.

✽ 파산의 등기·등록의 촉탁

법인인 채무자의 경우 각 사무소 및 영업소 소재지의 등기소에 법원사무관 등이 파산등기 촉탁해야 한다(제23조제1항제1호).

법인 아닌 채무자의 경우 법원사무관 등이 채무자에 관한 등기(예: 지배인등기)나 채무자의 재산, 파산재단에 속하는 권리로서 등기, 등록된 것이 있음을 안 때에는 해당 등기에 파산사실이 등기, 등록되도록 촉탁해야 하는데, 법인인 경우에는 법인등기부에 파산사실이 등기됨으로써 공시효과를 거둘 수 있으나, 법인 아닌 경우에는 달리 공시방법이 없어 인정된 것이다(제24조제3항, 제27조).

제314조 (법인파산의 통지)

① 법인에 대하여 파산선고를 한 경우 그 법인의 설립이나 목적인 사업에 관하여 행정청의 허가가 있는 때에는 법원은 파산의 선고가 있음을 주무관청에 통지하여야 한다.

② 제1항의 규정은 파산취소 또는 파산폐지의 결정이 확정되거나 파산종결의 결정이 있는 경우에 관하여 준용한다.

제315조 (검사에 대한 통지)

법원은 필요하다고 인정하는 경우에는 파산 선고한 사실을 검사에게 통지할 수 있다.

＊ 검사로 하여금 파산범죄행위에 대한 적절한 조치를 취하게 하기 위함이다.

＊ 그 외에 금융산업의 구조개선에 관한 법률 제17조에 따라 파산참가기관에게 송달의 방법으로 통지하고, 당연 퇴직, 등록취소 등의 사유가 발생하는 공무원·변호사 등 개인의 경우 해당 관청이나 협회에 통지한다. 개인의 경우 본적지 시·구·읍·면장에게 통보하는데, 제556조제3항에 따라 면책신청을 한 것으로 보이는 경우에는 신청이 각하·기각되거나 면책불허가결정이 내려지거나 면책취소결정이 확정된 경우에 한하여 통지한다. 우체국에도 채무자에게 보내온 우편물 등을 파산관재인에게 배달할 것을 촉탁할 수 있다(제484조).

제316조 (파산신청에 관한 재판에 대한 즉시항고)

① 파산신청에 관한 재판에 대하여는 즉시항고를 할 수 있다.

② 제323조 및 제324조의 규정은 파산신청을 기각하는 결정에 대하여 제1항의 즉시항고가 있는 경우에 관하여 준용한다.

③ 제1항의 규정에 의한 즉시항고는 집행정지의 효력이 없다.

④ 항고법원은 즉시항고의 절차가 법률에 위반되거나 즉시항고가 이유 없다고 인정하는 때에는 결정으로 즉시항고를 각하 또는 기각하여야 한다.

⑤ 항고법원은 즉시항고가 이유 있다고 인정하는 때에는 원래의 결정을 취소하고 사건을 원심법원에 환송하여야 한다.

＊ 파산신청에 관한 재판은 이해관계에게는 중대한 것이므로 불복할 수 있게 했다.

＊ 불복이 이유가 있으면 파산선고가 취소되는데, 즉시항고심의 재판에서 파산결정을 취소하는 경우와, 즉시항고를 계기로 원결정법원이 재도의 고안(민사소송법 제416조제1항)에 의하여 스스로 파산결정을 취소하는 경우가 있다.

파산이 취소되면 파산선고효과는 소급해서 소멸하여 채무자는 신분상의 각종 제약에서 벗어나고, 공·사의 자격은 상실하지 않았던 것이 되며, 재산의 관리처분권도 부활한다.

제317조 (파산선고와 동시에 하는 파산폐지)

① 법원은 파산재단으로 파산절차의 비용을 충당하기에 부족하다고 인정되는 때에는 파산선고와 동시에 파산폐지의 결정을 하여야 한다.
② 제1항의 경우 법원은 파산결정의 주문과 파산폐지결정의 주문 및 이유의 요지를 공고하여야 한다.
③ 제1항의 규정에 의한 결정에 대하여는 즉시항고를 할 수 있다.
④ 제3항의 규정에 의한 즉시항고는 집행정지의 효력이 없다.
⑤ 제1항의 규정에 의한 파산폐지결정의 취소가 확정된 때에는 제313조 내지 제315조의 규정을 준용한다.

＊ 파산절차의 비용도 충당하기에 부족한 경우에는 파산절차를 계속하는 것이 무의미하기 때문에 파산선고와 동시에 파산폐지결정을 하도록 한 것이다.

＊ 파산선고 후의 절차가 진행되지 않으므로 파산관재인의 선임 등 동시처분이 필요 없다. 파산절차가 실시되지 않을 뿐 파산선고는 있는 것이므로 파산재단의 관리 등을 위한 설명의무나 구인 등의 제한은 없으나, 공법상, 사법상 자격제한 효과는 생긴다.

＊ 신용카드, 기타 소비자파산과 같은 개인파산의 경우 대부분 자산이 거의 없는 경우가 많으므로 선고와 동시에 폐지결정이 되는 경우가 대부분이고, 이어서 면책절차로 들어가 면책결정을 받는 과정을 거치게 되는데, 채무자의 신속한 재기를 위한 것이기는 하나, 자기 채권이 소멸되는 채권자의 입장에서는 동시파산제도가 형식적으로 운영된다면 불만이 있을 수밖에 없으므로 면책결정에는 신중을 요한다.

제318조 (동시파산폐지의 예외)

제317조의 규정은 파산절차의 비용을 충당하기에 충분한 금액을 미리 납부한 때에는 적용하지 아니한다.

제319조 (파산선고를 받은 채무자의 구인)

① 법원은 필요하다고 인정하는 때에는 파산선고를 받은 채무자를 구인하도록 명할 수 있다.
② 제1항의 구인에는 「형사소송법」의 구인에 관한 규정을 준용한다.
③ 제1항의 규정에 의한 결정에 대하여는 즉시항고를 할 수 있다.

✽ 파산원인이나 채무자의 재산소재파악 등을 위하여 채무자 등으로부터 파산사건에 관한 설명을 들을 필요가 있는 경우, 이들이 협조를 강제하기 위한 조치이다.

제320조 (파산선고를 받은 채무자의 법정대리인 등의 구인)

제319조의 규정은 다음 각 호의 자에 관하여 준용한다.
1. 파산선고를 받은 채무자의 법정대리인
2. 파산선고를 받은 채무자의 이사
3. 파산선고를 받은 채무자의 지배인
4. 상속재산에 대한 파산의 경우 상속인과 그 법정대리인 및 지배인

제321조 (채무자 등의 설명의무)

① 다음 각 호의 자는 파산관재인·감사위원 또는 채권자집회의 요청에 의하여 파산에 관하여 필요한 설명을 하여야 한다.
  1. 채무자 및 그 대리인
  2. 채무자의 이사
  3. 채무자의 지배인
  4. 상속재산에 대한 파산의 경우 상속인, 그 대리인, 상속재산관리인 및 유언집행자
② 제1항의 규정은 종전에 제1항의 규정에 의한 자격을 가졌던 자에 관하여 준용한다.

✽ 채무자의 재산상태나 재산의 소재파악을 위한 조치이다.

제322조 (파산선고 전의 구인)

① 파산의 신청이 있는 때에는 법원은 파산선고 전이라도 채무자와 제320조에 규정된 자의 구인을 명할 수 있다.

② 제319조제2항 및 제3항의 규정은 제1항의 경우에 관하여 준용한다.

제323조 (파산선고 전의 보전처분)

① 법원은 파산선고 전이라도 이해관계인의 신청에 의하거나 직권으로 채무자의 재산에 관하여 가압류·가처분 그 밖에 필요한 보전처분을 명할 수 있다. 법원이 직권으로 파산선고를 하는 때에도 같다.

② 법원은 제1항의 규정에 의한 처분을 변경하거나 취소할 수 있다.

③ 제1항 또는 제2항의 규정에 의한 재판은 결정으로 한다.

④ 제1항 또는 제2항의 규정에 의한 재판에 대하여는 즉시항고를 할 수 있다.

⑤ 제4항의 규정에 의한 즉시항고는 집행정지의 효력이 없다.

✱ 필요성

파산신청 시부터 선고 시까지는 상당한 시간이 필요한데, 그 사이에는 채권자나 채무자의 권리행사에 아무 제한이 없으므로, 채무자가 재산을 은닉, 염가매각 불공평한 변제 등으로 총채권자를 해하는 행위를 할 수 있고, 채권자들의 앞 다툰 권리행사로 총재산이 감소되어 나중에 파산선고가 나더라도 실익이 없게 될 가능성이 있으므로 이를 막고, 또 채무자가 도주하여 파산선고 후 설명의무를 다하지 못할 우려도 있으므로, 이를 막기 위해 인적보전처분으로 파산선고 전 채무자의 구인(제322조)과 채무자 재산에 대한 물적 보전처분제도(제323조)를 마련해두고 있다.

✱ 가압류, 가처분은 채무자 재산의 감소를 막기 위한 것이고, 강제집행정지의 보전처분은 강제적 권리실행을 막아 채무자 재산을 보전하기 위한 것이다.

✱ 강제집행정지의 보전처분

파산선고가 있게 되면 채권자는 강제집행을 개시할 수 없고(제424조), 이미 개시된 강제집행, 가압류, 가처분은 효력을 잃지만(제348조), 파산선고 전에는 아무런 영향을 받지 않으므로, 파산선고 전에 이미 개시된 강제집행 등의 중지나 금지명령을 할 수 있는지가 문제된다.

회생절차(제44조, 제45조)나 개인회생절차(제593조)에서는 명문으로 인정하고 있음에 반하여, 파산절차에는 명문이 없으나, 파산선고가 예상됨에도 불구하고 강제집행을 방치하는 것은 파산채권자 사이의 실질적 평등을 해할 수 있는 것은 어느 절차나 마찬가지이므로 인정할 필요성이 있다.

✻ 변제금지의 보전처분

명문은 없지만 채무자가 특정 채권자에게 변제하는 것과 재산의 일탈을 막기 위해 허용해야 할 것이다. 위반한 경우 변제금지의 보전처분의 효력이 제3자에게 미치지 않으므로 부인권 행사의 대상이 되는 것은 별론으로 하고 무효는 아니라고 보아야 할 것이지만 채권자가 악의인 경우에는 무효라고 보아도 될 것이다.

✻ 제3자의 재산에 대한 보전처분

채무자가 파산선고 전에 재산을 제3자에게 양도한 경우에, 장래의 부인권을 행사에 따른 해당 재산에 대한 인도청구권의 보전을 위한 제3자에 대한 해당재산의 처분금지 가처분은 일반 가처분의 법리상 당연히 가능한 것인데, 본 규정에 의한 것도 허용해야 한다는 입장이 있다.[156)

제324조 (책임제한절차의 정지명령)

① 법원은 파산신청이 있는 경우 필요하다고 인정하는 때에는 이해관계인의 신청에 의하거나 직권으로 파산신청에 대한 결정이 있을 때까지 「상법」 제5편(해상) 및 「선박소유자 등의 책임제한절차에 관한 법률」에 의한 책임제한절차(이하 이 조, 제326조 및 제327조에서 "책임제한절차"라 한다)의 정지를 명할 수 있다. 다만, 책임제한절차개시의 결정이 있는 때에는 그러하지 아니하다.
② 법원은 제1항의 규정에 의한 정지결정을 취소할 수 있다.

✻ 상법은 해상기업의 보호를 위하여 해상기업활동과 관련하여 제3자에게 손해를 입힌 경우 그 책임을 일정범위로 제한하고 있는데, 이를 실효성 있게 하기 위해, 선박소유자 등의 책임제한절차에 관한 법률을 제정하여 다수의 피해자가 있게 되는 특성

---

156) 전병서, 도산법, 57면.

상 법정책임제한기금을 먼저 관할법원에 공탁하게 한 다음, 법원에서 이를 일괄 배당함으로써, 채권자마다 서로 다른 법원에 소제기를 하는 데 따른 비용과 시간 낭비를 방지하고, 채권자와 채무자 간에 형평을 기하고 있는데, 선박소유자 등이 파산에 이른 경우, 이 절차를 따로 진행하면 채권자들 간의 형평을 잃을 우려가 있으므로 정지할 수 있게 한 것이다.

제325조 (파산취소의 공고 및 송달)

① 파산취소의 결정이 확정된 때에는 법원은 그 주문을 공고하여야 한다.

② 제313조제2항, 제315조 및 제547조의 규정은 제1항의 경우에 관하여 준용한다.

제326조 (책임제한절차폐지의 결정이 확정될 때까지의 파산절차의 정지)

파산선고를 받은 채무자를 위하여 개시한 책임제한절차의 폐지결정이 있는 때에는 그 결정이 확정될 때까지 파산절차를 정지한다.

제327조 (책임제한절차폐지의 경우의 조치)

① 파산선고를 받은 채무자를 위하여 개시된 책임제한절차의 폐지결정이 확정된 때에는 법원은 제한채권자를 위하여 다음 각 호의 사항을 정하여야 한다.

　1. 채권신고의 기간. 이 경우 그 기간은 책임제한절차폐지의 결정이 확정된 날부터 1주 이상 2월 이하로 하여야 한다.

　2. 채권조사의 기일. 이 경우 그 기일과 제1호의 규정에 의하여 정하여진 신고기간의 말일과의 사이에 1주 이상 1월 이하의 기간을 두어야 한다.

② 법원은 제1항의 규정에 의한 기간 및 기일을 공고하여야 한다.

③ 법원은 알고 있는 채권자에 대하여는 다음 각 호의 사항을 기재한 서면을 송달하여야 한다.

　1. 제1항의 규정에 의한 기간 및 기일

　2. 제313조제1항제1호 및 제2호의 사항

④ 다음 각 호의 자에게는 제1항의 규정에 의한 기간 및 기일을 기재한 서면을 송달하여야 한다. 다만, 제1항제2호의 규정에 의하여 정하여진 기일과 제312조제1항제2호에 의하여 정하여진 기일이 같은 경우 신고한 파산채권자에 대하여는 그러하지 아니하다.

　1. 파산관재인

　2. 파산선고를 받은 채무자

3. 신고한 파산채권자

⑤ 제2항·제3항 및 제4항 본문의 규정은 제1항의 규정에 의한 기간 및 기일에 변경이 있는 경우에 관하여 준용한다.

제3절 법률행위에 관한 파산의 효력

제328조 (해산한 법인)

해산한 법인은 파산의 목적의 범위 안에서는 아직 존속하는 것으로 본다.

제329조 (채무자의 파산선고 후의 법률행위)

① 파산선고를 받은 채무자가 파산선고 후 파산재단에 속하는 재산에 관하여 한 법률행위는 파산채권자에게 대항할 수 없다.

② 채무자가 파산선고일에 한 법률행위는 파산선고 후에 한 것으로 추정한다.

✻ 규정의 취지

파산재단에 속하는 재산은 파산채권자의 공동의 만족에 제공되어야 할 재산이므로 파산자에 의하여 목적이 방해받지 않기 위하여, 채무자가 파산선고 후 파산재단에 속하는 재산에 관하여 한 행위는 파산채권자에게 대항할 수 없게 한 것이다.

✻ 적용대상행위

－파산재단에 속하는 재산에 관하여 한 법률행위: 법률행위란 재산의 발생, 이전, 소멸에 관한 일체의 행위를 말한다. 등기, 등록, 재판에 관한 관할합의, 제소전화해도 포함되는 넓은 개념이다. 파산재단에 속하는 재산에 관한 것에 한하므로, 파산재단에 속하지 않는 자유재산이나, 신분상 법률관계에 관한 행위는 해당되지 않으나, 파산선고 전에 개시된 상속의 승인이나 포기는 파산재단에 영향을 주므로 제약을 받는다. 파산재단에 유·불리 여부는 상관없다. 유·불리의 여부판단이 어려울 뿐만 아니라, 일단 대항불능이란 효과를 미치게 한 다음, 선관주의의무를 부담하는 파산관재인의 합목적적 판단에 맡기면 되기 때문이다.

－파산선고 후의 행위: 파산선고를 내린 시각 이후에 한 경우만 해당한다(파산결정

서에는 시각이 기재된다.). 파산선고일에 한 행위는 선고(시각) 후에 한 것으로 추정되므로 상대가 그전에 한 것을 입증해야 한다.

* 적용효과

－파산채권자에게 대항할 수 없다. 파산재단의 법인격인정여부에는 다툼이 있으므로 파산재단의 수익자의 지위에 있는 파산채권자에게 대항할 수 없다고 표현한 것이나, 결국은 파산재단의 관리기구인 파산관재인에게 대항할 수 없다는 것이 된다. 파산관재인에게 대항할 수 없을 뿐이고, 파산관재인이 그 행위의 효력을 인정하는 것은 무방하다.

－무효를 주장할 수 있는 사람은 파산관재인 외에 파산채권자도 가능하나, 채무자는 스스로 그 행위를 한 당사자이므로 해당되지 않는다.

－무효가 주장되기 전에 파산절차가 취소되거나 폐지되면, 상대는 그 행위의 유효를 주장할 수 있다.

제330조 (파산선고 후의 권리취득)

① 파산선고 후에 파산재단에 속하는 재산에 관하여 채무자의 법률행위에 의하지 아니하고 권리를 취득한 경우에도 그 취득은 파산채권자에게 대항할 수 없다.

② 제329조제2항의 규정은 제1항의 규정에 의한 취득에 관하여 준용한다.

* 규정의 취지는 전항과 마찬가지이다.

* 대상행위가 파산선고를 받은 채무자의 행위가 아닌 다른 원인 즉 법률의 규정이나, 채무자 이외의 다른 사람과의 법률행위에 의하여 제3자가 파산재단에 속하는 재산에 관한 권리를 취득한 경우를 대상으로 한다. 파산관재인의 처분은 당연히 아니다.

예컨대 파산선고를 받은 채무자가 사망한 경우에 상속인은 상속에 의한 권리취득을 파산재단에 대하여 주장할 수 없고, 파산선고 전에 채무자로부터 채권을 양수한 사람이 파산선고 후에 제3채무자의 승낙을 받아도 채권취득을 파산관재인에게 대항할 수 없다.

채무자의 처분권 유무와 관계없는 시효, 부합에 의한 취득, 채무자 이외의 사람으로부터의 동산의 선의취득 등에는 적용이 없다.

✻ 주택임대차보호법 제3조제1항에 의한 대항력을 갖춘 주택임차인이 임대인의 동의를 얻어 적법하게 전대하고, 전차인이 전입신고기간 내에 전입신고를 마치고 주택을 인도받아 점유하고 있는 경우 원래 임차인이 갖고 있는 임차권의 대항력은 소멸되지 않고 동일성을 유지한 채 존속하는데,[157] 이 같은 전대차가 임대인의 파산선고 후에 이루어진 경우는 채무자의 법률행위에 의하지 아니하고 권리를 취득한 것으로 취급되어 파산채권자에게 대항 못한다는 주장이 가능하다. 이에 대하여는, 이 조항의 입법취지가 채무자의 책임재산유지를 꾀하고자 함인데, 해당부동산이 이미 대항력이 있는 상태로 파산재단을 구성하는 것이어서 전대한다고 하여 새로운 부담을 주는 것이 아니므로 파산재단에게 불이익이 없고, 임차인이 적법하게 보유하고 있는 전차권이 임대인의 파산선고를 이유로 침해당해서도 아니 되기 때문에 위 규정에 저촉되지 않는 것으로 보는 것이 일본 판례이다.[158]

제331조 (파산선고 후의 등기·등록 등)

① 부동산 또는 선박에 관하여 파산선고 전에 생긴 채무의 이행으로서 파산선고 후에 한 등기 또는 가등기는 파산채권자에게 대항할 수 없다. 다만, 등기권리자가 파산선고의 사실을 알지 못하고 한 등기에 관하여는 그러하지 아니하다.

② 제1항의 규정은 권리의 설정·이전 또는 변경에 관한 등록 또는 가등록에 관하여 준용한다.

✻ 파산선고 전에 파산재단에 속하는 부동산에 관하여 매매가 이루어지고 등기까지 되었다면, 파산관재인에게 대항할 수 있고, 부인의 문제만이 남지만, 등기가 파산선고 후에 이루어진 경우는 당사자 간에 담합에 의해 등기원인이 파산선고 전에 있었던 것으로 조작할 수도 있으므로 아예 대항할 수 없게 한 것이다. 회생절차에도 같은 취지의 규정이 있다(제66조제1항).

다만 등기 자체는 공시방법에 불과하므로 등기권리자가 파산선고 사실을 모르고 한 경우는 이를 보호할 필요가 있으므로 예외로 한 것이다.

선의의 입증은 등기권리자가 해야 할 것이나, 등기된 것이 파산 선고의 공고 전이면 선의, 후이면 악의가 추정된다(제334조).

---

157) 대법원 1988. 4. 25. 선고 87다카2509 판결.
158) 임치룡 파산법연구2, 139면.

제332조 (파산선고 후 채무자에 대한 변제)

① 파산선고 후에 그 사실을 알지 못하고 채무자에게 한 변제는 이로써 파산채권자에게 대항할 수 있다.

② 파산선고 후에 그 사실을 알고 채무자에게 한 변제는 파산재단이 받은 이익의 한도 안에서만 파산채권자에게 대항할 수 있다.

✽ 파산선고를 받게 되면 재산에 대한 관리처분권을 상실하게 되어 변제수령도 할 수 없게 되므로 변제를 한 채무자는 이를 파산관재인에게 대항할 수 없고, 다시 변제해야만 한다. 그러나 일반적으로 채무자는 자기채무의 이행기가 되면 변제를 하기 마련이고, 채권자가 파산했는지 등 채무자의 재산상태까지 신경을 쓰지는 않는데, 변제를 하기 전에 채권자가 파산했는지 여부까지 알아보아야 한다면 이는 채무자에게 부당한 부담을 지우는 것이다. 이에 법은 채권자가 파산한 사실을 모르고 변제했을 경우에는 파산채권자에게 대항할 수 있게 했다. 회생절차에도 같은 취지의 규정이 있다 (제67조제1항).

✽ 파산선고 사실을 알고 변제한 경우라도, 파산자가 받은 금원의 전부 또는 일부를 파산관재인에게 넘겼다면 파산재단에 이익이 있는 것인데, 이 경우도 대항할 수 없다면 파산재단에 부당이득을 주는 것이니, 받은 이익이 파상재단에 현존하는 한도에서 파산채권자에게 대항할 수 있게 한 것이다.

✽ 제334조에 따라 선의·악의가 추정되는 것은 앞서와 마찬가지이다.

제333조 (파산선고 후의 어음의 인수 또는 지급)

① 환어음의 발행인 또는 배서인이 파산선고를 받은 경우 지급인 또는 예비지급인이 그 사실을 알지 못하고 인수 또는 지급을 한 때에는 이로 인하여 생긴 채권에 관하여 파산채권자로서 그 권리를 행사할 수 있다.

② 제1항의 규정은 수표와 금전 그 밖의 물건이나 유가증권의 급부를 목적으로 하는 유가증권에 관하여 준용한다.

✽ 환어음의 인수인이나 지급인이 인수나 지급을 하게 되면, 환어음의 발행인이나

배서인에 대하여 구상권을 취득하게 되는데, 인수나 지급이 발행인이나 배서인이 파산한 후에 이루어졌다면, 위 구상권은 파산선고 전의 원인으로 생긴 채권이 아니어서 파산채권이 될 수 없다. 이를 염려해서 인수인이나 지급인이 인수나 지급 전에 항상 발행인이나 배서인의 파산여부를 조사해야 한다면 어음거래의 원활을 기할 수 없으므로, 인수인이나 지급인이 선의일 경우 파산채권자가 될 수 있게 한 것이다. 회생절차에도 같은 취지의 규정이 있다(제123조제2항).

✻ 제334조에 따라 선의·악의가 추정되는 것은 마찬가지이다.

제334조 (선의와 악의의 추정)

제331조 내지 제333조의 규정을 적용하는 때에는 파산선고의 공고 전에는 그 사실을 알지 못한 것으로 추정하고, 공고 후에는 그 사실을 안 것으로 추정한다.

제335조 (쌍방미이행 쌍무계약에 관한 선택)

① 쌍무계약에 관하여 채무자 및 그 상대방이 모두 파산선고당시 아직 이행을 완료하지 아니한 때에는 파산관재인은 계약을 해제 또는 해지하거나 채무자의 채무를 이행하고 상대방의 채무이행을 청구할 수 있다.

② 제1항의 경우 상대방은 파산관재인에 대하여 상당한 기간을 정하여 그 기간 안에 계약의 해제 또는 해지나 이행 여부를 확답할 것을 최고할 수 있다. 이 경우 파산관재인이 그 기간 안에 확답을 하지 아니한 때에는 계약을 해제 또는 해지한 것으로 본다.

✻ 쌍무계약은 쌍방당사자가 상호 대등한 대가관계에 있는 채무를 부담하는 계약으로, 쌍방의 채무 사이에는 성립·이행·존속상 법률적·경제적으로 견련성을 갖고 있어서 서로 담보로서 기능을 갖고 있다. 그런데 파산절차의 특성상 어느 일방이 파산선고를 받게 되면 쌍무계약의 법리를 그대로 적용할 수 없게 된다.

✻ 채무자가 이행을 완료하지 않은 경우

이행을 완료한 상대방은 자기채권을 파산채권으로 행사할 수밖에 없다. 상대방은 파산절차에 의하지 않고는 권리행사를 할 수 없으므로 이행지체를 이유로 한 해제권은 행사할 수 없다. 다만 별제권이나 상계권을 가지는 경우에는 이를 행사할 수 있다.

＊ 상대방이 이행을 완료하지 않은 경우

채무자가 가지는 채권은 파산재단을 구성하는 재산이 되고, 파산관재인이 상대방에 대하여 이행을 구하게 된다.

＊ 쌍방이 이행을 완료하지 않은 경우

쌍무계약에 관한 일반 법리에 따르면, 상대방은 자기 채무를 완전히 이행해야 하나, 반대급부에 대하여는 파산채권으로 다른 채권자와 평등하게 비례배당을 받아야 하고 배당 시까지는 변제받을 수 없으므로, 동시이행항변권도 없게 되어 현저하게 불공평한 결과를 강요받게 된다. 상대방을 보호하는 측면과 반대로 파산재단이 불리한 쌍무계약에 구속되는 경우도 있을 수 있으므로 이로부터 벗어나기 위해 특별한 처리원칙을 두고 있다.

－이행 또는 해제, 해지의 선택권(제1항)

; 이행을 완료하지 아니한 때라 함은 채무의 전부 또는 일부를 이행하지 않은 경우로 목적물의 하자, 이행불능, 조건미성취, 기한미도래, 동시이행항변 등 정당 여부, 귀책사유 여부를 불문한다. 이행을 선택할 경우에는 원칙적으로 법원의 허가와 감사위원이 있으면 그의 동의도 얻어야 한다(법 제492조제9호). 파산절차는 청산을 목적으로 하므로 계약관계의 속행은 예외라고 보기 때문이다.[159]

; 이행을 선택한 경우

상대방은 동시이행항변권을 잃지 않고, 상대방의 채권은 파산선고 전의 원인으로 생긴 것이므로 파산채권에 해당하지만 재단채권으로 취급하여 보호된다(제473조제7호).

; 해제를 선택한 경우

상대방이 해제로 인하여 손해를 입은 경우에는 그 손해배상청구권을 파산채권으로 행사할 수 있고, 상대방이 이미 전부 또는 일부의 이행을 마친 경우에는 그 급부가 파산재단에 현존하면 그의 반환을 청구할 수 있으며, 현존하지 않으면 그 가액의 반환청구권을 재단채권으로 행사할 수 있다(제337조). 이때 파산관재인의 상대방에 대한 원상회복청구권과는 동시이행관계에 있게 된다.

; 양쪽의 미이행 부분이 균형을 잃은 경우나 해제권행사가 남용이 되는 경우에는

---

159) 회생절차에서는 계약의 해제·해지의 선택에 법원의 허가가 필요할 수가 있는데(법 제61조제4호), 이는 재건형 절차이므로 계약관계의 속행이 원칙이기 때문이다.

해제권을 행사할 수 없다고 보아야 할 것이다.

－상대방의 최고권

; 상대방은 상당한 기간을 정하여 이행의 청구나 계약의 해제·해지를 할 것을 파산
관재인에게 최고할 수 있는데, 이는 파산관재인의 입장 결정지연으로 상대방의
지위가 장시간 불안정해지는 것을 막기 위한 것이다. 상당기간 답이 없으면 회생
절차에서는 해제권포기로 보는 것과 달리 파산절차에서는 해제·해지된 것으로 보
는데, 이는 청산형절차에서는 해제를, 회생형절차에서는 계약의 이행을 원칙적인
처리로 보기 때문이다.

; 상대방의 계약해제

파산선고 후에는 채무자는 종래의 채무를 이행할 수 없어서 귀책사유가 없으므로
상대방은 채무불이행을 이유로 계약을 해제할 수 없다. 다만 파산선고 전에 채무
자의 채무불이행으로 해제권이 발생했으면 파산선고 후라도 해제 가능하다. 파산
절차라 하더라도 이미 발생하고 있는 상대방의 해제권을 변경할 수는 없기 때문
이다. 파산선고 전의 채무변제금지의 보전처분에 의하여 변제금지된 후 이행기
도래한 경우에는 채무불이행이 되지 않는다.

해제하기 전에 상대방이 이미 이행한 물건이 있을 경우에 해제의 효과로 환취권
을 취득하는가의 문제가 있으나, 환취권을 인정하지 않고 파산채권자로 남는다면
해제권을 행사할 실익이 전혀 없게 되고, 파산채권자들에게는 기대않던 이득을
얻는 결과가 되는 점을 감안하면 인정하는 것이 옳을 것이다.

특약에 의한 약정해제권이 있는 경우에 파산선고 전에 약정해제사유가 발생하면
해제하는 데 별문제가 없으나, 해제사유로 도산절차개시신청을 정하고 있는 경우
에도 해제권을 인정할 것인가가 문제되는데, 인정할 경우 파산관재인에게 해제여
부에 대한 주도권을 준 의미가 없게 되므로 부정해야 할 것이다.

＊ 제335조는 쌍무계약 일반에 대하여 적용되는 것이나, 민법 기타 법에 당사자의
파산 시 계약해제·해지 여부에 관하여 규정이 있거나(임대차, 고용, 도급, 위임, 대리,
공유관계, 배우자의 재산관리, 조합, 상호계산, 보험), 계약의 성질상(계속적 공급계약,
금융리스계약) 또는 이법 스스로의 정함에 따라(지급결제제도 등) 적용이 배제되거나,
적용여부가 문제되는 경우가 있다.

❋ 계속적 공급계약의 경우

계속적 공급계약에서 이행을 선택한 경우는 파산선고 후의 공급분은 재단채권이 되므로(제473조제7호) 상관없으나, 파산선고 전의 공급분은 파산선고 전의 원인으로 생긴 것이므로 법리상 파산채권이 되는데(제423조), 이 경우 공급자가 동시이행항변권을 행사하여 공급을 거절하는 것을 막을 수 없으므로 재단채권으로 보아야 한다는 입장과 계속적 공급계약이라고 해도 실제는 기간별로 이행기가 도래하는 것으로 보아야 하므로 파산채권으로 봄에 이론상 무리가 없고, 이행거절권에 불과한 동시이행항변권 때문에 파산채권의 원칙을 수정할 수는 없으므로 파산채권으로 보아야 한다는 입장이 있다.[160]

이와 관련 회생절차의 경우 회생절차개시신청 전의 공급으로 발생한 채권의 변제가 없음을 이유로 회생절차개시신청 후의 공급을 거절할 수 없도록 정해 놓은 반면(제122조), 파산절차에서는 아무런 정함이 없는데, 이는 파산절차의 경우 채무자의 경제활동은 정지되고 사업도 해체되므로 공급받을 필요도 없다고 본 때문이겠으나, 수도, 전기, 가스 같은 것은 파산업무 종료 시까지 필요한 것이므로 입법으로 해결해야 할 것이다.

해지를 선택한 경우는 파산선고 전 공급분은 당연히 파산채권이 되고, 파산선고 후 해지 시까지의 공급분은 재단채권이 될 것이다.

❋ 고용계약의 경우

- 근로자파산의 경우는 근로자가 사용자에 대하여 부담하는 채무는 재산을 기초로 하는 것이 아니므로 고용계약과는 상관이 없으나,[161] 근로자에게 계약의 이행이나 해지의 선택권을 주는 것은 불리한 것이 아니므로 법 제335조를 적용해도 상관없을 것이다. 종전에는 개별법령에서 파산을 공무원, 변호사, 의사 등의 자격상실사유로 정하고 있어서 이에 따른 불이익이 있었으나, 현행법은 차별적 취급을 금지하고 있어(법 제32조의2), 개별법령의 해당조항들은 효력을 상실하게 되었다고 보아야 하는데, 이에 대해서는 사규나 취업규칙에 기한 퇴직사유의 제한에만 적용되고 근로관계 이외의 영역에는 적용되지 않는다는 견해도 있다.[162]

---

160) 전병서, 도산법, 119면.
161) 근로자의 파산을 이유로 고용계약을 해지하면 정당한 이유가 없는 해고가 될 것이다.
162) 서울중앙지방법원 개인파산 개인회생실무, 61면.

- 사용자파산의 경우는 제335조가 적용되지 않고 근로자나 파산관재인 모두 계약해지가 가능하고 손해배상청구는 할 수 없다(민법 제663조). 사용자 파산으로 사업의 폐지가 불가피하고, 근로자로서도 재건전망이 없는 사업에 구속되면서 전직기회가 제한되는 것은 바람직하지 않으므로 쌍방에 해지권 인정한 것이다.

파산관재인에 의한 계약해지는 해고를 뜻하는데, 계약기간이 남아 있더라도 파산선고일에 즉시 해고가 가능하고 민법 제660조 소정의 1개월을 기다릴 필요가 없다. 다만 근로기준법이 적용되는 사업장일 경우에는 30일의 해고예고기간이나 해고예고수당절차를 거쳐야 하는데(근로기준법 제32조제1항 본문), 이는 사용자파산이 위 조항 단서의 근로자의 귀책사유도 아니고, 천재·사변 기타 부득이한 사유에 해당하지 않기 때문이다. 파산선고가 있는 경우 사실상 영업이 폐지되고 근로자들이 퇴직한 상태라 별도의 해고문제가 발생하지 않을 것이나, 파산선고 후에도 일정기간 영업을 계속하게 되는 경우에는 파산관재인의 첫째 업무는 종전 근로자를 해고하는 것이 될 것이고, 근로자들은 부당해고를 다투기 마련인데, 파산관재인에 의한 해고는 사업의 폐지를 전제로 하므로 정당한 사유가 필요 없고, 단체협약상 노동조합 등의 동의가 필요하더라도 구속되지 않으며,163) 부당노동행위도 되지 않으나,164) 해고를 위하여 파산을 이용하는 위장폐업의 경우라면 부당노동행위가 된다.

임금, 퇴직금, 재해보상청구권 등은 파산선고 전후를 불문하고 재단채권이 되는데(제473조제10호), 근로기준법 제37조는 담보부채권을 제외하고는 조세, 공과금 및 다른 채권에 우선하고, 또 최종3개월분 임금, 재해보상금 등은 담보부채권에도 우선한다고 규정하여 최우선 변제권을 인정하고 있어, 어느 법규정을 우선할 것인가가 문제되나 근로자 보호에 중심을 두어야 할 것이다.165) 제566조제5호는 근로자의 임금 등을 전액 비면책채권으로 정하여 근로자 보호를 강화했다. 사용자가 파산해도 임금 직불원칙(근로기준법 제42조제1항 본문)은 유효하므로 임금지급채

---

163) 대법원 2003. 4. 25. 선고 2003다7005 판결.
164) 대법원 2004. 2. 27. 선고 2003다902 판결.
165) 대전고등법원 2000. 9. 6. 선고 2000나1257 판결은 '파산법상의 변제순위는 파산관재인이 파산재단으로 변제하는 경우의 순위를 정해 놓은 것이고, 별제권 행사에 따른 경매절차에 있어 경매법원은 민사집행법이 정한 순서와 절차에 따라 배당하는 것이 합리적이고, 파산재단에 속하는 부동산이라 하여 파산법상의 순위에 따라 배당하여야 하는 것은 아니다'라고 하여, 임금 등 채권을 우선 배당했는데, 이는 파산절차에서도 임금채권 등이 최우선채권이라고 본 것은 아니지만, 근로자 보호의 취지를 밝힌 것이고, 이 취지를 도산법에도 입법화할 필요가 있다.

무를 수동채권으로 하는 근로자에 대한 상계는 금지되나, 영업이 폐지된 이상 임금이 체불되어도 파산관재인이 근로기준법 위반의 책임을 지지는 않는다.

단체협약도 쌍무계약으로 볼 수 있는데, 회생절차에서는 특칙을 두어 쌍무계약조항을 적용하지 않으나(제119조제4항), 파산절차에서는 제한이 없으므로 파산관재인이 제335조의 선택권을 행사할 수 있다.

* 리스계약의 경우

기본적으로는 임대차계약에 유사하지만 리스물건의 이용과 리스료의 지급과의 사이에 대가관계를 인정하기 어려운 금융계약의 성격도 있어,[166] 제335조의 적용여부에 관하여 논의가 있는데, 금융계약 성격을 강조하면 제335조는 적용되지 않고, 리스업자의 리스료채권은 목적물에 의하여 담보되므로 리스업자는 별제권자로 취급될 것이다.[167]

* 보험계약의 경우

보험자가 파산하면 보험계약자는 계약을 해지할 수 있으나(상법 제654조1항), 해지하지 않더라도 파산선고 후 3월을 경과하면 효력을 잃는다. 이는 보험계약자의 이익을 보호하고 보험계약의 간이 신속한 처리를 목적으로 하는 특칙이므로 법 제335조의 적용이 없어 파산관재인은 해지 못 한다.

보험계약자가 파산하면 상법상 특칙이 없으므로 제335조에 의해 처리된다. 손해보험은 보험료를 선급하는 경우가 많아 계약자의 이행이 완료되어 문제될 것이 없지만, 생명보험의 경우는 해약환급금을 재단에 귀속시키기 위하여 해제를 선택하게 될 것이다.

이행을 선택하여 보험이 존속하는 경우 그것이 타인을 위한 보험이면 보험자는 수익자에게 보험료를 청구할 수 있다(상법 제639조제3항).

* 조합계약 등

조합계약은 각 당사자가 출자하여 공동사업을 경영할 것을 약정한 계약으로 조합원이 파산한 경우에는 당연히 조합으로부터 탈퇴한다(민법 제717조제2호). 따라서 조합

---

166) 대법원 1997. 11. 28. 선고 97다26098 판결은 리스계약을 형식은 임대차계약과 유사하나 실질은 물적 금융인 비전형계약으로 본다.

167) 회사정리절차의 경우 실무는 금융리스계약을 미이행 쌍무계약으로 취급하지 않고 정리담보권자로 취급하고 있다(서울고등법원 2000. 6. 27. 선고 2000나14622 판결은 이를 정면으로 인정했고, 대법원 2004. 9. 13. 선고 2003다57208 판결은 간접적으로 인정했다. 임치룡 파산법연구2, 50면)

원 중에 파산자가 생기면 파산관재인은 파산한 조합원을 조합으로부터 탈퇴시켜 그 지분을 변제에 충당하여야 한다. 조합원 사이의 계약으로 파산한 경우에도 탈퇴하지 않는다고 약정하는 것은 허용되지 않는다는 것이 학설이나 판례는 유효하다고 본다.[168]

합명회사나 합자회사에서도 사원이 파산하면 퇴사한다. 탈퇴 또는 퇴사 후 지분의 반환청구권은 파산재단을 구성하게 된다.

제336조 (지급결제제도 등에 대한 특칙)

제120조의 규정은 같은 조에서 정한 지급결제제도 또는 청산결제제도의 참가자 또는 적격금융거래의 당사자 일방에 대하여 파산선고가 있는 경우 이를 준용한다. 이 경우 제120조제1항 내지 제3항의 "회생절차가 개시된 경우"는 "파산선고가 있는 경우"로 보고, 제120조제3항 단서의 "회생채권자 또는 회생담보권자"는 "파산채권자 또는 별제권자"로 본다.

✱ 지급결제제도는 경제주체들 사이에 현금 이외의 어음, 수표, 금융기관 간 자금이체 등의 방법으로 지급이 이루어졌을 경우에 금융기관들이 서로 주고받을 금액을 계산하여 청산하는 제도를 말한다. 이러한 결제체제에 참가하는 금융기관은 그 결제체제를 신뢰하고 거래하는 것인데, 어느 한 당사자가 파산하여 결제를 이행하지 못하면 결제제도 자체가 무너져 금융거래에 대혼란이 발생할 것이므로 이를 막기 위해 현행법은 결제제도 참가자와 관련된 이행, 청산, 차감, 증거금 기타 담보의 제공·처분·충당 기타 결제에 관하여는 이 법을 적용하지 아니하고 결제제도를 운영하는 자가 정하는 바에 따라 효력이 발생하며 해제, 해지, 취소, 부인의 대상이 되지 않는 것으로 규정하고 있는데, 회생절차에 이에 관한 기본규정을 두고 파산절차에서는 이를 원용하고 있다.

이 같은 결제제도에는 은행거래와 관련된 지급결제제도(제1항), 증권거래와 관련된 청산결제제도(제2항), 파생금융상품거래와 관련된 적격금융거래(제3항)가 있다.

제337조 (파산관재인의 해제 또는 해지와 상대방의 권리)

① 제335조의 규정에 의한 계약의 해제 또는 해지가 있는 때에는 상대방은 손해배상에 관하여 파산채권자로서 권리를 행사할 수 있다.

② 제1항의 규정에 의한 계약의 해제 또는 해지의 경우 채무자가 받은 반대급부가 파산

---

168) 대법원 2004. 9. 13. 선고 2003다26020 판결.

재단 중에 현존하는 때에는 상대방은 그 반환을 청구하고, 현존하지 아니하는 때에는 그 가액에 관하여 재단채권자로서 권리를 행사할 수 있다.

제338조 (거래소의 시세 있는 상품의 정기매매)

① 거래소의 시세 있는 상품의 매매에 관하여 일정한 일시 또는 일정한 기간 안에 이행을 하지 아니하면 계약의 목적을 달성하지 못하는 경우 그 시기가 파산선고 후에 도래하는 때에는 계약의 해제가 있은 것으로 본다. 이 경우 손해배상액은 이행지에서 동종의 거래가 동일한 시기에 이행되는 때의 시세와 매매대가와의 차액에 의하여 정한다.

② 제337조제1항의 규정은 제1항의 규정에 의한 손해배상에 관하여 준용한다.

③ 제1항의 경우에 관하여 거래소에서 달리 규정한 것이 있는 때에는 그 규정에 의한다.

✱ 거래소의 시세가 있는 상품으로는 증권거래소에서 거래되는 유가증권, 상품거래소(선물거래소, 선물시장)에서 거래가 이루어지는 상품(곡물, 금, 면화, 유가증권, 외환 등)이 있는데, 이러한 상품에 대한 거래 중 일정한 일시 또는 기간 안에 이행하기로 하는 정기매매의 경우는 약정 시와 이행 시의 상품가격에 차이가 있는 것이 당연하고, 이행 시의 가격이 약정 시보다 높으면 매수인이 이익이고, 낮으면 매도인이 이익인데, 약정 후 이행기 전에 어느 일방이 파산했을 경우 제335조에 따라 파산자 측에게만 계약의 이행이나 해지의 선택권을 주면 이행기까지 기다렸다가 상품의 시세를 본 후 자기에게 유리한 선택을 하는 부당한 결과가 초래되므로, 이를 막기 위해 파산선고가 있으면 이행기 도래 전이라도 계약이 해제된 것으로 보고, 이행기의 시세에 따라 이득을 볼 수 있었던 쪽에 손해배상을 하도록 한 것이다.

예컨대 4월에 매매계약하면서 7월에 일 억 원에 상품을 인도하기로 했는데, 6월에 매도인에게 파산선고가 있는 경우, 7월에 해당 상품의 가격이 1억 2천만 원으로 올랐다면 차액 2천만 원은 매도인의 부담이 되어 매수인은 이 2천만 원을 파산채권으로 행사할 수 있으며, 반대로 7월에 가격이 9천만 원으로 내렸다면, 차액 1천만 원은 매수인의 부담이 되어 파산재단 소속의 채권이 된다.

제339조 (「민법」상의 해지 또는 해제권이 있는 경우)

제335조제2항의 규정은 「민법」 제637조(임차인의 파산과 해지통고), 제663조(사용자파산과 해지통고) 또는 제674조(도급인의 파산과 해제권)제1항의 규정에 의하여 상대방 또

는 파산관재인이 갖는 해지권 또는 해제권의 행사에 관하여 준용한다.

* 위 민법조항들은 임차인, 사용자, 도급인이 파산할 경우에 해지권을 규정해 놓고 있으나, 상대방의 최고권에 대한 규정이 없으므로 제335조제2항을 준용하고 있다.

제340조 (임대차계약)

① 임대인이 파산선고를 받은 때에는 차임의 선급 또는 차임채권의 처분은 파산선고 시의 당기(當期) 및 차기(次期)에 관한 것을 제외하고는 파산채권자에게 대항할 수 없다.
② 제1항의 규정에 의하여 파산채권자에게 대항할 수 없음으로 인하여 손해를 받은 자는 그 손해배상에 관하여 파산채권자로서 권리를 행사할 수 있다.
③ 제1항 및 제2항의 규정은 지상권에 관하여 준용한다.
④ 임대인이 파산선고를 받은 경우 임차인이 다음 각 호의 어느 하나에 해당하는 때에는 제335조의 규정을 적용하지 아니한다.
  1.「주택임대차보호법」제3조(대항력 등)제1항의 대항요건을 갖춘 때
  2.「상가건물 임대차보호법」제3조(대항력 등)의 대항요건을 갖춘 때

* 제1, 2항은 차임지급과 관련 채무자가 임차인과 통모하여 차임채권을 사전에 처분하거나 다액의 차임을 선급했다고 주장하여 회사재산의 충실을 해하는 것을 방지하는 목적에서 둔 규정이다. 다만 이에 대하여는 채무자가 파산선고를 받기 전에 차임채권을 유효하게 처분할 수 있음에도 불구하고 파산선고 후에는 차차기 이후의 차임에 대하여는 대항할 수 없게 하는 것은 채무자가 파산선고 전에 임대목적물을 활용하여 자금을 조달하는 것을 방해하는 문제가 있음을 들어 삭제하는 것이 좋다는 입법론이 있다.[169] 이와 관련 자산유동화에 관한 법률 제2조제2호 소정의 자산보유자가 파산한 경우에는 유동화자산 중 차임채권에 관하여는 제340조가 적용되지 않는 것으로 규정하고 있다(동법 제15조).

* 임대차계약은 임대기간 동안 임대인은 임차인에게 목적물을 사용하도록 할 채무를, 임차인은 임대인에게 목적물 사용대가를 지급할 채무를 부담하는 전형적인 쌍무계약이므로 제335조가 적용되어야 하는데, 임차인이 파산한 경우에는 민법 제637조의

---

169) 임치룡 파산법연구2, 138면.

특칙이 있으나, 임대인이 파산한 경우에는 특칙이 없어 양자의 구성을 놓고 다툼이
있었다.

＊ 임대인의 파산
－계약해지문제
; 이에 관하여는 민법에 규정이 없고, 과거 파산법에도 규정이 없어서 파산법의 쌍
  무계약에 관한 규정을 적용할 것인가를 두고, 적용할 경우에는 관리인만이 계약
  해지나 이행의 선택권을 가져, 임차인은 자기와 상관없는 임대인의 사정으로 민
  법 제635조의 법정기간의 적용도 없이 임차권을 상실하는 불이익이 있으므로 임
  차인 보호의 관점에서 논의가 있었는데, 본조 제4항으로 해결해, 임차인이 대항력
  을 갖춘 경우에는 제335조가 적용되지 않아 파산관재인은 임대차계약상의 해지사
  유가 없는 한 파산을 이유로 해지할 수는 없다.
; 여기의 대항요건 구비여부는 파산선고시를 기준으로 하므로 파산선고 후에 대항
  력을 갖춘 경우에는 파산관재인의 해지권행사를 저지할 수 없다.
; 대항요건을 구비하지 않은 경우 파산관재인의 임대차계약 해지의 효력은 임차인
  파산의 경우에 관한 민법 제637조와 같은 정함이 없으므로 기간이 없는 임대차의
  해지에 관한 민법 제635조 소정의 기간을 기다리지 않고 즉시 발생한다.
－임대차보증금
; 대항력을 구비한 임차인의 임대차보증금반환청구권에 대하여, 종전의 실무는 파산채
  권으로 취급하였고, 그렇더라도 임대목적물을 명도받기 위해서는 임차인에게 임대보
  증금을 돌려주어야 하므로, 실제는 파산절차에서의 배당액과 상환으로 명도하거나,
  파산절차에서 보증금상당액을 퇴거비용으로 지급하는 화해계약을 체결하고 퇴거비용
  을 재단채권으로 지급하고 명도받는 식으로 처리했는데, 결과적으로 재단채권으로
  인정하는 것과 차이가 없으므로 재단채권으로 인정하는 것이 옳을 것이다.
; 주택 및 상가임대차보호법상의 대항요건과 확정일자를 갖춘 경우는 후순위자보다
  우선변제권이 있으므로 실무에서는 경매개시결정일까지 확정일자를 갖춘 임차인
  에 대하여는 별제권자로 인정하여 목적물의 매각대금에서 먼저 배당하고 남은 금액
  을 파산관재인에게 교부했는데,[170] 현행법은 이를 입법화했다(제415조제1, 3항).
; 임차보증금반환청구채권과 임료채무를 상계할 수 있는가와 관련, 제418조가 정지

---

170) 대법원 2001. 11. 9. 2001다55963 판결.

조건부채권은 조건성취 전에 상계를 허용하지 않고 있고, 제422조제1호는 파산선고 후에 생긴 채무는 상계를 금지하고 있으나, 임대차보증금반환채권과 차임채무는 처음부터 서로 상계될 것에 대한 기대를 전제로 하고 있는 것을 감안해 법은 상계를 허용하여 사실상 우선권을 보장하고 있다(제421조).

✱ 임차인의 파산

－제335조의 적용여부

; 이에 관하여 민법 제637조가 있으므로 제335조가 적용될 것인가를 놓고 다툼이 있다. 민법 제637조를 전면 적용해야 한다는 입장은 동조가 임대료수입의 확보가 어려워진 임대인을 보호하는 한편, 임차권의 양도나 전대에 의한 환가가 어려우므로 시급히 임대차관계를 해소시키는 것이 타당하다는 양면을 고려한 규정이라는 것을 이유로 한다.[171] 따라서 임차인이 파산선고를 받은 경우 임대인이나 파산관재인은 계약해지를 통고할 수 있고, 민법 제635조제2항 소정의 기간이 경과하면 해지의 효력이 발생한다. 이 경우 어느 쪽도 해지로 인한 손해배상청구를 할 수 없다고 본다(민법 제637조).

이에 반하여 제335조를 적용해야 한다는 입장은 입법유래상 민법 제637조의 기원인 일본 민법과 파산법의 입법과정을 보면 일본민법의 해당 조항인 제621조는 일본 구상법에 기원하고 있는데, 구상법에는 파산자와 상대방 모두에게 계약해지권을 부여하고 있었으나 파산법이 제정되면서 파산관재인에게만 선택권을 주었으므로 위 제621조가 삭제되었어야 하는데 안 된 것을 우리 파산법과 민법이 그대로 받아들인 것일 뿐이므로 민법 제637조는 삭제되어야 할 것이고(현재 일본민법은 제621조를 삭제했다.), 도산법 조항이 우선해야 한다고 본다. 임차인이 파산했다 하여 임대인에게 무조건의해지권을 부여하고 임차인이 손해배상을 구할 수도 없게 하는 것은 임대인이 파산한 경우에 비하여 임차인에게 지나치게 불리하고, 임차인에 대하여 회생절차가 개시된 경우에는 민법의 특칙이 없는데, 임차인에게 파산 또는 회생절차가 개시된 경우를 달리 취급할 이유가 없다는 것도 근거로 한다.[172]

임대인은 임대차계약을 통해서도 충분히 보호되므로 임차인이 파산했다 하여 해지권을 인정할 필요는 없다고 본다.

---

171) 전병서 전게서, 120면.
172) 임치룡 파산법2, 140면.

임차인 파산 시 민법 제637조에 의하여 임대인이 해지할 수 있다 해도 임차인이
주택임대차보호법이나 상가임대차보호법에 의하여 보호받는 경우라면 동법들 상의
임대차기간에 관한 강행규정이 적용되어 파산선고를 이유로 한 해지가 제한된다
할 것이다.

– 차임채권의 법적 성질

; 임대차계약이 해지된 경우 파산선고 시부터 계약 종료 시까지의 임료채권은 재단
채권이 되고(제473조제8호), 파산선고 전 연체임료는 파산채권이 된다.

; 파산관재인이 이행을 선택한 경우 파산선고 후의 임료채권은 재단채권이 되지만
(제473조제7호), 파산선고 전의 연체임료에 대하여는 파산관재인의 선택에 따라
다를 수 없다는 이유로 파산채권이라는 입장과 파산관재인이 이행을 선택한 경우
에는 공평의 원칙상 재단채권으로 취급하도록 제473조제7호에 규정되어 있다는
것을 근거로 재단채권으로 보는 입장이 있다.[173]

제341조 (도급계약)

① 채무자가 도급계약에 의하여 일을 하여야 하는 의무가 있는 때에는 파산관재인은 필
요한 재료를 제공하여 채무자로 하여금 그 일을 하게 할 수 있다. 이 경우 그 일이
채무자 자신이 함을 필요로 하지 아니하는 때에는 제3자로 하여금 이를 하게 할 수
있다.

② 제1항의 경우 채무자가 그 상대방으로부터 받을 보수는 파산재단에 속한다.

✱ 도급인의 파산

이에 관하여는 민법 제674조가 정하고 있으므로 제335조는 적용되지 않아,[174][175]

---

173) 임치룡 전게서, 142면.

174) 대법원 2001. 10. 9. 선고 2001다24174 판결은 원심판결인 서울고등법원 2001. 3. 19. 선고
2000나18754 판결의 수급인의 하자보수의무와 도급인의 공사대금지급의무는 동시이행의 관계
에 있고 그 의무가 상호 이행되지 않고 있는 동안 계약당사자의 일방이 파산선고를 받은 경우
는 쌍방미이행 쌍무계약이 되어 파산법 제50조(현행법 제335조)가 적용된다는 취지에 대하여,
건물을 완공하여 인도하여 도급계약을 해제할 수 없게 되었다면, 수급인이 하자보수의무를 부
담하는 경우라도 그 도급계약은 파산선고당시에 쌍방미이행의 도급계약이라 할 수 없어 위 조
항이 적용되지 않는다고 했다.

175) 대법원 2002. 8. 27. 선고 2001다13624 판결: 도급이나 위임의 당사자 일방이 파산한 경우 파
산법 제50조제1항이 적용되지 않고, 민법 제674조제1항에 의하여 수급인이나 파산관재인이 계
약을 해제할 수 있고, 동 제690조에 의해 위임계약은 당연히 종료되며, 해제나 위임계약의 종
료는 조문의 해석상 장래에 향하여 효력을 소멸시키는 것이다.

수급인 또는 파산관재인은 계약을 해제할 수 있고, 수급인은 이미 완성된 부분에 대한 보수 및 비용에 대하여 파산채권자로서 파산재단의 배당에 참가할 수 있고, 행해진 일의 결과는 파산재단에 속한다.

도급의 법리상 일을 완성하지 않으면 보수청구를 할 수 없지만 수급인으로서는 향후 보수를 받는 것이 어려울 것이고, 파산관재인으로서는 보수지급의무의 증대로 인한 파산재단의 감소를 막을 수 있으므로, 채무불이행 여부와 상관없이 해제할 수 있게 한 것이다. 민법은 해제란 표현을 하고 있지만 조문의 해석상 장래에 향하여 효력을 소멸시키는 것으로 보아야 한다.

해제로 인한 손해배상을 청구할 수 없는 것(민법 제647조제2항)과 해제 여부를 최고할 수 있는 것(제339조)은 임차인이나 사용자 파산의 경우와 같다.

✳ 수급인의 파산

이에 관한 민법규정은 없고, 제341조가 수급인에게 일을 시킬 수 있다고 정하고는 있으나 법 제335조의 적용 여부에 관한 규정은 아니기 때문에 논란이 있다.

부정설은 도급은 개인적 노무의 제공을 목적으로 하는 계약으로 노무의 제공은 자유의사에 따라야 할 것이므로 수급인이 파산하더라도 도급계약관계는 영향받지 않고, 그 보수청구권은 채무자의 자유재산으로 보고, 제341조는 파산관재인에게 관여권을 인정한 것이라고 한다.

이 분설은 노무의 내용에 따라 비대체적 노무인 경우에는 제335조의 적용을 배제하고, 그 외의 경우 특히 법인의 경우에는 채무자 이외의 사람이 완성할 수 있는 것으로 보아 제335조의 적용을 인정해 파산관재인의 선택에 따라 노무를 제공하고 보수를 파산재단에 귀속시킬 수 있다고 본다.[176] 이 경우 파산관재인이 해제를 선택하면 상대방은 이미 지급한 금원이나 재료 또는 그 가액을 재단채권으로 또는 손해배상을 파산채권으로 청구할 수 있다.

✳ 하도급거래의 공정화에 관한 법률 제14조에 따르면 원사업자가 파산선고를 받은 경우 일반파산채권자들은 파산절차 내에서 채권을 안분하여 배당받을 수밖에 없는데, 하수급인은 직접 발주처로부터 채권전액을 수령할 수 있게 되어 있는데, 이에 대하여 하수급인을 다른 파산채권자보다 합리적인 이유 없이 우대하는 것으로 헌법 제11조제

---

176) 대법원 2001. 10. 9. 선고 2001다24174, 24181 판결.

1항의 평등원칙과 헌법 제23조제1항의 재산권보호 조항에도 반한다는 주장에 대하여 헌법재판소는 동 조항의 입법취지가 영세한 수급사업자를 보호하여 국민경제의 균형 있는 발전을 도모하는 데 있고, 일반채권자와 달리 수급사업자의 원사업자에 대한 하도급채권과 발주자의 원사업자에 대한 도급채무가 밀접한 관계에 있다는 점에서 평등원칙에 반하지 않는다고 보았다.[177]

제342조 (위임계약)

위임자가 파산선고를 받은 경우 수임자가 파산선고의 통지를 받지 아니하고 파산선고의 사실도 알지 못하고 위임사무를 처리한 때에는 이로 인하여 파산선고를 받은 자에게 생긴 채권에 관하여 수임자는 파산채권자로서 그 권리를 행사할 수 있다.

✴ 당사자 일방이 상대방에게 사무의 처리를 위탁하고 상대방이 이를 승낙함으로써 성립하는 위임계약은 당사자 간의 신뢰관계에 바탕을 두므로 위임인 또는 수임인이 파산한 경우는 경제적 신뢰관계의 파탄으로 보아 위임계약은 당연히 종료되어(민법 제690조) 장래를 향하여 소멸한다.[178] 이와 다른 특약이 있는 경우에 수임자가 파산한 경우라면 위임자가 수임자를 신뢰하는 한 무효로 볼 것은 아니나, 반면에 위임자가 파산한 경우에는 그 재산의 관리처분권이 파산관재인에게 전속하므로 이에 반하여 수임자에게 계속 재산의 관리처분권을 주는 반대 특약은 무효로 볼 것이다. 다만 위임사무의 내용이 신분상, 인격상의 권리 등에 관한 것이면 그렇지 않다.

✴ 위임의 종료는 종료사유를 상대방에게 통지하거나 상대방이 이를 안 때가 아니면 대항할 수 없으므로(민법 제692조), 위임인의 파산한 경우 파산선고 사실을 통지받지 못하거나 알지 못하고 위임사무를 처리하면 이로 인한 비용이나 보수청구권은 파산선고 이후에 생긴 것이지만 파산채권이 된다.

✴ 주식회사와 이사의 관계도 위임계약이 준용되므로 이사가 파산한 경우에 이사는 지위를 잃는다. 회사가 파산한 경우는 위임계약이 종료되므로 이사는 권한을 잃는데, 재산관계 이외의 조직법상 사무활동(주주총회소집)에 대해서는 권한이 잔존한다고 보

---

177) 헌법재판소 2003. 5. 15. 선고 2001헌바98 결정.
178) 대법원 2002. 8. 27. 선고 2001다13624 판결.

아야 한다.

* 대리관계

대리관계는 대리인의 파산에 의하여 소멸하고(민법 제127조제2호), 위임에 의한 대리는 본인의 파산에 의하여 위임관계가 종료하므로 본인의 파산에 의해서도 종료한다(민법 제128조).

제343조 (상호계산)

① 상호계산은 당사자의 일방이 파산선고를 받은 때에는 종료한다. 이 경우 각 당사자는 계산을 폐쇄하고 잔액의 지급을 청구할 수 있다.

② 제1항의 규정에 의한 청구권을 채무자가 가지는 때에는 파산재단에 속하고, 상대방이 가지는 때에는 파산채권이 된다.

* 상호계산은 일정한 기간의 거래로 인한 채권과 채무를 상계하고 잔액에 대하여 지급할 것을 내용으로 하는 계약으로 상호신뢰관계를 기초로 하고 있으므로 한쪽이 파산한 경우에는 당연히 계약이 종료된다.

제344조 (공유자의 파산)

① 공유자 중에 파산선고를 받은 자가 있는 때에는 분할하지 아니한다는 약정이 있는 때에도 파산절차에 의하지 아니하고 그 분할을 할 수 있다.

② 제1항의 경우 파산선고를 받은 자가 아닌 다른 공유자는 상당한 대가를 지급하고 그 파산선고를 받은 자의 지분을 취득할 수 있다.

* 공유자의 일인이 파산선고를 받으면 그의 공유지분은 파산재단에 속하고, 파산관재인이 그것을 환가하게 되는데, 그 전제로 공유물분할이 필요하므로 당사자 사이에 불분할 약정이 있는 경우라도 일반절차에 따라 분할할 수 있게 했고, 여기의 분할은 환가가 목적이므로 다른 공유자가 상당한 대가를 지급하고 파산선고를 받은 자의 지분을 인수할 수 있게 했다.

제345조 (배우자 등의 재산관리)

「민법」 제829조(부부재산의 약정과 그 변경)제3항 및 제5항의 규정은 배우자의 재산을 관리하는 자가 파산선고를 받은 경우에, 같은 법 제924조(친권상실의 선고)의 규정은 친권을 행사하는 자가 파산선고를 받은 경우에 관하여 각각 준용한다.

✻ 부부의 일방이 타방 재산관리권을 가지는 경우에 부적절한 관리로 그 재산을 위태롭게 한 때는 관리권 이전과 공유물일 경우 재산분할을 청구할 수 있는데(민법 제829조제3항), 관리하는 사람이 파산한 경우에는 재산관리에 지장을 초래할 것이므로 관리권 이전청구를 할 수 있도록 했고, 친권자의 경우는 친권상실사유로 한 것이다.

제346조 (파산과 한정승인 및 재산분리)

상속인이나 상속재산에 대한 파산선고는 한정승인 또는 재산분리에 영향을 미치지 아니한다. 다만, 파산취소 또는 파산폐지의 결정이 확정되거나 파산종결의 결정이 있을 때까지 그 절차를 중지한다.

제347조 (파산재단에 속하는 재산에 관한 소송수계)

① 파산재단에 속하는 재산에 관하여 파산선고당시 법원에 계속되어 있는 소송은 파산관재인 또는 상대방이 이를 수계할 수 있다. 제335조제1항의 규정에 의하여 파산관재인이 채무를 이행하는 경우에 상대방이 가지는 청구권에 관한 소송의 경우에도 또한 같다.
② 제1항의 규정에 의한 소송비용은 재단채권으로 한다.

✻ 소송의 중단

파산선고가 있으면 파산재단에 관한 소송절차는 중단된다(민사소송법 제239조). 파산재단에 관한 소송은 파산재단에 속하는 재산에 관한 소송과 파산채권에 관한 소송을 포함한다. 채무자는 파산선고에 의하여 소송능력을 상실하는 것은 아니므로 파산재단과 관계없는 자유재산에 관한 소송, 이혼 등 채무자의 신분에 관한 소송 등은 그것이 파산재단에 영향을 가져오지 않는 한 중단되지 않는다.

✻ 소송의 수계

파산재단에 속하는 재산에 관한 소송은 파산관재인 또는 상대방의 수계신청에 의하여 파산관재인이 수계한다. 상대방이 승소할 때 가지는 소송비용상환청구권은 파산채권자 공동의 이익을 위하여 발생한 것이므로 수계 전의 몫을 포함해 재단채권이 된다 (제347조제2항).

파산채권에 관한 소송의 경우는 파산채권이 개별적인 권리행사가 제한되고 파산절차 내에서 조사 확정된 연후에 배당을 받는 것이므로 중단된 소송을 파산관재인이 당연히 수계하는 것은 아니고, 중단된 상태에서 채권자는 그 권리를 신고하고, 이에 대한 조사확정절차가 행해진다.

신고채권에 대하여 이의가 진술되지 않으면 소송은 중단된 상태에서 당연히 종료되고, 이의가 진술되어 채권의 확정이 필요하게 된 경우에는 채권조사확정재판을 신청하는 대신 중단된 소송이 수계되어 채권의 확정에 이용된다. 채권확정의 필요는 채권자에게 있으므로 채권자가 이의자 전원을 상대로 수계신청을 해야 하나(제464조), 이의가 있는 채권이 집행력이 있는 집행권원이나 종국판결이 있는 경우179)에는 이의자가 파산채권자를 상대방으로 하여 수계하여야 하는데(제466조제2항) 이는 집행력이 있는 집행권원이나 종국판결을 얻어낸 채권자의 유리한 지위를 인정하여 이의자에게 부담을 지운 것이다.

제348조 (강제집행 및 보전처분에 대한 효력)

① 파산채권에 기하여 파산재단에 속하는 재산에 대하여 행하여진 강제집행·가압류 또는 가처분은 파산재단에 대하여는 그 효력을 잃는다. 다만, 파산관재인은 파산재단을 위하여 강제집행절차를 속행할 수 있다.

② 제1항 단서의 규정에 의하여 파산관재인이 강제집행의 절차를 속행하는 때의 비용은 재단채권으로 하고, 강제집행에 대한 제3자의 이의의 소에서는 파산관재인을 피고로 한다.

✽ 파산선고 후에는 강제집행 등을 개시할 수 없고, 이미 개시된 것은 효력을 잃으며, 집행이 종료된 것은 실효의 문제는 없고, 외관을 제거하기 위한 집행취소의 대상이 된다.

---

179) 집행권원으로는 화해, 인낙, 조정조서가 있고, 이러한 집행권원이나 종국판결이 확정되지 않고 소송이 계속 중인 경우가 해당된다.

✽ 실효는 상대적인 것으로 파산재단과의 관계에서만 무효이고,[180] 파산선고가 취소되면 종전의 효력이 회복된다.

제349조 (체납처분에 대한 효력)

① 파산선고 전에 파산재단에 속하는 재산에 대하여 「국세징수법」 또는 「지방세법」에 의하여 징수할 수 있는 청구권(국세징수의 예에 의하여 징수할 수 있는 청구권으로서 그 징수우선순위가 일반 파산채권보다 우선하는 것을 포함한다)에 기한 체납처분을 한 때에는 파산선고는 그 처분의 속행을 방해하지 아니한다.

② 파산선고 후에는 파산재단에 속하는 재산에 대하여 「국세징수법」 또는 「지방세법」에 의하여 징수할 수 있는 청구권(국세징수의 예에 의하여 징수할 수 있는 청구권을 포함한다)에 기한 체납처분을 할 수 없다.

✽ 체납처분을 한 경우는 파산재단에 속하는 재산에 대하여 체납처분절차에 의한 압류의 효력이 생긴 경우에 한하고, 압류를 위한 조사 중이거나, 압류통지서가 송달되지 않았거나, 압류의 등기·등록이 되지 않은 경우는 해당되지 않는다.[181]

✽ 속행을 방해하지 않는다는 의미를 두고 환가대금에서 우선변제를 받을 수 있도록 허용한 것인지 문제가 되는데, 판례는 환가대금으로부터 직접 배당받을 수 있다고 하여 우선변제를 인정한다.[182]

✽ 파산선고 후 체납처분을 할 수 있는가에 관해서는 명문이 없는데, 규정의 반대해석상 부정하는 것이 판례이다.[183]

제350조 (행정사건에 대한 효력)

① 파산재단에 속하는 재산에 관하여 파산선고당시에 행정청에 계속되어 있는 사건이 있는 때에는 그 절차는 수계 또는 파산절차의 종료가 있을 때까지 중단된다.

② 제347조의 규정은 제1항의 경우에 관하여 준용한다.

---

180) 대법원 2000. 12. 22. 선고 2000다39780 판결.
181) 서울고등법원 2002. 12. 20. 선고 2002나47558 판결.
182) 대법원 2003. 8. 22. 선고 2003다3768 판결.
183) 대법원 2003. 8. 22. 선고 2001두9486 판결.

제4절 법인의 이사 등의 책임

✽ 법인이 재정적 파탄에 빠지게 되는 것은 이사 등 경영진의 잘못으로 그렇게 되는 경우가 많고, 이때 이사 등이 회사에 대하여 지게 되는 손해배상책임을 둘러싸고 다툼이 있기 마련인데, 회사재산의 충실을 기한다는 측면에서 필수적으로 해결해야 할 문제지만 통상의 민사소송으로 해결하는 경우 상당한 시간과 비용이 들므로 신속을 요하는 도산절차에서는 적당치 않아, 법은 간이·신속하게 이사 등에 대한 손해배상청구권의 존재·내용을 확정하고, 이사 등에 대한 손해배상을 명하는 조사확정재판 제도를 마련해 두고 있다.

제351조 (법인의 이사 등의 재산에 대한 보전처분)

① 법원은 법인인 채무자에 대하여 파산선고가 있는 경우 필요하다고 인정하는 때에는 파산관재인의 신청에 의하거나 직권으로 채무자의 발기인·이사(「상법」 제401조의2제1항의 규정에 의하여 이사로 보는 자를 포함한다), 감사·검사인 또는 청산인(이하 이 조 내지 제353조에서 "이사 등"이라 한다)에 대한 출자이행청구권 또는 이사 등의 책임에 기한 손해배상청구권을 보전하기 위하여 이사 등의 재산에 대한 보전처분을 할 수 있다.

② 파산관재인은 제1항의 규정에 의한 청구권이 있음을 알게 된 때에는 법원에 제1항의 규정에 의한 보전처분을 신청하여야 한다.

③ 법원은 긴급한 필요가 있다고 인정하는 때에는 파산선고 전이라도 채무자의 신청에 의하거나 직권으로 제1항의 규정에 의한 보전처분을 할 수 있다.

④ 법원은 관리위원회의 의견을 들어 제1항 또는 제3항의 규정에 의한 보전처분을 변경하거나 취소할 수 있다.

⑤ 제1항 또는 제3항의 규정에 의한 보전처분과 제4항의 규정에 의한 결정에 대하여는 즉시항고를 할 수 있다.

⑥ 제5항의 즉시항고는 집행정지의 효력이 없다.

⑦ 제1항 또는 제3항의 규정에 의한 보전처분이나 제4항의 규정에 의한 결정과 이에 대한 즉시항고에 대한 재판이 있는 때에는 그 결정서를 당사자에게 송달하여야 한다.

✽ 이사 등이 책임회피를 위하여 개인 소유 재산을 은닉·도피해버리면 손해의 회복이 곤란해지므로, 손해배상청구권의 실효를 확보하기 위해 마련한 제도이다.

＊ 신청권자

파산선고 전에는 채무자의 신청 또는 법원 직권으로(제3항), 파산선고 후에는 파산관재인의 신청 또는 법원직권으로 결정한다.

＊ 신청절차

민사집행법에 의하지 않는 특수한 보전처분이므로 담보제공이 필요 없고 관할법원은 파산사건이 계속되어 있는 법원이다. 조사확정재판 신청에 시효중단효력이 있으므로(제352조제5항) 이 신청도 시효중단의 효력이 있다.

＊ 보전처분의 내용

채무자의 권리를 보전할 필요성이 크므로 민사집행법상의 가압류·가처분에 한하지 않는다.

＊ 등기

부동산 등 권리에 관하여 보전처분이 있는 경우에는 법원사무관 등은 지체 없이 등기촉탁을 하여야 한다(대법원 규칙 제10조제1항제2호, 제2항).

제352조 (손해배상청구권 등의 조사확정재판)

① 법원은 법인인 채무자에 대하여 파산선고가 있는 경우 필요하다고 인정하는 때에는 파산관재인의 신청에 의하거나 직권으로 이사 등에 대한 출자이행청구권이나 이사 등의 책임에 기한 손해배상청구권의 존부와 그 내용을 조사확정하는 재판을 할 수 있다.

② 파산관재인은 제1항의 규정에 의한 청구권이 있음을 알게 된 때에는 법원에 제1항의 규정에 의한 재판을 신청하여야 한다.

③ 파산관재인은 제1항의 규정에 의한 신청을 하는 때에는 그 원인되는 사실을 소명하여야 한다.

④ 법원은 직권으로 조사확정절차를 개시하는 때에는 그 취지의 결정을 하여야 한다.

⑤ 제1항의 규정에 의한 신청이 있거나 제4항의 규정에 의한 조사확정절차개시결정이 있은 때에는 시효의 중단에 관하여는 재판상의 청구가 있은 것으로 본다.

⑥ 제1항의 규정에 의한 조사확정의 재판과 조사확정의 신청을 기각하는 재판은 이유를 붙인 결정으로 하여야 한다.

⑦ 법원은 제6항의 규정에 의한 결정을 하는 때에는 미리 이해관계인을 심문하여야 한다.

⑧ 조사확정절차(조사확정결정이 있은 후의 것을 제외한다)는 파산절차가 종료한 때에는 종료한다.

⑨ 조사확정결정이 있은 때에는 그 결정서를 당사자에게 송달하여야 한다.

✱ 신청

파산관재인의 신청 또는 법원이 직권으로 결정한다.

파산관재인이 신청하는 경우에는 이사 등의 선관주의의무위반 등 손해배상청구권의 원인사실을 소명하여야 한다(제3항). 법원이 직권으로 절차를 개시할 때는 그 취지의 결정을 해야 한다(제4항).

✱ 시효중단

조사확정재판의 청구가 있으면 손해배상청구권의 존부·내용을 주장하는 것이므로 당연히 시효중단의 효력이 있는 것이나, 법원이 직권으로 개시한 경우는 손해배상청구권을 주장하는 것은 아니지만 손해배상청구권의 확정이라는 그 실질을 감안해 시효중단의 효력이 있는 것으로 하였다(제5항).

✱ 주주대표소송

도산절차가 개시되면 재산의 관리처분권이 관리인이나 파산관재인에게 전속하므로 주주가 별도로 이사 등의 책임추궁을 위한 대표소송은 제기할 수 없다고 본다.[184]

✱ 재판

– 재판대상: 이사 등에 대한 출자이행청구권이나 손해배상청구권이다. 출자이행청구권은 상법 제428조에 의한 인수담보책임에 기한 청구권을, 손해배상청구권은 상법 제399조, 제428조제2항에 의한 손해배상청구권을 말한다.

– 심리: 결정절차로 심리하는데, 이의절차가 마련되어 있으므로 일반의 결정절차와는 달리 구두변론이 허용되지 않으나, 이사 등의 방어를 위해서 그에 대한 신문은 필수적이다(제7항). 법원의 직권증거조사는 가능하다(제22조제2항).

– 결정: 인용할 경우는 '채무자의 상대방에 대한 손해배상청구금원을 금000로 확정

---

184) 대법원 2002. 7. 12. 선고 2001다2617 판결.

한다'는 주문으로 이유를 붙여 결정하고, 이유 없으면 기각결정을 한다.

＊ 재판의 효력

－이의의 소가 기간 내에 제기되지 않으면 확정판결과 동일한 효력이 있다(제117조).
－기각한 재판은 조사확정이라는 간이한 방법으로 손해배상을 명할 수 없다는 것을 확인하는 것에 지나지 않아 기판력이 없고, 불복신청도 할 수 없다. 따라서 통상의 소로 이사 등의 책임추궁이 가능하다.

제353조 (이의의 소)

① 제352조제1항의 규정에 의한 조사확정의 재판에 불복이 있는 자는 결정을 송달받은 날부터 1월 이내에 이의의 소를 제기할 수 있다.

② 제1항의 규정에 의한 기간은 불변기간으로 한다.

③ 제1항의 소는 이를 제기하는 자가 이사 등인 때에는 파산관재인을, 파산관재인인 때에는 이사 등을 각각 피고로 하여야 한다.

④ 제1항의 소는 파산법원(파산사건이 계속되어 있는 지방법원을 말한다. 이하 같다)의 관할에 전속하고, 변론은 결정을 송달받은 날부터 1월의 기간을 경과한 후가 아니면 개시할 수 없다.

⑤ 여러 개의 소가 동시에 계속되어 있는 때에는 법원은 변론을 병합하여야 한다.

⑥ 제1항의 규정에 의한 소에 대한 판결에서는 같은 항의 결정을 인가·변경 또는 취소한다. 다만, 소를 부적법한 것으로 각하하는 때에는 그러하지 아니하다.

⑦ 조사확정의 결정을 인가하거나 변경하는 판결은 강제집행에 관하여는 이행을 명한 판결과 동일한 효력이 있다.

＊ 법은 구두변론에 의한 판결절차를 보장하기 위하여 조사확정재판에 불복하는 자들에게 이의의 소를 인정하고 있다. 결정절차의 일반적인 불복방법은 항고이지만 이의의 소를 인정하고 있으므로 항고는 할 수 없다.

＊ 이의대상

조사확정재판인데, 법은 조사확정재판과 조사확정의 신청을 기각하는 재판으로 구분하고 있으므로 여기의 조사확정재판은 이사 등의 책임을 일부라도 인용하는 재판을 말한다.

❋ 관할 및 제소기간

파산법원의 전속관할이고(제4항), 조사확정재판을 송달받은 날부터 1개월 내에 제기해야 한다(제1, 2항).

❋ 당사자

이의하는 자가 원고, 상대방이 피고가 된다. 이의하는 자는 이사는 물론이고 일부인용 시는 관리인이 될 수도 있다. 피고는 반소를 제기할 수도 있다.

❋ 심리와 판결

구두변론을 실시하고, 조사확정정시와는 달리 이의청구범위 내에서 판결한다.

조사확정을 인가 또는 변경하는 판결은 주문에 이행을 명하는 내용이 있는 것은 아니나, 실질적으로는 이행을 명하는 내용을 포함하고 있으므로 강제집행에 관하여 이행을 명하는 확정판결과 동일한 효력은 인정하고 있다(제7항). 기판력도 있다.

조사확정을 취소하는 재판이 확정되면 손해배상청구권의 부존재가 확정된다.

제354조 (조사확정재판의 효력)

제353조제1항의 규정에 의한 소가 같은 항의 기간 안에 제기되지 않거나 취하된 때 또는 각하된 때에는 조사확정재판은 이행을 명한 확정판결과 동일한 효력이 있다.

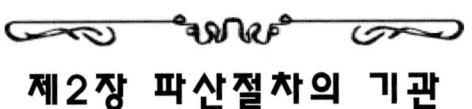

제2장 파산절차의 기관

제1절 파산관재인

✻ 의의: 파산관재인은 파산재단에 대한 관리처분권을 갖고, 파산재단에 관한 소송의 당사자가 되는 등 채무자의 일반승계인의 지위에 서는 한편, 채권자의 이익을 대표하기도 하는 등 공적수탁자의 지위도 갖고 있는 파산절차를 수행하는 기관이다.

✻ 법적 지위: 채무자, 파산채권자, 파산재단 등과의 관계에서 파산관재인의 지위를 어떻게 볼 것인가에 관하여는 채무자 대리설, 채권자 대리설, 다른 사람의 재산을 그 직무로서 자기이름으로 관리처분하는 사람이라는 직무설, 파산재단에 독립한 법인격을 인정하고 파산재단의 대표자라는 설, 파산재단의 관리기구로 파산관재인에게 법인격을 인정하는 설 등이 있다.

문제가 되는 것은 실체법상 제3자 보호규정이 있는 경우에 파산관재인이 채무자와 다른 제3자의 지위에 있는가인데, 이는 채무자가 파산선고 전에 파산재단이 될 재산에 대하여 행한 실체법상의 행위가 파산선고 후에 파산관재인과의 관계에서 어떻게 평가될 것인가의 문제이다.

대법원은 통정허위표시에 의한 가장채권자가 파산한 경우에 파산관재인은 제3자가 되어 가장채권의 채무자는 채권의 무효를 주장할 수 없다고 본다.[185] 기망행위에 의하여 재산을 취득한 사람이 파산한 경우에도 파산관재인을 제3자로 보아야 할 것인데, 이 경우는 피해자 보호의 측면을 강조하여 해당하지 않는다고 보는 입장도 있다.

파산관재인이 제3자가 된다 해도 선의·악의를 파산관재인을 기준으로 판단한다면

---

185) 대법원 2003. 6. 24. 선고 2002다48214 판결.

누가 파산관재인이 되는가에 따라 결론이 달라질 수 있는데, 파산관재인을 제3자로 보는 이유가 파산재단의 보호에 있으므로 이에 대한 이해관계인인 파산채권자를 기준으로 해서 그중 일인이라도 선의자가 있음을 입증하면 파산관재인은 선의의 제3자라고 주장할 수 있을 것이다.

제355조 (파산관재인의 선임)
① 파산관재인은 관리위원회의 의견을 들어 법원이 선임한다.
② 법인도 파산관재인이 될 수 있다. 이 경우 그 법인은 이사 중에서 파산관재인의 직무를 행할 자를 지명하고 법원에 신고하여야 한다.

＊ 파산관재인의 자격에 관하여는 제한이 없으나, 절차진행에 고도의 법률지식이 필요하고, 종종 소송의 필요성도 있으며, 파산은 청산형절차이지 재건형절차가 아니어서 사업경영수완보다는 법률적인 사무처리능력이 필요하므로 변호사 등 법률전문가가 선임되는 경우가 많다. 다만 공적자금관리특별법은 예금자보호법에 의한 보험금 등 공적자금이 투입되는 금융기관이 파산한 경우 공적자금의 효율적인 회수를 위해 필요한 경우에는 예금보험공사 또는 그 임직원을 파산관재인으로 선임하도록 했는데, 채권자의 일인인 예금보험공사가 파산관재인이 되는 것은 다른 채권자와의 관계에서 평등원칙에 반한다는 문제가 있으나, 헌법재판소는 기본권에 대한 중대한 침해를 가져오는 차별이 아니고 공적자금의 신속하고 효율적인 회수의 필요성이라는 차별을 정당화할 수 있는 합리적인 이유가 있다는 이유로 합헌결정을 했다.[186]

＊ 파산관재인의 직무
파산관재인은 취임하면 먼저 파산재단에 속하는 재산의 점유·관리에 착수하고(제479조), 재산의 소재파악을 위해 채무자 등에게 설명을 구할 수 있고(제321조), 재산의 보전을 위하여 봉인을 구할 수 있고(제480조), 채무자의 재산에 관한 장부를 폐쇄하고(제481조), 재산의 가액을 평가하고(제482조), 재산목록 및 대차대조표를 작성하여 법원에 제출하고 이해관계인의 열람에 제공하고(제483조), 배당을 받을 파산채권자의 범위와 채권액을 확정하고(제452조 등), 재단소속재산의 포기(제492조제12호)나, 면책불허가사유의 유무에 대한 보고(제560조), 파산재단의 환가(제491조 이하) 및 배당(제

---
186) 헌재 2001. 3. 15. 선고 헌가1, 2, 3 결정.

505조 이하) 등이 있다.

파산관재인은 이런 직무를 행함에 있어 선량한 관리자의 주의의무를 다해야 하고 (제361조제1항), 공적 기관으로서 모든 이해관계인에 대하여 중립 및 충실의무가 있 다. 이런 의무를 위반할 경우는 해임사유가 되고(제364조제1항), 손해배상책임을 진다 (제361조제2항).

* 직무의 종료

파산관재인의 사망, 사임(제363조), 해임(제364조) 등으로 파산관재인의 직무는 종료 한다.

제356조 (파산관재인의 수)

파산관재인은 1인으로 한다. 다만, 법원이 필요하다고 인정하는 때에는 여럿의 파산관 재인을 선임할 수 있다.

제357조 (자격증명서)

① 법원은 파산관재인에게 그 선임을 증명하는 서면을 교부하여야 한다.
② 파산관재인은 그 직무를 행하는 경우 이해관계인의 청구가 있는 때에는 제1항의 규정 에 의한 서면을 제시하여야 한다.

제358조 (법원의 감독)

파산관재인은 법원의 감독을 받는다.

제359조 (당사자적격)

파산재단에 관한 소송에서는 파산관재인이 당사자가 된다.

제360조 (여럿의 파산관재인의 직무집행)

① 파산관재인이 여럿인 때에는 공동으로 그 직무를 행한다. 이 경우 법원의 허가를 받아 직무를 분장할 수 있다.
② 파산관재인이 여럿인 때에는 제3자의 의사표시는 그 1인에 대하여 하면 된다.

제361조 (파산관재인의 의무 등)

① 파산관재인은 선량한 관리자의 주의로써 그 직무를 행하여야 한다.

② 파산관재인이 제1항의 규정에 의한 주의를 게을리 한 때에는 이해관계인에게 손해를 배상할 책임이 있다. 이 경우 주의를 게을리 한 파산관재인이 여럿 있는 때에는 연대하여 손해를 배상할 책임이 있다.

＊ 선량한 관리자로서의 주의의무는 파산관재인으로서 일반적, 평균적으로 요구되는 주의의무로, 위반 여부는 간과하여서는 아니 될 잘못이 있는지, 주의를 게을리 하여 쉽게 알 수 있는 사정을 알지 못했는지 등 구체적인 사정에 따라 판단해야 한다.

제362조 (파산관재인대리)

① 파산관재인은 필요한 때에는 그 직무를 행하게 하기 위하여 자기의 책임으로 대리인을 선임할 수 있다.

② 제1항의 규정에 의한 대리인의 선임은 법원의 허가를 받아야 한다.

③ 채무자가 법인인 경우 제1항의 규정에 의한 허가가 있는 때에는 법원사무관 등은 직권으로 지체 없이 촉탁서에 결정서의 등본을 첨부하여 대리인의 선임에 관한 등기를 촉탁하여야 한다. 대리인의 선임에 관한 허가가 변경 또는 취소된 때에도 또한 같다.

④ 제1항의 규정에 의한 대리인은 파산관재인에 갈음하여 재판상 또는 재판 외의 모든 행위를 할 수 있다.

＊ 규모가 큰 파산사건의 경우 파산관재인 혼자서 업무를 처리하는 것에 한계가 있을 수 있으므로, 파산관재인의 업무능력 보완을 위해 자기 책임하에 상시대리인을 선임할 수 있게 한 것이다.

여기서 자기의 책임이란 대리인이 대리행위를 함에 있어 제3자에게 손해를 입힌 경우에는 파산관재인에게 선임감독상의 잘못이 없더라도 대리인에게 과실이 있는 한 파산관재인도 책임이 있다는 것을 의미한다.

＊ 파산관재인은 상시대리인 외에 개별행위에 대한 대리인 선임도 가능한데 이때는 법원허가가 필요 없다.

제363조 (파산관재인의 사임)

파산관재인은 정당한 사유가 있는 때에는 법원의 허가를 받아 사임할 수 있다.

제364조 (파산관재인의 해임)

① 법원은 채권자집회의 결의, 감사위원의 신청에 의하거나 직권으로 파산관재인을 해임할 수 있다. 이 경우 법원은 그 파산관재인을 심문하여야 한다.

② 제1항의 규정에 의한 파산관재인의 해임결정에 대하여는 즉시항고를 할 수 있다.

③ 제2항의 즉시항고는 집행정지의 효력이 없다.

제365조 (계산의 보고의무)

① 파산관재인의 임무가 종료한 때에는 파산관재인 또는 그 상속인은 지체 없이 채권자집회에 계산의 보고를 하여야 한다.

② 채무자, 파산채권자 또는 후임의 파산관재인이 채권자집회에서 계산에 대하여 이의를 진술하지 아니한 때에는 이를 승인한 것으로 본다.

③ 파산관재인은 이해관계인의 열람을 위하여 계산보고서와 그 계산보고서에 관한 감사위원의 의견서를 채권자집회일 3일 전까지 법원에 제출하여야 한다.

제366조 (임무종료 시의 긴급처분)

파산관재인의 임무가 종료한 경우 급박한 사정이 있는 때에는 파산관재인 또는 그 상속인은 후임의 파산관재인 또는 채무자가 재산을 관리할 수 있게 될 때까지 필요한 처분을 하여야 한다.

제2절 채권자집회

✻ 의의

파산절차의 직접이해관계인인 채권자를 위하여 중요한 사항에 관하여 채권자들의 의견을 모으고, 공동의 의사를 결정하여 이를 파산절차에 반영시키고, 채권자에게 정부를 제공하는 것을 목적으로 마련된 제도 내지 기관을 말한다.

＊ 성질

고정적인 기관은 아니고, 법원의 소집에 의하여 기일마다 성립하는 조직으로 채권자의 사실상의 조합체인데, 이를 법인격 없는 채권자단체의 기관으로 보는 입장도 있다.

＊ 권한

채무자, 파산관재인으로부터 설명, 보고를 받을 권한(제321, 365, 488, 499조)이 있고, 파산관재인의 해임청구의 결의(제364조), 감사위원의 설치, 선임, 해임(제376, 377, 380조), 감사위원의 동의에 갈음하는 결의(제374조, 제500조제1항 단서), 채무자 영업의 폐지 계속, 고가품의 보관방법 등에 관한 결의(제529조) 등을 통하여 파산절차의 진행에 대한 감독기능을 수행한다.

제367조 (소집)

법원은 파산관재인 또는 감사위원의 신청에 의하거나 직권으로 채권자집회를 소집한다. 신고를 한 총채권에 관하여 법원이 평가한 액의 5분의 1 이상에 해당하는 파산채권자의 신청이 있는 때에도 또한 같다.

＊ 제1회 기일은 법원이 파산선고와 동시에 정한다(제312조).

제368조 (기일 및 회의목적의 공고)

① 법원은 채권자집회의 기일과 회의의 목적사항을 공고하여야 한다.
② 채권자집회의 연기 또는 속행에 관하여 선고가 있는 때에는 송달 또는 공고를 하지 아니할 수 있다.

제369조 (법원의 지휘)

채권자집회는 법원이 지휘한다.

제370조 (결의의 성립요건)

① 채권자집회의 결의에는 의결권을 행사할 수 있는 출석 파산채권자의 총 채권액의 2분의 1을 초과하는 채권을 가진 자의 동의가 있어야 한다.
② 채권자집회의 결의에 관하여 특별한 이해관계를 가진 자는 그 의결권을 행사할 수 없다.

＊ 의결권은 신고한 채권자에게만 인정된다.

＊ 후순위 파산채권에 관해서는 의결권이 없다(제373조제5항)

제371조 (의결권의 불통일 행사)

① 파산채권자는 의결권을 통일하지 아니하고 행사할 수 있다.
② 제1항의 경우 파산채권자는 채권자집회 7일 전까지 법원에 그 취지를 서면으로 신고
   하여야 한다.

＊ 이는 실무상 금융기관 채권자의 경우 채권액일부가 특정신탁으로 관리되는 것이
면 신탁자의 의사에 따라야 하므로 불통일 행사를 인정할 필요가 있는 경우도 있고,
다액의 채권자로서는 자기에게 유리한 결과를 이끌어 내기 위한 전략상 불통일 행사
의 필요도 있을 수 있기 때문이다.

＊ 조건부 행사는 계획안에 부동의하는 것으로 취급해야 할 것이다.

제372조 (의결권의 대리행사)

① 파산채권자는 대리인에 의하여 그 의결권을 행사할 수 있다. 이 경우 대리인은 대리권
   을 증명하는 서면을 제출하여야 한다.
② 대리인이 위임받은 의결권을 통일하지 아니하고 행사하는 경우에는 제371조제2항을
   준용한다.

＊ 대리행사 할 경우 대리인 자격은 변호사에 국한하지 않고 소송능력이 있는 자이
면 된다.

제373조 (의결권을 행사할 수 있는 채권액)

① 파산채권자는 확정채권액에 따라 의결권을 행사할 수 있다.
② 미확정채권, 정지조건부채권, 장래의 청구권 또는 별제권의 행사에 의하여 변제를 받을
   수 없는 채권액에 관하여 파산관재인 또는 파산채권자의 이의가 있는 때에는 법원은
   의결권을 행사하게 할 것인가의 여부와 의결권을 행사할 금액을 결정한다.

③ 법원은 이해관계인의 신청에 의하여 언제든지 제2항의 규정에 의한 결정을 변경할 수 있다.

④ 제2항 또는 제3항의 규정에 의한 결정은 그 선고가 있는 때에는 송달을 하지 아니할 수 있다.

⑤ 파산채권자는 제446조에 규정한 청구권에 관하여는 의결권을 행사할 수 없다.

* 미확정 채권 등의 채권액확정에 관하여 회생절차와는 달리 규정이 없으나, 법원은 이를 참작하여 파산선고 시에 평가한 금액으로(제137조) 결정할 수 있을 것이다.

제374조 (감사위원의 동의에 갈음하는 효력)
① 감사위원의 동의는 채권자집회의 결의로써 갈음할 수 있다.
② 채권자집회의 결의가 감사위원의 의견과 다른 때에는 그 결의에 따른다.

제375조 (결의집행의 금지)
① 채권자집회의 결의가 파산채권자 일반의 이익에 반하는 때에는 법원은 파산관재인·감사위원 또는 파산채권자의 신청에 의하거나 직권으로 그 결의의 집행을 금지할 수 있다.
② 의결권이 없었던 파산채권자가 제1항의 규정에 의한 신청을 하는 때에는 파산채권자임을 소명하여야 한다.
③ 제1항의 규정에 의한 금지결정의 선고가 있는 때에는 송달을 하지 아니할 수 있다.
④ 제1항의 규정에 의한 결정에 대하여는 즉시항고를 할 수 있다.

제3절 감사위원

감사위원은 파산채권자의 이익을 위하여 파산관재인의 직무집행을 감독, 보조하는 기관이다. 이 제도는 채권자협의회 제도가 없던 시절에 채권자들의 의사를 파산절차에 충분히 반영하기 위하여 마련된 것인데, 그동안의 실무는 감사위원의 수가 3인 이상으로 되어 있어 그들에 대한 보수지급으로 배당액이 감소되고, 파산관재인이 감사위원의 동의를 받기 위해 시간이 소요되며, 감사위원 사이에 의견대립이 있는 경우에는 원활한 관재업무가 방해되고, 감사위원이 특정한 채권자의 이익을 대변하는 등으로 파산관재인의 직무집행에 지연과 혼란을 초래한다는 이유로 감사위원을 거의 설치하지 않는 쪽으로 운영되어 왔고 심지어는 채권자회의에서 설치하기로 결의한 경우에도 법원이 그 집행을 금지하는 결정을 하기도 했는데, 통합도산법협의 시 폐지주장도 있었으나, 파산절차에 이해관계 없는 자를 선임한다는 조항을 추가하는 것으로 결론이 났다. 이제는 채권자협의회가 마련되었으므로 감사위원의 필요성은 더 없어졌다고 할 것이다.

제376조 (감사위원설치의 의결)

제1회 채권자집회에서 감사위원의 설치가 필요하다는 제안이 있는 경우에는 그 설치 여부 및 감사위원의 수를 의결할 수 있다. 다만, 제1회 후의 채권자집회에서 그 결의를 변경할 수 있다.

제377조 (감사위원의 자격 등)

① 감사위원은 채권자집회에서 선임한다.
② 감사위원은 법률이나 경영에 관한 전문가로서 파산절차에 이해관계가 없는 자이어야 한다.
③ 감사위원 선임의 결의는 법원의 인가를 받아야 한다.

✻ 자연인이든 법인이든 상관없으나, 현행법에서 감사위원이 특정채권자를 대변하는 일이 없도록 자격을 파산절차에 이해관계가 없는 전문가로 한정하는 규정을 신설했다.

제378조 (직무집행의 방법)

① 감사위원이 3인 이상 있는 경우에 감사위원의 직무집행은 그 과반수의 찬성으로 결정한다.
② 특별한 이해관계가 있는 감사위원은 제1항의 규정에 의한 표결에 참가할 수 없다.

✻ 직무집행방법에 관한 위 규정은 강행규정으로 채권자집회에서도 이를 바꿀 수 없다. 감사위원의 소집은 파산관재인이 하고, 반드시 한 장소에 모여서 토론을 거칠 필요는 없으므로 절차의 간이화와 비용절감을 위하여 서면에 의한 의결도 가능하다.

제379조 (감사위원의 직무집행 등)

① 감사위원은 파산관재인의 직무집행을 감사한다.

② 각 감사위원은 언제든지 파산관재인에게 파산재단에 관한 보고를 요구하거나 파산재단의 상황을 조사할 수 있다.

③ 감사위원은 파산채권자에게 현저하게 손해를 미칠 사실을 발견한 때에는 지체 없이 법원 또는 채권자집회에 보고하여야 한다.

✽ 감사위원의 직무는 파산관재인의 직무집행을 감독하고 보조하는 것이며, 파산관재인을 직접 지휘하고 지시할 권한은 없다.

　감독적 성격의 직무로, 파산관재인의 직무집행을 감사하고, 파산관재인에게 파산재단에 관한 보고를 요구하거나 파산재단의 상황을 조사할 수 있고, 파산채권자에게 현저히 손해를 미칠 사실을 발견한 때에는 지체 없이 법원 또는 채권자집회에 보고해야 한다(제379조). 파산관재인의 계산보고서에 의견서를 첨부하고, 파산관재인의 해임을 청구할 수 있다(제364조제1항).

　보조적 성격의 직무로 파산관재인이 중요한 행위를 하는 경우에 동의권을 갖는다(제491, 492, 500, 506조). 단 채권자집회의 결의를 감사위원의 동의에 갈음할 수 있고, 채권자집회의 결의가 감사위원의 의견에 우선한다(제374조).

제380조 (감사위원의 해임)

① 감사위원은 언제든지 채권자집회의 결의로 해임할 수 있다.

② 법원은 상당한 이유가 있는 때에는 이해관계인의 신청에 의하여 감사위원을 해임할 수 있다.

③ 제2항의 규정에 의한 감사위원의 해임에 관한 재판에 대하여는 즉시항고를 할 수 있다.

④ 제3항의 규정에 의한 즉시항고는 집행정지의 효력이 없다.

제381조 (준용규정)

　제30조제1항(보수) 및 제361조(선관의무)의 규정은 감사위원에 관하여 준용한다.

제3장 파산재단의 구성 및 확정

제1절 파산재단의 구성

제382조 (파산재단)

① 채무자가 파산선고당시에 가진 모든 재산은 파산재단에 속한다.

② 채무자가 파산선고 전에 생긴 원인으로 장래에 행사할 청구권은 파산재단에 속한다.

＊ 파산재단의 의의

파산선고가 내려지면 채무자의 총재산은 파산적 청산을 위한 목적재산이 되어 파산관재인이라는 독립한 관리기관하에서 관리 환가되어 파산채권자에게 공평하게 배당되는데, 이런 상태에 놓인 채무자의 재산의 집합체를 파산재단이라고 한다. 이 재단은 절차의 개시 시에는 법정재단, 진행시에는 현유재단, 종결 시에는 배당재단이 된다.

법정재단은 파산재단이 되는 것으로 법이 예정하고 있는(제382조) 객관적으로 범위가 정해진 재단으로, 실제로는 제3자 소유인 것이 포함되어 있기도 하고, 파산재단으로부터 벗어나 있지만 회복시켜야 할 재산도 있어 현실의 재단과는 다르다.

현유재단은 파산개시 뒤 파산관재인이 파산재단에 속하는 재산이라고 인정하여 현실적으로 점유, 관리하고 있는 재단을 말하는데 법정재단과 현유재단을 일치시키는 것이야말로 파산관재인의 중요한 임무가 된다.

배당재단은 배당단계에서 현실적으로 배당자원으로 충당할 수 있는 재산을 말하는데, 법 제505조의 배당하기에 적당한 금전이 그것이다.

❋ 법적 성격

법인격 인정설: 파산재단 자체에 법주체성을 인정하는 입장으로 파산법상의 여러 법률효과를 모순 없이 설명하기에 적합하나, 법인격은 법에 의해서만 인정된다는 한계가 있다.

관리기구인격설: 파산관재인을 관리기구로서의 지위와 그 담임자로서의 지위로 나누어 관리기구로서의 파산관재인에게 법인격을 인정한다.

❋ 구성재산

파산재단은 파산선고당시 채무자가 가진 모든 재산으로 구성되어 있다.

- 채무자의 재산일 것: 채무자에게 속하는지 여부는 민법 등 사법의 일반원칙에 의해 정해지므로 예컨대 불법원인급여의 반환청구와 같이 채무자 자신이 권리를 주장할 수 없는 경우는 제외된다. 재산에는 소극재산도 있으나 여기서는 경제적 가치 있는 물건 내지 권리인 적극재산에 한한다.
- 파산선고당시의 재산일 것: 파산선고 후에 취득하는 재산은 제외하므로 절차의 조속한 종결을 꾀할 수 있고, 채무자의 근로의욕을 고취하여 경제적 재출발을 보다 용이하게 한다.

  파산선고 전에 채권의 발생원인은 있었지만, 파산선고 시에는 아직 구체화되지는 않은 장래의 청구권도 파산재단에 속하는데(제2항), 보증채무나 연대채무관계에서 생기는 구상권 등이 그것이다.
- 압류할 수 있는 재산일 것: 파산절차는 채무자의 재산을 환가하여 채권의 만족을 구하는 것으로 집행절차의 성격을 가지므로 민사집행법에서 압류금지하는 취지가 그대로 적용된다. 이와 관련 퇴직금채권의 이분의 일은 파산재단에 속하게 되나 본인이 스스로 퇴직하지 않는 경우 실무처리상 문제가 되는데, 퇴직금과 같은 가치의 자유재산을 파산재단에 투입시키고 파산관재인이 퇴직금채권을 채무자를 위하여 포기시키는 방법이 있다. 위자료청구권은 일신전속권이고 행사의 의사표시를 한 것만으로는 일신전속성을 상실하는 것이 아니나, 합의·판결 등으로 금액이 확정되고 이행만이 남은 경우에는 일신전속성을 상실하고 파산재단에 속하는 것으로 보아야 한다.

제383조 (파산재단에 속하지 아니하는 재산)

① 압류할 수 없는 재산은 파산재단에 속하지 아니한다.

② 법원은 개인인 채무자의 신청에 의하여 다음 각 호의 어느 하나에 해당하는 재산을 파산재단에서 면제할 수 있다.

  1. 채무자 또는 그 피부양자의 주거용으로 사용되고 있는 건물에 관한 임차보증금반환 청구권으로서 「주택임대차보호법」 제8조(보증금 중 일정액의 보호)의 규정에 의하여 우선변제를 받을 수 있는 금액의 범위 안에서 대통령령이 정하는 금액을 초과하지 아니하는 부분

  2. 채무자 및 그 피부양자의 생활에 필요한 6월간의 생계비에 사용할 특정한 재산으로 서 대통령령이 정하는 금액을 초과하지 아니하는 부분

③ 제2항의 규정에 의한 신청은 파산신청일 이후 파산선고 후 14일 이내에 면제재산목록 및 소명에 필요한 자료를 첨부한 서면으로 하여야 한다.

④ 법원은 파산선고 전에 제2항의 신청이 있는 경우에는 파산선고와 동시에, 파산선고 후 에 제2항의 신청이 있는 경우에는 신청일부터 14일 이내에 면제 여부 및 그 범위를 결정하여야 한다.

⑤ 제4항의 규정에 의한 결정이 있는 때에는 법원은 채무자 및 알고 있는 채권자에게 그 결정서를 송달하여야 한다.

⑥ 제4항의 규정에 의한 결정에 대하여는 즉시항고를 할 수 있다.

⑦ 제6항의 규정에 의한 즉시항고는 집행정지의 효력이 없다.

⑧ 법원은 파산선고 전에 면제신청이 있는 경우에 채무자의 신청 또는 직권으로 파산선고 가 있을 때까지 제2항의 면제재산에 대하여 파산채권에 기한 강제집행, 가압류 또는 가처분의 중지 또는 금지를 명할 수 있다.

⑨ 면제결정이 확정된 때에는 제8항의 규정에 의하여 중지한 절차는 그 효력을 잃는다.

⑩ 제4항의 규정에 의하여 면제되는 재산에 대하여는 제556조제1항의 규정에 따라 면책 신청을 할 수 있는 기한까지는 파산채권에 기한 강제집행, 가압류 또는 가처분을 할 수 없다.

✽ 자유재산 확대의 필요성

파산절차와 상관없이 채무자가 자유롭게 관리, 처분할 수 있는 재산이 자유재산인 데, 개인채무자의 경우 자유재산이 없으면 생활이 곤란해지고 질병 등에 따른 갑작스 런 지출도 할 수 없어, 최소한의 인간적인 삶을 박탈당하고, 경제적 재출발도 도모할

수 없으므로, 압류금지재산 외에도 자유재산의 범위를 넓혀 줄 필요가 있고, 제2항은 이를 반영한 것이다.

이 자유재산으로 파산절차 밖에서 파산채권자에게 임의변제하는 것에 대하여 일본의 판례는 강제적 요소가 없는 자유로운 판단에 의한 변제는 가능하다고 본다.

제384조 (관리 및 처분권)

파산재단을 관리 및 처분하는 권한은 파산관재인에게 속한다.

제385조 (파산선고 후의 단순승인)

파산선고 전에 채무자를 위하여 상속개시가 있는 경우 채무자가 파산선고 후에 한 단순승인은 파산재단에 대하여는 한정승인의 효력을 가진다.

✽ 단순승인 시 채무초과면 파산채권액이 증가하여 상속인의 고유채권자들의 배당액이 감소되는 것을 방지함에 있다.

제386조 (파산선고 후의 상속포기)

① 파산선고 전에 채무자를 위하여 상속개시가 있는 경우 채무자가 파산선고 후에 한 상속포기도 파산재단에 대하여는 한정승인의 효력을 가진다.
② 파산관재인은 제1항의 규정에 불구하고 상속포기의 효력을 인정할 수 있다. 이 경우 포기가 있는 것을 안 날부터 3월 이내에 그 뜻을 법원에 신고하여야 한다.

✽ 상속포기 시 자산초과면 상속인의 고유 채권자의 파산재단 증가에 대한 기대에 어긋나게 되므로 이를 보장하기 위함이다.

파산관재인이 상속포기의 효력을 인정할 수 있게 한 것은 상속재산이 채무초과가 명백한 경우를 상정한 것으로, 상속채권자들에게 불이익이 없기 때문이다.

✽ 제329조의 원칙에 따르면 채무자가 한 행위의 효력이 제한되는 것은 파산재단에 속한 재산에 관한 것에 한정되어야 하지만, 법은 파산채권자들의 이해보호를 위해 상속재산에 관하여 한 단순승인이나 포기 시 한정승인의 효력이 있는 것으로 민법에 대한 특칙을 두었다.

제387조 (파산과 포괄적 유증)

제385조 및 제386조의 규정은 포괄적 유증에 관하여 준용한다.

제388조 (파산과 특정유증)

① 파산선고 전에 채무자를 위하여 특정유증이 있는 경우 채무자가 파산선고당시 승인 또는 포기를 하지 아니한 때에는 파산관재인이 채무자에 갈음하여 그 승인 또는 포기를 할 수 있다.

② 「민법」 제1077조(유증의무자의 최고권)의 규정은 제1항의 경우에 관하여 준용한다.

제389조 (상속재산의 파산)

① 상속재산에 대하여 파산선고가 있는 때에는 이에 속하는 모든 재산을 파산재단으로 한다.

② 상속재산에 대하여 파산선고가 있는 경우 피상속인이 상속인에 대하여 가지는 권리와 상속인이 피상속인에 대하여 가지는 권리는 소멸하지 아니한다.

③ 상속재산에 대하여 파산선고가 있는 때에는 상속인은 한정승인한 것으로 본다. 다만, 「민법」 제1026조제3호에 의하여 상속인이 단순승인한 것으로 보는 때에는 그러하지 아니하다.

❋ 상속개시로부터 파산선고 시까지는 시차가 있고, 여기의 상속재산은 파산선고 시에 존재하는 것에 한정하므로, 그 사이에 재산의 멸실, 처분 등으로 상속재산으로부터 이탈한 것은 파산재단을 구성하지 않는다. 다만 부인의 대상이 될 수는 있다.

❋ 제2항은 민법상 혼동의 예외 규정으로 민법상 혼동원리에 따르면 상속인이 피상속인에게 채권을 가지고 있었던 경우에는 상속인의 고유재산이 상속재산과 혼합되어 그것으로 상속채권을 변제한 결과가 되고, 피상속인이 상속인에게 채권을 갖고 있었던 경우에는 상속인은 자기의 채권을 다른 상속채권자, 수유증자에 우선하여 상속재산으로부터 변제받은 결과가 되므로 형평에 반하게 되어 혼동의 예외를 인정한 것이다. 결국 피상속인이 상속인에게 갖고 있던 채권은 파산재단소속의 재산이 되고, 상속인이 피상속인에게 갖고 있던 채권은 파산채권이 된다.

❋ 상속재산에 파산선고가 있는 경우 파산채권자들은 상속재산으로부터만 변제받을

것을 예상하고 있는 것인데, 상속인의 불찰로 상속인의 재산으로부터도 변제받게 되는 우연한 이득을 줄 필요가 없고 또 상속인의 보호차원에서 한정승인한 것으로 보는 것이다.

제390조 (상속인의 재산처분)

① 상속인이 상속재산의 전부 또는 일부를 처분한 후 상속재산에 대하여 파산선고가 있는 때에는 상속인이 반대급부에 관하여 가지는 권리는 파산재단에 속한다.

② 제1항의 경우 상속인이 이미 반대급부를 받은 때에는 이를 파산재단에 반환하여야 한다. 다만, 그 반대급부를 받은 때에 상속인이 파산의 원인인 사실 또는 파산신청이 있은 것을 알지 못한 때에는 그 이익이 현존하는 한도 안에서 반환하면 된다.

＊ 상속개시와 파산선고 시까지의 시차에 상속재산이 멸실하거나 처분되면 파산재단을 구성하지 않으나, 상속인이 처분한 경우에 반대급부를 상속인에게 귀속시키는 것은 상속재산의 파산취지에 맞지 않으므로 이 규정을 둔 것이다.

제2절 부인권

＊ 의의

채무자가 파산선고 전에 행한 파산채권자를 해하는 행위의 효력을 파산재단과의 관계에서 부정하여 파산재단으로부터 일탈한 재산을 파산재단에 회복하기 위한 권리를 말한다.

＊ 필요성

경제적 파탄에 봉착한 채무자는 재산을 염가매각하거나 제3자 명의로 바꾸어 은닉하거나, 특정채무자에게만 변제하거나 하는 등의 방법으로 재기를 도모하고 채권자들을 해하는 행위를 하기 마련이므로 이를 방지하기 위한 수단이 필요하다.

파산절차상의 부인권은 일탈한 재산을 회복하고 회복한 재산을 환가하여 파산채권자에게 더 많은 배당을 함에 목적이 있는 데 반해, 회생절차상의 부인권은 반드시 환가하여야 하는 것은 아니고 채무자의 수익력과 기업가치를 높이는 데 있으므로, 적정한 가치로 처분하는 행위 같은 경우 파산절차에서는 부인의 여지가 없다고 판단될 수 있으나, 회생절차에서는 부인될 수가 있다. 파산절차에서는 담보권자는 별제권자로서 절차개시 전에 담보권을 실행하더라도 부인의 대상이 될 수 없으나, 회생절차에서는 담보권자도 권리행사에 제약을 받으므로 부인대상이 된다는 입장과 담보가치에 대하여 배타적 지배를 가지는 이상 유해성이 없다는 이유로 부인대상이 되지 않는다는 입장이 있으나, 판례는 부인대상이 되는 것으로 보고 있다.[187]

민법 제406조의 채권자취소권은 총채권자의 이익을 위하여 채무자의 사해행위에 의하여 일탈된 재산을 회복한다는 점에서는 도산법상의 부인권과 취지를 같이하나, 개별적으로 채권자에게 인정되는 권리로서 취소대상, 행사방법이 제한적이고 행위 당시 채무초과 상태이어야 하나, 도산법상의 부인권은 집단적인 채무처리절차의 일환으로 인정된 것으로 행사권자가 관리인·파산관재인이고, 대상행위·요건·행사방법이 완화된 권리로 행위 당시 채무초과 상태일 필요가 없다.[188] 따라서 도산절차개시 후에는 개별채권자의 채권자취소소송은 허용되지 않는다.

   ＊ 부인권의 성질
   부인권이 도산절차의 목적달성을 위하여 법이 특별히 인정한 권리로 보는 데는 이론이 없으나, 그 행사효과와 관련해 성질에 대하여 다툼이 있다.
   이에 관하여는 요건이 구비되면 파산선고와 동시에 부인의 효과가 발생하고 따라서 부인의 의사표시 없이 바로 상대방에게 일탈한 재산의 반환을 청구하면 된다는 청구권설과 부인의 의사표시를 해야 효과가 발생한다는 형성권설이 있는데, 법은 부인권의 행사를 전제로 원상회복 효과를 규정하고 있으므로 형성권으로 보아야 할 것이다. 형성권설은 다시 부인권을 행사했을 때 상대방이 재산권의 반환의무를 질 뿐이라는 채권설과 그 재산권이 당연히 파산재단에 복귀한다는 물권설로 나뉘는데 원상으로 회복시킨다는 법문상 물권설이 타당하다. 다시 복귀의 효과가 상대방과의 관계에서만 생기는지(상대적 무효설), 제3자와의 관계에서도 생기는지(절대적 무효설) 대립이 있는데, 수익자에 대한 부인과는 별도로 전득자에 대한 부인을 규정하고 있으므로 상대적 무효로 보아야 할 것이다.

---

187) 대법원 2003. 2. 28. 선고 2000다50275 판결.
188) 대법원 2005. 11. 10. 선고 2003다2345 판결.

✳ 부인권자

채무자와는 별개의 존재인 관리인 또는 파산관재인의 고유권한이므로 채무자의 행위를 부인한다 해서 신의칙이나 권리남용에 해당하지는 않는다.[189]

제391조 (부인할 수 있는 행위)

파산관재인은 파산재단을 위하여 다음 각 호의 어느 하나에 해당하는 행위를 부인할 수 있다.

1. 채무자가 파산채권자를 해하는 것을 알고 한 행위. 다만, 이로 인하여 이익을 받은 자가 그 행위 당시 파산채권자를 해하게 되는 사실을 알지 못한 경우에는 그러하지 아니하다.
2. 채무자가 지급정지 또는 파산신청이 있은 후에 한 파산채권자를 해하는 행위와 담보의 제공 또는 채무소멸에 관한 행위. 다만, 이로 인하여 이익을 받은 자가 그 행위 당시 지급정지 또는 파산신청이 있은 것을 알고 있은 때에 한한다.
3. 채무자가 지급정지나 파산신청이 있은 후 또는 그전 60일 이내에 한 담보의 제공 또는 채무소멸에 관한 행위로서 채무자의 의무에 속하지 아니하거나 그 방법 또는 시기가 채무자의 의무에 속하지 아니하는 것. 다만, 채권자가 그 행위 당시 지급정지나 파산신청이 있은 것 또는 파산채권자를 해하게 되는 사실을 알지 못한 경우를 제외한다.
4. 채무자가 지급정지 또는 파산신청이 있은 후 또는 그전 6월 이내에 한 무상행위 및 이와 동일시할 수 있는 유상행위

✳ 고의부인(제1호)의 경우

－파산채권자를 해하는 채무자의 행위이어야 한다.

재산의 염가매각, 증여, 채무면제 등 적극재산을 감소시키는 행위와 다른 사람의 채무의 보증, 채무인수와 같이 소극재산을 증가시키는 것 및 특정한 채권자에게의 변제, 담보의 제공과 같이 편파행위도 포함될 것이다. 변제기에 도래한 채무를 변제하는 본지변제의 경우 위기부인의 대상이 될 수 있는 것은 명백하나, 고의부인의 대상도 될 수 있는가에 관하여 판례는 이를 인정한다.[190] 판례는 편파행위의 경우 주관적 요건을 엄격히 해석하여 단순히 채권자를 해한다는 인식만으로는 부족하고 채권자평등의 원칙을 회피하기 위하여 특정채권자에게만 변제 혹은 담

189) 대법원 1997. 3. 28. 선고 96다50445 판결.
190) 대법원 1999. 9. 3. 선고 99다6982 판결.

보를 제공한다는 인식이 필요하다고 본다.[191][192]

차입을 위한 담보권 설정은 그것이 영업의 계속이나 생활을 위한 것이고 목적물 가액과 피담보채권 사이에 합리적 균형이 있으면 유해성이 없을 것이나, 사업의 계속추진과는 상관없는 기존채무를 아울러 피담보채무에 포함시켰다면 부인대상이 될 수 있을 것이다.[193] 특정채무의 변제를 위한 차입의 경우는 채권자의 공동담보를 감소시키지 않으므로 부인대상이 안 될 것이다.

담보권자에 대한 변제는 파산절차에서는 별제권자이므로 부인대상이 아닐 것이나, 회생절차에서 부인대상이 될 것이다.

적정가액에 의한 재산매각은 파산절차에서는 그 대금이 파산재단에 남아 있는 한 부인의 대상이 아닐 것이지만, 회생절차에서는 특별한 사정이 없는 한 소비되기 쉬운 금전으로 바꾸는 행위는 총채권자의 책임재산을 감소시킬 우려가 있어 부인될 수 있다.[194]

기존채무의 변제에 갈음하여 또는 변제를 위하여 어음 등을 발행·인수·배서하는 경우 어음채권은 강한 권리추정의 효과가 있어 입증책임이 전환되고, 어음채권이 양도된 경우에는 인적항변이 절단될 우려가 있으므로 부인될 수 있다.

---

191) 대법원 2005. 11. 10. 선고 2003다271 판결: 채무자를 해할 것을 알고 한 행위에는 사해행위만이 아니라 특정채권자에 대한 변제나 담보제공과 같은 편파행위도 포함되고, 고의부인이 인정되기 위해서는 주관적 요건으로 파산자가 파산채권자를 해함을 알 것이 요구되는데, 편파행위의 경우 채권자 평등의 원칙을 피하기 위하여 그런 행위를 한다는 인식이 필요하다.

192) 파산법상 행위의 유해성과 부당성에 관한 판례(대법원 2004. 3. 26. 선고 2003다65049 판결): 파산법상 부인의 대상이 되는 행위가 파산채권자에게 유해하다고 하더라도, 행위 당시의 개별적 구체적 사정에 따라서는 당해행위가 사회적으로 필요하고 상당하였다거나 불가피하였다고 인정되어 일반파산채권자가 파산재단의 감소나 불공평을 감수하여야 한다고 볼 수 있는 경우가 있을 수 있고, 그와 같은 예외적인 경우에는 채권자 평등, 채무자의 보호와 이해관계인의 조정이라는 파산법의 지도이념이나 정의관념에 비추어 파산법 64조 소정의 부인권행사의 대상이 될 수 없다고 보아야 하며, 행위의 상당성 여부는 행위 당시의 파산자의 재산 및 영업상태, 행위의 목적·의도와 동기 등 파산자의 주관적 상태를 고려함은 물론, 변제행위에 있어서는 변제자금의 원천, 파산자와 채권자와의 관계, 채권자가 파산자와 통모하거나 동인에게 변제를 강요하는 등의 영향력을 행사하였는지 여부 등을 기준으로 하여 신의칙과 공평의 이념에 비추어 구체적으로 판단하여야 할 것이고, 그와 같은 부당성의 요건을 흠결하였다는 사정에 대한 주장·입증책임은 상대방인 수익자에게 있다.

193) 사해행위취소에 관한 대법원 2002. 3. 29. 선고 2000다25842 판결 참조.

194) 회사정리절차에 있어 고의부인을 인정한 다음 판례의 사례가 파산의 경우에도 원용될 수 있을 것이다. 담보권을 설정하여 주고 10일이 지나 부도가 났고 상대방이 정리절차개시신청을 준비하고 있는 경우(서울지방법원 2001. 1. 9. 선고 2000가합15314 판결), 기업개선명령 대상기업으로 지정된 기업의 사채발행에 대하여 상대방과의 사이에 사채보증보험계약상의 구상금채무에 대한 연대보증을 한 경우(대법원 2001. 2. 9. 선고 2000다63523 판결).

이혼에 따른 재산분할의 경우 부인대상이 될 것이나, 공동재산의 청산에 해당하는 경우는 본래 파산재단에 속하지 않는 경우이고, 부양을 목적으로 하는 경우는 상당성이 있는 행위이므로 민법 제839조의2가 정한 법률상의무의 이행으로 보아 부인대상이 되지 않을 것이다.

– 채무자에게 사해의사가 있어야 한다.

가해의 인식으로 충분하다는 인식설과 가해의 의욕이 필요하다는 의사설이 대립하나, 법문상으로는 인식으로 충분하다.[195)]

– 수익자가 행위 당시 파산채권자를 해하는 사실을 알고 있어야 한다.

악의는 가해의 인식으로 충분하고, 선의입증책임은 수익자에게 있다. 수익자로서는 채무자의 재산상태까지 주의를 기울일 필요는 없으므로 부지에 대한 과실은 문제되지 않는다.

＊ 위기부인(제2호)의 경우

– 채무자가 지급정지 또는 파산신청이 있은 후의 위기의 시기에 행한 담보제공 또는 채무소멸에 관한 행위는 그 자체로 채권자를 해하는 행위로 보아 사해의사를 요건으로 않고 부인대상이 된다. 다만 후에 파산선고가 행하여져야지 부인이 가능하고, 일단 지급정지가 해소되거나 파산신청이 취하되면 나중에 재차 지급정지나 파산신청이 있어도 이를 이유로 부인할 수는 없다.

파산선고가 있은 날로부터 1년 이상 전에 행한 것은 지급정지사실을 안 것을 이유로 부인할 수는 없는데(제404조), 이는 1년 이상 경과하면 지급정지와 파산의 인과관계가 있다고 보기 어렵고, 수익자의 지위를 장기간 불안정한 상태에 방치하는 것은 부당하다는 취지에서 둔 규정으로 거래의 안전을 고려한 것이나, 파산선고 시까지의 심리기간에 따라 부인할 수 있는 범위가 달라지므로 회생절차에서의 마찬가지취지의 규정인 제111조처럼 파산신청이 있은 날로부터 바꿀 필요가 있다. 한편 지급정지 후 회생절차 등 선행도산절차를 거쳐 파산선고가 된 경우는 그 절차로 인해 소요된 기간은 위기부인의 행사기간에 산입되지 아니한다.[196)]

– 파산채권자를 해하는 행위

제1호의 채무자를 해하는 행위와 다를 바 없으나, 담보의 제공과 채무의 소멸이

---

195) 위 대법원 2005. 11. 10. 선고 2003다271 판결.
196) 대법원 2004. 3. 26. 선고 2003다65049 판결.

라는 편파행위는 따로 규정하고 있으므로 이를 제외한 재산감소행위가 될 것이
고, 제1호와는 달리 지급정지 또는 파산신청이 있은 후의 행위인 점에서 제2호는
시기의 제한이 있다.[197]

– 담보의 제공, 채무소멸에 관한 행위

담보는 저당권 등 전형담보 외에 양도담보 등 비전형담보도 포함한다. 채무소멸
에 관한 행위는 변제, 대물변제, 경개 등 채무자의 의사에 의한 것 외에 강제집
행과 같이 채무자의 의사에 의하지 않은 경우도 포함한다.

– 지급정지 또는 파산신청사실을 알고 있을 것

제1호와의 규정방식의 차이는 악의의 입증책임이 파산관재인에게 있음을 말해주
는 것이다.[198][199]

＊ 위기부인(제3호)의 경우

– 채무자의 의무에 속하지 않는 편파행위의 경우 시기요건을 완화하여 부인 대상을
넓히는 한편, 수익자가 선의를 입증하도록 하여 부인을 쉽게 할 수 있도록 했는
데, 의무 있는 경우에 비하여 수익자 보호필요성이 덜하기 때문이다.

– 행위자체가 의무에 속하지 않는 경우로는 채무자가 기존 채무에 대하여 담보를
제공하기로 하는 약속이 없음에도 불구하고 담보를 제공하는 경우가 있고,

방법이 의무에 속하지 않는 경우로는 본래 약정이 없음에도 불구하고 대물변제를
하는 경우가 있고,

시기가 의무에 속하지 않는 경우로는 변제기전에 채무를 변제하는 경우가 있다.

---

197) 위 대법원 판결: 파산채권자를 해하는 행위에는 파산자의 일반재산을 절대적으로 감소시키는
사해행위 외에 채권자 간의 평등을 저해하는 편파행위도 포함된다 할 것이고, 변제기가 도래한
채권을 변제하는 것도 형식적인 위기 시에 행해진 경우에는 위기부인의 대상이 될 수 있다.

198) 채무자가 은행이나 어음교환소로부터 당좌거래정지처분을 받으면 특별한 사정이 없는 한 지급
정지상태에 있다 할 것이므로 이 같은 당좌거래정지처분 사실을 알고 있었던 자는 특별한 사
정이 없는 한 채무자가 지급정지상태에 있었음을 알고 있었던 것으로 봄이 상당하다(대법원
2002. 11. 8. 선고 2002다28746 판결).

199) 제2호의 부인을 인정한 사례: 여신전문 금융기관인 상대방이 채무자가 어음을 발행한 후 은행
이나 어음교환소로부터 당좌거래정지처분을 받은 사실을 알면서 변제받은 경우(대법원 2002.
11. 8. 선고 2002다28746), 어음부도 후 근저당권을 설정해준 경우(서울지방법원 2000. 3. 7. 선
고 99가합44248 판결), 부도 후 물품대금의 대물변제 내지 담보목적으로 임대차계약을 체결한
경우(인천지방법원 2000. 11. 29. 선고 2000가합3825 판결), 부도 후 어음채무에 갈음하여 임
차권 대물변제계약을 체결한 경우(서울고등법원 2001. 6. 5. 선고 2000나41426 판결).
부정한 사례: 1차 부도를 낸 당일 14:00경 변제합의를 하여 변제를 하고, 21:00경 회사정리절차
개시신청을 하고, 다음날 최종부도를 낸 경우(서울고등법원 2000. 5. 3. 선고 99나58367 판결).

은행여신거래약정서상에 담보추가약정이 있는 경우에 이는 일반적·추상적인 담보제공의무를 약정한 것에 불과하고 구체적인 담보제공의무를 부과하는 것이 아니어서 채무자의 의무에 속하는 행위가 아니라는 것이 판례이다.[200][201]

수익자는 그 행위 당시 채무자가 다른 회생채권자 또는 회생담보권자와의 평등을 해하게 되는 것을 알지 못한 경우나 지급정지 등이 있은 것을 알지 못한 경우임을 입증하여 보호받을 수 있다.

＊ 무상부인(제4호)의 경우

– 무상부인의 경우에 주관적 사정을 고려하지 않고 객관적 사정만으로 부인할 수 있도록 한 것은 무상행위 자체가 이례적인 것이고 무상성이라는 것만으로 채무자의 자산감소와 채권자의 이익을 해할 위험이 위기의 시기에는 매우 높으므로, 위기의 시기에 행한 무상행위는 그 자체로 사해적, 편파적인 것으로 볼 수 있기 때문이다.

– 무상행위는 증여나 유증 이외에 채무의 면제, 권리의 포기 등 대가를 받지 않고 재산을 감소시키거나 채무를 부담하는 일체의 행위를 말하고, 이와 동시하여야 할 행위란 상대방이 반대급부로서 출연한 대가가 지나치게 근소하여 사실상 무상행위나 다름없는 경우를 말하는데,[202] 그 무상성은 채무자에 대한 관계에서 판단하면 족하고 수익자인 채권자의 입장에서 무상인지 여부를 고려할 것은 아니다.[203]

---

200) 대법원 2000. 12. 8. 2000다26067 판결.

201) 제3호의 부인을 인정한 사례: 사채의 만기가 도래한 후 근저당권이 설정되고 그 후 6일 후 부도난 경우(대법원 2001. 5. 15. 선고 98가합4953 판결), 금융기관들로부터 대출금회수를 통보받은 상태에서 담보권행사와 보존이 어려워 담보설정을 기피하는 선박에 대하여 담보설정을 한 후 5일 만에 부도난 경우(서울지방법원 1998. 7. 2. 선고 98가합4953 판결), 변제기 연장을 위하여 담보설정을 하고 27일 만에 부도난 경우(서울고등법원 2000. 6. 23. 선고 99나54624 판결), 외상대금채무의 변제기가 도래했으나 어음개서의 방법으로 만기를 연장한 경우 개서한 어음의 만기 전인 부도당일에 채무를 변제한 경우(2000. 5. 3. 선고 99나58367 판결).

202) 대법원 2003. 9. 26. 선고 2003다29218 판결.

203) 무상부인을 긍정한 사례로 계열회사에 대한 지급보증(대법원 1999. 3. 26. 선고 97다20755, 2001. 5. 8. 선고 99다32875, 2003. 9. 26. 선고 2003다29128 판결), 대가 없는 약속어음 배서행위(서울고등법원 2000. 7. 21. 선고 2000나13339 판결), 부도 후 부동산을 증여한 경우(서울지방법원 2001. 11. 15. 선고 2001가합968 판결), 부정한 사례로 채무자가 최초어음할인당시 연대보증을 하고 이후 대환에 의하여 주 채무가 계속 연장됨에 따라 최초의 대출거래시기가 회사의 지급정지일로부터 6월 전에 해당하고, 최종 연장행위는 6개월 내에 해당하는 경우(대법원 2001. 11. 13. 선고 2001다55222·55239)가 있다.

✱ 부인대상이 되는 채무자의 행위는 동산·부동산의 매각, 증여, 채권양도, 채무면제 같은 협의의 법률행위 외에, 변제, 채무승인, 법정추인, 채권양도의 통지·승낙, 등기·등록, 동산의 인도 등과 같은 법률효과를 발생시키는 일체의 행위를 포함한다. 사법상 행위에 한하지 않고 소송법상 행위인 재판상 자백, 청구의 포기·인낙, 재판상 화해, 소·상소의 취하, 상소권의 포기, 공정증서의 작성도 포함되고, 공법상 행위도 되며, 부작위도 대상이 되어 시효중단의 해태, 지급명령신청에 대한 이의신청의 부제기, 지급거절증서의 미작성, 공격방어방법의 부제출, 변론기일의 불출석도 부인의 대상이 될 수 있다.

부인의 대상이 되는 행위는 법률적으로 유효한 것일 필요는 없고, 허위표시·착오·사회질서 위반의 법률행위 등과 같이 무효·취소의 사유가 있더라도 무방하다. 이 경우 무효·취소와 부인을 동시에 또는 부인만을 주장할 수도 있다. 채무자의 급부가 불법원인 급여로 반환청구가 불가능하더라도 관리인은 이를 부인하고 반환청구 할 수 있다.

✱ 부인대상으로 채무자의 행위가 꼭 있어야 하는가와 관련하여 채권자의 상계, 강제집행, 대물변제예약완결행위 등은 채무자의 행위는 없지만 채무자의 일반재산을 감소시키므로 문제가 있는데, 일본에서는 채무자의 행위가 필요하다는 설과 필요 없다는 설이 소수설이고, 고의부인에는 필요하고 위기부인에는 필요 없다는 설이 다수설이다.[204] 강제집행에 대해서는 제81, 395조가 인정하고 있으나, 그 외의 경우 대법원은 채무자의 행위가 없더라도 채무자와의 통모 등 특별한 사정이 있어서 채권자 또는 제3자의 행위를 채무자의 행위와 동일시할 수 있는 경우에는 예외적으로 그 채권자 또는 제3자의 행위도 부인의 대상으로 할 수 있다고 판시했다.[205] 채무자가 채권자를 설득하여 상계권을 행사하도록 한 경우가 그 예로 될 수 있을 것이다. 상계의 경우 상계자체를 부인의 대상으로 삼지 않고 상계적상을 야기한 채무자의 행위를 부인의 대상으로 보아 그 행위가 부인되면 그 결과로 상계가 효력을 잃는다는 판례도 있다.[206]

---

204) 임채홍·백창훈, 회사정리법(상), 455~456면.
205) 대법원 2004. 2. 12. 선고 2003다53497.
206) 대법원 1993. 9. 14. 선고 92다12728 판결: 다만 이 판결은 구파산법에 현행법의 제422조제2호에 해당하는 상계금지조항이 신설되기 전의 판결이므로, 현행법하에서는 상계는 부인권의 대상이 되지 않고, 상계금지대상 채권인지 여부만을 판단하면 될 것이다.

제392조 (특수관계인을 상대방으로 한 행위에 대한 특칙)

① 제391조제2호 단서의 규정을 적용하는 경우 이익을 받는 자가 채무자와 대통령령이 정하는 범위의 특수관계에 있는 자(이하 이 조에서 "특수관계인"이라 한다)인 때에는 그 특수관계인이 행위 당시 지급정지 또는 파산신청이 있은 것을 알고 있었던 것으로 추정한다.

② 제391조제3호의 규정을 적용하는 경우 특수관계인을 상대방으로 하는 행위에 대하여는 같은 호 본문에 규정된 "60일"을 "1년"으로 하고, 같은 호 단서를 적용하는 경우에는 그 특수관계인이 그 행위 당시 지급정지 또는 파산신청이 있은 것과 파산채권자를 해하는 사실을 알고 있었던 것으로 추정한다.

③ 제391조제4호의 규정을 적용하는 경우 특수관계인을 상대방으로 하는 행위인 때에는 같은 호에 규정된 "6월"을 "1년"으로 한다.

✻ 특수관계인은 채무자의 경제상태를 잘 알고 있을 것일 뿐만 아니라, 공모나 편파행위위험성이 크고, 파탄에 책임이 있는 경우가 많으므로 보호의 필요성도 적어, 부인을 쉽고 광범위하게 할 수 있도록 선의의 입증책임을 특수관계인에게 부담시키고 대상행위의 기간을 늘린 것이다.

제393조 (어음지급의 예외)

① 제391조의 규정은 채무자로부터 어음의 지급을 받은 자가 그 지급을 받지 아니하면 채무자의 1인 또는 여럿에 대한 어음상의 권리를 상실하게 되었을 경우에는 적용하지 아니한다.

② 제1항의 경우 최종의 상환의무자 또는 어음의 발행을 위탁한 자가 그 발행 당시에 지급정지 또는 파산신청이 있었음을 알았거나 또는 과실로 인하여 이를 알지 못한 때에는 파산관재인은 그로 하여금 채무자가 지급한 금액을 상환하게 할 수 있다.

✻ 어음발행인이 어음소지인에게 지급 후 파산선고를 받았을 경우 지급이 부인되면 소지인은 수령금원을 반환해야 하는데, 일단 지급받았으므로 소구의 요건인 지급거절증서를 작성할 수 없어 소구권도 행사할 수 없게 되고, 부인을 우려하여 만기에 지급제시를 않아도 역시 거절증서를 작성할 수 없어 소구권을 잃게 되니, 어느 쪽을 선택해도 소구권을 잃게 되므로 이런 경우는 부인을 허용하지 않는 것이다.

✳ 어음상의 권리는 소구권을 말하므로 약속어음의 수취인이 소지인인 경우같이 소구권이 문제되지 않거나, 거절증서작성이 면제된 경우에는 적용이 없다.

✳ 제2항은 제1항의 취지가 악용되는 경우 즉 지급정지 등의 사실을 알고 있는 채권자가 채무자에게 자기를 수취인으로 하는 약속어음을 발행시킨 다음 제3자에게 배서 양도하여 대가를 취하고, 제3자로 하여금 어음지급을 받게 하여 부인을 면하게 하는 식으로 악용하는 것을 막기 위해 둔 규정이다.

제394조 (권리변동의 성립요건 또는 대항요건의 부인)

① 지급정지 또는 파산신청이 있은 후에 권리의 설정·이전 또는 변경의 효력을 생기게 하는 등기 또는 등록이 행하여진 경우 그 등기 또는 등록이 그 원인인 채무부담행위가 있은 날부터 15일을 경과한 후에 지급정지 또는 파산신청이 있음을 알고 행한 것인 때에는 이를 부인할 수 있다. 다만, 가등기 또는 가등록을 한 후 이에 의하여 본등기 또는 본 등록을 한 때에는 그러하지 아니하다.

② 지급정지 또는 파산신청이 있은 후에 권리의 설정·이전 또는 변경을 제3자에게 대항하기 위하여 필요한 행위를 한 경우 그 행위가 권리의 설정·이전 또는 변경이 있은 날부터 15일을 경과한 후에 지급정지 또는 파산신청이 있음을 알고 행한 것인 때에도 제1항과 같다.

✳ 매매 등 권리변동의 원인행위인 재산처분행위자체를 부인할 수 있는 경우에는 이를 부인하면 되나, 그 부인이 쉽지 않을 경우를 대비하여 원인행위가 있음에도 불구하고 상당기간 동안 대항요건 등을 구비하지 않고 있다가 지급정지가 있은 후에 그 요건행위를 하는 것은 이례적인 것이고 일반채권자들에게 예상치 않은 손해를 주는 것이므로, 그 외형만으로 채권자를 해하는 것으로 보아 쉽게 부인할 수 있도록 한 것이다.

✳ 제2항의 제3자에게 대항하기 위한 행위는 채권양도의 승낙 같은 것이다.

제395조 (집행행위의 부인)

부인권은 부인하고자 하는 행위에 관하여 집행력 있는 집행권원이 있는 때 또는 그 행위가 집행행위에 의한 것인 때에도 행사할 수 있다.

＊ 규정취지

집행행위에 의한 채무소멸행위는 사법상 효과로는 채무자의 임의변제와 아무 차이가 없으므로 법 제391조에 의해서도 부인할 수 있으나, 채무자의 행위는 존재하지 않고 집행기관의 행위만 존재하므로 부인가능 여부에 관하여 의문이 있을 수 있어 주의적으로 둔 규정이다.

＊ 부인대상

－부인하고자 하는 행위에 관하여 집행력 있는 권원이 있을 때(전단)

부인대상이 되는 행위가 집행권원이 있는 채권자를 수익자로 하여 행해진 경우로서 집행력 있는 권원을 발생시킨 채무자의 원인행위를 부인하는 경우(예: 부당고가매입 후 대금지급 확정판결 있거나, 부당 염가매각 후 재산인도 확정판결 있는 경우), 집행권원을 성립시킨 소송행위를 부인하는 경우(예: 채무자가 행한 청구 인낙, 포기, 화해, 재판상 자백 등을 부인하는 경우), 집행권원의 내용인 의무이행행위를 부인하는 경우(예: 이행의무가 강재집행에 의하여 만족된 경우나 금전의 지급을 명하는 판결 후에 임의변제로 채무자가 만족을 얻은 경우)가 있다.

－부인하고자 하는 행위가 집행행위에 의한 것일 때(후단)

집행행위를 통한 채권자의 만족은 전단에 의해 부인될 수 있으나, 채권의 만족은 아니나 집행행위를 통하여 실현된 법률효과를 부인할 필요가 있는 경우가 있다. 전부명령이 있는 경우 제3채무자가 피전부채권을 전부채권자에게 아직 변제하지 않았다면 본조 후단에 의하여 부인하고 파산관재인은 제3채무자에게 지급을 구할 수 있다.

제396조 (부인권의 행사방법)

① 부인권은 소, 부인의 청구 또는 항변의 방법으로 파산관재인이 행사한다.

② 법원은 파산채권자의 신청에 의하거나 직권으로 파산관재인에게 부인권의 행사를 명할 수 있다.

③ 제1항의 소와 부인의 청구사건은 파산법원의 관할에 전속한다.

④ 제106조 및 제107조의 규정은 제1항의 규정에 의한 부인의 청구에 관하여 준용한다.

＊ 부인권행사의 당사자

부인권 행사의 주체에 관하여 파산재단이나 파산관재인의 법적지위와 관련된 논의
가 그대로 적용될 것인데, 법은 실제 행사자는 파산관재인임을 밝히고 있다(제2항).
행사의 상대방은 채무자가 한 행위의 상대방 또는 전득자이다.

＊ 부인권행사의 방법

－부인소송

성질: 형성권이기는 하나 부인권 행사로 형성된 법률관계의 확인 또는 이행소송
이 될 것이다.

관할: 파산법원의 전속관할이다(제3항). 부인소송에 있어 부인대상계약상 관할법
원에 관한 합의가 있더라도 파산관재인은 이에 구속되지 않는다.

당사자: 원고는 파산관재인에 한하고, 피고는 수익자 또는 전득자 일방 또는 공
동으로 가능하다. 소송 중에 목적물이 새롭게 전득된 때에는 새로운 전득자에게
소송승계가 인정된다. 부인권의 행사는 파산관재인의 전권이며, 파산채권자는 법
원에 부인권행사를 명해줄 것을 신청할 수만 있고, 직접 또는 파산관재인을 대위
하여 행사할 수는 없다. 법원은 신청이 없어도 직권으로 부인권행사를 명할 수
있다. 파산채권자는 파산관재인을 위하여 보조 참가할 수는 있고, 채무자는 파산
관재인 또는 상대방을 위하여 보조 참가할 수 있다.

소송상 화해, 청구의 포기, 부인권의 포기 등: 파산관재인은 법원의 허가를 얻어
위 행위를 할 수 있고, 소취하는 임의로 할 수 있는데, 권리의 포기를 수반하는
경우는 법원의 허가를 얻어야 한다.

채권자취소권은 파산선고가 있으면 부인권에 흡수되므로 파산절차 중에는 채권자
는 물론이고 파산관재인도 채권자 취소소송을 제기할 수 없고, 파산선고 전에 계
속 중이던 것은 중단되고, 파산관재인은 이를 수계하거나 별도로 부인소송을 제
기할 수 있다(제406조).

－부인의 청구

부인소송이 장시간을 요할 것이므로 결정절차에 의해 조기에 해결할 수 있게 하
면서 회생절차의 부인청구 규정을 원용하고 있다. 법원은 부인청구자의 원인 사
실 소명과 상대방에 대한 신문을 거치나 구두변론은 거치지 않고 결정으로 재판
하고 불복하는 사람은 1개월 내에 이의의 소를 제기할 수 있다(제106, 107조, 제

396조제4항).

- 항변

파산관재인이 피고로 되어 있는 소송에서는 항변, 원고인 소송에서는 피고의 항변에 대한 재항변으로 부인권을 행사할 수 있다.

- 재판 밖에서의 부인권행사

이에 대해 상대방이 승인한 경우 부인권행사가 아니고 화해계약에 준하는 것으로 보는 입장은 재산의 반환 등도 당연히 이루어지는 것이 아니고, 계약에서 정한 대로 이루어진다고 하나, 부인권행사에 준하는 것으로 보는 입장은 재판상 행사와 같다고 본다.

＊ 부인권의 소멸

- 기간경과: 부인권은 파산선고가 있은 날로부터 2년 내에 행사하여야 한다. 대상이 되는 행위가 있은 날로부터 10년이 경과하면 행사할 수 없다(제405조).
- 파산절차의 종결·해지: 부인권은 파산절차 중에만 인정되므로, 파산절차의 종결 기타 파산이 폐지된 경우는 부인권은 소멸하여 행사할 수 없고, 파산절차 중에 행사되었어도 누구도 이를 승계할 수 없다.[207] 미이행 부분은 이행청구 할 수 없으며, 대상재산이 환가되지 않고 남아 있으면 상대방에게 반환되어야 한다.
- 포기·화해: 파산관재인이 상대방에게 부인권을 포기·화해했을 때도 소멸한다. 채권조사기간 안에 또는 특별조사기일에 파산관재인이 아무런 이의도 제기하지 아니하고 다른 채권자들 역시 이의를 제기하지 아니하여 회생채권 등이 그대로 확정된 경우에는 부인권을 행사할 수 없다.[208]

제397조 (부인권행사의 효과)

① 부인권의 행사는 파산재단을 원상으로 회복시킨다.

② 제391조제4호의 규정에 의한 행위가 부인된 경우 상대방이 그 행위 당시 선의인 때에는 이익이 현존하는 한도 안에서 상환하면 된다.

---

207) 대법원 1995. 10. 13. 선고 95다30253 판결.
208) 대법원 2003. 5. 30. 선고 2003다18685 판결.

＊ 원상회복 방법

－금전급부의 경우: 변제행위 등 급전급부가 부인되는 경우에는 동액의 금원 및 수령일부터의 지연이자를 가산한 금액을 반환하여야 한다.

－물건 또는 권리의 이전, 설정, 등을 부인하는 경우: 그 재산이 상대의 지배하에 있는 한 당연히 파산재단으로 복귀하고, 등기, 등록이 필요한 경우에는 부인의 등기가 행해진다.

－채무면제, 권리포기를 부인하는 경우: 파산재단과의 관계에서 그런 면제와 포기가 행해지지 않은 것이 되어, 면제로 소멸한 채권은 회복되고, 포기된 권리는 파산재단에 귀속하는 것으로 회복된다.

－가액반환: 일탈한 재산이 멸실하였거나 타에 양도되어 원상회복을 할 수 없는 경우에는 가액반환을 요구할 수 있다. 명문은 없지만 제399조가 '상대방이 그가 받은 급부를 반환하거나 그 가액을 상환할 때에는'이라고 규정하여 가액반환을 예정한 것으로 볼 수 있다. 가액산정의 기준 시와 관련해서는 부인대상인 행위시설과, 상대가 목적물을 처분한 때라는 설, 파산선고시설, 부인권행사시설, 변론종결시설, 행위 시의 시가와 처분 시의 시가를 비교하여 높은 때라는 설 등이 있는데, 일본판례는 행사시설을 채택하고 있는데, 부인권을 행사한 때 원상회복과 환가가 가능하므로 행사시설로 봄이 옳을 것이다.

－무상부인의 경우는 상대가 선의인 경우에도 부인의 대상이 되는데, 그 경우에도 완전한 원상회복 내지 가액을 반환해야 한다면 가혹하므로 이익이 현존하는 한도 내로 범위를 제한한다(제397조제2항, 제403조제2항). 이때 상대는 선의이면 충분하고 과실 여부는 불문한다.

＊ 부인의 등기(등록)

－등기원인인 행위 또는 등기가 부인되는 경우에는 파산관재인은 부인의 등기를 한다(제26, 27조).

－성질: 부인의 등기의 성질에 관하여는 법원의 촉탁에 의하지 않고 부인권행사 시 파산관재인의 단독신청에 의해 이루어지는 예고등기라는 설, 부인에 의한 원상회복에 수반하여 행해지는 통상의 말소나 이전등기라는 설, 부인에 의한 상대적 무효를 공시하기 위한 특수한 등기라는 설 등이 있다.

－절차: 부인을 명하는 확정판결을 갖고 단독신청하면 되고, 등록세는 면제된다.

등기를 위해서는 부인소송과 관련된 청구를 인용하는 확정판결 또는 부인의 청구를 인용하는 결정을 인가하는 확정판결 또는 부인의 청구를 인용하는 확정결정이 필요하다.

- 효과: 특수등기설에 따르면 도산절차 내에서 파산관재인과 상대방 사이에서 채무자의 재산으로 상대적인 복귀를 공시하는 것으로, 개시결정의 취소 또는 회생절차의 폐지 등에 의하여 회생절차가 종료하지 않는 한 채무자의 재산에 속하는 것으로 취급하게 된다.[209]

제398조 (상대방의 지위)

① 채무자의 행위가 부인된 경우 그가 받은 반대급부가 파산재단 중에 현존하는 때에는 상대방은 그 반환을 청구할 수 있으며, 반대급부로 인하여 생긴 이익이 현존하는 때에는 그 이익의 한도 안에서 재단채권자로서 그 권리를 행사할 수 있다.

② 채무자의 행위가 부인된 경우 반대급부로 인하여 생긴 이익이 현존하지 아니하는 때에는 상대방은 그 가액의 상환에 관하여 파산채권자로서 권리를 행사할 수 있다. 반대급부의 가액이 현존하는 이익보다 큰 경우 그 차액에 관하여도 또한 같다.

✽ 상대방의 권리: 부인은 파산재단을 원상회복시키는 것이 목적이지 파산재단이 부당이득 하는 것까지 인정하는 것은 아니므로 법은 채무자의 행위가 부인되는 경우 상대방에게 일정한 권리를 인정하고 있다.

✽ 반대급부가 파산재단에 현존하는 경우는 반대급부의 소유권은 부인에 의하여 당연히 상대에게 복귀하고, 상대는 반대급부에 대하여 환취권을 가지므로 파산관재인은 반대급부를 상환해야 한다(제1항 전단). 상대방의 원상회복의무와 파산관재인의 반대급부상환의무는 동시이행관계에 있다.

✽ 반대급부는 현존하지 않지만 이로 인한 이익이 현존하는 경우는 그 이익의 한도 내에서 상대방은 재단채권자로서 권리를 행사할 수 있는데(제1항 후단), 이는 반대급부가 특정물일 경우에 한하고, 금전일 경우에는 그 성질상 특정성이 인정되지 않아 반대급부 자체는 물론이고 그 것에 의한 이익이 현존한다고 볼 수도 없어 파산채권자

---

209) 서울중앙지방법원 회생절차실무, 293면 및 법인파산실무 234면 참조.

가 될 뿐이다.

＊ 반대급부도, 반대급부에 의한 이익도 현존하지 않는 경우는 가액상환에 관하여 파산채권자가 되고(제2항 전단), 이때는 동시이행항변권이 없다.

＊ 반대급부로 인한 이익의 일부만이 현존하는 때에는 상대방은 현존이익에 대하여는 재단채권자로서, 반대급부의 가액과 현존이익의 차액에 대하여는 파산채권자로서 권리를 행사할 수 있다.

제399조 (상대방의 채권의 회복)
채무자의 행위가 부인된 경우 상대방이 그가 받은 급부를 반환하거나 그 가액을 상환한 때에는 상대방의 채권은 원상으로 회복된다.

＊ 제399조는 제398조의 경우 중 상대방이 단순파산채권자의 지위에 있게 되는 경우에 상대방이 변제 등으로 받은 급부를 반환하기 전에 자기채권이 회복된다면, 회복된 채권을 근거로 급부의 반환의무와 동시이행항변권을 행사하거나, 상계를 주장할 수 있는 여지가 있고, 이는 다른 파산채권자와의 관계에서 불공평을 초래하므로 두게 된 규정인 것이다.

＊ 인적, 물적 담보의 회복
상대방의 채권이 회복되는 경우에는 그에 대한 보증, 연대채무나, 물적 담보도 회복되는지가 부인의 효과가 제3자에게 미치는지와 관련 문제될 수 있으나, 이와 상관없이 주 채무가 변제되지 않고 있는 상태가 회복된 이상 담보도 회복되는 것이 정의 관념에 부합할 것이다.

제400조 (상속재산의 파산의 경우의 부인권)
제391조·제392조·제393조·제398조 및 제399조의 규정은 상속재산에 대하여 파산선고가 있은 경우 피상속인·상속인·상속재산관리인 및 유언집행자가 상속재산에 관하여 한 행위에 관하여 준용한다.

제401조 (유증을 받은 자에 대한 변제 등의 부인)

상속재산에 대하여 파산선고가 있은 경우 유증을 받은 자에 대한 변제 그 밖의 채무의 소멸에 관한 행위가 그 채권에 우선하는 채권을 가진 파산채권자를 해하는 때에는 이를 부인할 수 있다.

제402조 (부인의 상대방에 대한 변제)

상속재산에 대하여 파산선고가 있은 경우 피상속인·상속인·상속재산관리인 및 유언집행자가 상속재산에 관하여 한 행위가 부인된 때에는 상속채권자에게 변제한 후 부인된 행위의 상대방에게 그 권리의 가액에 따라 잔여재산을 분배하여야 한다.

✻ 상속재산에 대한 파산선고 시 파산채권자는 상속채권자와 수유증자인데, 상속채권자는 피상속인의 재산을 신뢰하여 대가를 제공한 채권자이고, 수유증자는 피상속인의 행위로 일방적으로 권리를 취득한 사람이므로 양자를 동등하게 취급하는 것은 공평하지 않고, 또 일단 재산을 취득했다가 부인에 의하여 그 재산을 반환한 사람을 수유증자와 동등하게 취급하는 것도 공평치 않으므로 법은 상속채권자에 대한 변제에 충당하고 그 다음에 부인의 상대방에게 분배할 것을 규정해 수유증자보다 우선하고 있다.

제403조 (전득자에 대한 부인권)

① 다음 각 호의 어느 하나에 해당하는 때에는 전득자(轉得者)에 대하여도 부인권을 행사할 수 있다.
   1. 전득자가 전득 당시 각각 그 전자(前者)에 대한 부인의 원인이 있음을 안 때
   2. 전득자가 제392조의 규정에 의한 특수관계인인 때. 다만, 전득 당시 각각 그 전자(前者)에 대한 부인의 원인이 있음을 알지 못한 때에는 그러하지 아니하다.
   3. 전득자가 무상행위 또는 이와 동일시할 수 있는 유상행위로 인하여 전득한 경우 각각 그 전자(前者)에 대하여 부인의 원인이 있는 때
② 제397조제2항의 규정은 제1항제3호의 규정에 의하여 부인권이 행사된 경우에 관하여 준용한다.

✻ 규정취지

부인의 목적인 재산이 수익자로부터 다른 사람에게 양도된 경우 부인의 효과는 상
대적이어서 전득자에게는 미치지 않으므로 수익자로부터 가액을 상환받는 것만으로
만족할 수 없는 경우에는 목적재산을 회복하가 위해서는 전득자에 대한 부인을 인정
할 필요가 있는데, 거래안전상 일정한 경우에만 인정한다.

✽ 부인원인입증
제1호의 경우 전득자의 악의 입증은 파산관재인이, 제2호의 경우는 전득자가 자신의
선의를 입증해야 한다. 무상부인의 경우는 그 전자에게 부인의 원인이 있으면 족하다.

✽ 부인대상
전득자에 대한 부인에서 부인되는 것은 채무자와 수익자의 행위이지 전득행위 자체
는 아니며, 전득자에게는 부인의 효과를 주장할 수 있을 뿐이다.

✽ 부인효과
전득자가 취득한 재산이 파산재단에 원상 복구되거나 전득자가 그 가액을 상환한
때에는 전득자에게도 제398조에 의한 반대급부의 반환청구나, 제399조에 의한 변제에
의해 소멸된 채권의 회복이 있게 된다.

제404조 (지급정지를 안 것을 이유로 하는 부인의 제한)

파산선고가 있은 날부터 1년 전에 한 행위는 지급정지의 사실을 안 것을 이유로 하여
부인할 수 없다.

제405조 (부인권행사의 기간)

부인권은 파산선고가 있은 날부터 2년이 경과한 때에는 행사할 수 없다. 제391조 각
호의 행위를 한 날부터 10년이 경과한 때에도 또한 같다.

✽ 부인권의 소멸
－기간경과 등: 위 두 조항은 부인권행사에 시간적 제약을 두어 법률관계를 조속
히 안정시켜 거래의 안전을 도모하고 있다. 제405조의 기간은 제척기간이다. 회
생절차 등으로 인하여 법률상 파산선고를 할 수 없는 기간은 위 기간에서 제외

한다.[210)]

- 파산절차의 종료: 부인권은 파산절차의 목적달성을 위해 파산절차 중에만 인정되
  는 권리이므로 파산절차가 취소, 폐지, 배당 등의 사유로 종료하면 당연히 소멸한
  다.[211)] 파산절차진행 중에 행사했어도 어느 누구도 이를 승계할 수 없고, 미이행
  부분은 이행청구 할 수 없으며, 대상재산이 환가되지 않고 남아 있으면 상대방에
  게 반환되어야 한다.[212)]
- 포기·화해: 파산관재인이 상대방에게 부인권을 포기·화해했을 때도 소멸한다. 채
  권조사기간 안에 또는 특별조사기일에 파산관재인이 아무런 이의도 제기하지 아
  니하고 다른 채권자들 역시 이의를 제기하지 아니하여 파산채권 등이 그대로 확
  정된 경우에는 부인권을 행사할 수 없다.[213)]

제406조 (채권자취소소송의 중단)

① 「민법」 제406조(채권자취소권)의 규정에 의하여 파산채권자가 제기한 소송이 파산선고
  당시 법원에 계속되어 있는 때에는 그 소송절차는 수계 또는 파산절차의 종료에 이르
  기까지 중단된다.
② 제347조의 규정은 제1항의 경우에 관하여 준용한다.

  ＊ 채권자취소소송은 채무자의 책임재산의 보전, 회복의 목적에서 행해지는 것인데,
파산절차가 개시된 이상 책임재산의 보전, 회복을 위한 조치는 총채권자의 이익을 대표
하는 파산관재인이 행하는 것이 바람직하므로, 채무자가 소송의 당사자는 아니지만 일
단 소송을 중단시키고, 파산관재인이 수계할 수 있도록 한 것이다. 다만 파산관재인이
파산채권자의 한 사람인 취소채권자의 소송수행결과에 구속되어서는 안 될 것이므로 파
산관재인의 수계거절권을 인정하거나 상대방의 수계신청권을 부정해야 할 것이다.

  ＊ 채권자대위소송도 규정은 없지만 취소소송과 마찬가지로 중단과 수계가 이루어
질 것이다.

---

210) 대법원 2004. 3. 26. 선고 2003다65049 판결.
211) 대법원 2004. 7. 22. 선고 2002다46058 판결 참조.
212) 대법원 1995. 10. 13. 선고 95다30253 판결.
213) 대법원 2003. 5. 30. 선고 2003다18685 판결.

* 발행주식 100분의 1 이상의 주식을 가진 주주가 이사의 책임을 추궁하는 주주대표소송(상법 제403조) 중에 회사에 대하여 파산이 선고되면 이 소송도 중단되고 파산관재인이 수계한다.

제3절 환취권

* 의의

파산재단에 속한 재산 중에 채무자에게 귀속하지 않는 제3자의 재산이 섞여 있는 경우가 있고, 이때 제3자 이를 환취해갈 수 있는데 이를 환취권이라고 한다. 이는 기존의 실체법상 질서에 기초한 것이지 도산법이 새롭게 인정한 권리는 아니고 실체법상 인정되는 권리를 도산법상으로 환취권이라고 칭하는 것일 뿐이다.

* 종류

목적물에 대하여 제3자에게 권리가 있음을 전제로 하는 일반환취권(제407조)과 거래의 안전이나 이해관계인 등의 공평을 위하여 인정되는 특별환취권(제408조 등)이 있다.

* 환취권자

어떤 권리가 있을 때 환취권이 있는가는 민법, 상법 등 실체법의 원칙에 따라 정해진다.

소유권: 파산재단에 속하는 재산에 대하여 소유권을 갖고 있는 자가 환취권을 행사할 수 있는 대표적인 경우이다. 다만, 파산재단이나 파산관재인이 해당재산에 대하여 임차권 등 점유할 권리를 갖고 있는 경우는 그 관계가 종료되어야 환취할 수 있을 것이다. 이와 관련 허위표시로 인한 무효나 사기로 인한 취소 등을 주장하면서 환취권을 주장하는 경우에 관리인이나 파산관재인이 선의일 경우에도 인정할 것인가에 관하여 대법원은 인정하지 않고 있다.[214]

무체재산권: 소유권에 준하여 환취권의 기초가 될 수 있다.

---

214) 대법원 2005. 5. 12. 선고 2004다68366 판결.

점유권자: 파산관재인이 점유권 침해 시 점유권도 환취권의 기초가 된다.

용익물권이나 점유를 수반하는 담보권(질권, 유치권): 이들 권리는 목적물의 점유를 권리의 내용으로 하고 있으므로 그 점유를 파산관재인에 의하여 침해받으면 그 권리 범위 내에서 환취권이 있다. 저당권은 점유를 수반하지 않으므로 점유회복을 위한 환취권은 주장 여지가 없으나, 파산관재인이 저당권의 존재를 부정해 등기말소청구를 해올 경우 이에 대항할 수 있는 것은 환취권이 될 것이다.

채권적 청구권: 매매계약에 기한 목적물 인도청구권과 같이 파산재단에 속하는 것을 전제로 한 채권적 청구권은 환취권의 기초가 될 수 없으나, 채무자가 전차하고 있는 물건에 대하여 전대인이 전대차의 종료를 이유로 목적물반환청구권을 행사하는 경우는 환취권의 기초가 된다.

사해행위취소권: 채무자가 부동산 증여를 받은 경우 증여자의 채권자가 증여를 취소하고 이전등기의 말소를 구하는 경우같이 채권자취소권도 환취권의 기초가 될 수 있다.

위탁자: 판매위탁 시 위탁물이 아직 매각되지 않은 경우, 매수위탁 시 매입대금은 수탁자에게 전달되었으나 매입물이 위탁자에게 건네지지 않은 경우에는 환취권행사가 가능할 것이다.

배우자의 재산분할 청구권: 현물분할 시는 분할부분은 배우자의 잠재적인 지분을 반영한 것이므로 그 지분을 돌려받는 환취가 당연하나, 금전분할 시는 금전의 지급을 구하는 채권을 취득하는 것에 지나지 않아 일반파산채권자가 될 것이다.

양도담보권: 이를 담보권으로 보는 것을 전제로 하면, 설정자가 파산한 경우는 양도담보권자는 담보권자로서 별제권을 행사하여야 하고, 양도담보권자가 파산한 경우는 설정자는 피담보채무를 변제하고 목적물을 환취해 올 수 있다.[215]

신탁관계: 수탁자 파산선고 시 신탁관계는 당연히 종료되고 신탁재산은 수탁자의 고유재산이 된 것을 제외하고는 파산재단을 구성하지 않으므로(신탁법 제11, 22조) 수탁자나 수익자는 환취권을 행사할 수 있다.

---

[215] 대법원 2004. 4. 28. 선고 2003다61542 판결: 종전 파산법 제80조에 양도담보권자의 환취불가 규정이 있어 설정자가 피담보채무를 변제해도 못 찾아온다는 것은 부당하다는 논란을 반영해 법규의 취지는 피담보채권이 있는 경우에만 환취불가라는 해석론을 내놓은 것인데, 이번에 폐지되어 논란의 소지가 없어졌다.

＊ 환취권의 행사

환취권 행사의 상대방은 파산관재인이 되고, 행사방법이나 절차에 특별한 제한이 없으나, 파산관재인이 환취권을 다투는 경우에는 이행소송 등을 하게 될 것이다.

파산관재인이 환취를 승인하는 경우에는 법원의 허가나 감사위원의 동의를 받아야 한다(제492조제13호).

제407조 (채무자에게 속하지 아니한 재산의 환취)

파산선고는 채무자에 속하지 아니하는 재산을 파산재단으로부터 환취하는 권리에 영향을 미치지 아니한다.

제408조 (운송 중인 매도물의 환취)

① 매도인이 매매의 목적인 물건을 매수인에게 발송하였으나 매수인이 그 대금의 전액을 변제하지 아니하고, 도달지에서 그 물건을 수령하지 아니한 상태에서 매수인이 파산선고를 받은 때에는 매도인은 그 물건을 환취할 수 있다. 다만, 파산관재인이 대금전액을 지급하고 그 물건의 인도를 청구한 때에는 그러하지 아니하다.

② 제1항의 규정은 제335조의 적용을 배제하지 아니한다.

＊ 매매계약은 동시이행관계에 있으므로 이행과정에서 어느 일방이 파산되었어도 특별히 문제될 것이 없으나, 원격지매매의 경우 매도인이 선이행하는 경우가 많고, 이 경우 매수인이 이행하기 전에 파산선고가 되면 매도인의 대금채권은 파산채권이 되어 완전한 만족을 얻지 못하는 결과가 되므로, 목적물이 아직 운송인 수중에 있을 때는 매도인의 환취권을 인정한 것이다. 다만 오늘날은 운송수단과 신용조사수단이나 통신의 발달로 시간상으로나 정보취득 가능성상 운송 중에 회생절차가 개시되거나, 상대에 대한 회생절차 개시가능성을 모르고 거래를 하는 경우는 거의 없기 때문에 적용되는 경우는 거의 없을 것이다.

＊ 파산선고 시점에 매수인이 운송물을 수령하고 있지 않은 한 환취권은 발생하고, 환취권 행사시점에 파산관재인이 목적물을 수령하였더라도 행사에는 지장 없다.

＊ 파산관재인의 이행청구나 계약해제의 선택권(제335조)은 당연한 것이나 주의적

으로 규정하고 있다.

제409조 (위탁매매인의 환취권)

제408조제1항의 규정은 물품매수의 위탁을 받은 위탁매매인이 그 물품을 위탁자에게 발송한 경우에 관하여 준용한다.

✻ 위탁매매인과 위탁자와의 관계는 위임관계이므로 물품의 소유권은 위탁자에게 속하여 위탁자의 파산 시 위탁매매인에게는 일반환취권은 인정되지 않으나, 격지자 거래와 유사하고 위탁매매인이 먼저 물품을 발송한 경우에 그 보호를 위해 특별환취권을 인정한 것이다.

✻ 법 제335조를 적용하지 않고 있으므로 위임관계에서 위임자의 파산이 위임종료 사유인 것(민법 제690조)처럼, 위탁매매관계는 당연 종료될 것이다.

제410조 (대체적 환취권)

① 채무자가 파산선고 전에 환취권의 목적인 재산을 양도한 때에는 환취권자는 반대급부의 이행청구권의 이전을 청구할 수 있다. 파산관재인이 환취권의 목적인 재산을 양도한 때에도 또한 같다.
② 제1항의 경우 파산관재인이 반대급부의 이행을 받은 때에는 환취권자는 파산관재인이 반대급부로 받은 재산의 반환을 청구할 수 있다.

✻ 규정취지

환취권의 목적 재산이 이미 처분된 경우에는 그 재산이 파산재단에 현존하지 않는 한 그 재산 자체의 환취는 불가능하나, 그 처분대가가 현존하는 경우에는 그 대가를 환취할 수 있도록 했는데, 그렇지 않을 경우 환취권자로서는 채무자가 처분한 경우는 파산재단에 대하여 부당이득반환청구권을 파산채권으로 행사할 수밖에 없어 비례배당을 받아야 하는 불공평한 결과가 초래되고, 파산관재인이 재산을 처분한 경우에는 환취권자의 권리는 재단채권이 되기는 하나, 파산재단이 부족한 경우는 완전한 만족을 얻을 수 없어, 현물을 환취한 것과 같은 효과를 거둘 수 있도록 하기 위한 규정이다.

＊ 행사

반대급부가 이행되지 않은 경우는 그 급부이행청구권의 이전을 청구하면 되고, 파산관재인이 반대급부를 이행받은 경우는 그 급부가 금전이면 해당 금원을, 특정물이면 그 물건의 반환을 청구하면 된다.

채무자가 반대급부를 파산선고 전에 수령한 경우는 특정물 여부와 상관없이 이미 일반재산에 혼입되어 파산재단을 구성하므로 환취권자는 부당이득반환청구권이나 손해배상청구권을 파산채권으로 행사할 수밖에 없다. 파산선고 전에 양도하고 파산선고 후에 수령한 경우는 반대급부자가 선의(파산선고사실을 모를 것)인 경우는 파산재단은 그에 대항할 수 없고(제332조제1항), 채무자가 수령한 반대급부가 파산재단에 유입되어 있는 경우에만 파산관재인이 수령한 것과 같이 처리되고, 반대급부자가 악의인 경우에는 파산재단이 이익을 받은 한도 내에서만 유효하므로(제332조제2항), 유효한 부분은 그 부분의 이전청구를, 유효하지 않은 부분은 잔존한 반대급부청구권의 이전청구를 하는 식으로 환취권을 행사할 수 있다.

＊ 대체적 환취권에 의해서도 보호되지 않는 손해는 그것이 채무자의 불법행위나 채무불이행에 의한 것이면 파산채권으로서, 파산관재인의 그것이면 재단채권으로서 손해배상청구권을 행사할 수 있다.

＊ 목적물을 양도받은 자가 선의취득을 주장할 수 없는 경우라면, 환취권자는 제3자에 대하여 소유권 등 실체법상 권리에 기한 반환청구권도 선택적으로 행사할 수 있음은 물론이다.

＊ 특별환취권대상인 물건을 파산관재인이 제3자에게 처분했을 경우에도 대체적 환취권이 성립한다고 볼 것이다.

제4절 별제권

＊ 의의

통상의 파산채권자는 파산절차에 따라서 변제를 받게 되나, 저당권 등 담보권자는 파산절차와 무관하게 특정한 재산에 대한 권리를 행사하여 우선변제 받을 수 있는데 이를 별제권이라고 한다. 이는 도산법이 창설한 권리는 아니고 실체법상의 효력에 의해 인정된 것으로 파산절차에서 그렇게 부르고 있을 뿐이다.

＊ 구별

파산절차의 영향을 받지 않는 점에서 환취권과 공통되나, 특정재산이 파산재단에 속하는 것을 전제로 그 금전적 가치를 우선 취득하는 점에서 특정재산 자체를 파산재단에서 빼내오는 환취권과 다르고, 우선변제 받는 점에서 재단채권과 같으나, 별제권은 재단채권에 우선하고, 일반재산이 아닌 특정재산으로부터 변제받는 권리라는 점에서 다르다.

제411조 (별제권자)

파산재단에 속하는 재산상에 존재하는 유치권·질권·저당권 또는 전세권을 가진 자는 그 목적인 재산에 관하여 별제권을 가진다.

＊ 별제권자는 그 피담보채권을 파산채권으로 하는 파산채권자인 경우가 일반적이나, 물상보증인이 파산한 경우에는 담보권자는 물상보증인에 대한 채권이 있는 것은 아니므로 파산채권자가 아니면서 별제권자가 된다.

＊ 저당권은 민법에 규정된 것에 한하지 않고 공장저당법 등 특별법에 의한 것도 포함된다.

＊ 전세권은 용익물권이나 담보물권으로서의 성격도 가지므로(민법 제303조제1항 후단) 별제권이 있다.

＊ 비전형 담보권

－가등기담보: 가등기담보권자의 지위에 관하여 가등기담보등에관한법률은 저당권 규정을 준용하고 있으므로 별제권자가 된다. 별제권자가 그 권리행사를 게을리 하고 있을 경우에는 제497, 498조에 의하여 처리하게 되는데, 가등기담보권자의 경우 법률에 정한 방법에 의하지 않고 별제권의 목적물을 처분하는 권리를 가진

것으로 볼 것인가 여부에 따라 어느 조항을 적용할 것인가가 달라진다. 제498조의 법률에 정한 방법이란 민사집행법에 의한 절차를 의미하는 것으로 보고, 가등기담보법이 정하는 청산 뒤 본등기를 청구하는 실행방법은 법률이 정한 방법의 의하지 않은 방법으로 보아, 일단은 제498조를 적용하여 가등기담보권자의 권리실행을 기다려 보아야 한다.

– 양도담보: 양도담보설정자가 파산한 경우에 목적물의 소유권은 형식적으로는 양도담보권자에게 있으므로 양도담보의 법적성질과 관련해서 소유권이전설과 담보권설에 따라 양도담보권자를 환취권자로 볼 것인가, 별제권자로 볼 것인가 다툼이 있으나, 소유권이전설을 취하더라도 다른 담보권자와의 균형상 별제권자로 취급하는 것이 옳을 것이다.

– 소유권유보부 매매: 유보된 소유권에 의한 환취권을 행사할 수 있다고 볼 수도 있으나, 소유권은 대금완납을 정지조건으로 매수인에게 이전하고, 매도인은 유보소유권이라는 담보권이 있는 것으로 보아 별제권을 인정하는 것이 옳을 것이다.

제412조 (별제권의 행사)

별제권은 파산절차에 의하지 아니하고 행사한다.

✽ 각 담보권 본래의 권리실행방법에 따른다는 의미인데, 다만 별제권자가 목적물을 소지하는 때에는 그 취지 및 채권액을 신고하여야 하는데(제313조제1항제5호 다목, 제4항), 이는 파산관재인이 별제권자를 파악하기 위한 것이다.

✽ 기한부채권의 경우 변제기 도래 전이라도 파산선고와 동시에 변제기가 도래한 것으로 보므로 별제권자는 즉시 별제권을 행사할 수 있다.

✽ 파산절차의 개입

파산재단의 충실이나 파산절차의 원활한 진행을 위하여 별제권자에 대하여 파산관재인이 개입할 수 있도록 하고 있는데, 별제권자의 현황 파악을 위한 신고의무(제313조제1, 4항), 목적재산을 평가하여 부족액을 예상하기 위한 제시청구권, 평가권(제490조), 목적재산이 파산재단에 꼭 필요한 경우 피담보채권을 변제하고 환수할 수 있는 권리(제492조제14호), 별제권자가 권리행사를 게을리 할 때의 목적재산 환가권(제497,

498조) 등이 그것이다.

제413조 (별제권자의 파산채권행사)

별제권자는 그 별제권의 행사에 의하여 변제를 받을 수 없는 채권액에 관하여만 파산채권자로서 그 권리를 행사할 수 있다. 다만, 별제권을 포기한 채권액에 관하여 파산채권자로서 그 권리를 행사하는 것에 영향을 미치지 아니한다.

✽ 별제권자가 담보권자이면서 파산채권자이기도 한 경우 이중으로 만족을 얻는 것을 방지하기 위해 별제권을 우선 행사한 다음, 부족액에 대해서만 파산채권자로서 권리를 행사할 수 있게 한 것이다.

✽ 부족액의 행사

이를 위해서 별제권자는 채권신고기간 안에 통상의 신고사항 외에 별제권의 목적 및 예상부족액을 신고해야 하고(제447조), 파산관재인은 채권액 및 부족액을 조사하여 확정하고, 배당한다(제448, 450, 512, 519, 525, 526조).

제414조 (준별제권자)

① 파산재단에 속하지 아니하는 채무자의 재산상에 질권 또는 저당권을 가진 자는 그 권리의 행사에 의하여 변제를 받을 수 없는 채권액에 한하여 파산채권자로서 그 권리를 행사할 수 있다.
② 제1항의 규정에 의한 권리를 가진 자에 대하여는 별제권에 관한 규정을 준용한다.

✽ 채무자의 자유재산에 대하여 권리를 갖고 있는 경우에는 본래 파산채권의 행사에 아무런 제약도 받지 않으나, 재단재산이든 자유재산이든 모두 본래는 채무자의 재산이었던 것이므로 자유재산에 권리를 가진 자는 그 부족액에 대해서만 파산채권행사를 인정하는 것이 공평하므로 별제권자와 같은 취급을 하고 있다.

제415조 (주택임차인 등)

① 「주택임대차보호법」 제3조(대항력 등)제1항의 규정에 의한 대항요건을 갖추고 임대차계약증서상의 확정일자를 받은 임차인은 파산재단에 속하는 주택(대지를 포함한다)의

환가대금에서 후순위권리자 그 밖의 채권자보다 우선하여 보증금을 변제받을 권리가 있다.

② 「주택임대차보호법」 제8조(보증금 중 일정액의 보호)의 규정에 의한 임차인은 같은 조의 규정에 의한 보증금을 파산재단에 속하는 주택(대지를 포함한다)의 환가대금에서 다른 담보물권자보다 우선하여 변제받을 권리가 있다. 이 경우 임차인은 파산신청일까지 「주택임대차보호법」 제3조(대항력 등)제1항의 규정에 의한 대항요건을 갖추어야 한다.

③ 제1항 및 제2항의 규정은 「상가건물임대차보호법」 제3조(대항력 등)의 규정에 의한 대항요건을 갖추고 임대차계약증서상의 확정일자를 받은 임차인과 같은 법 제14조(보증금 중 일정액의 보호)의 규정에 의한 임차인에 관하여 준용한다.

✽ 임대인이 파산한 경우에 주택임대차보호법 및 상가건물임대치보호법에 따른 대항요건과 확정일자를 갖춘 임차인의 보증금반환청구권에 관하여 종전에는 아무 규정이 없었고, 판례가 별제권자로 인정하고 있었으나,216) 특정재산의 환가대금에서 우선변제받는 점에서 파산재단 전체로부터 우선변제 받는 재단채권이나, 우선권 있는 파산채권과 다르고, 별제권자와 같은 지위에 있다고 볼 수 있다.

제5절 상계권

제416조 (상계권)

파산채권자가 파산선고당시 채무자에 대하여 채무를 부담하는 때에는 파산절차에 의하지 아니하고 상계할 수 있다.

✽ 의의

상계란 같은 종류의 채무를 부담하는 쌍방이 각자 대등액에 관하여 자기채무와 상대방의 채무를 동시에 소멸시키는 의사를 표시함으로써 쌍방의 채무가 동시에 소멸되는 것을 말한다. 상계의 의사표시에 의하여 상대방에 대한 채무를 면함으로써 자기채권이 언제든지 만족될 수 있는 담보적 기능이 있고, 이런 기능은 상대방이 파산했

---

216) 대법원 2001. 11. 9. 선고 2001다55963 판결: 대항력만 갖춘 것으로는 안 되고, 확정일자까지 갖춘 경우에만 별제권으로 인정한다.

다 하여 없어지는 것이 아니다. 상대가 파산했을 경우 자신의 채무는 전부 변제를 해야 하는데, 자신의 채권은 파산절차에서 배당받는 것으로 만족해야 한다면 불공평하기 때문이다.

이에 법은 상계의 담보적 기능을 감안하여 별제권과 마찬가지로 파산절차에 의하지 않은 권리행사를 인정하고 있다.

파산법상의 상계규정은 파산채권자가 그의 파산채권을 자동채권으로, 파산재단에 속하는 채권을 수동채권으로 하여 상계하는 것에 관한 것이고, 파산관재인이 하는 상계에는 적용되지 않고, 민법이 적용된다.

파산절차의 경우 파산으로 자동채권인 파산채권의 변제기가 도래한 것으로 보므로 (제425조) 상계권 행사에 아무런 제한이 없으나, 회생절차의 경우 변제기 도래에 관한 별도규정이 없어 회생채권의 변제기가 신고기간 만료일까지 도래해야 하고, 그 신고기간 만료일 전까지 상계의사표시를 해야 하는 제한이 있다(제144조).

＊ 상계권 규정의 적용범위
- 파산관재인에 의한 상계권 행사: 법이 예정하고 있는 상계는 파산채권을 자동채권으로, 파산재단에 속하는 채권을 수동채권으로 하여 파산채권자가 행사하는 것이므로, 파산관재인이 먼저 상계할 수는 없는가의 문제가 있는데, 인정하더라도 파산채권자에게 부당한 이익을 주는 것이 아니고, 다른 파산채권자에게 불이익한 것도 아니며, 파산관재인의 원활한 업무수행에 도움이 되므로 인정해도 무방할 것이다.
- 파산채권과 자유재산소속채권의 상계: 파산채권은 파산재단으로부터 변제받아야 하는 것이므로 파산채권자의 상계는 허용되지 않으나, 채무자 측에서는 자유롭게 상계할 수 있다. 채무자가 완전한 관리처분권을 가지는 이상 그가 임의로 변제하는 것을 막을 이유는 없기 때문이다.
- 재단채권과 파산재단소속채권의 상계: 재단채권은 파산절차에 의하지 않고 파산재단으로부터 수시로 변제받을 수 있으므로 상계를 허용해도 다른 채권자를 해하지는 않는다.
- 재단채권과 자유재산소속채권의 상계: 재단채권의 채무자를 파산재단 또는 그 관리기구로 보는 이상 재단채권자와 채무자 사이의 대립관계는 있을 수 없으므로 어느 쪽도 상계할 수 없다.

- 비파산채권과 파산재단소속채권의 상계: 파산선고 후에 채무자에게 발생한 것과 같은 비파산채권은 파산절차 밖에서 발생한 것이므로 파산재단으로부터 변제받을 수 없고, 따라서 상계도 허용되지 않는다.
- 비파산채권과 자유재산소속채권의 상계: 어느 쪽도 파산절차와 상관없으므로 민법상 요건을 충족하는 한 상계할 수 있다.

✱ 상계의 요건
- 상계적상의 현존: 동일한 당사자 사이의 채권의 대립하고, 자동채권과 수동채권의 목적이 동종(금전채권 또는 대체물을 목적으로 하는 종류채권이어야 하나 파산채권은 비금전채권이라도 금전화가 행해지므로－426조－민법상 요건 미달이라도 파산법상으로는 상계가능하다.)이어야 하고, 양 채권의 변제기가 도래해야 한다(자동채권은 필수나 수동채권은 기한의 이익을 포기할 수 있으므로 변제기도래가 불필요하지만, 파산채권은 현재화에 의해 기한미도래라도 파산선고 시에 기한이 도래한 것으로 보므로 기한요건은 의미가 없다).
- 자동채권(파산채권): 파산선고시점에서 변제기가 미도래한 기한부채권이나 해제조건부채권이라도 무방하고, 비금전채권, 금전채권이지만 금액이 불확정한 것, 외국의 통화로 지정되어진 채권, 금액·존속기간이 불확정한 정기금채권이라도 무방하다(제417조 내지 421조).
- 수동채권(파산재단 소속채권): 금전화 규정이 없으므로 민법원칙에 따라 금전채권이던가 자동채권과 같은 종류채권이어야 한다. 조건부, 기한부, 장래의 청구권이라도 상계가 가능한데(제417조 후단), 파산채권자 측에서 기한의 이익이나 조건성부의 기회, 장래불발생 가능성을 포기하고 스스로 상계하고자 하는 것을 막을 이유가 없기 때문이다. 이 경우 자동채권과는 달리 중간이자나 채권액과 평가액의 차이를 공제할 수는 없다. 수동채권이 정지조건부인 경우 조건성취가 파산선고 후의 채무부담(제422조1호)에 해당하여 상계할 수 없다는 설이 있으나, 파산선고 시에 이미 제417조에 의해 상계권이 주어졌으므로 상계할 수 있는 것으로 보는 것이 판례이다.[217]

---

217) 대법원 2002. 11. 26. 선고 2001다833.

✽ 상계권의 행사

- 상계권은 파산관재인에 대한 일방적 의사표시로 행사한다. 파산관재인이 자동채
권의 존재를 다투는 경우는 수동채권의 이행을 구하는 소송을 제기하여 상계를
주장해야 할 것이다.

- 행사시기는 제한이 없고 파산절차 종료 시까지 행사하면 된다. 상계는 파산선고
전이라도 할 수 있으나, 일단 파산선고가 있으면 파산절차상의 규정에 따라 재평
가가 있게 되고, 상계금지에 저촉될 때에는 소급해서 무효가 된다. 회생절차에서
파산절차로 이행된 경우에 회생절차에서 상계권을 행사하지 않고 파산절차에서
행사하여도 상계권의 맘용이나 신의칙에 반하지 않는다.[218]

제417조 (기한부 및 해제조건부 등 채권채무의 상계)

파산채권자의 채권이 파산선고 시에 기한부 또는 해제조건부이거나 제426조에 규정된
것인 때에도 상계할 수 있다. 채무가 기한부나 조건부인 때 또는 장래의 청구권에 관한
것인 때에도 또한 같다.

✽ 기한부채권은 현재화(제425조)에 의하여 파산선고 시에 변제기에 이른 것으로
보므로 상계할 수 있다. 이자채권이면 원본과 파산선고전일까지의 이자 합계액이, 무
이자채권은 확정기한부는 후순위채권인 중간이자(제446조제1항제5호)를 공제한 액이,
불확정기한부는 채권액과 파산선고 시의 평가액과의 차액(위 조항 제6호)을 공제한
액이 자동채권이 된다(제420조).

제418조 (정지조건부채권 및 장래의 청구권과의 상계)

정지조건부채권 또는 장래의 청구권을 가진 자가 그 채무를 변제하는 때에는 후일 상
계를 하기 위하여 그 채권액의 한도 안에서 변제액의 임치를 청구할 수 있다.

✽ 정지조건부 채권이나 장래의 채권은 아직 채권이 발생하지 않은 것이므로 당장
은 자동채권이 될 수 없으나, 장차 조건이 성취되거나, 청구권이 현실화되어 상계할
경우를 대비한 규정이다.

---

[218] 대법원 2003. 1. 24. 선고 2002다34253 판결.

제419조 (해제조건부채권의 상계)

해제조건부채권을 가진 자가 상계를 하는 때에는 그 상계액에 관하여 담보를 제공하거나 임치를 하여야 한다.

＊ 해제조건부채권은 이미 채권이 발생하고 있으므로 그 전액이 자동채권이 되나, 파산절차 중에 해제조건이 성취되면 채권이 없던 것이 되어 상계적상이 소급 소멸하므로 상계에 제공한 금액의 반환을 확보하기 위해 담보제공이나 임치를 요건으로 한 것이다.

＊ 최후의 배당에 관한 배당제외기간 안에 해제조건이 성취되지 않은 때에는 제공한 담보는 효력을 잃고 임치한 금액은 해당 채권자에게 반환된다(제524조).

제420조 (자동채권의 상계액)

① 파산채권자의 채권이 이자 없는 채권 또는 정기금채권인 때에는 제446조제1항제5호 내지 제7호에 해당하는 부분을 공제한 액의 한도 안에서 상계할 수 있다.
② 제426조 및 제427조의 규정은 파산채권자의 채권에 관하여 준용한다.

＊ 자동채권의 평가액은 파산선고 시를 기준으로 한 금액인데(제420조제2항), 그중 파산선고 후의 이자와 같이 후순위파산채권부분은 제외된다(제420조제1항).

＊ 정기금채권은 존속기한이 확정된 것은 중간이자를 공제한 액이, 확정되지 않은 것은 파산선고당시의 평가액이 자동채권이 된다.

＊ 비금전채권, 금액불확정의 금전채권, 외국통화채권의 경우 파산선고당시의 평가액이 자동채권이 된다(제2항).

제421조 (차임·보증금 및 지료의 상계)

① 파산채권자가 임차인인 때에는 파산선고 시의 당기(當期) 및 차기(次期)의 차임에 관하여 상계를 할 수 있다. 보증금이 있는 경우 그 후의 차임에 관하여도 또한 같다.
② 제1항의 규정은 지료(地料)에 관하여 준용한다.

＊ 상계할 수 있는 차임을 제한한 것은 임차인인 파산채권자가 사실상 우선 변제받는 것을 막기 위함이다.

＊ 보증금반환청구권을 자동채권으로 할 경우에는 임차물을 조건으로 한다. 보증금반환청구권은 명도를 조건으로 하는 정지조건부채권인데, 정지조건부채권은 조건성취시까지는 자동채권으로 하는 것을 허용하지 않기 때문이다(제418조).

제422조 (상계의 금지)

다음 각 호의 어느 하나에 해당하는 때에는 상계를 할 수 없다.

1. 파산채권자가 파산선고 후에 파산재단에 대하여 채무를 부담한 때
2. 파산채권자가 지급정지 또는 파산신청이 있었음을 알고 채무자에 대하여 채무를 부담한 때. 다만, 다음 각 목의 어느 하나에 해당하는 때를 제외한다.
   가. 그 부담이 법정의 원인에 의한 때
   나. 파산채권자가 지급정지나 파산신청이 있었음을 알기 전에 생긴 원인에 의한 때
   다. 파산선고가 있은 날부터 1년 전에 생긴 원인에 의한 때
3. 파산선고를 받은 채무자의 채무자가 파산선고 후에 타인의 파산채권을 취득한 때
4. 파산선고를 받은 채무자의 채무자가 지급정지 또는 파산신청이 있었음을 알고 파산채권을 취득한 때. 다만, 제2호 각 목의 어느 하나에 해당하는 때를 제외한다.

＊ 민법 기타 실체법에 의하여 상계가 금지된 경우(민법 제492조제2항의 상계금지특약, 민법 제497, 497조의 불법행위채권이나 압류금지채권을 수동채권으로 하는 상계금지) 파산절차상으로도 상계할 수 없는 것은 당연하나, 법은 그 외에도 채권자평등의 원칙을 잠탈하거나 결과적으로 파산재단의 감소를 가져오는 상계를 금지하고 있다. 이 규정은 강행규정으로 위반하면 무효이고, 당사자 사이의 합의로 배제할 수 없다.

근로기준법 제42조제1항의 본문에 따라 임금은 근로자에게 직접 지불하여야 하므로, 파산관재인이 임금채권을 수동채권으로 하는 상계는 부적법하지만, 근로자들이 임금채권을 자동채권으로 하는 상계는 적법하며, 근로자가 자유로운 의사로 파산관재인의 상계에 동의하는 경우는 유효하다.[219]

---

219) 대법원 2001. 10. 23. 선고 2001다25184 판결.

✳ 제1호의 경우

상계권의 범위는 파산선고당시를 기준으로 결정하는데, 이는 파산선고 후에 부담한 채무를 파산채권과 상계할 수 있도록 하면, 그 금액에 대하여 다른 파산채권자들보다 우선변제 받는 결과가 되어 파산채권자 사이의 평등을 해하기 때문이다.[220] 따라서 자동채권을 가지는 채무자가 파산선고 후에 채무를 부담해도 그것을 수동채권으로 하여 상계할 수 없는 것은 당연하다. 파산선고 후에 채무를 부담한 때라 함은 채무부담 사실이 파산선고 후이면 되고 발생원인시기는 문제 삼지 않는다. 다만 채무자체가 파산선고 후에 발생하는 것만을 의미하는 것이 아니라 파산선고 전에 발생한 제3자의 파산재단에 대한 채무를 파산선고 후에 파산채권자가 인수하는 경우를 포함하고 그 인수는 포괄 승계라도 상관없다.[221]

정지조건부 채무의 경우 파산선고 후에 조건이 성취되면 파산선고 후에 채무를 부담하게 되는 것이지만 이 경우는 본 호에 불구하고 제417조 후문에 의하여 상계가 가능하다.[222]

금융기관이 수탁보증인으로서 주 채무자가 부담하는 채무를 보증한 경우에 수탁보증인이 민법 제442조에 의하여 사전구상권을 자동채권으로 행사하는 경우에 채무자가 민법 제443조의 담보를 제공한 경우는 상계할 수 없다.[223]

✳ 제2호의 경우

위기 시에는 종래부터 있던 채권자의 채권은 그 가치가 하락하기 마련인데, 위기상황을 알고 채무자에 대해 채무 부담을 하고, 이를 수동채권으로 하여 상계하는 것은 본래 파산채권자로서는 비례평등변제를 감수하지 않고, 가치가 하락한 채권을 전액 변제받는 결과가 되어 파산재단의 충실을 해하고 채권자평등원칙에도 반하므로 상계를 금지한 것이다.[224]

지급정지라 함은 변제능력의 결핍으로 인하여 변제기가 도래한 채무를 일반적·계속적으로 변제할 수 없다는 취지를 외부에 명시적 묵시적으로 표시하는 행위를 말하는데, 채무자가 발행한 어음의 부도 처리가 그 예이다.[225] 규정에는 없지만 지급불능

---

220) 대법원 2003. 12. 26. 선고 2003다35918 판결.
221) 대법원 2003. 12. 26. 선고 2003다35918 판결.
222) 대법원 2002. 11. 26. 선고 2001다833 판결.
223) 대법원 2004. 5. 28. 선고 2001다81245 판결.
224) 대법원 2005. 9. 28. 선고 2003다61931 판결.

도 위기상황으로 보아야 할 것이다.

이때 파산관재인은 상계권자의 악의를 입증해야 한다.

예외로 채무부담이 법정원인 즉 상속, 합병과 같은 일반승계나 사무관리나 부당이득에 의한 경우(가목)는 상계권자의 작위와 무관하므로 상계권 남용의 여지가 없다고 보아 허용하고 있으나, 상속을 제외하고는 상계를 노린 합병같이 당사자 의지가 개입할 여지가 있어 문제가 있다.

채무부담이 위기상황을 알기 전의 원인에 의해 이루어진 경우(나목)는 상계에 대한 채권자의 기대를 보호할 필요가 있어 허용한다. '전의 원인'이란 채권자에게 구체적인 상계기대를 발생시킬 정도로 직접적인 것이어야 하고, 개별적인 경우에 구체적인 사정을 종합하여 상계의 담보적 작용에 대한 채권자의 신뢰가 보호할 가치가 있는 정당한 것으로 인정되는 경우를 말한다.[226] 예컨대 금전을 대여하면서 처음부터 채권자가 점유하고 있는 채무자의 어음 등을 추심·처분하여 채권을 회수한다는 약정을 한 경우가 그것이다.[227]

채무부담이 파산선고 1년 전의 행위로 인한 경우(다목)는 파산선고와의 관련성이 희박한 것으로 보아 거래의 안전을 위해 상계를 허용한다.

❋ 제3호의 경우

파산선고를 받은 채무자의 채무자가 파산선고 후에 타인의 파산채권을 취득한 경우 파산선고 시까지 채권채무의 대립관계가 없는 이상 파산선고 후에 다른 사람의 파산채권을 취득했다 해서 대립관계를 인정할 수는 없다. 실제 가치가 하락한 파산채권을 헐값에 인수하여 상계로 자기의 채무의 이행을 면할 수 있게 하면, 파산재단의 가치가 저하하여 다른 파산채권자의 희생으로 돌아가기 때문에 상계를 허용하지 않는 것이다.

이 경우는 취득자의 선의·악의, 취득원인이 거래에 의한 것이지, 상속 등 법정원인인지를 묻지 않는다.

❋ 제4호의 경우

위기 시의 악의의 회생채권취득 또한 제3호와 같은 결과를 초래할 것이므로 상계를 금지한다. 제3호와 다른 점은 타인의 파산채권에 한하지 않고, 채무자와 거래하여 채무자에게서 자기채권을 취득한 경우도 적용된다.

---

225) 대법원 2002. 11. 8. 선고 2002다28746 판결.
226) 대법원 2005. 9. 28. 선고 2003다61931 판결.
227) 위 판결 참조.

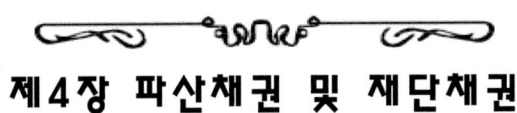

제4장 파산채권 및 재단채권

제1절 파산채권

제423조 (파산채권)

채무자에 대하여 파산선고 전의 원인으로 생긴 재산상의 청구권은 파산채권으로 한다.

＊ 의의

파산채권이란 파산선고 전의 원인으로 생긴 채무자에 대한 재산상 청구권으로 파산절차에 의하여 파산재단에 속하는 총재산으로부터 그 채권액의 비율에 따라 만족을 받을 수 있는 채권을 말한다.

＊ 요건

- 재산상의 청구권일 것: 파산절차가 채무자의 재산을 환가하여 얻어진 금전으로 파산채권의 평등한 만족을 기하는 것이므로 파산채권은 금전에 의하여 만족을 얻을 수 있는 것이라야 하는데, 처음부터 금전채권일 필요는 없고, 금전적으로 평가할 수 있는 것이면 족하다. 친족법상의 권리는 재산적 권리가 아니지만 이혼에 따른 재산분할청구권이나 위자료청구권, 부양료청구권은 파산채권이 된다. 다만 파산선고 후의 부양료청구권에 대하여는 설이 나뉜다. 대체적 작위채권은 금전으로 만족을 도모할 수 있으나, 부대체적 작위채권이나 부작위채권은 금전으로 평가할 수 없어 파산채권이 안 되고, 파산선고 전에 이미 손해배상청구권으로 전환되었다면 파산채권이 되나, 파산선고 후에 전환된 경우에는 설이 나뉜다.
- 채무자에 대한 인적청구권일 것: 채무자의 총재산으로부터 만족을 얻어야 하고

특정재산에 대한 권리가 아니라는 점에서 인적청구권이다. 물권적 청구권은 파산 채권이 아니고 환취권으로 행사되어야 하고, 담보물권은 별제권이 있다.

- 집행할 수 있는 청구권일 것: 파산절차는 채권의 강제적 만족을 목적으로 하므로 집행할 수 있는 청구권이어야 한다. 불법원인급여(자연채무)나 부집행합의가 있는 채무(책임 없는 채무)와 같이 강제집행할 수 없는 채권은 파산채권이 될 수 없다.

- 파산선고 전의 원인으로 생긴 채권일 것: 파산절차가 파산선고당시 채무자가 가 진 총재산으로 파산채권에 대한 만족을 주는 것이므로 이런 만족을 얻을 수 있는 채권은 파산선고당시 이런 기대를 할 수 있는 채권에 한정해야 하는 것이다. 다 만 청구권이 이미 발생하고 있어야 하는 것은 아니고, 발생원인이 파산선고 전에 발생하고 있으면 된다. 그 발생원인도 전부가 아닌 주요원인이 구비되어 있으면 된다. 기한미도래, 조건부, 기한부 채권도 파산채권이 되나, 단순한 기대권은 아니 다. 종신정기금 또는 회귀적 급부채권은 파산선고 후의 것이라도 파산선고 전에 기본권이 성립하고 있는 한 파산채권이 된다. 신체에 대한 불법행위 손해배상채 권의 경우 증상이 고정되지 않아 손해액을 확정할 수 없는 경우나, 파산선고 후 의 후유증의 처리가 문제되는데, 불확정채권으로 보아 예측액을 평가해 반영하는 수밖에 없다.

조세채권은 파산선고 전의 원인으로 생긴 것이라도 세수확보 차원에서 재단채권이 되고(제473조제2호), 쌍방미이행의 쌍무계약에서 파산관재인이 이행을 선택한 경우 에는 상대방의 채권은 대가관계를 확보하기 위해 재단채권으로 하고 있다(제473조 제7호).

파산절차참가비용(제439조), 파산선고 후에 선의로 어음의 인수 또는 지급함으로 써 생긴 구상권(제333조), 채무자의 행위가 부인된 경우 그 받은 반대급부가 파 산재단 중에 현존하지 않을 때의 상대방의 가액상환청구권(제398조제2항) 등은 파산선고 후에 생긴 것이지만 파산채권으로 하고 있다.

제424조 (파산채권의 행사)

파산채권은 파산절차에 의하지 아니하고는 행사할 수 없다.

제425조 (기한부채권의 변제기도래)

기한부채권은 파산선고 시에 변제기에 이른 것으로 본다.

✽ 파산선고로 기한의 이익을 상실시켜 채권자, 채무자 모두 기한의 이익을 주장할 수 없게 함으로써 다른 채권자와 공평을 기하고 파산절차가 장기화하는 것을 막았다. 회생절차의 경우는 현재액을 평가하기는 하나 실체를 변경시킬 필요는 없으므로 기한의 이익을 상실시키지는 않는다.

✽ 기한은 확정기한, 불확정 기한을 불문한다.

✽ 이런 현재화나 뒤의 금전화 효과는 파산절차 내에서만 생기고 파산절차 밖의 제3자인 보증인, 연대채무자, 물상보증인 등에게는 미치지 않아 본래의 기한, 형태 및 채권액으로 행사한다.
채권조사기일에서 채권이 확정되지 않고 파산폐지되면 이런 효과 생기지 않는데, 채권이 확정은 되었지만 배당에 이르지 못하고 파산폐지된 경우에는 설이 나뉘나, 파산채권자표의 기재는 확정판결과 마찬가지의 효력이 있고, 파산절차종결 후에도 이를 갖고 강제집행할 수 있으므로 효력이 계속된다고 볼 것이다.

제426조 (비금전채권 등의 파산채권액)

① 채권의 목적이 금전이 아니거나 그 액이 불확정한 때나 외국의 통화로 정하여진 때에는 파산선고 시의 평가액을 파산채권액으로 한다.
② 정기금채권의 금액 또는 존속기간이 확정되지 아니한 때에도 제1항과 같다.

✽ 금전채권이 아니거나 불확정채권의 경우에도 청산을 위해서는 금전화할 필요가 있으므로 법은 파산선고 시의 평가액을 파산채권으로 하고 있다.
평가방법은 따로 제한이 없고, 파산채권자 자신이 임의로 평가액을 산정하여 파산법원에 신고하고, 그 적정성은 채권조사기일에 조사된다.

제427조 (조건부채권 등의 파산채권액)

① 조건부채권은 그 전액을 파산채권액으로 한다.
② 제1항의 규정은 채무자에 대한 장래의 청구권에 관하여 준용한다.

✽ 조건부 채권은 조건성취의 개연성을, 장래의 채권은 장래 발생 개연성을 고려하

여 채권액을 평가해야 할 것이나 개연성 평가가 쉽지 않으므로 간명한 처리를 위하여 무조건, 현재의 채권으로 취급한다.

제428조 (전부의 채무를 이행할 의무를 지는 자가 파산한 경우의 파산채권액)

여럿의 채무자가 각각 전부의 채무를 이행하여야 하는 경우 그 채무자의 전원 또는 일부가 파산선고를 받은 때에는 채권자는 파산선고 시에 가진 채권의 전액에 관하여 각 파산재단에 대하여 파산채권자로서 권리를 행사할 수 있다.

✽ 수인이 전부의 채무를 이행할 의무를 지는 경우는 불가분 채무, 연대채무, 연대보증채무, 보증채무, 어음, 수표상의 합동채무 등이 있다.

✽ 파산채권 신고한 쪽에 대한 파산선고 전에 다른 채무자로부터 일부변제나 파산배당을 받으면 그 금액만큼 공제한 잔액이 파산채권이 되나, 파산선고 후에는 공제되지 않는다. 다만 파산선고 전에 상계적상에 있었고, 파산선고 후에 채권자가 상계권을 행사한 경우에는 상계의 소급효에 의하여 파산선고 전에 소급하여 채권이 소멸되므로 파산채권액에 영향이 있다. 전부채무자에 대한 관계에서 채권의 효력을 강화하는 취지의 규정이므로 제3자로부터 일부변제가 있는 경우에는 이 규정이 적용되지 않고 채권신고액이 감소된다.

제429조 (보증인이 파산한 경우의 파산채권액)

보증인이 파산선고를 받은 때에는 채권자는 파산선고 시에 가진 채권의 전액에 관하여 파산채권자로서 그 권리를 행사할 수 있다.

✽ 전조에 의해서도 가능한데, 따로 규정을 둔 이유는 보증인의 최고 검색의 항변권이 상실된다는 것을 명백히 한 것이다.

제430조 (장래의 구상권자)

① 여럿의 채무자가 각각 전부의 채무를 이행하여야 하는 경우 그 채무자의 전원 또는 일부가 파산선고를 받은 때에는 그 채무자에 대하여 장래의 구상권을 가진 자는 그 전액에 관하여 각 파산재단에 대하여 파산채권자로서 그 권리를 행사할 수 있다. 다만,

채권자가 그 채권의 전액에 관하여 파산채권자로서 그 권리를 행사한 때에는 예외로 한다.

② 제1항 단서의 경우 제1항의 규정에 의한 구상권을 가진 자가 변제를 한 때에는 그 변제의 비율에 따라 채권자의 권리를 취득한다.

③ 제1항 및 제2항의 규정은 담보를 제공한 제3자가 채무자에 대하여 갖는 장래의 구상권에 관하여 준용한다.

✻ 규정취지

민법 제442조제1항제2호는 사후구상원칙의 예외로 부탁받은 보증인의 경우 사전구상권을 주장하여 주 채무자의 파산절차에 참가할 수 있음을 규정함으로써 사후구상시 파산절차가 종료하여 구상권의 행사가 불가능하게 되는 불이익을 막아주고 있는데, 이런 취지는 연대채무 그 밖의 다른 전부채무자 사이에 공통되므로 모든 전부채무자에게로 확장하는 규정을 둔 것이다.

다만 채권자가 이미 채권전액을 가지고 파산절차에 참가하고 있으면 이중행사가 되므로 이 경우는 예외로 하고 있다.

✻ 구상권의 취득과 파산절차 참가

채권자가 전액으로 파산절차에 참가하고 있는 경우 구상권자가 전부변제하면 채권자의 권리를 취득하여 파산채권자로 권리를 행사할 수 있는 것은 당연하다(이 경우 구상권자는 신고사항의 변경절차에 따라 파산채권을 행사하게 될 것이다.).

일부만 변제한 경우에는 위 제2항에 따르면 변제비율에 따라 채권자의 권리를 취득하는 것으로 볼 수도 있으나, 이 경우 일부변제를 이유로 감축된 금액을 기준으로 배당을 받게 되어 배당액이 줄게 되는데, 이는 제428조가 파산선고 시 가진 채권전액에 관하여 권리를 행사할 수 있게 한 것에 저촉되고 채권자 보호에 반하므로, 위 제2항은 여럿의 구상권자가 일부씩 변제하고 그 합계액이 채권 전액을 변제한 것이 되는 경우에 각자가 변제비율에 따라 파산채권을 행사한다는 것을 규정한 것으로 보아야 하고, 채권자는 전액을 변제받을 때까지는 전액에 대하여 파산채권을 가지고, 일부변제자는 파산절차에 참가할 수 없다고 볼 것이다.[228]

---

228) 대법원 2001. 6. 29. 선고 2001다24938 판결 참조.

✽ 물상보증인도 담보권이 실현되면 채무자에 대하여 구상권을 취득하므로 장래의 구상권자로서 파산절차에 참가할 수 있으나(제3항), 일부변제에 그치면 위의 원리가 적용될 것이다.

제431조 (여럿이 일부보증을 한 때의 파산채권액)

제428조, 제429조 및 제430조제1항·제2항의 규정은 여럿의 보증인이 각각 채무의 일부를 보증하는 때에 그 보증하는 부분에 관하여 준용한다.

제432조 (무한책임사원의 파산)

법인의 채무에 관하여 무한책임을 지는 사원이 파산선고를 받은 때에는 법인의 채권자는 파산선고 시에 가진 채권의 전액에 관하여 그 파산재단에 대하여 파산채권자로서 그 권리를 행사할 수 있다.

✽ 무한책임사원은 법인의 채무에 대하여 무한책임을 지므로 보증인과 유사한 지위에 있어 같이 취급하고 있고, 따라서 상법 제212조의 보충성의 원칙은 작동하지 않는다.

제433조 (유한책임사원의 파산)

법인의 채무에 관하여 유한책임을 지는 사원 또는 그 법인이 파산선고를 받은 때에는 법인의 채권자는 유한책임을 지는 사원에 대하여 그 권리를 행사할 수 없다. 다만, 법인은 출자청구권을 파산채권으로서 행사할 수 있다.

✽ 유한책임사원은 미지급출자액의 한도에서 회사채무를 변제할 책임이 있는데(상법 제279조), 이에 대하여는 법인만이 파산채권으로 행사할 수 있다.

제434조 (상속인의 파산)

상속인이 파산선고를 받은 경우에는 재산의 분리가 있는 때에도 상속채권자 및 유증을 받은 자는 그 채권의 전액에 관하여 파산재단에 대하여 파산채권자로서 그 권리를 행사할 수 있다.

❋ 상속인이 파산선고 전에 단순승인을 한 경우는 상속인의 채권자, 상속채권자, 수유증자 모두가 상속인의 파산재단(상속재산과 상속인의 고유재산이 모두 포함된다)에 대하여 채권전액을 파산채권으로 행사할 수 있다.

다만 재산분리가 행해진 경우에는 상속재산으로부터는 상속채권자, 수유증자가 상속재산으로부터 우선변제를 받고, 상속인의 고유재산으로부터는 상속인의 채권자가 우선변제를 받는다.

❋ 재산분리가 없는 경우에도 같은 취지가 적용되는 경우(제444조)

❋ 한정승인이 있거나 한정승인의 효력을 가지는 경우(제385, 386조)는 제436조가 적용된다.

제435조 (상속재산 및 상속인의 파산)

상속재산 및 상속인에 대하여 파산선고가 있는 때에는 상속채권자 및 유증을 받은 자는 그 채권의 전액에 관하여 각 파산재단에 대하여 파산채권자로서 그 권리를 행사할 수 있다.

❋ 이 조항은 단순승인이 있는 경우를 전제로 하고 있고, 또 권리를 행사할 수는 있어도 그 순위는 상속인의 채권자가 앞선다(제445조). 한정승인이 있거나 한정승인과 같은 효력이 있는 경우(제385, 386조)에는 제436조가 적용된다.

제436조 (상속인의 한정승인)

제434조 및 제435조의 경우 파산선고를 받은 상속인이 한정승인을 한 때에는 상속채권자와 유증을 받은 자는 그 상속인의 고유재산에 대하여 파산채권자로서 그 권리를 행사할 수 없다. 제385조 또는 제386조제1항의 규정에 의하여 한정승인의 효력이 있는 때에도 또한 같다.

제437조 (상속인의 피상속인에 대한 채권 등)

상속재산에 대하여 파산선고가 있는 때에는 상속인은 그 피상속인에 대한 채권 및 피상속인의 채무소멸을 위하여 한 출연에 관하여 상속채권자와 동일한 권리를 가진다.

＊ 상속인이 피상속인에 대하여 갖는 권리는 혼동의 예외로 소멸하지 아니한다(제389조제2항). 이에 따라 상속인은 피상속인에 대한 채권과 구상권으로 상속재산에 대한 파산선고 시 다른 상속채권자와 동일하게 파산채권자가 된다.

제438조 (상속인의 채권자)

상속재산에 대하여 파산선고가 있는 때에는 상속인의 채권자는 그 파산재단에 대하여 파산채권자로서 그 권리를 행사할 수 없다.

＊ 상속인의 채권자는 상속인에게 귀속하는 상속재산에 대하여 당연히 권리를 행사할 수 있으나, 상속재산에 대하여 파산선고가 있을 경우에 상속인의 채권자도 상속재산으로부터 변제받을 수 있다면 상속채권자 및 수유증자에게는 예상치 못한 불이익이 있고, 상속채권자는 상속이라는 우연한 사정 때문에 예상치 않은 이익을 얻게 되므로, 상속인의 채권자는 상속재산에 대한 파산재단에 대하여 권리를 행사할 수 없다.

제439조 (파산절차참가의 비용)

파산절차참가의 비용은 파산채권으로 한다.

제440조 (동일순위자에 대한 평등변제)

동일순위로 변제하여야 하는 채권은 각각 그 채권액의 비율에 따라 변제한다.

제441조 (우선권 있는 파산채권)

파산재단에 속하는 재산에 대하여 일반의 우선권이 있는 파산채권은 다른 채권에 우선한다.

＊ 의의

일반의 우선권이란 민법이나 상법 등 다른 법률에 의하여 채무자의 일반재산에 대하여 다른 채권보다 우선권 있는 경우를 말한다. 담보물권은 특정재산에 대한 것으로 별제권이 인정되어 그 재산으로부터 우선변제를 받는 점에서 다르다.

＊ 예: 신원보증금을 반환받을 채권이나 회사와 사용인 사이의 고용관계로 인한 채

권이 있는 사람은 회사의 총재산에 대하여 우선변제를 받을 권리가 있다(상법 제468조). 조세채권과 임금채권은 우선권이 있는 채권인데 법은 세수확보와 근로자 보호의 정책적 배려에서 재단채권으로 정하고 있다(제473조제2, 10호).

＊ 일반파산채권: 우선적 파산채권과 후순위 파산채권을 제외한 나머지 파산채권 전부가 일반 파산채권이다. 같은 순위 채권은 평등하게 취급되어야 하나 상속인, 상속재산의 파산 시에는 상속인의 채권자, 상속채권자, 수유증자의 각 채권에 대하여 순위가 정해져 있다(제443, 444조).

제442조 (우선권의 기간계산)

일정한 기간 안의 채권액에 관하여 우선권이 있는 경우 그 기간은 파산선고 시부터 소급하여 계산한다.

제443조 (상속채권자의 우위)

상속재산에 대하여 파산선고가 있는 때에는 상속채권자의 채권은 유증을 받은 자의 채권에 우선한다.

제444조 (상속인이 파산한 경우의 채권자 간의 순위)

상속재산에 대한 파산신청기간안의 신청에 의하여 상속인에 대한 파산선고가 있는 때에는 상속인의 채권자의 채권은 그 고유재산에 대하여 상속채권자 및 유증을 받은 자의 채권에 우선하고, 상속채권자 및 유증을 받은 자의 채권은 상속재산에 대하여 상속인의 채권자의 채권에 우선한다.

제445조 (상속재산 및 상속인의 파산재단의 순위)

상속재산 및 상속인에 대하여 파산선고가 있는 때에는 상속인의 채권자의 채권은 상속인의 파산재단에 대하여는 상속채권자 및 유증을 받은 자의 채권에 우선한다.

제446조 (후순위파산채권)

① 다음 각 호의 청구권은 다른 파산채권보다 후순위파산채권으로 한다.

1. 파산선고 후의 이자

2. 파산선고 후의 불이행으로 인한 손해배상액 및 위약금

3. 파산절차참가비용

4. 벌금·과료·형사소송비용·추징금 및 과태료

5. 기한이 파산선고 후에 도래하는 이자 없는 채권의 경우 파산선고가 있은 때부터 그 기한에 이르기까지의 법정이율에 의한 원리의 합계액이 채권액이 될 계산에 의하여 산출되는 이자의 액에 상당하는 부분

6. 기한이 불확정한 이자 없는 채권의 경우 그 채권액과 파산선고당시의 평가액과의 차액에 상당하는 부분

7. 채권액 및 존속기간이 확정된 정기금채권인 경우 각 정기금에 관하여 제5호의 규정에 준하여 산출되는 이자의 액의 합계액에 상당하는 부분과 각 정기금에 관하여 같은 호의 규정에 준하여 산출되는 원본의 액의 합계액이 법정이율에 의하여 그 정기금에 상당하는 이자가 생길 원본액을 초과하는 때에는 그 초과액에 상당하는 부분

② 채무자가 채권자와 파산절차에서 다른 채권보다 후순위로 하기로 정한 채권은 그 정한 바에 따라 다른 채권보다 후순위로 한다.

✳ 법적 의미

후순위 채권을 선순위 및 일반채권이 만족을 얻은 후에나 변제를 받을 수 있는 것인데, 실제는 일반채권도 만족을 얻기 어려운 것이 실상이므로, 후순위 채권제도를 둔 것은 배당보다는 면책의 대상을 정하는 데 의미가 있다. 후순위 채권자는 채권자집회에서 의결권이 없다(제373조제5호).

✳ 종류

후순위 채권은 법에 정해진 것 외에 채권자와 채무자의 합의에 의해서도 정할 수 있다.

✳ 파산선고 후의 이자(제1호)는 발생원인은 파산선고 전이므로 당연히 파산채권이지만, 모든 파산채권은 파산선고 시를 기준으로 등질화되므로 무이자채권과의 균형상 후순위로 취급한 것이다.

✳ 파산선고 후의 불이행으로 인한 손해배상액 및 위약금(제2호)과 관련해서는 파산선고 후에 불이행이 발생한 경우를 말하는 것인지, 불이행은 그전에 발생했고 손해

가 발생한 경우를 말하는 것인지에 관하여 논의가 있을 수 있으나, 후자의 경우 즉 파산선고 후에도 지연손해금이나 위약금이 계속 발생하고 있는 경우 이를 별도 취급하기 위한 것으로 보는 것이 제1항의 취지에 비추어 보아도 옳다.

＊ 파산절차참가비용(제3호)은 파산선고 후에 생기는 비용이지만 각 파산채권자에게는 반드시 필요한 비용이므로 파산채권으로 해놓고 일반파산채권을 압박하지 못하게 후순위 채권으로 해놓은 것이다.

＊ 벌금 등(제4호)은 본래 파산채권이지만 채무자 본인에 대한 인적제재로서 부과된 것이기 때문에 일반파산채권으로 취급하여 다른 채권자의 배당을 감소시키는 것은 적당치 않다고 보아 후순위 채권으로 한 것이고, 한편 본인에게 고통을 느끼게 하지 않으면 제재의 의미가 없으므로 면책의 대상에서도 제외했다(제566조).

＊ 무이자의 확정기한부 채권의 파산선고 시부터 기한까지의 중간이자(제5호)의 경우, 기한미도래 채권도 파산선고 시에 기한이 도래한 것으로 보므로, 채권액에서 파산선고 시부터 기한까지의 중간이자를 공제한 금액을 파산채권액으로 확정하게 되는데, 공제된 중간이자는 확정된 채권액에 대한 파산선고 후의 이자와 같으므로 제1호와 같은 취지로 후순위 채권으로 한 것이다.

＊ 무이자의 불확정 기한부 채권의 채권액과 평가액의 차액(제6호)은 앞의 중간이자와 같으므로 후순위채권이 된다.

＊ 금액 및 존속기한이 확정한 정기금채권의 중간이자 상당액(제7호)은 중간이자 공제 법리는 마찬가지이나, 나아가 법정이율에 의한 각기의 중간이자를 공제한 원본액의 합계액이 본래의 정기금에 상당하는 이자를 발생시킬 수 있는 원본액을 초과할 경우에는 이 부분도 후순위채권으로 한다.

제2절 파산채권의 신고 및 조사

✽ 파산절차는 다수의 파산채권자에 대하여 각자의 순위에 따라 공평한 만족을 주는 것을 목표로 하므로 파산채권자들이 개별적으로 행사하는 것을 금지하고 통일적으로 처리할 필요가 있고, 이에 따라 채권의 신고, 조사, 확정절차가 이루어진다.

✽ 채권의 신고는 파산절차상 채권을 행사하기 위한 필수절차로 파산절차에 참가하는 형식의 법원에 대한 일종의 신청이며 신고가 없는 한 파산절차에서 권리를 행사할 수 없고, 채권자집회에서의 의결권행사나 배당을 받을 자격도 인정되지 않으며, 따로 파산절차 밖에서 권리행사를 할 수도 없으므로 파산절차가 종료된 후 채무자가 면책결정을 받게 되면 권리를 잃게 된다.

제447조 (채권신고방법)
① 파산채권자는 법원이 정하는 기간(이하 이 장에서 "신고기간"이라 한다) 안에 다음 각 호의 사항을 법원에 신고하고 증거서류 또는 그 등본이나 초본을 제출하여야 한다.
  1. 그 채권액 및 원인
  2. 일반의 우선권이 있는 때에는 그 권리
  3. 제446조제1항 각 호의 어느 하나에 해당하는 청구권을 포함하는 때에는 그 구분
② 별제권자는 제1항 각 호의 사항 외에 별제권의 목적과 그 행사에 의하여 변제를 받을 수 없는 채권액을 신고하여야 한다.
③ 파산채권에 관하여 파산선고당시 소송이 계속되어 있는 때에는 제1항 각 호의 사항 외에 파산채권자는 그 법원·당사자·사건명 및 사건번호를 신고하여야 한다.

✽ 신고권자
파산채권에 대하여 관리처분권을 가진 자, 즉 파산채권자 자신 또는 그 대리인 또는 그 채권에 대하여 압류명령을 얻은 압류채권자나 채권자대위권을 행사한 대위채권자도 신고할 수 있다.

✽ 신고할 사항
채권액은 금전채권이면 그 금액을, 비금전채권 및 조건부채권은 채권자 스스로가 평

가한 금액을 신고하고, 채권의 원인은 다른 채권과 식별할 수 있을 정도면 된다.

일반의 우선권이 있을 때는 그 권리를 신고하지 않으면 일반파산채권으로 취급된다.

후순위파산채권에 해당하는 부분이 있을 때에는 그 부분을 신고해야 하는데(제3호), 실무상 배당받을 가능성이 거의 없으므로 신고하는 예도 드물다.

별제권자는 목적물로부터 만족을 얻을 수 있을 때는 신고할 필요가 없으나,[229] 부족할 경우에 대비하여 별제권의 목적과 행사해도 변제받을 수 없는 채권액을 신고해야 그 부분에 대해 파산채권자로서 배당받을 수 있다.

파산채권에 대하여 소송계속 중이면 이를 특정할 수 있는 당사자, 사건명 및 사건번호를 신고해야 하는데, 이는 파산관재인으로 하여금 그 소송에 적절히 관여할 수 있도록 하기 위함이다.

집행권원 또는 종국판결이 있으면 그 취지를 신고해야(늦어도 채권조사기일까지 보완) 그 채권의 확정을 위한 제소책임을 부담하지 않는다.

＊ 신고기간

신고기간은 법원이 파산선고와 동시에 선고한 날로부터 2주 이상 3개월 이하의 범위에서 정하는데(제312조제1항제1호), 이 기간은 공고되며(제313조제1항제3호), 법원이 알고 있는 채권자에게는 그 취지를 송달해야 한다(법 313조제2항).

신고기간 후 신고라도 파산관재인이나 파산채권자의 이의가 없으면 유효한 신고로 취급되어 일반기일에서 조사되고, 이의가 있거나 채권조사의 일반기일 후에 신고된 경우에는 조사를 위한 특별기일이 열리고 이 경우에는 조사비용을 해당 채권자가 부담하는 불이익이 있다(제453조제2항, 제455조). 그러나 회생절차에서 신고기간경과 후의 신고를 원칙적으로 인정하지 않고, 책임질 수 없을 경우에 한하여 1월 내에 보완할 수 있게 한 것(제152조)에 비하여 비용부담의 불이익만 주는 것은 신고지연으로 인한 배당표 경정을 해야 하는 등 파산절차를 지연시킨 것에 대한 제제로는 약하다는 문제가 있다.

후순위 파산채권은 신고기간 제한이 없는데, 국가·공공단체는 채권이 발생하면 지체없이 신고하여야 한다(제471조제1항).

신고기간 내에 채권신고가 전혀 없는 경우에는 신청 또는 직권으로 파산절차는 폐

---

229) 조문의 형식상으로는 별제권자도 항상 신고해야 할 것처럼 되어 있으나, 파산절차와 무관하게 권리를 행사할 수 있는데 신고를 강요하는 것은 부당하므로 만족을 얻을 수 없는 채권액에 대해서만 신고를 해야 파산채권자가 될 수 있다는 것으로 해석한다(대법원 1996. 12. 10. 선고 96다19840 판결).

지된다(제530조 준용).

＊ 신고사항의 변경

일단 신고한 후에도 증거자료를 첨부하여 신고사항을 변경할 수 있는데, 채권액의 증가와 같이 다른 채권자의 이익을 해하는 경우는 기간 경과 후의 신고로 취급된다(제454조).

신고 후 채권양도에 의하여 채권자가 변경된 경우는 다른 채권자에게 불리한 것이 아니므로 제한이 없다.

＊ 신고의 효과

파산채권자에게 채권자집회의 의결권(제373조), 채권조사기일에서의 이의신청권(제458조), 배당청구권(제230조), 파산폐지에 대한 동의권(제538조) 등이 인정된다.

실체법상 효과로 시효중단의 효력이 있으나, 신고가 취하되거나 각하된 경우는 아니다(제32조제2호).[230)]

＊ 신고의 취하

파산채권확정 전 취하는 자유이고, 처음부터 신고가 없던 것이 된다.

파산채권확정 후에도 허용하는 것이 법원의 실무이나, 이 경우 파산채권자표의 기재에 확정판결과 동일한 효력을 인정하고(제460조) 있는 것과 이미 행한 배당의 효력을 어떻게 처리할 것인가의 문제가 발생한다. 따라서 취하를 허용하더라도, 파산절차상의 권리를 장래에 향하여 포기하는 것으로 보아, 채권확정에는 영향이 없고, 파산채권자표의 효력도 유지되며, 이미 실시된 배당은 변제로서 유효하고, 시효중단의 효력도 유지되는 것으로 보아야 할 것이다.

취하 후 다시 채권신고하는 것은 허용되지 않는다(민사소송법 제267조제2항 준용).

제448조 (파산채권자표의 작성)

① 법원사무관 등은 다음 각 호의 사항을 기재한 파산채권자표를 작성하여야 한다.

---

230) 채권조사기일에서 파산관재인이 신고채권에 관하여 이의를 제기하거나, 채권자가 법정기간 내에 파산채권확정의 소를 제기하지 아니하여 배당에서 제외된 경우는 그 청구가 각하된 때에 해당하지 않아 시효중단의 효력은 파산절차가 종결될 때까지 계속된다(대법원 2005. 10. 28. 선고 2005도28273 판결).

> 1. 채권자의 성명 및 주소
> 2. 채권액 및 원인
> 3. 일반의 우선권이 있는 때에는 그 권리
> 4. 제446조제1항 각 호의 어느 하나에 해당하는 청구권을 포함하는 때에는 그 구분
> 5. 별제권자가 제447조제2항의 규정에 의하여 신고한 채권액

② 법원사무관 등은 파산채권자표의 등본을 파산관재인에게 교부하여야 한다.

❋ 파산채권에 대한 배당을 위해서는 그 파산채권의 존재, 채권액, 순위 등을 확정해야 하고, 이를 위해 파산채권의 조사·확정절차가 마련되어 있는데, 이 조사는 이해관계인 사이에 다툼이 없는지 여부를 확인하는 것이고, 법원이 실질적인 심리를 하는 것은 아니다. 다툼이 있을 경우에는 따로 확정을 위한 재판을 거쳐야 한다.

이와 같은 조사와 확정을 위한 준비로 행해지는 것이 채권자표의 작성이다.

제449조 (파산채권자표 및 채권신고서류의 비치)

① 법원은 파산채권자표 및 채권의 신고에 관한 서류를 이해관계인이 열람할 수 있도록 법원에 비치하여야 한다.
② 법원사무관 등은 채권자의 신청이 있는 경우 그 채권자의 채권에 관한 파산채권자표의 초본을 교부하여야 한다.

❋ 파산채권자는 파산채권자표를 열람하여 자신의 채권에 관한 기재에 잘못이 있으면 이의할 수 있고(제33조, 민사소송법 제223조), 파산관재인은 파산채권자표 등의 서류를 보고 채권조사에 앞서 신고채권의 인부표를 법원에 제출한다.

제450조 (채권조사의 대상)

채권조사기일에는 신고한 각 채권에 관하여 제448조제1항 각 호의 사항을 조사한다.

❋ 채권조사기일에는 파산선고와 동시에 정하는 일반기일(제312조제1항, 제313조)과 이의 있는 채권과 신고기일 후에 신고한 채권을 조사하기 위한 특별기일(제453조제2항)이 있다.

＊ 먼저 파산관재인이 인부표에 의거해 의견이나 이의를 진술하고, 다음으로 파산
채권자와 채무자가 의견이나 이의를 진술하게 되는데, 파산관재인과 파산채권자는 조
사사항 전부에 대하여 이의를 할 수 있는 데 반하여, 채무자는 파산채권의 존재 및
채권액에 대해서만 이의를 진술할 수 있다.

이의는 기일 중이나 기일 외에서 철회할 수 있고, 아무 불이익이 없으나, 파산관재인
의 이의를 믿고 다른 파산채권자는 이의를 하지 않을 수가 있는데, 나중에 파산채권자
가 이의를 철회하여 채권을 확정시킨다면 그 채권자의 기대에 반하므로 파산관재인의
철회는 제한할 필요가 있다.

제451조 (관계인의 출석)

① 채무자, 신고한 파산채권자 또는 그 대리인은 채권조사기일에 출석하여 의견을 진술할 수
  있다.
② 제1항의 규정에 의한 대리인은 대리권을 증명하는 서면을 제출하여야 한다.

＊ 파산관재인은 직접 조사를 담당하는 자이므로 조사기일에 이의권이 있고, 채무자
는 이의를 하지 않으면 파산채권자표의 기재가 자신에게도 확정판결과 동일한 효력을
갖게 되므로(제535조제1항 본문) 이의할 권리를 주었고, 파산채권자는 그의 권리확정
에 중대한 이해관계가 있으므로 이의진술권을 주었으며, 각 출석권을 보장했다. 종전
에는 사정을 가장 잘 아는 채무자의 출석을 필수로 했었으나, 채무자가 협조하지 않
을 경우 절차가 지연되므로 임의출석으로 바꾸었다.

제452조 (파산관재인의 출석)

채권의 조사는 파산관재인이 출석하지 아니하면 할 수 없다.

＊ 파산관재인은 채권조사를 하는데 중립적인 입장에서 모든 채권자에 대한 자료를
가지고 판단할 수 있으므로 출석을 필수로 했다.

제453조 (신고기간 후에 신고한 채권의 조사)

① 신고기간 후에 신고한 채권에 관하여는 파산관재인 및 파산채권자의 이의가 있는 때를
  제외하고는 채권조사의 일반기일에 그 조사를 할 수 있다.

② 파산관재인 또는 파산채권자의 이의가 있는 때에는 법원은 제1항의 규정에 의한 채권
조사를 하기 위하여 특별기일을 정하여야 한다. 이 경우 채권조사에 소요되는 비용은
신고기간 후에 신고한 파산채권자의 부담으로 한다.

제454조 (파산채권자의 이익을 해하는 변경)

제453조의 규정은 파산채권자가 신고한 사항에 관하여 신고기간 후에 다른 파산채권자
의 이익을 해할 변경을 가한 경우에 관하여 준용한다.

제455조 (일반기일 후의 채권신고)

제453조제2항의 규정은 파산채권자가 채권조사의 일반기일 후에 채권을 신고한 경우에 관
하여 준용한다.

제456조 (특별기일의 공고 및 송달)

채권조사의 특별기일을 정하는 결정은 이를 공고하여야 하며 파산관재인·채무자 및 신
고한 파산채권자에게 송달하여야 한다.

제457조 (채권조사기일의 변경 등)

제456조의 규정은 채권조사기일의 변경과 채권조사의 연기 및 속행에 관하여 준용한다.
다만, 선고가 있는 때에는 공고 및 송달을 하지 아니하여도 된다.

제458조 (채권의 확정)

채권조사기일에 파산관재인 및 파산채권자의 이의가 없는 때에는 다음 각 호의 사항이
확정된다.
1. 채권액
2. 우선권
3. 제446조제1항 각 호의 어느 하나에 해당하는 청구권의 구분

제459조 (조사결과의 파산채권자표 기재)

① 법원사무관 등은 채권조사의 결과와 채무자가 진술한 이의를 파산채권자표에 기재하여
야 한다.
② 법원사무관 등은 확정된 채권의 증서에 확정된 뜻을 기재하고 법원의 인(印)을 찍어야 한다.

✽ 파산채권 등의 조사결과는 채권자집회의 실시, 배당표의 작성 등 이후 절차에 기초를 제공하고, 권리확정소송대상을 명확히 하므로 파산관재인, 채무자, 이해관계인에게 정확히 알려줄 필요가 있어 파산채권자표에 기재한다.

✽ 기재사항은 이의 유무, 이의한 자, 이의사항, 이의범위, 이의철회, 이의에 의해 실권한 것 등 이의 내용과 조사결과 및 확정여부 등을 구체적으로 기재한다.

제460조 (확정채권에 관한 파산채권자표 기재의 파산채권자에 대한 효력)
확정채권에 관하여 파산채권자표에 기재한 때에는 그 기재는 파산채권자 전원에 대하여 확정판결과 동일한 효력이 있다.

✽ 확정판결과 동일한 효력의 의미
이에 관하여는 회생절차에서와 마찬가지로 기재된 내용에 대하여 추후 파산절차에서 다툴 수 없는 것으로 봄이 옳다.[231]

✽ 효력범위
파산채권자 사이에서는 확정된 내용에 대하여 더 이상 파산절차 내에서 다툴 수 없는데, 이 같은 효력은 파산채권신고를 했거나 조사기일에 출석했거나를 불문하고 파산채권자 전원에게 미치고, 파산관재인에게도 미친다.[232]

채권조사는 파산채권자 사이에서 이루어지는 절차이므로 채무자는 이의를 진술해도 확정을 방해할 수는 없지만, 이의를 진술하지 않으면 파산채권자표의 기재는 채무자에 대하여도 확정판결과 동일한 효력을 가지고(제535조제1항), 채무자에 대한 효력은 파산절차 종결 후에도 작용한다. 다만 채무자인 법인은 파산절차 종료로 원칙적으로 소멸하게 되고, 개인채무자는 면책되면 강제집행가능성(법 제535조제2항)이 소멸되므로 실제 의미는 없다. 채무자가 이의를 진술한 경우에는 당사자 사이에서는 채권의 확정이 유보된다.

---

231) 회생절차와 관련된 판례의 견해가 원용될 수 있을 것이다(대법원 1991. 12. 10. 선고 1991다4096 판결).
232) 대법원 2003. 5. 30. 선고 2003다18685 판결.

✽ 재단채권을 파산채권으로 신고한 경우: 이에 관해서는 공익채권자가 자신의 채권의 성격을 잘 몰라서 나중에 공익채권이 아닌 것으로 판정될 경우의 불이익을 피하기 위하여 일단 회생채권으로 신고했다 해도, 자신의 채권이 회생채권으로 취급되는 것에 명시적으로 동의했다거나 공익채권자의 지위를 포기했다고 볼 수는 없고, 나아가 신고결과 파산채권자표에 기재되었다 해도 공익채권의 성질이 회생채권으로 변경되는 것은 아니라는 판례233)가 원용되어 파산채권으로 변한 것으로 볼 수는 없다.

✽ 확정된 채권자표의 기재에 대한 불복

확정판결과 동일한 효력을 가지므로 확정판결을 다투는 방법에 준한 불복은 가능하다. 오기나 계산 잘못이 있을 때 경정신청이 허용되고(제33조, 민사소송법 제211조), 이미 소멸된 채권이 기재된 경우에는 경정결정 또는 무효확인판결로 바로잡을 수 있다.234)

제461조 (파산채권의 이의에 관한 통지)

① 파산채권자가 채권조사기일에 출석하지 아니한 경우 그 채권에 관하여 이의가 있는 때에는 법원은 그 사실을 파산채권자에게 통지하여야 한다.
② 제1항의 규정에 의한 통지는 서류를 우편으로 발송하여 할 수 있다.

제462조 (파산채권 조사확정의 재판)

① 파산채권의 조사에서 신고한 파산채권의 내용에 대하여 파산관재인 또는 파산채권자가 이의를 한 때에는 그 파산채권(이하 이 편에서 "이의채권"이라 한다)을 보유한 파산채권자는 그 내용의 확정을 위하여 이의자 전원을 상대방으로 하여 법원에 채권조사확정의 재판(이하 이 편에서 "채권조사확정재판"이라 한다)을 신청할 수 있다. 다만, 제464조 및 제466조의 경우에는 그러하지 아니하다.
② 채권조사확정재판에서는 이의가 있는 파산채권의 존부 또는 그 내용을 정한다.
③ 법원은 채권조사확정재판을 하는 때에는 이의자를 심문하여야 한다.
④ 법원은 채권조사확정재판의 결정서를 당사자에게 송달하여야 한다.
⑤ 제1항의 규정에 의한 신청은 이의가 있는 파산채권에 관한 조사를 위한 일반조사기일 또는 특별조사기일부터 1월 이내에 하여야 한다.

---

233) 대법원 2004. 8. 20. 선고 2004다3512, 3529 판결.
234) 위 판결.

❋ 제도의 취지

파산관재인 또는 다른 파산채권자가 채권조사기일에 어느 파산채권에 관하여 이의를 제기하면 그 채권은 별도의 절차에서 그 존부 내용이 확정되어야 하는데, 우선 법원에 의한 조사확정재판절차를 거친 후, 그 확정재판에 대한 이의의 소의 절차를 밟아야 한다.

종전의 파산법에서는 바로 소송절차에 들어가도록 했으나, 개정법은 파산절차의 신속한 진행을 위하여 결정절차로 진행하는 조사확정재판절차를 신설한 것이다.

❋ 당사자

이의를 당한 파산채권자는 이의자 전원을 상대로 하여 법원에 채권조사확정심판을 제기하여야 하는데(제1항 본문), 이미 소송이 계속 중이면 이의자 전원을 상대로 하여 소송수계신청을 해야 한다(제1항 단서, 제464조).

❋ 재판의 대상

이의 대상채권에 대해 이미 집행력이 있는 집행권원 또는 종국판결이 있는 경우(유권원채권)에는 이의자로 하여금 채무자가 할 수 있는 소송절차에 의해서만 이의를 주장할 수 있게 해놓았으므로(제466조), 본조가 적용되는 것은 그런 권원이 없는 경우(무권원채권)에 한하고, 이때는 이의를 당한 자가 자기채권의 존재를 밝혀야 한다.

신고된 파산채권으로서 이의된 것에 한한다. 신고되지 않았거나 이의가 없는 것에 대한 것이면 각하한다. 신고나 이의 여부는 파산채권자표로 확인하나, 표를 작성하기 전이면 채권조사기일조서의 내용으로 확인한다.

이와 관련 매매대금채권으로 신고되어 있는데, 확정의 소에서는 약속어음금채권을 청구원인으로 하는 경우나 매매대금채권으로 신고했다가 위임계약상 채권으로 변경하는 경우, 약속어음금채권으로 신고했다가 손해배상채권으로 바꾸는 경우 등과 같이 청구의 기초는 동일한데 청구원인이 다른 경우에는 수계신청을 허용해야 한다는 실무 견해가 있고,[235] 주 채무로 신고했는데 관리인이 보증채무로 시인한 경우 주 채무로 주장하는 이의가 가능하다는 것이 실무이다.

파산채권 중 금전채권은 채권의 존부와 금액이, 비금전채권은 급부의 내용이 확정대상이 되고, 의결권액은 모두에게 대상이 되는데, 이들 사항이 목록에 기재되어 있거나

---

235) 서울고등법원 2000. 7. 21. 선고 2000나13339 판결.

신고되어 조사를 거쳐 파산채권자표에 기재되어 있어야 재판의 대상이 된다(제465조).

조세채권은 신고는 해야 하나 조사대상이 아니므로 파산관재인은 채무자가 할 수 있는 이의방법으로만 불복할 수 있고, 조사확정재판은 불가능하다.

＊ 조사확정재판의 신청시기와 진행은 제2항 내지 제5항에서 정하고 있다.

제463조 (채권조사확정재판에 대한 이의의 소)

① 채권조사확정재판에 불복하는 자는 그 결정서의 송달을 받은 날부터 1월 이내에 이의의 소를 제기할 수 있다.
② 제1항의 소는 파산법원의 관할에 전속한다.
③ 제1항의 소를 제기하는 자가 이의채권을 보유하는 파산채권자인 때에는 이의자 전원을 피고로 하고, 이의자인 때에는 그 파산채권자를 피고로 하여야 한다.
④ 동일한 채권에 관하여 여러 개의 소가 계속되어 있는 때에는 법원은 변론을 병합하여야 한다.
⑤ 제1항의 소에 대한 판결은 소를 부적법한 것으로 각하하는 경우를 제외하고는 같은 항의 재판을 인가하거나 변경한다.

＊ 당사자

조사확정재판의 당사자였던 자에 한하여 이의의 소의 당사자가 될 수 있다.

이의채권의 보유자는 이의자 전원을 상대로 조사확정재판을 신청해야 하지만, 그 결과에 관하여 이의자가 불복하는 경우에는 이의자 전원이 공동으로 할 필요는 없고, 각자 이의의 소를 제기하면 되지만 이의채권 보유자가 불복하는 경우에는 이의자 전원을 상대로 해야 한다.

＊ 제소기간, 관할, 변론에 대해서는 제1항 내지 제4항이 정하고 있다. 변론개시시기를 제한한 것은 동일한 파산채권에 관하여 다수의 이의의 소가 제기될 수 있으므로 변론병합과 판단의 통일을 위해서이다.

＊ 재판

조사확정재판을 인가하거나, 취소하고 파산채권의 내용을 변경하거나, 취소하고 파산채권이 부존재한다는 판결을 한다.

제464조 (이의채권에 관한 소송의 수계)

이의채권에 관하여 파산선고당시 소송이 계속되어 있는 경우 채권자가 그 권리의 확정을 구하고자 하는 때에는 이의자 전원을 그 소송의 상대방으로 하여 소송을 수계하여야 한다.

✽ 규정취지

법이 파산채권의 확정에 관하여 간이 신속한 절차를 마련해두고는 있지만, 파산채권에 관하여 이미 소송계속 중인 경우에도 그 절차를 이용해야 한다면 오히려 비용과 시간을 낭비하는 결과가 되므로 수계신청을 하도록 한 것이다.

별도의 이의의 소를 제기하는 것은 권리보호이익이 없어 부적법 각하된다.[236]

수계신청을 않고 부적법한 정리채권확정소송을 제기했다가 수계대상인 종전 소송을 취하한 경우, 그 시점이 정리채권확정소송 제기기간 경과 후라면 새로운 정리채권확정소송의 제기도 불가능하고, 소 취하로 부적법한 정리채권확정소의 하자가 치유되어 소 제기 시로 소급하여 적법하게 되는 것도 아니라는 판례가 파산절차에도 원용될 수 있을 것이다.[237]

✽ 수계의 신청

- 대상소송: 이의가 있는 파산채권을 소송물로 하는 소송이다. 이때의 수계도 파산 채권자표에 기재된 사항에 한하여 가능하다.
- 수계기간: 수계의 시기는 정해지지 않았으나, 채권자가 배당공고가 있은 날로부터 기산하여 14일 이내에 파산관재인에 대하여 소송을 수계한 것을 증명하지 않으면 배당으로부터 제외되므로(제512조제1항) 간접적으로 제한되고 있다.
- 당사자: 채권자가 수계하는 경우에는 이의자 전원을 상대로 수계해야 한다.

✽ 수계 후의 소송

수계가 되면 그 소송이 계속 중인 법원에서 속행되고, 종전 소송수행결과에 구속된다. 다만 채권 등을 확정하기 위한 소송으로서 속행되는 것이므로 확인소송으로 청구

---

236) 대법원 1991. 12. 24. 선고 91다21698, 22704 판결.
237) 대법원 2001. 6. 29. 선고 2001다22765 판결.

취지를 변경하거나, 채무부존재확인소송에서는 채권확인의 반소를 ♠제기해야

제465조 (청구원인의 제한)

파산채권자는 제459조제1항의 규정에 의하여 파산채권자표에 기재한 사항에 한하여 채권조사확정재판의 신청을 하거나 제463조제1항의 소를 제기하거나 제464조의 규정에 의하여 소송을 수계할 수 있다.

✻ 파산채권자표에 기재된 사항에 한하여 조사확정재판의 신청을 하거나, 그 확정재판에 대한 이의를 하고, 소송수계를 할 수 있으므로, 파산채권자는 채권액을 증액하거나 새롭게 우선권을 주장하는 것은 허용되지 않고, 따라서 채권자표에 기재되지 않은 권리, 액, 우선권의 유무 등의 확정을 구하는 것은 부적법하며, 파산채권확정을 구하는 소에서 파산채권신고 여부는 소송요건으로서 직권조사사항이다.[238]

이의자도 파산채권자표에 기재된 이의사유 외의 사항을 주장할 수 없으나, 이의사항의 바탕을 이루는 이유에는 구속되지 않아 새로운 이유를 제시할 수 있다.

✻ 파산관재인이 이의자인 경우는 부인권을 갖고 이의할 수 있는 외에 채무자가 파산채권자에 대하여 주장할 수 있는 여러 항변을 주장할 수 있으나 이의자가 파산채권자인 경우에는 채무자가 주장할 수 있는 항변권을 주장할 수 없다.

제466조 (집행권원이 있는 채권에 대한 이의주장방법)

① 집행력 있는 집행권원이나 종국판결 있는 채권에 관하여 이의가 있는 자는 채무자가 할 수 있는 소송절차에 의하여만 이의를 주장할 수 있다.
② 제1항의 규정에 의한 파산채권에 관하여 파산선고당시 법원에 소송이 계속되어 있는 경우 이의자가 같은 항의 규정에 의한 이의를 주장하고자 하는 때에는 이의자는 그 파산채권을 보유한 파산채권자를 상대방으로 하는 소송절차를 수계하여야 한다.
③ 제463조제4항 및 제465조의 규정은 제1항 및 제2항에 관하여 준용한다.

---

238) 대법원 2000. 11. 24. 선고 2000다1327 판결.

✻ 유권원채권에 대한 이의

집행력 있는 집행권원 있는 채권이나 종국판결 있는 채권 같은 유권원채권은 채권의 존재가 확실하다 할 수 있어, 채권자가 노력과 비용을 들여 획득한 유리한 지위를 존중하여 이의자 쪽에 채권의 확정에 대한 책임을 지우는 한편, 이의자가 취할 수 있는 방법도 채무자가 할 수 있는 소송절차로 한정된다.

✻ 종류

집행력 있는 집행권원에는 약속어음 공정증서로서 이의 전에 이미 집행문을 받아 바로 집행할 수 있는 것이 해당하고, 채권신고를 한 때는 물론이고 이의를 한 때에도 집행문이 부여되어 있지 않은 약속어음 공정증서는 이의 후에 집행문이 부여되었어도 이에 해당하지 않는다.[239]

종국판결은 신고채권의 존재를 인정하는 것이면 되므로 이행판결 외에 신고채권의 존재확인판결, 부존재확인을 기각하는 판결, 청구이의 소를 기각하는 판결도 가능하고, 확정될 필요도 없다. 화해, 인낙, 조정조서도 확정판결과 마찬가지이므로 종국판결에 준하여 취급된다.

✻ 채무자가 할 수 있는 소송절차는 각 집행권원과 종국판결에 따라 다른데, 확정판결에 대하여는 재심의 소(민사소송법 제422조), 판결의 경정신청(민사소송법 제197조), 집행문부여에 대한 이의신청을 할 수 있고, 확인판결에 대하여는 기판력기준 시 이후의 사유에 기하여 소극적 확인의 소가 가능하고, 이행판결에는 기판력기준 시 이후의 사유에 기한 청구이의의 소가 가능하고, 미확정 종국판결에는 이의자가 소송을 수계한 다음 상급심에서 절차를 속행하거나 상소해야 하나, 새로운 채권부존재확인의 소는 가능할 것이다.

✻ 이의자가 수인인 경우에는 각 이의자가 독립하여 원고적격을 가진다.

제467조 (파산채권의 확정에 관한 소송결과의 기재)

법원사무관 등은 파산관재인 또는 파산채권자의 신청에 의하여 파산채권의 확정에 관한 소송의 결과(채권조사확정재판에 대한 이의의 소가 제463조제1항의 규정에 의한 기간 안에

239) 대법원 1990. 2. 27.자 89다카14554 결정 참조.

제기되지 아니하거나 각하된 때에는 그 재판의 내용을 말한다)를 파산채권자표에 기재하여야 한다.

✽ 여기의 소송결과는 종국판결만이 아니고, 인락·화해 등을 포함한 그 소송의 확정된 결론을 의미한다.

✽ 파산관재인 등은 신청 시 재판서 등본과 확정에 관한 증명서를 제출해야 한다.

제468조 (파산채권의 확정에 관한 소송의 판결 등의 효력)
① 파산채권의 확정에 관한 소송에 대한 판결은 파산채권자 전원에 대하여 그 효력이 있다.
② 채권조사확정재판에 대한 이의의 소가 제463조제1항의 규정에 의한 기간 안에 제기되지 아니하거나 각하된 때에는 그 재판은 파산채권자 전원에 대하여 확정판결과 동일한 효력이 있다.

✽ 확정판결의 효력은 원래 당사자 사이에만 미치는 것이지만 집단적 채무처리절차에서는 모든 이해관계인들에게 일률적으로 정할 필요가 있으므로 법은 판결의 효력을 확장하고 있다. 이 같은 판결의 효력의 확장은 파산절차를 원활하게 하기 위한 것이므로 파산채권의 신고를 않은 파산채권자도 판결에 구속된다.

✽ 확정판결과 동일한 효력의 의미에 관하여는 파산절차 내에서의 불가쟁력에 불과하고 파산절차 밖에서는 인정되지 않는다는 것이 통설이다.

제469조 (소송비용의 상환)
파산재단이 파산채권의 확정에 관한 소송(채권조사확정재판을 포함한다)으로 이익을 받은 때에는 이의를 주장한 파산채권자는 그 이익의 한도 안에서 재단채권자로서 소송비용의 상환을 청구할 수 있다.

✽ 이의자가 승소한 경우 소송비용은 상대방으로부터 받아야 하지만, 파산채권자 모두를 위한 공익비용이므로 파산재단 부담조항을 둔 것이다.

제470조 (파산채권확정소송의 목적의 가액)

파산채권의 확정에 관한 소송의 목적의 가액은 배당예정액을 표준으로 하여 파산법원이 정한다.

제471조 (벌금 등의 신고)

① 제446조제1항제4호의 규정에 의한 청구권을 가진 자는 지체 없이 그 액 및 원인을 법원에 신고하여야 한다.

② 제459조제1항의 규정은 제1항의 규정에 의하여 신고된 청구권에 관하여 준용한다.

제472조 (행정심판 또는 행정소송의 대상인 경우)

① 제471조제1항의 규정에 의하여 신고한 청구권의 원인이 행정심판 또는 행정소송의 대상이 되는 처분인 때에는 법원은 지체 없이 그 청구권의 금액 및 원인을 파산관재인에게 통지하여야 한다.

② 제466조 내지 제468조의 규정은 파산관재인이 이의를 주장하는 경우에 관하여 준용한다.

제3절 재단채권

＊ 의의

재단채권이란 파산채권자에 우선하여 파산절차에 의하지 않고 발생할 때마다 수시로 파산재단전체로부터 변제받을 수 있는 채권으로, 파산선고 후에 파산절차의 수행을 위한 비용채권들로 파산절차의 적절한 수행을 위하여 우선권을 주는 것이 대부분이나, 공평의 이념이나 사회정책적 이유에서 우선권을 주는 경우도 있다.

파산채권이 파산절차를 통해 평등하게 배당받고, 파산선고 전의 원인에 의하여 생기는 것인 점에서, 별제권이 파산절차에 의하지 않는 것은 같으나 특정재산에 대하여 파산채권보다 우선변제를 받는 점에서, 환취권이 파산재단에 혼입된 재산 중 제3자에게 귀속되어야 할 특정재산에 대한 반환을 구하는 것인데 재단채권은 파산재단에 대하여 권리를 주장한다는 점에서 각 다르다.

재단채권은 파산재단으로부터 변제되기는 하나 그 채무자가 누구인가에 관하여는 채무자설(채무자가 파산재단의 관리처분권은 빼앗기지만 환가될 때 까지는 그의 소유이므로 파산재단으로부터 변제되는 이상 채무자가 재단채권의 채무자이다), 파산채권자설(재단채권의 대부분이 파산채권자 공동의 이익을 위한 것이므로 그들을 채무자로 보아야 한다), 파산재단설(파산재단에 독립한 법인격이 인정되는 것을 전제로 파산재단이 채무자라고 본다), 파산관재인설(법인격을 가지는 것을 파산재단의 관리기구인 파산관재인이라고 보고 이를 채무자라고 한다.) 등이 있으나, 채무자설은 채무자의 부조료가 재단채권인 것과 파산종료 후에도 재단채권에 대한 책임을 부담해야 하는데 면책의 취지에 반한다는 문제가 있고, 파산채권자설은 재단채권의 전부가 파산채권자 공동의 이익을 위한 것은 아니라는 점과 파산채권자들 상호 간 이해가 항상 일치하는 것은 아니라는 점 등의 문제가 있고, 파산재단설은 법규가 없음에도 불구하고 법인격을 인정하는 문제가 있고, 파산관재인설은 파산관재인에게 법주체성을 인정할 수 있나와 파산관재인의 보수가 재단채권인 점과 조화되지 않는다는 문제가 있다.

재단채권에는 제473조가 정하는 일반재단채권과 개별규정에서 특별히 인정된 특별재단채권이 있다.

제473조 (재단채권의 범위)

다음 각 호의 청구권은 재단채권으로 한다.

1. 파산채권자의 공동의 이익을 위한 재판상 비용에 대한 청구권
2. 「국세징수법」 또는 「지방세법」에 의하여 징수할 수 있는 청구권(국세징수의 예에 의하여 징수할 수 있는 청구권으로서 그 징수우선순위가 일반 파산채권보다 우선하는 것을 포함하며, 제446조의 규정에 의한 후순위파산채권을 제외한다). 다만, 파산선고 후의 원인으로 인한 청구권은 파산재단에 관하여 생긴 것에 한한다.
3. 파산재단의 관리·환가 및 배당에 관한 비용
4. 파산재단에 관하여 파산관재인이 한 행위로 인하여 생긴 청구권
5. 사무관리 또는 부당이득으로 인하여 파산선고 후 파산재단에 대하여 생긴 청구권
6. 위임의 종료 또는 대리권의 소멸 후에 긴급한 필요에 의하여 한 행위로 인하여 파산재단에 대하여 생긴 청구권
7. 제335조제1항의 규정에 의하여 파산관재인이 채무를 이행하는 경우에 상대방이 가지는 청구권
8. 파산선고로 인하여 쌍무계약이 해지된 경우 그때까지 생긴 청구권
9. 채무자 및 그 부양을 받는 자의 부조료
10. 채무자의 근로자의 임금·퇴직금 및 재해보상금

11. 파산선고 전의 원인으로 생긴 채무자의 근로자의 임치금 및 신원보증금의 반환청구권

✽ 제1호 – 파산신청에 관한 비용, 파산선고 전의 보전처분에 관한 비용, 공고비용, 채권자집회의 소집비용, 배당에 관한 비용 등으로, 본래 파산채권자 모두를 위한 비용이므로 그들 모두가 부담해야 할 것인데, 일단은 신청자가 지출할 것이므로 그를 보호하기 위해서 재단채권으로 한 것이다. 따라서 채권자의 파산절차 참가비용, 채권조사의 특별기일의 비용과 같이 각 채권자의 개인이익을 위한 비용은 제외되고, 파산신청을 하였으나 기각된 경우의 소송비용도 제외된다.

✽ 제2호 – 본래 파산채권이어야 하지만 조세확보를 위한 정책적이 요구로 재단채권으로 한 것이다. 국세징수의 예에 의할 수 있는 것으로는 국민연금보험료(국민연금법 제81조), 의료보험료(국민건강보험법 제73조) 등 각종 사회보험료, 관세(관세법 제26조), 장애인고용촉진 및 직업재활 부담금(장애인고용촉진 및 직업재활법 제30조) 등 제부담금, 과징금 등의 채권을 말한다.

종전 파산법에서는 파산선고 후에 생긴 연체료도 재단채권으로 취급했으나, 이에 대하여는 파산채권에 대한 파산선고 후에 발생한 이자나 채무불이행에 의한 손해배상액과 다를 바 없는데 특별취급한다는 이유로 위헌결정이 있었고,[240] 이에 따라 이 법에서는 제외조항을 넣었다.

다른 파산채권자의 보호를 위하여 본 호에 해당하는지 여부는 엄격히 해석해야 할 것인데, 판례는 제2차 납세의무자가 납부한 경우 본래의 납세의무자에 대한 구상금채권은 본 호의 조세채권에 해당하지 않고 제5호의 부당이득반환청구권으로 보고 있다.[241]

파산선고 후의 원인으로 생긴 것인지 여부는 파산선고 전에 법률이 정한 과세요건이 충족되어 그 조세채권이 성립되었는가를 기준으로 결정된다.[242] 소득금액변동통지서가 파산선고 후에 이루어진 경우 그에 기초한 원천징수분 법인세(근로소득세)채권과 법인세할 주민세채권은 파산선고 후의 원인으로 이루어진 것이다.[243] 납기의 도래는 요건이 아니다. 파산선고 후의 원인으로 생긴 조세채권이지만 파산재단에 관한 것이 아닌 조세채권인지 여부가 실무에서 많이 문제되는데, 파산관재인이 파산재단으로부터 포기

240) 헌법재판소 2005. 12. 22. 선고 2003헌가8 결정.
241) 대법원 2005. 8. 19. 선고 2003다36904 판결.
242) 대법원 2002. 9. 4. 선고 2001두7268 판결.
243) 대법원 2005. 6. 9. 선고 2004다71904 판결.

한 파산자소유의 부동산의 양도에 따른 부가가치세는 파산재단에 관한 것이 아니다.244)

＊ 제3호－파산관재인(제30조제1항), 감사위원(제381조)의 보수, 재산목록 작성비용(제483조), 배당에 관한 공고, 통지 비용(제509, 515조) 등 파산채권자 공동의 이익을 위한 비용이다.

＊ 제4호－파산관재인이 그 권한에 의하여 행한 고용, 차입, 임차, 화해 등의 법률행위 또는 불법행위의 상대방에게 생긴 청구권이 이에 해당한다. 파산채권자 공동의 이익을 위한 비용이다. 파산관재인이 계약의 이행을 선택하고 계약을 이행하지 않아 상대방이 계약을 해제하여 생긴 상대방의 원상회복청구권이나 손해배상청구권은 이에 속한다.245)

＊ 제5호－파산선고 후에 생긴 것에 한하고 파산선고 전에 생긴 것은 파산채권이 된다. 사무관리의 예로는 제3자가 의무 없이 재단재산을 보관한 경우이고, 부당이득의 예로는 환취권이나 별제권의 대상인 재산이 처분되어 그 대가가 파산재단에 혼입되어 특정성을 잃은 경우의 환취권자나 별제권자의 권리가 있다.

모 회사가 제2차 납세의무자로서 자회사인 파산한 채무자가 체납한 법인세를 납부하고 본세의 납세의무자인 자회사에 대하여 구하는 구상권은 부당이득으로 인하여 파산재단에 대하여 생긴 청구권으로 본 호의 재단채권이 된다.246)

수탁보증인이 파산하여 파산관재인이 주 채무자에게 사전구상권을 행사하여 사전구상금을 수령한 경우 이를 주 채무자의 면책을 위해 사용하지 않고 파산재단에 귀속시킨 경우에 채권자에 대하여 여전히 보증채무를 부담하고 있는 이상 부당이득이 되는 것이 아니라고 본다.247)

＊ 제6호－수임인의 부담으로 파산재단이 이익을 얻는 경우이다. 긴박한 필요가 없는 경우는 파산채권이 된다.

---

244) 서울행정법원 2005. 7. 7. 선고 2005구합6904 판결.
245) 대법원 2001. 12. 24. 선고 2001다30469 판결.
246) 대법원 2005. 8. 19. 선고 2003다36904 판결.
247) 대법원 2005. 7. 14. 선고 2004다6948 판결.

❋ 제7호 – 상대가 자기의무는 이행했는데 자기 권리는 파산절차를 통해서만 실현받을 수 있다면 처음부터 자기 의무를 이행하지 않을 것이므로 공평 및 상대방의 채무이행을 확보하기 위해서 둔 규정이다. 파산선고 전에 파산자와 임대인 간에 체결된 임대차계약에 대하여 파산관재인이 이행을 선택한 경우 지불하여야 할 임료채권이 그 예로, 선택 후의 임료뿐만 아니라 미지급 임료 전체가 해당한다.

❋ 제8호 – 파산을 이유로 한 해지통고가 있어도 그 효력은 일정기간이 지나야 발생하는 경우가 있고(민법 제635조), 그 효력발생 시까지는 상대방은 파산재단에 대한 채무를 이행해야 하므로 공평 및 그 이행확보를 위해 재단채권으로 했다. 상대방이 파산선고 후에도 채무를 이행한 것을 보호하기 위한 것이므로 본 호의 재단채권의 시기는 해지통고시가 아닌 파산선고 시부터이다.

❋ 제9호 – 채무자의 생활유지를 위한 비용을 공적 부양으로 해결한다면 파산채권자는 국민의 부담으로 채권의 만족을 얻는 결과가 되므로 사회정책적 고려에서 파산채권자들의 부담이 되게끔 재단채권으로 한 것이나 실무상 부조료를 정한 경우는 거의 없다.

❋ 제10, 11호 – 근로자보호의 정책적 배려에 따른 것이다. 파산법인의 직원뿐만 아니라 사실상 사주의 지시에 따라 노무를 제공하는 이사의 보수도 해당한다.[248] 퇴직금에는 퇴직위로금이나 명예퇴직수당도 포함한다.[249]

임금채권보장법 제6조는 사업주가 파산한 경우 미지급임금에 대하여 근로기준법 제37조의 임금채권의 우선변제의 범위 내에서 노동부장관이 사업주를 대신하여 지급하도록 규정하고 있으므로 근로자들로서는 이 임금을 지급받기 위하여 사업주에 대한 파산신청을 할 필요가 있는데, 임금채권을 재단채권으로 보면 파산신청을 할 수 없는 것이 아닌가의 문제가 있으나, 실무에서는 허용하고 있다.

---

248) 대법원 1988. 6. 14. 선고 87다카2268 판결.
249) 대법원 2000. 6. 8.자 2000마1439 결정.

＊ 특별재단채권

– 파산관재인이 부담 있는 유증의 이행을 받을 때의 부담수익자의 청구권(제474조): 부담부 유증의 수익자가 파산한 경우 수익자에 대한 의무를 이행하는 것이 유언자의 의사 및 공평에 합치하므로 재단채권으로 한 것이다.

– 파산관재인이 쌍방미이행의 쌍무계약을 해제(해지)한 경우의 상대방의 반대급부가액상환청구권(제337조제2항): 반대급부가 현존하면 환취권의 대상이 되나 현존하지 않을 경우에는 가액을 반환하는 것이 공평하므로 재단채권으로 한 것이다.

– 파산관재인이 부인권을 행사한 경우에 상대방이 가지는 반대급부로 인한 현존이익상환청구권(제398조제1항): 반대급부가 현존하면 이를 반환하고, 현존하지 않는 경우에는 현존이익을 반환하는 것이 공평하므로 재단채권으로 한 것이다.

– 소송, 집행, 선행회생절차의 비용(제347조제2항, 제348조제2항, 제350조제2항): 파산채권자 전체의 이익을 위해 행해지는 것이므로 재단채권으로 한 것이다.

제474조 (부담 있는 유증의 부담의 청구권)

파산관재인이 부담 있는 유증의 이행을 받은 때에는 부담의 이익을 받을 청구권은 유증목적의 가액을 초과하지 아니하는 한도 안에서 재단채권으로 한다.

제475조 (재단채권의 변제)

재단채권은 파산절차에 의하지 아니하고 수시로 변제한다.

＊ 일정금액이상은 법원의 허가 및 감사위원이 있을 때는 그의 동의를 받아야 한다(제492조).

제476조 (재단채권의 우선변제)

재단채권은 파산채권보다 먼저 변제한다.

＊ 우선성은 배당의 경우만이 아니고, 파산취소, 재단부족에 의한 폐지의 경우에도 보장된다.

✻ 강제집행의 허용 여부

파산관재인이 임의변제하지 않을 경우에 소제기할 수 있는 것은 당연하나, 회생절차의 경우 공익채권에 기한 강제집행이나 가압류의 중지에 대한 규정이 있는데(제180조제3항), 파산절차에는 아무 규정이 없어 강제집행을 허용할 것인가를 두고 논의가 있다. 허용하는 입장은 우선변제를 허용하면서 강제집행을 허용하지 않을 이유가 없다고 하나,[250] 재단채권도 완전히 변제하지 못하고 이시폐지하는 경우가 많은 실정에 비추어 볼 때, 강제집행을 허용하면 파산관재인이나 보조인이 받을 보수까지 재단채권자들이 가져가 파산업무를 제대로 수행하지 못하는 상황이 발생할 수도 있는 것을 방지하기 위해서는 강제집행을 허용하지 않는 것이 바람직하다.[251]

제477조 (재단부족의 경우의 변제방법)

① 파산재단이 재단채권의 총액을 변제하기에 부족한 것이 분명하게 된 때에는 재단채권의 변제는 다른 법령이 규정하는 우선권에 불구하고 아직 변제하지 아니한 채권액의 비율에 따라 한다. 다만, 재단채권에 관하여 존재하는 유치권·질권·저당권 및 전세권의 효력에는 영향을 미치지 아니한다.

② 제473조제1호 내지 제7호 및 제10호에 열거된 재단채권은 다른 재단채권에 우선한다.

✻ 재단채권에 유치권 등이 있는 경우에는 이 재단채권이 우선한다(제1항 단서).

✻ 제2항의 채권들 사이에 다시 우열이 있는가에 관해서는 제1호와 제3호와 같이 공익비용의 성질을 가지는 것은 다른 것에 우선한다고 보는 것이 실무이다.[252]

제478조 (파산채권에 관한 규정의 준용)

① 제425조 & 제426조 및 제427조제1항의 규정은 제473조제7호 및 제474조의 규정에 의한 재단채권에 관하여 준용한다.

② 제1항의 규정에 의한 재단채권이 이자 없는 채권 또는 정기금채권인 때에는 만약 그 채권이 파산채권이라면 제446조제1항제5호 내지 제7호의 규정에 의하여 다른 파산채권보다 후순위로 될 부분에 해당하는 금액을 공제한 액을 그 가액으로 한다.

---

250) 전병서 도산법, 262면.
251) 임치룡 파산법연구2, 247면.
252) 서울중앙지방법원 법인파산사건실무, 167면.

제5장 파산재단의 관리·환가 및 배당

제1절 파산재단의 관리 및 환가

✻ 파산관재인은 배당을 실시하기 위한 자원을 만들어야 하므로, 취임 후 즉시 파산재단에 속하는 재산의 점유 관리에 착수하여 재산을 수집확보하고, 파산재단의 법률관계를 정리하고, 부인권을 행사해 재산의 증식을 꾀해야 하고, 자산을 가능한 유리하게 환가해야 한다.

제479조 (파산재단의 점유 및 관리)

파산관재인은 취임 후 즉시 파산재단에 속하는 재산의 점유 및 관리에 착수하여야 한다.

✻ 파산관재인은 선임 직후 신청인 등을 동행하여 파산자의 사무소, 주거 등을 답사하여 출입구 등 보기 쉬운 장소에 파산사실과 사무실·주거 및 그 안에 있는 모든 유체동산이 파산관재인의 점유관리하에 넘어왔으므로 파산관재인의 허가 없이 출입 반출하는 경우에 형사처벌된다는 취지의 공고문을 부착하고, 열쇄 등을 회수한다.

현금, 고가품, 권리관계서류, 기타 주요 문서는 파산관재인 사무소로 가져오고, 이후 필요한 조치를 취한다.

제480조 (봉인)

① 파산관재인은 필요하다고 인정하는 때에는 법원사무관 등·집행관 또는 공증인으로 하여금 파산재단에 속하는 재산에 봉인을 하게 할 수 있다. 이 경우 봉인을 한 자는 조서를 작성하여야 한다.

② 제1항의 규정은 봉인을 제거하는 경우에 관하여 준용한다.

✱ 봉인이라 함은 재산이 파산관재인의 점유, 관리하에 있다는 것을 제3자에게 공시, 대항하기 위하여 봉인표를 부착하는 행위이다.

제481조 (재산장부의 폐쇄)

파산관재인은 파산선고 후 지체 없이 채무자의 재산에 관한 장부를 폐쇄하고 그 취지를 기재한 후 기명날인하여야 한다.

✱ 장부의 현상을 확보하여 새로운 기재를 할 수 없게 하는 조치이다.

제482조 (재산의 가액의 평가)

파산관재인은 지체 없이 파산재단에 속하는 모든 재산의 파산선고당시의 가액을 평가하여야 한다. 이 경우 채무자를 참여하게 할 수 있다.

제483조 (재산목록 및 대차대조표의 작성)

① 파산관재인은 재산목록 및 대차대조표를 작성하여야 한다.
② 파산관재인은 재산목록 및 대차대조표의 등본에 기명날인하고 이를 법원에 제출하여야 한다. 봉인에 관한 조서의 경우에도 또한 같다.
③ 이해관계인은 제2항의 규정에 의한 서류의 열람을 청구할 수 있다.

제484조 (우편물의 관리)

① 법원은 체신관서·운송인 그 밖의 자에 대하여 채무자에게 보내는 우편물·전보 그 밖의 운송물을 파산관재인에게 배달할 것을 촉탁할 수 있다.
② 파산관재인은 그가 수령한 제1항의 규정에 의한 우편물·전보 그 밖의 운송물을 열어볼 수 있다.
③ 채무자는 파산관재인이 수령한 우편물·전보 그 밖의 운송물의 열람을 요구할 수 있으며, 파산재단과 관련이 없는 것의 교부를 요구할 수 있다.

✱ 통신비밀의 예외로 채무자의 재산상태나 거래관계를 파악하기 위하여 인정되는

조치이다.

제485조 (우편물관리의 해제)

① 법원은 채무자 또는 파산관재인의 신청에 의하여 제484조제1항의 규정에 의한 촉탁을 취소하거나 변경할 수 있다.

② 파산취소나 파산폐지의 결정이 확정되거나 파산종결의 결정이 있은 때에는 법원은 제484조제1항의 규정에 의한 촉탁을 취소하여야 한다.

제486조 (영업의 계속)

파산관재인은 법원의 허가를 받아 채무자의 영업을 계속할 수 있다.

✽ 영업을 계속하면 영업양도에 유리한 경우, 공사완공 직전이어서 완공 후에 유리한 매각이 가능한 경우, 이미 주문받은 상품이어서 제조 판매하면 유리한 경우 등은 필요한 기간만큼 영업을 계속하게 하는 것이 이해관계인들에게 유리할 것이므로 예외적으로 영업을 할 수 있게 한 것인데, 파산관재인이 영업전문가는 아니므로 제한적으로 인정해야 하고, 경우에 따라서는 회생절차를 이용하게 할 수도 있을 것이다.

✽ 파산선고가 있으면 영업의 계속여부를 불문하고 일단 해고 예고를 하나, 영업을 계속하거나 그렇지 않더라도 채권의 회수나 자산매각에 직원의 보조가 필요한 경우 예고기간 만료 후 당해직원을 파산관재인의 보조자로 선임하는 계약을 체결한다.

제487조 (고가품의 보관방법)

화폐, 유가증권 그 밖의 고가품의 보관방법은 법원이 정한다.

✽ 통상은 파산관재인이 은행 등을 지정하여 고가품(현금) 보관장소 지정신청서를 법원에 제출해 허가받은 다음 파산관재인 명의의 예금구좌를 개설하거나, 금고를 대여받아 입금 또는 보관한다.

제488조 (파산경과의 보고)

파산관재인은 파산선고에 이르게 된 사정과 채무자 및 파산재단에 관한 경과 및 현상에 관하여 제1회 채권자집회에 보고하여야 한다.

제489조 (채권자집회의 결의사항)

채권자집회는 다음 각 호의 사항에 관하여 결의를 할 수 있다.

1. 영업의 폐지 또는 계속
2. 고가품의 보관방법

제490조 (별제권의 목적물의 제시)

① 파산관재인은 별제권자에 대하여 그 권리의 목적인 재산을 제시할 것을 요구할 수 있다.
② 파산관재인이 제1항의 규정에 의한 재산을 평가하고자 하는 때에는 별제권자는 이를 거절할 수 없다.

제491조 (환가시기의 제한)

제312조제1항제3호의 규정에 의한 채권조사기일이 종료되기 전에는 파산관재인은 파산재단에 속한 재산의 환가를 할 수 없다. 다만, 감사위원의 동의 또는 법원의 허가를 받은 때에는 그러하지 아니하다.

＊ 채권조사기일이 종료되기 전에는 파산채권의 총액이 확정되지 않아 어느 정도의 재산을 환가해야 적당한지를 알 수 없기 때문에 환가시기를 제한한 것이다. 다만 재고상품과 같이 시간경과로 가치가 급속 하락하는 경우 미리 환가할 필요성이 있으므로 법원허가나 감사위원이 동의를 얻어 환가할 수 있게 한 것이다.

제492조 (법원의 허가를 받아야 하는 행위)

파산관재인이 다음 각 호에 해당하는 행위를 하고자 하는 경우에는 법원의 허가를 받아야 하며, 감사위원이 설치되어 있는 때에는 감사위원의 동의를 얻어야 한다. 다만, 제7호 내지 제15호에 해당하는 경우 중 그 가액이 1천만 원 미만으로서 법원이 정하는 금액 미만인 때에는 그러하지 아니하다.

1. 부동산에 관한 물권이나 등기하여야 하는 국내선박 및 외국선박의 임의 매각

  2. 광업권·어업권·특허권·실용신안권·의장권·상표권·서비스표권 및 저작권의 임의 매각

  3. 영업의 양도

  4. 상품의 일괄매각

  5. 자금의 차입 등 차재

  6. 제386조제2항의 규정에 의한 상속포기의 승인, 제387조의 규정에 의한 포괄적 유증의
     포기의 승인과 제388조제1항의 규정에 의한 특정유증의 포기

  7. 동산의 임의 매각

  8. 채권 및 유가증권의 양도

  9. 제335조제1항의 규정에 의한 이행의 청구

 10. 소의 제기(가처분 및 가압류의 신청을 제외한다)

 11. 화해

 12. 권리의 포기

 13. 재단채권·환취권 및 별제권의 승인

 14. 별제권의 목적의 환수

 15. 파산재단의 부담을 수반하는 계약의 체결

 16. 그 밖에 법원이 지정하는 행위

  ✳ 중요한 환가행위의 경우 법원이나 감사위원의 허가를 받도록 제한한 규정이다.

  ✳ 환가의 방법은 원칙적으로 파산관재인의 재량에 맡겨져 있으나, 법원의 허가를
받아 하는 임의 매각의 방법이 가장 많이 쓰이고, 임의 매각이 아닐 경우 부동산이나
광업권, 어업권, 광업권 등과 같이 민사집행법에 환가방법이 정해져 있는 경우는 이에
따라야 한다(제496조제1항).

  ✳ 재단채권은 배당절차에 의하지 않고 수시로 변제해야 하므로 파산관재인은 법원
에 재단채권승인 및 임치금반환허가신청서를 제출해 허가를 얻어 변제한다. 파산재단
으로 재단채권전액을 변제할 수 없을 경우에는 파산신청비용, 공고·우편비용, 관재사
무비용, 파산관재인 보수 등을 최우선적으로 지급하고 나머지 재단채권은 채권액 비
율에 따라 안분한다.

  ✳ 별제권 목적의 환수란 별제권자에게 채무를 지급하고 목적물의 담보권을 소멸시

킨 다음 목적재산을 재단으로 환수하는 것인데, 통상은 임의 매각계약이 확정된 단계에서 매각허가와 병행하여 행하여진다.

✱ 재단재산의 포기(12호)

파산관재인은 파산재단 소속의 모든 재산을 환가하여야 하나, 환가가 불가능하거나 환가비용을 공제하면 남는 것이 없는 경우에는 파산재단에는 이익이 없이 오히려 불이익을 초래할 수 있고 파산절차의 종결이 지연될 우려가 있다. 이럴 경우 법원의 허가(감사위원 설치 시는 감사위원의 동의)를 얻어 그 재산을 파산재단으로부터 포기할 수 있다.

포기시기는 제한 없고 파산절차의 종료 시까지 수시로 할 수 있다.

등기·등록된 재산에 관하여는 법원이 파산등기의 말소등기를 촉탁한다.

포기된 재산은 채무자의 자유재산이 되어 채무자의 관리처분권이 회복된다.

제493조 (채무자의 의견청취)

제492조의 경우 채무자는 파산관재인에게 의견을 진술할 수 있다.

제494조 (법원의 중지명령)

파산관재인이 감사위원의 동의를 얻어 제492조 각 호의 행위를 하는 때에도 법원은 채무자의 신청에 의하여 그 행위의 중지를 명하거나 그 행위에 관한 결의를 하게 하기 위하여 채권자집회를 소집할 수 있다.

제495조 (선의의 제3자의 보호)

파산관재인이 제491조 또는 제492조의 규정을 위반하거나 제494조의 규정에 의한 중지명령을 위반한 때에도 이로써 선의의 제3자에게 대항할 수 없다.

제496조 (환가방법)

① 「민사집행법」에서 환가방법을 정한 권리의 환가는 「민사집행법」에 따른다.

② 제1항의 규정에 불구하고 파산관재인은 법원의 허가를 받아 영업양도 등 다른 방법으로 환가할 수 있다.

＊ 환가 시 가격의 산정은 전문가의 감정을 거치는 것이 원칙이지만 가격이 높지 않은 경우는 부동산중개인의 매매실례, 공시지가, 장부가액 등을 종합해 정할 수 있다. 매각방법은 경쟁입찰을 하되 최저가격을 정하여 헐값에 매각되는 것을 방지한다.

제497조 (별제권의 목적물의 환가)

① 파산관재인은 「민사집행법」에 의하여 별제권의 목적인 재산을 환가할 수 있다. 이 경우 별제권자는 이를 거절할 수 없다.

② 제1항의 경우 별제권자가 받을 금액이 아직 확정되지 아니한 때에는 파산관재인은 대금을 따로 임치하여야 한다. 이 경우 별제권은 그 대금 위에 존재한다.

＊ 별제권의 목적인 재산에 관하여 재산가격이 피담보채무를 상회함에도 불구하고 별제권자가 적극적으로 별제권을 행사하지 않을 경우에 파산관재인의 환가권을 인정한 것인데, 이 경우 담보권이 붙은 채로 매수하겠다는 사람이 있으면 민사집행법에 의하지 않고 법원의 허가를 얻어 임의 매각할 수도 있을 것이다.

제498조 (별제권자의 처분기간의 지정)

① 별제권자가 법률에 정한 방법에 의하지 아니하고 별제권의 목적을 처분하는 권리를 가지는 때에는 법원은 파산관재인의 신청에 의하여 별제권자가 그 처분을 하여야 하는 기간을 정한다.

② 별제권자가 제1항의 규정에 의한 기간 안에 처분을 하지 아니하는 때에는 제1항의 규정에 의한 권리를 잃는다.

제499조 (파산관재인의 상황보고)

파산관재인은 채권자집회가 정하는 바에 따라 채권자집회 또는 감사위원에게 파산재단의 상황을 보고하여야 한다.

제500조 (임치품의 반환청구)

① 파산관재인이 임치한 화폐·유가증권 그 밖의 고가품의 반환을 요구하고자 하는 때에는 감사위원의 동의를 얻어야 하며, 감사위원이 없는 때에는 법원의 허가를 받아야 한다. 다만, 채권자집회에서 다른 결의를 한 때에는 그 결의에 의한다.

② 파산관재인이 제1항의 규정을 위반한 경우 수치인이 선의이고 과실이 없는 때에는 그 변제는 효력이 있다.

③ 제1항 및 제2항의 규정은 파산관재인이 수치인으로 하여금 지급 그 밖의 급부를 하게 하기 위하여 증권을 발행하는 경우에 관하여 준용한다.

제501조 (법인파산재단의 환가)

「상법」 제258조(채무완제불능과 출자청구)의 규정은 법인이 파산선고를 받은 경우에 관하여 준용한다.

제502조 (익명조합원에 대한 출자청구)

익명조합계약이 영업자의 파산으로 인하여 종료된 때에는 파산관재인은 익명조합원이 부담할 손실액을 한도로 하여 출자를 하게 할 수 있다.

제503조 (상속인의 파산과 상속재산의 처분)

① 상속인이 파산선고를 받은 후에 한정승인을 하거나 재산분리가 있는 때에는 상속재산의 처분은 파산관재인이 하여야 한다. 한정승인 또는 재산분리가 있은 후에 상속인이 파산선고를 받은 때에도 또한 같다.

② 파산관재인이 제1항의 규정에 의한 처분을 종료한 때에는 잔여재산에 대하여 파산재단의 재산목록 및 대차대조표를 보충하여야 한다.

③ 제1항 및 제2항의 규정은 포괄적 유증을 받은 자가 파산선고를 받은 경우에 관하여 준용한다.

제504조 (준용규정)

제503조의 규정은 제385조 또는 제386조제1항의 규정에 의하여 한정승인의 효력이 있는 경우에 관하여 준용한다.

제2절 배 당

✽ 배당이란 파산재단에 속하는 재산을 환가하여 마련한 금전을 파산관재인이 파산

채권자에게 그 순위와 채권액에 따라서 공평하게 분배하는 것을 말한다.

제505조 (배당시기)

제312조제1항제3호의 규정에 의한 채권조사기일이 종료된 후에는 파산관재인은 배당하기에 적당한 금전이 있을 때마다 지체 없이 배당을 하여야 한다.

✽ 배당을 배당재원을 모아서 한꺼번에 하지 않고 재원이 있을 때마다 하는 것은 파산절차가 청산을 목적으로 하는 절차이므로 그때그때 배당하고, 재원이 없으면 바로 청산절차에 들어가는 것이 파산채권자에게 유리하기 때문이다. 배당을 미루어 재단채권이 늘어나면 그만큼 파산채권자에게 배당되는 것이 줄어들 것이다.

✽ 그때그때 행해지는 배당은 최후배당 이전에 이루어지는 배당이므로 중간배당이라고 한다. 파산종결 이후에도 새로이 배당에 충당할 재산이 발생하면 추가배당을 한다. 추가배당을 하는 전형적인 경우로는 최후배당 시까지 파산채권확정소가 확정되지 아니하여 공탁한 금액이 있었으나, 최후배당 후에 파산채권자가 패소하여 부득이 그 금원을 추가배당의 재원으로 삼는 것이다.

제506조 (배당에 필요한 허가)

파산관재인이 배당을 하는 때에는 법원의 허가를 받아야 한다. 다만, 감사위원이 있는 때는 감사위원의 동의를 얻어야 한다.

✽ 이 경우는 중간배당이고 최후배당은 감사위원의 동의 외에 법원의 허가를 반드시 받아야 한다(제520조). 추가배당은 법원의 허가를 받아서 한다(제531조).

제507조 (배당표의 작성)

① 파산관재인은 다음 각 호의 사항을 기재한 배당표를 작성하여야 한다.
  1. 배당에 참가시킬 채권자의 성명 및 주소
  2. 배당에 참가시킬 채권의 액
  3. 배당할 수 있는 금액
② 배당에 참가시킬 채권은 우선권의 유무에 의하여 구별한다. 이 경우 우선권이 있는 채

권은 그 순위에 따라 기재하고, 우선권이 없는 채권은 제446조의 규정에 의하여 다른 채권보다 후순위인 것을 구분하여 기재하여야 한다.

✻ 배당에 참가시킬 채권은 채권조사에 의하여 확정된 채권이다. 확정여부는 채권자표의 기재에 의하므로 확정된 채권이 변제 등으로 소멸한 경우에 일부 소멸 시는 파산채권자가 전액 행사하므로 당초신고액 전액으로 배당받고,[253] 전부 소멸 시에도 채권자표의 기재에 변경(규칙 제76조)이 없는 한 파산채권자가 배당받는다.

중간배당의 경우 이의가 진술된 채권으로서 채권확정소송을 제기하지 않은 채권, 별제권부채권으로서 부족액에 대한 소명이 없는 채권은 배당에서 제외되고, 조건부채권, 장래의 청구권, 채권확정소송이 진행 중인 채권, 별제권부채권으로 채권액이 소명된 채권은 배당에는 참가시키지만 배당액을 교부하지는 않고 임치시킨다(제519조).

✻ 배당에 참가시킬 수 있는 채권의 액은 확정된 채권의 액이다.

✻ 배당할 수 있는 금액은 임치금 잔고에서 향후 예상되는 관재비용을 차감한 금액이 될 것이다.

제508조 (배당표의 제출)

파산관재인은 이해관계인의 열람을 위하여 배당표를 법원에 제출하여야 한다.

제509조 (배당액의 공고)

파산관재인은 배당에 참가시킬 채권의 총액과 배당할 수 있는 금액을 공고하여야 한다. 다만, 제513조 및 제527조의 규정에 의하여 배당표를 경정한 때에는 그러하지 아니하다.

제510조 (배당중지의 공고)

배당절차의 진행 중에 회생절차개시의 신청으로 법원이 제44조제1항의 규정에 의하여 배당의 중지를 명한 때에는 그 뜻을 공고하여야 한다.

---

253) 대법원 2001. 6. 29. 선고 2001다24938 판결.

제511조 (배당절차의 속행과 공고)

제44조제1항제1호의 규정에 의하여 배당의 중지를 명한 경우 다음 각 호의 어느 하나에 해당하는 결정이 확정된 때에는 법원은 배당절차를 속행하고 그 뜻을 공고하여야 한다.

1. 회생절차개시신청의 기각
2. 제285조 내지 제287조의 규정에 의한 회생절차의 폐지
3. 회생계획불인가

제512조 (이의 있는 채권자 및 별제권자의 배당제외)

① 이의 있는 채권에 관하여는 채권자가 배당공고가 있은 날부터 기산하여 14일 이내에 파산관재인에 대하여 채권조사확정재판을 신청하거나 제463조제1항의 소송을 제기하거나 소송을 수계한 것을 증명하지 아니한 때에는 그 배당으로부터 제외된다.
② 별제권자가 제1항의 규정에 의한 배당제외기간 안에 파산관재인에 대하여 그 권리의 목적의 처분에 착수한 것을 증명하고, 그 처분에 의하여 변제를 받을 수 없는 채권액을 소명하지 아니한 때에는 배당에서 제외된다.

제513조 (배당표의 경정)

다음 각 호의 어느 하나에 해당하는 때에는 파산관재인은 즉시 배당표를 경정하여야 한다.

1. 파산채권자표를 경정하여야 하는 사유가 배당제외기간 안에 생긴 때
2. 제512조의 규정에 의한 증명 또는 소명이 있는 때
3. 별제권자가 배당제외기간 안에 파산관재인에 대하여 그 권리포기의 의사를 표시하거나 그 권리의 행사에 의하여 변제를 받을 수 없었던 채권액을 증명한 때

제514조 (배당표에 대한 이의)

① 채권자는 배당표에 대하여 배당제외기간 경과 후 7일 이내에 한하여 법원에 이의를 신청할 수 있다.
② 법원은 배당표의 경정을 명한 때에는 이해관계인이 열람할 수 있도록 그 결정서를 법원에 비치하여야 한다. 이 경우 항고기간은 결정서를 법원에 비치한 날부터 기산한다.
③ 제1항의 신청에 대한 법원의 결정에 대하여는 즉시항고를 할 수 있다. 이 경우 법원이 배당표의 경정을 명한 때의 항고기간은 결정서를 비치한 날부터 기산한다.

＊ 이의사유는 배당표의 기재나 경정이 부당한 것 즉 배당에 참가시킬 채권을 기재하지 않거나 배당 못할 채권을 기재한 것, 채권액이나 순위에 기재가 잘못된 것 등이다. 채권조사 및 확정절차를 거쳐 확정한 채권의 내용에 관한 주장은 이의사유가 될 수 없다.

＊ 기각, 경정결정에 대한 즉시항고는 결정서를 비차한 날로부터 14일이다(제13조제2항).

제515조 (배당률의 결정통지)

① 파산관재인은 제514조제1항의 규정에 의한 기간이 경과한 후에 이의의 신청이 있는 때에는 이에 대한 결정이 있은 후 지체 없이 배당률을 정하여 배당에 참가시킬 각 채권자에게 통지하여야 한다.
② 배당률을 정하는 때에는 법원의 허가를 받아야 한다. 다만, 감사위원이 있는 때에는 감사위원의 동의를 얻어야 한다.

＊ 배당율은 먼저 우선적파산채권자에게 100%배당하고 남는 게 있으면, 일반, 후순위 파산채권자 순으로 배당한다.

＊ 배당률의 통지가 있으면 비로소 각 파산채권자들은 배당률에 기한 구체적인 배당금청구권을 취득하게 된다. 실무에서는 각 채권자별로 계산한 배당액, 배당일시, 장소, 지급방법도 통지하고 있다.

＊ 일단 파산관재인이 배당률을 통지한 이후에는 다른 재단채권이 발생한 것을 알게 되거나 강제화의의 제공이 있더라도 배당을 중지할 수는 없다.

＊ 배당금청구권의 이행기는 각 배당이 실시될 때마다 법원이 정한 배당일이 된다.

＊ 파산관재인이 정당한 이유 없이 배당금을 지급하지 않는 경우에는 지체책임을 져야 하고, 이는 민법상의 채무불이행 또는 불법행위책임이 될 것이다.
배당금청구권은 종전의 파산채권의 연장이 아니고 종전의 권리내용이 변경된 새로운 청구권이어서 종전의 채권이 상사채권이거나 약정이율이 있다 해도 배당금의 지급

지연에 따른 지연이율은 이와 상관없이 민사법정이율이 적용된다.[254]

제516조 (해제조건부채권자의 배당)

해제조건부채권을 가진 자는 상당한 담보를 제공하지 아니하면 배당을 받을 수 없다.

제517조 (배당방법)

① 파산채권자는 파산관재인이 그 직무를 행하는 장소에서 배당을 받아야 한다. 다만, 파산관재인과 파산채권자 사이에 별도의 합의가 있는 경우에는 그러하지 아니하다.

② 파산관재인은 배당을 한 때에는 파산채권자표 및 채권의 증서에 배당한 금액을 기입하고 기명날인하여야 한다.

＊ 파산선고 전의 채권은 금전채권의 경우 지참채무가 원칙이지만 배당금청구권으로 변경되면 추심채무가 된다. 단 파산채권자가 파산관재인에게 송금받을 계좌의 지정 및 통지를 하였다면 파산관재인은 그 계좌에 배당원금 및 그에 대한 지연손해금을 송금하여야 하고 단지 배당금을 수령할 것을 통보한 것만으로 적법한 이행제공이 있었다고 할 수 없다.[255]

제518조 (종전의 배당에서 제외된 자의 우선배당)

제512조의 규정에 의한 증명 또는 소명을 하지 아니하여 배당에서 제외된 채권자가 그 후의 배당에 관한 배당제외기간 안에 그 증명 또는 소명을 한 때에는 그 전의 배당에서 받을 수 있었을 액에 관하여 동일한 순위의 다른 채권자에 우선하여 배당을 받을 수 있다.

제519조 (배당액의 임치)

파산관재인은 다음 각 호의 어느 하나에 해당하는 채권에 대한 배당액을 임치하여야 한다.

1. 제462조 내지 제464조 또는 제466조의 규정에 의하여 이의가 있는 채권에 관하여 채권조사확정재판의 신청, 소의 제기 또는 소송의 수계가 있는 경우

2. 배당률의 통지를 발송하기 전에 행정심판 또는 소송 그 밖의 불복절차가 종결되지 아

---

254) 대법원 2005. 8. 19. 선고 2003다22042 판결.
255) 위 판결.

니한 채권

3. 제512조제2항의 규정에 의하여 별제권자가 소명한 채권액

4. 정지조건부채권과 장래의 청구권

5. 제516조의 규정에 의하여 담보를 제공하지 아니한 해제조건부채권

제520조 (최후배당의 허가)

파산관재인이 최후의 배당을 하는 경우에는 감사위원의 동의가 있는 때에도 법원의 허가를 받아야 한다.

＊ 파산재산에 대한 재산 전부에 대한 환가가 이루어졌을 경우 최종적으로 행하는 배당이다. 이때 가치가 없는 재산은 미환가로 남겨두어도 무관하다.

제521조 (최후배당의 배당제외기간)

최후의 배당에 관한 배당제외기간은 배당의 공고가 있은 날부터 14일 이상 30일 이내에서 법원이 정한다.

＊ 중간배당과 달리 최후배당이므로 제외기간에 여유를 두었다.

제522조 (최후배당액의 결정 및 통지)

최후배당에서 파산관재인은 배당표에 대한 이의가 종결된 후 지체 없이 각 채권자에 대한 배당액을 정하여 그 통지를 하여야 한다.

제523조 (정지조건부채권자의 제외)

정지조건부채권 또는 장래의 청구권이 최후의 배당에 관한 배당제외기간 안에 이를 행사할 수 있게 되지 못한 때에는 그 채권자는 배당에서 제외된다.

＊ 중간배당 때 배당예정액을 임치하는 것과 달리 배당에서 제외시키고, 중간배당 때 임치된 금원은 다른 채권자에게 배당한다(제526조).

제524조 (해제조건부채권자에 대한 지급)

해제조건부채권의 조건이 최후의 배당에 관한 배당제외기간 안에 성취되지 못한 때에는 제516조의 규정에 의하여 제공한 담보는 그 효력을 상실하고, 제519조제5호의 규정에 의하여 임치한 금액은 이를 그 채권자에게 지급하여야 한다. 제419조의 규정에 의하여 제공한 담보나 임치한 금액의 경우에도 또한 같다.

제525조 (별제권자의 제외)

별제권자가 최후의 배당에 관한 배당제외기간 안에 파산관재인에 대하여 그 권리포기의 의사를 표시하지 아니하거나 그 권리의 행사에 의하여 변제를 받을 수 없었던 채권액을 증명하지 아니한 때에는 배당에서 제외된다.

✽ 별제권자의 부족채권액에 관한 최후배당제외요건을 정한 규정으로, 별제권자가 배당절차에 참가하기 위해서는 먼저 담보권 포기의 의사표시를 하여 일반파산채권으로 변경시키거나, 담보목적물의 처분에 착수한 것을 증명하고 동시에 그 처분에 의한 부족액을 소명해야 한다.

이 경우 담보권실행절차가 늦어져 배당제외기간 안에 별제권의 실현이 완료되지 않는 경우에는 부족액을 증명할 수 없어 별제권을 포기하지 않으면 배당에 참가 못하는 불이익을 구제할 방법이 없는 것은 문제이다.

제526조 (임치금의 배당)

제523조 또는 제525조의 규정에 의하여 배당에서 제외된 채권자를 위하여 임치한 금액은 이를 다른 채권자에게 배당하여야 한다. 제418조의 규정에 의하여 임치한 금액의 경우에도 또한 같다.

제527조 (새로운 재산이 있게 된 때의 배당표의 경정)

배당액의 통지를 발송하기 전에 새로 배당에 충당할 재산이 있게 된 때에는 파산관재인은 지체 없이 배당표를 경정하여야 한다.

제528조 (배당액의 공탁)

파산관재인은 채권자를 위하여 다음 각 호의 배당액을 공탁하여야 한다.

1. 제519조제1호 또는 제2호의 규정에 의하여 임치한 배당액
2. 배당액의 통지를 발송하기 전에 행정심판 또는 소송 그 밖의 불복절차가 종결되지 아니한 채권에 대한 배당액
3. 채권자가 수령하지 아니한 배당액

제529조 (계산보고의 채권자집회)

　계산보고를 위하여 소집한 채권자집회에서는 파산관재인이 가치 없다고 인정하여 환가하지 아니한 재산의 처분에 관한 결의를 하여야 한다.

　＊ 계산보고는 법 제365조, 채권자집회는 법 제367조에 규정되어 있다.

제530조 (파산종결의 결정 및 공고)

　채권자집회가 종결된 때에는 법원은 파산종결의 결정을 하고 그 주문 및 이유의 요지를 공고하여야 한다.

　＊ 파산종결결정에 대하여는 불복할 수 없다(제13조제1항).
　파산이 종결되면 파산자의 잔여재산에 대한 권리가 회복되고(제384조), 파산채권자의 개별적 권리행사 제한(제424조)도 해제된다.

제531조 (추가배당의 공고 및 배당액의 통지)

① 배당액의 통지를 한 후에 새로 배당에 충당할 재산이 있게 된 때에는 파산관재인은 법원의 허가를 받아 추가배당을 하여야 한다. 파산종결의 결정이 있은 후에 새로 배당에 충당할 재산이 있게 된 때에도 또한 같다.
② 파산관재인이 추가배당의 허가를 받은 때에는 지체 없이 배당할 수 있는 금액을 공고하고 각 채권자에 대한 배당액을 정하여 통지하여야 한다.

　＊ 추가배당재원
　추가배당에 사용할 재산으로 파산종결까지 발견된 재산에 한정하나, 그 후에 발견된 재산도 포함시키나의 문제가 제1항 후단 때문에 발생하는데, 파산종결이 되면 채무자의 관리처분권이 회복되므로 그 후 재산이 발견되어도 파산관재인이 처분할 수 없으

므로 파산종결 시까지 발견된 재산에 한정되는 것으로 보아야 할 것이다. 파산종결 후에 발견된 재산에 대해서는 청산인을 선임하여 청산절차를 밟게 된다.

　❋ 추가배당을 하는 경우

　전형적인 예로는 최후배당 시까지 파산채권확정소가 확정되지 아니하여 공탁한 금액이 있었으나, 최후배당 후에 파산채권자가 패소하여 부득이 그 금원을 추가배당의 재원으로 삼는 경우, 조세부과처분에 대한 행정소송 중 조세채권에 대하여 공탁하고 이를 제외한 나머지 금원으로 배당한 후 파산종결했으나 그 후 파산재단이 승소하여 공탁금을 배당재원으로 삼는 경우, 관재인이 최후배당을 실시하기 직전에 임금채권 가운데 근로자가 아닌 임원의 보수가 포함된 것을 뒤늦게 발견하고 일단 최후배당을 한 후에 임원보수상당액을 배당재원으로 삼는 경우 등이 있다.

　❋ 추가배당을 받을 수 있는 파산채권자

　최후배당에 참가한 채권자와 동일하고, 최후배당에서 제외된 자는 추가배당에 참가할 수 없다. 따라서 최후배당 후 새로이 파산채권 특별조사기일을 열수는 없다.

제532조 (추가배당의 기준)

추가배당은 최후의 배당에 관하여 작성한 배당표에 의하여 한다.

제533조 (계산보고서)

① 파산관재인이 추가배당을 한 때에는 지체 없이 계산보고서를 작성하여 법원의 인가를 받아야 한다.
② 제1항의 규정에 의한 인가결정에 대하여는 즉시항고를 할 수 있다.

제534조 (파산관재인이 알고 있지 아니한 재단채권자)

배당률 또는 배당액의 통지를 하기 전에 파산관재인이 알고 있지 아니한 재단채권자는 각 배당에서 배당할 금액으로써 변제를 받을 수 없다.

제535조 (확정채권에 관한 파산채권자표 기재의 파산선고를 받은 채무자에 대한 효력)

① 확정채권에 대하여 채무자가 채권조사의 기일에 이의를 진술하지 아니한 때에는 파산

채권자표의 기재는 파산선고를 받은 채무자에 대하여 확정판결과 동일한 효력을 가진다.
② 채권자는 파산종결 후에 파산채권자표의 기재에 의하여 강제집행을 할 수 있다. 이 경우 「민사집행법」 제2조(집행실시자) 내지 제18조(집행비용의 예납 등), 제20조(공공기관의 원조) 및 제28조(집행력 있는 정본) 내지 제55조(외국에서 할 집행)의 규정을 준용한다.

제536조 (원상회복의 신청)

① 채무자가 그 책임 없는 사유로 인하여 채권조사의 기일에 출석하지 못한 때에는 그 사유가 없어진 날부터 7일 이내에 한하여 이의를 추후 보완하기 위하여 파산법원에 원상회복의 신청을 할 수 있다.
② 법원은 직권으로 채무자의 이의가 있는 채권의 채권자에게 원상회복의 신청서를 송달하여야 한다.
③ 법원이 원상회복을 허가한 때에는 채무자가 채권조사기일에 이의를 진술한 것과 동일한 효력이 생긴다. 이 경우 법원사무관 등은 파산채권자표에 이의의 기재를 하여야 한다.
④ 제1항의 규정에 의한 원상회복신청에 관한 재판에 대하여는 즉시항고를 할 수 있다.

제537조 (상속재산의 잔여재산)

상속재산에 대하여 파산선고가 있는 때에는 최후의 배당으로부터 제외된 상속채권자와 유증을 받은 자는 잔여재산에 관하여 그 권리를 행사할 수 있다.

제6장 파산폐지

✽ 신고한 파산채권자의 동의가 있거나 파산재단이 부족한 경우에 파산절차를 장래에 향하여 중지하는 것이 파산폐지로, 파산제도의 본래 목적인 배당이 완료되는 것 외의 파산절차 종료원인으로 파산절차가 소급하여 효력을 잃는 파산취소와 다르다.

제538조 (동의에 의한 파산폐지의 신청)

① 법원은 다음 각 호의 어느 하나에 해당하는 때에는 채무자의 신청에 의하여 파산폐지의 결정을 할 수 있다.
  1. 채무자가 제447조의 규정에 의한 채권신고기간 안에 신고한 파산채권자 전원의 동의를 얻은 때
  2. 채무자가 제1호의 동의를 얻지 못한 경우에는 동의를 하지 아니한 파산채권자에 대하여 다른 파산채권자의 동의를 얻어 파산재단으로부터 담보를 제공한 때
② 미확정채권에 관하여 그 채권자의 동의가 필요한지 여부는 법원이 정한다. 파산채권자에게 제공하는 담보가 상당한지 여부도 또한 같다.
③ 제1항의 규정에 의한 재판에 대하여는 즉시항고를 할 수 있다.

✽ 파산절차의 수익자인 채권자가 파산절차의 수행을 바라지 않는 경우에는 파산절차를 계속 진행할 이유가 없으므로 종료시킨다.

파산채권자의 동의는 채권자체를 포기한다는 것이 아니고, 파산절차의 수행을 포기한다는 법원에 대한 의사표시이다.

동의를 하는 이유는 여러 가지가 있겠으나, 당사자 간에 파산절차에 의하지 않고 채무를 변제하기로 합의가 되는 경우가 대표적일 것이다.

제539조 (법인 등의 파산폐지신청)

① 법인의 파산폐지신청은 이사 전원의 합의가 있어야 한다.

② 상속재산의 파산폐지신청은 상속인이 한다. 이 경우 상속인이 여럿인 때에는 전원의 합의가 있어야 한다.

제540조 (파산폐지신청과 법인의 존속)

파산선고를 받은 법인이 파산폐지신청을 하고자 하는 때에는 사단법인은 정관의 변경에 관한 규정에 따라, 재단법인은 주무관청의 허가를 받아 법인을 존속시키는 절차를 밟아야 한다.

제541조 (입증서면의 제출)

파산폐지신청을 하는 때에는 신청요건이 구비되었음을 증명할 수 있는 서면을 제출하여야 한다.

제542조 (파산폐지신청의 공고 및 서류비치)

법원은 파산폐지신청이 있다는 뜻을 공고하고, 이해관계인이 열람할 수 있도록 신청에 관한 서류를 법원에 비치하여야 한다.

제543조 (채권자의 이의신청)

① 파산채권자는 제542조의 규정에 의한 공고가 있은 날부터 14일 이내에 파산폐지신청에 관하여 법원에 이의를 신청할 수 있다.

② 제1항의 규정에 의한 기간이 경과하기 전에 신고한 파산채권자도 이의를 신청할 수 있다.

제544조 (관계인의 의견청취)

법원은 제543조제1항의 규정에 의한 기간이 경과한 후 파산폐지결정에 필요한 요건의 구비여부에 관하여 채무자 및 파산관재인과 이의를 신청한 파산채권자의 의견을 들어야 한다.

제545조 (비용부족으로 인한 파산폐지)

① 법원은 파산선고 후에 파산재단으로써 파산절차의 비용을 충당하기에 부족하다고 인정

되는 때에는 파산관재인의 신청에 의하거나 직권으로 파산폐지결정을 하여야 한다. 이 경우 법원은 채권자집회의 의견을 들어야 한다.

② 제1항의 규정은 파산절차비용을 충당하기에 충분한 금액이 미리 납부되어 있는 때에는 적용하지 아니한다.

③ 제1항의 규정에 의한 재판에 대하여는 즉시항고를 할 수 있다.

＊ 파산 선고와 동시 또는 이시에 파산재단으로써는 파산절차의 비용도 충당하기에 부족하다고 인정되는 때에 파산관재인의 신청이나 법원의 직권으로 폐지하게 된다.

＊ 동의폐지의 경우는 파산절차 도중에 종료되어 파산신청이 없던 상태로 되는 것이므로, 채무자의 면책신청이 허용되지 않고, 당연히 복권되나, 재단부족으로 인한 폐지시는 채무자는 당연히 복권되지 않고, 면책신청을 하여 허가결정을 받든지(제556조제1항, 제574조제1항제1호), 신청에 의한 복권(제575조)이 있어야 한다.

＊ 법인이 재단부족으로 파산폐지할 경우에는 동의폐지 시와는 달리 법인존속이 아니고 법인을 해산해야 하고, 재산이 남아 있으면 법인격이 소멸하지 않고,256) 통상의 청산절차를 취해야 한다.257)

＊ 파산폐지 후 파산재단에 속하는 재산이 뒤늦게 발견된 경우에 채권자가 집행력 있는 집행권원 또는 채권자표에 기하여 재산에 대하여 강제집행을 할 수 있는가에 관하여 이론이 있으나, 판례는 가능하다고 한다.258)

＊ 파산채권자가 동일한 채권에 기하여 다시 파산을 신청할 수 있는가에 관하여 다툼이 있으나 우리 실무는 인정하지 않는다.259)

---

256) 대법원 1989. 11. 24. 선소 89다카2483 판결.
257) 서울중앙지방법원 2006. 6. 5.자 2006비합160 결정은 파산폐지결정 후에 새로운 재산이 발견된 경우에 채권자의 신청에 의하여 청산인을 선임했다.
258) 대법원 1999. 8. 13.자 99마2198, 2199 결정.
259) 서울지방법원 법인파산실무, 376면.

제546조 (파산폐지결정의 공고)

법원은 파산폐지결정을 한 때에는 그 주문 및 이유의 요지를 공고하여야 한다.

제547조 (재단채권의 변제 및 공탁)

파산폐지결정이 확정된 때에는 파산관재인은 재단채권의 변제를 하여야 하며, 이의가 있는 것에 관하여는 채권자를 위하여 공탁을 하여야 한다.

﹡ 폐지결정에 대한 즉시항고가 없거나, 즉시항고에 대한 기각결정이 확정되어 폐지결정이 확정되면, 재단채권을 변제하거나 공탁하고 채권자집회에서 계산보고를 하는 것으로 그 임무를 종료한다. 법원은 따로 파산종료결정을 하지 않는다.

제548조 (준용규정)

① 제535조의 규정은 파산폐지의 결정이 확정된 경우에 관하여 준용한다.
② 제567조의 규정은 법인인 채무자가 파산종결 또는 파산폐지의 결정으로 소멸하는 경우에 관하여 준용한다.

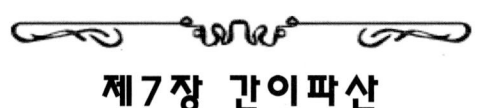

제7장 간이파산

파산재단에 속하는 재산액이 적을 경우는 환가·배당 등의 과정이 수월할 것이므로 신속한 진행이 이루어지도록 절차를 간이화한 것이다.

제549조 (간이파산의 요건)

① 파산재단에 속하는 재산액이 5억 원 미만이라고 인정되는 때에는 법원은 파산선고와 동시에 간이파산의 결정을 하여야 한다.

② 제1항의 경우 법원은 제313조제1항 각 호의 사항 외에 간이파산결정의 주문을 공고하고, 같은 조 제2항의 규정에 의한 서면에 이를 기재하여야 한다.

제550조 (파산절차 중의 간이파산결정)

① 파산절차 중 파산재단에 속하는 재산액이 5억 원 미만임이 발견된 때에는 법원은 이해관계인의 신청에 의하거나 직권으로 간이파산의 결정을 할 수 있다.

② 제1항의 규정에 의하여 간이파산의 결정을 한 때에는 법원은 결정의 주문을 공고하고 파산관재인 및 감사위원과 알고 있는 채권자 및 채무자에게 그 결정의 주문을 기재한 서면을 송달하여야 한다.

제551조 (간이파산의 취소)

간이파산절차 중 파산재단에 속하는 재산액이 5억 원 이상임이 발견된 때에는 법원은 이해관계인의 신청에 의하거나 직권으로 간이파산취소의 결정을 할 수 있다. 이 경우 제550조제2항의 규정을 준용한다.

제552조 (채권자집회의 기일과 채권조사기일의 병합)

간이파산절차의 경우 제1회 채권자집회의 기일과 채권조사의 기일은 부득이한 사유가 있는 때를 제외하고는 이를 병합하여야 한다.

제553조 (감사위원의 불설치)

간이파산의 경우에는 감사위원을 두지 아니한다.

제554조 (채권자집회의 결의에 갈음하는 결정)

간이파산절차의 경우 제1회 채권자집회의 결의와 채권조사 및 계산보고를 위한 채권자집회의 결의를 제외하고는 법원의 결정으로 채권자집회의 결의에 갈음한다.

제555조 (1회 배당)

간이파산절차의 경우 배당은 1회로 하며, 최후의 배당에 관한 규정에 의한다. 다만, 추가배당을 할 수 있다.

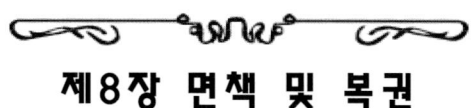

제8장 면책 및 복권

제1절 면 책

＊ 파산제도는 본래 파산상태에 빠진 채무자를 파렴치범으로 몰아 죄악시하는 데 목적이 있었으므로 파산절차에서 100%배당이 이루어지지 못하면 채무자는 계속하여 잔존채무를 부담해야 하는 것이 원칙이었다가, 채권회수비율을 높이기 위하여 채무자의 협력을 구하는 단계를 거쳐, 성실하지만 불운하여 자기에게 책임이 없는 경제사정의 변동으로 인하여 파산에 이르게 된 사람을 영원히 채무의 굴레에서 못 벗어나게 하는 것은 지나치게 가혹하고 재기의 기회를 주는 것이 옳다는 견지에서 잔존채무에 대한 면책을 인정하는 쪽으로 파산법제도가 발전해왔고, 우리법은 제정당시부터 이를 받아들였다.

이와 관련 파산채권자의 재산권에 대한 중대한 제약으로 재산권보장에 관한 헌법위반의 문제가 제기될 수 있는데, 우리 대법원과 헌법재판소는 면책에 관한 종전의 회사정리법 제241조(현행법 제251조)가 공공의 복지를 위하여 헌법상 허용된 필요하고도 합리적인 재산권제한이라거나,[260] 재산권의 본질적 내용을 침해하지 않았고, 과잉금지의 원칙에도 위반하지 않았다[261]는 이유로 합헌이라고 하고 있는데, 이 견해가 파산의 경우에도 그대로 적용될 것이다.

제556조 (면책신청)

① 개인인 채무자는 파산신청일부터 파산선고가 확정된 날 이후 1월 이내에 법원에 면책

---

[260] 대법원 1993. 11. 9.자 93카기80 결정.
[261] 헌법재판소 1996. 1. 25. 선고 93헌바5, 58 결정.

신청을 할 수 있다.

② 채무자가 그 책임 없는 사유로 인하여 제1항의 규정에 의한 면책신청을 하지 못한 때에는 그 사유가 종료된 후 30일 이내에 한하여 면책신청을 할 수 있다.

③ 채무자가 파산신청을 한 경우에는 채무자가 반대의 의사표시를 한 경우를 제외하고, 당해 신청과 동시에 면책신청을 한 것으로 본다.

④ 면책신청을 하는 때에는 제538조의 규정에 의한 파산폐지의 신청을 할 수 없다.

⑤ 제538조의 규정에 의한 파산폐지의 신청을 한 때에는 그 기각의 결정이 확정된 후가 아니면 면책신청을 할 수 없다.

⑥ 면책의 신청에는 채권자목록을 첨부하여야 한다. 다만, 신청과 동시에 제출할 수 없는 때에는 그 사유를 소명하고 그 후에 지체 없이 이를 제출하여야 한다.

⑦ 제3항의 규정에 의하여 면책신청을 한 것으로 보는 경우에는 제302조제2항제1호의 규정에 의하여 제출한 채권자목록은 제6항의 채권자목록으로 본다.

✳ 신청권자

개인인 채무자에 한하고 사업자 여부는 불문한다. 법인은 파산절차가 종료하면 해산되고 소멸하므로 채권자의 추급이 있을 수가 없고, 따라서 면책신청을 할 수 없다.

✳ 신청시기

파산신청일부터 파산선고가 확정된 날 이후 1월 내이므로 파산신청과 동시에도 신청할 수 있는데, 종전에는 파산선고가 있은 후에 면책신청을 할 수 있게 하여(종전 파산법 제339조), 파산선고의 확정여부확인을 위해 채무자가 매일 공고를 확인하거나 법원에 문의해봐야 하는 불편함과 채무자의 불찰로 기일을 놓치거나 1개월만큼 결정이 늦어지는 불이익이 있었는데, 현행법에서는 파산신청과 동시에 신청할 수 있게 하여 이런 위험을 피할 수 있게 하였고(제1항), 나아가 신청시기를 놓친 경우 보완할 수 있는 길을 열어놓는 외에(제2항), 채무자가 파산신청인인 경우는 대부분 면책을 받기 위한 것이므로, 반대의 의사표시가 없는 한 따로 면책신청을 않더라도 파산신청과 함께 면책신청을 한 것으로 본다는 규정을 신설했다(제3항).

✳ 신청의 추완(제2항)

채무자는 면책신청기간 내에 신청을 할 수 없었던 구체적 사유, 자기에게 책임이 없는 점과 그 사유가 언제 해소되었는지를 밝혀야 한다. 파산선고·동시폐지결정정본의 송달이 공고보다 지체되었거나, 송달불능 후 발송송달 또는 공시송달로 인해 채무자가 파산선고 사실을 사실상 알 수 없는 상태에서 면책신청기간을 도과한 경우가 그 예이다.

＊ 신청방식

서면으로 하고, 채권자목록을 첨부해야 하는데(제6항), 파산신청과 동시에 하는 경우에는 파산신청서에 첨부하는 채권자목록이 있으므로 따로 첨부할 필요가 없다. 채권자목록을 제출하지 않아 보정명령을 받고도 이행하지 아니한 경우의 처리에 관하여는, 제출은 신청의 요건이므로 부적법 각하해야 한다는 입장, 추후 제출이 가능하므로(제556조제6항 후문) 신청요건은 아니고 신청이 성실하지 아니한 경우로 보아 제559조제1항제4호를 적용하여 면책신청을 기각하여야 한다는 입장, 절차를 계속 진행하여 허위채권자목록 제출(제564조제1항제3호) 또는 채무자의 의무위반(같은 항 제5호)에 해당하는 것으로 보고 면책불허가해야 한다는 입장 등이 있으나, 추후 제출 가능한 법조항이나 불성실을 이유로 기각할 경우 다시 신청하지 못하는 불이익(제559조제2항)을 감안하면 채무자의 의무위반을 이유로 면책불허가하는 것이 옳을 것이다.

제557조 (강제집행의 정지)

① 면책신청이 있고, 파산폐지결정의 확정 또는 파산종결결정이 있는 때에는 면책신청에 관한 재판이 확정될 때까지 채무자의 재산에 대하여 파산채권에 기한 강제집행·가압류 또는 가처분을 할 수 없고, 채무자의 재산에 대하여 파산선고 전에 이미 행하여지고 있던 강제집행·가압류 또는 가처분은 중지된다.

② 면책결정이 확정된 때에는 제1항의 규정에 의하여 중지한 절차는 그 효력을 잃는다.

＊ 규정취지

파산신청과 면책신청이 동시에 있다고 해도 양자는 별개의 절차이기 때문에 파산절차가 먼저 종료하고 면책절차는 계속 중일 수가 있고, 파산절차가 종료하면 제424조에 의한 강제집행중지 등이 해제되어 파산채권자는 개별적으로 권리실행을 할 수 있으므로 채무자의 급료를 압류하는 등으로 채무자의 새 출발을 어렵게 할 수가 있어 이를 방지하기 위해 강제집행의 금지조항을 둔 것이다.

＊ 정지할 수 있는 경우

면책신청 중에는 동의에 의한 파산폐지신청을 할 수 없으므로(제556조제4항) 여기의 파산폐지결정은 동시폐지 또는 재단부족에 의한 폐지가 있는 경우이다.

＊ 위반

면책된 사실을 알면서 강제집행 등의 방법으로 추심행위를 한 사람은 500만 원 이하의 과태료에 처한다(제660조제3항). 회수한 채권은 부당이득이 성립되어 채무자는 집행채권자를 상대로 그 반환을 청구할 수 있다.

＊ 강제집행의 속행

면책신청이 각하·기각·불허가 결정이 확정되면 다시 강제집행할 수 있고, 중지된 강제집행은 속행된다.

제558조 (채무자의 심문)

① 면책을 신청한 자에 대하여 파산선고가 있는 때에는 법원은 기일을 정하여 채무자를 심문할 수 있다.
② 법원은 제1항의 규정에 의한 기일을 정하는 결정을 한 때에는 이를 공고하고, 파산관재인과 면책의 효력을 받을 파산채권자로서 법원이 알고 있는 파산채권자에게 송달하여야 한다.
③ 제2항의 규정은 제1항의 규정에 의한 기일의 변경과 심문의 연기 및 속행에 관하여 준용한다.
④ 제457조 단서의 규정은 제2항 및 제3항의 규정에 의한 결정에 관하여 준용한다.
⑤ 제1항의 규정에 의한 기일은 채권자집회 또는 채권조사의 기일과 병합할 수 있다.

＊ 규정취지

구법에서는 채무자의 신문이 필수였으나, 현행법은 임의적인 것으로 하였다. 법원은 신청서와 구비서류 등을 검토하여, 미비한 점이 있거나 진위확인이 필요한 경우에 채무자를 신문할 것이다.

파산관재인 및 면책의 효력을 받을 파산채권자에 대한 송달은 면책신청에 대한 이의신청의 기회를 주기 위함이다. 면책효력을 받지 않을 파산채권자(제566조 단서), 별제권자, 재단채권자는 이의신청권이 없으므로 송달할 필요도 없다.

✱ 불응 시 제재

채무자가 소환을 받고도 정당한 사유가 없이 불출석한 경우에 구법에서는 면책신청을 각하할 수 있었는데, 현행법에서는 삭제되었으므로 제재할 수 없다고 볼 수도 있으나, 법 제564조제1항제5호의 채무자의 의무위반을 이유로 면책을 불허할 수 있을 것이다. 나아가 면책신청이 성실하지 아니한 경우로 보아 면책신청자체를 기각할 수도 있을 것이나, 이 경우 면책신청을 다시 할 수 없게 되므로(제559조제2항) 신중을 요한다.

신문기일에는 채무자 본인이 출석해야 하므로 채무자의 대리인만 출석한 경우에는 정당한 사유가 있을 경우에 재소환한다.

면책신청권은 일신전속권이므로 면책절차 중 채무자가 사망한 경우는 면책절차는 종료되고 승계문제는 발생하지 않는다.

✱ 신문기일의 진행

비공개이나(비송사건절차법 제13조), 파산채권자의 참석은 허용된다.

채무자에 대한 신문 내용은 주로 파산신문이나 파산관재인에 대한 설명 시 정직하게 진술했는지 여부, 파산관재인의 조사보고서에 나타난 의문점에 대한 채무자의 설명, 기타 파산절차과정에서 밝혀진 채무자의 부당하거나 의문시되는 행위에 대한 설명 등이다.

출석한 채권자는 이의신청을 할 수 있고, 면책불허가 사유에 대하여 새로운 사유가 있으면 이를 주장할 수 있다.

제559조 (면책신청의 기각사유)

① 법원은 다음 각 호의 어느 하나에 해당하는 때에는 면책신청을 기각할 수 있다.
  1. 채무자가 신청권자의 자격을 갖추지 아니한 때
  2. 채무자에 대한 파산절차의 신청이 기각된 때
  3. 채무자가 절차의 비용을 예납하지 아니한 때
  4. 그 밖에 신청이 성실하지 아니한 때
② 제1항의 규정에 의하여 면책신청이 기각된 채무자는 동일한 파산에 관하여 다시 면책신청을 할 수 없다.
③ 제1항의 결정에 대하여는 즉시항고를 할 수 있다.

✱ 면책의 허가여부에 관한 판단 없이 기각하는 경우이다.

＊ 신청권자의 자격을 갖추지 않은 경우로는 기간도과 신청, 동의에 의한 파산신청을 한 경우 등이 해당한다.

＊ 신청이 성실하지 아니한 때로는 정당한 사유 없이 심리기일에 출석하지 않거나 출석해도 진술을 거부한 경우 등이 해당한다.

제560조 (파산관재인의 조사보고)

법원은 파산관재인으로 하여금 면책불허가사유의 유무를 조사하게 하고, 제558조의 규정에 의한 심문기일에 그 결과를 보고하게 할 수 있다.

제561조 (면책신청에 관한 서류 등의 비치)

법원은 이해관계인이 열람할 수 있도록 다음 각 호의 서류를 법원에 비치하여야 한다.
1. 면책신청에 관한 서류
2. 제560조의 규정에 의한 파산관재인의 보고서류

제562조 (면책신청에 대한 이의)

① 검사·파산관재인 또는 면책의 효력을 받을 파산채권자는 제558조의 규정에 의한 심문기일부터 30일(심문기일을 정하지 않은 경우에는 법원이 정하는 날) 이내에 면책신청에 관하여 법원에 이의를 신청할 수 있다. 다만, 법원은 상당한 이유가 있는 때에는 신청에 의하여 그 기간을 늘릴 수 있다.
② 제1항의 규정에 의한 이의신청을 하는 때에는 제564조제1항 각 호의 면책불허가사유를 소명하여야 한다.

＊ 이의신청권자는 검사, 파산관재인, 면책의 효력을 받을 파산채권자이므로, 면책의 효력을 받지 않는 재단채권자, 별제권자, 환취권자, 면책의 효력을 받지 않는 파산채권자 등은 이의신청권이 없다.

＊ 면책불허가사유의 존부는 직권조사사항이므로(제12조제2항) 이의신청은 직권발동을 촉구하는 것에 불과하여 이에 대해 따로 재판하지는 않고, 면책신청 자체에 대하여 재판하는 것으로 갈음한다.

30일의 기간은 신문기일이 연기되거나 속행될 때는 신문 종결일부터 기산한다.

제563조 (이의신청에 관한 의견청취)

법원은 제562조제1항의 규정에 의하여 이의신청이 있는 때에는 채무자 및 이의신청인의 의견을 들어야 한다.

＊ 의견청취를 위하여 반드시 기일을 열어야 하는 것은 아니고, 양쪽의 의견이 서면으로 충분히 나와 있거나, 면책심문단계에서 양측의 의견이 충분히 개진되어 있으면 별도의 기일을 열지 않고 면책허부의 결정을 할 수 있다.

＊ 실무상은 면책불허가 사유에 대한 주장은 없이 도덕적 해이 등의 사유만을 주장하는 경우가 많은데 이런 경우는 의견청취절차를 열지 않아도 된다.

제564조 (면책허가)

① 법원은 다음 각 호의 어느 하나에 해당하는 때를 제외하고는 면책을 허가하여야 한다.
  1. 채무자가 제650조·제651조·제653조·제656조 또는 제658조의 죄에 해당하는 행위가 있다고 인정하는 때
  2. 채무자가 파산선고 전 1년 이내에 파산의 원인인 사실이 있음에도 불구하고 그 사실이 없는 것으로 믿게 하기 위하여 그 사실을 속이거나 감추고 신용거래로 재산을 취득한 사실이 있는 때
  3. 채무자가 허위의 채권자목록 그 밖의 신청서류를 제출하거나 법원에 대하여 그 재산상태에 관하여 허위의 진술을 한 때
  4. 채무자가 면책의 신청 전에 이 조에 의하여 면책을 받은 경우에는 면책허가결정의 확정일부터 7년이 경과되지 아니한 때, 제624조에 의하여 면책을 받은 경우에는 면책확정일부터 5년이 경과되지 아니한 때
  5. 채무자가 이 법에 정하는 채무자의 의무를 위반한 때
  6. 채무자가 과다한 낭비·도박 그 밖의 사행행위를 하여 현저히 재산을 감소시키거나 과대한 채무를 부담한 사실이 있는 때
② 법원은 제1항 각 호의 면책불허가사유가 있는 경우라도 파산에 이르게 된 경위, 그 밖의 사정을 고려하여 상당하다고 인정되는 경우에는 면책을 허가할 수 있다.
③ 법원은 면책허가결정을 한 때에는 그 주문과 이유의 요지를 공고하여야 한다. 이 경우

송달은 하지 아니할 수 있다.

④ 면책 여부에 관한 결정에 대하여는 즉시항고를 할 수 있다.

＊ 권리면책

법원은 면책의 신청이 있으면 기각사유가 없는 한 허부를 결정해야 하는데, 법은 일정한 불허가사유가 없는 한 허가해야 하는 것으로 정하고 있고, 이런 경우를 권리면책이라고 한다(제1항).

＊ 제1호

－사기파산죄(제650조)

: 채무자가 자기 또는 타인의 이익을 도모하거나 채권자를 해할 목적으로 파산재단에 속하는 재산을 은닉, 손괴 또는 채권자에게 불이익하게 처분하거나 파산재단의 부담을 허위로 증가시키는 사기파산행위는 채권자에게 배당될 책임재산에 대한 직접적인 침해이므로 이런 행위가 있으면 면책을 불허한다(동조 제1호).

: 은닉은 재산을 발견불가능 또는 어렵게 하는 것이고, 손괴는 물리적 훼손 등 재산의 가치를 감소시키는 일체의 행위이고, 채권자에게 불이익한 처분이란 염가매각, 증여 등 모든 채권자에게 불이익을 미치는 처분행위를 말한다. 불이익처분의 범위에 관하여 파산재단에 속하는 재산전체를 감소시키는 행위에 한한다는 절대적 불이익설과 일부채권자에 대한 변제, 대물변제 등 편파행위도 포함한다는 상대적 불이익설이 대립하는데, 판례는 절대적 불이익설을 취하고 있다.[262] 특정채권자에 대한 변제는 반대급부와 현저한 균형을 잃는 등의 사정이 없는 한 불이익한 처분이 아니다.

: 파산재단의 부담을 허위로 증가시키는 행위로는 허위로 재단채권을 증가시키는 것, 허위로 파산재단에 속하는 재산에 저당권 등 담보권을 설정하는 것, 허위로 채무를 부담하는 것 등이 있다(동조 제2호).

: 상업장부 등을 작성하지 않는 것은 파산관재인이 파산재단의 범위를 파악하는 것을 곤란하게 하고, 파산채권자의 이익을 해하므로 처벌하고, 이런 행위를 한 파산채무자는 면책하지 않는 것이다(동조 제3호).

: 장부의 폐쇄는 법원사무관 등이 하는 것이 아니고 파산관재인이 하므로(제481조)

---

262) 대법원 2001. 5. 8. 선고 2001도679.

파산관재인이 폐쇄한 장부로 표기할 것을 잘못 표기한 것이나, 아무튼 폐쇄된 장부에 변경을 가하거나 은닉·손괴 등을 하는 것은 재산관계를 불명확하게 하므로 처벌되고, 면책불허가사유가 된다(동조 제3호).

: 사기파산행위가 되려면 주관적 요건으로 행위에 대한 인식과 파산개시위험에 대한 인식이 있어야 하고, 자기 또는 타인의 이익을 도모하거나 채권자를 해할 목적이 있어야 한다.

: 행위의 시기는 파산선고 전후를 묻지 않으나, 총채권자의 이익을 해하는 상황 즉 채무초과나 지급불능이 발생하는 상황에는 있어야 한다. 행위 시 위기의 상황에 있었더라도 해소되어 정상상황이 된 다음에 다시 위기상황이 되었다면 사기파산행위가 되지 않는다.

: 사기파산행위의 인정여부는 파산법원의 책임과 권한이고 기소나 유죄판결을 전제로 하지 않으며, 기소나 유죄판결이 있더라도 면책허가 여부는 파산법원이 독자로 판단한다. 따라서 형식적으로는 재산 은닉, 불이익처분행위가 인정되더라도 전후사정 상 그 행위가 불성실하다고 보기 어려운 경우에는 면책허가 할 수 있고, 상업장부의 불비도 채무자의 무지, 무능에 의한 경우는 불허가사유가 되지 않는다. 다만 사기파산죄는 중대하고 악질적이므로 면책허가 후에 유죄가 확정되면 면책을 취소할 수 있다(제569조).

- 과태파산죄(제651)

: 채무자가 파산선고를 지연시키거나 어느 채권자에게 특별한 이익을 줄 목적으로 하는 과태파산에 해당하는 행위가 있을 경우 면책이 불허된다. 채권자를 해할 목적을 요건으로 하지 않고, 행위의 일탈성도 사기파산죄보다는 경미하다.

: 파산선고를 지연시킬 목적으로 신용거래로 상품을 구입하여 현저히 불리한 조건으로 이를 처분하는 경우(동조 제1호)는 신용거래로 구입한 상품도 파산재단에 속하는 것이므로 불리한 조건으로 처분하는 것은 총채권자의 이익에 반하고, 따라서 면책불허가 사유로 한 것이다. 실무에서는 구입당시부터 현저히 불리한 조건으로 처분할 것을 예정하고 신용거래로 구입한 경우에 한해 본 호를 적용한다. 신용거래는 후불방식의 거래로 신용카드거래, 할부계약을 포함한다.

: 파산의 원인사실이 있음을 알면서 어느 채권자에게 특별한 이익을 줄 목적으로 한 담보의 제공 또는 채무의 소멸에 관한 행위로, 채무자의 의무에 속하지 않거나 그 방법·시기가 채무자의 의무에 속하지 않는 행위를 한 경우(동조 제2호)도 총채권자

의 이익을 해하는 행위로서 면책불허가사유가 된다. 담보의 제공은 물적 담보 외에 연대보증과 같은 인적 보증의 제공행위도 포함한다. 채무의 소멸에 관한 행위로는 변제, 공탁, 상계 등 일체의 채무소멸행위가 해당하고, 채무자의 의무에 속하지 않는 것으로는 무효·취소할 수 있는 법률관계로 인한 채무, 자연채무, 시효에 걸린 채무를 변제하는 것, 특약이 없는데도 담보를 제공하는 것 등이다.

－구인불응죄(제653조)

　구인의 명을 받은 채무자가 파산절차를 지연시키거나 구인의 집행을 회피할 목적으로 도주하는 경우를 말한다. 구인명령을 받고 도주하지는 않았지만 불응하는 경우는 구인불응죄는 성립하지 않지만 제5호 소정의 불허가 사유가 될 것이다.

－파산증뢰죄(제656조)

　채무자가 파산관재인 등에게 뇌물을 약속·공여하거나 공여의 의사를 표시한 경우이다. 종전에는 채권자의 신청이 있는 경우에 면책취소사유였으나, 현행법은 면책은 성실한 채무자에게만 허용한다는 취지에서 면책불허가사유로 했다.

－설명의무위반죄(제658조)

　채무자가 파산에 관하여 설명이 요구되었음에도 불구하고 이에 응하지 않거나 허위의 설명을 한 경우이다.

－위 세 경우는 파산채권자의 이익을 직접적으로 해하는 것이 아니지만 파산절차의 원활한 진행을 방해하고, 파산재단의 형성을 방해한다는 점에서 채권자의 이익을 해하므로 면책불허가사유로 한 것이다.

＊ 제2호

－파산의 원인인 사실이 있어야 하는데, 지급불능은 객관적 상태이므로 채무자의 주관적 평가나 행동과는 상관없다.

－'사실을 속이거나 감추고'는 파산원인 사실이 있음에도 불구하고 그렇지 않은 것처럼 속이거나 감추어 상대방을 착오에 빠뜨리는 것을 말한다. 이에 해당하는 행위인지 여부는 면책불허가의 기준인 불성실한가의 관점에서 판단해야 한다. 따라서 객관적으로 지급불능의 상태에 있는 채무자가 단순히 그 사실을 상대방인 채권자에게 알리지 않았거나 부채내용을 정확히 표시하지 않은 정도는 해당하지 않는다고 보아야 하고, 채권자가 부채내용에 관한 조사를 할 때 적극적으로 허위의 사실을 고지하였거나 자산·수입이 존재하는 듯이 상대방을 오신시키기 위하여

적극적 행위가 있은 경우에나 해당한다 할 것이다.

- 신용거래로 재산을 취득하여야 하는데, 이는 대금후불형태의 거래를 말하고, 일단 거래가 성립하면 나중에 일부, 또는 전부의 변제를 했더라도 본 호의 적용에는 영향이 없고, 채무변제 등의 사정은 재량면책사유로 고려된다.

- 고의: 본 호의 고의는 위 구성요건요소에 대한 인식이 필요하고, 지급불능인 사실에 대한 인식도 필요하나, 파산절차상의 지급불능에 해당하는지 여부에 대한 법률상 평가 또는 인식은 불필요하다.

- 재산의 취득행위는 파산선고 전 1년 내의 것이어야 하는데, 파산신청부터 파산선고까지 상당한 시간이 걸리는 경우에는 본 호에 해당할 사람이 해당하지 않게 되는 부당함이 있으므로 실무에서는 가급적 신속히 파산절차를 진행하고 있다.

✳ 제3호

- 채권자목록이나 채무자의 재산상태의 정확성은 면책여부의 판단에 중요하므로 허위가 있어서는 안 되기에 채권자목록의 기재사항인 채권자 이름, 주소, 채권의 액, 발생원인 등이나 채무자의 재산상태에 관한 허위진술 등을 불성실행위로 면책불허가 사유로 했다.

- 법은 고의를 요건으로 하지는 않고 있으나, 법 제566조제7호가 비면책채권으로 채무자가 악의로 채권자목록에 기재하지 않은 청구권을 규정하고 있으므로, 이 규정과 모순 없는 해석을 위해, 채권자목록에서 일부채권자 이름을 단순 누락하거나 과실로 사실과 다른 기재를 한 경우는 해당하지 않고, 고의로 사실과 다른 기재를 한 경우만 해당되는 것으로 보아야 한다.

- 채무자가 자신의 도박·유흥 등 과거생활상황을 알고 있는 사람이 면책불허가사유로 될 자료제출을 막기 위해 특정채권자를 숨기거나 가공의 채권자를 기재하는 경우가 본 호에 해당된다.

✳ 제4호

- 단기간에 반복해 면책을 받을 수 있다면 채권자의 이익을 해할 뿐 아니라 채무자의 무책임한 경제활동을 추인하는 것이 되어 채무자의 진정한 재기에도 도움이 되지 않을 것이므로 정책적으로 불허가 사유로 한 것인데, 현행법은 구법보다 기간을 10년에서 5년으로 단축했고, 기산점도 면책확정일로 명확히 했다.

＊ 제5호

- 이 법에 정하는 채무자의 의무위반에는 본조의 제1, 2, 3호도 해당되므로 본 호
  는 이를 제외한 파산법상의 의무위반행위 일반을 대상으로 한다. 보전처분의 내용
  으로서 변제나 처분의 금지가 행해졌음에도 불구하고 이에 위반하는 경우, 법원이
  직권조사(제12조제1항)로서 하는 설명요구 및 자료제출에 응하지 않는 경우 등이
  그 예이다.

＊ 제6호

- 낭비나 도박에 대하여는 판단기준이 애매하여 법관의 주관에 많이 좌우될 수밖에
  없고, 사회환경의 변화로 문제를 삼을 필요가 없는 경우도 있다는 이유로 제외논
  의가 있었으나, 새 법에서는 과다한 낭비로 수정하여 유지하고 있다.
- 낭비란 채무자의 사회적 지위, 직업, 영업상황, 생활수준, 수지상황, 자산상태 등
  에 비추어 사회통념을 벗어난 과다한 소비지출행위를 말하고,[263] 도박이란 우연
  한 승패에 대하여 재물을 거는 것으로 도박죄에 한하지 않고 경륜, 경마 등도 포
  함되고, 기타사해행위란 우연에 의해 이익을 얻는 행위로 각종 투기적 거래나 모
  험적 거래가 해당된다.

＊ 재량면책

면책불허가 사유가 있더라도 상당한 경우에는 면책을 허가할 수 있는데 이를 재량면
책이라고 한다(제2항). 재량면책조항은 종전에는 없던 것으로 면책불허가 사유의 경미
여부, 채무를 부담하게 된 경위와 목적, 채무증가 경위, 채무변제를 위한 노력, 채무자
의 재기에 대한 의욕과 가능성, 채권자 측의 사정과 이의신청여부 등 제반 사정을 고
려하여 면책허가를 할 수 있게 한 것이다.

재량면책제도가 도입된 배경에는 신용카드의 남용에 따른 개인파산자의 폭증사태가
있다. 신용카드 이용자의 경우 신용불량의 멍에를 쓰지 않기 위해 소위 카드깡(사채업
자에게 카드매출전표를 끊어주고 현금을 받아 사용하는 카드할인의 경우)이나 카드돌
려막기(여러 개의 카드를 갖고 현금서비스를 받아 다른 카드대금을 막는 것)의 방법
을 이용하다가, 현금서비스나 카드사용한도의 축소로 한계를 드러내고 파산지경에 이
르게 되는 경우가 대부분인데, 카드깡은 여신금융업법이 금지하는 범죄행위이고, 카드

---

263) 대법원 2004. 4. 13.자 2004마86 결정.

돌려막기도 사기죄로 처벌되고 있어[264] 면책을 허가할 수 없게 되나, 이는 채무자의 경제적 재생의 도모라는 개인파산제의 취지에 반하므로 실무에서는 파산에 이르게 된 경위 등을 고려하여 면책을 허가해 오던 것을 법에 명문화한 것이다.[265]

＊ 일부면책

경미한 불허가 사유가 있을 때 불허가와 재량에 의한 완전면책의 중간으로 일부면책의 인정 필요성과 관련, 기준이 애매하고 장래 소득이 있어 일부채무라도 갚을 수 있는 사람은 개인회생절차를 이용하면 되므로 법에 없는 것을 굳이 인정할 필요가 없다는 견해도 있으나, 판례는 채무자가 일정한 수입을 얻을 가능성이 있다는 등의 사정이 있어 잔존채무로 인하여 다시 파탄에 빠지지 않으리라는 점에 관한 소명이 있는 경우에 한하여 일부면책이 허용된다고 하고 있다.[266]

제565조 (면책의 효력발생시기)

면책결정은 확정된 후가 아니면 그 효력이 생기지 아니한다.

＊ 통상의 결정의 효력은 고지 즉시 효력이 발생하는데, 즉시항고에 의하여 면책결정이 취소되면 그때까지 생긴 법률관계의 취급에 문제가 생길 수 있으므로 확정되어야 효력이 생기는 것으로 했다.

면책결정에 대하여는 즉시항고할 수가 있으므로 즉시항고기간인 공고가 있은 날로부터 14일이 경과하면 확정된다.

소급효에 관하여는 규정이 없으므로 장래에 향하여 효력이 있다.

제566조 (면책의 효력)

면책을 받은 채무자는 파산절차에 의한 배당을 제외하고는 파산채권자에 대한 채무의 전부에 관하여 그 책임이 면제된다. 다만, 다음 각 호의 청구권에 대하여는 책임이 면제되지 아니한다.

---

264) 대법원 2006. 3. 24. 선고 2006도282 판결.
265) 대법원 2006. 9. 20.자 2006마600 결정: 면책불허가 사유에 해당하나, 일부면책한 원 결정에 대하여 잔존채무를 남겨둘 경우 다시 파탄에 빠질 가능성이 큰 경우는 완전면책을 허용함이 타당하다는 판단을 하였다.
266) 위 결정.

1. 조세

2. 벌금·과료·형사소송비용·추징금 및 과태료

3. 채무자가 고의로 가한 불법행위로 인한 손해배상

4. 채무자가 중대한 과실로 타인의 생명 또는 신체를 침해한 불법행위로 인하여 발생한 손해배상

5. 채무자의 근로자의 임금·퇴직금 및 재해보상금

6. 채무자의 근로자의 임치금 및 신원보증금

7. 채무자가 악의로 채권자목록에 기재하지 아니한 청구권. 다만, 채권자가 파산선고가 있음을 안 때에는 그러하지 아니하다.

8. 채무자가 양육자 또는 부양의무자로서 부담하여야 하는 비용

＊ 채무에 관한 책임면제의 의미

이에 대하여 채무자체는 소멸하지 않고 책임만이 소멸되어 자연채무로 되어 파산채권자는 강제집행을 못 할 뿐 임의변제를 받을 권한은 있다는 설이 통설인데, 채무자체가 소멸하여 파산채권자는 임의변제를 구할 수가 없고 임의 변제받아도 이는 부당이득이 된다는 설도 있다.

자연채무설은 면책이 있어도 채무자의 보증인과 채무자와 함께 채무를 부담하는 사람에 대한 파산채권자의 권리 및 파산채권자를 위하여 제공된 담보에는 영향을 미치지 않는다는 제567조를 근거로 보증채무가 존속하는데 주 채무가 소멸한다면 보증채무의 부종성에 반하므로 주 채무가 존속해야 한다는 것이고, 채무소멸설은 위 조항은 보증채무의 부종성에 대한 예외를 규정한 것이라고 한다.

면책을 받더라도 도덕적 의무로는 남겨두어 장차 채무자가 경제력을 갖게 되면 자발적 변제를 유도하는 것이 바람직하다고 보면 자연채무설을 취할 것이고, 채무자의 새출발을 강조하는 입장에선 채무소멸설을 취할 것이나, 적어도 도덕적 의무로는 남겨두는 것이 바람직할 것이다.

＊ 비면책채권

면책의 효과는 파산채권 전부에 대하여 미치는 것이 원칙이지만 형평내지 공익상 필요나 사회적 요청에 따른 정책적 요구에서 미치지 않는 경우가 있다.

－조세(제1호): 국고 확보라는 조세정책상 요구에 의한 것인데, 국세징수법이나 지

방세징수법에 의하여 징수할 수 있는 청구권은 재단채권이 되므로(제473조제2호), 후술하는 바와 같이 재단채권에는 면책의 효력이 미치지 않는다고 보는 입장은 여기의 조세는 파산채권에 속하는 경우에 한정될 것인데, 현재 우리나라는 모든 조세가 국세징수법 또는 국세징수의 예에 의하므로 여기의 조세에 해당하는 경우는 없게 된다. 법에 따로 정하지 않는 한 재단채권도 면책된다는 입장은 본 호가 그 주장의 근거가 될 것이고, 모든 조세 즉 파산선고 전에 부과된 것만이 아니고 파산선고 후의 원인으로 파산재단 또는 파산자의 자유재산에 관하여 생긴 것도 비면책채권으로 본다.

- 벌금, 과료 등(제2호): 이들 채권은 다른 파산채권자와의 관계에서는 후순위채권자가 되지만(제446조제4호), 채무자에 대해서는 그 목적이 처벌에 있는 점에 비추어 비면책채권으로 한 것이다.

- 손해배상청구권(제3호): 고의의 불법행위로 인한 손해배상청구권은 가해자에 대한 제재의 의미도 있으므로 비면책채권으로 한 것이다. 계약위반으로 인한 손해배상청구권은 해당하지 않고, 피용자의 고의의 불법행위에 의한 사용자책임은 선임감독상의 과실책임이므로 해당하지 않는다.

- 중과실에 의한 인신침해로 인한 불법행위 손해배상청구권(제4호): 피해자의 보호의 필요성이 크고, 채무자에 대한 제재의 의미가 있어 비면책채권으로 한 것인데, 중과실을 엄격히 해석하여 비면책채권의 범위를 좁혀야 한다는 견해도 있으나, 자신에게 아무 잘못이 없는 인신침해로 노동능력을 상실하게 된 피해자보호의 측면에서 인신침해의 경우는 오히려 범위를 넓히는 것이 근로자 재해보상금에 대한 비면책조항과도 균형이 맞을 것이다.

- 근로자의 임금, 퇴직금, 재해보상금, 임치금, 신원보상금(제5, 6호): 근로자 보호의 사회정책적 필요에 의한 것이다. 파산선고 전의 원인으로 생긴 위 채권들은 재단채권이 되어(제473조제10호, 제11호) 면책결정의 효력이 미치지 아니하므로 본 호의 규정은 확인적 의미만 있다.

- 채무자가 악의로 채권자목록에 기재하지 않은 청구권(제7호): 채권자목록에 기재되지 않은 채권자에게는 면책신문기일을 송달할 수 없으므로 그 채권자는 면책신청에 대한 이의신청권을 행사할 수 없어 방어의 기회를 상실하는데 이 경우까지 면책의 효과가 있게 하는 것은 부당하므로 비면책채권으로 하고 다만 채권자가 파산선고 사실을 알고 있는 경우는 예외로 한 것이다. 과실로 누락한 경우도 포

함시켜야 한다는 입장이 있으나 법문상 곤란할 것이다.

- 양육비, 부양료(제8호): 피양육자나 피부양자의 보호를 위한 것이다.
- 비면책채권인지 여부에 다툼이 있을 경우 면책절차에서는 이를 판단할 수 없고, 채권자가 제기한 별도의 이행청구소송에서 심리·확정될 것이다.

＊재단채권의 경우

면책의 효과는 파산채권에만 미치고, 별제권이나 재단채권에는 미치지 않는다는 입장267)과 면책제도는 파산자가 부담하여야 할 채무이지만 파산자가 계속 그 채무를 변제하도록 하는 것이 가혹하고 국가 사회적으로도 바람직하지 않다는 것을 근거로 하고 있는데, 당초 파산자가 부담할 것이 아니고 파산재단이 부담해야 할 재단채권을 비면책채권으로 하여 채무자가 계속 부담하게 하는 것은 모순이라는 이유로 법이 비면책채권으로 정하지 않은 것은 모두 면책되는 것으로 보아야 한다는 입장268)이 있다. 법이 조세를 비면책채권으로 규정하고 있고, 임금채권의 경우도 재단채권으로 격상해 놓고 이를 전면적으로 비면책채권으로 정하고 있는 점(종전에는 6개월 분만 비면책채권이었다)에 비추어 보면, 법이 비면책채권으로 정해 놓지 않은 것은 모두 면책된다고 봄이 옳다.

제567조 (보증인 등에 대한 효과)

면책은 파산채권자가 채무자의 보증인 그 밖에 채무자와 더불어 채무를 부담하는 자에 대하여 가지는 권리와 파산채권자를 위하여 제공한 담보에 영향을 미치지 아니한다.

＊보증인 등은 채무자의 친족, 친구 등인 경우가 많아, 이들에 대한 채권행사는 채무자의 채무지급에 대한 간접적인 압력이 되어 재출발에 중대한 장애가 될 수 있다는 점과 보증채무의 부종성과 관련해서 주 채무가 면책되었는데 보증채무는 남아 있다면 부종성에 반한다는 점 때문에 본 규정의 필요성과 합리성, 나아가 위헌성까지 문제된다.

같은 취지의 규정인 종전의 회사정리법 제240조제2항에 대하여, 헌법재판소는 보증인 등을 정리계획인가에 따른 면책 등의 효력이 미치는 범위에서 제외함으로써 정리

---

267) 전병서 도산법, 409면.
268) 임치용 파산법연구2, 251면.

채권자 등에 비하여 보증채무자 등을 차별하여 불이익하게 다루고 있다고 해도, 면책제도의 목적, 이해관계인의 이해조정 등 모든 관점에서 그 목적과 수단의 정당성 및 법익의 형평성 등의 합리적인 근거를 가지고 있으므로 헌법상 평등의 원칙에 위배되지 않고, 재산권 보장이나 일반적 법률유보에 관한 헌법조항에도 위배한다고 볼 수 없다고 하고 있고,[269] 대법원도 보증채무의 부종성의 원칙이 수정되어 보증인에게 불리한 결과가 된다 해도 갱생의 가망이 있는 주식회사에 관하여 채권자, 주주 기타 이해관계인의 이해를 조정하여 사업의 정리재건을 도모하는 회사정리법의 목적에 부합하는 합리적인 규정으로 위헌이 아니라고 하고 있는데,[270] 이 같은 취지가 파산의 경우에도 그대로 원용될 수 있을 것이다.

제568조 (면책결정의 기재)

 법원사무관 등은 면책의 결정이 확정되면 파산채권자표가 있는 경우에는 파산채권자표에 면책의 결정이 확정된 뜻을 기재하여야 한다.

제569조 (면책의 취소)

① 채무자가 제650조의 규정에 의한 사기파산으로 유죄의 확정판결을 받은 때에는 법원은 파산채권자의 신청에 의하거나 직권으로 면책취소의 결정을 할 수 있다. 채무자가 부정한 방법으로 면책을 받은 경우 파산채권자가 면책 후 1년 이내에 면책의 취소를 신청한 때에도 또한 같다.
② 제1항의 결정에 대하여는 즉시항고를 할 수 있다.

제570조 (면책취소에 관한 의견청취)

 법원은 면책취소의 재판을 하기 전에 채무자 및 신청인의 의견을 들어야 한다.

제571조 (면책취소결정의 효력발생시기)

 면책취소의 결정은 확정된 후부터 그 효력이 발생한다.

 ＊ 면책취소가 확정되면 면책의 효력을 받은 파산채권자의 권리가 면책 전의 상태

---

269) 헌법재판소 1992. 6. 26. 선고 91헌가8, 9 결정.
270) 대법원 1995. 10. 13. 선고 94다57800 판결.

로 부활한다.

제572조 (신채권자의 우선권)

면책의 취소가 있은 때에는 면책 후 취소에 이르기까지의 사이에 생긴 원인으로 인하여 채권을 가지게 된 자는 다른 채권자에 우선하여 변제를 받을 권리를 가진다.

제573조 (면책취소결정의 기재)

법원사무관 등은 면책취소의 결정이 확정되면 파산채권자표가 있는 경우에는 파산채권자표에 면책취소의 결정이 확정된 뜻을 기재하여야 한다.

제2절 복 권

＊ 복권은 파산선고에 의하여 받게 된 여러 공적 또는 사적 자격, 권리제한(제311조 파산효과 부분 참조)을 소멸시켜 그 본래의 법적지위를 회복시키는 것을 말한다.

제574조 (당연복권)

① 파산선고를 받은 채무자는 다음 각 호의 어느 하나에 해당하는 경우에는 복권된다.
   1. 면책의 결정이 확정된 때
   2. 제538조의 규정에 의한 신청에 기한 파산폐지의 결정이 확정된 때
   3. 파산선고를 받은 채무자가 파산선고 후 제650조의 규정에 의한 사기파산으로 유죄의 확정판결을 받음이 없이 10년이 경과한 때
② 면책취소의 결정이 확정된 때에는 제1항제1호의 규정에 의한 복권은 장래에 향하여 그 효력을 잃는다.

＊ 면책은 채무자를 새 출발 시키기 위한 것이므로 면책결정이 확정되면 당연히 복권된다.

＊ 동의파산폐지(제538조)에는 총채권자의 동의가 필요하므로 그들이 동의한 마당에 제재의 의미인 자격제한을 유지할 이유가 없다.

❋ 면책을 받지 못한 경우라도 장기간 자격제한을 하는 것은 회생을 막는 결과가 되므로 사기파산죄에 의해 유죄확정판결을 받은 경우를 제외하고 복권을 인정했다.

제575조 (신청에 의한 복권)

① 제574조의 규정에 의하여 복권될 수 없는 파산선고를 받은 채무자가 변제 그 밖의 방법으로 파산채권자에 대한 채무의 전부에 관하여 그 책임을 면한 때에는 파산법원은 파산선고를 받은 채무자의 신청에 의하여 복권의 결정을 하여야 한다.
② 파산선고를 받은 채무자는 제1항의 규정에 의하여 복권의 신청을 하는 때에는 그 책임을 면한 사실을 증명할 수 있는 서면을 제출하여야 한다.
③ 제1항의 결정에 대하여는 즉시항고를 할 수 있다.

제576조 (복권신청의 공고 등)

법원은 복권의 신청이 있은 때에는 그 뜻을 공고하고, 이해관계인이 열람할 수 있도록 그 신청에 관한 서류를 법원에 비치하여야 한다.

제577조 (복권신청에 관한 이의)

① 파산채권자는 제576조의 규정에 의한 공고가 있은 날부터 3월 이내에 복권의 신청에 관하여 법원에 이의를 신청할 수 있다.
② 제1항의 규정에 의한 이의신청이 있는 때에는 법원은 파산선고를 받은 채무자와 이의를 신청한 파산채권자의 의견을 들어야 한다.

제578조 (복권결정의 효력발생시기)

복권의 결정은 확정된 후부터 그 효력이 발생한다.

❋ 법원은 이의신청이 이유가 있으면 복권신청을 기각하고, 이의신청이 이유 없거나 소정의 기간 내에 이의신청이 없으면 복권의 결정을 한다.

제 4 편

개인회생절차

개인회생철차는 채무초과상태이지만 일정한 수입이 있는 경우 일정기간동안 기본생활비를 제외한 모든 수입을 채무변제에 사용하면 나머지 채무를 면제시켜주어 파산을 면하게 해주는 제도로, 2004년 9월 23일에 도입되어 1년여 동안 38,000여 건이 신청되어 20,000여 건이 개인회생개시결정을 받았고, 9,000여 건에 대해서는 변제계획인가결정이 내려졌을 정도로 이용이 늘어나고 있는 제도였다.

2004년 말경 우리나라의 누적 신용불량자 수가 361만여 명으로 전체 경제활동인구 23,349,000여 명의 15.7%에 달하고, 또 매년 수십만 명의 신용불량자가 새로 생겨나고 있는 실정에서, 이들을 방치할 경우 정상적인 금융거래를 할 수 없어 경제활동에 참가할 수 없으므로 경제회복에 장애가 될 뿐만 아니라 각종 사회문제(아무리 노력을 해도 면책의 가능성이 없으면 일하기보다는 놀기, 그리고 사회보장제도에 의존하거나 노숙자로 나서 최소한 삶이나 유지하고자 하는 도덕적 해이를 선택하게 된다.)를 야기할 것이기 때문에 이들을 정상적인 경제활동으로 복귀시키기 위해 마련된 제도의 하나이다.

최근 몇 년간의 신용불량자의 폭발적인 증가는 신용카드의 무분별한 발급으로 인한 소비자의 지불능력을 초과한 신용카드사용에 기인한다.

정부는 IMF 사태로 인한 경제 파탄 상태로부터의 탈출을 위한 한 방안으로 내수촉진을 위한 신용카드사용 촉진정책(현금서비스 사용한도 폐지, 신용카드 소득공제제도 도입, 신용카드영수증 복권제 도입, 접대비의 신용카드사용 유도, 신용카드의 길거리 회원모집규제 완화 등)을 추진했는데, 1999년 현금서비스 대출액이 48조 원, 신용카드 이용액 90조 원이던 것이 2000년에는 145조 원과 224조 원으로 폭발적으로 늘어나자, 2002년에 이르러 신용카드억제책을 내놓아 미성년자나 길거리 모집제한, 현금서비스 이용한도 축소 등의 엇갈린 정책을 실시하여, 그동안 목돈이 없어도 현금처럼 할부구매를 할 수 있고, 현금서비스를 이용해 일시적인 유동성 부족을 해결해주는 신용카드의 달콤함에 빠져들어 지불능력을 초과한 충동구매와 과소비를 하면서도 여러 개의 카드를 이용해 돌려막기를 통해 위기감 없이 빚의 규모를 늘려가던 사람들이 현금서비스 이용한도 축소와 함께 대거 신용불량자 대열에 합류하게 된 것인데, 2004년 현재 신용불량자의 67%인 243만여 명이 카드이용과 관련된 것이었다.

이 같은 신용불량자의 구제를 위하여 여러 금융기관에 빚이 있는 경우 금융기관 간의 협정에 의하여 약간의 원리금을 탕감해주고 일정기간 빚을 갚아나가게 하는 개인워크아웃제도가 있으나 금융기관에 일방적으로 유리하게 되어 있는 등 제도의 이용에 어려움이 있고, 개인파산제도는 상당한 시간과 비용이 들뿐만 아니라 법적인 불이익(직업, 사업, 자격상 제한)이 가해져 이용을 꺼리는 점을 감안해 5~6개월 내에 폐지결정과 동시에 면책결정을 받을 수 있도록 개선하기는 했지만, 동시에 면책결정을 받으려면 채무자의 재산이 거의 없어야 가능하므로, 있는 재산은 모두 매각하고 보험도 해약하여 채무변제에 사용해야 해서 면책을 받더라도 빈털터리로 아무것도 없이 새로 시작해야 한다는 어려움이 있다.

이에 미국, 일본 등이 시행하고 있는 개인회생제도가 도입된 것이고, 도산법일원화 정책에 따라 통합도산법에 편입되게 된 것인데, 시간과 비용이 들고, 소득이 있는 사람만 이용할 수 있는 한계가 있기는 하나, 채무자의 도덕적 해이를 막고, 현재의 재산을 보유하면서 일정기간의 노력으로 면책을 받을 수 있게 해주므로 근로의욕과 기업가 정신을 발휘할 수 있게 해주며, 채권자들에게는 채권의 상당부분을 못 받는 불이익을 주어 무분별한 대출을 자제하게 하여 신용불량자를 양산하는 데 일조하지 못하게 하는 효과도 있다.

＊ 개인파산과의 차이

변제재원이 개인파산은 채무자가 현제 보유하고 있는 재산에 한하나, 개인회생은 현재 보유하고 있는 재산과 장래 채무자가 얻을 소득이다.

개인파산은 현재 청산가차가 큰 경우이나, 개인회생은 변제기간 동안의 총 변제액이 현재의 청산가치보다 높은 경우에 이용할 수 있다.

개인파산은 파산선고와 동시에 파산절차가 폐지되는 경우가 많아서 파산관재인이 선임되는 경우가 드물지만, 선임되면 파산관재인이 재산에 대한 관리처분권을 행사하나, 개인회생에서는 채무자가 관리처분권을 행사한다.

개인회생을 이용하면 사회적 불명예를 최소화하고 과다한 낭비·도박이 비면책 사유로 되어 있지 않은 등 면책요건상 유리하다.

＊ 개인회생은 회생절차와 달리 채무액에 제한이 있고, 개인만 이이용 가능하며 담보권도 별제권이 되지만, 결의절차가 간이·신속하고, 면책결정을 받을 수 있다.

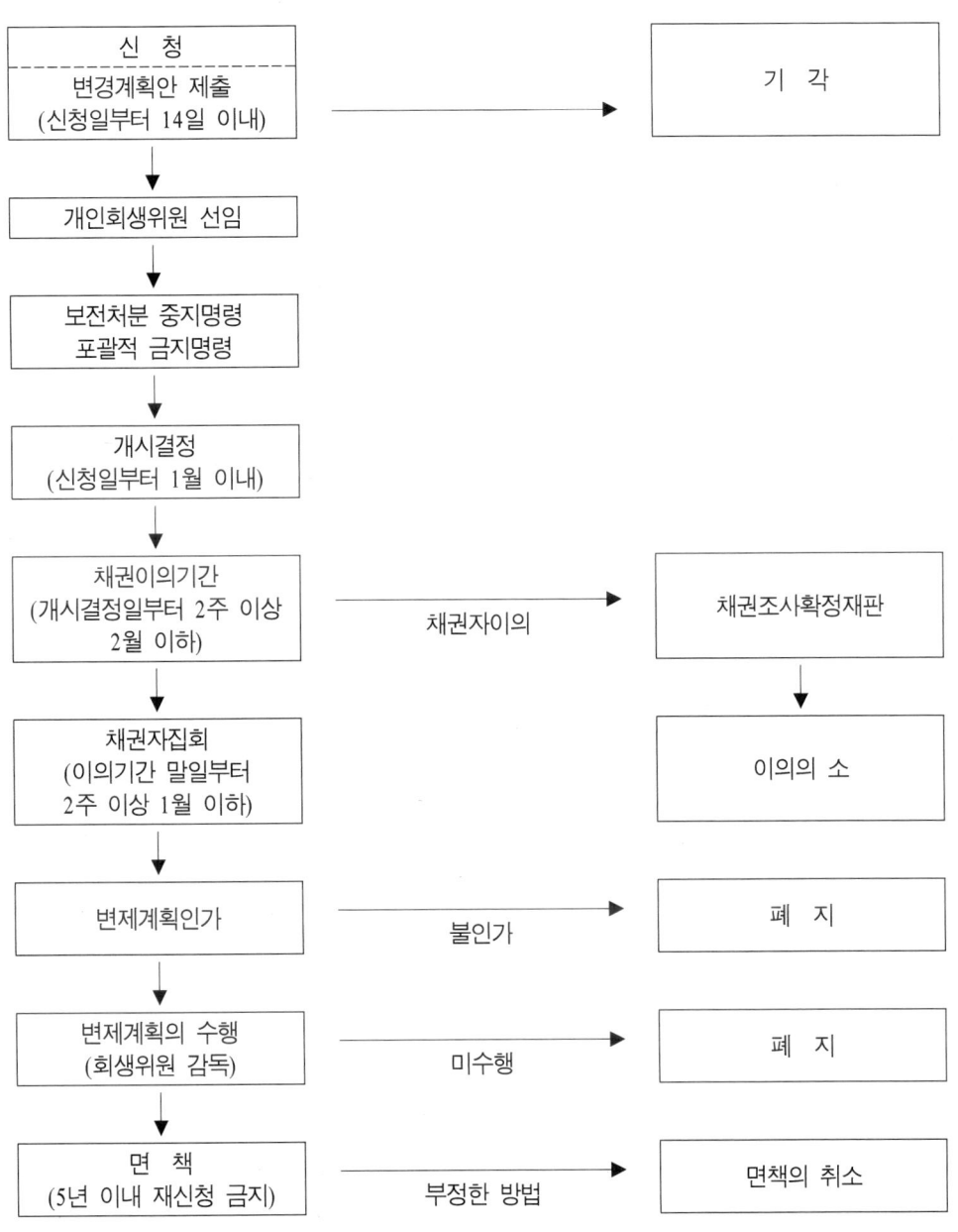

개인회생절차의 흐름

제1장 통 칙

제579조 (용어의 정의)

이 절차에서 사용하는 용어의 정의는 다음과 같다.

1. "개인채무자"라 함은 파산의 원인인 사실이 있거나 그러한 사실이 생길 염려가 있는 자로서 다음 각 목의 금액 이하의 채무를 부담하는 급여소득자 또는 영업소득자를 말한다.

   가. 유치권·질권·저당권·양도담보권·가등기담보권·전세권 또는 우선특권으로 담보된 개인회생채권은 10억 원

   나. 가목 외의 개인회생채권은 5억 원

2. "급여소득자"라 함은 급여·연금 그 밖에 이와 유사한 정기적이고 확실한 수입을 얻을 가능성이 있는 개인을 말한다.

3. "영업소득자"라 함은 부동산임대소득·사업소득·농업소득·임업소득 그 밖에 이와 유사한 수입을 장래에 계속적으로 또는 반복하여 얻을 가능성이 있는 개인을 말한다.

4. "가용소득"이라 함은 다음 가목의 금액에서 나목 내지 라목의 금액을 공제한 나머지 금액을 말한다.

   가. 채무자가 수령하는 근로소득·연금소득·부동산임대소득·사업소득·농업소득·임업소득, 그 밖에 합리적으로 예상되는 모든 종류의 소득의 합계 금액

   나. 소득세·주민세·건강보험료, 그 밖에 이에 준하는 것으로서 대통령령이 정하는 금액

   다. 채무자 및 그 피부양자의 인간다운 생활을 유지하기 위하여 필요한 생계비로서,「국민기초생활 보장법」제6조의 규정에 따라 공표된 최저생계비, 채무자 및 그 피부양자의 연령, 피부양자의 수, 거주지역, 물가상황, 그 밖에 필요한 사항을 종합적으로 고려하여 법원이 정하는 금액

   라. 채무자가 영업에 종사하는 경우에 그 영업의 경영, 보존 및 계속을 위하여 필요한 비용

✽ 파산의 원인사실은 채무초과나 변제불능인 경우이다(70면 참조).

✽ 급여소득자와 영업소득자(제2, 3호)
- 수입이 계속적 반복적으로 있는 사람을 전제로 하므로 회사원, 공무원, 연금수령 자등이 해당할 것이다. 정년이 임박한 급여소득자는 향후 5년의 변제기간 동안 중 월급으로 변제할 수 없는 기간을 퇴직금이나 연금으로 변제할 수 있다면 가 능할 것이다.
  조만간 경매될 것으로 예상되는 임대부동산을 갖고 임대업을 하는 자나 무허가 영업, 불법영업을 하고 있는 영업소득자는 수입이 계속적이고 반복적일 가능성 이 희박하여 해당하지 않을 것이다.
  농업소득자도 작황, 천재지변 등의 사유로 수입이 일정치 않음에도 불구하고 포 함되었는데, 어업소득자는 제외했으면서 농업소득자는 포함시킨 것은 문제가 있 다. 아르바이트나 파트타임근로자의 경우는 인정되기 어려울 것이나, 일용근로자 의 경우 일정한 작업현장에서 정기적인 고용계약을 맺고 일하는 경우라면 인정 될 수 있을 것이다.

✽ 채무액(제1호)
- 채무액을 제한한 것은 개인회생절차가 사업과정에서 채무를 지게 된 사람의 구 제가 아닌 일반 소비자로서 수입과 지출의 균형이 깨진 경우에 이를 구제하기 위한 것이므로 적절한 범위 내로 한정할 필요가 있기 때문이다.
- 담보부회생채권은 피담보채권으로 기재되어 있는 채권 전액이 아니고 담보물 예 상환가액으로 실질적으로 담보된 채권액을 말하고, 이를 초과하는 채권액은 무 담보 채권이 된다.
  채무액의 확정은 개인회생채권이 개인회생절차개시결정 전의 원인으로 생긴 것 을 말하므로 개시결정 시까지의 채무원리금을 합한 금액이 될 것이다.
  담보부채무와 무담보부채무는 별개이므로 담보부 10억 원 무담보부 5억 원 합 계15억 원의 채무자까지 개인회생절차를 이용할 수 있으나, 어느 한쪽이 이를 초과하면 이용할 수 없다. 예컨대 무담보부채권만 6억 원이 있어도 이용할 수 없다.

제580조 (개인회생재단)

① 다음 각 호의 재산은 개인회생재단에 속한다.

  1. 개인회생절차개시결정 당시 채무자가 가진 모든 재산과 채무자가 개인회생절차개시
     결정 전에 생긴 원인으로 장래에 행사할 청구권

  2. 개인회생절차진행 중에 채무자가 취득한 재산 및 소득

② 채무자는 개인회생재단을 관리하고 처분할 권한을 가진다. 다만, 인가된 변제계획에서
   다르게 정한 때에는 그러하지 아니하다.

③ 제383조의 규정은 제1항제1호의 개인회생재단에 관하여 준용한다. 이 경우 "파산재단"
   은 "개인회생재단"으로, "파산선고"는 "개인회생절차개시결정"으로, "파산절차"는 "개
   인회생절차"로 본다.

④ 제3항의 규정에 의하여 면제되는 재산에 대하여는 개인회생절차의 폐지결정 또는 면책
   결정이 확정될 때까지 개인회생채권에 기한 강제집행·가압류 또는 가처분을 할 수 없다.

✽ 의의

개인회생재단이란 개인회생절차개시결정 당시에 채무자가 갖고 있는 총재산과 절차
진행 중 즉 변제계획에 따른 변제완료 후 면책결정을 받을 때까지 취득할 재산 및 소
득의 집합체를 말한다.

파산재단이 파산선고당시의 채무자의 재산만으로 구성되고, 파산재단의 관리처분권
이 파산관재인에게 넘어가는 점에서 다르다.

✽ 대상재산

제1항제1, 2호기재의 재산으로 현재의 재산만이 아니고 장래에 취득할 재산(임금
등)도 해당한다.

단 압류할 수 없는 재산(제3항, 제383조제1항)이나 채무자의 신청에 의하여 법원이
면제재산으로 결정한 주거용 건물에 관한 임차보증금반환청구권 중 일정액 및 6개월
간의 생계비로 사용할 특정한 재산(제383조제2항)은 제외된다. 다만 종전에는 개인회
생절차는 봉급생활자의 장래 수입을 변제의 자원으로 삼고 있다는 이유로 민사집행법
제246조제1항제5호의 퇴직금 또는 이와 유사한 성질의 급여채권의 2분의 1에 해당하
는 금액은 압류금지채권이지만 개인회생재단에 전액을 포함시켜 왔으나, 제383조가
압류금지채권을 제외시켰으므로 이제 퇴직금의 2분의 1은 제외된다. 다만 공무원, 군

인, 사립학교교원의 퇴직연금과 같이 다른 법률에서 수급권자의 보호를 위하여 전액을 압류금지한 경우는 전액이 개인회생재단을 구성하지 않는다.

민사집행법 제195조 소정의 압류금지 물건인 생활에 필요한 의복·침구·가구·2개월간의 식품·연료 등과 다른 법령 즉 국민기초생활보장법에 따라 지급된 수급품(동법 제35조), 아동복지법에 따라 지급된 금품(동법 제35조) 등도 개인회생재단에서 제외된다.

개인회생채권자는 면제재산에 대하여는 강제집행도 할 수 없다(제580조제4항).

이와 관련 채무자의 장래의 소득 특히 급여소득에 대하여는 이미 압류나 전부명령이 행해진 경우가 대분이어서 사실상 회생재단을 구성할 만한 재산이 없어 개인회생제도가 사문화될 수밖에 없다는 이유로 미국이나 일본과 같이 장래의 임금채권에 대한 압류나 전부명령, 양도는 개인회생절차개시 이후에는 실효되어야 하는 것으로 해석해야 한다는 입장도 있으나, 입법으로 해결했다(제616조).

✽ 채무자와의 관계

회생절차가 개시되면 위의 재산은 모두 회생재단에 귀속되고 회생절차에 의해서만 관리·처분되지만 그 관리·처분권은 채무자가 갖되, 인가된 변제계획에서 다르게 정하면 그에 따르게 된다(제2항). 변제계획인가결정이 있으면 회생재단의 모든 재산은 다시 채무자에게 귀속되나, 인가된 변제계획에서 다르게 정할 수 있다(제615조제3항).

제581조 (개인회생채권)

① 채무자에 대하여 개인회생절차개시결정 전의 원인으로 생긴 재산상의 청구권은 개인회생채권으로 한다.

② 제425조 내지 제433조, 제439조, 제442조 및 제446조의 규정은 개인회생채권에 관하여 준용한다. 이 경우 "파산선고"는 "개인회생절차개시결정"으로, "파산재단"은 "개인회생재단"으로, "파산채권"은 "개인회생채권"으로, "파산채권자"는 "개인회생채권자"로, "파산채권액"은 "개인회생채권액"으로, "파산절차"는 "개인회생절차"로 본다.

✽ 의의

채무자에 대하여 개인회생절차개시결정 전의 원인으로 생긴 재산상의 청구권을 말한다(제1항).

❋ 대상채권

현실적으로 발생한 채권만이 아니라, 청구권 발생의 기본요건 사실이 개인회생절차 개시결정 전에 갖추어져 있으면 된다.

채무자에 대한 인적 청구권이어야 하고, 채무자가 물상보증인인 경우와 같이 담보 물권 자체는 아니다. 소유권에 기한 물권적 청구권은 585조의 환취권이 될 것이다.

재산적 청구권이어야 하므로 채무자의 일반적 재산으로부터 만족을 얻을 수 있는 금전채권 또는 금전으로 평가할 수 있는 채권이어야 한다.

개시 후 채권이더라도 법이 인정하고 있는 것(개시결정 후의 이자: 제581조제2항, 제446조)은 회생채권이 된다.

❋ 종류
- 우선적 개인회생채권: 일반회생채권에 우선하여 변제되는 것으로 국세징수법 또는 국세징수의 예에 의해 징수할 수 있는 채권(국세, 지방세, 건강보험료, 산재보험료 등)이 그것이다.
- 일반 개인회생채권
- 후순위 개인회생채권: 일반회생채권보다 후순위로 변제되는 것으로 개시결정 후의 이자, 개시결정 후의 불이행으로 인한 손해배상 및 위약금청구권, 개인회생절차 참가비용, 벌금, 과료, 형사소송비용, 추징금 및 과태료 등 제446조제1항에 규정된 채권이 그것이다.

❋ 채권액 평가

개시결정 시에 변제기에 이른 채권은 채권액 확정에 문제가 없으나, 그때까지 채권액이 확정되지 않은 채권은 얼마를 채권액으로 볼 것인가의 문제가 발생하므로 법은 이에 관한 규정을 두어 파산법의 규정을 원용하고 있다.

기한부 채권은 개시결정 시에 변제기에 이른 것으로 보아 본래의 채권액을 회생채권액으로 보고, 비금전채권, 불확정채권, 외국통화채권, 정기금채권 등은 개시결정 시의 평가액을, 조건부와 장래의 채권은 그 전액 또는 개시결정 시의 평가액을 개인회생채권액으로 한다(제425조 내지 제433조).

제582조 (개인회생채권의 변제)

개인회생채권자목록에 기재된 개인회생채권에 관하여는 변제계획에 의하지 아니하고는 변제하거나 변제받는 등 이를 소멸하게 하는 행위(면제를 제외한다)를 하지 못한다.

제583조 (개인회생재단채권)

① 다음 각 호의 청구권은 개인회생재단채권으로 한다.

  1. 회생위원의 보수 및 비용의 청구권

  2. 「국세징수법」 또는 「지방세법」에 의하여 징수할 수 있는 다음 각 목의 청구권. 다만, 개인회생절차개시 당시 아직 납부기한이 도래하지 아니한 것에 한한다.

    가. 원천징수하는 조세

    나. 부가가치세·특별소비세·주세 및 교통세

    다. 특별징수의무자가 징수하여 납부하여야 하는 지방세

    라. 가목 내지 다목의 규정에 의한 조세의 부과·징수의 예에 따라 부과·징수하는 교육세 및 농어촌특별세

  3. 채무자의 근로자의 임금·퇴직금 및 재해보상금

  4. 개인회생절차개시결정 전의 원인으로 생긴 채무자의 근로자의 임치금 및 신원보증금의 반환청구권

  5. 채무자가 개인회생절차개시신청 후 개시결정 전에 법원의 허가를 받아 행한 자금의 차입, 자재의 구입 그 밖에 채무자의 사업을 계속하는 데 불가결한 행위로 인하여 생긴 청구권

  6. 제1호 내지 제5호에 규정된 것 외의 것으로서 채무자를 위하여 지출하여야 하는 부득이한 비용

② 제475조 및 제476조의 규정은 개인회생재단채권에 관하여 준용한다. 이 경우 "재단채권"은 "개인회생재단채권"으로, "파산절차"는 "개인회생절차"로, "파산채권"은 "개인회생채권"으로 본다.

* 개인회생절차에서는 모든 조세채권이 아닌 개인회생절차개시 당시 아직 납부기한이 도래하지 않은 채권만이 재단채권이 되고, 파산절차와는 달리 국민연금보험료, 의료보험료, 산재보험료 등 국세징수법 또는 지방세징수법에 의해 징수할 수 있는 청구권은 재단채권에서 제외했다. 나머지는 파산재단채권과 동일하다.

제584조 (부인권)

① 제3편제3장제2절(부인권)은 개인회생절차에 관하여 준용한다.

② 부인권은 채무자가 행사한다.

③ 법원은 채권자 또는 회생위원의 신청에 의하거나 직권으로 채무자에게 부인권의 행사를 명할 수 있다.

④ 회생위원은 부인권의 행사에 참가할 수 있다.

⑤ 부인권은 개인회생절차개시결정이 있은 날부터 1년이 경과한 때에는 행사할 수 없다. 제391조 각 호의 행위를 한 날부터 5년이 경과한 때에도 같다.

✳ 의의

채무자가 회생절차개시 전에 행한 회생채권자를 해하는 행위의 효력을 부정하여 채무자로부터 일탈한 재산을 회복시키기 위한 권리를 말한다.

✳ 필요성

경제적 파탄에 봉착한 채무자는 재산을 염가매각하거나 제3자 명의로 바꾸어 은닉하거나, 특정채무자에게만 변제하거나 하는 등의 방법으로 재기를 도모하고 채권자들을 해하는 행위를 하기 마련이므로 이를 방지하기 위한 수단이 필요하다.

파산법상의 부인권이 회생절차에 원용되기는 하나, 파산절차상의 부인권은 일탈한 재산을 회복하고 회복한 재산을 환가하여 파산채권자에게 더 많은 배당을 함에 목적이 있는 데 반해, 회생절차상의 부인권은 반드시 환가하여야 하는 것은 아니고 채무자의 수익력과 기업가치를 높이는 데 있으므로, 적정한 가치로 처분하는 행위 같은 경우파산절차에서는 부인의 여지가 없다고 판단될 수 있으나, 회생절차에서는 부인될 수가 있다.

✳ 부인권의 성질

일반회생절차나 파산절차의 그것과 동일하므로, 통설은 부인권의 행사는 채무자의 재산(파산절차에서는 파산재단)을 원상으로 회복시킨다는 효력조항(제108, 397조)을 근거로 부인의 의사표시를 해야 효과가 발생하는 형성권설을 취할 것이고, 요건이 구비되면 파산선고와 동시에 부인의 효과가 발생하고 따라서 부인의 의사표시 없이 바로 상대방에게 일탈한 재산의 반환을 청구하면 된다는 청구권설도 주장될 수 있다.

형성권설은 다시 부인권을 행사했을 때 상대방이 재산권의 반환의무를 질 뿐이라는 채권설과 그 재산권이 당연히 파산재단에 복귀한다는 물권설로 나뉘는데 원상으로 회복시킨다는 법문상 물권설이 타당하다. 다시 복귀의 효과가 상대방과의 관계에서만 생기는지(상대적 무효설), 제3자와의 관계에서도 생기는지(절대적 무효설) 대립이 있는데, 수익자에 대한 부인과는 별도로 전득자에 대한 부인을 규정하고 있으므로 상대적 무효로 보아야 할 것이다.

＊ 행사주체

일반회생절차에서는 관리인이, 파산절차에서는 파산관재인이 행사하나, 개인회생절차에서는 따로 관리인을 선임하지 않으므로 채무자 본인이 행사한다(제2항). 채무자가 부인권행사를 소홀히 하여 이해관계인을 해할 것을 대비해 채권자나 회생위원의 신청 또는 법원직권으로 부인권행사를 명할 수 있고, 회생위원은 채무자의 부인권행사에 참가할 수 있다(제3, 4항).

＊ 행사기간

일반회생철차나 파산절차보다 절반으로 단축하여 신속히 법률관계가 정리될 수 있도록 했다(제5항).

제585조 (환취권)

제407조 내지 제410조의 규정은 개인회생절차에 관하여 준용한다. 이 경우 "파산재단"은 "개인회생재단"으로, "파산선고"는 "개인회생절차개시결정"으로 본다.

＊ 채무자의 재산 중에 채무자에게 귀속하지 않는 제3자의 재산이 섞여 있는 경우가 있고, 제3자 이를 돌려받을 수 있는 권리를 환취권이라고 한다. 이는 도산법이 새롭게 인정한 권리는 아니고 실체법상 인정되는 권리를 도산법상으로 환취권이라고 칭하는 것인데, 일반회생절차의 그것(제70조 이하)과 동일하나 행사 주체가 채무자인 점에서 다르다.

제586조 (별제권)

제411조 내지 제415조의 규정은 개인회생절차에 관하여 준용한다. 이 경우 "파산재단"은 "개인회생재단"으로, "파산선고"는 "개인회생절차개시결정"으로 본다.

✻ 의의

개인회생절차에 의하지 않고 따로 채권의 만족을 얻을 수 있는 권리를 말한다. 개인회생재단에 속해 있는 재산상에 설정되어 있는 유치권, 질권, 저당권, 전세권이 그것이다. 재산목록 작성 시 부동산의 평가액은 별제권 금액을 공제하고 기재해야 한다. 이들을 회생담보권으로 보는 회생절차와 다르다.

변제계획을 이행하여 면책을 받더라도 별제권에 대하여는 면책의 효력이 미치지 않는다.

별제권자는 자유롭게 그 권리를 행사할 수 있지만 그 행사가 중지, 금지될 수도 있다(제593조제1항제3호, 제600조제2항).

✻ 임대차보증금반환청구채권

주택임대차보호법에 의한 대항요건(인도와 주민등록)과 확정일자를 갖춘 경우 개인회생재단에 속하는 해당 주택의 환가대금에서 후순위 권리자나 다른 회생채권자보다 우선변제 받고, 소액임차보증금은 대항요건 갖춘 경우 환가대금에서 다른 담보권자보다도 우선변제 받으므로 우선적 회생채권으로 보기보다 별제권에 준하는 것으로 보아야 할 것이나, 별제권과는 달리 독립하여 경매신청 등을 할 수 없다.

제587조 (상계권)

제416조 내지 제422조의 규정은 개인회생절차에 관하여 준용한다. 이 경우 "파산신청"은 "개인회생절차개시신청"으로, "파산재단"은 "개인회생재단"으로, "파산선고"는 "회생절차개시결정"으로 본다.

✻ 상계란 같은 종류의 채무를 부담하는 쌍방이 각자 대등액에 관하여 자기채무와 상대방의 채무를 동시에 소멸시키는 의사를 표시함으로써 쌍방의 채무가 동시에 소멸되는 것을 말하는데, 상계의 의사표시에 의하여 상대방에 대한 채무를 면함으로써 자기 채권이 언제든지 만족될 수 있는 담보적 기능이 있고, 이런 기능은 상대방이 파산 또는 회생절차가 개시되었다 하여 없어지는 것이 아니다. 상대가 파산 등 위기에 처했을 경우 자신의 채무는 전부 변제를 해야 하는데, 자신의 채권은 파산이나 회생절차에서 배당받는 것으로 만족해야 한다면 불공평하기 때문이다.

이에 법은 상계의 담보적 기능을 감안하여 별제권과 마찬가지로 파산이나 회생절차에 의하지 않고 권리행사를 인정하고 있다.

✽ 파산절차의 경우 파산으로 자동채권인 파산채권의 변제기가 도래한 것으로 보므로(제425조) 상계권 행사에 아무런 제한이 없으나, 회생절차의 경우 변제기 도래에 관한 별도 규정이 없어 회생채권의 변제기가 신고기간 만료일까지 도래해야 하고, 그 신고기간 만료일 전까지 상계의사표시를 해야 하는 제한이 있다(제144조).

✽ 상계의 요건
- 상계적상의 현존: 동일한 당사자 사이의 채권의 대립, 자동채권과 수동채권의 목적이 동종(금전채권 또는 대체물을 목적으로 하는 종류채권이어야 하나 파산채권은 비금전채권이라도 금전화가 행해지므로 - 제426조 - 민법상 요건 미달이라도 파산법상으로는 상계가능하다.), 양 채권의 변제기의 도래(자동채권은 필수나 수동채권은 기한의 이익을 포기할 수 있으므로 변제기 도래 불요지만, 파산채권은 현재화에 의해 기한미도래라도 파산선고 시에 기한도래한 것으로 보므로 기한요건은 의미가 없다).
- 자동채권(회생채권): 제417조 내지 제421조에 따른다.
- 수동채권(회생재단 소속채권): 금전화규정이 없으므로 민법원칙에 따라 금전채권이든가 자동채권과 같은 종류채권이어야 한다. 조건부, 기한부, 장래의 청구권이라도 상계가 가능한데(제417조 후단), 회생채권자 측에서 기한의 이익이나 조건 성부의 기회, 장래불발생 가능성을 포기하고 스스로 상계하고자 하는 것을 막을 이유가 없기 때문이다. 이 경우 자동채권과는 달리 중간이자나 채권액과 평가액의 차이를 공제할 수는 없다.

✽ 상계권의 행사
상계권은 회생채무자에 대한 일방적 의사표시로 행사한다. 회생채무자가 자동채권의 존재를 다투는 경우는 수동채권의 이행을 구하는 소송을 제기하여 상계를 주장해야 할 것이다.
행사시기는 제한이 없고 회생절차종료 시까지 행사하면 된다.

제2장 회생절차의 개시

제588조 (개인회생절차개시의 신청권자)
개인채무자는 법원에 개인회생절차의 개시를 신청할 수 있다.

✱ 개인채무자만이 신청할 수 있고 채권자는 안 된다. 개인회생절차는 채무자의 장래의 수입으로 변제를 도모하는 것으로, 그 수입의 획득에는 채무자의 자발적인 근로가 전제되는데, 채권자가 신청할 수 있다면 근로를 강요하는 것이 되고, 이는 채무자를 노예화하는 결과가 되기 때문이다.

✱ 개인 아닌 주식회사 등 법인은 일반회생절차를 이용해야 한다.

✱ 파산의 원인사실이 있거나 그러한 사실이 생길 염려가 있는 자로서 일정한 금액 이하의 채무를 부담하는 급여소득자 또는 영업소득자에 관한 내용은 앞서 본 것과 같다.

제589조 (개인회생절차개시신청서)
① 개인회생절차개시의 신청은 다음 각 호의 사항을 기재한 서면으로 하여야 한다.
   1. 채무자의 성명·주민등록번호 및 주소
   2. 신청의 취지 및 원인
   3. 채무자의 재산 및 채무
② 제1항의 규정에 의한 서면에는 다음 각 호의 서류를 첨부하여야 한다.
   1. 개인회생채권자목록(채권자의 성명 및 주소와 채권의 원인 및 금액이 기재된 것을 말한다)
   2. 재산목록

3. 채무자의 수입 및 지출에 관한 목록

4. 급여소득자 또는 영업소득자임을 증명하는 자료

5. 진술서

6. 신청일 전 10년 이내에 회생사건·화의사건·파산사건 또는 개인회생사건을 신청한 사실이 있는 때에는 그 관련서류

7. 그 밖에 대법원규칙이 정하는 서류

③ 채무자는 개인회생절차개시결정 시까지 개인회생채권자목록에 기재된 사항을 변경 또는 정정할 수 있다.

＊ 첨부서류의 작성에 곤란을 겪는 채무자들을 위해 법원에 간이 양식이 마련되어 있으나, 우선권 있는 채권, 별제권, 미확정채권 등이 있는 채무자는 정식의 첨부서류를 추후에 다시 작성 제출해야 한다.

＊ 채무자의 수입 및 지출에 관한 목록은 현재의 수입, 지출 목록, 변제계획 수행 시의 예상지출목록으로 구성되어 있고, 현재의 수입은 세후수입을 기재해야 한다.

＊ 대법원규칙이 정하는 서류로는 채무자의 주소, 주민등록번호(없는 경우는 거소번호), 그 밖에 채무자의 인적 사항을 증명하기 위한 자료, 소득금액 증명자료, 소득세, 주민세, 기타 이에 준한 금액을 증명하기 위한 자료, 생계비 증명자료, 재산목록기재 재산가액을 증명하기 위한 자료, 담보채권액 및 피담보재산의 가액을 평가하기 위한 자료, 채무자재산으로 등기, 등록이 된 것은 그 등본, 채무자가 법원 이외의 기관을 통하여 사적인 채무조정을 시도한 사실이 있는 경우, 이를 확인할 수 있는 자료 등이 있다.

＊ 변제계획안은 개시신청 후 14일 내에 제출하게 되어 있으나 실무상으로는 신청 시에 함께 제출하는 것이 일반적이다.

＊ 상시 연락 가능한 전화번호

회생절차진행을 위해서는 채무자와 긴밀히 연락을 취할 수 있어야 하므로 상시 연락 가능한 전화번호를 기재해야 한다. 연락이 되지 않아 변제계획안을 제때 수정하지 못하여 변제계획안이 불인가되는 불이익이 있을 수도 있다.

＊ 개인회생채권자목록

법은 절차의 간소화를 위해 채무자의 채권자 목록에 의해 채권을 확정하도록 했으므로 목록작성이 중요하다.

누락되는 채권이 있으면 안 된다. 채권자에 의한 채권신고절차가 없는 관계상 누락된 채권은 회생절차와 무관하게 권리행사할 수 있고 면책의 대상도 되지 않는데, 이렇게 되면 회생절차의 수행 가능성이 불안해질 것이기 때문이다.

보증인도 구상권을 가질 수 있으므로 기재해야 하나, 구상권이 발생하지 않은 한 변제계획상 변제대상에서는 제외된다.

채권의 액수를 비롯한 내용을 정확하게 기재해야 한다. 부정확한 기재로 채권자들이 채권조사확정재판신청을 많이 하여 미확정 채권액수가 많게 되면 변제계획이 불인가될 수도 있기 때문이다.

채권액의 산정과 관련 채권액상한의 판단시점은 회생절차기시결정 시가 되나, 신청 시에는 언제 결정이 내려질지 알 수 없으므로 신청예정일을 기준으로 작성하게 된다. 연대채무 등의 경우 채권자는 각자에게 채권 전액에 대하여 권리를 행사할 수 있으므로 채권액의 기재도 전액을 해야 하고, 회생절차개시 후 일부변제가 있어도 전부의 만족이 없는 한 채권자목록을 수정할 수도 없다.

＊ 목록의 수정 변경(제589조제3항): 회생절차개시결정 전까지는 목록을 수정·변경해도 이해관계인의 권리침해염려가 없으므로 폭넓게 인정하고 있다.

제590조 (비용의 예납)
개인회생절차개시의 신청을 하는 때에는 절차의 비용으로 대법원규칙이 정하는 금액을 미리 납부하여야 한다.

＊ 비용으로는 신청서에 붙일 인지 3만 원과 송달료, 공고비용, 회생위원의 보수, 그 밖의 절차진행을 위한 비용이 있는데, 실무상 회생위원은 법원사무관이 되어 무보수이고, 공고는 인터넷으로 하고 있어 송달료(29,600원＋채권자 수×2,960원×3회 분)만 내면 된다.

제591조 (계산의 보고 등)
법원 또는 회생위원은 언제든지 채무자에게 금전의 수입과 지출 그 밖에 채무자의 재산상의 업무에 관하여 보고를 요구할 수 있고, 필요하다고 인정하는 경우에는 재산상황의 조사, 시정의 요구 그 밖의 적절한 조치를 취할 수 있다.

제592조 (보전처분)

① 법원은 개인회생절차개시결정 전에 이해관계인의 신청에 의하거나 직권으로 채무자의 재산에 관하여 가압류·가처분 그 밖의 필요한 보전처분을 할 수 있다.

② 법원은 제1항의 규정에 의한 결정을 변경하거나 취소할 수 있다.

③ 제1항 및 제2항의 결정에 대하여는 즉시항고를 할 수 있다.

④ 제3항의 규정에 의한 즉시항고는 집행정지의 효력이 없다.

＊ 회생절차개시신청 후부터 개시결정 전까지 사이에 채무자가 모든 채권자들을 위한 채권의 담보이자 회생의 기초인 재산을 은닉 또는 처분하거나 이해관계인에 의한 권리행사가 쇄도하는 등으로 혼란이 발생하는 것을 방지하기 위하여 인정된 것이나, 실무상 사례는 거의 없고, 영업소득자가 당좌수표나 가계수표를 이용하는 경우에 부정수표법에 의한 처벌을 피하기 위하여 이용하는 경우가 간혹 있다.

제593조 (중지명령)

① 법원은 개인회생절차개시의 신청이 있는 경우 필요하다고 인정하는 때에는 이해관계인의 신청에 의하거나 직권으로 개인회생절차의 개시신청에 대한 결정 시까지 다음 각 호의 절차 또는 행위의 중지 또는 금지를 명할 수 있다.

  1. 채무자에 대한 회생절차 또는 파산절차

  2. 개인회생채권에 기하여 채무자의 업무 및 재산에 대하여 한 강제집행·가압류 또는 가처분

  3. 채무자의 업무 및 재산에 대한 담보권의 설정 또는 담보권의 실행 등을 위한 경매

  4. 개인회생채권을 변제받거나 변제를 요구하는 일체의 행위. 다만, 소송행위를 제외한다.

  5. 「국세징수법」 또는 「지방세법」에 의한 체납처분, 국세징수의 예(국세 또는 지방세 체납처분의 예를 포함한다. 이하 같다)에 의한 체납처분 또는 조세채무담보를 위하여 제공된 물건의 처분. 이 경우 징수의 권한을 가진 자의 의견을 들어야 한다.

② 제1항제5호의 규정에 의한 처분의 중지기간 중에는 시효는 진행하지 아니한다.

③ 개인회생절차개시의 신청이 기각되면 제1항의 규정에 의하여 중지된 절차는 속행된다.

④ 법원은 상당한 이유가 있는 때에는 이해관계인의 신청에 의하거나 직권으로 제1항의 규정

에 의한 중지 또는 금지명령을 취소하거나 변경할 수 있다. 이 경우 법원은 담보를 제공하게
할 수 있다.

⑤ 제45조 내지 제47조는 개인회생절차에 관하여 준용한다.

＊ 규정취지

중지명령은 이미 행해진 강제집행 등을 중지시키는 것이고, 금지명령은 새로운 강
제집행, 변제요구를 금지시키는 것이다.

금지명령은 개인회생절차가 신속히 진행되므로 별 실익이 없으나, 개시신청서가 불비할
경우는 개시결정까지 시간이 걸릴 것이므로 변제요구나 강제집행을 막기 위한 금지명령
의 필요성이 커진다. 실제로 채무자들은 금융기관 등 채권자들로부터 상당한 압박을 받아
왔으므로 그 압박에서 하루라도 빨리 벗어나고 싶어 대부분이 금지명령을 신청하고 있다.

개인회생절차를 일반회생이나 파산절차에 우선시키는 규정이다.

＊ 중지나 금지대상

개인회생절차의 특성상 주로 채무자의 장래소득에 대한 채권압류, 추심, 전부명령이
될 것이다. 그러나 이들 명령은 제3채무자에게 송달됨으로써 집행이 종료되므로 시간상
중지의 실익이 없는 경우가 대부분이다. 담보권자에게는 별제권자의 지위가 주어지므로
임의경매절차의 중지는 허용될 수 없는 것이나, 개시신청결정 시까지는 중지할 수 있게
함으로써 그 기간 동안 채권자와의 협상할 여지를 마련해 두었다.

＊ 금지나 중지명령의 효력

이 명령은 민사집행법 제49조제1, 2호가 정하는 강제집행의 (일시)정지를 명하는
취지를 적은 집행력 있는 재판의 정본에 해당하므로 채무자가 집행법원에 명령 정본
과 채권자에 대한 송달증명원을 제출하여 집행의 취소나 정지를 구해야 한다.

중지나 금지명령에 위반하여 진행된 절차는 무효이지만, 그 외형을 제거하기 위해
서는 집행방법에 관한 이의, 즉시항고를 제기해야 한다. 명령 전에 진행된 절차가 소
급 무효로 되는 것은 아니다.

중지나 금지명령 후에 전부명령이 발령된 경우 그 효력발생이 저지되지 않고 확정
되면 이 전부명령은 유효하다고 보는 것이 통설이므로 채무자는 전부명령에 대하여는
즉시항고를 해야 한다.

＊ 포괄적 금지명령(제5항, 제45조)

일반회생절차와 같이 보전처분 등이 내려진 경우에 한하여 모든 채권자에 대한 금지명령을 발할 수 있게 하고 있으나, 개인회생절차에서는 실무상 보전처분의 예가 거의 없고, 기존의 금지명령만으로도 실효를 거둘 수 있어 활용도는 적을 것이다.

제594조 (개인회생절차개시신청의 취하)

채무자는 개인회생절차의 개시결정이 있기 전에는 신청을 취하할 수 있다. 다만, 채무자가 제592조의 규정에 의한 보전처분, 제593조의 규정에 의한 중지명령을 받은 후에는 법원의 허가를 받아야 신청을 취하할 수 있다.

제595조 (개인회생절차개시신청의 기각사유)

법원은 다음 각 호의 어느 하나에 해당하는 때에는 개인회생절차개시의 신청을 기각할 수 있다.
1. 채무자가 신청권자의 자격을 갖추지 아니한 때
2. 채무자가 제589조제2항 각 호의 어느 하나에 해당하는 서류를 제출하지 아니하거나, 허위로 작성하여 제출하거나 또는 법원이 정한 제출기한을 준수하지 아니한 때
3. 채무자가 절차의 비용을 납부하지 아니한 때
4. 채무자가 변제계획안의 제출기한을 준수하지 아니한 때
5. 채무자가 신청일 전 5년 이내에 면책(파산절차에 의한 면책을 포함한다)을 받은 사실이 있는 때
6. 개인회생절차에 의함이 채권자 일반의 이익에 적합하지 아니한 때
7. 그 밖에 신청이 성실하지 아니하거나 상당한 이유 없이 절차를 지연시키는 때

＊ 종전에 신청일 전 5년 내에 개인회생절차의 개시신청이 기각되거나 폐지결정을 받은 사실이 있는 경우 기각사유이던 것을 제외해 다시 신청할 수 있도록 하였고, 10년 이내에 면책을 받은 일이 있었으면 기각사유이던 것을 5년 내 면책으로 완화하여 채무자가 쉽게 개인회생절차를 이용할 수 있게 하였다.

＊ 제6항은 개인회생절차개시 전에 이미 파산절차가 개시되어 있는 경우, 절차의 진행상황, 채무자의 재산상태 등을 종합판단하여 개인회생절차를 개시하는 것보다 파

산절차를 진행하는 것이 채권자에게 유리한 경우 개인회생절차를 이용하지 못하게 하는 취지이다.

제596조 (개인회생절차의 개시결정)

① 법원은 신청일부터 1월 이내에 개인회생절차의 개시 여부를 결정하여야 한다.

② 법원은 개인회생절차개시결정과 동시에 다음 각 호의 사항을 정하여야 한다.

  1. 개인회생채권에 관한 이의기간(이하 "이의기간"이라 한다). 이 경우 그 기간은 개인회생절차개시결정일부터 2주 이상 2월 이하이어야 한다.

  2. 개인회생채권자집회의 기일. 이 경우 그 기일과 이의기간의 말일 사이에는 2주 이상 1월 이하의 기간이 있어야 한다.

③ 법원은 특별한 사정이 있는 때에는 제2항 각 호의 기일을 늦추거나 기간을 늘릴 수 있다.

④ 제1항의 규정에 의하여 결정을 하는 때에는 결정서에 결정의 연·월·일·시를 기재하여야 한다.

⑤ 제1항의 규정에 의한 결정은 그 결정 시부터 효력이 발생한다.

✱ 개시결정의 효과

- 채무자의 지위(제580조제2항): 일반회생절차와는 달리 회생절차개시결정이 있더라도 채무자가 계속하여 개인회생재단에 대한 관리·처분권을 갖는다.

- 변제의 금지(제1항제3호): 개인회생절차의 개시결정이 있는 경우 그 결정 전의 원인으로 생긴 재산상의 청구권은 개인회생채권이 되고, 그중 채권자목록에 기재된 개인회생채권에 관하여는 변제계획에 의하지 않고는 변제하거나 변제받는 등 이를 소멸하게 하는 행위를 하지 못한다. 변제금지의 대상은 채권자목록에 기재된 채권에 한하고, 개인회생재단채권은 회생절차에 의하지 않고 수시로 변제하거나 받을 수 있고, 소제기하여 강제집행할 수도 있다(제475, 476조).

- 개인회생재단의 성립: 파산선고가 있으면 파산재단이 성립되듯이 개인회생절차개시결정이 있으면 개인회생재단이 성립된다(제580조).

- 다른 절차의 중지, 금지

  다른 도산절차의 중지, 금지(제1항제1호, 제615조제3항)

  강제집행, 가압류, 가처분의 중지, 금지(제1항제2호): 단 개인회생채권이 아닌 개인회생재단채권(제583조), 환취권(제585조)에 의한 강제집행 등은 가능하고, 채무자가 채권자목록에 기재하지 아니한 개인회생채권자는 개시결정 후에도 자유롭게 강제집행 등을 할 수 있다.

중지된 절차의 효력 상실(제3항)과 속행: 중지된 다른 도산절차나 강제집행절차 등은 변제계획인가결정이 있는 때에는 변제계획 등에서 달리 결정하지 않는 한 효력을 상실하고, 변제계획불인가결정 및 폐지결정이 있는 때에는 속행할 수 있다. 금지의 효과는 개인회생절차종료 시까지 존속한다.

체납처분 등의 중지, 금지(제1항제4호): 변제계획인가결정이 있더라도 중지된 체납처분 등의 효력은 상실되지 않고 그대로 존속한다(제615조제3항 단서).

담보권설정, 담보권실행경매의 중지, 금지 및 시효 정지(제2, 4항): 개인회생절차에서 담보권은 별제권으로 인정되기 때문에 개인회생절차에 의하지 않고 행사할 수 있으나 개인회생절차개시결정이 있은 후에는 중지, 금지된다.

중지된 절차, 처분의 속행, 취소(제3항): 법원은 상당한 이유가 있을 때 신청, 직권에 의하여 회생, 파산절차, 강제집행, 가압류, 가처분, 변제 및 변제요구행위, 체납처분, 담보권의 설정과 실행 등 절차의 속행과 취소를 명할 수 있다.

✻ 개시결정의 효력은 결정 시부터 발생한다.

제597조 (개시의 공고와 송달)

① 법원은 개인회생절차개시결정을 한 때에는 지체 없이 다음 각 호의 사항을 공고하여야 한다.
  1. 개인회생절차개시결정의 주문
  2. 이의기간
  3. 개인회생채권자가 이의기간 안에 자신 또는 다른 개인회생채권자의 채권내용에 관하여 개인회생채권조사확정재판을 신청할 수 있다는 뜻
  4. 개인회생채권자집회의 기일
② 법원은 다음 각 호의 자에게 제1항 각 호의 사항을 기재한 서면과 개인회생채권자 목록 및 변제계획안을 송달하여야 한다.
  1. 채무자
  2. 알고 있는 개인회생채권자
  3. 개인회생절차가 개시된 채무자의 재산을 소지하고 있거나 그에게 채무를 부담하는 자

③ 제1항 및 제2항의 규정은 제1항제2호 및 제4호의 사항에 변경이 생긴 경우에 준용하며, 제2항의 규정은 변제계획안에 변경이 생긴 경우에 준용한다.

제598조 (개인회생절차개시재판에 대한 즉시항고)

① 개인회생절차개시신청에 관한 재판에 대하여는 즉시항고를 할 수 있다.
② 제592조 및 제593조의 규정은 개인회생절차개시신청을 기각하는 결정에 대하여 제1항의 즉시항고가 있는 경우에 준용한다.
③ 제1항의 규정에 의한 즉시항고는 집행정지의 효력이 없다.
④ 항고법원은 즉시항고의 절차가 법률에 위반되거나 즉시항고가 이유 없다고 인정하는 때에는 결정으로 즉시항고를 각하 또는 기각하여야 한다.
⑤ 항고법원은 즉시항고가 이유 있다고 인정하는 때에는 원래의 결정을 취소하고 사건을 원심법원에 환송하여야 한다.

＊ 즉시항고기간은 개시결정은 공고를 해야 하므로(제597조제1항) 공고한 날의 다음날부터 14일이고(제13조제2항), 개시신청기각결정은 공고하지 않으므로 신청인이 결정문을 송달받은 다음날부터 1주일이다.

제599조 (개인회생절차개시결정의 취소)

법원은 개인회생절차개시결정을 취소하는 결정이 확정된 때에는 즉시 그 주문을 공고하고 다음 각 호의 자에게 그 결정의 취지를 송달하여야 한다.
1. 채무자
2. 알고 있는 개인회생채권자
3. 개인회생절차가 개시된 채무자의 재산을 소지하고 있거나 그에게 채무를 부담하는 자

제600조 (다른 절차의 중지 등)

① 개인회생절차개시의 결정이 있는 때에는 다음 각 호의 절차 또는 행위는 중지 또는 금지된다. 다만, 제2호 내지 제4호의 절차 또는 행위는 채권자목록에 기재된 채권에 의한 경우에 한한다.
  1. 채무자에 대한 회생절차 또는 파산절차
  2. 개인회생채권에 기하여 개인회생재단에 속하는 재산에 대하여 한 강제집행·가압류 또는 가처분

3. 개인회생채권을 변제받거나 변제를 요구하는 일체의 행위. 다만, 소송행위를 제외한다.

4. 「국세징수법」 또는 「지방세법」에 의한 체납처분, 국세징수의 예(국세 또는 지방세 체납처분의 예를 포함한다. 이하 같다)에 의한 체납처분 또는 조세채무담보를 위하여 제공된 물건의 처분

② 개인회생절차개시의 결정이 있는 때에는 변제계획의 인가결정일 또는 개인회생절차 폐지결정의 확정일 중 먼저 도래하는 날까지 개인회생재단에 속하는 재산에 대한 담보권의 설정 또는 담보권의 실행 등을 위한 경매는 중지 또는 금지된다.

③ 법원은 상당한 이유가 있는 때에는 이해관계인의 신청에 의하거나 직권으로 제1항 또는 제2항의 규정에 의하여 중지된 절차 또는 처분의 속행 또는 취소를 명할 수 있다. 다만, 처분의 취소의 경우에는 담보를 제공하게 할 수 있다.

④ 제1항 또는 제2항의 규정에 의하여 처분을 할 수 없거나 중지된 기간 중에 시효는 진행하지 아니한다.

제3장 회생위원

　개인회생절차의 기관으로는 다른 절차와 마찬가지로 관리위원회와 개인회생채권자집회, 회생위원이 있으나 소규모의 간이절차이므로 관리위원회의 역할은 회생위원에 대한 법원의 감독 보조나 계획안에 대한 청산가치보장 유무에 관한 자문 정도에 그칠 것이고, 개인회생채권자집회는 변제계획안에 대한 결의권이 없고 의견을 구하는 절차에 지나지 않으며, 파산관재인에 해당하는 회생위원의 선임도 임의적인데, 회생계획의 수행과 감독을 담당하는 회생위원의 역할이 어떻게 주어지냐에 따라서 개인회생제도의 성패가 달려 있다고 할 것이다.

제601조 (선임 및 해임)

① 법원은 이해관계인의 신청에 의하거나 직권으로 다음 각 호의 해당하는 자를 회생위원으로 선임할 수 있다.
　1. 관리위원회의 관리위원
　2. 법원사무관 등
　3. 변호사·공인회계사 또는 법무사의 자격이 있는 자
　4. 법원주사보·검찰주사보 이상의 직에 근무한 경력이 있는 자
　5. 「은행법」에 의한 금융기관에서 근무한 경력이 있는 사람으로서 회생위원의 직무수행에 적합한 자
　6. 채무자를 상대로 신용관리교육·상담 및 신용회복을 위한 채무조정업무 등을 수행하는 기관 또는 단체에 근무 중이거나 근무한 경력이 있는 사람으로서 회생위원의 직무수행에 적합한 자
　7. 제1호 내지 제6호에 규정된 자에 준하는 자로서 회생위원의 직무수행에 적합한 자
② 법원은 상당한 이유가 있는 때에는 이해관계인의 신청에 의하거나 직권으로 회생위원

을 해임할 수 있다.

③ 회생위원은 필요한 때에는 그 직무를 행하기 위하여 자기의 책임으로 1인 이상의 회생위원 대리를 선임할 수 있다.

④ 제3항의 규정에 의한 회생위원 대리의 선임은 법원의 허가를 받아야 한다.

⑤ 회생위원 대리는 회생위원에 갈음하여 재판상 또는 재판 외의 모든 행위를 할 수 있다.

✽ 실무상으로는 모든 사건에 법원사무관을 회생위원으로 선임하고 있는데, 보수문제를 해결하기 위한 방책이기는 하나, 3~5년이 걸리는 기간 동안 법원이 관여를 해야 하는데, 법원 인사제도상 담당자가 수시로 바뀔 것이므로 업무의 일관성을 위해서는 담당전문가를 양성하는 등의 대책이 필요하다.

제602조 (회생위원의 업무)

① 회생위원은 법원의 감독을 받아 다음 각 호의 업무를 수행한다.

　　1. 채무자의 재산 및 소득에 대한 조사

　　2. 부인권 행사명령의 신청 및 그 절차 참가

　　3. 개인회생채권자집회의 진행

　　4. 그 밖에 법령 또는 법원이 정하는 업무

② 채무자는 법원의 명령 또는 회생위원의 요청이 있는 경우에는 재산 및 소득, 변제계획 그 밖의 필요한 사항에 관하여 설명을 하여야 한다.

✽ 회생위원은 조사를 위한 적절한 조치를 취할 수 있다(제591조).

변제계획인가 후에는 계획에 따라 채무자가 납부한 변제액을 채권자에게 분배하는 등의 업무를 수행한다.

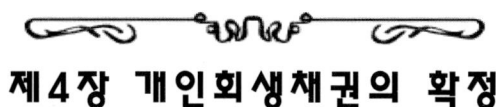

제4장 개인회생채권의 확정

제603조 (개인회생채권의 확정)

① 다음 각 호의 어느 하나에 해당하는 경우에는 개인회생채권자목록의 기재대로 채권이 확정된다.

    1. 개인회생채권자목록에 기재된 채권자가 제596조제2항제1호의 규정에 의한 이의기간 안에 개인회생채권조사확정재판을 신청하지 아니한 경우

    2. 개인회생채권조사확정재판신청이 각하된 경우

② 법원사무관 등은 제1항의 규정에 의하여 채권이 확정된 때에는 다음 각 호의 사항을 기재한 개인회생채권자표를 작성하여야 한다.

    1. 채권자의 성명 및 주소

    2. 채권의 내용 및 원인

③ 확정된 개인회생채권을 개인회생채권자표에 기재한 경우 그 기재는 개인회생채권자 전원에 대하여 확정판결과 동일한 효력이 있다.

④ 개인회생채권자는 개인회생절차폐지결정이 확정된 때에는 채무자에 대하여 개인회생채권자표에 기하여 강제집행을 할 수 있다.

⑤ 제255조제3항의 규정은 제4항의 경우에 준용한다.

  ✻ 개인회생채권이 확정되는 경우로는 채권자목록에 이의가 없는 경우, 채권조사확정재판결과에 이의 없는 경우, 채권조사확정재판에 대한 이의소가 확정되는 경우, 개시결정당시 이미 별소가 제기되어 있어 그 소송결과대로 확정되는 경우가 있다.

  ✻ 개인회생채권자표는 확정판결과 동일한 효력이 있는데 그 의미는 회생절차의 그것과 동일하여, 개인회생채권자 전원과의 관계에서 절차 내 불가쟁의 효력을 갖는 것

으로 해석되고, 기판력은 없으나 집행력은 인정된다(제4항).

제604조 (개인회생채권조사확정재판)

① 개인회생채권자목록의 내용에 관하여 이의가 있는 개인회생채권자는 제596조제2항제1호의 규정에 의한 이의기간 안에 서면으로 이의를 신청할 수 있다. 채무자가 이의내용을 인정하는 때에는 법원의 허가를 받아 개인회생채권자목록을 변경할 수 있다. 이 경우 법원은 조사확정재판신청에 대한 결정을 하지 아니할 수 있다.

② 개인회생절차개시 당시 이미 소송이 계속 중인 권리에 대하여 이의가 있는 경우에는 별도로 조사확정재판을 신청할 수 없고 이미 계속 중인 소송의 내용을 개인회생채권조사확정의 소로 변경하여야 한다.

③ 제1항의 경우 개인회생채권자가 자신의 개인회생채권의 내용에 관하여 개인회생채권조사확정재판을 신청하는 경우에는 채무자를 상대방으로 하고, 다른 개인회생채권자의 채권내용에 관하여 개인회생채권조사확정재판을 신청하는 경우에는 채무자와 다른 개인회생채권자를 상대방으로 하여야 한다.

④ 개인회생채권조사확정재판을 신청하는 자는 법원이 정하는 절차의 비용을 미리 납부하여야 한다. 법원은 비용을 미리 납부하지 아니하는 때에는 신청을 각하하여야 한다.

⑤ 법원은 이해관계인을 심문한 후 개인회생채권조사확정재판을 하여야 하며, 이 결정에서 이의가 있는 회생채권의 존부 또는 그 내용을 정한다.

⑥ 법원은 제5항의 규정에 의한 결정이 있는 때에는 결정서를 당사자에게 송달하여야 한다.

✳ 회생이나 파산절차 모두 일단 채권자의 신고를 받은 후에 시부인이나 이의절차를 진행하는 데 반하여 개인회생절차에서는 간이·신속을 위하여 채무자가 제출한 채권자목록에 대하여 당해채권자 또는 다른 채권자가 조사확정재판을 구하는 것으로 규정하고 있다. 또한 이의기간과 조사확정재판신청기간을 구분하지 않아(제603조제1항제1호) 이의기간 안에 조사확정재판을 신청해야 한다.

제605조 (개인회생채권조사확정재판에 대한 이의의 소)

① 개인회생채권조사확정재판에 불복하는 자는 결정서의 송달을 받은 날부터 1월 이내에 이의의 소를 제기할 수 있다. 이 경우 이의의 소는 개인회생법원(개인회생사건이 계속되어 있는 지방법원을 말한다. 이하 같다)의 관할에 전속한다.

② 제1항의 소의 변론은 결정서를 송달받은 날부터 1월을 경과한 후가 아니면 개시할 수 없

으며, 동일한 채권에 관하여 여러 개의 소가 계속되어 있는 때에는 법원은 변론을 병합할 수 있다.

③ 제1항의 소에 대한 판결은 소를 부적법한 것으로 각하하는 경우를 제외하고는 같은 항의 재판을 인가하거나 변경한다.

＊ 당사자에 관하여 불복하는 자라고만 규정되어 있으나 조사확정재판의 당사자만 원·피고 적격이 있다고 할 것이다. 이의채권의 보유자는 이의자 전원을 상대로 조사확정재판을 신청해야 하지만, 그 결과에 관하여 이의자가 불복하는 경우에는 이의자 전원이 공동으로 할 필요는 없고, 각자 이의의 소를 제기하면 되지만, 이의채권 보유자가 불복하는 경우에는 이의자 전원을 상대로 해야 한다.

제606조 (개인회생채권의 확정에 관한 소송결과 등의 기재)

법원사무관 등은 채무자·회생위원 또는 개인회생채권자의 신청에 의하여 다음 각 호의 사항을 기재한 개인회생채권자표를 작성하여야 한다.

1. 개인회생채권조사확정재판의 결과
2. 개인회생채권조사확정재판에 대한 이의의 소의 결과
3. 제1호 및 제2호 외의 개인회생채권의 확정에 관한 소송의 결과

제607조 (개인회생채권의 확정에 관한 소송의 판결 등의 효력)

① 개인회생채권의 확정에 관한 소송에 대한 판결은 개인회생채권자 전원에 대하여 그 효력이 있다.

② 개인회생채권조사확정재판에 대한 이의의 소가 제605조제1항의 규정에 의한 기간 안에 제기되지 아니하거나 각하된 때에는 그 재판은 개인회생채권자 전원에 대하여 확정판결과 동일한 효력이 있다.

제608조 (소송비용의 상환)

채무자의 재산이 개인회생채권의 확정에 관한 소송으로 이익을 받은 때에는 소를 제기한 개인회생채권자는 얻은 이익의 한도 안에서 개인회생재단채권자로서 소송비용의 상환을 청구할 수 있다.

제609조 (개인회생채권확정소송의 목적의 가액)

개인회생채권의 확정에 관한 소송의 목적의 가액은 변제계획으로 얻을 이익의 예정액을 표준으로 하여 개인회생법원이 정한다.

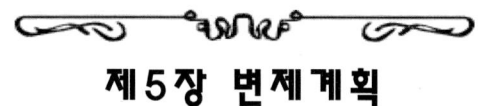

제5장 변제계획

＊ 변제계획이란 채무자가 앞으로 자신의 가용소득을 투입하여 얼마 동안 어떤 방법으로 채권자들에게 조정된 채무금액을 변제해 나가겠다는 내용의 계획을 말한다.

제610조 (변제계획안의 제출 및 수정)

① 채무자는 개인회생절차개시의 신청일부터 14일 이내에 변제계획안을 제출하여야 한다. 다만, 법원은 상당한 이유가 있다고 인정하는 때에는 그 기간을 늘릴 수 있다.

② 채무자는 변제계획안이 인가되기 전에는 변제계획안을 수정할 수 있다.

③ 법원은 이해관계인의 신청에 의하거나 직권으로 채무자에 대하여 변제계획안을 수정할 것을 명할 수 있다.

④ 제3항의 규정에 의한 수정명령이 있는 때에는 채무자는 법원이 정하는 기한 이내에 변제계획안을 수정하여야 한다.

⑤ 제597조제2항의 규정은 제2항 및 제3항의 규정에 의하여 변제계획안을 수정하는 경우에 이를 준용한다.

＊ 실무상으로는 신속한 진행을 위해 신청 시에 변제계획안을 함께 제출하게 하고 있다. 채무자는 변제계획안의 인가 전에는 스스로 계획안을 수정할 수 있고, 법원도 이해관계인의 의견 반영과 법원에 의한 적절한 통제를 위해 이해관계인의 신청 또는 직권으로 수정명령을 할 수 있다. 이에 응하지 않을 경우 법원이 직접 수정할 수는 없고, 계획안을 배제하고 회생절차개시신청을 기각할 것이다. 이해관계인의 신청은 법원에 대한 촉구의 의미만 있고, 법원이 이에 응해야 하는 것은 아니다.

제611조 (변제계획의 내용)

① 변제계획에는 다음 각 호의 사항을 정하여야 한다.

　1. 채무변제에 제공되는 재산 및 소득에 관한 사항

　2. 개인회생재단채권 및 일반의 우선권 있는 개인회생채권의 전액의 변제에 관한 사항

　3. 개인회생채권자목록에 기재된 개인회생채권의 전부 또는 일부의 변제에 관한 사항

② 변제계획에는 다음 각 호의 사항을 정할 수 있다.

　1. 개인회생채권의 조의 분류

　2. 변제계획에서 예상한 액을 넘는 재산의 용도

　3. 변제계획인가 후의 개인회생재단에 속하는 재산의 관리 및 처분권의 제한에 관한 사항

　4. 그 밖에 채무자의 채무조정을 위하여 필요한 사항

③ 변제계획에서 채권의 조를 분류하는 때에는 같은 조로 분류된 채권을 평등하게 취급하여야 한다. 다만, 불이익을 받는 개인회생채권자의 동의가 있거나 소액의 개인회생채권의 경우에는 그러하지 아니하다.

④ 변제계획은 변제계획인가일부터 1월 이내에 변제를 개시하여 정기적으로 변제하는 내용을 포함하여야 한다. 다만, 법원의 허가를 받은 경우에는 그러하지 아니하다.

⑤ 변제계획에서 정하는 변제기간은 변제개시일부터 5년을 초과하여서는 아니 된다.

⑥ 법원은 필요한 경우 변제계획의 이행을 위하여 인적·물적 담보를 제공하게 할 수 있다.

✽ 개인회생재단채권과 우선권 있는 개인회생채권은 전액을 변제해야 하므로 일반회생절차와는 달리 공정·형평한 차등은 없고, 같은 조간 평등의 원칙만 적용된다(제3항).

✽ 변제개시일(제4항)

법원실무는 변제계획안 제출 시 매월 일정일을 변제일로 적어내게 한 다음, 제출일로부터 60~90일 사이의 하루를 1회 변제일로 지정하여 회생위원의 은행계좌로 변제액을 입금도록 하여 3~4개월의 실적을 본 다음 변제계획인가여부를 결정하는데, 내핍생활에 미리 적응토록 하게 하고 인가의 자료로 삼기 위해서이다.

✽ 변제기간(대법원 예규)

－3년 이내의 기간 동안 원금과 이자를 전부 변제할 수 있을 때는 그때까지를 변

제기간으로 한다.

- -3년 이내의 기간 동안 원금의 전부를 변제할 수 있으나 이자의 전부를 변제할 수 없을 때는 변제기간을 3년으로 한다.
- -3년 이상 5년 이내의 기간 동안 원금의 전부를 변제할 수 있을 때는 이자의 변제 여부에 불구하고 원금의 전부를 변제할 수 있을 때까지를 변제기간으로 한다.
- -5년 이내의 기간 동안 원금의 전부를 변제할 수 없을 때는 변제기간을 5년으로 한다.

✽ 종전에 최장 8년이던 변제기간을 5년으로 줄인 것은 채무자의 부담을 줄여준다는 의미가 있으나, 청산가치가 커서 이를 초과하는 변제를 하려면 5년 이상의 변제계획이 필요한 사람은 이용하지 못하고 파산에 들어가야만 하는 문제도 있다.

제612조 (특별한 이익을 주는 행위의 무효)

채무자가 자신 또는 제3자의 명의로 변제계획에 의하지 아니하고 일부 개인회생채권자에게 특별한 이익을 주는 행위는 무효로 한다.

제613조 (개인회생채권자집회)

① 법원은 개인회생채권자집회의 기일과 변제계획의 요지를 채무자·개인회생채권자 및 회생위원에게 통지하여야 한다.
② 채무자는 개인회생채권자집회에 출석하여 개인회생채권자의 요구가 있는 경우 변제계획에 관하여 필요한 설명을 하여야 한다.
③ 개인회생채권자집회는 법원이 지휘한다.
④ 회생위원이 선임되어 있는 때에는 법원은 회생위원으로 하여금 개인회생채권자집회를 진행하게 할 수 있다.
⑤ 개인회생채권자는 개인회생채권자집회에서 변제계획에 관하여 이의를 진술할 수 있다.

✽ 개인회생절차에서의 채권자집회는 어떤 결의를 하는 집회가 아니고, 채무자가 변제계획안에 대한 설명을 하고, 개인회생채권자 또는 회생위원이 그에 대한 이의 여부를 진술하는 집회이다.

✽ 개인회생절차에서는 채무자의 협조가 필수적이므로 불출석시는 제재를 위해 개

인회생절차폐지결정을 할 수 있다(제620조제2항제2호). 다만 1회의 불출석만으로 폐지결정하는 것은 가혹하므로 2회 이상 불출석할 때 폐지결정을 한다.

제614조 (변제계획의 인부)

① 법원은 개인회생채권자 또는 회생위원이 이의를 진술하지 아니하고 다음 각 호의 요건이 모두 충족된 때에는 변제계획인가결정을 하여야 한다. 다만, 제610조제3항에 의한 변제계획안 수정명령에 불응한 경우에는 그러하지 아니하다.
  1. 변제계획이 법률의 규정에 적합할 것
  2. 변제계획이 공정하고 형평에 맞으며 수행 가능할 것
  3. 변제계획인가 전에 납부되어야 할 비용·수수료 그 밖의 금액이 납부되었을 것
  4. 변제계획의 인가결정일을 기준일로 하여 평가한 개인회생채권에 대한 총변제액이 채무자가 파산하는 때에 배당받을 총액보다 적지 아니할 것. 다만, 채권자가 동의한 경우에는 그러하지 아니하다.
② 법원은 개인회생채권자 또는 회생위원이 이의를 진술하는 때에는 제1항 각 호의 요건 외에 다음 각 호의 요건을 구비하고 있는 때에 한하여 변제계획인가결정을 할 수 있다.
  1. 변제계획의 인가결정일을 기준일로 하여 평가한 이의를 진술하는 개인회생채권자에 대한 총변제액이 채무자가 파산하는 때에 배당받을 총액보다 적지 아니할 것
  2. 채무자가 최초의 변제일부터 변제계획에서 정한 변제기간 동안 수령할 수 있는 가용소득의 전부가 변제계획에 따른 변제에 제공될 것
  3. 변제계획의 인가결정일을 기준일로 하여 평가한 개인회생채권에 대한 총변제액이 3천만 원을 초과하지 아니하는 범위 안에서 다음 각 목의 금액보다 적지 아니할 것
    가. 변제계획의 인가결정일을 기준일로 하여 평가한 개인회생채권의 총금액이 5천만 원 미만인 경우에는 위 총금액에 100분의 5를 곱한 금액
    나. 변제계획의 인가결정일을 기준일로 하여 평가한 개인회생채권의 총금액이 5천만 원 이상인 경우에는 위 총금액에 100분의 3을 곱한 금액에 1백만 원을 더한 금액
③ 법원은 변제계획인부결정을 선고하고 그 주문 이유의 요지와 변제계획의 요지를 공고하여야 한다. 이 경우 송달은 하지 아니할 수 있다.

＊ 개인회생채권자집회에서 변제계획안에 대하여 개인회생채권자의 이의가 없는 경우에는 제1항의 요건만 갖추면 법원은 변제계획을 인가하여야 한다.

- 법규정에 적합할 것(제1, 2호)

; 변제계획이 법이 정한 우선순위에 반하지 않고 동 순위자들 간에는 공정·형평해야 한다.

; 개인회생재단채권은 회생절차에 구애받지 않고 수시로 우선적으로 변제해야 하므로(제475, 476조), 개인회생재단채권이 있는 경우에는 이를 우선적으로 모두 변제할 수 있는지를 고려하여 변제개시일을 결정해야 할 것이다.

; 일반의 우선권이 있는 개인회생채권은 그 채권의 전액을 변제해야 한다(제611조 제1항제2호).

; 제446조제1항이 법정 후순위채권과 2항의 합의에 의한 후순위채권은 일반 개인회생채권보다 후순위이므로 일반회생채권이 전부 변제받지 못하는 한 후순위 채권을 일부라도 변제하는 내용의 변제계획안은 평등의 원칙에 반한다.

- 수행 가능할 것(제2호)

; 변제계획은 수행 가능한 것이어야 하므로, 근거 없이 소득을 높게 추정하거나, 막연하게 미래에 증여받을 것을 전제로 하는 경우 등은 이행 불가능할 가능성이 높아 인가될 수 없다.

- 청산가치를 보장할 것(제1항제4호, 제2항제1호)

; 개인회생절차에서 변제받는 금액이 파산 시 배당받을 수 있는 금액인 청산가치보다는 적지 않아야 한다. 비교를 위해서는 변제기간 동안 변제받는 금원의 현가를 산정해 봐야 하는데, 법원 실무에서는 연이율 5%를 전제로 복리할인법(라이프니쯔식 현가산정법)을 적용하여 산정하고 있다. 이 원칙은 개인회생채권자 전체에 대하여 뿐만 아니라 개별회생채권자에게도 적용되어야 한다.

; 청산가치 산정대상 재산은 개인회생재단에 속한 재산에 한정되므로 면제재산이나 압류금지재산은 제외된다.

; 청산가치가 큰 경우에는 재산의 일부를 변제에 제공하여 청산가치를 상회하는 변제가 이루어지도록 변제계획을 수립해야 한다. 실무에서는 재산처분 예정일을 인가일로부터 1년 내로 하는 것을 원칙으로 하되 경우에 따라서 2년까지도 인정하나, 2년을 초과하는 계획은 불허하고 있고, 변제투입예정액을 정할 때 현재가치할인율 문제와 청산가치산정을 둘러싼 분쟁을 방지하기 위하여 청산가치와 가용소득의 현재가치의 차액에 재산처분예정일이 1년 이내인 경우는 1.3을, 2년 이내인 경우는 1.5를 각 곱한 금원으로 정하고 있다.

❋ 개인회생채무자 등이 이의하는 경우에도 법원은 이에 구애받지 않고 변제계획이 제2항의 요건을 추가로 갖추었으면 인가해야 한다.

　－이의하는 채권자에 대한 청산가치를 보장할 것(제1호)

　－가용소득을 제공할 것(제2호)

; 개인회생채권자 또는 회생위원으로부터 변제계획안에 대하여 이의가 있는 경우에는 가용소득의 전부가 변제에 제공되어야 한다.

; 가용소득은 월 평균 수입액에서 제세공과금을 제한 금원에서 최저생계비의 1.5배를 곱한 금원을 제한 금원이 된다.

; 소득의 산정은 급여소득자의 경우 최근 1년간 소득을 평균하여 정하나, 직장변동이 있는 경우에는 변동이후의 소득만 대상으로 한다. 영업소득자의 경우 최근 1년간 소득신고서(소득신고된 경우)나 영업장부(소득신고 안 된 경우) 등을 기준으로 정하나, 내용이 부실하거나 소명자료가 불충분한 경우에는 임금구조기본통계조사보고서상의 통계소득, 동일직종의 영업소득, 채무자가 제출한 소득진술서, 인우보증서 등을 참고하여 판단해야 할 것이다.

기재한 소득내역이 불성실하다고 판단될 경우에는 법 제596조제7호에 의하여 개시신청이 기각될 수도 있다.

급여소득자와 영업소득자 간에 전업이 있을 경우에는 전업 후의 소득만 고려한다.

; 생계비의 산정은 제579조제4호 다목에 규정되어 있는데, 법원실무에서는 국민생활보장법 제6조에 따라 공표된 2005년 최저생계비에 변제계획상의 변제기간의 1.5배를 곱한 금액으로 하는 것을 원칙으로 하되 특별한 사정이 있는 경우에는 적절히 증감하고 있다.

특별한 사정으로는 의료비가 정기적으로 발생하는 경우나, 부양가족 중 장애인이 있는 경우 등이 있다. 피부양자로 인정받기 위해서는 상당기간 채무자에 의하여 부양되고 있는 사실이 주민등록등본, 호적등본에 의하여 입증되어야 하고, 배우자 외의 성년 가족은 60세가 넘지 않는 한 원칙적으로 피부양자라고 할 수 없고, 장애 등 특별한 사정이 있는 경우에만 피부양자로 인정될 수 있다.

20세가 넘은 대학생의 학비, 맞벌이 부부의 육아 보육비, 임차보증금 없는 월세, 중고등학생의 학원비 등을 포함해줘야 한다는 논의도 있다.

동거가족이 수입이 있는 경우에는 어느 것이 주 수입인가를 고려하여 판단해야 할 것으로, 그 수입이 소액인 경우는 채무자의 수입을 주 수입으로 하여 독립수입이 있는 자를 제외한 나머지를 피부양자로 보아 생계비를 산정해야 할 것이다.

－최저변제액을 제공할 것(제3호)

; 가용소득액이 너무 작아 최저변제액도 제공할 수 없으면 수행 가능성이 없는 것
으로 될 것이다.

＊ 미확정개인회생채권과 별제권부족액의 처리

채권에 관하여 다툼이 있거나, 별제권자가 담보권을 행사하여 얼마가 부족액으로 남
아 개인회생채권으로 인정될지 여부가 불명한 경우에는 최악의 경우를 예상하여 상대
주장하는 채권전액과, 담보가치를 최소화하여 별제권 부족액을 최대화하는 방식으로 변
제계획안을 작성하여 변제계획이 수행불능이 되는 사태를 미연에 예방해야 할 것이다.

＊ 임대보증금반환채권의 처리

임대보증금반환청구채권은 종료 시에 공제될 월임료가 있거나 상계될 손해배상채권
이 있기 마련이어서 미확정채권으로 취급된다. 대항력을 갖추지 못한 경우는 전액을 회
생채권으로 보고, 대항요건과 확정일자를 갖춘 경우에는 별제권에 준하고, 대항요건은
갖추었으나 확정일자 없는 경우에는 우선변제권은 없어도 변제하지 않으면 명도를 받을
수 없으므로 일단은 변제액 전액을 따로 유보해두는 형식으로 변제계획을 작성한다.

＊ 전부명령이 있는 경우

채무자의 급여채권에 대하여 전부명령이 있는 경우(제616조)에 채무자로서는 변제
계획이 인가될 때까지는 전부채권 중 얼마가 개인회생채권으로 될지 알 수 없으므로,
일단은 개시신청 시를 기준으로 전부명령이 실효될 것을 전제로 미확정채권으로 기재
하고 해당금액을 유보해 놓았다가, 인가 후 확정해 지급하고, 남은 금원을 회생채권액
으로 하면 될 것이다.

＊ 변제의 배분기준

－원금과 이자는 회생절차가 개시되면 등질화되나, 성질상 차등을 둘 수 있고, 원금
으로 할 경우 계산이 간편하다는 이유로 실무에서는 원금을 기준으로 안분하고
있는데, 원금보다 이자가 많거나, 이자채권만이 존재하는 채권자가 있는 경우에는
원리금을 기준으로 안분한다.

원금 외에 이자 일부도 변제하는 변제계획의 경우 이자의 배분방법은 각 채권의 개시 전 이자액을 산정해서 그 전체액에서 각 채권의 이자액이 차지하는 비율을 계산하여 그 비율별로 안분하는 것이 적당할 것이다.

- 공무원연금 등의 대출금: 법에서 퇴직금 등으로부터 우선 공제할 수 있게 함으로써 연금재정의 안정을 도모하고 있어 이 채권을 어떻게 취급할 것인가 견해 대립이 있으나, 실무는 일반회생채권으로 취급하되 법에 따라 우선변제가 가능하다고 변제계획에 기재하는 것으로 처리하고 있다.

- 압류적립금의 처리: 개인회생절차개시결정으로 급여에 대한 가압류나 압류가 중지되었어도 기왕에 압류된 것을 실효시키는 것은 아니므로 변제계획인가 시까지는 채무자가 이를 수령할 수 없고 재산목록에 포함되는데, 인가 후 가용소득의 현재가치가 청산가치를 초과한다고 하여 이를 그대로 채무자가 수령할 수 있게 하면, 나중에 변제계획 수행 불능 등으로 회생절차가 폐지되는 경우에 이 적립금을 채무자가 이미 다 써버렸거나 회생채권자가 아닌 채권자들이 강제집행해 버려 회생채권자들을 해할 수 있으므로, 이 적립금은 제1회 변제일에 사용하고 차후 가용소득을 줄여주는 식으로 변제계획을 세우도록 해야 할 것이다.

제615조 (변제계획인가의 효력)

① 변제계획은 인가의 결정이 있은 때부터 효력이 생긴다. 다만, 변제계획에 의한 권리의 변경은 면책결정이 확정되기까지는 생기지 아니한다.

② 변제계획인가결정이 있는 때에는 개인회생재단에 속하는 모든 재산은 채무자에게 귀속된다. 다만, 변제계획 또는 변제계획인가결정에서 다르게 정한 때에는 그러하지 아니하다.

③ 변제계획인가결정이 있는 때에는 제600조의 규정에 의하여 중지한 회생절차 및 파산절차와 개인회생채권에 기한 강제집행·가압류 또는 가처분은 그 효력을 잃는다. 다만, 변제계획 또는 변제계획인가결정에서 다르게 정한 때에는 그러하지 아니하다.

✳ 효력발생시기

일반적인 소송절차에서는 결정이 확정되어야 효력이 발생하지만 채무자의 회생을 위한 절차에서는 그 확정을 기다리다 시기를 놓치면 목적을 달성할 수 없는 수가 있고, 법원이 인가요건을 심사하기 때문에 인가결정이 취소되는 예가 드물다는 점 때문에 인가결정이 있는 때로부터 효력이 발생하는 것으로 하고 있다.

❊ 권리변경여부

변제계획은 인가결정으로 효력을 발생하나, 바로 권리변경의 효력 즉 변제계획내용대로 변제기가 유예되거나 권리감면의 효과가 생기는 것이 아니고, 변제계획대로 이행을 완료하면 추후 면책신청을 통하여 모든 채무를 면책받을 수 있다는 취지를 개인회생채권자들에게 알려주는 효과가 있다.

❊ 재산의 환원

개인회생재단에 귀속했던 모든 재산은 다시 채무자에게 귀속되어 채무자가 관리처분 할 수 있게 된다. 변제계획이나 인가결정에서 다르게 정할 수 있게 한 것은 채무자의 악의적인 재산도피·은닉을 막기 위한 것이다.

❊ 중지중이던 절차

가압류 등의 절차는 실효되나, 담보권실행을 위한 경매절차는 속행할 수 있게 된다(제600조제2항). 실효의 의미는 소급하여 절차가 효력을 잃는 것으로 법원의 별도의 재판이 불필요하나, 이미 집행되어 있는 경우에는 그 외형을 제거하기 위하여 집행취소신청을 해야 할 것이다. 채무자의 성실성 등이 의심스러울 경우에는 채권자보호를 위하여 다르게 정할 수 있게 했다.

❊ 변제계획의 효력은 채권자집회에서 이의했는가 여부에 관계없이 개인회생채권자표에 기재된 모든 개인회생채권자에게 미치나, 개인회생채권자목록에 기재되지 않은 개인회생채권자는 실권하지도 않고(제582조), 면책결정의 효력도 미치지 않는다(제625조제2항제1호).

권리변경의 효력이 없으므로 제3자에 대하여도 효력 미치지 않는다. 다만 변제계획이 인가되면 은행연합회에 통보되고, 은행연합회는 채무자에 대한 연체정보등록을 해제한다. 신용불량자제도는 2005년 4월 28일부터 폐지되었고, 연체정보로 관리하고 있는데, 연체정보에서 해제하는 대신 특수기록정보로 관리하게 된다.

❊ 불인가결정의 효력

불인가결정 또는 개인회생절차폐지결정이 내려지고 그것이 확정되면 개인회생절차는 종료되나 절차 중에 생긴 법률효과는 원칙적으로 유효하다.

제616조 (전부명령에 대한 특칙)

① 변제계획인가결정이 있는 때에는 채무자의 급료·연금·봉급·상여금, 그 밖에 이와 비슷한 성질을 가진 급여채권에 관하여 개인회생절차개시 전에 확정된 전부명령은 변제계획인가 결정 후에 제공한 노무로 인한 부분에 대하여는 그 효력이 상실된다.

② 변제계획인가결정으로 인하여 전부채권자가 변제받지 못하게 되는 채권액은 개인회생 채권으로 한다.

제617조 (변제의 수행)

① 채무자는 인가된 변제계획에 따라 개인회생채권자에게 변제할 금원을 회생위원에게 임 치하여야 한다.

② 개인회생채권자는 제1항의 규정에 따라 임치된 금원을 변제계획에 따라 회생위원으로 부터 지급받아야 한다. 개인회생채권자가 지급받지 않는 경우에는 회생위원은 채권자 를 위하여 공탁할 수 있다.

③ 제1항 및 제2항의 규정은 회생위원이 선임되지 아니한 경우 또는 변제계획이나 변제 계획인가결정에서 다르게 정한 경우에는 적용하지 아니한다.

제618조 (변제계획 인부결정에 대한 즉시항고)

① 변제계획의 인부결정에 대하여는 즉시항고를 할 수 있다.

② 제247조제3항 내지 제7항의 규정은 변제계획의 인가여부결정에 대한 즉시항고에 관하 여 준용한다.

✽ 즉시항고할 수 있는 자는 그 결정에 대하여 법률상 이해관계를 가지고 있는 자 이다.

✽ 항고기간과 수행정지가처분에 관하여는 법 제247조제3항 내지 제7항이 준용된다.

제619조 (인가 후의 변제계획변경)

① 채무자·회생위원 또는 개인회생채권자는 변제계획에 따른 변제가 완료되기 전에는 인 가된 변제계획의 변경안을 제출할 수 있다.

② 제1항의 규정에 의한 변제계획변경안에 관하여는 제597조제2항·제611조·제613조·제 614조·제615조제1항 및 제617조의 규정을 준용한다.

✽ 인가 후에 수입의 증감이나 지출의 증감으로 가용소득의 증감이 있는 경우에는 호생계획을 변경할 수 있을 것이다.

✽ 채권자목록의 수정이나 계산의 잘못 등은 법원이 채권자목록이나 변제예정액표를 경정하는 방식으로 처리한다.

제6장 폐지 및 면책

제620조 (변제계획인가 전 개인회생절차의 폐지)

① 법원은 다음 각 호의 어느 하나에 해당하는 때에는 이해관계인의 신청에 의하거나 직권으로 개인회생절차폐지의 결정을 하여야 한다.

　　1. 개인회생절차의 개시결정 당시 제595조제1호·제5호에 해당한 사실이 명백히 밝혀진 때

　　2. 채무자가 제출한 변제계획안을 인가할 수 없는 때

② 법원은 다음 각 호의 어느 하나에 해당하는 때에는 직권으로 개인회생절차폐지의 결정을 할 수 있다.

　　1. 제595조제2호에 해당하는 때

　　2. 채무자가 정당한 사유 없이 제613조제2항의 규정에 의한 출석 또는 설명을 하지 아니하거나 허위의 설명을 한 때

＊ 이해관계인의 신청이나 법원의 직권으로 하는 경우(제1항)

　제1호: 회생절차개시신청의 기각사유인데 이것이 나중에 밝혀진 경우이다.

　제2호: 변제계획안을 인가할 수 없을 때는 일단 불인가결정을 하고, 항고 여부에 따른 확정을 기다렸다가 확정이 되면 폐지결정을 한다.

＊ 법원이 직권으로 하는 경우(제2항)

　개인회생절차개시신청서의 첨부서류 미제출, 허위기재, 기간불준수(제1호), 채무자가 출석·설명을 않거나 허위설명을 한 경우(제2호)는 법원이 그 경중을 가려 폐지결정을 할 수 있다.

제621조 (변제계획인가 후 개인회생절차의 폐지)

① 법원은 다음 각 호의 어느 하나에 해당하는 때에는 이해관계인의 신청에 의하거나 직권으로 개인회생절차폐지의 결정을 하여야 한다.

  1. 면책불허가결정이 확정된 때

  2. 채무자가 인가된 변제계획을 이행할 수 없음이 명백할 때. 다만, 채무자가 제624조 제2항의 규정에 의한 면책결정을 받은 때에는 그러하지 아니하다.

  3. 채무자가 재산 및 소득의 은닉 그 밖의 부정한 방법으로 인가된 변제계획을 수행하지 아니하는 때

② 제1항의 규정에 의한 개인회생절차의 폐지는 이미 행한 변제와 이 법의 규정에 의하여 생긴 효력에 영향을 미치지 아니한다.

＊ 부정한 방법으로 변제계획을 수행할 수 없는 경우 외의 사유로 수행할 수 없는 경우는 제2호의 변제계획을 이행할 수 없음이 명백한 때인지에 해당하나의 문제로 될 것인데, 이런 경우는 변제계획인가 후에도 변경할 수 있음을 고려하면 이런 변경도 할 수 없는 경우를 말한다고 볼 것임은 앞서 본 것과 같다.

제622조 (개인회생절차폐지결정의 공고)

법원은 개인회생절차폐지의 결정을 한 때에는 그 주문과 이유의 요지를 공고하여야 한다. 이 경우 송달은 하지 아니할 수 있다.

제623조 (개인회생절차폐지결정에 대한 즉시항고)

① 개인회생절차폐지의 결정에 대하여는 즉시항고를 할 수 있다.

② 제247조제4항 내지 제7항의 규정은 개인회생절차폐지의 결정에 대한 즉시항고에 관하여 이를 준용한다.

＊ 폐지가 확정되면 개인회생절차는 종료되고, 개인회생채권은 절차의 구속에서 해방된다. 중지·금지되었던 제한이 풀려 속행되거나 가능하게 된다. 기왕에 소급하는 것은 아니므로 이미 행한 변제나 시효중단의 효력은 유지되고, 변제계획인가결정으로 제반절차의 실효(제615조제3항)는 번복되지 않는다.

제624조 (면책결정)

① 법원은 채무자가 변제계획에 따른 변제를 완료한 때에는 당사자의 신청에 의하거나 직권으로 면책의 결정을 하여야 한다.

② 법원은 채무자가 변제계획에 따른 변제를 완료하지 못한 경우에도 다음 각 호의 요건이 모두 충족되는 때에는 이해관계인의 의견을 들은 후 면책의 결정을 할 수 있다.

  1. 채무자가 책임질 수 없는 사유로 인하여 변제를 완료하지 못하였을 것
  2. 개인회생채권자가 면책결정일까지 변제받은 금액이 채무자가 파산절차를 신청한 경우 파산절차에서 배당받을 금액보다 적지 아니할 것
  3. 변제계획의 변경이 불가능할 것

③ 제1항 및 제2항의 규정에도 불구하고 법원은 다음 각 호의 어느 하나에 해당하는 경우에는 면책을 불허하는 결정을 할 수 있다.

  1. 면책결정 당시까지 채무자에 의하여 악의로 개인회생채권자목록에 기재되지 아니한 개인회생채권이 있는 경우
  2. 채무자가 이 법에 정한 채무자의 의무를 이행하지 아니한 경우

④ 법원은 면책의 결정을 한 때에는 그 주문과 이유의 요지를 공고하여야 한다. 이 경우 송달은 하지 아니할 수 있다.

❋ 당연면책

회생절차에서는 회생계획안이 인가되면 계획안에서 정한 바에 따라 계획을 수행하면 계획안에서 다른 정함이 없는 한 면책이 되고, 파산절차에서는 별도의 계획 수행 없이 법원의 결정에 의하여 면책이 되는데, 개인회생절차에서는 변제계획에 따른 변제를 마친 후 별도의 면책결정을 받아야 면책의 효력이 생긴다.

변제계획을 완수했는지 여부가 관건이므로 이것이 불명할 경우에는 법원은 필요한 자료의 제출 요구, 채무자신문, 이해관계인의 의견청취 등을 거칠 수 있다.

❋ 재량면책

변제계획에 따른 변제를 못했더라도 일정 요건하에 면책을 해주는데(제2항), 이는 미국파산법의 제도를 도입한 것이다.

채무자가 책임질 수 없는 사유란, 예컨대 실직이나 급여의 감소 등으로 소득자체가 감소하는 경우, 본인이나 가족의 질병·부상 등으로 인하여 의료비 증가, 기타 피부양자 증가로 가용소득이 감소하는 경우 등이 있다.

이런 경우 변제계획을 변경하면 되지만 그것이 불가능하고, 그동안 변제금액이 당초 파산했을 경우 배당금액보다는 많을 때에는 변제계획의 수행을 강요하는 것이 가혹하므로 면책할 수 있게 한 것이다.

✽ 면책불허가 사유(제3항)
  - 악의로 개인회생채권자목록에 기재 않은 개인회생채권이 있는 경우: 여기의 악의는 '알면서도'의 의미이다. 모르고 기재 않은 경우는 상관없다.
  - 본항의 사유가 있어도 법원은 제반사정을 고려하여 면책을 허가할 수도 있다.

제625조 (면책결정의 효력)
① 면책의 결정은 확정된 후가 아니면 그 효력이 생기지 아니한다.
② 면책을 받은 채무자는 변제계획에 따라 변제한 것을 제외하고 개인회생채권자에 대한 채무에 관하여 그 책임이 면제된다. 다만, 다음 각 호의 청구권에 관하여는 책임이 면제되지 아니한다.
  1. 개인회생채권자목록에 기재되지 아니한 청구권
  2. 제583조제1항제2호의 규정에 의한 조세 등의 청구권
  3. 벌금·과료·형사소송비용·추징금 및 과태료
  4. 채무자가 고의로 가한 불법행위로 인한 손해배상
  5. 채무자가 중대한 과실로 타인의 생명 또는 신체를 침해한 불법행위로 인하여 발생한 손해배상
  6. 채무자의 근로자의 임금·퇴직금 및 재해보상금
  7. 채무자의 근로자의 임치금 및 신원보증금
  8. 채무자가 양육자 또는 부양의무자로서 부담하여야 할 비용
③ 면책은 개인회생채권자가 채무자의 보증인 그 밖에 채무자와 더불어 채무를 부담하는 자에 대하여 가지는 권리와 개인회생채권자를 위하여 제공한 담보에 영향을 미치지 아니한다.

✽ 채무면제의 의미
  채무자체는 소멸하지 않고 책임만이 소멸되어 자연채무로 되어 회생채권자는 강제집행을 못할 뿐 임의변제를 받을 권한은 있다고 볼 것인지와 채무자체가 소멸하여 회생채권자는 임의변제를 구할 수가 없고 임의 변제받아도 이는 부당이득이 된다고 볼 것인지의 문제가 있다.

자연채무로 보는 입장은 면책이 있어도 채무자의 보증인과 채무자와 함께 채무를 부담하는 사람에 대한 회생채권자의 권리 및 회생채권자를 위하여 제공된 담보에는 영향을 미치지 않는다는 위 제3항을 근거로 보증채무가 존속하는데 주 채무가 소멸한다면 보증채무의 부종성에 반하므로 주 채무가 존속해야 한다는 것이 될 것이고, 채무소멸로 보는 입장은 위 조항은 보증채무 부종성의 예외를 규정한 것이라고 볼 것이다.

면책을 받더라도 도덕적 의무로는 남겨두어 장차 채무자가 경제력을 갖게 되면 자발적 변제를 유도하는 것이 바람직하다고 보면 자연채무로 볼 것이고, 채무자의 새 출발을 강조하는 입장에선 채무소멸로 볼 것이나, 적어도 도덕적 의무로는 남겨두는 것이 바람직할 것이다.

✶ 비면책채권

면책의 효과는 회생채권 전부에 대하여 미치는 것이 원칙이지만 형평내지 공익상 필요나 사회적 요청에 따른 정책적 요구에서 미치지 않는 경우가 있다.

- 개인회생채권자목록에 기재하지 않은 청구권(제1호): 채권자목록에 기재되지 않은 채권자는 개인회생신청사실을 알 수 없어 회생절차에 참가하여 이의신청 등을 통해 권리보호를 위한 조치를 취할 수 없는데, 이 경우까지 면책의 효과가 있게 하는 것은 부당하므로 비면책채권으로 한 것이다.
- 조세(제2호): 국고 확보라는 조세정책상 요구에 의한 것이다.
- 벌금, 과료 등(제3호): 이들 채권은 그 목적이 처벌에 있는 점에 비추어 비면책채권으로 한 것이다.
- 손해배상청구권(제4호): 고의의 불법행위로 인한 손해배상청구권은 가해자에 대한 제재의 의미도 있으므로 비면책채권으로 한 것이다. 계약위반으로 인한 손해배상청구권은 해당하지 않고, 피용자의 고의에 의한 사용자책임의 경우도 해당하지 않는다.
- 중과실에 의한 인신침해로 인한 불법행위 손해배상청구권(제5호): 피해자의 보호의 필요성이 크고, 채무자에 대한 제재의 의미가 있어 비면책채권으로 한 것인데, 중과실을 엄격히 해석하여 비면책채권의 범위를 좁혀야 한다는 견해도 있으나, 아무 잘못 없는 인신침해로 노동능력을 상실하게 된 피해자보호의 측면에서 인신침해의 경우는 오히려 범위를 넓히는 것이 근로자 재해보상금 비면책조항과도 균형이 맞을 것이다.

- 근로자의 임금, 퇴직금, 재해보상금, 임치금, 신원보상금(제6, 7호): 근로자 보호의
  사회정책적 필요에 의한 것이다.
- 양육비, 부양료(제8호): 피양육자나, 피부양자의 보호를 위한 것이다.

제626조 (면책의 취소)

① 법원은 채무자가 기망 그 밖의 부정한 방법으로 면책을 받은 때에는 이해관계인의 신
  청에 의하거나 직권으로 면책을 취소할 수 있다. 이 경우 법원은 이해관계인을 심문하
  여야 한다.
② 제1항의 규정에 의한 신청은 면책결정의 확정일부터 1년 이내에 제기하여야 한다.

   ＊ 면책이 취소되면 면책의 효력을 받은 회생채권자의 권리가 면책 전의 상태로 부활한다.

   ＊ 취소신청기간의 제한은 법률관계의 불확실한 상태가 무한정 지속되는 것을 막기
위함이다.

제627조 (면책결정 등에 관한 즉시항고)

면책 여부의 결정과 면책취소의 결정에 대하여는 즉시항고를 할 수 있다.

제 5 편

국제도산

✻ 종전의 도산관련법인 회사정리법, 파산법, 화의법은 철저한 속지주의를 표방하여 외국에서의 도산은 한국 내 재산에 효력을 미치지 않고, 한국 내에서의 도산은 채무자의 한국 내 재산에만 미치는 것으로 하고 있었다(회사정리법 제4조, 파산법 제3조, 화의법 제11조). 그러나 오늘날은 상품과 자본, 정보가 국경 없이 국제적으로 이동하는 국제화가 이루어지고 있어 이 같은 속지주의로는 해결하기 어려운 문제들이 발생하고 있고(채무자의 영업과 재산이 여러 나라에 걸쳐 있는 경우 국가별로 자산과 부채상태가 다를 수 있는데, 국가별로 처리하게 되면 각국의 채권자 간에 불평등한 결과가 초래되고, 국외재산을 둘러싼 당사자 간의 다툼이 격화될 것이다), 이에 따라 도산의 효력이 절차개시국만이 아니라 외국에도 미치는 것으로 해야 한다는 논의가 국제적으로 있어 왔고, 유엔국제상거래위원회(UNICITRIL; United Nations Commission on International Trade Law)가 이에 관한 모델법(Model Law on Cross-border Insolvency Law)을 만들기도 했는데, 우리도 이를 감안하여 속지주의를 폐지하고 보편주의(여러 국가에 존재하는 채무자의 모든 재산을 채무자의 경제적 이해관계의 중심지, 영업소재지, 본사소재지, 등기된 주 사무소소재지 등 하나의 주도국가에서 하나의 파산절차에 의해 관리하고, 그 절차에서 이루어진 명령과 처분은 세계 어디서나 효력을 인정하는 주의)를 일부 수용하여 국제도산편을 신설했다.

모델법은 보편주의를 원칙으로 하면서 속지주의를 가미하여 병행파산을 인정하고, 관리인 간 법원 간의 사법공조를 통해 병행파산의 조정을 꾀하고, 외국파산은 승인절차를 통해 그 효력을 인정하고 있는데, 우리도 이를 따르고 있다.

제628조 (정의)

이 편에서 사용하는 용어의 정의는 다음 각 호와 같다.

1. "외국도산절차"라 함은 외국법원(이에 준하는 당국을 포함한다. 이하 같다)에 신청된 회생절차·파산절차 또는 개인회생절차 및 이와 유사한 절차를 말하며, 임시절차를 포함한다.
2. "국내도산절차"라 함은 대한민국 법원에 신청된 회생절차·파산절차 또는 개인회생절차를 말한다.
3. "외국도산절차의 승인"이라 함은 외국도산절차에 대하여 대한민국 내에 이편의 지원처분을 할 수 있는 기초로서 승인하는 것을 말한다.
4. "지원절차"라 함은 이 편에서 정하는 바에 의하여 외국도산절차의 승인신청에 관한 재판과 채무자의 대한민국 내에 있어서의 업무 및 재산에 관하여 당해 외국도산절차를 지원하기 위한 처분을 하는 절차를 말한다.
5. "외국도산절차의 대표자"라 함은 외국법원에 의하여 외국도산절차의 관리자 또는 대표자로 인정된 자를 말한다.
6. "국제도산관리인"이라 함은 외국도산절차의 지원을 위하여 법원이 채무자의 재산에 대한 환가 및 배당 또는 채무자의 업무 및 재산에 대한 관리 및 처분권한의 전부 또는 일부를 부여한 자를 말한다.

제629조 (적용범위)

① 이 편의 규정은 다음 각 호의 경우에 적용한다.
  1. 외국도산절차의 대표자가 외국도산절차와 관련하여 대한민국 법원에 승인이나 지원을 구하는 경우
  2. 외국도산절차의 대표자가 대한민국 법원에서 국내도산절차를 신청하거나 진행 중인 국내도산절차에 참가하는 경우
  3. 국내도산절차와 관련하여 관리인·파산관재인·채무자 그 밖에 법원의 허가를 받은 자 등이 외국법원의 절차에 참가하거나 외국법원의 승인 및 지원을 구하는 등 외국에서 활동하는 경우
  4. 채무자를 공통으로 하는 국내도산절차 및 외국도산절차가 대한민국법원과 외국법원에서 동시에 진행되어 관련절차 간에 공조가 필요한 경우
② 이 편에서 따로 규정하지 아니한 사항은 이 법 중 다른 편의 규정에 따른다.

✻ 준거법에 관하여 이 법이나 국제사법에 따로 규정을 두고 있지 않아 이론상 해결할 수밖에 없는데, 도산법 중 절차적인 부분은 절차는 법정지법에 따른다는 준거법

에 관한 원칙이 그대로 적용될 수 있을 것이나, 도산채권, 환취권, 별제권 내지 회생담보권, 상계권 등 실체적인 부분은 일반 국제사법의 접근방법에 따라서 해결해야 할 것으로 예컨대 물권관계는 목적물 소재지법에 따라야 실효가 있을 것이다.

제630조 (관할)

외국도산절차의 승인 및 지원에 관한 사건은 서울중앙지방법원 합의부의 관할에 전속한다. 다만, 절차의 효율적인 진행이나 이해당사자의 권리보호를 위하여 필요한 때에는 서울중앙지방법원은 당사자의 신청에 의하거나 직권으로 외국도산절차의 승인결정과 동시에 또는 그 결정 후에 제3조가 규정하는 관할법원으로 사건을 이송할 수 있다.

✽ 일반적인 관할은 제3조에 따라야 할 것이어서 국내에 주소, 거소, 영업소, 사무소도 없이 재산만 갖고 있는 경우에 이를 근거로 도산절차를 신청할 수 있는가의 문제가 있었는데, 법은 보충적인 관할을 인정하고 있다(제3조제3항).

제631조 (외국도산절차의 승인신청)

① 외국도산절차의 대표자는 외국도산절차가 신청된 국가에 채무자의 영업소·사무소 또는 주소가 있는 경우에 다음 각 호의 서면을 첨부하여 법원에 외국도산절차의 승인을 신청할 수 있다. 이 경우 외국어로 작성된 서면에는 번역문을 붙여야 한다.
   1. 외국도산절차 일반에 대한 법적 근거 및 개요에 대한 진술서
   2. 외국도산절차의 개시를 증명하는 서면
   3. 외국도산절차의 대표자의 자격과 권한을 증명하는 서면
   4. 승인을 신청하는 그 외국도산절차의 주요내용에 대한 진술서(채권자·채무자 및 이해당사자에 대한 서술을 포함한다)
   5. 외국도산절차의 대표자가 알고 있는 그 채무자에 대한 다른 모든 외국도산절차에 대한 진술서
② 외국도산절차의 승인을 신청한 후 제1항 각 호의 내용이 변경된 때에는 신청인은 지체 없이 변경된 사항을 기재한 서면을 법원에 제출하여야 한다.
③ 제1항의 규정에 의한 신청이 있는 때에는 법원은 지체 없이 그 요지를 공고하여야 한다.
④ 제37조 및 제39조의 규정은 제1항의 규정에 의한 신청에 관하여 준용한다.

✽ 외국도산절차가 채무자의 재산소재지만을 근거로 관할권이 인정된 경우는 승인

신청대상이 아니다(제1항). 이는 채무자가 재산만을 갖고 있는 경우에는 채무자와 당해 외국과의 관계가 밀접하다고 볼 수 없어 국내법원이 이를 승인하여 내국이해관계인의 권리의무를 변경하면서까지 협력할 이유가 없기 때문이다. 모델법도 같은 내용이다.

✳ 외국도산절차의 대표자라 함은 외국도산절차에서 관리처분권이 인정된 자를 말한다.

제632조 (외국도산절차의 승인결정)

① 법원은 외국도산절차의 승인신청이 있는 때에는 신청일부터 1월 이내에 승인 여부를 결정하여야 한다.
② 법원은 다음 각 호의 어느 하나에 해당하는 경우에는 외국도산절차의 승인신청을 기각하여야 한다.
  1. 법원이 정한 비용을 미리 납부하지 아니한 경우
  2. 제631조제1항 각 호의 서면을 제출하지 아니하거나 그 성립 또는 내용의 진정을 인정하기에 부족한 경우
  3. 외국도산절차를 승인하는 것이 대한민국의 선량한 풍속 그 밖에 사회질서에 반하는 경우
③ 법원은 외국도산절차의 승인결정이 있는 때에는 그 주문과 이유의 요지를 공고하고 그 결정서를 신청인에게 송달하여야 한다.
④ 외국도산절차의 승인신청에 관한 결정에 대하여는 즉시항고를 할 수 있다.
⑤ 제4항의 규정에 의한 즉시항고는 집행정지의 효력이 없다.

✳ 결정기한을 둔 것은 모델법이 신속처리의무규정을 둔 것을 반영한 것이다. 결정시 구두변론을 열어야 하는 것은 아니고 변론 또는 신문을 통하여도 가능하다. 비송사건이므로 재판의 형식은 결정으로 한다.

✳ 공서양속위반은 실체법상으로는 채권의 우선순위가 국내와는 현저한 차이가 있는 경우, 외국도산절차가 국내조세채권에 기한 집행을 정지하는 효력을 갖는 경우 등이 될 것이고, 절차법상으로는 외국절차가 국내채권자의 절차참가를 보장하고 있지 않은 경우가 될 것이다.

제633조 (외국도산절차승인의 효력)

외국도산절차의 승인결정은 이 법에 의한 절차의 개시 또는 진행에 영향을 미치지 아니한다.

제634조 (외국도산절차의 대표자의 국내도산절차개시신청 등)

외국도산절차가 승인된 때에는 외국도산절차의 대표자는 국내도산절차의 개시를 신청하거나 진행 중인 국내도산절차에 참가할 수 있다.

∗ 외국도산절차의 승인결정만으로는 아무런 효력이 없다. 외국파산법원의 면책재판을 승인한다 해도 면책의 효과를 국내에 미치게 하기 위해서는 별도의 지원결정(제636조)이 있어야 한다.

∗ 외국도산절차의 승인신청권은 대표자에게만 있으므로 그가 승인신청을 않을 경우 채무자는 지원결정도 받을 수 없어, 외국에서 면책재판을 받은 것으로 국내채권자들의 이행청구소송이나 강제집행에 대항하려면 민사소송법상의 외국판결의 승인절차에 의해 면책판결을 승인받아 항변하여야 한다.

제635조 (승인 전 명령 등)

① 법원은 외국도산절차의 대표자의 신청에 의하거나 직권으로 외국도산절차의 승인신청이 있은 후 그 결정이 있을 때까지 제636조제1항제1호 내지 제3호의 조치를 명할 수 있다.

② 제1항의 규정은 외국도산절차의 승인신청을 기각하는 결정에 대하여 즉시항고가 제기된 경우에 준용한다.

③ 법원은 제1항 및 제2항의 규정에 의한 처분을 변경하거나 취소할 수 있다.

④ 제1항 내지 제3항의 결정에 대하여는 즉시항고를 할 수 있다.

⑤ 제4항의 규정에 의한 즉시항고는 집행정지의 효력이 없다.

제636조 (외국도산절차에 대한 지원)

① 법원은 외국도산절차를 승인함과 동시에 또는 승인한 후 이해관계인의 신청에 의하거나 직권으로 채무자의 업무 및 재산이나 채권자의 이익을 보호하기 위하여 다음 각

호의 결정을 할 수 있다.

1. 채무자의 업무 및 재산에 대한 소송 또는 행정청에 계속하는 절차의 중지
2. 채무자의 업무 및 재산에 대한 강제집행, 담보권실행을 위한 경매, 가압류·가처분 등 보전절차의 금지 또는 중지
3. 채무자의 변제금지 또는 채무자 재산의 처분금지
4. 국제도산관리인의 선임
5. 그 밖에 채무자의 업무 및 재산을 보전하거나 채권자의 이익을 보호하기 위하여 필요한 처분

② 법원은 제1항의 규정에 의한 결정을 하는 때에는 채권자·채무자 그 밖의 이해관계인의 이익을 고려하여야 한다.

③ 법원은 제1항의 규정에 의한 지원신청이 대한민국의 선량한 풍속 그 밖의 사회질서에 반하는 때에는 그 신청을 기각하여야 한다.

④ 법원은 제1항제2호의 금지명령 및 이를 변경하거나 취소하는 결정을 한 때에는 그 주문을 공고하고 그 결정서를 외국도산절차의 대표자나 신청인에게 송달하여야 한다.

⑤ 제1항의 규정에 의한 금지명령이 있는 때에는 그 명령의 효력이 상실된 날의 다음 날부터 2월이 경과하는 날까지 채무자에 대한 채권의 시효는 완성되지 아니한다.

⑥ 법원은 필요한 경우 이해관계인의 신청에 의하거나 직권으로 제1항의 규정에 의한 결정을 변경하거나 취소할 수 있다.

⑦ 법원은 특히 필요하다고 인정하는 때에는 이해관계인의 신청에 의하거나 직권으로 제1항제2호의 규정에 의하여 중지된 절차의 취소를 명할 수 있다. 이 경우 법원은 담보를 제공하게 할 수 있다.

⑧ 제1항·제6항 및 제7항의 결정에 대하여는 즉시항고를 할 수 있다.

⑨ 제8항의 규정에 의한 즉시항고는 집행정지의 효력이 없다.

제637조 (국제도산관리인)

① 국제도산관리인이 선임된 경우 채무자의 업무의 수행 및 재산에 대한 관리·처분권한은 국제도산관리인에게 전속한다.

② 국제도산관리인은 대한민국 내에 있는 채무자의 재산을 처분 또는 국외로의 반출, 환가·배당 그 밖에 법원이 정하는 행위를 하는 경우에는 법원의 허가를 받아야 한다.

③ 제2편제2장제1절(관리인) 및 제3편제2장제1절(파산관재인)에 관한 규정은 국제도산관리인에 관하여 준용한다.

✽ 외국도산절차의 승인신청을 하는 이유는 국내에서 도산절차를 신청하거나 진행 중인 도산절차에 참가하기 위한 것도 있겠지만, 주된 목적은 국내재산을 반출하려는 데 있을 것이고, 따라서 이를 위해 승인신청 시 국제도산관리인 선임신청을 함께 할 것이다.

✽ 국내도산절차의 효력이 외국에 미친다는 것은 채무자 소유의 해외재산에 대하여도 관리처분권이 미친다는 것이지, 관리인이 자유로이 그 재산을 국내로 반입할 수 있다는 것은 아니다, 이를 위해서는 해당국이 한국파산절차의 효력을 인정하고 재산 반출을 허용해야 가능한 일이다.
우리도 채무자의 국내재산을 반출함에는 법원의 허가를 얻도록 하여 자유로운 반출은 제한하고 있다(제2항).

✽ 국제도산관리인이 선임되면 채무자의 업무 수행이나 재산의 관리·처분권은 국제도산관리인에게 전속하므로 소송당사자 적격도 그에게 있다.

✽ 외국도산절차의 승인신청권은 외국대표자에게만 있으므로 승인결정과 국제도산 관리인이 선임되기 전에 외국채무자를 상대로 거래나 소송을 하려면 외국채무자가 도산절차 중이라도 외국채무자 본인을 상대로 할 수밖에 없고, 소송 중에 국제도산관리인이 선임되었다면 소송수계 등의 방법으로 국제도산관리인을 상대로 거래나 소송을 해야 한다.
종전의 외국관재인은 승인재판 여부와 상관없이 국내재산에 대한 관리처분권이 있고, 당사자적격을 갖는다는 대법원판례(2003. 4. 25. 선고 2000다64359)는 이법 시행으로 효력이 없게 되었다.

제638조 (국내도산절차와 외국도산절차의 동시진행)
① 채무자를 공통으로 하는 외국도산절차와 국내도산절차가 동시에 진행하는 경우 법원은 국내도산절차를 중심으로 제635조(승인 전 명령 등) 및 제636조(외국도산절차에 대한 지원)의 규정에 의한 지원을 결정하거나 이를 변경 또는 취소할 수 있다.
② 제1항의 결정에 대하여는 즉시항고를 할 수 있다.
③ 제2항의 즉시항고에는 집행정지의 효력이 없다.

❋ 국제적으로 보편주의가 확립되어 있지 않으므로 여러 국가에 도산절차가 존재하는 상황을 피할 수가 없고, 이런 경우 여러 도산절차 사이에 조정의 필요가 있게 된다. 우리는 외국에서 파산절차가 개시되면 파산의 원인이 있는 것으로 추정하는 규정(제301조)을 두는 외에 국제도산 편에 관련 규정을 두고 있다.

제639조 (복수의 외국도산절차)

① 채무자를 공통으로 하는 여러 개의 외국도산절차의 승인신청이 있는 때에는 법원은 이를 병합심리하여야 한다.
② 채무자를 공통으로 하는 여러 개의 외국도산절차가 승인된 때에는 법원은 승인 및 지원절차의 효율적 진행을 위하여 채무자의 주된 영업소 소재지 또는 채권자보호조치의 정도 등을 고려하여 주된 외국도산절차를 결정할 수 있다.
③ 법원은 주된 외국도산절차를 중심으로 제636조의 규정에 의한 지원을 결정하거나 변경할 수 있다.
④ 법원은 필요한 경우 제2항의 규정에 의한 주된 외국도산절차를 변경할 수 있다.
⑤ 제2항 내지 제4항의 결정에 대하여는 즉시항고를 할 수 있다.
⑥ 제5항의 즉시항고에는 집행정지의 효력이 없다.

제640조 (관리인 등이 외국에서 활동할 권한)

국내도산절차의 관리인·파산관재인 그 밖에 법원의 허가를 받은 자 등은 외국법이 허용하는 바에 따라 국내도산절차를 위하여 외국에서 활동할 권한이 있다.

제641조 (공조)

① 법원은 동일한 채무자 또는 상호 관련이 있는 채무자에 대하여 진행 중인 국내도산절차 및 외국도산절차나 복수의 외국도산절차 간의 원활하고 공정한 집행을 위하여 외국법원 및 외국도산절차의 대표자와 다음 각 호의 사항에 관하여 공조하여야 한다.
  1. 의견교환
  2. 채무자의 업무 및 재산에 관한 관리 및 감독
  3. 복수 절차의 진행에 관한 조정
  4. 그 밖에 필요한 사항
② 법원은 제1항의 규정에 의한 공조를 위하여 외국법원 또는 외국도산절차의 대표자와 직접 정보 및 의견을 교환할 수 있다.

③ 국내도산절차의 관리인 또는 파산관재인은 법원의 감독하에 외국법원 또는 외국도산절
차의 대표자와 직접 정보 및 의견을 교환할 수 있다.

④ 국내도산절차의 관리인 또는 파산관재인은 법원의 허가를 받아 외국법원 또는 외국도
산절차의 대표자와 도산절차의 조정에 관한 합의를 할 수 있다.

제642조 (배당의 준칙)

채무자를 공통으로 하는 국내도산절차와 외국도산절차 또는 복수의 외국도산절차가 있
는 경우 외국도산절차 또는 채무자의 국외재산으로부터 변제받은 채권자는 국내도산절차
에서 그와 같은 조 및 순위에 속하는 다른 채권자가 동일한 비율의 변제를 받을 때까지
국내도산절차에서 배당 또는 변제를 받을 수 없다.

＊ 이 조항은 채권자 간의 균형을 맞추기 위한 것으로 여기서의 채권자는 내국채권
자만이 아니고 외국채권자도 포함한다.

＊ 외국에서 받은 액수가 국내 배당액보다 큰 경우 차액에 대하여 부당이득이 성립
하는가의 문제가 있는데, 채권자평등원칙을 강조하는 입장은 인정하고, 외국에서 유효하
게 이루어진 변제를 국내에서 법률상 원인 없는 것으로 할 수 있느냐의 점과 채권자가
외국재산을 찾아내기까지 들인 개인적인 노력을 무시하고 이를 빼앗아 내국채권자의 변
제자원으로 삼는다면 외국재산에 대한 추적 노력을 막는 결과가 되어 궁극적으로는 전
체채권자에게도 도움이 되지 않을 것이라는 정책적 고려를 하는 입장은 부정한다.

제 6 편

벌 칙

제643조 (사기회생죄)

① 채무자가 자기 또는 타인의 이익을 도모하거나 채권자를 해할 목적으로 다음 각 호의 어느 하나에 해당하는 행위를 하고, 채무자에 대하여 회생절차개시의 결정이 확정된 경우 그 채무자는 10년 이하의 징역 또는 1억 원 이하의 벌금에 처한다.

1. 채무자의 재산을 손괴 또는 은닉하거나 회생채권자·회생담보권자·주주·지분권자에 불이익하게 처분하는 행위
2. 채무자의 부담을 허위로 증가시키는 행위
3. 법률의 규정에 의하여 작성하여야 하는 상업장부를 작성하지 아니하거나, 그 상업장부에 재산의 현황을 알 수 있는 정도의 기재를 하지 아니하거나, 그 상업장부에 부정의 기재를 하거나, 그 상업장부를 손괴 또는 은닉하는 행위
4. 「부정수표단속법」에 의한 처벌회피를 주된 목적으로 회생절차개시의 신청을 하는 행위

② 다음 각 호의 어느 하나에 해당하는 자가 자기 또는 타인의 이익을 도모하거나 채권자를 해할 목적으로 제1항 각 호의 행위를 하고, 채무자에 대하여 회생절차개시의 결정이 확정된 경우 그 자는 5년 이하의 징역 또는 5천만 원 이하의 벌금에 처한다.

1. 채무자의 법정대리인
2. 법인인 채무자의 이사
3. 채무자의 지배인

③ 채무자가 자기 또는 타인의 이익을 도모하거나 채권자를 해할 목적으로 다음 각 호의 어느 하나에 해당하는 행위를 하고, 채무자에 대하여 개인회생절차개시의 결정이 확정된 때에는 5년 이하의 징역 또는 5천만 원 이하의 벌금에 처한다.

1. 재산을 은닉 또는 손괴하거나 채권자에게 불이익하게 처분하는 행위
2. 허위로 부담을 증가시키는 행위

✱ 행위주체

채무자인데, 법인의 경우는 처벌규정이 없으므로 자연인에 한한다. 법인의 회생절차
개시결정이 확정되었을 때 이사가 위의 행위를 한 경우는 처벌받고, 채무자의 법정대
리인이나 지배인이 경우도 마찬가지이다(제652조).

사기회생죄가 되려면 주관적 요건으로 행위에 대한 인식과 회생절차개시위험에 대
한 인식이 있어야 하고, 자기 또는 타인의 이익을 도모하거나 채권자를 해할 목적이
있어야 한다.

✱ 행위시기

회생절차개시결정의 확정 전이어야 하고, 총채권자의 이익을 해하는 상황 즉 채무
초과나 지급불능이 발생하는 상황에는 있어야 한다. 행위시 위기의 상황에 있었더라
도 해소되어 정상상황이 된 다음에 다시 위기상황이 되었다면 사기회생죄가 되지 않
는다.

✱ 행위유형

- 제1호: 은닉은 재산을 발견불가능 또는 어렵게 하는 것이고, 손괴는 물리적 훼손
  등 재산의 가치를 감소시키는 일체의 행위이고, 채권자에게 불이익한 처분이란
  염가매각, 증여 등 모든 채권자에게 불이익을 미치는 처분행위를 말한다.
  불이익처분의 범위에 관하여 파산재단에 속하는 재산전체를 감소시키는 행위에 한
  한다는 절대적 불이익설과 일부채권자에 대한 변제, 대물변제 등 편파행위도 포함
  한다는 상대적 불이익설이 대립하는데, 판례는 절대적 불이익설을 취하고 있다.[271]
  특정채권자에 대한 변제는 반대급부와 현저한 균형을 잃는 등의 사정이 없는 한
  불이익한 처분이 아니다.
- 제2호: 저당권 등 담보권을 설정하는 행위, 공익채권이나, 회생채권을 허위로 증
  가시키는 행위 등이 본 호에 해당한다.
- 제3호: 상업장부 등을 작성하지 않거나 손괴, 은닉, 부실기재하는 것은 관리인이
  회생재산의 범위를 파악하는 것을 곤란하게 하고, 회생채권자 등의 이익을 해하
  므로 처벌하는 것이다.

---

271) 대법원 2001. 5. 8. 선고 2001도679 판결.

제644조 (제3자의 사기회생죄)

제643조에 규정된 자 외의 자가 다음 각 호의 어느 하나에 해당하는 행위를 하고, 채무자에 대하여 회생절차개시의 결정이 확정된 경우 그 자는 5년 이하의 징역 또는 5천만 원 이하의 벌금에 처한다.

1. 제643조제1항 각 호의 행위
2. 자기 또는 타인의 이익을 도모하거나 채권자를 해할 목적으로 회생채권자·회생담보권자·주주·지분권자로서 허위의 권리를 행사하는 행위

제645조 (회생수뢰죄)

① 관리위원·조사위원·회생위원·보전관리인·관리인(제637조의 규정에 의한 국제도산관리인을 포함한다), 고문이나 관리인 또는 보전관리인·회생위원의 대리인이 그 직무에 관하여 뇌물을 수수·요구 또는 약속한 경우 그 자는 5년 이하의 징역 또는 5천만 원 이하의 벌금에 처한다. 다음 각 호의 어느 하나에 해당하는 자가 관계인집회의 결의에 관하여 뇌물을 수수·요구 또는 약속한 때에 그 자도 또한 같다.

  1. 회생채권자·회생담보권자·주주·지분권자

  2. 제1호에 규정된 자의 대리위원 또는 대리인

  3. 제1호에 규정된 자의 임원 또는 직원

② 관리인(제637조의 규정에 의한 국제도산관리인을 포함한다)·보전관리인 또는 조사위원·회생위원이 법인인 경우에는 관리인·보전관리인 또는 조사위원·회생위원의 직무에 종사하는 그 임원 또는 직원이 그 직무에 관하여 뇌물을 수수·요구 또는 약속한 경우 그 임원 또는 직원은 5년 이하의 징역 또는 5천만 원 이하의 벌금에 처한다. 관리인·보전관리인·회생위원 또는 조사위원이 법인인 경우 그 임원 또는 직원이 관리인·보전관리인·회생위원 또는 조사위원의 직무에 관하여 관리인·보전관리인·회생위원 또는 조사위원에게 뇌물을 수수하게 하거나 그 공여를 요구 또는 약속한 때에도 같다.

③ 제1항 및 제2항의 경우 범인 또는 그 정을 아는 제3자가 수수한 뇌물은 몰수한다. 이 경우 몰수가 불가능한 때에는 그 가액을 추징한다.

제646조 (회생증뢰죄)

제645조제1항 또는 제2항에 규정한 뇌물을 약속 또는 공여하거나 공여의 의사표시를 한 자는 5년 이하의 징역 또는 5천만 원 이하의 벌금에 처한다.

제647조 (경영참여금지위반죄)

제284조의 규정을 위반하여 회생절차종결 후 채무자의 이사로 선임되거나 대표이사로 선정되어 취임한 자는 3년 이하의 징역 또는 3천만 원 이하의 벌금에 처한다.

제648조 (무허가행위 등의 죄)

① 관리인·파산관재인(제637조의 규정에 의한 국제도산관리인을 포함한다) 또는 보전관리인이 법원의 허가를 받아야 하는 행위를 허가를 받지 아니하고 행한 경우 그 자는 3년 이하의 징역 또는 3천만 원 이하의 벌금에 처한다.

② 관리인 또는 보전관리인이 법원에 허위의 보고를 하거나 임무종료 후 정당한 사유 없이 제84조제1항의 규정에 의한 계산에 관한 보고를 하지 아니한 경우 그 자는 1년 이하의 징역 또는 1천만 원 이하의 벌금에 처한다.

제649조 (보고와 검사거절의 죄)

다음 각 호의 어느 하나에 해당하는 자는 1년 이하의 징역 또는 1천만 원 이하의 벌금에 처한다.

1. 정당한 사유 없이 제22조제3항의 규정에 의한 자료제공을 거부·기피 또는 방해하거나 허위의 자료를 제공한 관리인 또는 파산관재인

2. 정당한 사유 없이 제34조제3항의 규정에 의한 자료제출을 거부·기피 또는 방해하거나 허위의 자료를 제출한 채무자

3. 정당한 사유 없이 제79조제1항(제88조에서 준용하는 경우를 포함한다)의 규정에 의한 보고를 거부·기피 또는 방해하거나 허위의 보고를 한 자

4. 정당한 사유 없이 제79조제1항(제88조에서 준용하는 경우를 포함한다)의 규정에 의한 검사를 거부·기피 또는 방해한 채무자

5. 정당한 사유 없이 제591조의 규정에 의한 보고·조사·시정 요구를 거부하거나 허위보고를 한 채무자

제650조 (사기파산죄)

채무자가 파산선고의 전후를 불문하고 자기 또는 타인의 이익을 도모하거나 채권자를 해할 목적으로 다음 각 호의 어느 하나에 해당하는 행위를 하고, 그 파산선고가 확정된 때에는 10년 이하의 징역 또는 1억 원 이하의 벌금에 처한다.

1. 파산재단에 속하는 재산을 은닉 또는 손괴하거나 채권자에게 불이익하게 처분을 하는

행위

2. 파산재단의 부담을 허위로 증가시키는 행위

3. 법률의 규정에 의하여 작성하여야 하는 상업장부를 작성하지 아니하거나, 그 상업장부에 재산의 현황을 알 수 있는 정도의 기재를 하지 아니하거나, 그 상업장부에 부실한 기재를 하거나, 그 상업장부를 은닉 또는 손괴하는 행위

4. 제481조의 규정에 의하여 법원사무관 등이 폐쇄한 장부에 변경을 가하거나 이를 은닉 또는 손괴하는 행위

✽ 행위주체

채무자인데, 법인의 경우는 처벌규정이 없으므로 자연인에 한한다. 법인이 파산선고 받았을 때 이사가 처벌받을 수는 있다(제652조).

사기파산행위가 되려면 주관적 요건으로 행위에 대한 인식과 파산개시위험에 대한 인식이 있어야 하고, 자기 또는 타인의 이익을 도모하거나 채권자를 해할 목적이 있어야 한다.

✽ 행위시기

파산선고 전후를 묻지 않으나, 총채권자의 이익을 해하는 상황 즉 채무초과나 지급불능이 발생하는 상황에는 있어야 한다. 행위 시 위기의 상황에 있었더라도 해소되어 정상상황이 된 다음에 다시 위기상황이 되었다면 사기파산행위가 되지 않는다.

✽ 행위유형

－제1호: 은닉은 재산을 발견불가능 또는 어렵게 하는 것이고, 손괴는 물리적 훼손 등 재산의 가치를 감소시키는 일체의 행위이고, 채권자에게 불이익한 처분이란 염가매각, 증여 등 모든 채권자에게 불이익을 미치는 처분행위를 말한다.

불이익처분의 범위에 관하여 파산재단에 속하는 재산전체를 감소시키는 행위에 한한다는 절대적 불이익설과 일부채권자에 대한 변제, 대물변제 등 편파행위도 포함한다는 상대적 불이익설이 대립하는데, 판례는 절대적 불이익설을 취하고 있다.[272]

특정채권자에 대한 변제는 반대급부와 현저한 균형을 잃는 등의 사정이 없는 한 불이익한 처분이 아니다.

---

272) 대법원 2001. 5. 8. 선고 2001도679 판결.

- 제2호: 저당권 등 별제권이 되는 담보권을 설정하는 행위, 재단채권이나, 파산채권을 허위로 증가시키는 행위 등이 본 호에 해당한다.
- 제3호: 상업장부 등을 작성하지 않는 것은 파산관재인이 파산재단의 범위를 파악하는 것을 곤란하게 하고, 파산채권자의 이익을 해하므로 처벌하는 것이다.
- 제4호: 장부의 폐쇄는 법원사무관 등이 하는 것이 아니고 파산관재인이 하므로 (제481조) 파산관재인이 폐쇄한 장부로 표기할 것을 잘못 표기한 것이나, 아무튼 이런 행위는 재산관계를 불명확하게 하므로 처벌된다.

제651조 (과태파산죄)

채무자가 파산선고의 전후를 불문하고 다음 각 호의 어느 하나에 해당하는 행위를 하고, 그 파산선고가 확정된 경우 그 채무자는 5년 이하의 징역 또는 5천만 원 이하의 벌금에 처한다.

1. 파산의 선고를 지연시킬 목적으로 신용거래로 상품을 구입하여 현저히 불이익한 조건으로 이를 처분하는 행위
2. 파산의 원인인 사실이 있음을 알면서 어느 채권자에게 특별한 이익을 줄 목적으로 한 담보의 제공이나 채무의 소멸에 관한 행위로서 채무자의 의무에 속하지 아니하거나 그 방법 또는 시기가 채무자의 의무에 속하지 아니하는 행위
3. 법률의 규정에 의하여 작성하여야 하는 상업장부를 작성하지 아니하거나, 그 상업장부에 재산의 현황을 알 수 있는 정도의 기재를 하지 아니하거나, 그 상업장부에 부정의 기재를 하거나, 그 상업장부를 은닉 또는 손괴하는 행위
4. 제481조의 규정에 의하여 법원사무관 등이 폐쇄한 장부에 변경을 가하거나 이를 은닉 또는 손괴하는 행위

✽ 행위주체가 채무자이고 제652조에 의하여 채무자의 법정대리인, 법인인 채무자의 이사 등과 같은 준채무자에게 확장된 것은 사기파산죄와 같으나, 그 밖의 제3자에 대한 처벌규정이 없는 점에서 다르다(제654조). 또한 요건상 이익의 도모나 채권자를 해할 목적이 없는 점, 행위태양의 위법성이 경미한 점에서 사기파산죄보다 법정형이 약하다.

신용거래는 후불방식의 거래로 신용카드거래, 할부계약을 포함한다.

담보의 제공은 물적 담보 외에 연대보증과 같은 인적 보증의 제공행위도 포함한다. 채무의 소멸에 관한 행위로는 변제, 공탁, 상계 등 일체의 채무소멸행위가 해당하고, 채

무자의 의무에 속하지 않는 것으로는 무효·취소할 수 있는 법률관계로 인한 채무, 자연채무, 시효에 걸린 채무를 변제하는 것, 특약이 없는데도 담보를 제공하는 것 등이다.

제652조 (일정한 지위에 있는 자의 사기파산 및 과태파산죄)

다음 각 호의 어느 하나에 해당하는 자가 제650조 및 제651조에 규정된 행위를 하고, 채무자에 대한 파산선고가 확정된 때에는 제650조 및 제651조의 예에 의한다. 상속재산에 대한 파산의 경우 상속인 및 그 법정대리인과 지배인에 관하여도 또한 같다.

1. 채무자의 법정대리인
2. 법인인 채무자의 이사
3. 채무자의 지배인

제653조 (구인불응죄)

제319조·제320조 및 제322조의 규정에 의한 구인의 명을 받은 자가 그 사실을 알면서도 파산절차를 지연시키거나 구인의 집행을 회피할 목적으로 도주한 때에는 1년 이하의 징역 또는 1천만 원 이하의 벌금에 처한다.

✽ 파산절차의 원활한 진행을 위한 처벌규정이다.

제654조 (제3자의 사기파산죄)

채무자 및 제652조 각 호의 자가 아닌 자가 파산선고의 전후를 불문하고 자기 또는 타인의 이익을 도모하거나 채권자를 해할 목적으로 제650조 각 호의 행위를 하거나 자기나 타인을 이롭게 할 목적으로 파산채권자로서 허위의 권리를 행사하고, 채무자에 대한 파산선고가 확정된 경우 그 행위를 한 자는 10년 이하의 징역 또는 1억 원 이하의 벌금에 처한다.

제655조 (파산수뢰죄)

① 파산관재인(제637조의 규정에 의한 국제도산관리인을 포함한다) 또는 감사위원이 그 직무에 관하여 뇌물을 수수·요구 또는 약속한 경우 그 자는 5년 이하의 징역 또는 5천만 원 이하의 벌금에 처한다. 다음 각 호의 어느 하나에 해당하는 자가 채권자집회의 결의에 관하여 뇌물을 수수·요구 또는 약속한 때에 그자도 또한 같다.

　1. 파산채권자

2. 파산채권자의 대리인

3. 파산채권자의 이사

② 제1항의 경우 범인 또는 그 정을 아는 제3자가 수수한 뇌물은 몰수한다. 이 경우 몰수가 불가능한 때에는 그 가액을 추징한다.

제656조 (파산증뢰죄)

다음 각 호의 어느 하나에 해당하는 자에게 뇌물을 약속 또는 공여하거나 공여의 의사를 표시한 자는 3년 이하의 징역 또는 3천만 원 이하의 벌금에 처한다.

1. 파산관재인(제637조의 규정에 의한 국제도산관리인을 포함한다)

2. 감사위원

3. 파산채권자

4. 파산채권자의 대리인

5. 파산채권자의 이사

제657조 (재산조회결과의 목적외사용죄)

제29조제1항의 규정에 의한 재산조회의 결과를 회생절차·파산절차 또는 개인회생절차를 위한 채무자의 재산상황조사 외의 목적으로 사용한 자는 2년 이하의 징역 또는 2천만 원 이하의 벌금에 처한다.

제658조 (설명의무위반죄)

제321조의 규정에 의하여 설명의 의무가 있는 자가 정당한 사유 없이 설명을 하지 아니하거나 허위의 설명을 한 때에는 1년 이하의 징역 또는 1천만 원 이하의 벌금에 처한다.

제659조 (국외범)

① 제645조 및 제655조의 규정은 대한민국 외에서 같은 조의 죄를 범한 자에게도 적용한다.

② 제646조 및 제656조의 죄는 「형법」 제5조(외국인의 국외범)의 예에 따른다.

＊ 국제도산제도가 신설되면서 채무자의 외국에 있는 재산에도 국내도산절차의 효력이 미치고, 국내도산절차의 회생관리인 또는 파산관재인이 외국에서 활동할 권한을 가지게 됨에 따라, 뇌물의 공여, 수수 등이 외국에서 이루어질 염려가 있어 신설된 조항이다.

제660조 (과태료)

① 제29조제1항의 규정에 의하여 조회를 받은 공공기관·금융기관·단체 등의 장이 정당한 사유 없이 자료제출을 거부하거나 허위의 자료를 제출한 경우 그 자는 500만 원 이하의 과태료에 처한다.

② 다음 각 호의 어느 하나에 해당하는 자가 제258조제1항 또는 제2항의 규정에 의한 법원의 명령을 위반하는 행위를 한 경우 그 자는 500만 원 이하의 과태료에 처한다.

　1. 채무자, 신회사의 이사나 지배인

　2. 회생채권자·회생담보권자·주주·지분권자와 회생을 위하여 채무를 부담하거나 담보를 제공한 자

③ 제251조·제566조 또는 제625조에 의하여 면책을 받은 개인인 채무자에 대하여 면책된 사실을 알면서 면책된 채권에 기하여 강제집행·가압류 또는 가처분의 방법으로 추심행위를 한 자는 500만 원 이하의 과태료에 처한다.

양 식

양식1(채권자신청)

파산신청서

<table>
<tr><td>인지
30,000원</td></tr>
</table>

신청인(채권자)

성 명: (주민등록번호: -   )

주 소: (우편번호: -   )

연락처: 휴대전화(   ), 집전화(   ), e-mail(   )

채무자

성 명: (주민등록번호: -   )

주 소: (우편번호: -   )

본 적:

신 청 취 지

1. 채무자에 대하여 파산을 선고한다.

신 청 이 유

1. 신청인은 채무자에 대해 별첨 소명자료와 같은 금 ○○원의 채권이 있습니다.

2. 이하 채무자의 지급불능 상태에 대한 자세한 진술을 기재하기 바랍니다.

첨 부 서 류

1. 채무자의 주민등록등본 및 호적등본 각각 1부

2. 채무자에 대한 채권 소명자료

3. 채무자의 지급불능상태 소명자료(재산명시조서 등)

2006.   .   .

신 청 인   □□

<table>
<tr><td>파산사건번호</td><td></td></tr>
<tr><td>배당순위번호</td><td></td></tr>
<tr><td>재 판 부</td><td>제   단독</td></tr>
</table>

○ ○ 지방법원   귀중

양식2(채무자신청)

파산신청서

인지
1000원

신청인(채무자)

성 명: (주민등록번호:)

주 소: (우편번호: -   )

거 소: (우편번호: -   )

본 적:

연락처: 휴대전화(   ), 집전화(   ), e-mail(   )

신 청 취 지

1. 신청인에 대하여 파산을 선고한다.

2. 이 사건 파산절차를 폐지한다.

신 청 이 유

1. 신청인에게는 별첨한 진술서 기재와 같이 지급하여야 할 채무가 존재합니다.

2. 그런데 위 진술서 기재와 같은 신청인의 현재 자산, 수입의 상황하에서는 채무를 지급할 수 없는 상태에 있습니다.(또한 파산재단을 구성할 만한 재산이 거의 없어 파산절차비용에 충당하기에 부족합니다.)

3. 이 사건 파산신청에 면책신청의 효과가 법률상 부여되는 것을 원하지 않습니다. 면책신청은 추후 별도로 하겠습니다.

첨 부 서 류

1. 호적등본 1부

2. 주소변동내역이 포함된 주민등록등본 1부

3. 진술서(채권자목록, 재산목록, 현재의 생활 상황, 가계수지표 포함) 1부

2006.   .

신 청 인   인

파산사건번호	
배당순위번호	
재 판 부	제 단독

○ ○ 지방법원   귀중

※ 주의: 본 신청서를 이용한 경우에는 파산선고 확정일부터 1월 내에 면책신청을 별도로 제기하여야 면책절차가 진행됨을 유의하여야 합니다.

양식2-1(부속서)

진 술 서

○○지방법원 귀중

신청인   (인)

신청인은 다음과 같은 내용을 사실대로 진술합니다.

또 본인의 현재의 채무, 자산, 생활의 상황 및 가계의 수입·지출은, 별지 「채권자목록」, 「재산목록」, 「현재의 생활상황」, 「가계수지표」의 각 기재와 같습니다.

1. 본인의 과거 경력은 다음과 같습니다.

    (1) 최종 학력

            년   월   일   학교 (졸업, 중퇴)

    (2) 과거 경력

            년   월   일부터   년   월   일까지(자영, 근무)

        업종   직장명   직위

            년   월   일부터   년   월   일까지(자영, 근무)

        업종   직장명   직위

            년   월   일부터   년   월   일까지(자영, 근무)

        업종   직장명   직위

            년   월   일부터   년   월   일까지(자영, 근무)

        업종   직장명   직위

2. 본인의 현재까지의 생활상황 등은 다음과 같습니다.

    (1) 슬롯머신, 경마, 경륜, 포커 등 도박행위를 한 경험 (있음, 없음)

        어떤 도박을 하였는지 (   )

        ▷ 도박을 한 시기   (년 월 일부터   년 월 일까지)

        ▷ 도박을 한 횟수 및 금액   1개월 평균 (   )회, 평균 (   )원 정도

    (2) 과거 자신의 월수입의 반 이상이 소요되는 호텔, 콘도, 골프장, 고급 음식점에 다닌 경험 (있음, 없음)

▷ 어떤 곳에 갔는지 (   )

▷ 간 시기   (년   월   일부터   년   월   일까지)

▷ 간 횟수 및 사용금액   1개월 평균 (   )회 정도, 평균 (   )원 정도

(3) 과거 2년간 국내·해외여행 경험 (있음, 없음)

▷ 여행 횟수 및 사용 금액 합계 (   )회 정도, 총액 (   )원 정도

(4) 과거 2년간 500만 원 이상의 물건을 구입한 경험 (있음, 없음)

(물건의 품명, 구입시기, 가격 등을 전부 기재하여 주십시오)

(5) 과거 물건을 할부나 월부로 구입하고 대금을 전부 지급하지 않은 상태에 서 처분(매각, 입질 등)을 한 경험 (있음, 없음) (물건의 품명, 구입시기, 가격, 처분시기 및 방법을 전부 기재하여 주십시오)

(6) 채무의 지급이 곤란할 정도로 경제 사정이 어려워진 이후에 재산을 처분 한 경험 (있음, 없음) (처분한 재산, 처분시기, 받은 대가, 그 사용처를 전 부 기재하여 주십시오)

(7) 채무의 지급이 곤란할 정도로 경제사정이 어려워진 이후에 일부 채권자에 게만 변제한 경험 (있음, 없음) (변제한 채권자의 성명, 변제시기, 금액을 전부 기재하여 주십시오)

(8) 사기죄, 사기파산죄, 과태파산죄로 고소되거나 형사재판을 받은 경험 (있음, 없음)

(9) 과거에 파산선고를 받은 경험 (있음, 없음)

　　　　년　　월　　일경(　　　) 지방법원에서 파산선고를 받음

　　그 파산선고에 이어서 면책을 받은 경험 (있음, 없음)

　　　　년　　월　　일경(　　　) 지방법원에서 면책결정을 받음

(10) 과거에 개인채무자회생절차를 이용한 경험 (있음, 없음)

　　　　년　　월　　일경(　　　) 지방법원에서 개인채무자회생 인가결정을 받음

　　그 개인채무자회생절차에서 면책을 받은 경험 (있음, 없음)

　　　　년　　월　　일경(　　　) 지방법원에서 면책결정을 받음

(11) 과거에 신용회복위원회의 개인워크아웃이나 배드뱅크 등을 이용한 경험 (있음, 없음)

　　　　년　　월　　일경(　　　) 제도를 이용하여 채무재조정을 받음

(12) 이번 항목은 개인영업을 경영한 경험이 있는 분만 기재하여 주십시오.

　　▷ 영업 중 상업장부의 기재

　　□ 정확히 기장하였다. □ 부정확하게 기장하였다. □ 기장하지 아니하였다.

　　▷ 영업 중에 도산을 면하기 위하여 상품을 부당하게 염가로 매각한 사실 (있음, 없음)(언제 무엇을 매입원가의 몇 %로 할인판매를 하였는지를 기재하여 주십시오)

3. 채권자와의 상황은 다음과 같습니다.

(1) 채권자와 채무지급방법에 관하여 교섭한 경험 (있음, 없음)

　　▷ 그 결과 합의가 성립된 채권자수 (　　　)명

▷ 합의에 기하여 지급한 기간 (년   월   일부터   년   월   일까지)

▷ 매월 지급한 총액   1개월 평균 (   )원 정도

▷ 지급 내역 (누구에게 얼마를 지급하였는지를 기재하여 주십시오)

(2) 소송·지급명령·압류·가압류 등을 받은 경험 (있음, 없음)

▷ (   )지방법원 (   )지원   사건번호 (호)   상대방(   )

▷ (   )지방법원 (   )지원   사건번호 (호)   상대방(   )

▷ (   )지방법원 (   )지원   사건번호 (호)   상대방(   )

4. 채무가 증대된 경위는 다음과 같습니다.

(언제, 어떠한 사정하에 누구로부터 얼마를 차용하여 어디에 사용하였는지, 언제 어떠한 사정하에 무엇을 구입하였는지를 시간 순서에 따라 상세히 기재하여 주십시오. 별지를 사용하여도 됩니다.)

5. 지급이 불가능하게 된 시기 및 경위는 다음과 같습니다.

(언제부터 매월 얼마 정도의 금액을 어떠한 사정하에 지급할 수 없게 되었는지를 상세히 기재하여 주십시오. 별지를 사용하여도 됩니다.)

양식 2-2

채권자목록

순번	채권자명	차용 또는 구입일자	발생원인	최초 채권액	사용처	보증인	잔존 채권액	
							잔존 원금	잔존 이자 · 지연손해금
※ 채권의 '발생원인'란에는 아래 해당번호를 기재함 ① 금원차용(은행대출, 사채 포함), ② 물품구입(신용카드에 의한 구입 포함), ③ 보증(피보증인 기재), ④ 기타						합 계	잔존 원금	잔존 이자 · 지연손해금

채권자목록 기재요령

※양 식※

순번	채권자명	차용 또는 구입일자	발생 원인	최초 채권액	사용처	보증인	잔존 채권액	
							잔존 원금	잔존 이자 · 지연손해금
1	00카드㈜	01. 1. 7.~ 05. 1. 31.	②	6,000,000	생활비	김 이 순	5,234,567	789,456
1-1	김이순	02. 5. 8.	①	6,000,000			미 정	미 정
2	00은행㈜	02. 5. 8.	①	10,000,000	창업자금		10,000,000	2,456,789
9	최 00	03. 6. 9.	①	5,000,000	병원치료비		5,000,000	1,150,000
※ 채권의 '발생원인'란에는 아래 해당번호를 기재함 ① 금원차용(은행대출, 사채 포함), ② 물품구입(신용카드에 의한 구입 포함), ③ 보증(피보증인 기재), ④ 기타						합 계	잔존 원금	잔존 이자 · 지연손해금
						24,630,812	20,234,567	4,396,245

※기재요령※

채권자목록에 기재하여야 할 사항을 한 가지라도 기재하지 아니하거나 허위 또는 부정확하게 기재하는 경우에는 파산·면책절차가 진행되지 아니하거나 면책절차에서 불리하게 작용할 수 있으니 주의하시기 바랍니다.

1. 채권자목록은 채무별로 순번을 달리하여 기재하십시오. 다만, 같은 채권자에 대한 여러 개의 채무는 연이어 기재하되, 발생원인이 오래된 것부터 날짜 순서에 따라 기재하십시오.

2. 『채권자명』란에는 법인과 개인을 구분하여 채권자의 성명이나 법인명칭을 정확히 기재하십시오.
   채권자의 성명은 호적등본 또는 주민등록등본이나 법인등기부등본 상 주소와 일치하여야 하며, 법인의 경우에는 대표자까지 기재하여야 합니다(※ 잘못된 기재례: 순이 엄마, 영주댁, OO상사).

3. 채무자를 위하여 보증을 해 준 사람이 있으면 그 보증인도 『보증인』란에 정확하게 기재하여야 합니다. 보증으로 인한 구상채무는 보증인이 보증한 채무의 바로

다음에 기재하되, 『순번』란에는 보증한 채권의 순번에 가지번호를 붙여 표시하고, 『잔존채권액·잔존원금 / 잔존 이자·지연손해금』란에는 '미정'이라고 기재하십시오.

4. 『발생원인』란에는 표 하단에 기재된 발생원인의 해당번호를, 『최초 채권액』란에는 채무발생 당시의 금액을, 『사용처』란에는 구체적 사용용도 또는 구입물품을 각각 기재하십시오.

5. 『잔존 채권액·잔존원금 / 잔존 이자·지연손해금』란에는 <u>파산신청(면책신청) 당시까지</u> 채무자(채무자)가 갚지 못하고 있는 채무의 원금과 이자·지연손해금을 각 채권자별로 구분하여 기재하고, 하단의 『합계』란에는 채무의 총액을 기재하며, 『잔존원금』, 『잔존 이자·지연손해금』란에는 각각의 합계액을 반드시 기재하십시오.

양식 2-3

채권자의 주소

1. 채권자의 주소는 신청일 당시의 주소로 번지까지 정확하게 기재하고, 채무자를 위하여 **보증을 해 준 사람이 있으면 그 보증인의 주소까지 정확히 기재하여야 합니다.**
2. 채권자가 금융기관이나 기타 법인인 경우에는 본점 소재지 또는 거래지점의 소재지를 정확하게 기재하여야 합니다.

순번	채권자명	주 소	전화번호	팩 스	비 고 (우편번호)

양식 2-4

재산목록

※ 먼저, 다음 재산목록 요약표에 해당재산이 있는지 √하고, 「□ 있음」에 √한 경우에는 아래 해당 항목에서 자세히 기재바랍니다. <u>이 양식을 파일형태로 이용할 경우 아래 표 중에 「□ 있음」에 √한 부분만 출력하여 제출하여도 됩니다. 따라서 모두 「□ 없음」에 √한 경우에는 아래 표 다음 부분을 생략할 수 있습니다.</u>

재산목록 요약표

1. 현 금	□있음 □없음	6. 매출금	□있음 □없음	11. 최근 2년간 재산 처분 여부	□있음 □없음
2. 예 금	□있음 □없음	7. 퇴직금	□있음 □없음	12. 최근 2년간 받은 임차보증금	□있음 □없음
3. 보 험	□있음 □없음	8. 부동산	□있음 □없음	13. 이혼재산분할	□있음 □없음
4. 임차보증금	□있음 □없음	9. 자동차 · 오토바이	□있음 □없음	14. 상속재산	□있음 □없음
5. 대여금	□있음 □없음	10. 기타 재산(주식, 특허권, 귀금속 등)	□있음 □없음		

1. 현 금: 금액(원)
2. 예 금
   금융기관명(   ) 계좌번호(   ) 잔고(원)
   금융기관명(   ) 계좌번호(   ) 잔고(원)
   ☆ 은행 이외의 금융기관에 대한 것도 포함합니다.
   ☆ 예금잔고가 소액이라도 반드시 기재하고 파산신청 시의 잔고(정기예금분을 포함)와 최종 금융거래일로부터 과거 6개월간의 입출금이 기장된 통장 사본 또는 예금거래내역서를 첨부하여 주십시오.
3. 보험(생명보험, 화재보험, 자동차보험 등)
   보험회사명(   ) 증권번호(   ) 해약반환금(원)
   보험회사명(   ) 증권번호(   ) 해약반환금(원)

☆ 파산신청 당시에 가입하고 있는 보험은 해약반환금이 없는 경우에도 반드시 전부 기재하여 주십시오.

☆ 보험증권사본과 파산신청 시의 해약반환금 예상액(없는 경우에는 없다는 사실)을 기재한 보험회사 작성의 증명서를 첨부하여 주십시오.

4. 임차보증금

임차물건(   ), 임차보증금(원), 반환예상금(원)

☆ 반환예상금란에는 채무자가 파산신청일을 기준으로 임대인에게 임차물건을 명도할 경우 임대인으로부터 반환받을 수 있는 임차보증금의 예상액을 기재하여 주십시오.

☆ 임대차계약서의 사본 등 임차보증금 중 반환예상액을 알 수 있는 자료를 첨부하여 주십시오.

5. 대여금

채무자명(   ) 채권금액(   ) 회수가능금액(원)

채무자명(   ) 채권금액(   ) 회수가능금액(원)

☆ 계약서의 사본 등 대여금을 알 수 있는 자료를 첨부하고, 변제받는 것이 어려운 경우에는 그 사유를 기재한 진술서를 첨부하여 주십시오.

6. 매출금(개인사업을 경영한 사실이 있는 분은 현재까지 회수하지 못한 매출금 채권)

채무자명(   ) 채권금액(원) 회수가능금액(원)

채무자명(   ) 채권금액(원) 회수가능금액(원)

☆ 영업장부의 사본 등 매출금을 알 수 있는 자료를 첨부하고, 변제받는 것이 곤란한 경우에는 그 사유를 기재한 진술서를 첨부하여 주십시오.

7. 퇴직금

근무처명(   ) 퇴직금예상액(원)

☆ 파산신청 시에 퇴직하는 경우에 지급받을 수 있는 퇴직금예상액(퇴직금이 없는 경우에는 그 취지)을 기재한 사용자 작성의 증명서를 첨부하여 주십시오. 만일 퇴직금채권을 담보로 하여 돈을 차용하였기 때문에 취업규칙상의 퇴직금보다 적은 액수를 지급받게 되는 경우에는 차용에 관한 자료를 첨부하여 주십시오.

8. 부동산(토지와 건물)

종류(토지·건물) 소재지(   )

시가(원) 등기된 담보권의 피담보채권 잔액(원)

종류(토지·건물) 소재지(   )

시가(원) 등기된 담보권의 피담보채권 잔액(원)

☆ 등기부등본 등과 재산세과세증명서 등 시가증명자료를 첨부하여 주십시오.

☆ 저당권 등 등기된 담보권에 대하여는 은행 등 담보권자가 작성한 피담보채
   권의 잔액증명서 등의 증명자료를 첨부하여 주십시오.

 9. 자동차(오토바이를 포함한다)

차종 및 연식(   ) 등록번호(   ) 시가 (원)

☆ 자동차등록원부와 시가 증명자료를 첨부하여 주십시오.

10. 기타 재산적 가치가 있는 중요 재산권(주식, 회원권, 특허권, 귀금속, 미술품 등)

품목명(   ) 시가(원)

품목명(   ) 시가(원)

11. 최근 2년간 처분한 1,000만 원 이상의 재산

☆ 처분의 시기, 대가 및 대가의 사용처를 상세히 기재하여 주시기 바랍니다.
   그리고 여기서 말하는 재산의 처분에는 보험의 해약, 정기예금 등의 해약,
   퇴직에 따른 퇴직금수령 등도 포함합니다. 주거이전에 따른 임차보증금의
   수령에 관하여는 다음의 12항에 기재하여 주시기 바랍니다.

☆ 특히 부동산이나 1,000만 원 이상의 재산을 처분한 경우에는 처분시기와 대
   가를 증명할 수 있는 등기부등본, 계약서사본, 영수증사본과 처분대가의 사
   용처를 증명할 수 있는 자료를 첨부하시기 바랍니다.

12. 최근 2년 이내에 주거이전에 따른 임차보증금을 수령한 사실

☆ 임대차계약서사본과 수령한 임차보증금의 사용처를 증명할 수 있는 자료를 첨
   부하시기 바랍니다.

13. 최근 2년 이내에 이혼에 따라 재산분여(할)한 사실

☆ 분여한 재산과 그 시기를 기재하여 주십시오. 그리고 분여한 재산의 가치를
나타내는 자료를 첨부하여 주시기 바랍니다.

14. 친족의 사망에 따라 상속한 사실

　　　　년　　월　　일 부·모　　　　　　　의 사망에 의한 상속

상속상황

　㉠ 상속재산이 전혀 없었음

　㉡ 신청인의 상속포기 또는 상속재산 분할에 의하여 다른 상속인이 모두 취득
　　하였음

　㉢ 신청인이 전부 또는 일부를 상속하였음

　주된 상속재산과 그 처분의 경과

☆ ㉡ 또는 ㉢항을 선택한 분은 주된 상속재산을 기재하여 주시기 바랍니다.

☆ ㉡항을 선택한 분은 다른 상속인이 주된 상속재산을 취득하였다는 사실을
증명하는 자료를 첨부하여 주십시오. 부동산인 경우에는 다른 상속인이 소
유자로 되어 있는 등기부등본을 첨부하여 주십시오.

☆ ㉢항을 선택한 분으로 상속한 주된 재산을 이미 처분한 분은 그 처분의 경
과와 대가의 사용처를 상세히 기재하고, 그 사실을 증명하는 자료를 첨부하
여 주십시오.

양식 2-5

현재의 생활상황

1. 현재의 직업 【자영, 고용, 무직】

업종 또는 직업(   )   직장 또는 회사명(   )
지 위(   )   취 직 시 기(년   월)

2. 수입의 상황(신청인의 월수입 합계   원)

자영수입(원) 종합소득세 확정신고서(최근 2년분)를 첨부하여 주십시오.
월급여(원) 급여증명서(최근 2년분)와 근로소득세 원천징수영수증의 사본을
첨부하여 주십시오.
연금(원) 수급증명서를 첨부하여 주십시오.
생활보호(원) 수급증명서를 첨부하여 주십시오.
기타(원) 구체적으로 기재하고 수입원을 나타내는 자료를 첨부하여 주십시오.

3. 가족·동거인의 상황

성 명	신청인과의 관계	연 령	동거여부	직 업	월수입
		세	동거·별거		원
		세	동거·별거		원
		세	동거·별거		원
		세	동거·별거		원
		세	동거·별거		원
		세	동거·별거		원

☆ 가족·동거인 중 수입이 있는 자에 대하여는 2항과 마찬가지로 급여명세서사본,
종합소득세확정신고서 등을 첨부하여 주십시오.

4. 주거의 상황

거주를 시작한 시점(년   월   일)

거주관계: 아래 ㉠-㉮ 중 선택(   )

   ㉠ 임대 주택(신청인 이외의 자가 임차한 경우 포함)

   ㉡ 사택 또는 기숙사

   ㉢ 신청인 소유의 주택

   ㉣ 친족 소유의 주택에 무상으로 거주

   ㉤ 친족 이외의 자 소유의 주택에 무상으로 거주

   ㉥ 기타(   )

㉠, ㉡항을 선택한 분에 대하여,

   관리비를 포함한 임대료(원) 임대보증금(원)

   연체액   (원)

   신청인 이외의 자가 임차인인 경우라면 임차인 성명(   )

㉣, ㉤항을 선택한 분에 대하여,

   소유자 성명(   ) 신청인과의 관계(   )

☆ ㉠ 또는 ㉡항을 선택한 분은 임대차계약서 또는 사용허가서 사본을 첨부하여 주시기 바랍니다.

☆ ㉢ 또는 ㉣항을 선택한 분은 등기부등본을 첨부하여 주십시오.

☆ ㉣ 또는 ㉤항을 선택한 분은 소유자 작성의 거주 증명서를 첨부하여 주십시오.

5. 조세 등 공과금의 납부 상황

소득세   미납분   (없음   있음-미납액   원)

주민세   미납분   (없음   있음-미납액   원)

재산세   미납분   (없음   있음-미납액   원)

의료보험료 미납분   (없음   있음-미납액   원)

국민연금   미납분   (없음   있음-미납액   원)

자동차세   미납분   (없음   있음-미납액   원)

기타 세금   미납분   (없음   있음-미납액   원)

양식 2-6

가계수지표(2006. . 월분)

수		입	지		출
항 목		금 액	항 목		금 액
급여 또는 자영 수입	신청인	원	주거비(임대료, 관리비 등)		원
	배우자	원	식비(외식비 포함)		원
	기 타( )	원	교 육 비		원
연금	신청인	원	전기·가스·수도료		원
	배우자	원	교통비(차량유지비 포함)		원
	기 타( )	원	피 복 비		원
생활보호		원	의 료 비		원
기 타		원	기 타		원
수입합계		원	지출합계		원

✽ 위 표는 신청일 직전 달을 기준으로 작성하시기 바랍니다.

양식3

면책신청서

<table>
<tr><td>인지
1000원</td></tr>
</table>

신청인(채무자)

성 명: (주민등록번호: -   )
주 소: (우편번호: -   )
본 적:
연락처: 휴대전화(   ), 집전화(   ), e-mail(   )

신 청 취 지

채무자를 면책한다.
라는 결정을 구합니다.

신 청 이 유

신청인은 귀원 2006하단○○○호 파산선고 사건에서 2006. ○. ○. 파산선고결정을
받고 면책결정을 받기 위하여 이 사건 신청에 이르렀습니다.

첨 부 서 류

1. 진술서
2. 채권자목록

2006.   .   .
신 청 인   □□

<table>
<tr><td>면책사건번호</td><td></td></tr>
<tr><td>배당순위번호</td><td></td></tr>
<tr><td>재 판 부</td><td>제   단독</td></tr>
</table>

○○지방법원   귀중

☆ 첨부서류로 진술서외의 채권자목록 및 그 기재요령, 채권자주소는 파산신청의
   그것과 동일하므로 생략

양식3-1

진 술 서

○○지방법원   귀중

신청인(채무자)   (인)

신청인은 귀원 2006하단○○호 면책사건에 관하여 다음과 같이 사실대로 진술합니다.
(다음 각 항 중 ㉠, ㉡ 중에서 해당하는 항목에 ○표를 하고 필요한 사항을 간략하
게 개략적인 기재를 하여 주십시오)

제1 채무를 전부 변제하는 것이 불확실하다고 생각되기 시작한 시기와 그 이유
   (상세하게 쓰시기 바랍니다. 별지를 사용하여도 됩니다.)
제2 파산선고를 받게 된 사정
   ㉠ 파산사건 심리 시에 제출한 서류의 기재 및 법원에서의 진술과 같다.
   ㉡ 위 서류의 기재 및 진술에 부가 또는 정정할 것이 있다.
제3 파산선고를 받기까지 채무자의 채무변제를 위한 노력 내용
   (상세하게 쓰시기 바랍니다. 별지를 사용하여도 됩니다.)
제4 파산종결후의 경과
   (1) 현재의 직업(근무처 및 직종)
   (2) 월수입(   )
   (3) 파산종결 후 채무변제의 유무
      ㉠ 있음(누구에게 얼마를 변제하였는지 여부를 구체적으로 기재하시기 바랍니다)
      ㉡ 없음
제5 현재까지의 생활 상황 등(가족 포함)
   (본인은 물론 가족들의 생활 상황을 상세히 기재하여 주십시오. 별지를 사용하
   여도 됩니다.)

☆ 이 진술서는 채무자 본인(면책신청인)이 직접 기재하고 날인한 다음 늦어도 심
  문기일 1주일 전까지 법원에 제출하여 주시기 바랍니다.

양식4

복권신청서

인지
1000원

신청인(채무자)

성 명: (주민등록번호: -   )
주 소: (우편번호:)
본 적:
연락처: 휴대전화(   ), 집전화(   ), e-mail(   )

신 청 취 지

'채무자를 복권한다.'라는 결정을 구합니다.

신 청 이 유

1. 신청인은 서울중앙지방법원 2005. ○. ○.자 2005하단○○○○ 결정으로 파산선고를 받고, 같은 법원 2005. ○. ○.자 2005하면○○○○ 결정으로 일부면책(또는 면책불허가)결정을 받았습니다.
2. 신청인은 그 후 파산채권자에 대한 잔존 채무를 모두 변제하였습니다.
3. 따라서 '채무자를 복권한다.'라는 결정을 구합니다.

첨 부 서 류

1. 호적등본 및 주민등록등본 각각 1부
2. 파산선고결정등본 및 일부면책(면책불허가)결정등본 각각 1부
3. 파산선고당시 채권자에 대한 채무변제 등으로 변제책임이 소멸되었다는 자료

2006.   .   .
신 청 인   □□

복권사건번호	
배당순위번호	
재 판 부	제 단독

○ ○ 지방법원   귀중

양식5

개인회생절차개시신청서

수입인지
30,000원

	성 명		주민등록번호	
신청인	주민등록상 주소		우편번호:	
	현 주 소		우편번호:	
	전화번호 (집·직장)		전화번호 (휴대전화)	

	성 명			
대리인	사무실 주소		우편번호:	
	전화번호 (사무실)			
	이-메일 주소		FAX번호	

주 채무자가(또는 보증채무자가, 연대채무자가, 배우자가) 이미 귀법원에 파산신청 또는 개인회생절차개시신청을 하였으므로 그 사실을 아래와 같이 기재합니다

성 명		사건번호	

신 청 취 지

신청인에 대하여 개인회생절차를 개시한다라는 결정을 구합니다.

신 청 이 유

1. 신청인은, 첨부한 개인회생채권자목록 기재와 같은 채무를 부담하고 있으나, 수입 및 재산이 별지 수입 및 지출에 관한 목록과 재산목록에 기재된 바와 같으므로, 파산의 원인사실이 발생하였습니다(파산의 원인사실이 생길 염려가 있습니다).

□ 신청인은 정기적이고 확실한 수입을 얻을 것으로 예상되고, 또한 채무자 회생 및 파산에 관한 법률 제595조에 해당하는 개시신청 기각사유는 없습니다(급여 소득자의 경우).

□ 신청인은 부동산임대소득·사업소득·농업소득·임업소득 그 밖에 이와 유사한 수입을 장래에 계속적으로 또는 반복하여 얻을 것으로 예상되고, 또한 채무자 회생 및 파산에 관한 법률 제595조에 해당하는 개시신청 기각사유는 없습니다(영업소득자의 경우).

2. 신청인은, 각 회생채권자에 대한 채무 전액의 변제가 곤란하므로, 그 일부를 분할하여 지급할 계획입니다. 즉 현시점에서 계획하고 있는 변제예정액은 ＿＿＿개월간 월 ＿＿＿원씩이고, 이 변제의 준비 및 절차비용지급의 준비를 위하여, 개시결정이 내려지는 경우 ＿＿＿.＿＿.＿＿.을 제1회로 하여, 이후 매월 ＿＿＿에 개시결정 시 통지되는 개인회생위원의 은행구좌에 동액의 금전을 입금하겠습니다.

3. 이 사건 개인회생절차에서 변제계획이 불인가될 경우 불인가결정 시까지의 적립금을 반환받을 신청인의 예금계좌는 ＿＿＿＿＿＿＿＿＿＿＿＿＿ 입니다.

4. 개인회생채권자목록 부본(개인회생채권자목록상의 채권자수＋2통)은 개시결정 전 회생위원의 지시에 따라 지정하는 일자까지 반드시 제출하겠습니다.

첨 부 서 류

1. 개인회생채권자목록 1통
2. 재산목록 1통
3. 수입 및 지출에 관한 목록 1통
4. 진술서 1통
5. 신청서 부본 1통(위 1 내지 4의 첨부서류 및 소명방법을 모두 포함한 것)
6. 예납금영수증 1통
7. 송달료납부서 1통
8. 신청인 본인의 예금계좌 사본 1통(대리인의 예금계좌 사본 아님)
9. 위임장 1통(대리인에 의하여 신청하는 경우)

．   ．   ．

신청인 ＿＿＿＿＿＿＿ (인)

○○지방법원 귀중

개인회생절차개시신청서 작성요령

(1) 채무한도
개인회생절차를 신청하려면 총 채무액이 무담보채무의 경우에는 5억 원, 담보부 채무의 경우에는 10억 원 이하인 개인채무자여야 합니다.

(2) 관할법원
채무자의 주소지를 관할하는 지방법원 본원에 신청하여야 합니다. 서울의 경우는 서울중앙지방법원에 신청하여야 합니다. 다만 주 채무자와 보증인, 채무자 및 그와 함께 동일한 채무를 부담하는 자, 부부의 경우 그중 하나에 파산사건 또는 개인회생사건이 계속되어 있으면 같은 법원에 신청할 수 있고 신청서의 해당란에 성명과 사건번호를 기재하여야 합니다.

(3) 신청인
신청인의 성명 등 인적 사항을 모두 기재합니다. 특히 현주소는 법원으로부터 우편물을 송달받을 수 있는 확실한 주소를 기재하여야 하고 연락이 가능한 휴대폰 등 전화번호를 반드시 기재하여야 합니다.

(4) 신청이유
① 급여소득자 또는 영업소득자인지 여부를 신청이유 1항의 해당란에 ☑ 표시를 합니다.
② 변제계획안에 예정되어 있는 변제기간과 월변제예정액을 각각 기재하고 신청일로부터 2개월 후의 일정한 날(급여소득자의 경우 급여일, 영업소득자의 경우 매출채권 회수일 등)을 정하여 그날을 제1회의 납입개시일과 매월변제일로 기재합니다. 여기서 기재하는 금액은 변제계획인가 시의 월변제예정액과 달라질 수 있습니다.
③ 개인회생절차개시 후 변제계획이 불인가될 경우 그동안 적립된 금액을 반환받을 예금계좌를 기재합니다.
④ 개인회생절차개시신청 후 회생위원과의 면담을 통하여 개인회생채권자목록의 잘못된 부분과 누락된 부분을 수정하는 등으로 최종적인 개인회생채권자목록을 작성한 후 그 원본과 채권자수에 2통을 더한 부본을 회생위원이 지정한 날까지 이 법원에 제출하여야 합니다.

양식5-1

개인회생채권자목록

채권현재액 산정기준일: *2007. 4. 1.*   목록작성일: *2007. 4. 5.*

채권현재액 총합계	71,388,200원	담보부 회생 채권액의 합계		무담보 회생 채권액의 합계	71,388,200원

※ 개시후이자 등: 아래 각 채권의 개시결정일 이후의 이자·지연손해금 등은 채무자
회생 및 파산에 관한 법률 제581조제2항, 제446조제1항제1, 2호의 후순위채권입
니다.

채권 번호	채권 자	채권의 원인	주소 및 연락처	
		채권의 내용		부속서류 유무
		채권현재액(원금)	채권현재액(원금) 산정근거	
		채권현재액(이자)	채권현재액(이자) 산정근거	
1	A 은행 ㈜	2001. 9. 4. 마이너스 통장개설	(주소) 서울 00구 00동 00 (전화) 02-000-1234 (팩스) 02-000-1235	
		원금잔액 14,988,200원		□ 부속서류(1, 2, 3, 4)
		14,988,200원	부채증명서 참조(산정기준일 2006. 4. 1.)	
		0원	부채증명서 참조	
2	B 상호 저축 은행	2002. 9. 19. 신용대출금 2,500만 원	(주소) 서울 00구 00동 00 (전화) 02-000-1236 (팩스) 02-000-1237	
		원금잔액 20,000,000원 및 이에 대한 03년 9월 19일부터 04년 1월 18일까지 연12%, 그 다음날부터 완제일까지 연24%의 비율에 의한 금원		□ 부속서류(1, 2, 3, 4)
		20,000,000원	03. 9. 19. 500만 원 변제	
		4,000,000원	부채잔액증명서 참조(산정기준일 2006. 4. 1.)	
3	㈜ C 크레 디트	2003. 3. 21. 신용대출금 3,000만 원	(주소) 서울 00구 00동 00 (전화) 02-000-1238 (팩스) 02-000-1239	
		원금잔액 27,000,000원 및 이에 대한 03년 9월 21일부터 완제일까지 연20%의 비율에 의한 금원		□ 부속서류(1, 2, 3, 4)
		27,000,000원	03. 9. 21. 300만 원 변제	
		5,400,000원	부채증명원 참조(산정기준일 2006. 4. 1.)	
			(주소) (전화) (팩스)	
				□ 부속서류(1, 2, 3, 4)

개인회생채권자목록 작성 시 유의사항

1. **채권현재액 산정기준일**: 채권현재액을 산정함에 있어서 기준이 되는 일자로 신청일 또는 신청예정일을 기재합니다.

2. **채권의 기재순서**: 채권의 기재는 우선권이 있는 채권, 담보부 개인회생채권(유치권·질권·저당권·양도담보권·가등기담보권·전세권 또는 우선특권으로 담보된 개인회생채권), 무담보 일반개인회생채권, 후순위 채권의 순서로 기재하고 발생일자에 따라 오래된 것부터 먼저 기재하되 여러 채권을 가진 동일한 채권자는 연속하여 기재합니다.

3. **채권현재액 총합계 등**: 채권자목록에 기재된 채권현재액의 원금과 이자를 모두 합산하여 '채권현재액 총합계'란에 먼저 기재합니다. 다음으로 부속서류 1의 '⑤담보부 회생채권액'의 합계란의 금액을 '담보부 회생채권액의 합계'란에 기재합니다. 마지막으로 '채권현재액 총합계'에서 '담보부 회생채권액의 합계'를 공제한 금액을 '무담보 회생채권액의 합계'란에 기재합니다.

4. **채권자**: 법인 등의 경우 법인등기부에 기재된 정식명칭을 기재합니다. 개인영업자의 경우 개인의 이름을 기재하되 실제 영업상 사용되는 명칭을 괄호에 넣어 병기합니다.

   (예: 홍길동(○○상사))

5. **채권의 원인**: 채권의 발생당시를 기준으로 차용금, 매매대금 등의 채권의 발생원인, 시기 또는 기간 등을 간략히 기재하되 대여금 등의 경우 최초의 원금을 같이 기재합니다.

   (예, 2003. 1. 1.자 대여금 10,000,000원)

6. **채권의 내용**: 잔존채권의 내용, 즉 산정기준일의 원금잔액과 기존에 발생하였거나 앞으로 발생할 이자(지연손해금) 등을 이자율 등에 따른 기간으로 구분하여 기재합니다.

7. **채권현재액**: 채권현재액 산정기준일 현재의 원금과 이자(지연손해금 포함)를 구분하여 기재합니다.

8. **채권현재액 산정근거**: 채권현재액이 어떻게 산정되었는지 상세하게 기재합니다. 산

정근거를 기재할 때에는 잔여 원금과 이자 등으로 크게 구분하고, 이자 등의 계산에 있어서 산정 대상 원금, 이자율이 변경되는 경우에는 원금, 이자율이 달라지는 기간별로 나누어 계산한 근거를 기재합니다.

다만 변제계획안이 원금만을 변제하는 것으로 작성된 경우에는 채권현재액의 이자 산정은 월 미만은 버리는 등으로 간이하게 산정하여도 무방하고, 금융기관에서 발급한 원금과 이자 등이 구분된 부채확인서 등을 첨부하여 채권현재액의 산정근거에 '부채확인서 등 참조(산정기준일   ○. ○. ○.)'라고만 기재하여도 됩니다. 금융기관 등 채권자로부터 부채확인서를 발급받기 어려운 경우에는 채권자에 대하여 원금, 이자, 이자율 등에 관한 자료송부를 청구한 다음 그 청구서를 첨부하여 제출하면 됩니다.(추후 채권자로부터 자료가 송부되어 온 다음에 그 내용을 검토하여 개인회생채권자목록의 기재를 수정하여 다시 제출하여야 합니다)(채무자 회생 및 파산에 관한 규칙 제82조, 개인회생사건 처리지침 제4조)

9. **보증인**: 채무자의 채무에 대하여 연대보증인 등이 있는 경우에는, 연대보증인 등을 채권자목록에 기재하고, 채권의 원인은 보증의 구체적인 내역을, 채권현재액란에는 '장래의 구상권'으로, 채권의 내용란에는 '보증채무를 대위변제할 경우 구상금액'이라고 기재하되, 채권번호는 보증한 채권의 채권번호에 가지번호를 붙여 표시하고 보증한 채권 바로 다음에 기재합니다. (예, 연대보증한 채무의 채권번호가 3일 경우 보증채권은 3-1로 표시)

10. **부속서류 유무**: 별제권부채권 및 이에 준하는 채권의 내역은 부속서류 1에, 다툼이 있거나 예상되는 채권의 내역은 부속서류 2에, 전부명령의 내역은 부속서류 3에, 기타의 경우 부속서류 4에 각각 체크하고 상세한 내용은 해당 부속서류에 각각 기재합니다.

11. **소명자료 제출**: 채권자목록상의 채권자 및 채권금액에 관한 각 소명자료를 1통씩 제출하십시오.

양식5-1-1

부속서류 1. 별제권부채권 및 이에 준하는 채권의 내역

(단위: 원)

채권 번호	채권자	① 채권현재액(원금) / ② 채권현재액(이자)	③ 별제권행사 등으로 변제가 예상되는 채권액	④ 별제권행사 등으로도 변제받을 수 없을 채권액	⑤ 담보부 회생채권액
		⑥ 별제권 등의 내용 및 목적물			
합 계					

[기재요령]

1. **별제권부 채권 및 이에 준하는 채권**: 개인회생채권에 기하여 채무자의 재산에 유치권, 질권, 저당권 또는 전세권 등이 설정되어 있는 경우 별제권부 채권으로 기재합니다. 주택임대차보호법이나 상가건물임대차보호법에 따른 대항요건(주택의 경우 전입신고＋주택인도, 상가건물의 경우 사업자등록 신청＋건물인도)과 확정일자를 갖추어 우선변제권이 있는 임차권자, 대항요건을 갖추어 최우선변제권이 있는 소액임차인의 임대차보증금 반환채권 등 이에 준하는 채권도 기재합니다. 그러나 대항력은 있으나 확정일자를 갖추지 않아 우선변제권이 없는 임차인, 대항요건을 갖추지 못한 임차인 등은 채권자목록에만 기재합니다.

2. **채권번호, 채권자, 채권현재액**: 개인회생채권자목록 양식의 채권번호와 채권자명, 채권현재액을 그대로 기재합니다.

3. **별제권행사 등으로 변제가 예상되는 채권액(③)**: 별제권의 경우 [별제권이 담보하는 채권최고액]과 [별제권 목적물의 환가예상액의 70%에서 선순위 담보권의 채권최고액을 공제한 금액] 중 적은 금액을 기재합니다. 위 임차권의 경우는 [임차보증금 현재액(소액임차인의 경우는 최우선변제권이 있는 일정액)]과 [임차목적물의 환가예상액의 70%에서 선순위 담보권의 채권최고액을 공제(소액임차인의 경우에는 선순위 담보권의 채권최고액을 공제하지 않음)한 금액] 중 적은 금액을 기재합니다. 위 금액은 별제권 행사 등으로 목적물의 환가대금에서 변제받을 수 있기 때문에 변제계획의 변제대상에서는 제외합니다.

4. **별제권행사 등으로도 변제받을 수 없을 채권액(④)**: 담보부족예상액을 의미하며, [별제권이 담보하는 채권최고액]과 [채권현재액] 중 큰 금액에서 별제권행사 등으로 변제가 예상되는 채권액(③)을 공제한 금액(채권현재액 한도)을 기재합니다. 별제권행사로 모든 채권액의 변제가 가능할 것으로 예상되는 경우라도 예상 밖의 경우를 대비하여 그 별제권자를 채권자목록에 기재하여야 하고 '별제권 행사로도 변제받을 수 없을 채권액'이 음수인 경우는 0원으로 기재합니다. 임차권의 경우에는 임차보증금 현재액에서 별제권행사 등으로 변제가 예상되는 채권액(③)을 제외한 금액을 기재합니다. 위 금액은 별제권 행사 등으로 변제받을 수 없을 것으로 예상되기 때문에 일반 개인회생채권으로 취급합니다. 따라서 변제계획에 있어서도 일반개인회생채권과 같은 방식으로 산정되는 변제액을 미확정채권으로 보아 유보하여 놓았다가 확정이 되면 그동안 유보한 금액을 일시에 지급하고 부

족한 부분은 일반개인회생채권과 같이 안분하여 변제합니다.

5. **담보부 회생채권액(⑤)**: [채권현재액의 합계(①+②)]와 [별제권 행사 등으로 변제가 예상되는 채권액(③)] 중 적은 금액을 기재하고 그 합계란의 금액을 개인회생채권자목록의 '담보부 회생채권액의 합계'란에 기재합니다.

6. **별제권 등의 내용 및 목적물(⑥)**: 담보권의 순위, 담보권이 설정된 시기, 채권최고액, 목적물의 내역(부동산인 경우 지번, 지목, 면적 등), 환가예상액(신청일 당시의 시가) 등을 기재합니다. 임차권의 경우 다른 선순위 담보권과의 관계에서 임차권의 순위, 임차기간, 임차목적물의 내역(부동산인 경우 지번, 지목, 면적 등), 환가예상액(신청일 당시의 시가) 등을 기재합니다.

7. **소명자료의 제출**: 별제권부 채권의 경우 담보목적물의 등기부등본, 환가예정액의 산정자료, 대출약정서, 현재액의 근거 자료 등을 각각 1통씩 제출하십시오. 임차권의 경우 임차목적물의 등기부등본, 환가예정액의 산정자료, 임차인의 주민등록등본, 임대차계약서, 확정일자의 소명자료 등을 각각 1통씩 제출하십시오. 대항력은 있으나 확정일자를 갖추지 않아 우선변제권이 없는 임차인의 경우도 위와 같은 소명자료를 제출하십시오.

양식5-1-2

부속서류 2. 다툼이 있거나 예상되는 채권의 내역

(단위: 원)

채권 번호	채권자	① 채권자목록상 채권현재액		② 채권자 주장 채권현재액	③ 다툼이 없는 부분	④ 차이나는 부분 (②-①)	⑤ 다툼의 원인
		⑥ 소송제기여부 및 진행경과					
3	㈜ C 크레 디트	원금	27,000,000	30,000,000	27,000,000	3,000,000	2003. 9. 21.자 300만 원 변제여부
		이자	5,400,000	6,000,000	5,400,000	600,000	
		2005. 2. 5. 채권자의 소제기 (○○지방법원 2005가단00호 대여금) −2005. 6. 30. 원고(채권자)승소 판결 −현재 ○○지방법원 2005나000호로 항소심 계속 중					
		원금					
		이자					
		원금					
		이자					
		원금					
		이자					
		원금					
		이자					

[기재요령]

1. **채권번호, 채권자**: 개인회생채권자목록 양식의 채권번호와 채권자명을 그대로 기재합니다.

2. **채권현재액**: 원금과 이자를 구분하여, 채무자가 인정하는 개인회생채권자목록 기재 채권현재액(①)과 채권자가 주장하는 채권현재액(②)을 각각 기재하고, 그 차액을 '④차이나는 부분'란에, 다툼이 없는 부분을 '③다툼이 없는 부분'란에 각각 기재합니다.

3. **다툼의 원인(⑤)**: 채권액에 관한 다툼이 생긴 원인을 간략히 기재합니다.

4. **소송제기여부 및 진행경과(⑥):** 소송이 제기된 경우 그 소송이 제기된 법원, 사
   건번호, 당사자, 현재까지의 진행경과 등을, 판결 등이 있은 경우 사건번호, 판결
   선고일, 판결결과, 상소여부, 상소심 진행경과, 판결의 확정 여부 등을 각각 기재
   합니다.

양식5-1-3

부속서류 3. 전부명령의 내역

(단위: 원)

채권 번호	채권자	채권의 내용	전부명령의 내역

[기재요령]

1. **채권번호, 채권자**: 개인회생채권자목록 양식의 채권번호와 채권자명을 그대로 기재합니다.

2. **채권의 내용**: 개인회생채권자목록의 내용을 그대로 기재합니다.

3. **전부명령의 내역**: ① 전부명령을 내린 법원, ② 당사자, ③ 사건명 및 사건번호, ④ 전부명령의 대상이 되는 채권의 범위, ⑤ 제3채무자에 대한 송달일, ⑥ 전부명령의 확정여부를 기재하여야 합니다.

양식5-2

재산목록

명 칭	금액 또는 시가(단위: 원)	압류등 유 무	비 고		
현 금					
예 금			금융기관명		
			계좌번호		
			잔 고		
보 험			보험회사명		
			증권번호		
			해약반환금		
자동차 (오토바이 포함)					
임차보증금 (반환받을 금액을 금액란에 적는다)			임차물건		
			보증금 및 월세		
			차이 나는 사유		
부동산 (환가예상액에서 피담 보채권을 뺀 금액을 금액란에 적는다)			소재지, 면적		
			부동산의 종류	토지( ), 건물( ), 집합건물( )	
			권리의 종류		
			환가예상액		
			담보권 설정된 경우 그 종류 및 담보액		
사업용 설비, 재고품, 비품 등			품목, 개수		
			구입시기		
			평가액		
대여금 채권			상대방 채무자 1:	□ 소명자료 별첨	
			상대방 채무자 2:	□ 소명자료 별첨	
매출금 채권			상대방 채무자 1:	□ 소명자료 별첨	
			상대방 채무자 2:	□ 소명자료 별첨	
예상 퇴직금			근무처: (압류할 수 없는 퇴직금 원 제외)		
기타( )					
합 계					
면제재산 결정신청 금액			면제재산 결정신청 내용:		
청산가치					

재산목록 작성 시 유의사항

1. 현 금

○ 10만 원 이상인 경우에 기재하여 주십시오.

2. 예 금

○ 소액이라도 반드시 기재하고, 정기예금·적금·주택부금 등 예금의 종류를 불문하고 모두 기재하십시오. 그리고 개인회생절차 신청 시의 잔고가 기재된 통장 사본을 첨부하십시오.

3. 보 험

○ 가입하고 있는 보험은 모두 기재하고, 보험증권사본 및 개인회생절차 신청 시의 해약반환금예상액(없는 경우에는 없다는 사실)을 기재한 보험회사의 증명서를 첨부하여 주십시오.

4. 자동차(오토바이 포함)

○ 자동차등록원부와 시가 증명자료를 첨부하여 주십시오.

5. 임차보증금

○ 반환받을 수 있는 금액을 적어 주시고, 계약상의 보증금과 반환받을 수 있는 금액이 차이 나는 경우에는 '차이 나는 사유' 난에 그 사유를 적어 주십시오.

○ 임대차계약서 사본 등 임차보증금 중 반환예상액을 알 수 있는 자료를 첨부하여 주십시오.

6. 부동산

○ 등기부등본 등과 재산세과세증명서 등 시가 증명자료를 첨부하여 주십시오.
○ 저당권 등 등기된 담보권에 대하여는 은행 등 담보권자가 작성한 피담보채권의 잔액증명서 등의 증명자료를 첨부하여 주십시오.

7. 사업용 설비, 재고품, 비품 등

○ 영업소득자의 경우에 그 영업에 필요한 설비 등을 기재하여 주십시오.

8. 대여금 채권

○ 계약서의 사본 등 대여금의 현재액을 알 수 있는 자료를 첨부하고, 변제받는 것이 어려운 경우에는 그 사유를 기재한 진술서를 첨부하여 주십시오.

9. 매출금 채권

○ 영업소득자의 경우 영업장부의 사본 등 매출금의 현재액을 알 수 있는 자료를 첨부하고, 변제받는 것이 곤란한 경우에는 그 사유를 기재한 진술서를 첨부하여 주십시오.

10. 예상 퇴직금

○ 현재 퇴직할 경우 지급받을 수 있는 퇴직금 예상액(다만 압류할 수 없는 부분은 기재하지 아니하고, 비고란에 표시합니다.)을 기재하고 사용자 작성의 퇴직금 계산서 등 증명서를 첨부하여 주십시오.

11. 면제재산 결정신청금액

  ○ 면제재산 결정을 신청한 재산의 금액과 그 내역을 기재하여 주시고 재산 합계
    액에서 면제재산 결정신청금액을 공제한 잔액을 청산가치로 기재하여 주십시오.

12. 압류 및 가압류 유무

  ○ 재산 항목에 대하여 압류·가압류 등 강제집행이 있는 경우에는 그 유무를
    해당란에 표시하고, 그러한 압류·가압류의 결정법원, 사건번호, 상대방 채권
    자, 압류된 금액 등 상세한 내용은 [신청서 첨부서류 4] 진술서의 해당란에
    기재하고 관련자료를 첨부하여 주십시오.

13. 기재할 사항이 많은 항목은, 그 항목에 "별지 기재와 같음"이라고 적은 후, 별
   지를 첨부하여 주십시오.

양식5-3

수입 및 지출에 관한 목록

I. 현재의 수입목록

(단위: 원)

수입상황	자영(상호)		고용(직장명)	
	업 종		직 위	
	종사경력	년 개월	근무기간	년 월부터 현재까지
명 목	기간구분	금 액	연간환산금액	압류, 가압류 등 유무
연 수입			월 평균 수입 (	)

II. 변제계획 수행 시의 예상지출목록 (해당란에 ☑ 표시)

☑ 채무자가 예상하는 생계비가 보건복지부 공표 최저생계비의 **150%** 이하인 경우

보건복지부 공표(   )인 가족 최저생계비(   )원의 약(   )%인 (   ) 원을 지출할 것으로 예상됩니다.

☐ 채무자가 예상하는 생계비가 보건복지부 공표 최저생계비의 **150%**를 초과하는 경우

보건복지부 공표 (   )인 가족 최저생계비 (   )원의 약 (   )%인 (   ) 원을 지출할 것으로 예상됩니다(뒷면 표에 내역과 사유를 상세히 기재하십시오).

Ⅲ. 가족관계

관 계	성 명	연령	동거여부 및 기간	직 업	월 수입	재산총액	부양유무
배우자							
자							
자							

☞ 채무자가 예상하는 생계비가 보건복지부 공표 최저생계비의 **150%**를 초과하는 경우

1. 생계비의 지출 내역

비 목	지출예상 생계비	추가지출 사유
생계비 ☞ 생계비에는 식료품비, 광열수도비, 가구집기비, 피복신발비, 교양오락비, 교통통신비, 기타 비용의 합산액을 기재합니다.		
주거비		
의료비		
교육비		
계		추가비율: %

2. 생계비 추가지출사유에 관한 보충기재사항

수입 및 지출에 관한 목록 작성 시 유의사항

1. 현재의 수입목록

○ 급여소득자와 영업소득자를 구분하여 수입상황에 기재합니다. 급여소득자의 경우 급여는, 신청일 현재 매월 받는 금액과 정기상여금·연말성과급 등 매월 받지 않는 금액을 구별하여, "소득세, 주민세, 건강보험료, 국민연금보험료, 고용보험료, 산업재해보상보험료 중 해당하는 금액(채무자 회생 및 파산에 관한 법률 제579조제4호 나목 금액)"을 공제한 순수입액을 해당란에 기재하고, 다시 연단위로 환산한 금액과 이를 평균한 월 평균수입(소수점 이하는 올림)을 각각 기재합니다. 그리고 근로소득세 원천징수영수증 사본, 급여증명서, 급여확인서, 급여입금통장사본 등 소명자료를 제출하여 주십시오.

○ 연금 등의 일정수입이 있는 경우에는 그 내역을 기재하고 연간수령금액을 환산하여 해당란에 기재합니다. 그리고 이를 소명할 수급증명서 등의 자료를 첨부하여 주십시오.

○ 영업소득자의 경우, 수입 명목을 부동산임대소득·사업소득·농업소득·임대소득 또는 기타소득으로 구분하여 최근 1년간의 소득을 평균한 연간 소득금액에서 소득세등 위 법률 제579조제4호 나목 소정 금액과 같은 호 라목 소정의 영업의 경영, 보존 및 계속을 위하여 필요한 비용을 공제한 순소득액을 산출하여 이를 월 평균수입으로 환산(소수점 이하는 올림)하여 기재합니다. 소명자료로는 종합소득세 확정신고서, 사업자 소득금액 증명원, 기타 소득을 확인할 수 있는 자료를 첨부하여 주십시오.

○ 최근 1년 동안 직장이나 직업의 변동이 있었던 경우는 변동 이후의 기간 동안의 소득을 평균한 소득금액을 기준으로 산정하고, 변동 후의 기간에 대한 소명자료를 제출하십시오.

○ 수입에 대하여, 압류나 가압류 등 강제집행이 있는 경우에는 그 유무를 해당란에 표시하고, 그러한 압류·가압류의 결정법원, 사건번호, 상대방 채권자, 압류된 금액 등 상세한 내용은 [신청서 첨부서류 4] 진술서의 해당란에 기재

하고 관련서류를 첨부하여 주십시오.

2. 변제계획 수행 시의 예상 지출목록

○ 채무자가 신고하는 지출예상 생계비가 보건복지부 공표 최저생계비의 150% 이하인 경우에는 그 금액대로 인정받을 수 있으므로 해당란에 V표를 하고 그 내역만을 기재합니다.

○ 채무자가 신고하는 지출예상 생계비가 보건복지부 공표 최저생계비의 150% 를 초과하는 경우에는 해당란에 V표를 하고 뒷면 표에 각 항목별로 나누어 추가로 지출되는 금액과 그 사유를 구체적으로 기재합니다. 이 경우 생계비 가 추가 소요되는 근거에 관하여 구체적인 소명자료를 제출하여야 합니다.

3. 가족관계

○ 채무자와 생계를 같이하는 가족을 기재하고 동거여부와 채무자의 수입에 의 하여 부양되는지 유무를 표시하십시오. 가족 중 수입이 있는 자에 대하여는 급여명세서사본, 종합소득세확정신고서 등을 첨부하여 주십시오.

○ 동거여부 및 동거기간의 소명을 위해 주민등록등본 및 호적등본을 제출하십시오.

4. 기 타

기재할 사항이 많은 항목은, 그 항목에 "별지 기재와 같음"이라고 적은 후, 별지를 첨부하여 주십시오.

양식5-4

진 술 서

Ⅰ. 경 력

1. 최종학력

　　　　년　　월　　일　　　　　　　　　　　학교 (졸업, 중퇴)

2. 과거 경력 (최근 경력부터 기재하여 주십시오)

기간	년　월　일부터		현재까지 (자영, 근무)		
업종		직장명		직 위	
기간	년　월　일부터		년　월　일까지 (자영, 근무)		
업종		직장명		직 위	
기간	년　월　일부터		년　월　일까지 (자영, 근무)		
업종		직장명		직 위	
기간	년　월　일부터		년　월　일까지 (자영, 근무)		
업종		직장명		직 위	

3. 과거 결혼, 이혼 경력

　　　　년　　월　　일　　　　와 (결혼, 이혼)

　　　　년　　월　　일　　　　와 (결혼, 이혼)

　　　　년　　월　　일　　　　와 (결혼, 이혼)

II. 현재 주거상황

거주를 시작한 시점 (년 월 일)

거주관계(해당란에 표시)	상세한 내역
㉠ 신청인 소유의 주택	
㉡ 사택 또는 기숙사 ㉢ 임차(전·월세) 주택	임대보증금(원) 임대료(월 원), 연체액(원) 임차인 성명( )
㉣ 친족 소유 주택에 무상 거주 ㉤ 친족 외 소유 주택에 무상 거주	소유자 성명( ) 신청인과의 관계( )
㉥ 기타( )	

☆ ㉠ 또는 ㉣항을 선택한 분은 주택의 등기부등본을 첨부하여 주십시오.
☆ ㉡ 또는 ㉢항을 선택한 분은 임대차계약서(전월세 계약서) 또는 사용허가서 사본을 첨부하여 주시기 바랍니다.
☆ ㉣ 또는 ㉤항을 선택한 분은 소유자 작성의 거주 증명서를 첨부하여 주십시오.

III. 부채 상황

1. 채권자로부터 소송·지급명령·전부명령·압류·가압류 등을 받은 경험(있음, 없음)

내 역	채권자	관할법원	사건번호

☆ 위 내역란에는 소송, 지급명령, 압류 등으로 그 내용을 기재합니다.
☆ 위 기재사항에 해당하는 소장·지급명령·전부명령·압류 및 가압류결정의 각 사본을 첨부하여 주십시오.

2. 개인회생절차에 이르게 된 사정(여러 항목 중복 선택 가능)

( ) 생활비 부족　　　　　　　( ) 병원비 과다지출
( ) 교육비 과다지출　　　　　( ) 음식, 음주, 여행, 도박 또는 취미활동
( ) 점포 운영의 실패　　　　　( ) 타인 채무의 보증
( ) 주식투자 실패　　　　　　( ) 사기 피해
( ) 기타　　　　　　　　　　( )

3. 채무자가 많은 채무를 부담하게 된 사정 및 개인회생절차개시의 신청에 이르게 된 사정에 관하여 구체적으로 기재하여 주십시오(추가기재 시에는 별지를 이용하시면 됩니다).

IV. 과거 면책절차 등의 이용 상황

절 차	법원 또는 기관	신청시기	현재까지 진행상황
☐ 파산·면책절차 ☐ 화의·회생·개인회생절차			
☐ 신용회복위원회 워크아웃 ☐ 배드뱅크			( )회 ( )원 변제

☆ 과거에 면책절차 등을 이용하였다면 해당란에 ☑ 표시 후 기재합니다.

☆ 신청일 전 10년 내에 회생사건·화의사건·파산사건 또는 개인회생사건을 신청한 사실이 있는 때에는 그 관련서류 1통을 제출하여야 합니다.

양식6

변제계획안의 작성요령

<주의사항>
○ 변제계획안은 법원의 인가 여부의 대상이 되는 중요한 문서이므로 작성요령을 잘 읽고 반드시 그 내용에 따라 작성하여야 합니다.
○ 변제계획안은 본문 및 별지 '개인회생채권 변제예정액 표'로 구성됩니다. 본문 및 별지는 기재할 내용이 서로 밀접하게 연관되어 있으므로 본문을 작성하다가 필요한 경우 별지 해당 부분을 작성하는 등으로 함께 병행하여 작성하여야 합니다.

변제계획안 양식은 가용소득만으로 변제하는 경우의 양식[전산양식 A5433]과 가용소득과 재산처분으로 변제하는 경우의 양식[전산양식 A5434]이 있습니다.

가용소득에 의하여 변제기간 동안 변제할 수 있는 총액의 현재가치가 현재재산 총액보다 명백히 많다고 생각되면 재산처분이 불필요하므로 가용소득만으로 변제하는 경우인 [전산양식 A5433]을, 그렇지 않거나 잘 모르겠으면 가용소득과 재산처분으로 변제하는 경우인 [전산양식 A5434]를 이용하여 작성하기 바랍니다.

I. 변제계획안 본문의 작성요령

---

1. 변제기간

☞ 변제는 1개월 1회 변제가 원칙입니다. 다만, 농업, 어업 등 매월 수입이 없는 직업에 종사하는 경우에는 수개월에 1회 변제하는 방법으로 변제할 수 있습니다.
변제기간은 언제부터 언제까지를 변제기간으로 할 것인지를 기재하여야 합니다.
변제기간은 채권현재액(원금)의 합계를 월 가용소득으로 나누어 산정합니다.
채무자는 변제기간을 변제개시일로부터 5년을 초과하지 아니하는 범위 내에서 정할 수 있습니다. 다만, 채무자는 변제기간을 다음과 같이 정하는 것이 바람직합니다.

① 변제계획안에서 정하는 변제기간 동안 그 가용소득의 전부를 투입하여 우선 원금을 변제하고 잔여금으로 이자를 변제합니다.

② 3년 이내의 변제기간 동안 원금과 이자를 전부 변제할 수 있는 때에는 그때 까지를 변제기간으로 합니다.

③ 3년 이내의 변제기간 동안 원금의 전부를 변제할 수 있으나 이자의 전부를 변제할 수 없는 때에는 변제기간을 3년으로 합니다.

④ 3년 이상 5년 이내의 변제기간 동안 원금의 전부를 변제할 수 있는 때에는 이자의 변제 여부에 불구하고 원금의 전부를 변제할 수 있는 때까지를 변제 기간으로 합니다.

⑤ 5년 이내의 변제기간 동안 원금의 전부를 변제할 수 없는 때에는 그 변제기 간을 5년으로 합니다.

⑥ 채무자가 위 ① 내지 ⑤의 규정에 정한 기간보다 단기간을 변제기간으로 작 성하여 제출한 경우에는 법원은 위 각 기간으로 변제기간을 수정하도록 명 령할 수 있으며, 채무자는 수정명령에 응하여야만 합니다.

변제를 시작하는 날짜는 원칙적으로 변제계획안 제출일로부터 60일 후 90일 내의 날로 정하면 됩니다. 변제를 마치는 날짜는 위와 같은 원칙에 따라 정 한 변제기간의 마지막 날짜를 기재하고, 이어서 변제기간의 총 개월 수를 기 재하면 됩니다. 예를 들어 2006년 4월 25일부터 변제를 시작하여 5년 동안 원금의 전부를 변제할 수 없는 경우에는 변제기간을 5년(60개월)으로 정하여 2011년 3월 25일에 변제를 마치는 것으로 하고, 개월 수는 60개월이라고 기 재합니다.

2. 변제에 제공되는 소득 또는 재산

가. 소 득

(1) 수입

☞ 개인회생절차개시신청서에 첨부한 '수입 및 지출에 관한 목록'의 'Ⅰ. 현재의 수 입목록'으로부터 월 평균 수입을 옮겨서 기재합니다.

(2) 채무자 및 피부양자의 생활에 필요한 생계비

☞ (가)에는 '수입 및 지출에 관한 목록'의 'Ⅲ. 가족관계' 항목에 기초하여, 채무자 및 채무자가 부양하고 있는 사람들의 총수를 기재합니다.

☞ (나)에는 국민기초생활보장법에 의한 2005. 최저생계비를 기재하는데, 수치는 보건복지부 인터넷 홈페이지 등에서 확인할 수 있습니다. 참고로 2005년의 최저생계비는 '6인 가구 1,477,800원', '5인 가구 1,302,918원', '4인 가구 1,136,332원', '3인 가구 907,929원', '2인 가구 668,504원', '1인 가구 401,466원'입니다.

☞ (다)에는 '수입 및 지출에 관한 목록'의 'Ⅱ. 변제계획 수행 시의 예상지출목록' 으로부터 지출예상 생계비를 옮겨서 기재합니다.

(3) 채무자의 가용소득

☞ 기간란에는 위 1.항의 변제기간과 동일한 기간을 기재합니다.

☞ ① 월 평균 수입란에는 위 가 (1) 기재 수입을, ② 월 평균 생계비란에는 위 (2) (다) 기재 생계비를 각각 기재하고, ③ 월 평균 가용소득란에는 ①에서 ②를 뺀 금액을 기재합니다. ④ 변제 횟수에는 개월 수에 의한 변제기간을 기재하고, ⑤ 총 가용소득에는 ③과 ④를 곱한 금액을 기재합니다.

나. 재 산

☆ 가용소득에 의하여 전체 변제기간 동안 변제할 수 있는 총액의 현재가치가 현재 재산 총액보다 명백히 많으면 재산처분이 필요 없을 것이므로, 변제계획안 [전산양식 A5433]을 이용하고, 해당 없음에 체크(✓)합니다.

☆ 다음은 재산 처분이 필요한지 여부가 명백하지 않아서 변제계획안 [전산양식 A5434]를 이용하는 경우에만 해당하는 설명입니다.

☞ 재산 처분이 필요한지 여부

○ 재산 처분이 필요한지를 파악해야 합니다. 인가요건상 변제계획의 인가결정일을 기준일로 하여 평가한 개인회생채권에 대한 총변제액이 채무자가 파산하는 때에 채권자들이 배당받을 총액, 즉 청산가치(일반적으로 재산목록의 합계액이 됩니다)보다 적지 않아야 변제계획이 인가될 수 있으므로, 가용소득만으로 변제예상한 개인회생채권에 대한 총변제액이 청산가치보다 적을 때에는 재산을 처분하여

일정한 액수를 변제에 투입하여야 합니다.

○ 뒤에 첨부된 **Ⅱ.개인회생채권 변제예정액 표 작성요령** 중 **B** 부분을 잘 읽고, 먼저 가용소득과 재산처분으로 변제하는 경우의 **개인회생채권 변제예정액 표** 중 1.의 가. '가용소득'란을 작성하고, 2.의 가. '가용소득에 의한 변제내역'을 작성하여 먼저 개인회생채권에 대한 총변제예정(유보)액(Ⅰ)을 계산합니다. 이어서 위 **개인회생채권 변제예정액 표** 중 4.의 '청산가치와의 비교'란에 청산가치를 기재하고, '가용소득에 의한 총변제예정(유보)액'과 그 '현재가치'를 계산하여 기재한 다음, 청산가치가 총변제예정(유보)액의 현재가치보다 큰 경우에는 재산을 처분하여 일정한 액수(변제투입예정액)를 변제에 투입하는 내용으로 변제계획안을 작성하여야 합니다. 청산가치가 총변제예정(유보)액의 현재가치보다 작은 경우에는 재산을 처분하여 변제에 투입할 필요가 없습니다.

☞ 위 설명에 따라 재산 처분이 필요하면 해당 있음에 체크(√)하고, 그렇지 않으면 해당 없음에 체크(√)합니다.

☞ **해당 있음에 체크(√)한 경우에만 다음과 같이 표의 해당사항을 기재합니다.**

☞ 변제에 제공할 처분대상 재산의 명세(예를 들어 부동산인 경우 지번, 지목, 면적 등)를 구체적으로 기재합니다.

☞ 재산의 처분에 의한 변제기한을 기재하되, 원칙적으로 **'인가일로부터 1년 내'**로 하고 1년 내에 처분하기 곤란한 사정이 있으면 **'인가일로부터 2년 내'**로 합니다.

☞ 변제투입예정액은 위 **개인회생채권 변제예정액 표 작성요령**에 따라 산정한 금액을 그대로 기재합니다.

3. 개인회생재단채권에 대한 변제

☞ 아래 가.항 및 나.항에 대한 설명을 참고하여 개인회생재단채권에 대하여 변제할 내용이 있으면 해당 있음에, 그렇지 않으면 해당 없음에 체크(√)합니다.

가. 회생위원의 보수 및 비용

☞ 해당 여부에 체크(√)하되, 법원사무관 등이 회생위원으로 선임되는 경우 원칙적으로 보수 및 비용을 지급하지 아니하므로, 회생위원이 선임되기 전 신청서와 변제계획안을 함께 작성하여 제출할 경우에는 일단 해당 없음에 체크(√)하거나 법원

접수창구에서 문의한 후 체크(√)합니다.

나. 기타 개인회생재단채권

☞ 납부기한이 도래하지 아니한, 원천징수하는 조세, 부가가치세·특별소비세·주세
및 교통세, 특별징수의무자가 징수하여 납부하여야 하는 지방세, 위 각 조세의
부과·징수의 예에 따라 부과·징수하는 교육세 및 농어촌특별세, 채무자의 근로
자의 임금·퇴직금 및 재해보상금, 개인회생절차개시결정 전의 원인으로 생긴
채무자의 근로자의 임치금 및 신원보증금의 반환청구권 등도 개인회생재단채권
입니다. 위와 같은 채권에 대하여 변제할 내용이 있으면 해당 있음에, 그렇지
않으면 해당 없음에 체크(√)합니다.

☞ **해당 있음에 체크(√)한 경우에만 다음과 같이 표의 해당사항을 기재합니다.**

(1) 채권의 내용

☞ 채권자의 명칭을 기재합니다.

☞ 채권현재액 산정기준일 현재의 금액을 기재합니다.

☞ 채권발생원인은 채권의 발생 당시를 기준으로 채권의 발생원인(예: 부가가치세,
임금 등), 시기 또는 기간 등을 간략히 기재합니다.

☞ 변제기가 언제인지를 기재합니다.

(2) 변제방법

☞ 특별한 사정이 없는 경우 변제계획안 양식의 문구를 그대로 사용합니다.

4. 일반의 우선권 있는 개인회생채권에 대한 변제

☞ 국세징수법 또는 국세징수의 예에 의하여 징수할 수 있는 청구권(국세, 지방세 등
지방자치단체의 징수금, 관세 및 가산금, 건강보험료, 산업재해보상보험료 등) 등
은 일반의 우선권 있는 개인회생채권입니다. 위와 같은 채권에 대하여 변제할 내
용이 있으면 해당 있음에, 그렇지 않으면 해당 없음에 체크(√)합니다.

☞ **해당 있음에 체크(√)한 경우에만 다음과 같이 표의 해당사항을 기재합니다.**

(1) 채권의 내용

☞ 신청서에 첨부한 개인회생채권자목록의 채권자명, 채권현재액을 그대로 기재합니다.

☞ 채권발생원인은 채권의 발생 당시를 기준으로 채권의 발생원인, 시기 또는 기간 등을 간략히 기재하고 우선권의 근거를 기재합니다.

☞ 변제기가 언제인지를 기재합니다.

(2) 변제방법

☞ 특별한 사정이 없는 경우 변제계획안 양식의 문구를 그대로 사용합니다.

5. 별제권부 채권 및 이에 준하는 채권의 처리

☞ 신청서에 첨부한 **개인회생채권자목록의 부속서류 1. '별제권부 채권 및 이에 준하는 채권의 내역'**에 기재한 채권이 있으면 해당 있음에, 그렇지 않으면 해당 없음에 체크(√)합니다.

가. 채권의 내용

☞ ①부터 ④까지는 **'별제권부 채권 및 이에 준하는 채권의 내역'**의 ①부터 ④까지 기재한 것을 옮겨서 기재하되, 신청서 제출 이후에 변제계획안을 제출할 경우에는 변제계획안 제출일 또는 제출 예정일 현재의 금액을 기재합니다.

☞ '별제권 등의 내용 및 목적물'에는, **'별제권부 채권 및 이에 준하는 채권의 내역'**의 ⑥에 기재한 것을 옮겨서 기재합니다.

나. 변제방법

☞ 특별한 사정이 없는 경우 변제계획안 양식의 문구를 그대로 사용합니다.

6. 일반 개인회생채권에 대한 변제

가. 가용소득에 의한 변제

(1) 월변제예정(유보)액 및 총 변제예정(유보)액의 산정

☞ 원칙적으로 개인회생채권의 원금의 액수를 기준으로 안분하여 변제하므로, 첫 [ ] 안에는 [원금]이라고 기재합니다.

☞ 그 다음 뒤에 첨부된 **II. 개인회생채권 변제예정액 표 작성요령**을 잘 읽고 개인 **회생채권 변제예정액 표**를 먼저 작성합니다.

☞ 표가 완성되면, 월변제예정(유보)액란에는 **개인회생채권 변제예정액 표** 중 2.의 (H)항 금액([전산양식 A5434]의 경우에는 2. 가.의 (H)항 금액)을 기재합니다.

☞ 총 변제예정(유보)액란에는 **개인회생채권 변제예정액 표** 중 2.의 (I)항 금액([전산 양식 A5434]의 경우에는 2. 가.의 (I)항 금액)을 기재합니다.

(2) 변제방법

☞ 위 (1)항의 변제예정(유보)액을 분할하여 변제하는 방법을 기재합니다.

　　(가) 기간 및 횟수

☞ 언제부터 언제까지 몇 개월간 합계 몇 회를 변제하는지를 기재합니다.

　　(나) 변제월 및 변제일

☞ 매월 동일한 변제일에 변제하는 것을 원칙으로 합니다.

☞ ①항에는 최초 변제일부터 변제계획인가일 직전 변제일까지 적립된 금원의 변제 방법을 기재합니다. 통상의 방법과 다른 방법으로 변제할 경우 기타 란에 해당 내용을 기재합니다.

☞ ②항에는 변제계획인가일 직후 최초 도래하는 변제일부터 마지막 변제일까지의 변 제방법을 기재합니다. 통상과 달리 여러 개월마다 한 번씩 변제할 경우 또는 다른 방법으로 변제할 경우 해당란에 그 내용을 기재합니다. 만약 매월 [31]일에 변제 하기로 하는 경우에는 "30일까지밖에 없는 달의 경우에는 그 달 말일에 변제한 다."는 내용의 단서를, 매월 [29]일 또는 [30]일에 변제하기로 하는 경우에는 "2 월의 경우에는 그 달 말일에 변제한다."는 내용의 단서를 기재합니다.

나. 재산의 처분에 의한 변제

☞ 재산의 처분에 의한 변제가 있는 경우에는 해당 있음에 체크(√)하고, 그렇지 않은 경우에는 해당 없음에 체크(√)합니다.

☞ **해당 있음에 체크(√)한 경우에만 다음과 같이 해당사항을 기재합니다([전산양식 A5434]에만 해당합니다).**

(1) 변제투입예정액 및 총 변제예정(유보)액의 산정

☞ 원칙적으로 개인회생채권의 원금의 액수를 기준으로 안분하여 변제하므로, 첫 [   ] 안에는 [원금]이라고 기재합니다.

☞ 총 변제예정(유보)액은 **개인회생채권 변제예정액 표** 중 2. 나.의 (Q)항 금액을 기재합니다.

(2) 변제방법

☞ (가)항에 재산의 처분에 의한 변제기한을 기재하되, 원칙적으로 '**인가일로부터 1년 내**'로 하고 1년 내에 처분하기 곤란한 사정이 있으면 '**인가일로부터 2년 내**'로 합니다.

(3) 강제집행 등의 효력

☞ 특별한 사정이 없는 경우 변제계획안 양식의 문구를 그대로 사용합니다.

7. 미확정 개인회생채권에 대한 조치

☞ 채권의 존재 여부나 채권의 액수에 관하여 다툼이 있어 변제계획안 작성 당시 아직 확정되지 아니한 채권이 있는 경우 해당 있음에, 그러한 채권이 없는 경우 해당 없음에 체크(√)합니다.

가. 변제금액의 유보

☞ 특별한 사정이 없는 경우 변제계획안 양식의 문구를 그대로 사용합니다.

나. 미확정 개인회생채권에 대한 변제

☞ 특별한 사정이 없는 경우 변제계획안 양식의 문구를 그대로 사용하고, 모든 [   ] 안에는 [원금]이라고 기재합니다.

8. 변제금원의 회생위원에 대한 임치 및 지급

☞ "위 [   ]항에 의하여"의 [   ]에는 위 3. 내지 5.항 및 7.항 중 해당 있는 경우에는 해당 번호를 기재하고, 6.항은 항상 기재합니다. 예를 들어 5.항 및 6.항 이 해당 있는 경우에는 [5, 6]이라고 기재합니다.

☞ 개인회생위원의 예금계좌는 신청 당시에는 공란으로 두었다가 추후 보완합니다.

9. 면책의 범위 및 효력발생시기

☞ 특별한 사정이 없는 경우 변제계획안 양식의 문구를 그대로 사용합니다.

10. 기타사항

☞ 해당 여부에 체크(√)하고, 해당 있는 경우 그 내용을 기재합니다.

II. 개인회생채권 변제예정액 표 작성요령

A. 가용소득만으로 변제하는 경우의 개인회생채권 변제예정액 표 작성요령

1. 기초사항

변제계획안의 "2. 변제에 제공되는 소득 또는 재산" 항목으로부터 (A)월 평균 가용 소득, (B)변제횟수 및 (C)총 가용소득을 옮겨 적습니다.

2. 채권자별 변제예정액의 산정내역

"채권번호"와 "채권자"를 채권자목록으로부터 옮겨서 기재합니다. "(D)개인회생채권액"란은 확정채권액과 미확정채권액의 두 가지로 나누어 기재하고 총합계액을 (G)란에 기재합니다. 여기의 채권액에는 대개는 원금만 기재하면 되겠지만, 변제액이 커서 원금 외에 개시결정일 전날까지의 이자·지연손해금도 변제될 수 있는 경우에는, 개시결정일 전날까지의 이자·손해금의 합계액도 기재합니다.

그 다음 [(A)월 평균 가용소득×개인회생채권액 중 확정채권 비율{"(D)해당 개인회생채권 중 확정채권액"÷"(G)개인회생채권액 총계"}]를 계산하여 각 개인회생채권액 중 확정채권에 대한 월변제예정액을 구합니다. 미확정채권에 대해서도, 마찬가지 방법으로 월변제유보액을 구합니다. 그 결과값에서 원 미만은 '올림'으로 처리하여, 이를 "(E)월변제예정(유보)액"란에 기재하고 이를 합산하여 (H)란에 기재합니다. 위에서 각 채권별 변제액을 구할 때에 원 미만은 '올림' 처리를 하였으므로, 이 월변제예정(유보)액은 이미 기재한 "월 평균 가용소득"보다 약간 더 많은 금액이 될 것입니다.

(E)월변제예정(유보)액에 (B)변제횟수를 곱한 (F)총 변제예정(유보)액을 산정하여 기재하고 이를 합산하여 (I)란에 기재합니다.

3. 변제율

총변제예정(유보)액을 개인회생채권 합계액으로 나눈 비율×100을 기재하되 소수점 이하는 반올림합니다.

4. 청산가치와의 비교

먼저 채무자가 현재 가지고 있는 재산의 가치, 즉 [신청서 첨부서류 2] 재산목록의 합계액을 (J)청산가치란에 기재하고, 다음으로 가용소득에 의한 (I)총변제예정(유보)액을 (K)에 옮겨 적습니다. 그 결과 (K)가 (J)보다 훨씬 큰 경우에는 (L)현재가치를 산정하여 기재할 필요가 없습니다만, (K)가 (J)보다 적거나 큰 차이가 나지 않는 경우에는 반드시 (L)현재가치를 산정하여 기재하여야 하며, 이 경우 (K)에 대한 (L)현재가치는, 5년(60개월)의 변제계획안의 경우, (H)월변제예정(유보)액에 53.6433을 곱하는 방법으로 산정(원 미만은 버림)하여 기재합니다.

[원래 (L)현재가치는 인가일을 기준으로 산정하는 것이나, 신청 시에는 인가일을 알 수 없으므로, 일응 3개월간의 적립액이 있은 후(적립일로부터 2개월 후가 되는 날)에 인가가 될 것을 가정하고, 이를 기준으로 라이프니쯔 방식에 의한 현가할인율을 적용하여 (L)현재가치를 산정하면 됩니다. 따라서 위 수치 53.6433은 {3(이미 적립된 것으로 보는 3개월)+50.6433(57개월에 해당하는 라이프니쯔 복리연금현가율)}을 의미하는 것입니다.]

B. 가용소득과 재산처분으로 변제하는 경우 개인회생채권 변제예정액 표 작성요령

1. 기초사항

변제계획안의 "2. 변제에 제공되는 소득 또는 재산" 항목으로부터 (A)월 평균 가용소득, (B)변제횟수 및 (C)총가용소득, 처분대상재산, 변제기한을 옮겨 적습니다.

2. 채권자별 변제예정액의 산정내역

가. 가용소득에 의한 변제내역

"채권번호"와 "채권자"를 채권자목록으로부터 옮겨서 기재합니다. "(D)개인회생채권액"란은 확정채권액과 미확정채권액의 두 가지로 나누어 기재하고 총합계액을 (G)란에 기재합니다. 여기의 채권액에는 대개는 원금만 기재하면 되겠지만, 변제액이 커서 원금 외에 개시결정일 전날까지의 이자·지연손해금도 변제될 수 있는 경우에는, 개시결정일 전날까지의 이자·손해금의 합계액도 기재합니다.

그 다음 [(A)월 평균 가용소득×개인회생채권액 중 확정채권 비율{"(D)해당 개인회생채권 중 확정채권액"÷"(G)개인회생채권액 총계"}]를 계산하여 각 개인회생채권액 중 확정채권에 대한 월변제예정액을 구합니다. 미확정채권에 대해서도, 마찬가지 방법으로 월변제유보액을 구합니다. 그 결과값에서 원 미만은 '올림'으로 처리하여, 이를 "(E)월변제예정(유보)액"란에 기재하고 이를 합산하여 (H)란에 기재합니다. 위에서 각 채권별 변제액을 구할 때에 원 미만은 '올림' 처리를 하였으므로, 이 월변제예정(유보)액은 이미 기재한 "월 평균 가용소득"보다 약간 더 많은 금액이 될 것입니다.

(E)월변제예정(유보)액에 (B)변제횟수를 곱한 (F)총변제예정(유보)액을 산정하여 기재하고 이를 합산하여 (I)란에 기재합니다.

나. 재산처분을 통한 변제의 예상

원래 재산처분을 통한 (O)변제투입예정액은 다음 4항의 청산가치와의 비교를 통하여 비로소 정해지는 것입니다. 따라서 먼저 다음 4항에 따라 (O)변제투입예정액을 산정한 후, 이를 기준으로 (O)에 대하여 개인회생채권 비율{"(D)당해 개인회생채권액"÷"(G)개인회생채권액 총계"}에 따른 안분액을 계산합니다. 그 결과값에서 원 미만은 '올림'으로 처리하여 이를 (P)총변제예정(유보)액란에 기재하고 이를 합산하여 (Q)란에 적습니다. 위에서 각 채권별 변제액을 구할 때에 원 미만은 '올림' 처리를 하였으므로, 이 총변제예정(유보)액은 이미 기재한 변제투입예정액보다 약간 더 많은 금액이 될 것입니다.

3. 변제율

가. 가용소득에 의한 변제

가용소득에 의한 총변제예정(유보)액을 개인회생채권 합계액으로 나눈 비율 × 100을 기재하되 소수점 이하는 반올림합니다.

나. 재산처분에 의한 변제

재산처분에 의한 총변제예정(유보)액을 개인회생채권 합계액으로 나눈 비율 × 100을 기재하되 소수점 이하는 반올림합니다.

4. 청산가치와의 비교

먼저 채무자가 현재 가지고 있는 재산의 가치, 즉 [신청서 첨부서류 2] 재산목록의 합계액을 (J)청산가치란에 기재하고, 다음으로 가용소득에 의한 (I)총변제예정(유보)액을 (K)에 옮겨 적습니다.

그 다음 (K)에 대한 (L)현재가치는, 5년(60개월)의 변제계획안의 경우, (H)월변제예정(유보)액에 53.6433을 곱하는 방법으로 산정(원 미만은 버립니다)하여 기재합니다.

[원래 (L)현재가치는 인가일을 기준으로 라이프니쯔 방식에 의한 현가할인율을 적용

하여 산정하는 것이나, 신청 시에는 인가일을 알 수 없으므로, 일응 3개월간의 적립액이 있은 후(적립일로부터 2개월 후가 되는 날)에 인가가 될 것을 가정하고, 이를 기준으로 현가할인율을 적용하여 산정하면 됩니다. 위 설명에서의 수치 53.6433은 {3(이미 적립된 것으로 보는 3개월)+50.6433을(57개월에 해당하는 라이프니쯔 복리연금현가율)}을 의미합니다.]

마지막으로, (J)청산가치에서 (L)현재가치를 공제한 잔액에, 개괄적으로 ①재산처분에 의한 변제기한이 인가일로부터 1년 이내인 경우에는 1.3을, ②그 변제기한이 2년 이내인 경우에는 1.5를, 각각 곱하여 산출한 금액(원 미만은 '올림'으로 처리합니다)을 (O)변제투입예정액으로 보아 (O)란에 기재하고, 이어서 위 2.의 나항에서 설명한 바대로 (O)를 기준으로 (P),(Q)를 산정한 다음, (M)에는 (Q)를 그대로 옮겨 적으면 됩니다. 이 경우 (N)은 기재하지 않아도 무방합니다.

[물론 정확한 (N)의 액수를 산정하기 위해서는, 먼저 청산가치의 보장을 위해서 항상 {(L)+(N)}이 (J)보다 많아야 하는 것이므로, (J)에서 (L)을 뺀 잔액을, 인가일로부터 재산처분에 의한 변제기한까지의 기간에 따라 라이프니쯔 방식에 의한 현가할인율(변제기한이 1년 이내인 경우에는 0.9523, 그 기한이 2년 이내인 경우에는 0.9070)로 나누어 산출한 금액을 (O)변제투입예정액으로 하고 이를 기준으로 다시 현가할인율을 적용하여 (N)을 계산하여야 할 것입니다. 그러나 이와 같은 계산방법은 복잡할 뿐만 아니라 그렇게 계산하여 산출한 금액만을 정확하게 변제투입예정액으로 정하게 되면, 절차의 신속을 위하여 간이하게 이뤄진 재산의 가액평가방법에 대해 정식의 감정절차가 필요하게 되는 등으로 추가비용과 절차지연이 초래될 가능성이 있는 점 등을 고려하여, 위에서 예시한 방법에서는 개괄적이기는 하지만 그 금액을 다소 증액하는 대신 간이하게 변제투입예정액을 산출할 수 있도록 설명한 것입니다.]

양식6-1

가용소득만으로 변제하는 경우

변제계획안 제출서

　　　사　　건　　200　개회　　　　개인회생
　　　채 무 자　　_____
　　　대 리 인　　_____

채무자는 별지와 같이 변제계획안을 작성하여 제출하니 인가하여 주시기 바랍니다.

　　　　　　　　　　200　 .　　.　　 .

　　　　　　　　　　　　　　　　　　채무자
　　　　대리인 변호사　　　　　　(인)

　　　　　　　　　　　　　　　　　　　　○○지방법원 귀중

200 개회   호 채무자: _____

변제 계획 (안)

_____ . . . 작성

1. 변제기간

[   ]년 [   ]월 [   ]일부터 [   ]년 [   ]월 [   ]일까지 [   ]개월간

2. 변제에 제공되는 소득 또는 재산

가. 소 득

(1) 수 입
- □ 변제기간 동안 [   ]에서 받는 월 평균 수입 [   ]원
- □ 변제기간 동안 [   ]를 운영하여 얻는 월 평균 수입 [   ]원

(2) 채무자 및 피부양자의 생활에 필요한 생계비
- (가) 채무자 및 피부양자: 총 [   ]명
- (나) 국민기초생활보장법에 의한 최저생계비: 월 [   ] 원
- (다) 채무자 회생 및 파산에 관한 법률에 따라 조정된 생계비: 월 [   ]원

(3) 채무자의 가용소득

기간: [   ]년 [   ]월 [   ]일부터 [   ]년 [   ]월 [   ]일까지

① 월 평균 수입	② 월 평균 생계비	③ 월 평균 가용소득 (①-②)	④ 변제 횟수 (월 단위로 환산)	⑤ 총 가용소득 (③ × ④)

나. 재산: [해당 있음 ☐ / 해당 없음 ☑]

3. 개인회생재단채권에 대한 변제 [해당 있음 ☐ / 해당 없음 ☐]

가. 회생위원의 보수 및 비용 [해당 있음 ☐ / 해당 없음 ☐]
　　☐ 변제계획인가 후 [　　　　　　]원을 지급

나. 기타 개인회생재단채권 [해당 있음 ☐ / 해당 없음 ☐]

(1) 채권의 내용

채권자	채권현재액	채권발생원인	변제기

(2) 변제방법
변제계획인가일 직후 원리금 전액을 일반 개인회생채권보다 우선하여 변제한다.

4. 일반의 우선권 있는 개인회생채권에 대한 변제 [해당 있음 ☐ / 해당 없음 ☐]

(1) 채권의 내용

채권자	채권현재액	채권발생원인(우선권의 근거)	변제기

(2) 변제방법
변제계획인가일 직후 최초 도래하는 변제기일에 원리금 전액을 우선하여 변제한다. 남은 채권이 있을 경우에는 일반 개인회생채권의 매 변제기일에 우선하여 변제한다.

5. 별제권부 채권 및 이에 준하는 채권의 처리 [해당 있음 □ / 해당 없음 □]

가. 채권의 내용

채권 번호	채권자	① 채권현재액(원금) ② 채권현재액(이자) 별제권 등의 내용 및 목적물	③ 별제권행사 등으로 변 제가 예상되는 채권액	④ 별제권행사 등으로도 변 제받을 수 없을 채권액

☞ 개인회생채권자목록 부속서류 1의 내용을 그대로 옮겨 적습니다.

나. 변제방법

(1) 위 각 채권에 대하여 별제권 행사 등으로 변제가 예상되는 채권액(③)은 별제권 행사 등에 의한 방법으로 변제하고 이 변제계획상의 가용소득이나 재산처분에 의한 변제대상에서 제외한다.

(2) 위 (1)항 기재 각 채권 중 별제권행사 등으로도 변제받을 수 없을 채권액(④)은 미확정채권으로 보아 유보하였다가 아래 7항 기재와 같은 방법으로 변제한다.

(3) 별제권 행사 등으로도 변제받을 수 없을 채권액이 위 가의 ④항 기재 금액을 초과하는 것으로 확정된 경우에는, 채권자가 그 초과부분을 변제계획안의 변경 절차를 통하여 변제받을 수 있다.

6. 일반 개인회생채권에 대한 변제

가. 가용소득에 의한 변제

(1) 월변제예정(유보)액 및 총 변제예정(유보)액의 산정
    각 일반 개인회생채권의 [   ]의 액수를 기준으로 월 평균가용소득을 안분하

여 산출한 금액을 각 일반 개인회생채권자에게 변제한다. 이를 기초로 산정한 월변제예정(유보)액은 [   ]원이고 총 변제예정(유보)액은 [   ]원이다. 구체적 산정 내역은 별지 개인회생채권 변제예정액 표 참조.

(2) 변제방법
위 (1)항의 변제예정(유보)액은 다음과 같이 분할하여 변제한다.

(가) 기간 및 횟수
[   ]년 [   ]월 [   ]일부터 [   ]년 [   ]월 [   ]일까지 [   ]개월간 합계 [   ]회

(나) 변제월 및 변제일
① [   ]년 [   ]월 [   ]일부터 변제계획인가일 직전 [   ]일까지 기간
  □ 변제계획인가일 직후 최초 도래하는 월의 [   ]일에 위 기간 동안의 변제분을 개인회생절차개시 후 변제계획인가 전에 적립된 가용소득으로 일시에 조기 변제
  □ 기타: [   ]
② 변제계획인가일 직후 최초 도래하는 월의 [   ]일부터 [   ]년 [   ]월 [   ]일까지 기간
  □ 매월마다 [   ]일에 변제
  □ 매 [   ]개월마다 [   ]일에 각 변제
  □ 기타: [   ]

나. 재산의 처분에 의한 변제 [해당 있음 □ / 해당 없음 ☑]

7. 미확정 개인회생채권에 대한 조치 [해당 있음 □ / 해당 없음 □]

가. 변제금액의 유보
(1) 미확정 개인회생채권에 대하여는 변제를 유보하고, 별지 개인회생채권 변제예정 액표에 기재한 금액을 당해 채권이 확정될 때까지 유보하여 둔다.
(2) 채무자는 위와 같이 유보한 금액도, 즉시 지급되는 다른 채권에 대한 변제금과

마찬가지로 아래 8항 기재 계좌에 입금한다.

나. 미확정 개인회생채권에 대한 변제

(1) 미확정 개인회생채권이 전부 그대로 확정된 경우

미확정 개인회생채권의 전액에 관하여 채권의 존재가 확정된 경우에는, 그 확정 직후 유보비율을 변제비율로 적용하여 변제를 개시하고 매월의 변제기에 그 해당금액을 변제하되, 이미 분할 변제기가 도래한 부분 즉 그동안의 유보액에 대하여는 곧바로 일시 변제한다.

(2) 미확정 개인회생채권이 전부 또는 일부 부존재하는 것으로 확정된 경우

미확정 개인회생채권이 전부 또는 일부 부존재하는 것으로 확정된 경우에는, 그 확정 직후, 존재하는 것으로 확정된 [   ]의 인용 비율에 위 가항에 의하여 지급을 유보한 금액을 곱하여 산출된 금액을 당해 개인회생채권자에게 일시에 변제한다. 유보금액 중, 미확정 개인회생채권의 일부가 존재하지 않는 것으로 됨에 따라 그 개인회생채권자에게 변제할 필요가 없게 된 나머지 유보금액은, 그 채권액 확정 직후 전체 일반 개인회생채권자들에게 각 [   ]의 액수를 기준으로 안분하여 변제한다.

향후의 매월 입금액을 분배하는 기준이 될 변제비율은 위 확정 원금들 사이의 비율에 따라 새로 계산하여 정하는데, 미확정 개인회생채권의 일부가 존재하지 않는 것으로 확정됨에 따라 향후 당해 개인회생채권자를 위한 유보가 불필요하게 된 변제기 미도래분에 대한 변제 유보예정액은, 향후 변제기 도래 시 전체 일반 개인회생채권자들에게 그 각 [   ]의 액수를 기준으로 안분되도록 한다.

(3) 변제기간 종료 시까지 미확정 개인회생채권이 미확정상태로 남는 경우에는 최종변제기에 유보한 금액 전부를 일반개인회생채권자들에게 각 [   ]의 액수를 기준으로 안분하여 변제한다.

(4) 임대차보증금반환액수가 확정되지 않은 임대차보증금 반환채권은 미확정채권으로 보아 위 가, 나항에 따라 변제하되 그 액수가 확정되고 임차인이 임차목적물을 명도함과 동시에 변제한다.

8. 변제금원의 회생위원에 대한 임치 및 지급

채무자는 위 [   ]항에 의하여 개인회생채권자들에게 변제하여야 할 금액을 개시
결정 시 통지되는 개인회생위원의 예금계좌 {[   ]은행 계좌번호 [   ]}
에 순차 임치하고, 개인회생채권자는 법원에 예금계좌를 신고하여 회생위원으로부터
변제액을 송금받는 방법으로 지급받는다. 회생위원은 계좌번호를 신고하지 않은 개인
회생채권자에 대하여는 변제액을 적립하였다가 이를 연 1회 개인회생사건이 계속되
어 있는 지방법원에 공탁하여 지급할 수 있다.

☞ 개인회생위원의 예금계좌는 신청 당시에는 알 수 없으므로 공란으로 두었다가
   추후 보완합니다.

9. 면책의 범위 및 효력발생시기

채무자가 개인회생채권에 대하여 이 변제계획에 따라 변제를 완료하고 면책신청을
하여 면책결정이 확정되었을 경우에는, 이 변제계획에 따라 변제한 것을 제외하고 개
인회생채권자에 대한 채무에 관하여 그 책임이 면제된다. 단, 채무자 회생 및 파산에
관한 법률 제625조제2항 단서 각 호 소정의 채무에 관하여는 그러하지 아니하다.

10. 기타사항 [해당 있음 □ / 해당 없음 □]

양식6-2

가용소득과 재산처분으로 변제하는 경우

변제계획안 제출서

     사   건   200   개회   개인회생

     채 무 자   _____

     대 리 인   _____

채무자는 별지와 같이 변제계획안을 작성하여 제출하니 인가하여 주시기 바랍니다.

          200   .   .   .

                      채무자

        대리인 변호사   (인)

                                       ○○지방법원 귀중

__200__   __개회__   __호 채무자:__

변제 계획 (안)

_____ . . . 작성

1. 변제기간

[   ]년 [   ]월 [   ]일부터 [   ]년 [   ]월 [   ]일까지 [   ]개월간

2. 변제에 제공되는 소득 또는 재산

가. 소 득

(1) 수 입
    □ 변제기간 동안 [   ]에서 받는 월 평균 수입 [   ]원
    □ 변제기간 동안 [   ]를 운영하여 얻는 월 평균 수입 [   ]원

(2) 채무자 및 피부양자의 생활에 필요한 생계비
    (가) 채무자 및 피부양자: 총 [   ]명
    (나) 국민기초생활보장법에 의한 최저생계비: 월 [   ] 원
    (다) 채무자 회생 및 파산에 관한 법률에 따라 조정된 생계비: 월 [   ]원

(3) 채무자의 가용소득
    기간: [   ]년 [   ]월 [   ]일부터 [   ]년 [   ]월 [   ]일까지

① 월 평균 수입	② 월 평균 생계비	③ 월 평균 가용소득 (①-②)	④ 변제 횟수 (월 단위로 환산)	⑤ 총 가용소득 (③ × ④)

나. 재산: [해당 있음 ☑ / 해당 없음 ☐]

순번	변제에 제공할 처분대상 재산	변제기한	변제투입예정액

3. 개인회생재단채권에 대한 변제 [해당 있음 ☐ / 해당 없음 ☐]

가. 회생위원의 보수 및 비용 [해당 있음 ☐ / 해당 없음 ☐]
   ☐ 변제계획인가 후 [   ]원을 지급

나. 기타 개인회생재단채권 [해당 있음 ☐ / 해당 없음 ☐]

(1) 채권의 내용

채권자	채권현재액	채권발생원인	변제기

(2) 변제방법
변제계획인가일 직후 원리금 전액을 일반 개인회생채권보다 우선하여 변제한다.

4. 일반의 우선권 있는 개인회생채권에 대한 변제 [해당 있음 ☐ / 해당 없음 ☐]

(1) 채권의 내용

채권자	채권현재액	채권발생원인(우선권의 근거)	변제기

(2) 변제방법

변제계획인가일 직후 최초 도래하는 변제기일에 원리금 전액을 우선하여 변제한다. 남은 채권이 있을 경우에는 일반 개인회생채권의 매 변제기일에 우선하여 변제한다.

5. 별제권부 채권 및 이에 준하는 채권의 처리 <u>[해당 있음 □ / 해당 없음 □]</u>

가. 채권의 내용

채권 번호	채권자	① 채권현재액(원금) ② 채권현재액(이자)	③ 별제권행사 등으로 변 제가 예상되는 채권액	④ 별제권행사 등으로도 변 제받을 수 없을 채권액
		별제권 등의 내용 및 목적물		

☞ 개인회생채권자목록 부속서류 1의 내용을 그대로 옮겨 적습니다.

나. 변제방법

(1) 위 각 채권에 대하여 별제권 행사 등으로 변제가 예상되는 채권액(③)은 별제권 행 사 등에 의한 방법으로 변제하고 이 변제계획상의 가용소득이나 재산처분에 의 한 변제대상에서 제외한다.

(2) 위 (1)항 기재 각 채권 중 별제권행사 등으로도 변제받을 수 없을 채권액(④)은 미 확정채권으로 보아 유보하였다가 아래 7항 기재와 같은 방법으로 변제한다.

(3) 별제권 행사 등으로도 변제받을 수 없을 채권액이 위 가의 ④항 기재 금액을 초 과하는 것으로 확정된 경우에는, 채권자가 그 초과부분을 변제계획안의 변경 절 차를 통하여 변제받을 수 있다.

6. 일반 개인회생채권에 대한 변제

가. 가용소득에 의한 변제

(1) 월변제예정(유보)액 및 총 변제예정(유보)액의 산정

각 일반 개인회생채권의 [   ]의 액수를 기준으로 월 평균가용소득을 안분하여 산출한 금액을 각 일반 개인회생채권자에게 변제한다. 이를 기초로 산정한 월변제예정(유보)액은 [   ]원이고 총 변제예정(유보)액은 [   ]원이다. 구체적 산정 내역은 별지 개인회생채권 변제예정액 표 참조.

(2) 변제방법

위 (1)항의 변제예정(유보)액은 다음과 같이 분할하여 변제한다.

(가) 기간 및 횟수

[   ]년 [   ]월 [   ]일부터 [   ]년 [   ]월 [   ]일까지 [   ]개월간 합계 [   ]회

(나) 변제월 및 변제일

① [   ]년 [   ]월 [   ]일부터 변제계획인가일 직전 [   ]일까지 기간

□ 변제계획인가일 직후 최초 도래하는 월의 [   ]일에 위 기간 동안의 변제분을 개인회생절차개시 후 변제계획인가 전에 적립된 가용소득으로 일시에 조기 변제

□ 기타: [   ]

② 변제계획인가일 직후 최초 도래하는 월의 [   ]일부터 [   ]년 [   ]월 [   ]일까지 기간

□ 매월마다 [   ]일에 변제

□ 매 [   ]개월마다 [   ]일에 각 변제

□ 기타: [   ]

나. 재산의 처분에 의한 변제 [해당 있음 ☑ / 해당 없음 □]

(1) 변제투입예정액 및 총 변제예정(유보)액의 산정

각 일반 개인회생채권의 [   ]의 액수를 기준으로 변제투입예정액을 안분하여 산출한 금액을 각 일반 개인회생채권자에게 변제한다. 이를 기초로 산정한 총변

제예정(유보)액은 [   ]원이다.

구체적 산정 내역은 별지 개인회생채권 변제예정액 표 참조.

(2) 변제방법

    (가) 재산의 처분에 의한 변제기한은 [   ]로 하고, 처분대금수령일로 부터 1주일 이내에 변제한다.

    (나) 위 변제기한까지 재산이 처분되지 않거나 처분대상 재산을 처분하여 수령 한 금원이 변제투입예정액에 미달하는 경우, 채무자는 그 밖의 다른 재산 을 처분하는 등의 방법으로 금원을 조달하여 변제투입예정액 전액을 변제 기한 내에 변제하여야 한다.

(3) 강제집행 등의 효력

    위 처분대상 재산에 대하여 개인회생채권에 기한 강제집행, 가압류 또는 가처분 이 있는 경우에는 채무자 회생 및 파산에 관한 법률 제615조제3항에 불구하고 처분대상 재산의 처분에 대한 법원의 허가가 있은 때 그 효력을 잃는다.

7. 미확정 개인회생채권에 대한 조치 [해당 있음 □ / 해당 없음 □]

가. 변제금액의 유보

(1) 미확정 개인회생채권에 대하여는 변제를 유보하고, 별지 개인회생채권 변제예정 액표에 기재한 금액을 당해 채권이 확정될 때까지 유보하여 둔다.

(2) 채무자는 위와 같이 유보한 금액도, 즉시 지급되는 다른 채권에 대한 변제금과 마찬가지로 아래 8항 기재 계좌에 입금한다.

나. 미확정 개인회생채권에 대한 변제

(1) 미확정 개인회생채권이 전부 그대로 확정된 경우

    미확정 개인회생채권의 전액에 관하여 채권의 존재가 확정된 경우에는, 그 확정 직후 유보비율을 변제비율로 적용하여 변제를 개시하고 매월의 변제기에 그 해 당금액을 변제하되, 이미 분할 변제기가 도래한 부분 즉 그동안의 유보액에 대 하여는 곧바로 일시 변제한다.

(2) 미확정 개인회생채권이 전부 또는 일부 부존재하는 것으로 확정된 경우

　　미확정 개인회생채권이 전부 또는 일부 부존재하는 것으로 확정된 경우에는, 그 확정 직후, 존재하는 것으로 확정된 [　　]의 인용 비율에 위 가항에 의하여 지급을 유보한 금액을 곱하여 산출된 금액을 당해 개인회생채권자에게 일시에 변제한다. 유보금액 중, 미확정 개인회생채권의 일부가 존재하지 않는 것으로 됨에 따라 그 개인회생채권자에게 변제할 필요가 없게 된 나머지 유보금액은, 그 채권액 확정 직후 전체 일반 개인회생채권자들에게 각 [　　]의 액수를 기준으로 안분하여 변제한다.

　　향후의 매월 입금액을 분배하는 기준이 될 변제비율은 위 확정 원금들 사이의 비율에 따라 새로 계산하여 정하는데, 미확정 개인회생채권의 일부가 존재하지 않는 것으로 확정됨에 따라 향후 당해 개인회생채권자를 위한 유보가 불필요하게 된 변제기 미도래분에 대한 변제 유보예정액은, 향후 변제기 도래 시 전체 일반 개인회생채권자들에게 그 각 [　　]의 액수를 기준으로 안분되도록 한다.

(3) 변제기간 종료 시까지 미확정 개인회생채권이 미확정 상태로 남는 경우에는 최종변제기에 유보한 금액 전부를 일반개인회생채권자들에게 각 [　　]의 액수를 기준으로 안분하여 변제한다.

(4) 임대차보증금반환액수가 확정되지 않은 임대차보증금 반환채권은 미확정채권으로 보아 위 가, 나항에 따라 변제하되 그 액수가 확정되고 임차인이 임차목적물을 명도함과 동시에 변제한다.

8. 변제금원의 회생위원에 대한 임치 및 지급

　채무자는 위 [　　]항에 의하여 개인회생채권자들에게 변제하여야 할 금액을 개시결정 시 통지되는 개인회생위원의 예금계좌 {[　　]은행 계좌번호 [　　　　]}에 순차 임치하고, 개인회생채권자는 법원에 예금계좌를 신고하여 회생위원으로부터 변제액을 송금받는 방법으로 지급받는다. 회생위원은 계좌번호를 신고하지 않은 개인회생채권자에 대하여는 변제액을 적립하였다가 이를 연 1회 개인회생사건이 계속되어 있는 지방법원에 공탁하여 지급할 수 있다.

　☞ 개인회생위원의 예금계좌는 신청 당시에는 알 수 없으므로 공란으로 두었다가 추후 보완합니다.

9. 면책의 범위 및 효력발생시기

채무자가 개인회생채권에 대하여 이 변제계획에 따라 변제를 완료하고 면책신청을 하여 면책결정이 확정되었을 경우에는, 이 변제계획에 따라 변제한 것을 제외하고 개인회생채권자에 대한 채무에 관하여 그 책임이 면제된다. 단, 채무자 회생 및 파산에 관한 법률 제625조제2항 단서 각 호 소정의 채무에 관하여는 그러하지 아니하다.

10. 기타사항 [해당 있음 □ / 해당 없음 □]

양식7

개인회생채권 변제예정액 표

1. 기초사항

가. 가용소득

(단위: 원)

(A) 월 평균 가용소득	303,333		(B) 변제횟수	60회		(C) 총가용소득	18,199,980

나. 처분대상 재산

순번	변제에 제공할 처분대상 재산	변제기한	변제투입예정액
1	서울 00구 00동 00대지 00평	인가일로부터 1년 내	17,846,529
2	00시 00동 00전 00평		

2. 채권자별 변제예정액의 산정내역

가. 가용소득에 의한 변제내역
   별표(1)과 같음

나. 재산처분을 통한 변제의 예상
   별표(2)와 같음

3. 변제율

가. 가용소득에 의한 변제: 원금의 (21)% 상당액

나. 재산처분을 통한 변제: 원금의 (21)% 상당액

4. 청산가치와의 비교

(단위: 원)

(J) 청산가치	30,000,000	(K) 가용소득에 의한 총변제예정(유보)액	18,200,100	(M) 재산처분에 의한 총변제예정(유보)액	17,846,531
		(L) 현재가치	16,271,901	(N) 현재가치	

별표(1) 가용소득에 의한 변제내역

(단위: 원)

채권번호	채권자	(D) 개인회생채권액		(E) 매월변제예정(유보)액		(F) 총 변제예정(유보)액	
		확정채권액 (원금)	미확정채권액 (원금)	확정채권액 (원금)	미확정채권액 (원금)	확정채권액 (원금)	미확정채권액 (원금)
1	㈜A은행	19,365,500	0	68,621	0	4,117,260	0
2	㈜B카드	17,873,000	0	63,333	0	3,799,980	0
3	C캐피탈㈜	15,456,300	0	54,769	0	3,286,140	0
4	㈜D크레티드	13,563,400	0	48,062	0	2,883,720	0
5	F유동화전문(유)	19,345,450	0	68,550	0	4,113,000	0
합 계		85,603,650	0	303,335	0	18,200,100	0
총 계		(G) 85,603,650		(H) 303,335		(I) 18,200,100	

별표(2) 재산처분을 통한 변제의 예상

(단위: 원)

채권번호	채권자	(D) 개인회생채권액		(O) 변제투입예정액	(P) 총 변제예정(유보)액	
		확정채권액 (원금)	미확정채권액 (원금)		확정채권액 (원금)	미확정채권액 (원금)
1	㈜A은행	19,365,500	0		4,037,293	0
2	㈜B카드	17,873,000	0		3,726,138	0
3	C캐피탈㈜	15,456,300	0	17,846,529	3,222,308	0
4	㈜D크레티드	13,563,400	0		2,827,679	0
5	F유동화전문(유)	19,345,450	0		4,033,113	0
합 계		85,603,650	0		17,846,531	0
총 계		(G) 85,603,650			(Q) 17,846,531	

○ 변제투입예정액 산출근거

③ 청산가치	30,000,000	④ 가용소득에 의한 총 변제예정(유보)액	18,200,100
		⑤ 현재가치	**16,271,901**
⑥ 재산처분에 의한 총변제예정(유보)액 ({③-⑤} *[1.3])	**17,846,529**	총변제 예정(유보)액 (⑤+⑥)	**34,118,430**

주) **1.3**: 라이프니쯔 방식에 의한 현가할인율(변제인가일로부터 1년 이내 재산처분 시)

○ 가용소득에 의한 총 변제예정(유보)액의 현재가치 산정근거

1	적립기간(월)	3	910,005
2	변제투입기간(월)	57	15,361,896
	합 계	60	**16,271,901**

사항색인

제3편 파산절차

제4편 개인회생절차

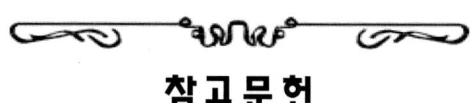

참고문헌

남효순·김제형 도산법강의(2005)

남효순·김제형 통합도산법(2006)

법원도서관, 파산법의 제문제(상, 하) 재판자료 83집(1999)

법원행정처, 소비자파산사건실무(1998)

법원행정처 회사정리실무, 재판자료 28집(1985)

서울지방법원 파산사건실무(2001)

서울지방법원 회사정리실무(2000)

서울중앙지방법원 개인파산·회생실무(2006)

서울중앙지방법원 법인파산실무(2006)

서울중앙지방법원 회생사건실무(상, 하) (2006)

임채홍·백창훈 회사정리법(상, 하) (2002)

임치용 파산법연구(2004), 파산법연구2(2006)

전병서 도산법(2006)

한국산업은행 회사정리법해설(1982)

• 저자 •

김기진   • 약 력 •
(金基眞)   1976.2   서울대학교 법과대학 졸업
          1983   제25회 사법시험 합격
          1986.1   변호사 개업
          2006.3   경상대학교 법학과 교수

통합도산법해설

• 초판 인쇄   2007년 3월 20일
• 초판 발행   2007년 3월 20일

• 지 은 이   김기진
• 펴 낸 이   채종준
• 펴 낸 곳   한국학술정보㈜
            경기도 파주시 교하읍 문발리 526-2
            파주출판문화정보산업단지
            전화 031) 908-3181(대표) · 팩스 031) 908-3189
            홈페이지 http://www.kstudy.com
            e-mail(e-Book사업부) ebook@kstudy.com
• 등   록   제일산-115호(2000. 6. 19)
• 가   격   51,000원

ISBN   978-89-534-6545-9 93360 (Paper Book)
        978-89-534-6546-6 98360 (e-Book)